研究生教学用书

Principles and Design Methods for Highway Embankment and Slope Stability

路基设计原理与方法

黄晓明　杨　军　等编著

人民交通出版社

内 容 提 要

本书详细介绍了公路和铁路路基设计与施工方面的基本原理与方法，同时结合公路与铁路工程的特点，将公路、铁路路基设计与施工有机结合起来，具有理论性、工程性的特点。

本书可以作为“道路与铁道工程”二级学科硕士研究生课程的首选教材，也可作为“交通运输工程”一级学科中其他二级学科的主要参考教材，还可供从事公路、城市道路、铁道、机场等科研与设计的技术人员参考使用。

图书在版编目（CIP）数据

路基设计原理与方法/黄晓明，杨军等编著.—北京：人民交通出版社，2009.12

ISBN 978-7-114-07763-0

Ⅰ.路… Ⅱ.①黄…②杨… Ⅲ.①公路路基-设计②公路路基-工程施工③铁路路基-设计④铁路路基-工程施工 Ⅳ.U416.1 U213.1

中国版本图书馆 CIP 数据核字（2009）第 081113 号

研究生教学用书

书　　名：路基设计原理与方法

著 作 者：黄晓明　杨　军等

责任编辑：吴有铭　王文华

出版发行：人民交通出版社

地　　址：（100011）北京市朝阳区安定门外外馆斜街 3 号

网　　址：http://www.ccpress.com.cn

销售电话：（010）59757973

总 经 销：人民交通出版社发行部

经　　销：各地新华书店

印　　刷：北京盈盛恒通印刷有限公司

开　　本：787×1092　1/16

印　　张：20.5

字　　数：510 千

版　　次：2009 年 12 月　第 1 版

印　　次：2015 年 12 月　第 2 次印刷

书　　号：ISBN 978-7-114-07763-0

印　　数：1501-2000 册

定　　价：38.00 元

前　言

随着我国高速公路与高速铁路建设的迅猛发展，对道路与铁路工程的路基要求愈来愈高，可靠而稳定的路基设计与施工成为关注的重点之一。为了完善研究生教育体系，东南大学道路与铁道工程二级学科研究生培养方案在开设“路面设计原理与方法”的基础上，增设了“路基设计原理与方法”课程。课程教学效果表明，“路基设计原理与方法”对提高学生路基方面的知识有重要的作用，但目前没有一本系统的教材，为此，课程教学组组织编写了《路基设计原理与方法》研究生教材。教材主要对涉及路基设计的重要基础理论，如土的抗剪强度、土质与岩质边坡的稳定性分析、路基沉降计算与预测，进行了全面的阐述，同时对公路路基设计、铁路路基设计、公路与铁路排水设计、公路与铁路施工技术等进行了总结，为研究生教育奠定了基础。在教学过程中，建议将传统的教师讲授为主的方法，与采用启发教学、专题讨论等教学方法相结合，通过划分专题、课前阅读、课堂讨论、教师总结、重点讲解、书写心得等方式灵活组织教学。

全书共分为九章：第一章概述，第二章土的抗剪强度，第三章路基沉降计算及预测，第四章土质边坡稳定性分析，第五章岩质边坡稳定性分析，第六章路基设计与施工，第七章路基排水设计与施工，第八章路基支挡结构的分析与设计，第九章路基工程具体问题。第一、三章由东南大学黄晓明教授编写，第二、四章由东南大学杨军教授编写，第六、七章由同济大学杨群副教授编写，第五、九章由长沙理工大学张军辉副教授编写，第八章由东南大学陈先华博士编写。全书由黄晓明负责统稿。

本书采用国家法定计量单位，即国际单位制(SI)。在引用外国文献资料时，为了完整表达原作的意见，也有部分仍保留原有的计量单位制。

本书如有未尽善之处，希望有关院校师生及广大读者提出宝贵意见，以便及时修改完善。

作者

2009 年 5 月

目　　录

第一章　概　　述

从1988年我国大陆第一条高速公路正式通车到现在，我国的高速公路建设取得了举世瞩目的成就，到2008年底，全国公路总里程达373.02万km，其中高速公路6.03万km。

高速公路是20世纪30年代在西方发达国家开始出现的专门为汽车交通服务的基础设施。高速公路在运输能力、速度和安全性方面具有突出优势，对实现国土均衡开发、建立统一的市场经济体系、提高现代物流效率和公众生活质量等具有重要作用。目前全世界已有80多个国家和地区拥有高速公路，通车里程超过了23万km。高速公路不仅是交通现代化的重要标志，也是国家现代化的重要标志。2004年12月17日，经国务院审议通过的“国家高速公路网规划”标志着中国高速公路建设发展进入了一个新的历史时期。

国家高速公路网规划采用放射线与纵横网格相结合的布局方案，形成由中心城市向外放射以及横连东西、纵贯南北的大通道，由7条首都放射线、9条南北纵向线和18条东西横向线组成，简称为“7918网”，总规模约8.5万km，其中：主线6.8万km，地区环线、联络线等其他路线约1.7万km(图1-1)。

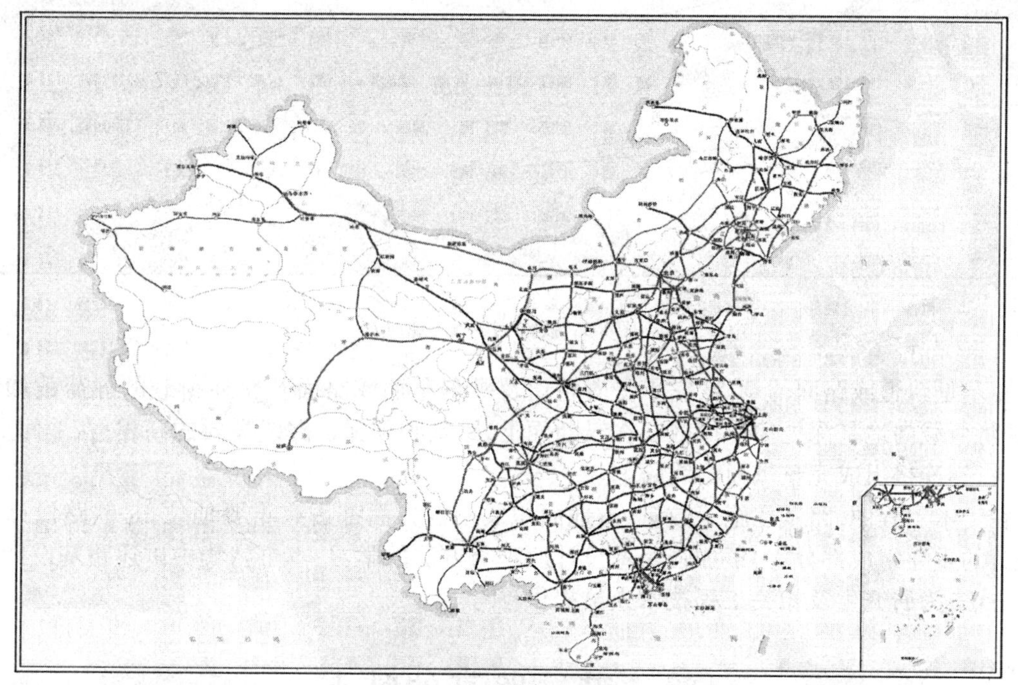

图1-1　国家高速公路网布局

2005年国务院批准的《中长期铁路网规划》，在客运专线方面，为满足快速增长的旅客运输需求，建立省会城市及大中城市间的快速客运通道，规划“四纵四横”铁路快速客运通道以及三个城际快速客运系统，建设客运专线1.2万km以上，客车速度目标值达到每小时200km

及以上;在完善路网布局和西部开发性新线方面,以扩大西部路网规模为主,形成西部铁路网骨架,完善中东部铁路网结构,提高对地区经济发展的适应能力,规划建设新线约 1.6 万 km;在路网既有线改造方面,加强既有路网技术改造和枢纽建设,提高路网既有通道能力。规划既有线增建二线 1.3 万 km,既有线电气化 1.6 万 km。

在“十一五”期间(图 1-2),建设新线 17 000km,其中客运专线 7 000km;建设既有线复线 8 000km;既有线电气化改造 15 000km。2010 年全国铁路营业里程达到 9 万 km 以上,复线、电化率均达到 45% 以上,快速客运网总规模达到 20 000km 以上,煤炭通道总能力达到 18 亿 t,西部路网总规模达到 35 000km,形成覆盖全国的集装箱运输系统。

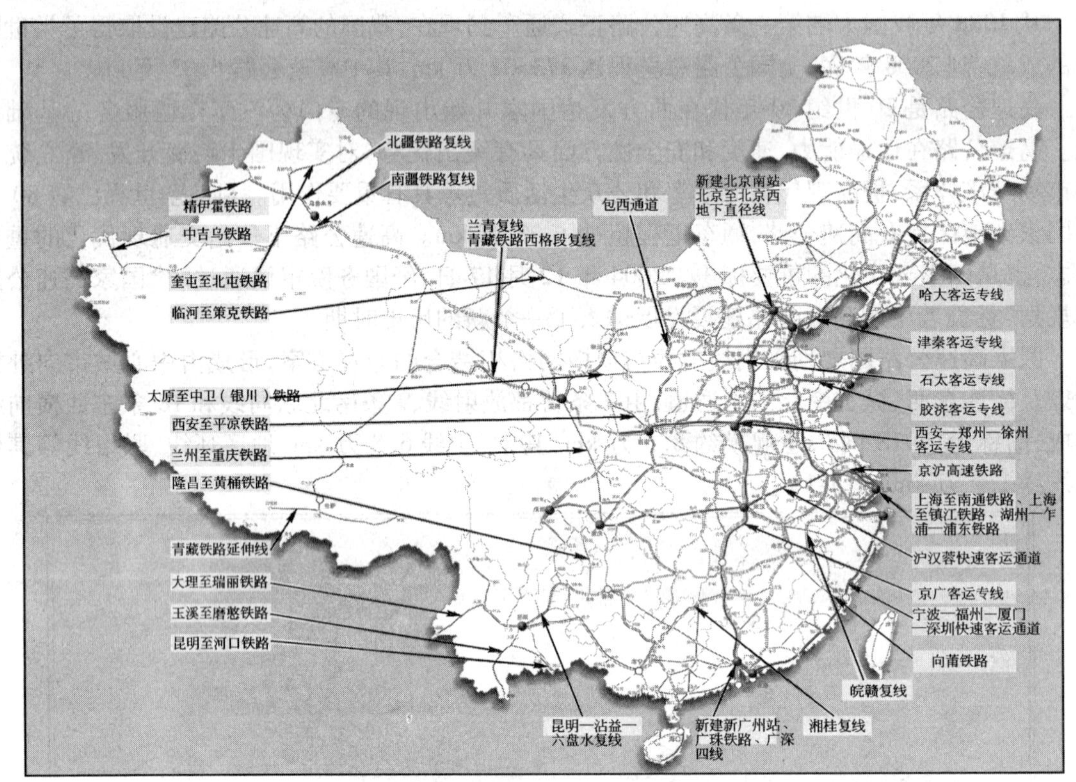

图 1-2 铁路“十一五”规划

路基是轨道或路面的基础,它承受着轨道及机车车辆或路面及交通荷载的静荷载和动荷载,并将荷载向地基深处传递扩散。在纵断面上,路基必须保证路线需要的高程;在平面上,路基与桥、隧连接组成完整贯通的线路。

在土木工程中,路基在施工数量、占地面积及投资方面都占有重要地位,是铁路设计和公路设计的重要组成部分,为了加强路基设计原理与方法的学习,本书将集中讲述路基设计的原理与方法,为研究生及相关工程技术人员提供参考。

第一节 路基的特点

路基工程包括路基本体工程、路基排水工程、路基防护和加固建筑物以及由于修筑路基而必须的改河、改沟工程等,由这些工程组成完整的体系,以保证路基正常、良好地工作。

一、路基工程的特点和结构要求

（一）路基工程的特点

铁路或公路线路穿越万水千山，是绵延千万里的线状建筑。它建于岩土之上，大自然之中，主要有以下特点。

1. 路基建筑在岩土地基上，并以岩土为建筑材料

岩和土都是不连续介质，具有破碎性、孔隙性和多相性，其性质复杂多变，不仅由于线路通过的地形、地质条件不同而具有完全不同的性质，即使同一种岩土，由于气候四季循环、水位升落、受力状况的变异等，都将对其工程性质产生根本的影响。研究土石性质的土力学和岩石力学（或合称岩土力学）是发展中的年轻学科，过去的研究中大都将土石视为弹性体，假设其应力—应变是线性关系，在许多计算中采用材料力学和弹性力学的既有公式，或将土石视为刚塑性体，这些假设都不能与土石受力后的性状完全相符。路基设计理论主要建立在岩土力学的基础上，并借鉴于岩土力学的科技成果。近年来，随着岩土力学的发展和新型材料的应用，将为路基设计提供良好的条件。

2. 路基完全暴露在大自然中

随着铁路和公路的延伸，路基常遇见各种复杂的地形、地质、气候、水文以及地震等自然条件的影响，从而引发路基各种病害，如路堑边坡被水流冲蚀，膨胀土路基干缩湿胀引起路基边坡坍滑，路基冻害，雨季发生大滑坡以及地震时砂土液化引起路基滑走等路基病害，均与自然条件有密切关系（如图1-3）。路基的设计、施工和养护均不能离开具体的自然条件，而应该充分调查研究，认识和克服自然灾害，这是路基工作的重要内容。

(a) (b) (c) (d)

图1-3 "5·12"汶川大地震后路基破坏

3. 路基同时受静荷载和动荷载的作用

路基上的轨道或路面结构和附属建筑物产生静荷载，列车或汽车运行产生动荷载。动荷载是造成路床或基床病害的主要原因之一。研究土体在动力作用下的变形、稳定问题，必须了解土的动力性质，包括土的动强度和液化、动孔隙水压力增长及消散模式、土的振陷等。

一些新的测试手段和计算模型的出现，为进一步研究路（基）床土动力响应，为我国高速公路或铁路重载高速铁路的发展提供了更完善的条件。而在一般路基设计中，均将动荷载视为静荷载计算。

（二）路基结构的基本要求

根据上述的路基特点，为使路基正常工作，路基结构应满足如下要求。

1. 路基必须平顺，路基有足够宽度和上方限界

路基平顺状态指路肩高程和平面位置与线路平面、纵断面设计相符。路基的平面位置以其中心线表示。路基面宽度应满足轨道或路面铺设和养护要求。在路基面上方应有足以保证行车安全和便于线路维修养护的安全空间，当路基面上方或两侧有接近线路的建筑物时，必须按照铁路或公路限界的规定设置在限界范围以外。

2. 路基必须坚固、稳定

不允许路基丧失稳定和产生容许限度范围以外的各种变形。由于未查清地质条件或设计施工不妥而导致路基失稳，如果软土地基上填筑的路堤，只填到 2 ~ 3m 就连同地基一起滑动，其影响范围纵向或横向均接近百余米，这种尚未建成已破坏的路基当然不能使用。由于基底土体压缩性大以及填筑不密实，预留沉降量不足，必然导致路基面下沉，所以应正确估算总下沉量及设法减少运营期的下沉量。因此，路基设计中，应采取必要工程措施，以确保路基有足够的强度和稳定性。

3. 路基的设计和施工应满足技术经济要求

路基修筑的经济效益不仅指设计施工的投资，而且包括日后维修养护费用，同时，还要根据国家建设政策考虑少占农田，便利工农生产和人民生活。例如结合当地水文条件，综合考虑水利规划；结合当地气候和劳动条件，合理安排工期；根据地形、建筑材料条件制订土石方调配计划等。

总之，路基修筑是一项系统工程，要求技术上合理、经济上合算、建筑周期短，并与有关工程相协调。

二、路基设计分类

路基设计分为一般设计和个别设计两类。

一般设计是指在一般的工程地质水文地质条件下，路基高度不超过《公路路基设计规范》（JTG D30—2004）或《铁路路基设计规范》（TB 10001—2005）中所规定的路基高度范围，可采用一般施工方法施工的路基。一般路基的设计可采用标准设计，这种路基在路线中最常见，工程量也很大。

路基的个别设计是指除上述一般设计以外，在特殊条件下的路基工程设计，包括以下方面。

（1）工程地质及水文地质条件复杂或路基高度超过一般路基规定的范围。

（2）修筑在陡坡上的路堤。所谓“陡坡”是指地面横向坡度等于或陡于 1:2.5 的情况，若填料与基底均为不易风化的岩石，则指地面横向坡度等于或陡于 1:2 的情况。

（3）在滑坡地段、崩塌地段、岩堆地段、泥石流地区、水库地区、河滩及滨河地段、软土和泥沼地区、裂隙黏土地区、岩溶及其他坑洞地区、多年冻土地区、风砂地区、雪害地区等特殊条件下的路基。

（4）有关路基的防护加固及改移河道工程。

（5）采用大爆破及水力冲填施工方法的路基。

个别设计的路基，应作好工程地质和水文地质的调查，对路基断面和边坡、基底的设计要进行必要的检算。采用各种防护加固设施时，常需作多种方案的综合技术经济比较，以确保路基的坚固稳定。

第二节　铁路路基的基本构造

路基（subgrade）是轨道（track）和路面（pavement）的基础，路基工作状态的好坏，直接影响到轨道或路面状态的完好以至线路状态的优劣，所以路基设计必须满足稳定、坚固、不产生有害变形等条件，同时还应考虑技术经济条件、工期限制、节约用地等要求，这些主要通过垂直于线路中心线的路基横断面（subgrade cross-section）设计来体现。

一、铁路路基横断面形式

在铁路线路工程中，路基有下面几种形式。

1. 路堤（embankment）

当铺设轨道的路基面高于天然地面时，路基以填筑方式构成，这种路基称为路堤，如图1-4（a）所示。

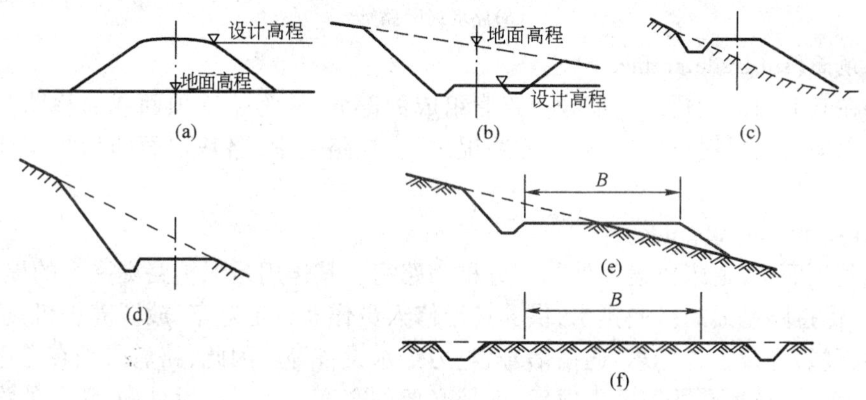

图 1-4　路基横断面形式

（a）路堤断面；（b）路堑断面；（c）半路堤断面；（d）半路堑断面；（e）半路堤半路堑断面；（f）不填不挖路基断面

2. 路堑（cutting）

当铺设轨道的路基面低于天然地面时，路基以开挖方式构成，这种路基为路堑，如图 1-4（b）所示。

3. 半路堤（part-fill section）

当天然地面横面倾斜，路堤的路基面边线和天然地面相交时，路堤体在地面相交线以上部分无填筑工程量，这种路堤称为半路堤，如图 1-4（c）所示。

4. 半路堑（part-cut）

当天然地面横向倾斜，路堑面的一侧无开挖工程量，这种路基称为半路堑，如图 1-4（d）

所示。

5. 半路堤半路堑(part-cut and part-fill section)

当天然地面横向倾斜,路基一部分以填筑方式构成而另一部分以开挖方式构成时,这种路基称为半路堤半路堑,如图 1-4(e)所示。

6. 不填不挖路基(zero grade subgrade)

当路基的路基面和经过清理后的天然地基面平齐,路基无填挖土方时,这种路基称为不填不挖路基,如图 1-4(f)所示。

二、铁路路基横断面基本构造

铁路路基由路基本体和路基设备两部分组成。

(一)路基本体

在各种路基形式中,按线路设计要求铺设轨道而构筑的部分称为路基本体。路基横断面中,路基本体由路基顶面、路肩、基床、边坡、基底几部分构成,如图 1-5 所示。

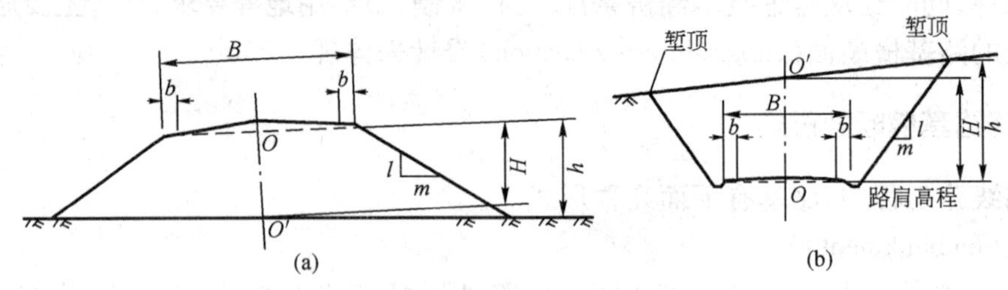

图 1-5 路基本体

B-路基宽度;b-路肩宽度;H-路基中心高;h-路基边坡高

(a)路堤;(b)路堑

1. 路基顶面(subgrade surface)

能直接在其上面铺设轨道的部分及路肩组成的部分,称为路基顶面或简称路基面。在路堤中路基顶面即为路堤堤身的顶面,也称路堤顶面;在路堑中,路基顶面即为堑体开挖后形成的构造面。

2. 路肩(should of subgrade)

铁路路基顶面中,道床覆盖以外的部分称为路肩。其作用是保护路堤受力的堤心部分,防止道砟失落,保持路基面的横向排水,供养护维修人员作业行走避车,放置养护机具,防洪抢险临时堆放砂石料,埋设备种标志、通信信号、电力给水设备等。因此,路肩必须在考虑了施工误差、高路堤的沉落、自然剥蚀等因素以后,保持必要的宽度。在线路设计中,路基的设计高程以路肩边缘的高程表示,称为路肩高程。

3. 基床(subgrade bed)

铁路路基面以下受到列车动荷载作用和受水文、气候四季变化影响的深度范围称为基床。其状态直接影响到列车运行的平稳和速度的提高,设计时应严格执行控制,满足基床厚度、填料及其压实度、排水等的规定。

4. 边坡(slope)

路基横断面两侧的边线称为路基边坡,边坡与路基顶面的交点称为顶肩。边坡与地面的交点,在路堤中称为坡脚,在路堑中称为路堑堑顶边缘,其高程与路肩高程的差为路堑边坡高度。路堤的边坡高度为路肩高度与坡脚高度之差。

5. 基底(ground)

基底即为路堤的地基,也就是路堤填土的天然地面以下受填土自重及轨道、列车动载影响的土体部分。基底部分土体的稳固性对整个路基本体以至轨道的稳定性都是极为关键的,特别是在软弱土的基底上修建路堤,必须对基底作妥善处理,以免危及行车安全与正常运车。

(二)路基设备

路基设备是路基的组成部分,是为确保路基体的稳定性而采用的必要的经济合理的附属工程措施。它包括排水设备、防护和加固设备两大类。

路基的排水设备分地面排水设备和地下排水设备两种。地面排水设备用以拦截地面径流,汇集路基范围内的积水并使其畅通地流向天然排水沟谷,以防止地面水对路基的浸湿、冲刷而影响其良好状态。地下排水设备用以拦截、疏导地下水和降低地下水位,以改善地基土和路基边坡的工作条件,防止或避免地下水对地基和路基体的有害影响。

路基防护设备用以防止或削弱风霜雨雪、气温变化及流水冲刷等各种自然因素对路基体所造成的直接或间接的有害影响,其种类很多,类型各异,常用的防护设备是坡面防护和冲刷防护。为了防止路基边坡和坡脚受坡面雨水的冲刷,防止日晒雨淋引起土的干湿循环,防止气温变化引起土的冻融变化等因素影响边坡的稳固,常采用坡面防护。为了防止河水对边坡、坡脚或坡脚处地基不断冲刷和淘刷,应设冲刷防护。防护位置和所采用的类型则常视水流运动规律及防护要求而定。特殊条件下路基的防护类型更多,例如在多年冻土地区,为防止冻融线路的剧烈变化应采用各种保温措施;在泥石流地区,为防止泥石流对路基体的威胁,常设置多种拦蓄与疏导工程;在风沙地区,为防止路基体沙蚀和被掩埋,常采用各种防沙、固沙设施等。

路基加固设备是加固路基本体或地基的工程设施,在路基加固工程中,主要有护堤、挡土墙、支垛、抗滑桩及其他地基加固措施等。路基加固设备是提高路基稳定的一种有效措施。

三、铁路标准路基横断面图式

在铁路路基工程中,路基本体的各种防护和加固设施,在设计中常遇到设计要求和设计条件相同,或基本相似的情况。为了减少或避免做重复性的设计计算工作,将各种在设计中常遇到并可以共用的设计图式加以认定,便成为可直接引用的标准图式。

路基横断面标准设计应根据有关规定,对路基边坡高度与坡度、地面排水设备、路堤基底的处理、路堤取土坑与路堑弃土堆的位置等设计内容作系统研究后确定,并编制成路基标准设计横断面图集,它适用于工程地质和水文地质条件良好、土质均匀、边坡高度在规定范围内和采用一般施工方法的新建铁路路基。当所设计的断面条件和标准设计适用条件相同时,可直接采用路基标准横断面,不需要另作设计计算。

(一)路堤标准横断面

路堤的标准设计断面系根据土的种类、地面横向坡度及边坡高度等分别给出,图 1-6(a)为边坡高度不大于 8m,地面横坡 $i \leq 1:10$,两侧设有取土坑的一般黏性土路堤标准设计断面。图 1-6(b)为地面横坡大于 1:5 而小于 1:2.5 的黏性土路堤标准设计断面。

进行路基横断面标准设计时，在排水方面只考虑大气降雨的影响。对于路堤来说，地面排水设备是排水沟或按规定挖通的取土坑，地面有明显横坡时，排水沟或作排水用的取土坑应设在路堤迎水一侧。地面横坡不明显时，可设置在路堤两侧。排水沟尺寸，一般底宽为0.4m，深0.6m。如汇水量过大而有漫溢可能时，则应根据径流流量，在迎水一侧加设一道或数道截水沟，或加大排水沟断面。

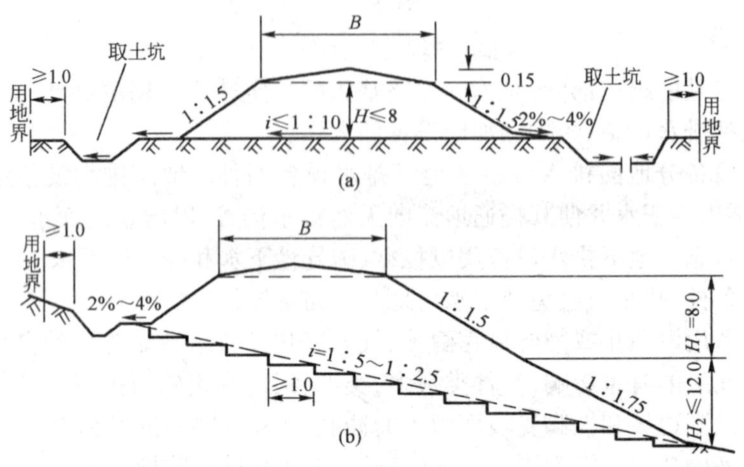

图 1-6 路堤标准横断面(尺寸单位：m)

排水沟或取土坑至路堤坡脚应有一定的距离，这一位置称为天然护道，其宽度一般不小于2m。设护道是为了使水沟或坑内的水不影响路堤的稳固性。在无排水沟或取土坑的一侧也应设护道，以免雨水在坡脚滞留和农田积水对路堤产生不利影响。在地质和排水条件良好的地段或经济作物高产田地段，若采取一定措施足以保证路堤稳定时，可将天然护道宽度减至1.0m。

排水沟或取土坑至用地界应留有不少于1m的宽度，以保持沟壁的完整。

(二)路堑标准横断面

路堑的标准设计断面根据土质条件有多种形式，图1-7(a)为有弃土堆的一般黏性土路堑标准设计断面，图1-7(b)为无弃土堆的粗砂、中砂路堑标准设计断面，图1-7(c)为岩石路堑标准设计断面。

图中路基面两侧的排水沟称为侧沟，用以排引路基面和边坡上的地面水。一般黏性土和细砂土的路堑侧沟，底宽不应小于0.4m，沟深不小于0.6m，干旱少雨地区沟深可减至0.4m。一般黏性土的侧沟边坡，靠线路一侧为1∶1，靠田野一侧与边坡坡度一致。岩质路堑的侧沟可修建成槽形，底宽和深度均不应小于0.4m。一般应与路堑地段的线路纵坡相同；若线路的纵坡为零或小于2‰，侧沟可作成单面坡或双面坡。后者常用于长路堑内，以免侧沟下游段开挖太深，双面坡侧沟的分水点处，沟深可减至0.2m。在困难条件下，侧沟沟底纵坡可减至1‰。

路堑顶缘以外部分称为路堑堑顶，置于堑顶的弃土应建成弃土堆。为保证路堑边坡的稳定，弃土堆内侧坡脚至堑顶边缘间应保持一定的距离。其大小随边坡的土质条件与边坡高度而定，一般为2～5m。若无弃土堆，路堑顶缘至天沟边缘距离一般不小于5m。如土质良好，堑坡不高或天沟铺砌时，可减至2m。湿陷性黄土路堑天沟至路堑顶缘间的距离，一股不小于10m，并应加固防渗。

为保证弃土堆本身的稳定，其边坡不得陡于1:1，高度不宜超过3m，弃土堆在山坡迎水一侧应连续堆积。弃土堆至堑顶边缘间的地面应整平成倾向路堑的缓坡，以利排水。必要时，此处地面及堑坡加以防护加固。弃土堆如在山坡下侧时，应间断堆积，每隔50～100m留出1m以上的缺口，以便弃土堆内侧的水顺利排出。

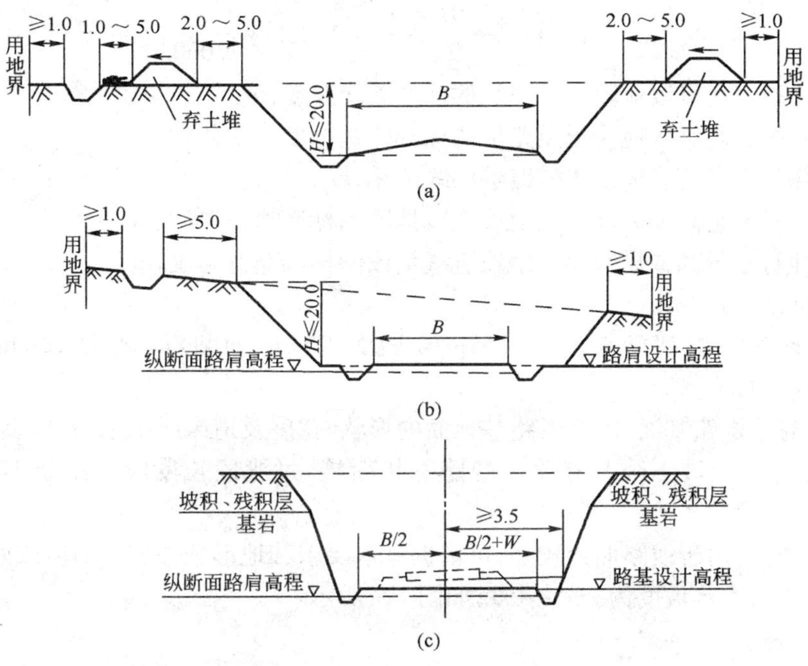

图1-7　路堑标准横断面（尺寸单位：m）

沿河弃土时，应防止下游路基与河岸的冲刷，避免弃土阻塞、污染河道，必要时应设置挡护设施。桥头弃土不得挤压桥墩，阻塞桥孔。

四、铁路路基面形状和宽度

1.铁路路基面形状

路基面是否需要设置路拱，应根据基床填料的渗水性及水稳性而定。不易渗水的填料必须设置路拱，使道床下的积水能迅速向路基两侧排出，以保持路基面的干燥，防止基床处浸水强度下降产生病害；渗水性好的填料，进入路基面的水能够较快地向下渗出，故不需设置路拱；岩石（年平均降水量大于400mm地区的易风化泥质岩石除外）由于水稳性良好，不怕水浸，也不需设置路拱。

路基面形状应设计为三角形路拱，由路基中心线向两侧设4%的人字排水坡。曲线加宽时，路基面仍应保持三角形。

（1）在单线铁路（或双线铁路并行等高地段）中，硬质岩石路堑及基床表层为级配碎石或级配砂砾石的路基，其路肩高程应高于土质路堤的路肩高程，高出尺寸Δh按式（1-1）计算：

$$\Delta h = h - h' + \frac{B - B'}{2} \times 0.04 \tag{1-1}$$

式中：h——土质路堤直线地段的标准道床厚度，m；

B——土质路堤直线地段的标准路基宽度，m；

h'——硬质岩石路堑、级配碎石或级配砂砾石路基直线地段的标准道床厚度，m；

B'——硬质岩石路堑、级配碎石或级配砂砾石路基直线地段的标准路基宽度，m。

(2)在双线铁路中，并行不等高或局部单线地段的路肩高程高于双线铁路并行等高地段土质路堤的路肩高程，高出尺寸 Δh 按式(1-2)计算：

$$\Delta h = h_{sh} - h_{d} + \left(\frac{B_{sh} - D - B_{d}}{2} + 1.435 + \frac{g}{1\,000}\right) \times 0.04 \tag{1-2}$$

式中：h_{sh}——并行等高直线地段土质路堤的标准道床厚度，m；

B_{sh}——并行等高直线地段土质路堤的标准路基宽度，m；

D——并行等高直线地段土质路堤的线间距，m；

h_{d}——并行不等高或局部单线地段直线地段的标准道床厚度，m；

B_{d}——并行不等高或局部单线地段直线地段的标准路基宽度，m；

1.435——标准轨距，m；

g——钢轨的头部间距，mm，75kg/m 轨为 75mm，60kg/m 轨为 73mm，50kg/m 轨为 70mm。

无路拱和有路拱路基面，因两者路基顶面的形状、宽度及道床厚度不同，应设过渡段，使无路拱的路基面逐渐顺坡下降与有路拱的路基相衔接，过渡段长度应不小于 10m，如图 1-8 所示。

站场路基顶面，由于线路股道较多，可依据排水要求和地形条件成一面坡或两面坡或锯齿形。路基面的横向排水坡度为 2%~4%，如图 1-9 所示。

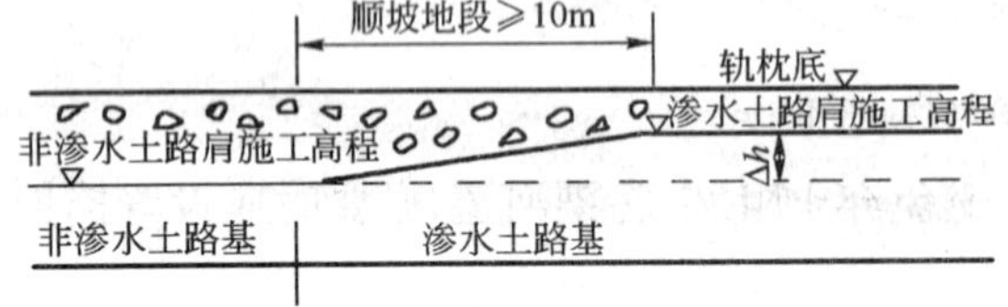

图 1-8　岩石、渗水路基与非渗水土路基的衔接

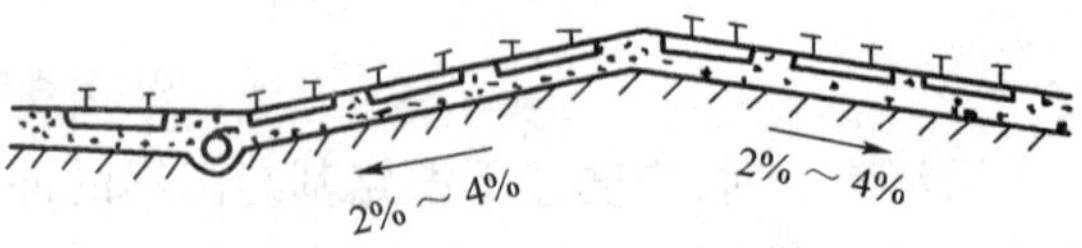

图 1-9　站场多股道锯齿形路基顶面图

2. 铁路路基面宽度

区间路基面宽度应根据铁路等级、正线数目、曲线加宽、路肩宽度等由计算确定。路肩宽度：I 级铁路，一般情况下，路堤不应小于 0.8m，路堑不应小于 0.6m，困难条件下，路堤不得小于 0.6m，路堑不得小于 0.4m；II 级铁路的路堤不得小于 0.6m，路堑不得小于 0.4m；III 级铁路的路堤和路堑均不得小于 0.4m。

各种情况下的路基宽度及其计算方法如下。

(1)标准轨距区间直线地段路基面宽度

标准轨距区间直线地段的路基面宽度如表 1-1 所示。

直线地段路基面宽度　　表 1-1

项　目	单位	I 级铁路						II 级铁路		
		特重型		重　型			次重型	次重型	中型	轻型
旅客列车设计行车速度 v	km/h	160	$120 \le v < 160$	160	$120 < v < 160$	120	120	$80 \le v \le 120$	$80 \le v \le 100$	80
双线线间距	m	4.2	4.0	4.2	4.0	4.0	4.0	4.0	4.0	4.0
道床顶面宽度	m	3.5	3.5	3.4	3.4	3.4	3.3	3.3	3.0	2.9

续上表

项目				单位	I 级铁路						II 级铁路		
					特重型		重型			次重型	次重型	中型	轻型
基床表层类型	土质		道床厚度	m	0.5	0.5	0.5	0.5	0.5	0.45	0.45	0.40	0.35
		单线	路堤	m	7.9	7.9	7.8	7.8	7.8	7.5	7.5	7.0	6.3
			路堑	m	7.5	7.5	7.4	7.4	7.4	7.1	7.1	6.6	5.9
		双线	路堤	m	12.3	12.1	12.2	12	12	11.7	11.7	11.2	10.5
			路堑	m	11.9	11.7	11.8	11.6	11.6	11.3	11.3	10.8	10.1
	硬质岩石		道床厚度	m	0.35	0.35	0.35	0.35	0.35	0.3	0.3	0.3	0.25
			单线路堑	m	6.9	6.9	6.8	6.8	6.8	6.5	6.5	6.2	5.7
			双线路堑	m	11.3	11.1	11.2	11	11	10.7	10.7	10.4	9.9
	级配碎石或级配砂砾石		道床厚度	m	0.3	0.3	0.3	0.3	—	—	—	—	—
		单线	路堤	m	7.1	7.1	7	7	—	—	—	—	—
			路堑	m	6.7	6.7	6.6	6.6	—	—	—	—	—
		双线	路堤	m	11.5	11.3	11.4	11.2	—	—	—	—	—
			路堑	m	11.1	10.9	11.0	10.8	—	—	—	—	—

注：①特重型、重型轨道的路基面宽度为无缝线路轨道、II 型混凝土枕的标准值。对 $v=120\text{km/h}$ 的重型轨道；当采用无缝线路轨道和 II 型混凝土枕时，路基面宽度应减小 0.1m；当采用有缝线路轨道和 II 型或 III 型混凝土枕时，路基面宽度应减小 0.3m。

②次重型轨道的路基面宽度为无缝线路轨道、II 型混凝土枕的标准值。当采用有缝线路轨道时，路基面宽度应减小 0.2m。

③中型、轻型轨道的路基面宽度为有缝线路轨道、II 型混凝土枕的标准值。

④采用大型养路机械的电气化铁路，当接触网的立柱设在路肩上时，直线地段路基面宽度应满足以下标准：单线铁路不小于 7.7m；双线铁路 160km/h 地段不小于 11.9m（其他不小于 11.7m）；表 1-1 中宽度小于该标准时应采用该标准。

当铁路线路不采用表列的各项计算标准时，如有特殊要求的线路和各种非标准轨距的线路等，则可建立公式对路基面宽度进行计算，以满足特定道床覆盖宽度和所需路肩宽度的要求，路基面宽度的各计算公式如下。

①单线非渗水土路基面宽度

从图 1-10（a）可知，路基面宽度为：

$$B = A + 2x + 2c \tag{1-3}$$

而

$$x = \frac{m(h_1 B + h_2 B + 0.15A - 0.255)}{B - 0.3m} \tag{1-4}$$

将 x 代入式（1-3），并进行整理得：

$$B^2 - MB + N = 0 \tag{1-5}$$

所以，

$$B = \frac{M \pm \sqrt{M^2 - 4N}}{2} \tag{1-6}$$

式中：$M = A + 2c + 2m(0.15 + h_1 + h_2)$，$N = m(0.6c + 0.45)$。

②单线岩石、渗水土路基面宽度

从图 1-10（b）可知，路基面宽度为：

$$B = 2[(h_1 + h_2)m + c] + A \tag{1-7}$$

③双线非渗水土路基面宽度

从图1-10(c)可知，路基面宽度为：

$$B = D + A + 2x + 2c \tag{1-8}$$

上述式中：D——双线的线间距，其值不应小于4.0m；

h_1——靠路展中心的钢轨处轨枕下的道床厚度。

而

$$x = \frac{m(h_1B + h_2B + 0.2A + 0.3)}{B - 0.4m} \tag{1-9}$$

将 x 代入式(1-7)，并进行整理得：

$$B^2 - MB + N = 0 \tag{1-10}$$

所以，

$$B = \frac{M + \sqrt{M^2 - 4N}}{2} \tag{1-11}$$

式中：$M = D + A + 2c + 2m(0.2 + h_1 + h_2)$，$N = m(0.4D + 0.8c - 0.6)$。

④双线直线地段岩石、渗水土路基面宽度

路基面宽度为：

$$B = \text{单线岩石路基面宽度} + 4.0 \tag{1-12}$$

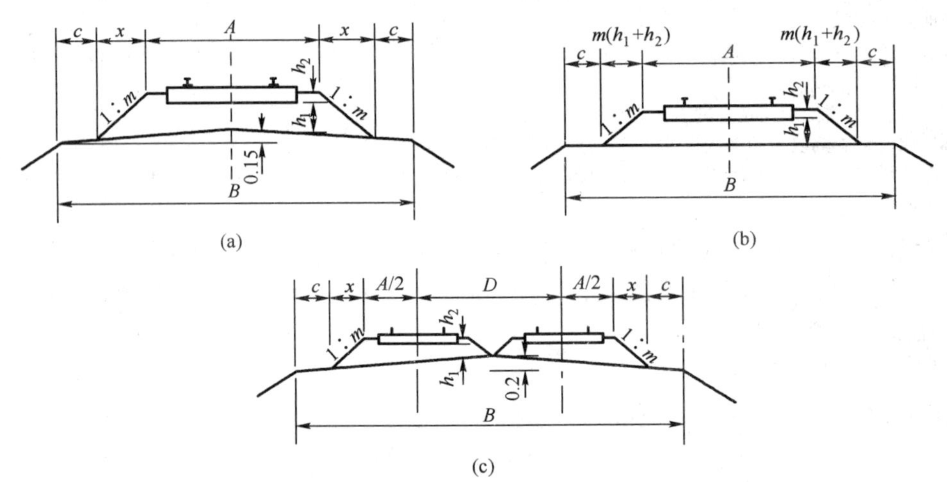

图1-10　直线地段的路基面宽度(尺寸单位：m)

(a)单线非渗水土路基面宽度；(b)单线岩石、渗水土路基面宽度；(c)双线非渗水土路基面宽度

B-路基面宽度；A-道床顶面宽度；c-路肩宽度；m-道床边坡坡度；h_1-钢轨处轨枕下道床厚度；h_2-轨枕埋入道床深度，III型钢筋混凝土轨枕为0.185m，II型钢筋混凝土轨枕为0.165m

(2)标准轨距区间曲线地段的路基面加宽

在曲线地段，出于曲线轨道的外轨设置超高、外侧道床加厚、道床坡脚外移，故曲线外侧的路基顶应予加宽，其加宽值可按各级铁路的最大允许超高计算确定。曲线外侧路基面的加宽量应在缓和曲线范围内向直线递减。我国铁路规范中规定的区间单线曲线地段，路基面加宽数值如表1-2。双线和多线曲线地段路基面宽度除按表1-2规定的数值加宽外，还应根据双线线间距、外轨超高度、道床宽度及其坡度、路拱形状等计算确定。确保规定的安全行车空间所需的线间距加宽值如图1-11所示。

曲线地段路基面加宽值 表 1-2

铁 路 等 级	旅客列车设计行车速度	曲线半径 R (m)	路基面外侧加宽值 (m)
I 级铁路	160km/h	1 600≤R≤2 000	0.4
		2 000 < R < 3 000	0.3
		3 000≤R < 10 000	0.2
		R≥10 000	0.1
	140km/h	1 200≤R≤1 400	0.4
		1 400 < R < 2 000	0.3
		2 000≤R≤6 000	0.2
		R > 6 000	0.1
I、II 级铁路	120km/h	800≤R < 1 200	0.4
		1 200≤R < 1 600	0.3
		1 600≤R < 5 000	0.2
		R≥5 000	0.1
II 级铁路	100km/h	600≤R < 800	0.4
		800≤R≤1 200	0.3
		1 200 < R < 4 000	0.2
		R≥4 000	0.1
	80km/h	500≤R≤600	0.3
		600 < R≤1 800	0.2
		R > 1 800	0.1

注:无缝线路 R < 800m,有缝线路 R < 600m 的曲线外侧路基面应在表 1-2 加宽基础上增加 0.1m。

双线曲线地段线间距加宽原因是当两线列车交会时,外线车辆中部向内偏移而内线车辆两端向外偏移,使行车安全空间被压缩,如图 1-11(a);若外线超高值大于内线超高值,则两线上行驶的车辆顶部相互靠近,也减少了行车安全空间,如图 1-11(b)。

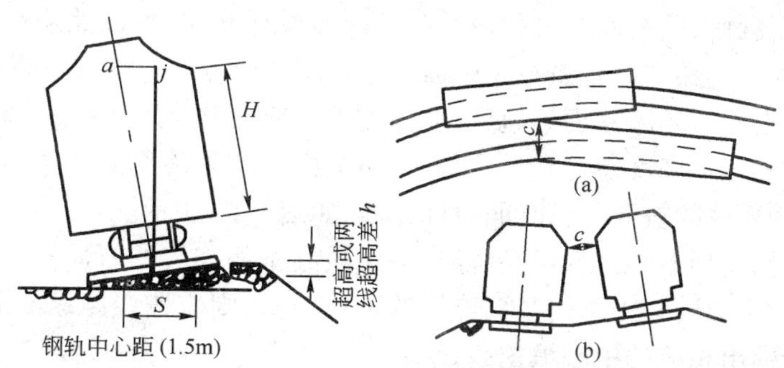

图 1-11 曲线双线路基面线间距加宽量计算图

区间单、双线曲线地段的路基面宽度,应在曲线外侧按表 1-2 的数值加宽,加宽值应在缓和曲线范围内线性递减。

计算结果表明,I、II 级铁路加宽值相差不大,故统一按 I 级铁路采用。

下面为曲线地段路基面加宽值计算公式。

由图 1-12 可知:

$$h_2 = \left(\frac{A}{2} + \Delta + 0.75\right)\frac{h_3}{1.5} + 0.185 \tag{1-13}$$

因

$$\left(\frac{B}{2} - 0.75\right)\frac{0.3}{B} = h_4 + \frac{0.3c}{B + 2W} \tag{1-14}$$

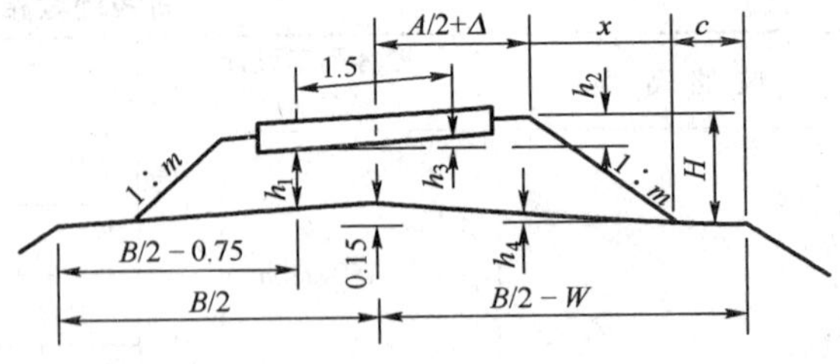

图 1-12　曲线地段路基面加宽(尺寸单位:m)

h_1-钢轨处轨枕下道床厚度;h_3-计算轨面超高值;Δ-道床顶面加宽值,无缝线路 $R<800$m、非无缝线路 $R<600$m 时为 0.1m,否则 $\Delta=0.0$m

故

$$h_4 = 0.15\left(1 - \frac{1.5}{B} - \frac{2c}{B + 2W}\right) \tag{1-15}$$

采用近似值 0.07 ~0.1m,所以,

$$x = m(h_2 + h_1 + h_4) \tag{1-16}$$

曲线地段路基面加宽值为:

$$W = \frac{A}{2} + \Delta + x + c - \frac{B}{2} \tag{1-17}$$

五、路基高度

路基高度是指路堤的填筑高度和路堑的开挖深度,是路基设计高程和地面高程之差。因原地面沿横断面方向往往是倾斜的,因此在路基宽度范围内,两侧的高差常有差别。路基高度是指路基中心线处设计高程与原地面高程之差,而路基两侧边坡的高度是指填方坡脚或挖方坡顶与路基边缘的相对高差,所以路基高度有中心高度与边坡高度之分。

路基的填挖高度应在线路纵断面设计时,综合考虑线路纵坡要求、路基稳定性和工程经济等因素确定。

在铁路线路工程中,路基面的高程由线路纵断面设计确定,并以路肩高程表示,在线路纵断面设计图中所确定的路肩高程系按路基面有路拱路基面得出,所以,当路基面为无拱路基面时,按规定路肩高程修筑的路基面铺轨后,轨面高程将低于设计的高程。单线路基时其值为路拱高和有、无路拱的道床厚度差之和,横断面上路基面土质为渗水土或岩石时,路肩高程应加高的值为 Δh,使铺轨后的轨面与纵断面设计相等,如图 1-13 所示。

因此,在确定路基横断面的设计高程时,与土质路基相连续的石质路堤,应按线路纵断面图上的设计高程加上 Δh;与土质路基相连接的石质路堑,则应按线路纵断面上的设计高程减去 Δh。在图上应标出相应的中心填挖高数字。

路肩高程受洪水位或潮水位控制时,应根据不同情况,确定设计洪水频率或重现期,以计算其设计水位。设计洪水频率标准是:I、II 级铁路为 1/100,III 级铁路为 1/50。路肩高程是在线路纵断面设计中,考虑路基不被洪水淹没,经综合优化得出。为了减少路基病害,确保线路的质量,在纵断面设计中的路肩高程应满足以下要求。

滨河、河滩路堤的路肩高程应高出设计水位加壅水高（包括河道卡口或建筑物造成的壅水、河湾水面超高），加波浪侵袭高或斜水流局部冲高，加河床淤积影响高度，再加0.5m。其中波浪侵袭高与斜水流局部冲高应取二者中之大值。如图1-14所示。

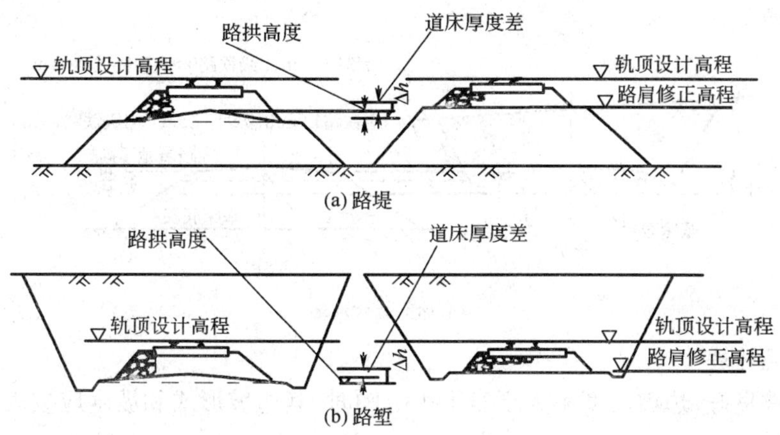

图1-13　土质、石质路基高程调整示意图

水库路基的路肩高程，应高出设计水位加波浪侵袭高加壅水高（包括水库回水及边岸壅水），再加0.5m。当按规定洪水频率计算的设计水位低于水库正常高水位时，应采用水库正常高水位作为设计水位。

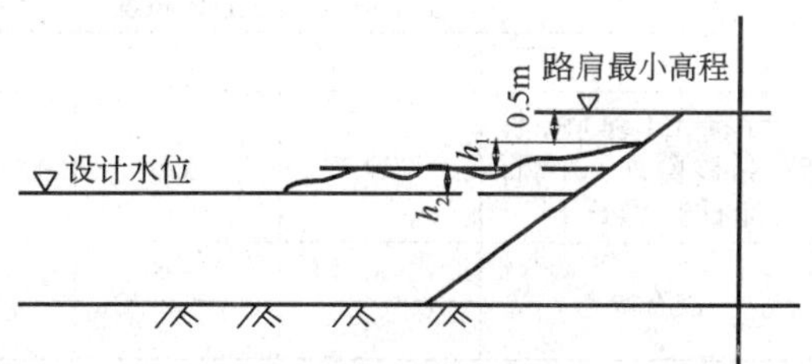

图1-14　滨河、河滩路堤的路肩高程计算

h_1-波浪侵袭高；h_2-壅水高

未设防浪胸墙的滨海路堤，其路肩高程应高出设计高潮水位加波浪侵袭高（波浪爬高），再加不小于0.5m的安全高度；当路堤顶设有防浪胸墙时，路肩高程高出设计高潮水位以上不小于0.5m。

季节冻土地区和盐渍土等路基的路肩高程应按路基设计路规的有关规定确定。

六、铁路路基基床

路基基床结构分为表层及底层，其厚度应符合铁路路基设计规范规定，如表1-3，其结构如图1-15所示。

基床表层及底层厚度（单位：m）　　表1-3

铁路等级		I级	II级	III级
层位	表层	0.6	0.5	0.4
	底层	1.9	1.5	1.1

注：基床厚度以路肩施工高程为计算起点。

路堤基床为渗水土而其下部为非渗水土时，非渗水土层顶面应设4%横向排水坡。路堑基床表层换填渗水土时，其底层顶面应设4%横向排水坡。

陡坡地段的半填半挖路基，路基面以下2m深基床范围内应予以挖除换填，填料应符合基床土的要求。挖方顶面应设4%的向外排水坡。

七、铁路路基的边坡形式和坡度

铁路路基边坡形式和坡度应根据路基材料的物理力学性质、边坡高度、列车荷载和路基工程地质条件等确定。

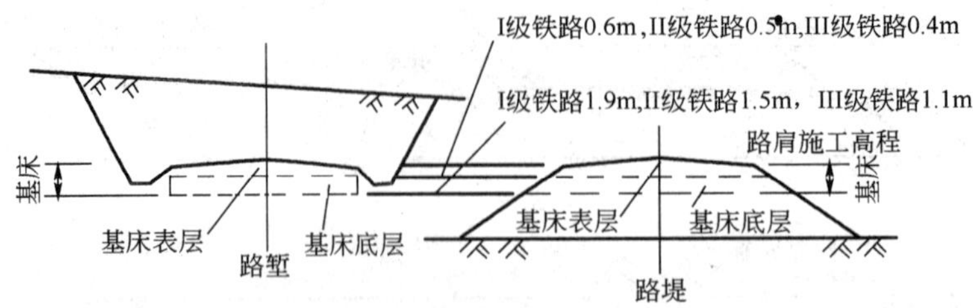

图 1-15　基床结构

1. 铁路路堤边坡

当地基条件良好，边坡高度不大于表 1-4 范围时，其边坡形式和坡度应按表 1-4 采用。

路堤边坡形式和坡度　　表 1-4

填料类别	边坡高度(m)			边坡坡度			
	全部高度	上部高度	下部高度	全部坡度	上部坡度	下部坡度	边坡形式
细粒土	20	8	12	—	1:1.5	1:1.75	折线形
粗粒土（细砂、粉砂、黏砂除外）、碎石土、卵石土、漂石土	20	12	8	—	1:1.5	1:1.75	折线形
硬石块	8	—	—	1:1.3	—	—	直线形
	20	—	—	1:1.5	—	—	直线形

如有可靠资料和经验时，可不受表 1-4 限制；当填料采用粒径大于 25mm 不易风化的块石，边坡采用干砌时，其边坡坡度根据具体情况而定；填料为易风化的软块石时，其边坡坡度应按风化后土质边坡设计。

路堤边坡坡度大于表 1-4 所列的数值时，其超出的下部边坡形式和坡度，应根据填料的性质由稳定分析计算确定，最小稳定安全系数应为 1.15 ~ 1.25，边坡形式宜用阶梯形。

路堤坡脚外应设置不小于 2m 宽的天然护道。在经济作物区高产田地段，当能保证路堤稳定时，可设宽度不小于 1m 的人工护道或设坡脚墙。

2. 铁路土质路堑边坡

土质路堑边坡形式及坡度应根据工程地质水文地质条件、土的性质、边坡高度施工方法，并结合自然稳定山坡和人工边坡的调查及力学分析综合确定。

边坡高度不大于 20m 时，边坡坡度可按表 1-5 设计。

土质路堑边坡坡度　　表 1-5

土的类别		边坡坡度
黏土、粉质黏土、塑性指数大于 3 的粉土		1:1 ~ 1:1.5
中密以上的中砂、粗砂、砾砂		1:1.5 ~ 1:1.75
卵石土、碎石土、圆砾土、角砾土	胶结和密实	1:0.5 ~ 1:1
	中密	1:1 ~ 1:1.5

注：①黄土、膨胀土等特殊土路堑边坡形式及坡度应按《铁路特殊路基设计规范》（TB 10035—2006）有关规定执行。

②有可靠的资料和经验时，可不受本表限制。

路堑边坡高度大于20m时，其边坡形式及坡度应按铁路路基设计规范有关规定并结合边坡稳定性分析计算确定，最小稳定安全系数应为1.15~1.25。

在碎石类土、砂类土及其他土质路堑中，应在侧沟外侧设置平台，其宽度应视边坡高度和土的性质决定，不宜小于1m。当边坡全部设防护加固工程时，可不设平台。

不同地层组成的较深路堑，宜在边坡中部或不同地层分界处设置平台，并在平台上设置截水沟或挡水墙，平台宽度不宜小于2m。在年平均降水量小于400mm地区，边坡平台上可不设截水沟，但应设置向坡脚方向不小于4%的排水横坡，平台宽度不宜小于1m。

3. *铁路石质路堑边坡*

岩石路堑边坡形式及坡度应根据工程地质水文地质条件、岩性、边坡高度、施工方法，并结合岩体结构、结构面产状、风化程度和地貌形态以及自然稳定边坡和人下边坡的调查综合确定，可采用稳定分析方法予以检算。

铁路石质路堑边坡边坡高度不大于20m时，边坡坡度可按表1-6的规定设计。

岩石路堑边坡坡度 表1-6

岩 石 类 别	风 化 程 度	边 坡 坡 度
硬质岩	未风化、微风化	1:0.1~1:0.3
	弱风化、强风化	1:0.3~1:0.75
	全风化	1:0.75~1:1
软质岩	未风化、微风化	1:0.3~1:0.75
	弱风化、强风化	1:0.5~1:1
	全风化	1:0.75~1:1.5

注：①膨胀岩等特殊岩质路堑边坡形式及坡度应按《铁路特殊路基设计规范》(TB 10035—2006)有关规定执行。

②软质岩石边坡如整体稳定性好且设坡面防护时，可采用较陡边坡。

③有可靠的资料和经验时，可不受本表限制。

强风化及全风化的岩石路堑，可根据岩性及边坡高度设置平台和排水设备。

边坡高度大于20m的硬质岩路堑，根据岩体结构、结构面产状、岩件，并结合施工影响范围内既有建筑物的安全性要求，可采用光面、预裂爆破技术。

边坡高度大于20m的软弱松散岩质路堑，当岩层风化破碎、节理发育时，根据边坡工程地质条件，结合机械化施工的工艺特点，宜采用分层开挖、分层稳定和坡脚预加固技术。岩石路堑边坡的形状一般可取一坡到顶的直线边坡；如为高边坡，边坡上岩石性质和风化程度明显不同时，可采用与岩质相适应的坡率，整个边坡成折线形，在换层处设置边坡平台。如图1-16所示。

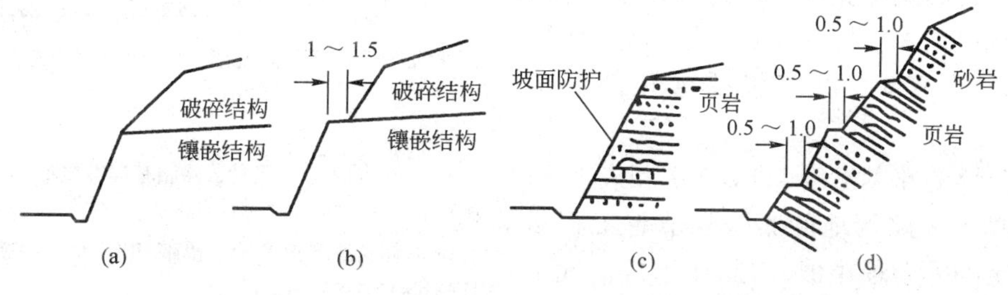

图1-16 岩质边坡路堑形式(尺寸单位：m)

4. 路堑的防护与加固

路堑的路基面也可能因土质不良、气候因素、地下水和动载作用而产生基床病害，但不会产生大量沉降。

在路堑的防护与加固中，地面排水和地下排水通常要比路堤情况复杂，因为堑顶地形有时较为陡急，山坡坡面上的水流速度较大，常需加强路基坡面的防护，同时加固排水设备。

第三节　公路路基的基本构造

一、路基几何尺寸的构成

高速公路的路基设计应严格按照交通部颁布的《公路工程技术标准》(JTG B01—2003)及《公路路基设计规范》(JTG D30—2004)的规定，同时还须依据其使用要求和当地自然条件，因地制宜，并结合施工方法进行设计，保证有足够的稳定性和经济合理性，尤其应按标准控制好纵坡，因为纵坡牵涉填挖高度，而填挖高度又直接影响整个工程的造价。此外，在路基设计前应认真调查研究，摸清和收集沿线工程地质、水文地质、气象、地形、地貌、洪水位和建筑材料等有关设计资料，为进行路基设计提供正确的基础资料。经过实地踏勘后，拟定多种比较方案，进行理论上分析，技术上论证，经济上对比，最后从可行性方案中选出一条较为合理的设计方案。

公路路基的几何尺寸由路基宽度、路基高度和边坡坡度三者所构成。公路路基宽度取决于公路的技术等级；路基高度（包括路中心线的填挖高度、路基两侧的边坡高度）取决于地形和公路纵断面设计；路基边坡坡度取决于土质地质、水文与水文地质条件、路基高度和横断面经济性等因素。

各级公路路基宽度为车道宽度与路肩宽度之和，当设有中间带加减速车道、爬坡车道、紧急停车带错车道等时，应计入这些部分的宽度。

高速公路的路基横断面分为整体式和分离式两类。整体式断面包括行车道、中间带、路肩以及紧急停车带、爬坡车道、变速车道等组成部分；分离式断面包括行车道、路肩以及紧急停车带、爬坡车道、变速车道等组成部分。

分离式路基应处理好与整体式路基的相互衔接和边坡的防护，设置完善的排水设施，并与自然景观相协调。

高速公路的路基标准横断面见图1-17、表1-7和表1-8所示。

二、路基的横断面组成

高速公路的路基宽度一般为行车道、路肩、中间带的宽度之和，当设有紧急停车带、爬坡车道和变速车道时，也应包括这几部分的宽度。

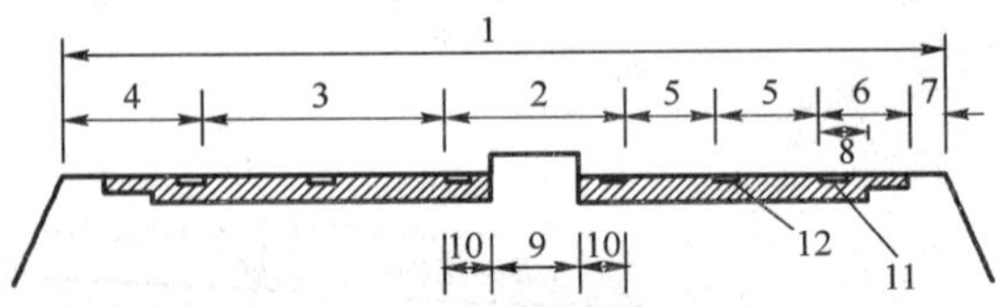

图1-17　高速公路路基标准横断

1-路基；2-中间带；3-行车道；4-路肩；5-车道；6-硬路肩；7-土路肩；8-右侧路缘带；9-中央分隔带；10-左侧路缘带；11-行车道外侧线；12-车道分界线

高速公路的路基宽度（见表1-7和表1-8）是考虑了我国公路用地的紧张和节省工程量的原则确定的一个最小值，因此在正常情况下应采用“一般值”，以保证公路的使用功能。有条件时，特别是平原微丘区可适当增加硬路肩的宽度，并相应增加路基宽度。仅在地形条件十分困难或受其他特殊情况限制时，局部地段可采用“变化值”，但不得在很长路段甚至全线采用“变化值”。

整体式路基宽度　　表 1-7

公 路 等 级		高 速 公 路							
设计速度(km/h)		120			100			80	
车道数		8	6	4	8	6	4	6	4
路基宽度(m)	一般值	42.00	34.50	28.00	41.00	33.50	26.00	32.00	24.50
	最小值	40.00	—	25.00	38.50	—	23.50	—	21.50

公路等级		一 级 公 路				
设计速度(km/h)		100		80		60
车道数		6	4	6	4	4
路基宽度(m)	一般值	33.50	26.00	32.00	24.50	23.00
	最小值	—	23.50	—	21.50	20.00

公路等级		二级公路		三级公路		四级公路	
设计速度(km/h)		80	60	40	30	20	
车道数		2	2	2	2	2 或 1	
路基宽度(m)	一般值	12.00	10.00	8.50	7.50	6.50（双车道）	4.50（单车道）
	最小值	10.00	8.50	—	—	—	

注：“一般值”为正常情况下的采用值；“最小值”为条件受限制时可采用的值。

高速公路、一级公路分离式路基宽度　　表 1-8

公 路 等 级		高 速 公 路							
设计速度(km/h)		120			100			80	
车道数		8	6	4	8	6	4	6	4
路基宽度(m)	一般值	22.00	17.00	13.75	21.75	16.75	13.00	16.00	12.25
	最小值	—	—	13.25	—	—	12.50	—	11.25

公路等级		一 级 公 路				
设计速度(km/h)		100		80		60
车道数		6	4	6	4	4
路基宽度(m)	一般值	16.75	13.00	16.00	12.25	11.25
	最小值	—	12.50	—	11.25	10.25

注：①八车道的内侧车道宽度如采用 3.50m，相应路基宽度可减 0.25m。

②表中所列“一般值”为正常情况下的采用值；“最小值”为条件受限制时可采用的值。

高速公路的路基宽度一般是根据设计任务书的要求来确定的。当设计任务书没有明确规定时，则可根据高速公路的路基宽度要求并结合沿线的具体情况确定。

在我国，目前高速公路最常用的是双向四车道，当高速公路的交通量超过四个车道的通行能力时，其车道数可按双数增加，行车道宽度也相应增加。车道宽度与汽车宽度、汽车行驶速度、交通量预测、交通组成及设计通过能力等因素有关。设计车辆规定的最大宽度为 2.5m，是个定值。根据日本等国的研究资料：计算行车速度≥100km/h 时，车道宽度应为 3.75m；计算行车速度<100km/h 时,为3.5m。考虑我国载重汽车所占比例大,车型繁杂,车速不一,车道宽度一般采用3.75m,超车道宽度可根据交通量的构成情况在3.50～3.75m 范围内取值。车道宽度主要与汽车的外形尺寸和行车速度有关。车速越高,汽车离开直线的偏离程度也就越大,因此,在确定车道宽度时,应考虑到汽车的车箱宽度、横向摆动幅度以及车辆间的安全距离。美国有些车道宽度达4.27m,其实,在太宽的车道内行驶时,将增加左右摆动的幅度,甚至会以为是两条车道而进行超车,反而会增加交通事故。

高速公路应设置中间带,中间带的作用主要是分隔往返车流,保证车速,减少事故,提高通行能力,还可作为设置路上设施、标志的场地。中间带由两条左侧路缘带和中央分隔带组成,见图1-17 所示。路缘带的作用是引导驾驶员的视线,保证行车所需净宽,增加行车安全和舒适感。中央分隔带两侧原则上尽量不设凸起的路缘石。据国外研究资料介绍,计算行车速度在80km/h 以上的公路,无论什么样的路缘石几乎都不能起到防止车辆越出路外的作用。多数认为高缘石(高度在20cm 以上)会使车辆弹起而减弱安全护栏的功能。当因排水需要或其他原因不得已而设置时,应采用外形低而圆滑的斜式路缘石,以防止车辆弹起或翻车。中央分隔带越宽作用越大,但考虑到公路用地及造价等问题,应采用合理的宽度。中间带的宽度根据行车带以外的侧向净宽以及设置护栏、防眩网、交通标志等路上设施所需宽度而确定。整体式断面中间带宽度规定见表1-9 所示。分离式断面中间带宽度宜大于4.5m,此时,中间带宽度可随地形变化而灵活运用,不必等宽,且两侧行车道亦不必等高(可以在不同平面上),而应与地形、景观等相配合,此时中间带应做成向中央倾斜的凹形。

中间带宽度　　表1-9

设计速度(km/h)		120	100	80	60
中央分隔带宽度(m)	一般值	3.00	2.00	2.00	2.00
	最小值	2.00	2.00	1.00	1.00
左侧路缘带宽度(m)	一般值	0.75	0.75	0.50	0.50
	最小值	0.75	0.50	0.50	0.50
中间带宽度(m)	一般值	4.50	3.50	3.00	3.00
	最小值	3.50	3.00	2.00	2.00

注:“一般值”为正常情况下的采用值;“最小值”为条件受限制时可采用的值。

高速公路理想的路肩宽度是发生故障车辆随时都可在路肩上停置的宽度。当因地形、交通量等因素这样做不经济时,则应具有确保行驶所需之最小侧向余宽。因此,高速公路硬路肩宽度不宜小于2.5m,只有在受地形及其他特殊情况限制而不得已时,方可采用规定的最小值。路肩的主要作用是保护行车道的功能和临时停车使用,并作为路面的横向支撑。高速公路的分离式断面应在行车道左侧设置左侧路肩,但不考虑停放车辆,只需保证行车所需侧向余宽,有条件时,左侧路肩宽度不宜小于2.0m。

高速公路在路肩宽度内应设置路缘带,路缘带是路肩的一部分并与行车道相连接。它作为侧向余宽的一部分,可以保证行车道的功能,并可起到诱导视线的作用。路缘带的宽度应保持规定的宽度,避免变化。高速公路应在右侧硬路肩宽度内设右侧路缘带;当设置左侧路肩时,也应在硬路肩宽度内设左侧路缘带。右侧路缘带和左侧路缘带的宽度一般不宜小于0.5m,条件许可时,可采用0.75m。硬路肩与行车道之间应用右侧路缘带及路标线分隔开。

当高速公路的右侧硬路肩宽度小于2.50m 时,在路肩停车的故障车辆将占用行车道,妨碍车辆的正常行驶,此时应设紧急停车带。紧急停车带的设置间隔应根据需要的停车频度和由于停车而引起的对其他车辆的影响程度而定,并应考虑故障车辆可能行驶的距离和人力可能推行的距离。紧急停车带的设置间距:不宜大于500m。紧急停车带的宽度原则上以停放车辆不影响行车道上的交通来确定,其宽度包括硬路肩在内为3.50m,而有效停车长度是根据能停放一辆半挂车来确定的,故不应小于3m。

当高速公路的纵坡大于4%时,可设爬坡车道,其宽度一般为3.5m,困难路段,可适当减窄,但不得小于3m,过渡段长度为45m。爬坡车道外应设路肩。设置爬坡车道是为了在长陡的路段上,将大型车、慢速车从主线车流中分离出去,提高主线车辆的行驶自由程度,以增加该路段的通行能力。在设计中,应对该爬坡车道方案与降缓纵坡不设爬坡车道方案进行比选,确定经济、合理的方案。

高速公路的互通式立体交叉、服务区、公共汽车停靠站等同主线衔接处,应设置变速车道,其宽度一般为3.5m。变速车道应根据主线标准、所处路段线形等确定其类型、长度及出、入口角度等。

三、路基高度

路基的填挖高度,是在路线纵断面设计时,综合考虑路线纵坡要求、路基稳定性要求和工程经济要求等因素确定的。

高速公路的中央分隔带一般有凹形和凸形两种形式。当中央分隔带采用凹形时,路基设计高程为中央分隔带外侧边缘高程,即左侧路缘带内边缘的高程;当中央分隔带为凸形时,由于路缘石高出路缘带,此时路基高程为左侧路缘带的内边缘高程。

路基高度是指路基的填筑高度或路基的开挖深度,是路基设计高程与原地面中心线高程之差。由于原地面横向往往有倾斜,在路基宽度范围内,两侧的相对高差常有所不同。因此,路基高度又有中心高度与边坡高度之分。前者是我们通常所指的路中心线处的设计高程与原地面高程之差,而后者则指填方坡脚或挖方坡顶与路基边缘的相对高差。

根据路基强度和稳定性的要求。路基高度除指路床表面距原地面的高度外,更重要的是指路床表面距地表长期积水水位或地下水位的高度。路基填土高度是指路肩边缘距原地面的高度,为了保证路基处于干燥或中湿状态,路基高度应根据临界高度并结合公路沿线具体条件和排水及防护措施确定路基的最小填土高度。在干燥地区,为便于排除雨水,路基最小填土高度一般为:

土质砂0.3~0.5m;

粉质土0.5~0.8m;

黏质土0.4~0.7m。

路基填土高度是高速公路路基设计中的综合技术经济指标之一,它将极大地影响公路用地和造价,也将影响公路的使用性质和功能。因此,一方面,应力求降低路基平均填土高度,以节省用地,减少土石方和桥涵等人工构造物的工程数量,降低工程造价;另一方面,又必须满足根据路基设计洪水频率(1/100)求得的计算水位(设计水位加波浪高度及壅水高度)0.5m以上,以保证路基长期使用的要求;同时也必须保证不因地面水、地下水、毛细水和冰冻作用的影响,而降低其强度和稳定性的路基最小填土高度,并满足通过净空的要求。

高速公路路基填土高度控制的主要是全封闭高速公路与被交国道、地方干道、铁路线和两侧过往机耕道对通行高度的要求。由于我国幅员辽阔,地形、地质情况以及各地区情况差异较大,加上混合交通的复杂性,因此,在高速公路的路基设计时,既要考虑满足高速公路行车标准，又要考虑我国目前广大农村农用机械的通行问题，必须设置过往农用机械及行人的通道，这就不可避免地要出现高填、深挖的公路路基。此外，平原地区的排水问题，应引起足够的重视，如果下穿道路的路面高程比原地面低，将会导致长期积水，直接影响高速公路两侧的交通。因此，被交道路的路面高程尽量不低于原地面高程，对个别偏低的通道，应进行有效的防排水设计处理。

我国高速公路在平原区的路基填方高度一般在3m左右，如开洛高速公路开郑段路基平均填土高度为3.7m，个别地段高达7.5m；西临高速公路路基平均填土高度为2.3m；沪宁高速公路路基平均高度3.7m，最高达12m。高速公路的路基平均高度一般在3m左右的主要原因有以下两个方面。

(1)高速公路路基的设计与施工不同于一般公路，不同点之一是路基高、土石方数量大，这是由高速公路的技术标准决定的。高速公路的计算行车速度是技术标准的核心，为了能使车辆在高速公路上平稳、安全地行驶，对高速公路的平面线形、纵线形、最小平曲线半径、最小竖曲线半径以及最大纵坡、最短设计坡长等都有明确的技术规范值，尤其是为了确保路基的强度和稳定性处于标准状态，《公路沥青路面设计规范》(JTG D50—2006)中，根据各地区的气候、土质、水文条件，按公路自然区划对公路路基临界填筑高度，以路床范围(80cm)内路基土控制湿度的选定，而最终确定最小路基高度。

(2)按我国现行高速公路的技术规范和经济实力，只是在重要城市附近的主要被交道路设置互通式立交出入口，一般间距在15～30km，经济特别发达地区，间距5～8km，此外，在高速公路下设置横向通道的净高和间距以及和铁路、公路路线交叉，跨越等级航道的通航净空要求，致使高速公路的路基高度降不下来。我国已建成的高速公路的平均填土高度均在2.2～3.2m，高于一般等级公路1.5～2.0m。

路基高度的增加会相应增加用地和造价。据京津塘高速公路测算，路基高度每降低1m，造价将减少15%～18%。如果高速公路沿线地区地下水位较深，在排水通畅条件下，可考虑适当下挖，以降低路基高度，节省投资。

近年来，由于在山岭重丘区修筑高速公路而出现的高填方路基也是屡见不鲜的。如，成渝高速公路重庆段有一段长200m的高填方路堤，最高填土达36.16m，此路基比修桥可节约工程费用35%以上，施工中采取了塑料板排水、竹排加筋稳定土基、土石混合填筑、严格控制施工质量等一系列措施；柳桂高速公路也有一段长130m的高填方路基，最高填土达36.10m。实践证明，经过现场实地踏勘，进行多种方案比较，再经过精心设计，同时满足施工规范要求，严格控制好施工质量，采用高填方设计方案还是可行的。

四、公路路基边坡坡度

公路路基边坡坡度的大小取决于边坡的土质、岩石的性质、地质和水文地质条件、路基高度和横断面经济合理性等因素。路基边坡坡度对路基整体稳定起重要作用，正确决定路基边坡坡度及采取相应的措施是高速公路路基设计的重要任务。

1.填方边坡坡度

路基填方边坡坡度，应根据填料种类、边坡高度和基底工程地质条件等确定。路基基底良好时，边坡坡度应按表1-10确定。对边坡高度超过表中所列全部高度的路基，宜进行路基稳定性验算。对于渗水性土，可采用直线滑动面法进行验算；对于黏质土可采用圆弧滑动面法进行验算。验算时，稳定系数不得小于1.25。

路 基 边 坡 坡 度　　表 1-10

填 料 种 类	边坡高度(m)			边 坡 坡 度		
	全部高度	上部高度	下部高度	全部坡度	上部坡度	下部坡度
黏质土、粉质土、砂类土	20	8	12	—	1:1.5	1:1.75
砂、砾	12	—	—	1:1.5	—	—
漂(块)石土、卵石土、砾(角砾)类土、碎石土	20	12	8	—	1:1.5	1:1.75
不易风化的石块	20	8	12	—	1:1.3	1:1.5

注:采用台阶式边坡时,下部边坡可采用与上部边坡一致的坡度。

填方边坡高时,可在边坡中部每隔 8 ~ 10m 设边坡平台一道,平台宽度 1 ~ 3m,用浆砌片石或水泥混凝土预制块防护。边坡平台设排水沟时,平台应做成 2% ~ 5% 向内侧倾斜的排水坡度;当不设排水沟时,平台应设坡度为 2% ~ 5% 向外侧倾斜的缓坡。填石路基上的边坡平台不设排水沟。受水浸淹的路基填方边坡坡度,在设计水位以下部分视填料情况可采用 1:1.75 ~ 1:2.0,在常水位以下部分可采用 1:2 ~ 1:3。如用渗水性好的土填筑或设边坡防护时,可采用较陡的边坡。

当高速公路沿线有大量石料或路堑开挖的废石方时,可用以填筑路基。填石路基应采用不易风化的开山石料填筑,边坡坡度可采用 1:1。边坡坡面应选用不易风化的粒径大于 25cm 的开山片石进行台阶式码砌,以抵御自然风化引起边坡的破坏和失稳,码砌厚度为 1 ~ 2m。填石路基的高度不宜超过 20m。当易风化岩石及软质岩石用作填料时,填方路基应按土质路基边坡设计。填石路基一般稳定性较好,但因填料石质坚硬,粒径大小不一,如填筑过程中,石块粒径过大,不易碾压密实,压实度难以控制,竣工后必有较大的路基沉降,影响路面的平整度和使用,设计时应综合考虑,提出具体要求。

在地震地区,还应参照《公路工程抗震设计规范》(JTJ 004—89)的有关规定。该规范规定,高速公路的路基边坡高度大于表 1-11 规定时,应放缓边坡。

路基边坡高度限值　　表 1-11

填　　料	基 本 烈 度	
	8	9
岩块和细粒土(粉质土和有机质土除外)	15m	10m
粗粒土(细砂、极细砂除外)	6m	3m

2. 挖方边坡坡度

自然斜坡极其复杂,一旦路基开挖,破坏自然形态的平衡,边坡大面积暴露于大气中,裸露的岩土在外部风化因素作用下,物质发生变化,导致风化加剧,坡面受到侵蚀,容易失稳。影响路基挖方边坡稳定的因素很多,一般应采用工程地质法(比拟法)进行调查分析,必要时应进行验算。

影响边坡稳定的主要因素有:

(1)地质构造方面,如节理、裂隙、断层、破碎带及岩层(节理)倾角、走向与路线的交角等;

(2)岩土类别与风化破碎程度;

(3)自然因素的影响,如雨水、雪、冻融、温差等。

(4)人为因素的影响，如挖方边坡形式、边坡高度，采取的排水和防护工程的有效程度及施工方法等。

挖方边坡的拟定，主要取决于边坡的稳定，并综合考虑工程数量、防护及排水工程和施工难度等因素。路堑边坡坡度，应根据当地自然条件、土石种类及其结构、边坡高度和施工方法等确定。

土质挖方边坡的设计，应根据边坡高度、土的湿度、密实程度、地下水和地面水的情况、土的成因类型及生成时代等因素确定。在一般情况下，土质挖方边坡坡度应根据调查路线附近已建成工程的人工边坡及自然山坡稳定状况，参照表1-12和表1-13确定。当边坡高度超过表1-13的规定或水文地质情况不良时，可用直线或圆弧法验算其稳定性。

土的密实程度划分表 表1-12

分　级	试坑开挖情况
较松	铁锹很容易铲入土中，试坑坑壁很容易坍塌
中密	天然坡面不易陡立，试坑坑壁有掉块现象，部分需用镐开挖
密实	试坑坑壁稳定，开挖困难，土块用手使力才能破碎，从坑壁取出大颗粒处能保持凹面形状
胶结	细粒土密实度很高，粗颗粒之间呈弱胶结，试坑用镐开挖很困难，天然坡面可以陡立

土质挖方边坡坡度 表1-13

密实程度	边坡高度(m)		密实程度	边坡高度(m)	
	<20	20~30		<20	20~30
胶结	1:0.3~1:0.5	1:0.5~1:0.75	较松	1:1.0~1:1.5	1:1.5~1:1.75
密实、中密	1:0.5~1:1.25	1:0.75~1:1.5			

注：①高速公路挖方边坡应采用较缓的边坡坡度。

②边坡较矮或土质比较干燥密实的路段，可采用较陡的边坡坡度，边坡较高或土质比较润湿的路段，宜采用较缓的边坡坡度。

③路基开挖后，密实程度很容易变松的砂类土、砾类土以及受雨水浸湿易于失稳的土，应采用较缓的边坡或设置必要的防护工程。

④当土方调配出现借方时，可适当放缓边坡。

⑤砂类土、细粒土的挖方边坡高度不宜超过20m。

岩石挖方边坡坡度应根据岩性、地质构造、岩石的风化破碎程度(见表1-14)、边坡高度、地下水及地面水等因素综合分析确定。岩石挖方边坡应注意岩体结构面的情况，如受结构面控制的挖方边坡，则应按结构间的情况设计边坡。当岩层倾向路基时，应避免设计高的挖方边坡。一般情况下，岩石挖方边坡坡度可参照表1-15确定。

岩石风化破碎程度分级表 表1-14

分级	外 观 特 征				
	颜色	矿物成分	结构构造	破 碎 程 度	强　度
轻度	较新鲜	无变化	无变化	裂缝不多，基本上是整体，裂缝基本不张开	基本上不降低，用锤敲很容易回弹
中等	造岩矿物失去光泽、色变暗	基本不变	无显著变化	开裂成20~50cm的大块状，大多数裂缝张开较小	有降低，用锤敲声音仍较清脆

续上表

分级	外观特征				
	颜色	矿物成分	结构构造	破碎程度	强度
严重	显著改变	有次生矿物产生	不清晰	开裂成5~20cm的碎石状，有时裂缝张开较多	有显著降低，用锤敲声音低沉
极重	变化极重	大部分成分已改变	只具外形，矿物间已失去结晶联系	裂缝极多，爆破以后多呈碎石土状，有时细粒部分已略具塑性	极低，用锤敲时，不易回弹

岩石挖方边坡坡度 表1-15

岩石种类	风化程度	边坡高度(m)	
		<20	20~30
各类岩浆岩、硬质灰岩、砾岩、砂岩、片麻岩、石英岩	微风化弱风化	1:0.1~1:0.3	1:0.2~1:0.5
	强风化全风化	1:0.5~1:1.0	1:0.5~1:1.25
各类页岩、泥岩、千枚岩、片岩等软质岩石	微风化弱风化	1:0.25~1:0.75	1:0.5~1:1.0
	强风化全风化	1:0.5~1:1.25	1:0.75~1:1.5

注：①高速公路挖方边坡应采用较缓的边坡坡度。

②软质岩石当边坡稳定并防护时，可采用较陡边坡。

在地震地区，岩石路堑边坡高度超过10m时，边坡的坡度可参照表1-16取值。软质岩层倾向路基，倾角大于25°，走向与路线平行或交角较小时，边坡坡度宜与倾角一致。

高度超过10m的岩石挖方边坡的坡度 表1-16

岩石种类	基本烈度		岩石种类	基本烈度	
	8	9		8	9
风化岩石	1:0.5~1:1.5	1:0.75~1:1.5	坚石	1:0.1~直立	1:0.1~直立
一般岩石	1:0.1~1:0.5	1:0.2~1:0.6			

当挖方边坡高度超过20~30m时，其边坡坡度可根据现场情况，调查附近已建工程的人工边坡及自然山坡情况，进行边坡稳定性分析，参照表1-13或表1-15确定。

高速公路因交通量大，要求运行质量高，建成后如发生病害，养护维修将十分困难，当挖方边坡较高时，可根据不同的土、石性质和稳定要求开挖成折线形或台阶形边坡，一般认为台阶形边坡较好。台阶形边坡有下列优点：

(1)对边坡稳定有利，防止边坡侵蚀，台阶上可设置排水设施；

(2)可作为稳雪措施和零星坍方、碎落物质的临时停积位置；

(3)可起到开阔视野、改善景观的作用；

(4)为养护人员提供通道。

此外，在台阶形边坡中部，高度每隔6~10m或变坡点处可设边坡平台一道，边坡平台的宽度为1~3m。边坡平台设排水沟时，平台应做成2%~5%向内侧倾斜的排水坡度。坚硬岩石地段的边坡平台一般可不加固。

容易产生碎落的风化破碎岩石、软质岩石、砾(碎石)类土等地段的挖方路基，应在边沟外侧设置碎落台。碎落台高度与路肩齐平，宽度不宜小于1m；当高速公路的边坡高度超过12m

时，碎落台宽度不宜小于2m。

高速公路挖方为软质、风化岩层及土质边坡时，可根据坡面稳定状况和碎落情况设置挡土墙或矮墙或进行坡面防护，并应考虑绿化与工程措施相结合。此外，还应注意到在易风化的泥质页岩、泥灰岩、千枚岩等软质岩石和砾类土等地段，如边坡过缓，则暴露面增大，边坡风化、冲刷加剧。因此，应在陡坡重力失稳、缓坡风化加剧或采取相应的防护措施三者之间选择最佳挖方边坡值。

第四节　路基的干湿类型

一、路基湿度的来源

路基土的潮湿状态是由土体的含水率或相对含水率高低决定的，而含水率的高低取决于各种湿源的作用和延续时间。导致路基湿度变化的水源有以下几种：

(1)大气降水——大气降水通过路面、路肩、边坡和边沟渗入路基；

(2)地面水——边沟及排水不良时的地面积水，以毛细水的形式渗入路基；

(3)地下水——路基下部浅层的地下水或上层滞水，借助毛细作用上升到路基内部；

(4)水蒸气凝结水——在土的孔隙中流动的水蒸气遇冷凝结为水；

(5)薄膜移动的水——以薄膜水的形式，从含水率较高处移向含水率较低处，或从温度较高处移向温度较低处的水。

上述各种路基湿度变化的水源，其相对值随自然地理分区、当地自然条件与特点以及工程技术措施等的不同而有所变化。

路基的潮湿程度，既影响路基的强度与稳定性，也影响排水结构物的布置、类型、数量和尺寸，因此，对不同的水温情况，路基设计应有相应的措施，例如，在地下水位距地面较近的路段，就要适当提高路基，保证路基设计具有足够的最小填土高度，避免受毛细水上升的影响。

二、公路自然区划

我国地域辽阔，各地气候、地形、地貌、工程地质和水文地质等自然条件相差很大，而这些自然条件与公路建设密切相关。为体现各地公路设计与施工的特点，有关部门制定了《公路自然区划标准》(JTJ 003—86)，以便为路基和路面设计确定技术措施和设计参数提供参考。

全国的公路自然区划分为三个等级。

1. 一级区划

以两条均温等值线(全年均温 -2℃等值线和一月份均温0℃等值线)和两条等高线(1 000m和3 000m等高线)作为一级区划的标志，将全国分为7个一级区。区划的界线详见“中华人民共和国公路自然区划图”。

2. 二级区划

二级区划以潮湿系数为主要分区标志，按公路工程的相似性及地表气候的差异，在7个一级区划内进一步分为33个二级区和19个副区(亚区)。

潮湿系数 K 为年降水量(mm)与同年蒸发量(mm)的比值，按区内的 K 值大小分为6个等级，见表1-17所示。

潮湿系数 *K* 值分级　　表 1-17

名称	过湿区	中湿区	润湿区	润干区	中干区	过干区
K	>2.00	2.00~1.50	1.50~1.00	1.00~0.50	0.50~0.25	<0.25

各二级区划的名称和特征，可见有关专门图表。

3. 三级区划

三级区划是二级区划的进一步划分，要求各省、市、自治区在二级区划的基础上，根据各地的地貌、水文和土质类型等具体情况进行划分。

三、路基干湿类型

路基的强度与稳定性，同路基的干湿类型有密切关系，并在很大程度上影响路面结构及厚度的确定。路基的干湿类型划分为干燥、中湿、潮湿和过湿四类，这四种类型表示路基在最不利季节所处的干湿状态。高速公路应使路基处于干燥或中湿状态。因此，正确区分路基的干湿类型，是做好高速公路路基设计与施工的前提。

路基干湿类型的划分有以下两种方法。

1. 根据路基土的平均相对含水率(w_x)或平均稠度(w_c)划分

对原有公路，路基土的干湿类型可以根据路基土的分界相对含水率建议值表(表 1-18)或分界稠度建议值表(表 1-19)，以实测不利季节路床表面以下 80cm 深度内土的平均相对含水率(w_x)或平均稠度(w_c)划分。

分界相对含水率建议值　　表 1-18

土组 / 分界相对含水率 w_i / 自然区划	土质砂			黏质土			粉质土			附注
	w_1	w_2	w_3	w_1	w_2	w_3	w_1	w_2	w_3	
$II_{1,2,3}$　II_{1a}　II_{2a}	0.70	0.75	0.80	$\frac{0.50}{0.55}$	$\frac{0.60}{0.65}$	$\frac{0.70}{0.75}$	$\frac{0.55}{0.60}$	$\frac{0.60}{0.65}$	$\frac{0.70}{0.75}$	黏质土：分母适用于 $II_{1,2,3}$ 区。粉质土：分母适用于 II_{2a} 副区
II_4　II_5	0.75	0.80	0.85	0.50	0.60	0.70	0.55	0.65	0.75	
III	0.70	0.78	0.85				$\frac{0.50}{0.55}$	$\frac{0.60}{0.65}$	$\frac{0.70}{0.75}$	分子适用于粉土地区，分母适用于粉质亚黏土地区
IV	0.65	0.75	0.80	0.60	0.65	0.75	0.60	0.65	0.75	
V				0.57	0.70	0.75	0.60	0.70	0.75	
VI	0.70	0.78	0.85	0.55	0.63	0.70	0.55	0.65	0.75	
VII	0.65	0.73	0.80	0.55	0.63	0.70	0.55	0.65	0.75	

注：w_1 为干燥和中湿状态路基的分界相对含水率。

w_2 为中湿和潮湿状态路基的分界相对含水率。

w_3 为潮湿和过湿状态路基的分界相对含水率。

分界稠度建议值 表 1-19

土组 / 分界稠度 w_{ci} / 自然区划	土质砂				黏质土				粉质土				附注
	w_{c0}	w_{c1}	w_{c2}	w_{c3}	w_{c0}	w_{c1}	w_{c2}	w_{c3}	w_{c0}	w_{c1}	w_{c2}	w_{c3}	
$II_{1,2,3}$ II_{1a} II_{2a}	1.87	1.19	1.05	0.91	$\frac{1.29}{1.20}$	$\frac{1.20}{1.12}$	$\frac{1.03}{0.94}$	$\frac{0.86}{0.77}$	1.12	$\frac{1.04}{0.96}$	$\frac{0.96}{0.89}$	$\frac{0.81}{0.73}$	黏质土:分母适用于 $II_{1,2,3}$ 区。粉质土:分母适用于 II_{2a} 副区
II_4 II_5	1.87	1.05	0.91	0.78	1.29	1.20	1.03	0.86	1.12	1.04	0.89	0.73	
III	2.00	1.19	0.97	0.78					1.20	$\frac{1.12}{1.04}$	$\frac{0.96}{0.89}$	$\frac{0.81}{0.73}$	分子适用于粉土地区,分母适用于粉质亚黏土地区
IV	1.73	1.32	1.05	0.91	1.20	1.03	0.84	0.77	1.04	0.96	0.89	0.73	
V					1.20	1.08	0.86	0.77	1.04	0.96	0.81	0.73	
VI	2.00	1.19	0.97	0.78	1.29	1.12	0.98	0.86	1.20	1.04	0.98	0.73	
VII	2.00	1.32	1.10	0.91	1.29	1.12	0.98	0.86	1.20	1.04	0.98	0.73	

注:w_{c0} 为干燥状态路基常见下限稠度。

w_{c1} 为干燥和中湿状态路基的分界稠度。

w_{c2} 为中湿和潮湿状态路基的分界稠度。

w_{c3} 为潮湿和过湿状态路基的分界稠度。

(1)以分界相对含水率划分

在不利季节,在路床范围内每 10cm 深度取土样测定其天然含水率和液限含水率,以下式求算:

$$w_{xi} = \frac{w_i}{w_y} \tag{1-18}$$

$$w_x = \frac{\sum_{i=1}^{8} w_{xi}}{8} \tag{1-19}$$

式中:w_i——路床范围(80cm 深度)内,每 10cm 深度为一层,第 i 层土的天然含水率;

w_y——同一层土的液限含水率(76g 平衡锥);

w_{xi}——第 i 层土的相对含水率;

w_x——路床范围(80cm 深度)内土的算术平均相对含水率。

根据 w_x 判断路基的干湿类型,可按公路所在自然区和路基土的类别查表 1-12,与分界相对含水率建议值 w_1、w_2、w_3 相比较,再依据表 1-20 来确定路基所属的干湿类型。

(2)根据平均稠度(w_c)划分

土的平均稠度 w_c 按下式计算:

$$w_c = \frac{w_1 - w}{w_L - w_P} \tag{1-20}$$

式中:w_c——平均稠度;

w——土的平均含水率,%;

w_L——土的液限;

w_P——土的塑限。

通过实测 w_L 和 w_P 来计算平均稠度 w_c，同时还应考虑路基填土高度以及有无地下水、地表积水的影响，通过查表 1-19，与分界稠度建议值 w_{c0}、w_{c1}、w_{c2}、w_{c3} 相比较，再依据表 1-20 来确定所属的路基干湿类型。

路 基 干 湿 类 型 表 1-20

路基干湿类型	路床深度内的平均稠度 w_c 与分界稠度 w_{ci}（或平均相对含水率 $\overline{w_x}$ 与分界相对含水率 w_i）的关系	一 般 特 征
干燥	$w_c > w_{ci}$（或 $\overline{w_x} < w_i$）	路基干燥稳定，路面强度和稳定性不受地下水和地表积水影响，路基高度 $H_0 > H_1$
中湿	$w_{c1} > w_c > w_{c2}$（或 $w_1 < w_x < w_3$）	路基上部土层处于地下水或地表积水影响的过渡带区内。路基高度 $H_2 < H_0 < H_1$
潮湿	$w_{c2} > w_c > w_{c3}$（或 $w_2 < \overline{w_x} < w_3$）	路基上部土层处于地下水或地表积水毛细影响区内。路基高度 $H_3 < H_0 < H_2$
过湿	$w_c < w_{c3}$（或 $\overline{w_x} > w_2$）	路基极不稳定，冰冻区春融翻浆，非冰冻区软弹土基经处理后方可铺筑路面。路基高度 $H_0 < H_3$

注：①H_0 为不利季节路床表面距地下水位或地表积水水位的高度。

②地表积水指不利季节积水 20 天以上。

③w_1、w_2、w_3 为干燥、中湿、潮湿状态路基的分界相对含水率，$\overline{w_x}$ 为路床表面以下 80cm 深度内的平均相对含水率，w_c 为平均稠度，分界稠度 $w_{c1}=1$，$w_{c2}=0.9$，$w_{c3}=0.75$。

④H_1、H_2、H_3 分别为干燥、中湿和潮湿状态的路基临界高度。

⑤划分路基干湿类型以 w_c 为主，缺少资料时可参照表中一般特征确定。

2. 以路基临界高度判别路基干湿类型

对于设计中的新建公路，路基尚未建成，路床范围（80cm 深度）内的平均相对含水率 w_x 无法测定，因此，不能以 w_x 或平均稠度 w_c 来判断路基的干湿类型。此时，可采用地下水或地表长期积水的水位至路床表面的距离，与路基临界高度进行比较来判别路基干湿类型。

所谓路基临界高度，是指在不利季节，当路基分别处于干燥、中湿、潮湿和过湿状态时，路床表面距地下水或地表积水水位的最小高度，分别用 H_1、H_2、H_3 表示。临界高度可根据土质和气候因素按当地经验确定。

当 $H > H_1$ 时，路基为干燥状态；

$H_1 > H > H_2$ 时，路基为中湿状态；

$H_2 > H > H_3$ 时，路基为潮湿状态；

$H < H_3$ 时，路基为过湿状态。

以临界高度判别路基干湿类型，同样是以分界相对含水率为依据的。路基的干湿类型、土的分界相对含水率和路基临界高度是互相对应的，其关系可参见图 1-18。

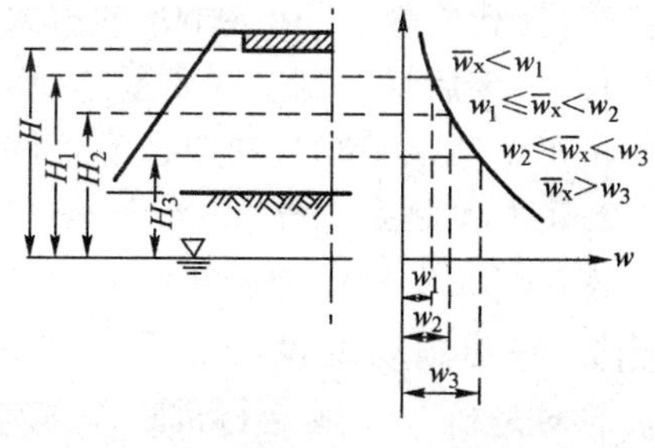

图 1-18 路基临界高度与路基干湿类型

为了保证路基的强度和稳定性不受地面水和地下水的影响，在路基设计时，要求路基保持干燥或中湿状态，路床表面距地下水位或地表积水水位的距离，应大于等于干燥、中湿状态的临界高度。

第五节　路基交通荷载(铁路机车与公路车辆)

一、铁路机车

1. 机车车辆类型

机车是列车的牵引动力,按原动力区分为蒸汽机车、内燃机车及电力机车。蒸汽机车热效率低,煤、水消耗量大,随着铁路牵引动力的现代化,已日益为内燃机车及电力机车所替代。

我国目前已经停止蒸汽机车的生产,但仍保留现存的大部分在次要线路上运行。内燃机车具有机动、灵活、投资少等特点,近年来在我国发展很快。电力机车虽然附属设备投资高,但功率较大,能提高线路的运输能力和牵引高速及重载列车。因此,大力发展电力牵引,合理发展内燃牵引,管好用好蒸汽机车,将是找回牵引动力改革的发展方向。机车又可按其用途分为客运机车、货运机车及调车机车。用汉字拼音字母表示各种机车类型,如 QJ(前进)表示前进型蒸汽机车,RM(人民)表示人民型蒸汽机车,DF(东风)表示国产电传动内燃机车,DFH(东方红)表示国产液力传动内燃机车,ND 表示进口电传动内燃机车,NY 表示进口液力传动内燃机车,SS(韶山)表示国产韶山型电力机车等。

机车还可按其车架或转向架上的车轴数量和排列形式表示它的类型,称为轴列式。蒸汽机车通常用三个数字表示机车导轮、动轮和从轮的对数,例如,1-5-1 表示一对导轮、五对动轮和一对从轮的蒸汽机车。内燃机车和电力机车的轴列式,用前后两台转向架上由牵引电动机驱动的动轮对数表示,例如 C_0-C_0(或 3_0-3_0)表示机车前后两台转向架上,各有三对(字母 A、B、C、D 分别代表数字 1、2、3、4)由牵引电动机驱动的动轮,脚标 0 表示动轮为单独驱动,无脚标则表示动轮为成组驱动。

近年来,大连、戚墅堰、四方及二七等机车车辆厂先后进行了内燃机车新机型的设计与制造,开发了各种型号的东风型电传动及东方红型、北京型液力传动内燃机车,并从美国及罗马尼亚引进了一定数量的 ND 型电传动内燃机车,基本上满足当前客、货运输的需要。株洲机车车辆工厂是设计制造电力机车的专业工厂,目前已开发生产的电力机车有 SS_1、SS_2 及 SS_3 等几种型号。

车辆是铁路上运载客货的工具。根据使用目的不同,车辆分为客车、货车两大类,又可按轴数分为二轴、四轴、六轴及多轴车,其中以四轴车所占比重最大。根据车辆载质量的不同,货车又可分为 30t、50t、60t、90t 车等。目前铁路使用的客车主要是车体为全金属焊接结构的软、硬座车,软、硬卧车,餐车,行李车和邮政车等。货车主要是钢骨或全钢制成的棚车、敞车、平车及罐车,其载质量以 50t 及 60t 的占大多数。为了降低自重系数,使在同样的牵引质量下缩短列车长度,今后将以制造载质量达 60t 以上的货车为发展方向。

机车车辆从其车身构造强度条件来说所能达到的最高速度,称为机车车辆的构造速度。

2. 机车车辆走行部

现代机车车辆的走行部均采用转向架的方式。一般转向架由轮对与轴箱、弹簧装置、构架或侧架、基础制动装置及支承车体的装置等几部分组成。轮对是机车车辆走行部中最基本也是直接和钢轨接触的部件。轮对由一根车轴和两个车轮组成。轮轴用压力机的强大压力压入车轮轮心,并用轴键固定左右两轮的相互位置。轮心插入轮轴的部分称轮毂。这样,车轮被压装在轮轴上,只能随车轴一起转动,如图 1-19

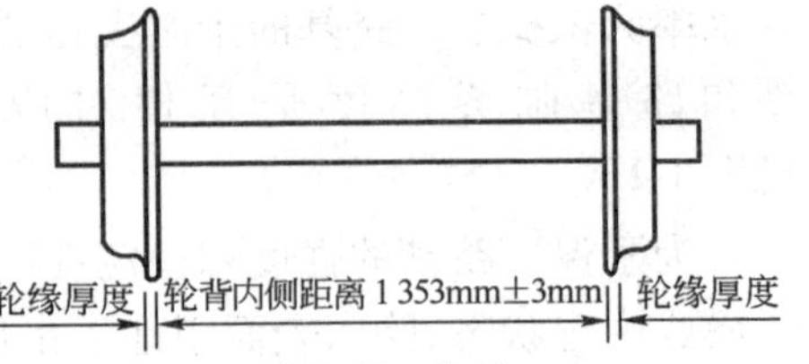

图 1-19　轮对

所示。两轮的轮背内侧距离规定为1 353mm，容许公差不超过±2 mm(厂、段修后为±3mm)。

车轮和钢轨接触的面，称为踏面。踏面的外形为圆锥形。图1-20所示及表1-21所列为机车轮和车辆轮的踏面外形和尺寸。踏面斜度分为1∶20和1∶10两段，前者是经常和钢轨顶面接触的部分，后者只在小半径曲线上才能与钢轨顶面接触。车轮踏面的主要部分做成1∶20的斜度，可以调整内外车轮的滚动直径，便于通过曲线，也可以在直线上自动调中并使踏面磨耗比较均匀，最外侧做成$R=6$mm圆弧，便于通过辙叉。为防止车轮脱轨，在踏面内侧制成凸缘，称为轮缘。内燃机车和电力机车动轮的路面外形和尺寸与轮对主要尺寸与车辆相同。

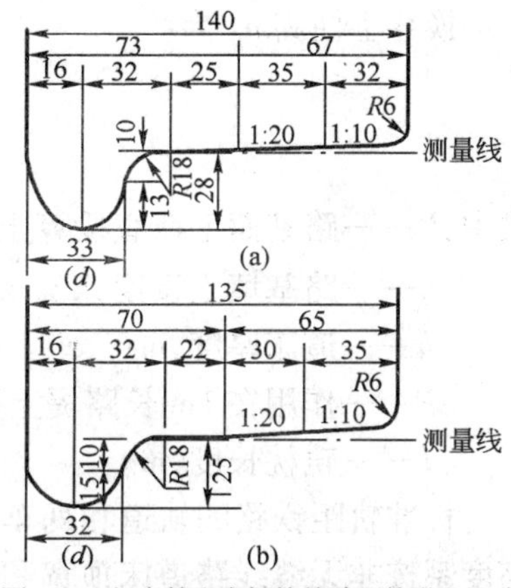

图1-20 机车轮和车辆轮的踏面外形和尺寸(尺寸单位:mm)

(a)机车轮;(b)车辆轮

轮对主要尺寸(单位:mm) 表1-21

名称	轮缘高度 h	轮缘厚度 d		轮背内侧距离 T			轮对宽度 q		
		正常	最小	最大	正常	最小	最大	正常	最小
机车轮	28	33	23	1 356	1 353	1 350	1 422	1 419	1 396
车辆轮	25	32	22	1 356	1 353	1 350	1 420	1 417	1 394

机车车辆的轮对都固定在同一个车架或转向架上，并在转动时始终保持相互平行的位置。同一车架或转向架上最外两个车轴间的中心距离称为固定轴距，它是确定机车车辆能通过的最小曲线半径和曲线轨距加宽的主要依据。

近年来，国外有些国家为了改善转向架通过曲线的性能，已经试制成功了一种能通过转向架自身导向机构的作用，使轮对“自动”进入曲线的径向位置，称“径向转向架”。另外，有些国家为了降低轮轨磨耗，把轮踏面一开始就做成类似长期磨耗后的相对稳定形状，称“磨耗形踏面”。对此，我国目前正在进行研究中，还没有普遍推广。

3. *铁路路基面上的列车和轨道荷载*

在路基面上作用着列车竖向活载和轨道荷载。轨道的静荷载可以按线路类型、每公里的各种材料数量及重量，求每延米长的重量及其分布的宽度。列车荷载统一采用中—22级活载作为标准荷载，简称“中—活载”。如图1-21所示，路基中常取图中的机车活载为荷载。由于在“中—活载”图式中机车轴距为1.5m，所以，为每延米荷载时应将标准荷载的机车轴重除以机车轴距1.5m。将机车活载和轨道静载加在一起，按由轨端作45°应力扩散角与路基面相交的宽度视为分布宽度的矩形荷载。将路基面上的轨道和列车荷载的合力，换算成与路基重度相同的土柱来代替作用在路基面上的荷载。荷载土柱的换算高度和分布宽度的计算图如图1-22所示。

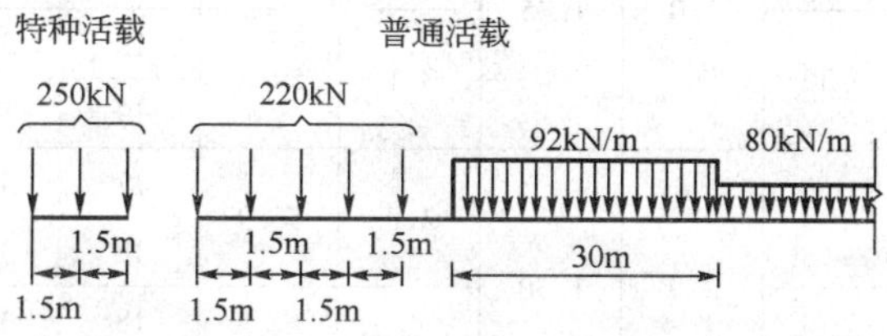

图1-21 “中—活载”(CR-live loading)计算图示

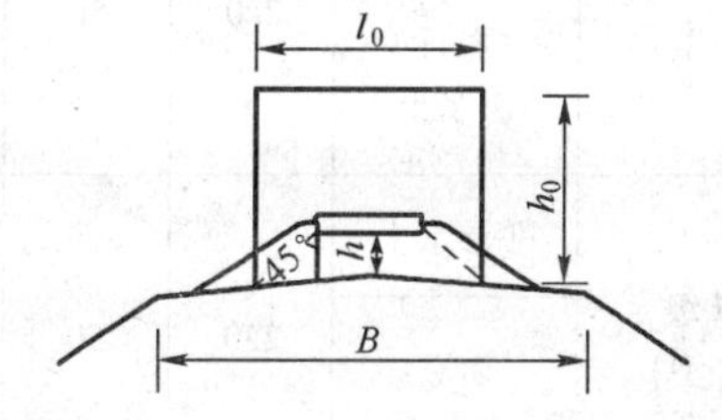

图1-22 换算土柱高度及分布宽度计算图

换算土柱高 h_0 为：

$$h_0 = \frac{P}{l_0 \cdot \gamma} \tag{1-21}$$

式中：l_0——路基面上荷载检算土柱宽度，$l_0 = L + 2h \cdot \tan 45° = L + 2h$；

γ——路基填土重度，kN/m^3；

h——道床厚度，m；

P——作用在 1m 长路堤上列车与轨道荷载，kN/m；

L——轨枕长度，m。

标准轨距铁路的轨道和列车荷载换算土柱高度及分布宽度如表 1-22 所示，表中换算土柱高度系按非无缝线路道床顶宽和铺设钢筋混凝土轨枕计算。当铺设无缝线路时，其换算土柱高度应增加 0.1m，铺设木枕时，其换算土柱应减小 0.1m，分布宽度不变；当路堤填料重度与表 1-22 中重度不符时，需重新计算换算土柱高度；活载分布于路基面上的宽度，自轨枕底两端向下按 45°扩散角计算。

列车和轨道荷载换算土柱高度及分布宽度 表 1-22

<table>
<tr><th rowspan="2">铁路等级（轨道类型）</th><th rowspan="2">路堤填料</th><th rowspan="2">设计轴荷载（kN）</th><th colspan="5">轨道条件</th><th colspan="4">换算土柱</th></tr>
<tr><th>钢轨（kg/m）</th><th>轨枕（根/km）</th><th>道床厚度（m）</th><th>道床顶宽（m）</th><th>道床坡度</th><th>分布宽度（m）</th><th>计算强度（kPa）</th><th>重度（kN/m³）</th><th>计算高度（m）</th></tr>
<tr><td rowspan="4">Ⅰ级（特重型）</td><td rowspan="2">非渗水土</td><td rowspan="4">220</td><td rowspan="4">75</td><td rowspan="4">1 720（Ⅲ型）</td><td rowspan="2">0.50</td><td rowspan="4">3.1</td><td rowspan="4">1.75</td><td rowspan="2">3.6</td><td rowspan="2">59.2</td><td>17</td><td>3.5</td></tr>
<tr><td>18</td><td>3.3</td></tr>
<tr><td rowspan="2">岩石渗水土</td><td rowspan="2">0.35</td><td rowspan="2">3.2</td><td rowspan="2">60.4</td><td>18</td><td>3.4</td></tr>
<tr><td>19</td><td>3.2</td></tr>
<tr><td rowspan="4">Ⅰ级（重型）</td><td rowspan="2">非渗水土</td><td rowspan="4">220</td><td rowspan="4">60</td><td rowspan="4">1 680（Ⅲ型）</td><td rowspan="2">0.50</td><td rowspan="4">3.1</td><td rowspan="4">1.75</td><td rowspan="2">3.6</td><td rowspan="2">59.1</td><td>17</td><td>3.5</td></tr>
<tr><td>18</td><td>3.3</td></tr>
<tr><td rowspan="2">岩石渗水土</td><td rowspan="2">0.35</td><td rowspan="2">3.2</td><td rowspan="2">60.3</td><td>18</td><td>3.4</td></tr>
<tr><td>19</td><td>3.2</td></tr>
<tr><td rowspan="4">Ⅰ、Ⅱ级（次重型）</td><td rowspan="2">非渗水土</td><td rowspan="4">220</td><td rowspan="4">50</td><td rowspan="4">1 760（Ⅱ型）</td><td rowspan="2">0.45</td><td rowspan="4">3.0</td><td rowspan="4">1.75</td><td rowspan="2">3.5</td><td rowspan="2">57.6</td><td>17</td><td>3.4</td></tr>
<tr><td>18</td><td>3.2</td></tr>
<tr><td rowspan="2">岩石渗水土</td><td rowspan="2">0.30</td><td rowspan="2">3.1</td><td rowspan="2">59.2</td><td>18</td><td>3.3</td></tr>
<tr><td>19</td><td>3.1</td></tr>
<tr><td rowspan="4">Ⅱ、Ⅲ级（中型）</td><td rowspan="2">非渗水土</td><td rowspan="4">220</td><td rowspan="4">50</td><td rowspan="4">1 680（Ⅱ型）</td><td rowspan="2">0.40</td><td rowspan="4">3.0</td><td rowspan="4">1.75</td><td rowspan="2">3.4</td><td rowspan="2">57.7</td><td>17</td><td>3.4</td></tr>
<tr><td>18</td><td>3.2</td></tr>
<tr><td rowspan="2">岩石渗水土</td><td rowspan="2">0.30</td><td rowspan="2">3.1</td><td rowspan="2">59.2</td><td>18</td><td>3.3</td></tr>
<tr><td>19</td><td>3.1</td></tr>
<tr><td rowspan="4">Ⅲ级（轻型）</td><td rowspan="2">非渗水土</td><td rowspan="4">220</td><td rowspan="4">50</td><td rowspan="4">1 640（Ⅱ型）</td><td rowspan="2">0.35</td><td rowspan="4">2.9</td><td rowspan="4">1.50</td><td rowspan="2">3.3</td><td rowspan="2">56.9</td><td>17</td><td>3.4</td></tr>
<tr><td>18</td><td>3.2</td></tr>
<tr><td rowspan="2">岩石渗水土</td><td rowspan="2">0.25</td><td rowspan="2">3.0</td><td rowspan="2">59.1</td><td>18</td><td>3.3</td></tr>
<tr><td>19</td><td>3.1</td></tr>
</table>

二、公路车辆

公路路面的作用是保证车辆正常行驶，主要包括车辆的停放、行驶等。随着车辆在路面上运动状态的变化，作用在路面上的荷载也在不断变化。停放时，车辆作用在路面上的是垂直静压力；行驶时，作用在路面上的有垂直压力、水平力和振动冲击力。为了保证设计的路面结构达到预计的功能，具有良好的结构性能，首先应对行驶的汽车作分析。包括汽车轮重与轴重的大小与特性、不同车型车轴的布置、设计期限内汽车轴型的分布以及车轴通行量逐年增长的规律、汽车静态荷载与动态荷载特性比较等。

1. 车辆的种类

道路上通行的汽车车辆主要分为客车与货车两大类。

客车又分为小客车、中客车与大客车。小客车自身质量与满载总质量都比较轻，但车速高，一般可达120km/h，有的高档小车可达200km/h以上；中客车一般包括6个座位至20个座位的中型客车；大客车一般是指20个座位以上的大型客车，包括铰接车和双层客车，主要用于长途客运与城市公共交通。

货车又分为整车、牵引式拖车和牵引式半拖车。整车的货厢与汽车发动机为一整体；牵引式拖车的牵引车与拖车是分离的，牵引车提供动力，牵引后挂的拖车，有时可以拖挂两辆以上的拖车；牵引式半拖车的牵引车与拖车也是分离的，但是通过铰接相互连接，牵引车的后轴也担负部分货车的质量，货车厢的后部有轮轴系统，而前部通过铰接悬挂在牵引车上。货车总的发展趋向是向大吨位发展，特别是集装箱运输水陆联运业务开展之后，货车最大吨位已超过40～50t。

在交通调查中，一般将汽车分为八类：大型货车、中型货车、小型货车、大型客车、小型客车、拖挂车、集装箱、大中型拖拉机。每种汽车应属于何种分类，交通运输部提供了交通调查分类图。交通调查时，只要先熟悉每种汽车应属于何种类型，便可得出某断面昼夜混合汽车交通量。

2. 车辆的轴型

无论是客车还是货车，车身的全部重量都通过车轴上的轮子传给路面，因此，对于路面结构设计而言，更加重视汽车的轮数和轴数。

通常，整车形式的客、货车车轴分前轴和后轴。绝大部分车辆的前轴为两个单轮组成的单轴，轴载约为汽车总重量的三分之一。极少数汽车的前轴由双轴单轮组成，双前轴的载重约为汽车总重的一半。汽车的后轴有单轴、双轴和三轴三种，大部分汽车后轴由双轮组组成，只有少量轻型货车由单轮组成后轴。每一根后轴的轴载大约为前轴轴载的两倍。

由于汽车货运向大型重载方向发展，货车的总重有增加的趋势，为了满足各个国家对汽车轴限的规定，趋向于增加轴数，以提高汽车总重，因此出现了各种多轴的货车。有些运输专用设备的平板拖车，采用多轴多轮，以便减轻对路面的压力。各种不同轴型的汽车如图1-23所示。

3. 静态车辆对道路的作用

汽车对道路的作用可分为停驻状态和行驶状态。当汽车处于停驻状态下，对路面的作用力为静态压力，主要是由轮胎传给路面的垂直压力 p，它的大小受下述因素的影响：

(1)汽车轮胎的内压力 p_i；

(2)轮胎的刚度和轮胎与路面接触的形状；

(3)轮载的大小。

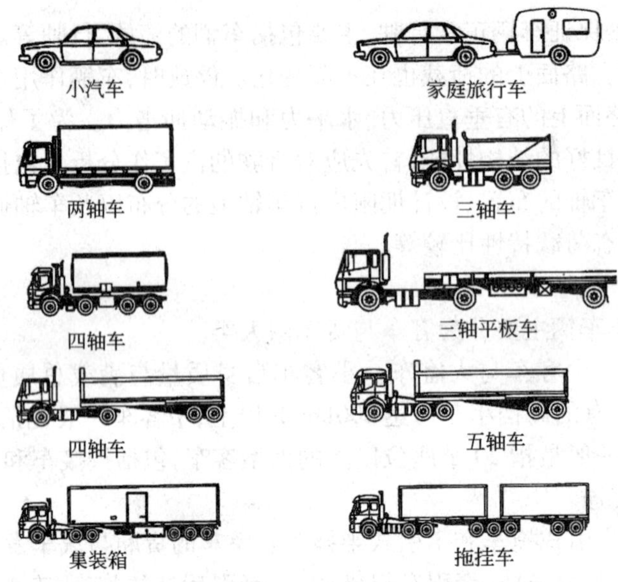

图1-23　不同轴型的汽车示意图

货车轮胎的标准静内压力 p_i 一般在0.4～0.7MPa范围内，有时达到1.0～1.2MPa。通常轮胎与路面接触面上的压力 p 略小于内压力 p_i，约为(0.8～0.9)p_i。车轮在行驶过程中，内压力会因轮胎充气温度升高而增加，因此，滚动的车轮，接触压力也有所增加，达到(0.9～1.1)p_i。

轮胎的刚度随轮胎的新旧程度而有不同，接触面的形状和轮胎的花纹也会影响接触压力的分布，一般情况下，接触面上的压力分布是不均匀的。不过在路面设计中，通常忽略上述因素的影响，而直接取内压力作为接触压力，并假定在接触面上，压力均匀分布。

4.运动车辆对道路的作用

行驶状态的汽车除了施加给路面垂直静压力之外，还给路面施加水平力、振动力。此外，由于汽车以较快的速度通过，这些动力影响还有瞬时性的特征。

汽车在道路上等速行驶，车轮受到路面给它的滚动摩阻力，路面也相应受到车轮施加于它的一个向后的水平力；汽车在上坡行驶，或者在加速行驶过程中，为了克服重力与惯性力，需要给路面施加向后的水平力，相应在下坡行驶或者在减速行驶过程中，为了克服重力与惯性力的作用，需要给路面施加向前的水平力。汽车在弯道上行驶，为了克服离心力，保持车身稳定不产生侧滑，需要给路面施加侧向水平力，特别是在汽车启动和制动过程中，施加于路面的水平力相当大。

行驶的汽车对路面施加的荷载有瞬时性，车轮通过路面上任一点，路面承受荷载的时间是很短的，大约只有0.01～0.10s。在路面以下一定深度处，应力作用的持续时间略长一点，但仍然十分短暂。由于路面结构中应力传递通过相邻的颗粒来完成，若应力出现的时间很短，则来不及传递分布，其变形特性便不能像静载那样呈现得那样完全。美国各州公路工作者协会(AASHO)试验路曾对不同车速下沥青路面和水泥混凝土路面的变形进行量测，结果表明，当行车速度由3.2km/h提高到56km/h，沥青路面的总弯沉减少36%；当行车速度由3.2km/h提高到96.7km/h，水泥混凝土路面的板角挠度和板边应变量减少29%左右。动荷载作用下路面变形量的减小，主要是因为材料的黏弹性因素而产生的材料阻尼作用，同时也可以理解为路面结构刚度的相对提高，或者是路面结构强度的相对增大。

汽车荷载对路面的多次重复作用也是一项重要的动态影响，在行车繁密的道路上，路面结构每天将承受上千次，甚至数万次车轮荷载的作用；在路面的整个使用期限内，承受的轮载作用次数更为可观。路面承受一次轮载作用和承受多次重复轮载作用的效果并不一样。对于弹性材料，在重复荷载作用下，呈现出材料的疲劳性质，也就是材料的强度将随荷载重复次数的增加而降低。对于弹塑性材料，如土基和柔性路面，在重复荷载作用下，将呈现出变形的逐渐增大，称为变形的累积，所以对于路面设计，不仅要重视轴重静力与动力的量值，道路通行的各类轴载的通行数量也是重要的因素。

5.汽车荷载当量换算

路基除承受自重作用外，同时还承受行车荷载的作用；在边坡稳定性分析时，需要将车辆按最不利情况排列，并将车辆的设计荷载换算成当量土柱高（以相等压力的土层厚度来代替荷载），以 h_0 表示。

当量土柱高度 h_0 的计算式为：

$$h_0 = \frac{NQ}{\gamma BL} \tag{1-22}$$

式中：N——横向分布的车辆数，单车道 $N=1$，双车道 $N=2$；

Q——每一辆车的重力，kN；

γ——路基填料的重度，kN/m^3；

L——汽车前后轴（或履带）的总距，m，对公路—II 级，$L=4.2$m，对公路—I 级，$L=5.6$m；

B——横向分布车辆轮胎最外缘之间总距，m，其值为

$$B = Nb + (N-1)d$$

其中：b——每一车辆轮胎外缘之间的距离，m，

d——相邻两辆车轮胎（或履带）之间的净距，m。

荷载分布宽度可以分布在行车道（路面）的范围，考虑到实际行车可能有横向偏移或车辆停放在路肩上，也可认为 h_0 厚的当量土层分布在整个路基宽度上。

第二章　土的抗剪强度

在外部荷载作用下，土体中的应力将发生变化。当土体中的剪应力超过土体本身的抗剪强度时，土体将产生沿其中某一滑动面的滑动，而使土体丧失整体稳定性。所以，土体的破坏通常都是剪切破坏。

对公路路基或铁路路基，土的抗剪强度是描述其剪切破坏的重要指标，本章主要阐述土体抗剪强度的测试评价及应用技术、土的本构关系和土的残余强度。

第一节　抗剪强度理论概述

土的抗剪强度的研究可追溯到很远，但作为理论性、基础性的研究，当推法国工程师库仑在17世纪中期提出的著名公式。进入19世纪30年代后，在太沙基、伏斯列夫、罗斯科等学者系统研究的基础上，逐渐形成了近代土的抗剪强度理论。

土的抗剪强度是指土体抵抗剪切破坏的极限能力，是土的重要力学性质之一。地基承载力、边坡稳定、挡土墙压力等都与土的抗剪强度有关。一般说来，土的抗剪强度与颗粒表面的物理和化学性质有关，非常复杂。从统计学观点看，抗剪强度是通过某一条带域颗粒间抵抗滑动的极限能力，一般可分为两部分。一部分与颗粒间的法向应力有关，通常成正比例关系，其本质是摩擦力。摩擦力又可分为两种：一种是滑动摩擦力，一种是咬合摩擦力。另一部分是与法向应力无关的抵抗颗粒间相互滑动的力，通常称为黏聚力。

土的抗剪强度的影响因素很多，土的组成、结构、孔隙比、排水条件、应力历史、荷载形式、土中应力、时间、温度等对土体抗剪强度都有影响。在这些影响因素中，以颗粒间的有效法向应力和土的孔隙比最为重要。

土体破坏准则主要有下述几种。

1. Tresca 破坏条件和广义 Tresca 破坏条件

Tresca 破坏条件又称为最大剪应力准则，它认为土体中最大剪应力达到某一极限时，土体发生破坏，其表达式为

$$\sigma_1 - \sigma_3 = 2K \tag{2-1}$$

式中：K——试验常数。

为了考虑静水压力对土体破坏的影响，发展了广义 Tresca 破坏条件，其表达式为：

$$(\sigma_1 - \sigma_3) + \alpha I_1 = 2K \tag{2-2}$$

式中：I_1——应力张量第一不变量；

α, K——试验常数。

2. Von Mises 破坏条件和广义 Von Mises 屈服条件

Von Mises 破坏条件又称为最大变形能破坏准则，它认为土体的变形能达到某一极限值时

土体发生破坏，其表达式为：

$$(\sigma_1-\sigma_2)^2+(\sigma_2-\sigma_3)^2+(\sigma_3-\sigma_1)^2=6C \tag{2-3}$$

或

$$J_2=6C \tag{2-4}$$

式中：C——试验常数；

J_2——应力偏张量第二不变量。

为了考虑静水压力对土体破坏的影响，发展了广义 Von Mises 破坏条件，其表达式为

$$\sqrt{J_2}+\alpha I_1=K \tag{2-5}$$

式中：I_1——应力张量第一不变量；

α,K——试验常数。

当试验参数 $\alpha=\dfrac{\sin\varphi}{\sqrt{3}\sqrt{3+\sin^2\varphi}}$，$K=\dfrac{\sqrt{3}c\cos\varphi}{\sqrt{3+\sin^2\varphi}}$时，其中 c、φ 分别为黏聚力和内摩擦角，式(2-5)称为 Drucker-Prager 破坏条件。

3. Mohr-Coulomb 破坏条件

Mohr-Coulomb 破坏条件表达式可写成下述形式：

$$\tau_f=c+\sigma_n\tan\varphi \tag{2-6}$$

式中：c——黏聚力；

φ——内摩擦角；

σ_n——受力面上的法向应力。

4. Lade 破坏条件

Lade 根据对砂土进行的大量真三轴试验资料的分析，提出土的破坏条件为：

$$\frac{I_1^3}{I_3}=K_f \tag{2-7}$$

式中：I_1，I_3——分别为应力张量的第一、第三不变量；

K_f——试验常数。

5. Matsuoka-Nakai 破坏条件

Matsuoka-Nakai 破坏条件是建立在空间滑动面理论基础上的，其表达式为：

$$\frac{I_1I_2}{I_3}=K \tag{2-8}$$

式中：I_1，I_2，I_3——分别为应力张量第一、第二、第三不变量；

K——试验常数。

6. 双剪应力破坏条件

俞茂宏(1961 年)提出材料的破坏决定于两个较大的主剪应力之和，其表达式为：

$$\left.\begin{aligned}\tau_2+\tau_1&=\frac{1}{2}(\sigma_1+\sigma_2)-\sigma_3=C,\text{当}\tau_3<\tau_1\text{时}\\ \tau_2+\tau_3&=\sigma_1-\frac{1}{2}(\sigma_2+\sigma_3)=C,\text{当}\tau_3\geqslant\tau_1\text{时}\end{aligned}\right\} \tag{2-9}$$

式中：C——试验常数。

除上述破坏条件外，国内外学者还提出其他一些破坏条件(龚晓南，1990 年；龚晓南等，1995 年)，并对上述破坏准则进行比较分析、评价。总的说来，虽然有些破坏准则在理论上比

Mohr-Coulomb 破坏准则进步,有些土体的真实性状更接近其他的破坏准则,但是由于 Mohr-Coulomb 破坏准则实用性好,且偏安全,所以目前在实际工程中得到广泛应用的仍然是 Mohr-Coulomb 破坏准则。本章讨论土的抗剪强度也以 Mohr-Coulomb 破坏准则为基础。

决定土的抗剪强度应用得最多的是有效应力学说。Terzaghi(1936 年)指出:土体抗剪强度τ_f 的摩擦力部分主要取决于法向有效应力 σ',而且认为有效应力等于法向总应力 σ 减去孔隙压力 u。他建议 Mohr-Coulomb 表达式采用下述形式:

$$\tau_f = c' + \sigma'\tan\varphi' = c' + (\sigma - u)\tan\varphi' \tag{2-10}$$

式中:c',φ'——有效应力强度指标;

σ——法向总应力;

u——孔隙压力。

在实际应用中,首先通过试验测定土的有效应力强度指标 c'和 φ'值,然后在分析中根据式(2-10)计算得到的土的抗剪强度,这种采用有效应力强度指标进行土工分析的方法称为抗剪强度有效应力分析法。有时为了省去孔隙水压力的估算工作,也可以把孔隙水压力的影响包括在强度指标中。在实际应用中,首先在试验室中模拟实际的排水条件进行剪切试验,测定土的总应力强度指标 c 和 φ,然后在分析中采用下式计算得到土的抗剪强度:

$$\tau_f = c + \sigma\tan\varphi \tag{2-11}$$

这种采用总应力抗剪强度指标进行土工分析的方法称为抗剪强度总应力分析法。抗剪强度有效应力分析法和总应力分析法在实际工程中得到广泛的应用。

近年来,有人将应力—应变—强度统一在一起考虑,通过试验和理论分析,建立土的本构模型,然后通过数值分析方法,分析土力学中的稳定问题。这种分析方法在理论上是比较正确和合理的,发展前途很好。目前的困难在于对土体本构模型的运用和模型参数的正确测定还有一些困难,这种分析方法距离实际工程普遍应用尚有一段距离,现在还处于研究、发展阶段。

在对某个具体的岩土工程进行稳定分析时,通常需要处理好下述三个问题:

(1)根据工程的具体情况(例如:是排水条件,还是不排水条件;是短期稳定性的问题,还是长期稳定性问题)合理确定选用的分析方法,例如,是采用总应力分析法,还是采用有效应力分析法;

(2)根据选用的分析方法,确定需要的强度指标,例如是总应力强度指标,还是有效应力强度指标,并根据情况合理选用一定的室内外试验测定其需要的强度指标;

(3)根据选用的分析方法、强度指标的确定方法,并根据规范,结合工程实践经验,选用合适的安全系数;学习土的抗剪强度一定要有工程观点,不仅要掌握土体抗剪强度的基本概念,各种土的抗剪强度指标的测定方法,还要学会根据具体工程分析的要求,正确选用土的抗剪强度指标。

第二节　黏性土的强度理论及强度指标

在土的强度理论中,摩尔-库仑强度准则是为大家所熟悉的,见式(2-10)。随着对强度理论研究的深入,发现该准则存在着把土的抗剪强度只和法向应力联系起来的缺陷。事实上,不同固结历史和应力路径将会导致不同的抗剪强度。假如一个土样是在正常条件下固结的(正常固结土),另一个土样是在更大一些的应力条件下固结,然后卸荷到当前的孔隙比(超固结土),

那么，这两个土样的内部结构就会出现根本的差别，从而表现出不同的抗剪强度，参见图 2-1。

在常规的三轴剪切试验中，正常固结的土样在受剪过程中，体积不断压缩，破坏时应力、应变曲线中没有明显的峰值，试样也没有明显的破坏面，只看到逐渐被压鼓的现象；而超固结土在破坏时体积膨胀，应力、应变曲线有明显的峰值，破坏的试样有明显的剪切面，见图 2-1。

图 2-1(a)、(b)中 A、B 曲线分别是土样在固结排水和固结不排水条件下按式(2-10)总结出来的强度包线。从中可看出，同样土的强度包线并不一样，正常固结土的强度包线基本通过原点，而超固结土的强度包线具有明显的 c' 值。这一现象说明，对某一土样，式(2-10)中的 c' 和 φ' 并非常数。

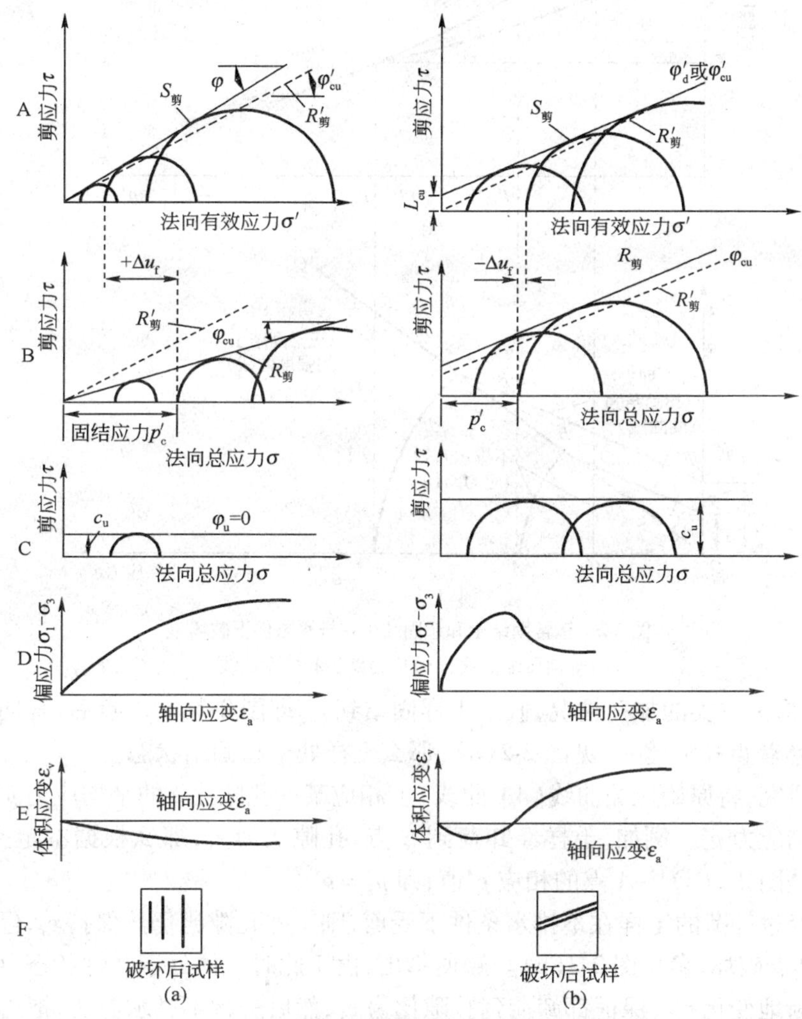

图 2-1　正常固结土和超固结土剪切破坏特征和强度

(a)正常固结土；(b)超固结土

为了弄清不同固结历史对抗剪强度特性和指标的影响，首先对一个处于三轴应力状态的土样进行研究。假定开始时，它的应力状态处于原始压缩曲线的 A 点，见图 2-2(a)，此时，$\sigma'_1=\sigma'_2=\sigma'_3=p'_{c1}$（$\sigma'_1$、$\sigma'_2$、$\sigma'_3$ 分别为大、中、小应力，p'_{c1} 为平均固结应力）。用平均有效主应力 p' 和偏应力 q 来代表土在此时的应力状态，即

$$p'=\frac{1}{3}(\sigma'_1+2\sigma'_3) \tag{2-12}$$

$$q = \sigma_1' - \sigma_3' \tag{2-13}$$

此时，土样的孔隙比为 e_1。如果此时试样在不排水条件下破坏，那么在孔隙比保持不变的条件下，经历如图 2-2(b)AB 曲线所示的有效应力途径，到达破坏点 B。在这个过程中，土样始终处于正常固结状态。如果土样是在一个较大的固结应力 p_{c2}' 作用下初始等向固结的，那么它最终在 B' 点破坏。把 BB' 等点连起来，可以得到一个通过原点的正常固结土的强度线 OQ，通常称为临界状态线。

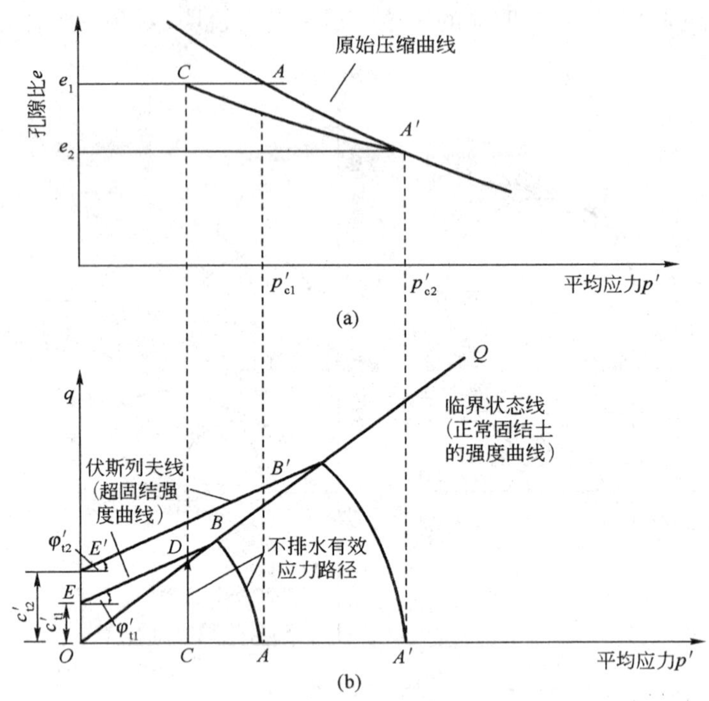

图 2-2　正常固结土和超固结土在排水条件下破坏

(a)等向压缩曲线；(b)应力路径和强度曲线

现在，来考虑另一类的加荷情况，假定土样固结到 p_{c2}' 即图 2-2(a)A' 点后，等向卸荷到某点 C，使该土样仍然获得孔隙比 e_1，见图 2-2(a)，那么土样处于超固结状态。

为了便于研究，将原始压缩曲线(AA' 曲线)上相应某一孔隙比 e 的平均应力 p' 定义为该孔隙比的等效固结应力 p_e'。例如，土样经卸荷到 C 点，孔隙比为 e_1，那么根据本定义，土样的等效固结应力应是图 2-2(a)中 A 点的相应 p' 值，即 $p_e' = p_{c1}'$。

如果让该经过卸荷的土样在不排水条件下受剪，则土样孔隙比仍然保持 e_1，经过应力途径 CD 最终到达 D 点破坏，参见图 2-2(b)。顺便指出，由于此时土体处于弹性状态，可以证明 CD 为直线。若不断地变化 p_{c2}'，保证都卸荷到孔隙比为 e_1，然后进行不排水剪切，把得到的破坏点 D 连起来，就可得到一条土样超固结情况下的破坏强度线 BE，在这条线上的各点有一个共同的破坏时的孔隙比 e_1。相应另一个破坏时的孔隙比 e_2，则可得到另一条与 BE 平行的强度线 $B'E'$。这一族超固结土的强度线被称为伏斯列夫线。伏斯列夫线可用下式表示(Hvorslev，1960 年)：

$$q_f = c_t' + p'\tan\varphi_t' \tag{2-14}$$

式中：q_f——破坏时的偏应力 q 值；

c_t'——真有效黏聚力(该值与破坏时孔隙比 e_f 有关)；

φ_t'——真有效摩擦角。

理论分析和试验资料表明，c_t' 与 p_e' 成正比，即

$$q_f = kp_e' + p'\tan\varphi_t' \tag{2-15}$$

式中：k——比例系数。

确定了比例系数后，即可生成 BE、$B'E'$这样一族平行的强度线。

对于正常固结土，$p_e' = p'$，故 $q_f = p'(k + \tan\varphi_t')$，表明正常固结土的强度线通过原点，如图 2-2(b)中 OQ 线所示。因此，正常固结土的强度特征只是伏斯列夫强度理论的一个特例。

根据伏斯列夫的强度理论，土的抗剪强度不仅与材料本身性质及应力状态有关，而且还与 p_e' 或土在破坏时的孔隙比有关。如果将式(2-15)改写成

$$\frac{q_f}{p_e'} = k + \frac{p'}{p_e'}\tan\varphi_t' \tag{2-16}$$

则可以看出，q_f/p_e' 与 p'/p_e' 倒是存在着唯一的对应关系。

总结伏斯列夫理论，可以把它视为由一条正常固结的强度直线 OQ 和一族平行的超固结强度直线组成。每一条超固结强度直线代表了一个破坏时的孔隙比 e_f。从伏斯列夫理论得到的一个重要结论是，两个由相同颗粒组成的土样如果在破坏时的孔隙比 e_f(或 p_e')相同，那么，它们可以用相同的强度指标(真黏聚力 c_t' 和真摩擦角 φ_t')来确定其抗剪强度，如果在破坏时的有效平均应力 p'也相同的话，这两个土样将发挥相同的抗剪强度。真黏聚力 c_t' 和真摩擦角 φ_t' 是与土样的固结历史和进入破坏状态的应力途径无关的强度指标。伏斯列夫理论和摩尔—库仑理论的重大差别在于，在伏斯列夫理论的式(2-14)中 c_t' 和 φ_t' 是常数，而摩尔—库仑理论的式(2-10)中，c'、φ'不是常数，它和土样的固结历史有关。

虽然伏斯列夫理论比较全面地反映了影响抗剪强度的主要因素，但在实际应用时却存在着难于确定 e_f 的问题，再加上这个理论基本上是建立在人工制备重塑土的试验资料基础上，没有考虑影响原位土强度的种种复杂因素，例如重塑和扰动、各向异性、中主应力的影响等，从工程观点看，仍带有近似性，因此，在实际工作中，广泛使用的仍是一般意义上的摩尔—库仑强度准则式(2-10)。不过，伏斯列夫理论为正确分析强度问题和理解总应力法的概念提供了理论依据。

第三节　土的本构关系

土的本构关系(constitutive relationship)主要是指土的应力和应变关系。这种关系一般呈非线性性质，它不仅取决于土的类别，而且与应力历史(stress history)、应力路径(stress path)以及应力水平(对极限应力的百分比而言，stress level)等有关。要想用一个简单的关系式把土的应力与应变甚至和时间的关系表达出来，几乎是不可能的，只能根据土的实际情况提出与之相适应的本构关系或模型(model)。近几十年来学者们在这方面已提出许多土的本构模型，它们涉及土的弹性、弹塑性以及黏弹、黏塑性等领域，其中最常用的是非线性弹性模型和弹塑性模型。不论是哪种模型，考虑到土的非线性变形性质和应力路径的影响，在计算时均采用增量理论。所谓增量理论就是循实际加载路径，把荷载分成若干级，逐级施加，并计算由此产生的应力增量 $\Delta\sigma_{ij}$、总应力 σ_{ij}和应变增量 $\Delta\varepsilon_{ij}$，而总应变 ε_{ij}为各级荷载引起的应变增量 $\Delta\varepsilon_{ij}$之和。

下面将介绍两种具有代表性的本构模型：一种是属于非线性弹性模型中的 E-ν 模型，另一种属于弹塑性模型中的修正剑桥模型。

一、E-ν 模型

在非线性弹性模型中最典型的是邓肯和张(Duncan 和 Zhang)提出的 E-ν 模型。由正常固结的黏性土样的三轴试验可以看出,在固定水压 σ_3 作用下,应力差 $\sigma_1 - \sigma_3$ 与轴向应变 ε_a 之间的关系近似成双曲线形,如图 2-3(a)所示。很显然这说明弹性模量是一变量,不能用于常规弹性理论计算,但可用于增量理论,即把荷载按加载路径分成小段,形成增量荷载,把应力—应变关系曲线的切线变形模量 E_t 和切线泊松比 ν_t 作为增量应力 $\Delta\sigma_{ij}$和增量应变 $\Delta\varepsilon_{ij}$之间的弹性常数,再按弹性理论计算,则运算方程可用矩阵表达:

$$\begin{Bmatrix} \Delta\sigma_x \\ \Delta\sigma_y \\ \Delta\sigma_z \\ \Delta\tau_{xy} \\ \Delta\tau_{xz} \\ \Delta\tau_{zy} \end{Bmatrix} = \frac{E_t(1-\nu_t)}{(1+\nu_t)(1-2\nu_t)} \begin{bmatrix} 1 & & & & & \\ \frac{\nu_t}{1-\nu_t} & 1 & & \text{对称} & & \\ \frac{\nu_t}{1-\nu_t} & \frac{\nu_t}{1-\nu_t} & 1 & & & \\ 0 & 0 & 0 & \frac{1-2\nu_t}{2(1-\nu_t)} & & \\ 0 & 0 & 0 & 0 & \frac{1-2\nu_t}{2(1-\nu_t)} & \\ 0 & 0 & 0 & 0 & 0 & \frac{1-2\nu_t}{2(1-\nu_t)} \end{bmatrix} \begin{Bmatrix} \Delta\varepsilon_x \\ \Delta\varepsilon_y \\ \Delta\varepsilon_z \\ \Delta\gamma_{xy} \\ \Delta\gamma_{xz} \\ \Delta\gamma_{zy} \end{Bmatrix} \tag{2-17}$$

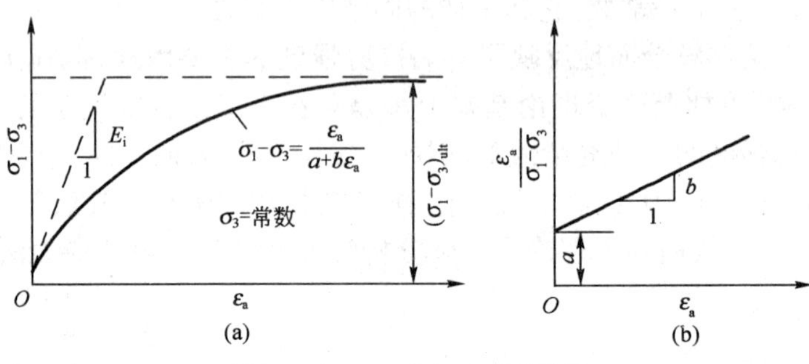

图 2-3 $(\sigma_1-\sigma_3)-\varepsilon_a$ 关系曲线

图 2-3(a)的曲线可用如下双曲线函数表示:

$$\sigma_1 - \sigma_3 = \frac{\varepsilon_a}{a + b\varepsilon_a} \tag{2-18}$$

式中:a,b——试验参数,可由图 2-3(b)定出。

设曲线的初始梯度为初始变形模量$E_i = \left.\frac{\partial(\sigma_1-\sigma_3)}{\partial\varepsilon_a}\right|_{\varepsilon_a=0}$,令$(\sigma_1-\sigma_3)_{ult}$为 $\sigma_1-\sigma_3$ 的理论极限值,$(\sigma_1-\sigma_3)_f$ 为实际破坏值,则由式(2-18)可以导出:$a=\frac{1}{E_i}$;$b=\frac{1}{(\sigma_1-\sigma_3)_{ult}}=\frac{R_f}{(\sigma_1-\sigma_3)_f}$,而 $R_f=\frac{(\sigma_1-\sigma_3)_f}{(\sigma_1-\sigma_3)_{ult}}=\frac{\text{破坏时强度}}{(\sigma_1-\sigma_3)\text{的理论极限值}}$。因此,可把式(2-18)改写成:

$$\sigma_1 - \sigma_3 = \frac{\varepsilon_a}{\frac{1}{E_i} + \frac{R_f\varepsilon_a}{(\sigma_1-\sigma_3)_f}} \tag{2-19}$$

根据试验资料，E_i 也可以由如下经验公式求得：

$$E_i = Kp_a\left(\frac{\sigma_3}{p_a}\right)^n \tag{2-20}$$

式中：K, n——试验常数；

p_a——$p_a = 0.1\text{MPa}$。

对式(2-20)求导，可求得切线变形模量 $E_f = \dfrac{\partial(\sigma_1 - \sigma_3)}{\partial\varepsilon_a}$。在求导时，可运用摩尔—库仑强度准则，令

$$(\sigma_1 - \sigma_3)_f = \frac{2\cos\varphi + 2\sigma_3\sin\varphi}{1 - \sin\varphi}$$

则

$$E_t = \left[1 - \frac{R_f(1-\sin\varphi)(\sigma_1 - \sigma_3)}{2c\cos\varphi + 2\sigma_3\sin\varphi}\right]^2 E_i \tag{2-21}$$

若进行卸载和重新加载时，可采用如下变形模量 E_{ur}：

$$E_{ur} = K_{ur}p_a\left(\frac{\sigma_3}{p_a}\right)^n \tag{2-22}$$

式中：K_{ur}——试验常数。

关于切线泊松比 ν_t 的求取，许多学者提出各自计算方法，其中以库威(Kulhawy)提出的方法比较可取，他假定在 σ_3 为常数时，存在 $\varepsilon_a = \dfrac{\varepsilon_r}{f + D\varepsilon_r}$ 的双曲关系，其中 ε_r 为径向应变。可以导出：

$$\nu_t = \frac{\partial\varepsilon_r}{\partial\varepsilon_a} = \frac{G - F\lg\dfrac{\sigma_3}{p_a}}{\left\{1 - \dfrac{D(\sigma_1 - \sigma_3)}{Kp_a(\sigma_3/p_a)^n\left[1 - R_f(\sigma_1 - \sigma_3)(1 - \sin\varphi)/(2c\cos\varphi + 2\sigma_3\sin\varphi)\right]}\right\}^2} \tag{2-23}$$

式中：G, F, D——试验参数。

由上式算得的 ν_t 必须小于 0.5，原则取 0.49 进行增量计算。当由式(2-21)和式(2-23)求得 E_t 和 ν_t 后，可借助式(2-17)，从增量荷载产生的增量应力求其增量应变。

上述 E-ν 模型比较简单实用，其缺点是没有反映土的剪胀效应和应力路径不同对 E、ν 带来的影响，但用于一般地基变形计算，其效果还算满意。

在非线性弹性模型中，除了 E-ν 模型外，尚有 K-G 模型，就是在增量应力和增量应变的关系中引入切线体积模量 K_t 和切线剪切模量 G_t，并进行体变和畸变的增量计算，其原理与 E-ν 模型基本相同。

二、修正剑桥模型

根据试验结果，土的本构关系更接近弹塑性模型。在外力作用下，土体产生的总应变均由弹性应变和塑性应变两部分组成，若写成增量形式则为 $\Delta\varepsilon_{ij} = \Delta\varepsilon_{ij}^e + \Delta\varepsilon_{ij}^p$，其中 $\Delta\varepsilon_{ij}^e$ 的计算可按弹性公式(2-17)进行，而 $\Delta\varepsilon_{ij}^p$ 的计算，一般原则是运用塑性理论中的流动法则。在众多的弹塑性模型中，研究得最早且有成效的要算罗斯科(Roscoe)等提出的剑桥模型，及在此基础上改进

的修正剑桥模型。在论述该模型时，将要涉及一些特殊应力和应变概念，因而需作简略介绍。

均质土中一点的应力状态可用6个独立应力分量来表示。每个分应力可分解为两部分：一部分为平均应力 $\sigma_m = \frac{\sigma_x + \sigma_y + \sigma_z}{3} = \frac{\sigma_1 + \sigma_2 + \sigma_3}{3}$；一部分为偏应力，如 $S_x = \sigma_x - \sigma_m$，$S_y = \sigma_y - \sigma_m$，$S_z = \sigma_z - \sigma_m$，$S_{xy} = \tau_{xy}$，$S_{xz} = \tau_{xz}$，$S_{yz} = \tau_{yz}$，或为 $S_1 = \sigma_1 - \sigma_m$，$S_2 = \sigma_2 - \sigma_m$，$S_3 = \sigma_3 - \sigma_m$。对于一般弹塑性材料，当在静水压 σ_m 的作用下，仅引起体积应变而无形变（或畸变），若仅作用有偏应力，则材料不引起体积应变而仅是形变。在研究土的本构关系时，为了求算变形的方便，往往把应力按上述原则划分成两部分，在进行常规三轴试验时（$\sigma_2 = \sigma_3$），常采用平均应力 p 和应力差 q 作为独立变量，前者等于八面体斜面上的法向应力，而后者与八面体斜面上的剪应力有关，故为偏应力，它们可写成：

$$p = \sigma_m = \frac{\sigma_1 + 2\sigma_3}{3} \tag{2-24}$$

$$q = \sqrt{\frac{3}{2}(S_1^2 + S_2^2 + S_3^2)} = \sigma_1 - \sigma_3 \tag{2-25}$$

在 p 的作用下所产生的仅为体积应变 ε_v，而在 q 的作用下产生的仅是偏应变（剪应变）$\varepsilon_s = 2/3(\varepsilon_1 - \varepsilon_2)$。在这里要注意，在本构关系中所用 p 与 q 和应力路径所用的 p 与 q 是有区别的，后者 $p = (\sigma_1 + \sigma_3)/2$，$q = (\sigma_1 - \sigma_3)/2$。

修正剑桥模型就是采用上述应力和应变。该模型是建立在所谓临界状态基础上的，故应先对该状态有所了解，然后才能涉及模型本身。

（一）土的临界状态空间

通过三轴仪对饱和土样进行常规试验（排水或不排水），并建立 $p' - q - e$ 空间坐标，其中 p' 为有效平均压力，q 为应力差，e 为孔隙比，绘出土样的临界状态边界，如图2-4所示。在 $p' - e$ 平面上的曲线 AB 为正常固结曲线，又称初始等向固结曲线。在空间的曲线 CD 称临界状态线，凡试验状态达到此线，土样会产生大量剪切变形，即剪切破坏。在 AB 和 CD 曲线之间所包含的曲面 $ABDC$ 称为物态边界面，凡试验状态达到此界面后，土样达到屈服状态，并随试验沿此面发展，直到临界状态线，方产生破坏。因此它是一个限界面，该面以上是不可能存在的状态区，该面及以下区域（一般称湿区）能反映正常固结及微超固结黏土的物态。在临界状态线 CD 另一侧的状态界面 $CDFE$ 及所覆盖的区域（一般称干区）仅反映重超固结黏土和砂土的物态，其界面以上区域也是不可能存在的状态区。修正剑桥模型仅适用于前一种状态区域，即湿区范围，并根据所定义的区域边界条件推导土的屈服函数及相应的应变增量。

（二）修正剑桥模型的表达式

修正剑桥模型进行了一系列假定，以确定状态边界的几何图式，并由这些图式导出土的强度线和屈服线的数学表达式，进而按塑性理论中的正交定律和相关联流动法则推导土的塑性应变增量和总应变增量。

1. 临界状态线及物态边界面的表达式

临界状态线 EF 如图2-5所示，其在 $p' - q$ 平面上的投影假定为一过原点的斜直线 OF'，此为一强度线，其方程为：

$$q = Mp' \tag{2-26}$$

式中：M——试验常数。

若按摩尔—库仑强度理论推算，$M=\dfrac{6\sin\varphi}{3\pm\sin\varphi}$，其分母中的负号用于土样的三轴试验压缩强度，而正号则用于拉伸强度，该临界状态线在 $p'-e$ 平面上的投影为 $E''F''$，如以 $e\text{-}\ln p'$ 坐标表示，则近似于一直线，如图 2-6。其坡度为 $\lambda:1$，直线方程为：

$$e = e_m - \lambda \ln p' \tag{2-27}$$

式中：e_m——当 $p'=1$ 时的孔隙比。

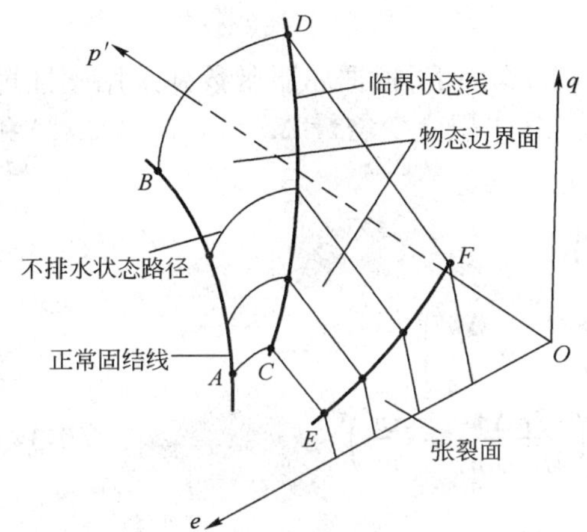

图 2-4　在 $p'-q-e$ 空间完整状态边界面

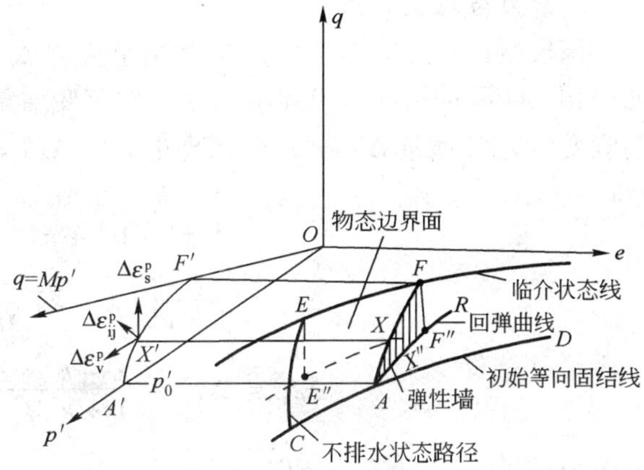

图 2-5　剑桥模型的状态边界和屈服轨迹

因此式(2-26)和式(2-27)将确定临界状态线的状态空间的几何位置。

在 $p'-e$ 平面上的初始等向固结曲线 CD 反映在 $e\text{-}\ln p'$ 坐标上(图 2-6)为一直线 AD，并与 $E''F''$ 大致平行。在 $p'-e$ 平面上的曲线 AR 为土样固结压缩到 A 点后，再卸载的回弹曲线，它反映土的弹性性质，在 $e\text{-}\ln p'$ 坐标图上也呈直线，其坡度为 $k:1$。关于压缩曲线的方程为：

$$e = e_n - \lambda \ln p' \tag{2-28}$$

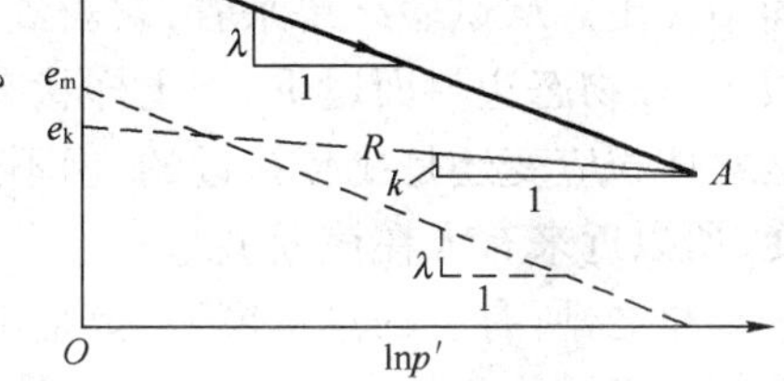

图 2-6　$e\text{-}\ln p'$ 固结和回弹曲线

而回弹曲线的方程为：

$$e = e_k - k \ln p' \tag{2-29}$$

上两式中：e_n，e_k——分别为两线 $p'=1$ 时的孔隙比。

临界状态线与初始等向固结线之间所夹的曲面是物态边界面。根据一系列基本假定可以推导出该面的方程为：

$$\frac{e_n - e}{\lambda} = \ln\left[p'\left(\frac{M^2+n^2}{M^2}\right)^{1-\frac{k}{\lambda}}\right] \tag{2-30}$$

式中：n——变量，$n=q/p'$。

2. 屈服函数

该模型假定物态边界面系某曲线在状态空间的轨迹，该曲线 AXF 示于图 2-5，并假定沿该曲线塑性体积应变增量为零($\delta\varepsilon_v^p=0$)，可以证明它在 $p'-e$ 平面上的投影为回弹曲线 AR，其方程为式(2-29)，而在 $p'-q$ 平面上投影为 $A'X'F'$，令其为屈服线，其屈服方程为：

$$\frac{p'}{p_0'} = \frac{M^2}{M^2 + n^2} \tag{2-31}$$

上式为椭圆方程,该椭圆侧端在横坐标 p_0' 上,而顶端与 $q = Mp'$强度线相交,交点横坐标为 $p_0'/2$。可以看出,p_0' 为 A 点在固结曲线上的固结压力,随着该压力的提高,曲线 AXF 将顺着物态边界面上移,其在 $p'-q$ 平面上的投影为屈服线 $A'X'F'$,它亦将向外侧推移,对应的孔隙比在减小,故该模型为应变硬化模型,而 p_0' 为屈服函数的硬化参数。

3. *应力与应变关系*

该模型在一定应力水平 p'、q 和增量应力 $\Delta p'$ 、Δq 的作用下,根据屈服函数并采用塑性理论中相关联流动法则可以导出塑性体积应变增量 $\Delta\varepsilon_v^p$、总体积应变增量 $\Delta\varepsilon_v = (\Delta\varepsilon_v^e + \Delta\varepsilon_v^p)$ 和偏应变(形变)增量 $\Delta\varepsilon_s = \Delta\varepsilon_s^p$(该理论假定 $\Delta\varepsilon_s^e = 0$),它们是:

$$\Delta\varepsilon_v^p = \frac{\lambda - k}{1 + e}\left(\frac{2n\Delta n}{M^2 + n^2} + \frac{\Delta p'}{p'}\right) \tag{2-32}$$

$$\Delta\varepsilon_v = \frac{1}{1 + e}\left[(\lambda - k)\frac{2n\Delta n}{M^2 + n^2} + \lambda\frac{\Delta p'}{p'}\right] \tag{2-33}$$

$$\Delta\varepsilon_s = \Delta\varepsilon_s^p = \frac{\lambda - k}{1 + e}\frac{2n}{M^2 - n^2}\left(\frac{2n\Delta n}{M^2 + n^2} + \frac{\Delta p'}{p'}\right) \tag{2-34}$$

式中:Δn——$\Delta n = \frac{\Delta q}{p'} - n\frac{\Delta p'}{p'}$;

M, λ, k——试验参数,可由三轴试验获得。

该模型的最大优点是试验参数只有三个,即 M、λ 和 k,与其他模型相比,是比较少的,而且只用常规三轴试验即可求得,故比较适用。该模型和剑桥模型(未修正的)一样宜用于正常固结黏土。从试验结果来看,它较剑桥模型有所改进,但计算结果仍然偏小,因为按照该模型假定,在物态边界面以下,当土样状态改变时,只能引起弹性变形,而无塑性应变。试验证明,这对体积应变还是比较接近的,但不适用于塑性剪切应变,因为在界面以下仍能引起塑性剪应变,所以近来有人在该模型基础上进行改进,以计算界面下的附加剪应变。

总之,所有土的本构模型,都是用来求算土体中的应力分布及变形的,一般都用于地基和其他土工结构物的有限元分析,以计算它们的变形量和塑性区的分布。

第四节 残余强度

一、残余强度的特征

图 2-7 所示为正常固结土和超固结土在黏粒含量较大和较小时的应力、应变曲线。在加荷过程中,试样首先达到峰值强度,然后,过渡到一个软化强度。

对超固结土,试样开始剪胀,继续加荷,在黏粒含量较高时,颗粒发生重新排列现象,强度进一步降低,到达"残余强度"。从图 2-7 可知,正常固结土的残余强度和峰值强度的差距相对超固结土要小。黏粒含量越高,残余值和峰值的差别越大。以砂粒为主的土的特性与黏粒含量低的土的特性类似。对相应不同的法向应力获得的强度值绘制曲线,即可分别总结出强度指标(图 2-8)。

Lupini(1981 年)曾经在扭转仪上对以砂和膨胀土为主的土样做过一系列试验,绘得如图 2-9所示的曲线。他发现,当土样中黏粒含量较小时,土颗粒在破坏时出现紊动和转动现

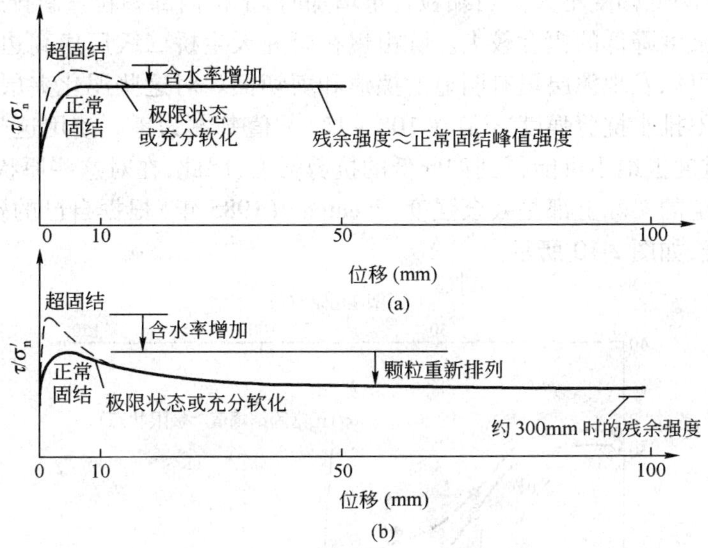

图 2-7　土的残余强度(Skempton,1985 年)

(a)黏粒含量较低(<20%);(b)黏粒含量较高(>40%)

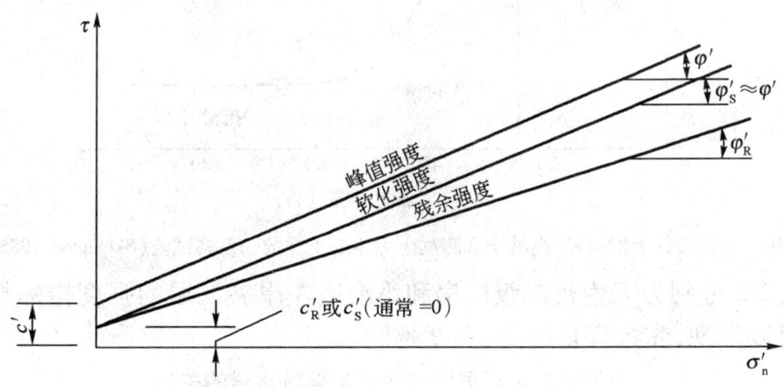

图 2-8　峰值强度、软化强度和残余强度(Fell,1992 年)

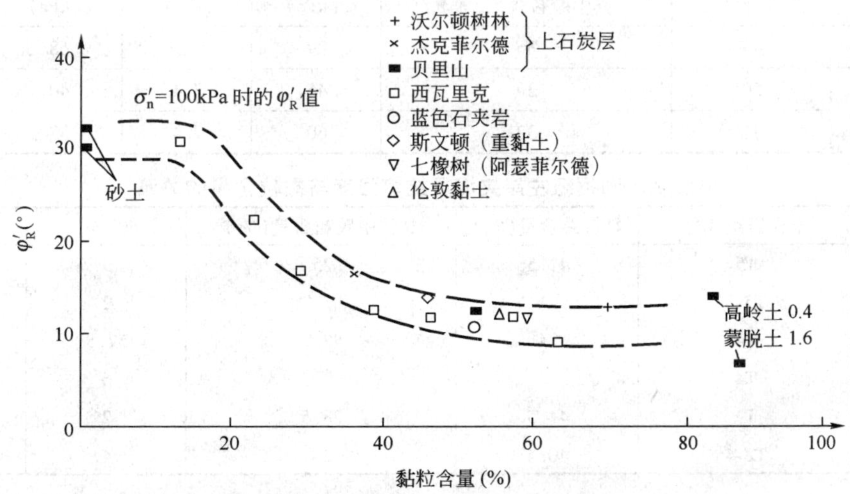

图 2-9　在扭转仪上对以砂和膨润土为主的土样的一系列试验(Lupini,1981 年)

象，此时，残余强度降低幅度不大。当黏粒含量增加时，土样内部黏粒重新排列，出现较明确的剪切面，此时残余强度降低的幅度较大。陈祖煜在研究天生桥二级厂房高边坡和小浪底工程的泥化夹层时，都可以发现泥层里有明显的擦痕和剪切面。对这些泥化夹层进行的现场剪切试验成果表明，其不排水抗剪强度 φ'值在 10°～12°，c 值基本为零。使用这些土的扰动样，即使固结到相同的重度也绝不可能得到如此低的抗剪强度，因此，在对这些原状土样进行现场或室内直剪试验，测定的实际上都是残余强度，Skempton（1985 年）根据自己的资料，也绘制了具有类似规律的曲线，如图 2-10 所示。

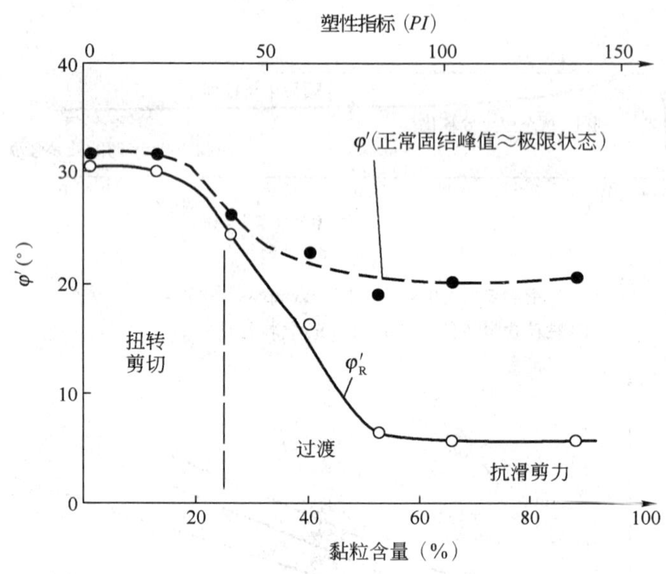

图 2-10　在扭转仪上对以砂、高岭土和膨润土为主的土样的一系列试验（Skempton，1985 年）

表 2-1 和表 2-2 分别为天生桥二级厂房和小浪底左岸夹泥层的强度指标与黏粒含量的关系实例。从中可以发现，黏粒含量越高，强度越低。

天生桥二级厂房抗剪强度与黏粒含量的关系　　表 2-1

土样编号	黏粒含量		原状样		扰动样	
	总含量（%）	其中胶粒含量（%）	c（kPa）	φ（°）	c（kPa）	φ（°）
8 号	49	36	89	14.3	68	7.6
0 号	50	39	45	7.4	40	6.5
Q88 号	41	32	60	7.4	37	9.2

小浪底水利枢纽左岸夹泥层抗剪强度与黏粒含量的关系　　表 2-2

土　样	土样岩组代号	黏粒总含量（%）	黏粒中胶粒含量（%）	c（kPa）	φ（°）
1	T5	41.5	25	9	7.97
2	T5-2			2	11.3
3	T4	34	32.7	57.5	16.4
4	T4			6	14
5	T3	44.5	28.5	2	14.6
6	T2-4	40.4	28	4	13

除了黏粒含量以外，土的矿物成分对土的残余强度特性也有明显的影响。高岭土、伊利土、蒙脱土和绿泥石均为盘片状结构，在剪切时出现重新排列现象，颗粒之间的黏结性能也较

弱，因此，通常会出现较低的残余强度。对于蒙脱土，残余强度 φ_r' 可能低至5°左右，而高岭土和伊利土的 φ_r' 则分别达到15°和10°。因此，研究泥化夹层的抗剪强度，首先要了解其矿物成分。某些土不具有盘片状结构，如埃洛石黏土呈紊乱状结构，绿坡缕石呈针状结构，又如某些含泥非晶质体黏土矿物成分的土，其 φ_r' 值可以超过25°(Skempton，1985年)。

在进行土坡稳定分析时，除了黏粒含量以外，我们通常依据以下原则决定是否使用残余强度指标。

(1)如果边坡中已经存在有一个滑裂面，如天然边坡或坝基的软弱夹层、古滑坡的滑动面等，此时，不论残余强度有多低，均应使用残余强度指标，除非有足够的证据说明这些滑动面已有了很好的胶结特性。

(2)岩体中的层面一般应使用残余强度。

(3)经碾压的填筑土如内部无裂隙，应使用峰值强度，故对土石坝填筑部分坝坡的稳定分析，应建立在峰值强度基础上。

(4)在上述(1)、(2)两种情况中，c_r' 往往相当小，而 c' 值的大小往往对边坡稳定分析的影响十分敏感，除非有专门的论证，一般 c_p' 和 c_r' 分别不宜超过10kPa和1kPa，因此，在反演分析中，通常可以取黏聚力为零，然后假定安全系数为1，反推出摩擦角。

二、残余强度的试验确定方法

如前所述，土的残余强度问题主要与层面和其他结构面的软弱夹层先期受剪颗粒重新排列，并出现剪切面有关。因此，测定这些土的残余强度，大多采用直剪仪。土的室内直剪仪的尺寸一般较小，不会超过80mm。如果土样是从现场获取的软弱面的不扰动样，那么，这些土样已在历史上发生过剪切，只要在直剪仪上继续沿软弱面剪切，测定的就是残余强度。如果应用扰动样，则需要在直剪仪上作往复剪切试验，而土体进入发挥残余强度阶段一般需6～10mm，因此，测定残余强度通常需要进行反复剪切(Skempton，1985年)。其操作步骤如下：

(1)将土样一次剪切到最大水平行程，卸荷后调整推力器到一个新的起点，加荷后再次剪切，如图2-11所示；

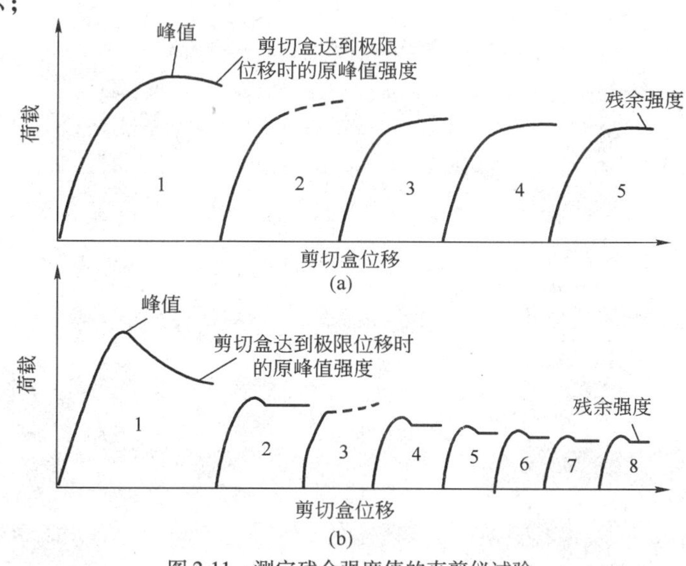

图2-11　测定残余强度值的直剪仪试验

(a)土颗粒紊动情况；(b)土颗粒定向排列，出现剪切面

(2)将土样一次剪切到峰值强度,此时,推力器已移动到几乎一半达到残余值的变形,卸荷后再次剪切到破坏;

(3)对试样进行相对两个方向的往复剪切,直至达到残余值;

(4)在上述几种直剪试验过程中,均需注意试样饱和度、剪切速率等将直接影响测定的残余强度值。

第三章　路基沉降计算及预测

在路基施工过程中，为了控制施工进度，指导后期的施工组织，同时保证路基稳定安全，需要对路基的沉降历史进行观测和最终沉降进行预测，保证路基在使用期内不出现过大的工后沉降。本章主要介绍路基沉降计算方法和沉降预测技术。

第一节　路基沉降分析概述

我国地域辽阔，地形、地质条件和自然气候差异较大，修建高速公路必然会经过一些特殊地基路段。如：西南的云贵川地区，山区地形陡峻，地质条件复杂，夏季暴雨大，滑坡、泥石流和山洪等对路基的损毁及高填方和深挖方路基边坡的稳定是路基设计中必须要解决的特殊路基问题；西北的新疆、甘肃地区，气候干旱少雨，公路通过沙漠和戈壁时，干稳定性和盐渍是这些地区的特殊路基问题；青藏高原地区，除了不良工程地质条件外，多年冻土是其路基设计需要解决的特殊路基问题；广东、浙江等东南沿海地区，地势平坦，路基填方高度较小，但水网丰富，软土较多，软土地基处理是路基设计施工必须解决的问题，以沪宁高速公路为例，沿线软土成因复杂，总长度达 92km，超过了全线里程的 1/3，而且软土厚度变化大，个别路段厚度超过 30m。

对于在软土路基上修筑高速公路或铁路，必然会遇到稳定及变形等工程问题，而影响高速公路或铁路建设质量的最重要因素就是路基的沉降。对高速公路，当路堤发生过大的沉降时，不仅增加了填方量，而且给桥台、涵洞等带来了不均匀沉降，给行车带来明显的障碍；铺筑路面时如果继续产生较大的沉降，不仅会降低路面的平整度，而且还会影响路面排水，降低路面使用质量，甚至导致路面提前破坏。因此在软土地基上修筑高速公路，软基沉降是一个核心问题，关系着整个工程的成败。它几乎涉及了岩土体环境、地基处理方法、施工方案、工期和造价等多个环节。为了保证路基的施工质量及道路建成后运营过程中的稳定，必须及时掌握并合理地预估路基沉降的变化情况，并根据路基沉降的变化信息，在施工过程中及时调整或确定各结构层的施工时间，在运营过程中及时采取有效的防范措施，避免较大的路基沉降对高速公路运营带来的安全隐患，如何控制施工期间路堤沉降及工后沉降已成为高速公路建设过程中必须面对和解决的首要问题。

一、软土的分类和工程特性

软土地基具有含水率高、天然孔隙比大、压缩性高、渗透性小、抗剪强度低、固结系数小等不利的工程性质。天然地基承载力往往不能满足工程设计的要求，使路基失稳或沉降过大，引起路基纵、横向开裂等病害。因此，需要对软土地基进行加固处理，并进行沉降计算、观测和预估，以保证高速公路在施工、运营阶段都能保持良好的状态。

1. 软土的定义

软土是指在滨海、湖泊、谷地、河滩上沉积的天然含水率高、孔隙比大、渗透性差、压缩性高、抗剪强度和承载力低的软塑到流塑状态的细粒土，如淤泥和淤泥质土。天然含水率较大、压缩性较高、强度较低、呈软塑状态的黏性土，承载力较低、易产生振动液化的饱和粉土、粉砂、细砂等，工程中称为松软土。

关于软土的鉴别，国内各行业的标准有所差异。我国铁路路基设计规范以天然含水率、天然孔隙比、压缩系数与强度四项物理力学指标作为软土的判定标准，如表3-1所示。

我国铁路路基软土鉴别指标　　表3-1

天然含水率	$w \geqslant w_L$	压缩系数	$a_{0.1-0.2} \geqslant 0.5\text{MPa}^{-1}$
天然孔隙比	$e > 1.0$	强度	$p_s < 0.8\text{MPa}$

我国《公路路基设计规范》(JTG D30—2004)则以1996年颁布的《公路软土地基路堤设计与施工技术规范》(JTJ 017—96)中的软土鉴别标准为基础，结合近几年高速公路地基处理中经常遇到的软弱土处理实践，参考国家标准《岩土工程勘察规范》(GB 50021—2001)，以天然含水率、天然孔隙比、直剪内摩擦角、十字板剪切强度、压缩系数五项指标进行判别，如表3-2所示。

我国公路路基软土鉴别指标　　表3-2

土　类	天然含水率(%)		天然孔隙比	直剪内摩擦角(°)	十字板剪切强度(kPa)	压缩系数 $a_{0.1-0.2}$(MPa^{-1})
黏质土、有机质土	≥35	≥液限	≥1.0	宜小于5	<35	宜大于0.5
粉质土	≥30		≥0.90	宜小于8		宜大于0.3

由此可见，国内各部门对软土的定义虽不尽相同，但可归纳为软土包括淤泥、淤泥质黏土、淤泥质粉土、泥炭、泥炭质土等，是一种天然含水率大(接近或大于液限)、压缩性高(压缩系数大于0.5MPa^{-1}、天然孔隙比大于或等于1.0)、抗剪强度低(快剪的内摩擦角小于5°，黏聚力小于20kPa)的细粒土。

2. 软土的主要类型

我国软土，按其成因可分为四大类，按其沉积环境的不同又可分为九种类型，如表3-3所示。

软土的类型及特征　　表3-3

类　型		厚度(m)	特　征	分布概况
滨海沉积	滨海相	60~200	面积广，厚度大，常夹有砂层，极疏松，透水性较强，易于压缩固结	沿海地区
	三角洲相	5~60	分选性差，结构不稳定，粉砂薄层多，有交错层理，不规则尖夹状及透镜体状	
	泻湖相	2~60	颗粒极细，孔隙比大，强度低，常夹有薄层泥炭	
	溺谷相		颗粒极细，孔隙比大，结构疏松，含水率高，分布范围较窄	
湖泊沉积	湖相	5~25	粉土颗粒占主要成分，层理均匀清晰，泥炭层多是透镜体状，但分布不多，表层均有小于5m厚的硬壳	洞庭湖、太湖、鄱阳湖、洪泽湖周边、古云梦泽边缘地带

续上表

类型		厚度(m)	特征	分布概况
河滩沉积	河床相,河漫滩相,牛轭湖相	<20	成层情况不均匀,以淤泥及软黏土为主,含砂与泥炭夹层	长江中下游、珠江下游及河口、淮河平原、松辽平原
谷地沉积	谷地相	<10	呈片状、带状分布,谷底有较大的横向坡,颗粒由山前到谷中心逐渐变细	西南、南方山区或丘陵地区

3. 软土的主要物理力学特性

软土无论按其成因还是按其土质划分,种类较多,各行业对其的描述也不尽相同,但软土都具有以下特征:

(1)颜色以深色为主,粒度成分以细粒为主,有机质含量高。

(2)天然含水率高,重度小。天然含水率一般为50% ~70%,大于液限含水率40% ~60%。

(3)天然孔隙比大,一般大于1.0。

(4)渗透系数小,一般在 10^{-4} ~ 10^{-8}cm/s 之间,而大部分淤泥和淤泥质土地区,由于该土层中夹有数量不等的薄层或极薄层粉砂、细砂、粉土等,故在垂直方向的渗透性比水平方向要小。

(5)压缩性高,淤泥和淤泥质土的压缩系数 $a_{1\text{-}2}$ 一般为0.7 ~1.5MPa^{-1},最大可达4.5MPa^{-1},且随着土的液限和天然含水率的增大而增高。

(6)抗剪强度低。软土的抗剪强度与加荷速度及排水固结条件密切相关。不排水剪所得抗剪强度值很小,且与其侧压力大小无关,即其内摩擦角为零,黏聚力为10 ~15kPa;直剪快剪内摩擦角一般为2° ~5°,黏聚力为10 ~15kPa;排水条件下的抗剪强度随着固结度的增大而增大,固结快剪内摩擦角可达8° ~12°,黏聚力为20kPa左右。

(7)灵敏度高。灵敏度一般在2 ~10之间,有时大于10,并具有显著的流变特性。表3-4列出了软土的主要物理力学特性。

软土的主要物理力学特性 表3-4

类型	天然重度 γ(kN/m³)	含水率 w(%)	孔隙比 e	有机质含量(%)	压缩系数 $a_{1\text{-}2}$(MPa^{-1})	渗透系数 k(cm/s)	快剪强度 c_u(kPa)	快剪强度 φ_u(°)	标准贯入值 $N_{63.5}$
软黏土	16 ~19	$w_L < w < 10$	>1.0	<3	>0.3	$<10^{-6}$	<20	<10	<2
淤泥质土			1.0 ~1.5	3 ~10					
淤泥			>1.5						
泥浆质土	10 ~16	100 ~300	>3	10 ~50	>2.0	$<10^{-3}$	<10	<20	
泥炭	10	>300	>10	>50		$<10^{-2}$			

4. 影响软土工程性质变化的因素

软土的工程特性受一系列因素的影响,这些因素可以分为两大类:成因的因素和沉积后的环境因素。

成因因素:指一定成因类型的软土是经过一定沉积而成,具有一定的成分(粒度成分和矿物成分)、结构(微观结构和宏观结构)和构造,它决定了软土工程性质的物质基础及可能变化的范围值。要更好地理解和预测软土的工程性质，只了解软土的成因，研究土的成分、结构和构造是不够的，还必须充分了解沉积后的环境因素对软土工程性质的影响。

沉积后的环境因素：指软土在沉积形成后，在较短的地质历史中，其环境的温度、压力、物理化学条件等的变化，它决定了现今软土工程性质的实际变化量值，主要有以下几个方面。

(1)重力压密

土层沉积后，在其自重下发生重力压密，引起孔隙水的排出和孔隙比的减小。沉积物的固结取决于上覆自重压力。当沉积物沉积速率很快时，厚度迅速增加，沉积土层中会产生超孔隙水压力，使土层中的有效应力低于正常固结有效应力，土的抗剪强度也低于正常固结状态下土的抗剪强度。

(2)长期恒压下的次压缩

在一定恒定压力下固结的黏性土，当超孔隙水压力已消散，主固结已完成，在有效应力基本不变的情况下，土的结构发生连续的调整，形成一种更为稳定的结构排列，致使土的体积进一步减小，这种体积的减小称为次压缩。

(3)软土沉积后的物理化学变化

软土沉积后还有物理的和化学的变化过程，它们对土的工程性质也产生重大影响。这种变化包括：干燥、节理的形成，化学风化、淋滤和胶结等。

①干燥和硬壳的形成

沉积的软土表面暴露在大气中时，靠近表面的土，由于蒸发失水干燥，使土的孔隙比减小，形成干硬壳。干硬壳下面，在化学风化、淋滤作用下形成一个风化带，土的不排水抗剪强度随深度减小，可把不排水抗剪强度达最小值的那个深度作为风化带的底部。干硬壳和风化带一起称为风化壳，或简称为硬壳。干硬壳的厚度由气候条件、地下水埋深及季节变化决定，风化带深度取决于土的渗透性。渗透性低的塑性黏土，硬壳厚度 1 ~ 3m，渗透性高的低塑性黏性土，硬壳厚度达 6 ~ 8m。

②节理

河流泛滥平原软土，表面部分由于含水率的季节性变化产生周期性的膨胀和收缩，以及由于胶凝体的老化脱水收缩，在软土中产生网状裂缝，成为有节理软土。

③化学风化

土在小圈和大气圈的直接影响下，土的结构遭物理性的破坏，土的矿物成分和胶结物质发生化学变化，统称为土的风化。海上软黏土沉积的孔隙水中最初的离子成分主要是钠、钾、镁和钙离子。当软黏土沉积上升到水面以上，由于雨水的渗透，地下水的淋滤，pH 值变化，黏土中的矿物发生分解，释放出铁、铝、钙、镁等离子，与黏土颗粒双电层发生离子交换，使土粒间的排斥力减小。氢氧化铁和氢氧化铝的胶结作用，也使土的抗剪强度增加，土的压缩性减小。

由此可以看出，一定成因类型的软土沉积后，所发生的重力压密、次压缩、物理和化学的变化，对土性会有显著的影响。由于这些因素的复杂性，要用成因和环境因素定量地估算土的工程性质是很困难的，但可以通过以下几个方面的变化分析，来掌握它们之间的联系：

①土的天然含水率和土的液塑限的关系随深度的变化；

②土的先期固结压力与上覆压力关系随深度的变化；

③土的不排水快剪强度与有效上覆压力比值随深度的变化；

④土的灵敏度随深度的变化。

二、软土地基沉降计算方法综述

软土的变形与软土的种类、状态以及外界条件有很大关系,性质十分复杂。软土的变形理论包括沉降理论和固结理论。

1. 沉降理论

软土地基沉降理论分析方法主要有两种类型。

(1)理论公式法

理论公式法是建立在 Terzaghi 的经典土力学基础上,其中引入了许多简化假定。这类方法具有简便、直观、计算参数少且易取得等优点,在工程中得到了广泛的应用。它首先确定在荷载作用下压缩土层中应力的增量,然后再采用合适的土的应力—应变关系估算这些应力增量所引起的沉降量。

理论分析法又分为一维和多维的情况。软土路堤的沉降计算通常采用一维压缩计算法,即假定地基土在荷载作用下不发生侧向变形,这显然是不符号实际的,特别是在软黏土地基中将使计算沉降量显著偏低,计算结果偏于不安全。现有的三维计算方法大致分为三类:弹性理论方法,如黄文熙法等;模拟方法,如 Lambe 的应力路径法;经验方法,如前苏联规范法和我国公路软土路堤规范法等。

工程中最为常用的方法为按分层总和法计算最终沉降量,采用一维固结理论计算沉降速率。计算分层沉降是考虑瞬时沉降、主固结沉降和次固结沉降三部分沉降。

瞬时沉降就是加载瞬间产生的沉降。在单向压缩条件下,瞬时压缩是由于土样中存在的少量空气产生压缩和土颗粒的局部重排使土样产生压缩;在现场条件下,瞬时沉降则是由于土体的侧向变形产生的,而土体的总体积不变。瞬时沉降一般用弹性理论或一些经验公式计算。

主固结沉降是因为地基土在荷载作用下将产生超静孔隙水压力,随着时间的推移,超静孔隙水应力将逐步消散,地基土孔隙中的水排出,地基土体积减小,地表产生沉降。主固结沉降可用一维的 e-p 曲线法或考虑土体应力历史的 e-$\lg p$ 曲线法,也可用黄文熙提出的三维分析法或 Skempton 和 Bjerrum 法。

次固结沉降是有效应力已基本不变,但土的体积仍随时间增长而改变所发生的沉降。在次固结沉降过程中,实际上也有微小的超孔隙压力存在,驱使水在土粒之间流动。但由于次固结沉降进行得极慢,水的流动速度是很小的,上述超孔隙压力小到无法测量,即认为次固结沉降的体积变化率与孔隙水从土流出的速率无关,与土层的厚度也无关。因此,黏土层在现场的次固结沉降速率可用直接由室内土样的试验来估计,次固结沉降采用次固结沉降系数来计算。

工程实际中经常采用主固结沉降乘以一个修正系数 m_s 的方法来计算总沉降量。

应力路径法是应力轨迹表示工地现场在施工前、施工期间以及完工后地基内部的应力变化情况。土体中任一单元体的应变、孔隙压力和强度都与应力路径有关,所以应力路径法能够从土体内部应力变化来推测土的变形和强度,清楚阐明土力学中地基沉降和稳定两大课题中各种计算公式的内涵,并把它们有机地联系起来。Lambe 首先提出用应力路径法来计算沉降。软黏土受荷载作用后,一般有两个过程:形变和体变。加荷初始,孔隙水一时来不及排出,孔隙水压力上升,相当于固结不排水过程,体积不变。随着孔隙水压力的消散,体积压缩,有效法向应力增加,而偏应力不变,相当于固结排水过程。因此沉降分为两个部分计算:通过模拟现场加荷条件,进行室内固结不排水和固结排水试验,分别量测不排水应变和排水应变,由此求得不排水沉降与固结排水沉降。应力路径法对于认识沉降机理，分析常规计算中可能产生的误差趋势，是很有益的，但该法使用较为麻烦，试验技术要求过高，目前尚未被工程界采用。

（2）数值分析方法

数值分析方法是近代土力学研究的产物，20 世纪 70 年代以来，随着计算机和有限元应用技术的发展，人们可以将复杂的土工计算问题编制有限元计算程序，通过计算机，可以估算荷载作用下土中任意一点的应力和应变情况，得到较准确的结果。有限单元法可以考虑复杂的边界条件，土体应力、应变关系的非线性特性，土体的应力历史，水与骨架上应力的耦合效应，可以模拟现场逐级加荷和处理超填土问题，能考虑侧向变形、三维渗流对沉降的影响，并能求得任一时刻的沉降、水平位移、孔隙应力和有效应力的变化，使得计算所得总沉降及沉降速率等结果越来越接近实测结果。有限元分析时，将路堤和地基作为整体划分网格，取孔隙应力、竖向位移和水平向位移作为基本未知量，采用理论上较严密的比奥固结理论，在路堤荷载作用下，根据土体的劲度和渗透性建立方程组，从而解得孔隙水压力和位移。有限元是一种较为完善的方法，利用数值分析法可以较全面地考虑土体的变形特性及其边界条件，但由于其计算参数多，且需要通过三轴试验确定，程序复杂难以为一般工程设计人员接受，在实际工程中没有得到普遍应用。

2. 固结理论

最早的软土地基固结理论是由 Terzaghi（太沙基）于 1925 年首先提出的，建立在许多简化假设的基础上，只考虑孔隙水沿竖向流动所引起的竖向变形，常被称为古典的一维理论。用一维理论计算出的固结速率与实测结果并不一致，常常低估了现场实际沉降速率。

1936 年 Rendulic 提出了 Terzaghi-Rendulic 准固结理论，可以用来解决三维固结课题。这个理论假设固结期间的总应力保持常数，但固结期间孔隙水压力消散速率的变化取决于离开排水边界面的距离，同时由于杨氏模量和泊松比从不排水值变到了排水值，因而产生了差异应变，又需要调整总应力以满足应力—应变相容条件。准固结理论不能保持沉降大小与固结度之间的耦合性，它假设只有超孔隙水压力的消散才影响沉降量。

1941 年 Biot（比奥）提出了 Biot 理论，直接从弹性理论导出，保证了位移大小及其变化进程之间的耦合性，而且在固结层的任一点，都存在超孔隙水压力的消散和总应力变化之间连续的相互作用，但由于数学计算上的困难，只能对少数简单的边值问题求出解析或半解析解，直到 20 世纪 60 年代，随着计算机的发展和有限元的应用，才得到工程界的关注。

第二节　土的孔隙水压力及其确定方法

土体内的孔隙水压力通常是在下面两种情况下产生的。

（1）土体骨架保持不变，孔隙水压力是由水的自重形成的渗流场产生的。

（2）孔隙水压力是由作用在土体单元上的总应力发生变化导致的。这种情况仅仅发生在压缩性较大、渗透系数较小的土体中。例如，饱和土地基快速开挖或快速填筑，或者均质土坝库水位骤降的情况。此时土骨架的体积和有效应力都存在着一个从起始状态到新状态过渡的过程，而黏性土的渗透系数很小，将水挤出，使土的骨架过渡到新的孔隙比，无法在短期内实现。这样，就可能出现一个随时间消散的附加的孔隙水压力场。这种孔隙水压力，恰恰是导致许多工程失事的直接原因。此时需要引入一些经验的或理论的分析方法来解决这一类孔隙水压力问题。

一、黏性土的孔隙水压力系数

当作用在饱和黏性土体上的总应力产生增量 $\Delta\sigma_1$ 和 $\Delta\sigma_3$ 时，孔隙水压力的变化可以通过下式确定（Skempton，1954 年）：

$$\Delta u = B[\Delta\sigma_3 + A(\Delta\sigma_1 - \Delta\sigma_3)] \tag{3-1}$$

假设土体处于三轴状态，即 $\sigma_2 = \sigma_3$。同时，对于饱和土体，$B = 1$。平均有效应力 p' 和偏差应力 q（或称八面体法向应力和剪应力）为：

$$p' = \frac{1}{3}(\sigma'_1 + 2\sigma'_3) \tag{3-2}$$

$$q = \sigma_1 - \sigma_3 \tag{3-3}$$

p' 的增量 $\Delta p'$ 为：

$$\Delta p' = \Delta p - \Delta u = \left(\frac{1}{3} - A\right)(\Delta\sigma_1 - \Delta\sigma_3) \tag{3-4}$$

对于饱和黏性土，如果在应力发生变化时，假定无体积变化，那么，在知道了土的应力、应变关系的条件下，系数 A 可以通过理论分析得到。例如，假定土体为遵守广义虎克定律的弹性体，那么土体的体积变化 ΔV 和 $\Delta p'$ 之间存在着唯一的对应关系：

$$\Delta p' = \frac{K_s \Delta V}{V} \tag{3-5}$$

式中：K_s——土骨架的体积模量。

由于 $\Delta V = 0$，得到 $\Delta p' = 0$。由式(3-4)得到，纯弹性土体 $A = 1/3$。

如果土体是遵守某一个相关联流动法则的弹塑性体，那么在 $\Delta V = 0$ 的前提下，可以得到如下表达式（黄文熙，1989 年）：

$$\Delta u = \Delta p + \frac{K_s\left(\frac{\partial f}{\partial p'}\frac{\partial f}{\partial q}\right)}{A^* + K_s\left(\frac{\partial f}{\partial p'}\right)^2}\Delta q \tag{3-6}$$

式中：f——屈服函数；

A^*——硬化参数 H 的函数。

由式(3-1)和式(3-6)可以得到计算孔隙水压力系数 A 的表达式：

$$A = \frac{1}{3} + \frac{K_s\left(\frac{\partial f}{\partial p'}\frac{\partial f}{\partial q}\right)}{A^* + K_s\left(\frac{\partial f}{\partial p'}\right)^2} \tag{3-7}$$

土体的孔隙水压力虽然可以通过理论途径确定，但考虑到各种复杂的因素，从工程实用的角度看，系数 A 和 B 仍需通过试验来确定。

将式(3-1)作如下变换：

$$\Delta u = \overline{B}\Delta\sigma_1 \tag{3-8}$$

其中

$$\overline{B} = B[K_0 + A(1 - K_0)] \tag{3-9}$$

式中：K_0——静止侧压力系数。

$$K_0 = \Delta\sigma_3 / \Delta\sigma_1 \tag{3-10}$$

在土石坝中，可以近似看作 $\Delta\sigma_1$ 和 $\Delta\sigma_3$ 同步增加或减少，$\Delta\sigma_3/\Delta\sigma_1$ 基本保持不变，这样，$\bar{B}$可视为常数，其值可通过类似应力途径的室内试验测定。

二、确定孔隙水压力的理论和方法

在二维问题中，反映流量平衡的微分方程为：

$$\frac{\partial}{\partial x}\left(K_x \frac{\partial h}{\partial x}\right) + \frac{\partial}{\partial y}\left(K_y \frac{\partial h}{\partial y}\right) = -\frac{1}{1+e}\frac{\partial e}{\partial t} \tag{3-11}$$

式中：h——水头；

K_x，K_y——x 和 y 方向的渗透系数；

t——时间；

e——孔隙比。

上式中左边为单位时间流进土体的水量，右边为单位时间该土体的体积变形。

$$h = \frac{u}{\gamma_w} + y \tag{3-12}$$

式中：u——孔隙水压力；

y——垂直方向坐标值；

γ_w——水的重度。

孔隙比 e 的变化是由有效应力的增量导致的，而应力增量需要通过求解反映静力平衡的微分方程获得，这本质上是个固结问题，运用比奥理论求解静力和流量平衡。

1. 太沙基固结理论

由于

$$\frac{1}{1+e}\Delta e = m_v \Delta p' = m_v(\Delta p - \Delta u) \tag{3-13}$$

式中：m_v——土的压缩系数。

假定在荷载变化过程中，$\Delta p = 0$，则有：

$$c_v\left(\frac{\partial^2 u}{\partial x^2} + \frac{\partial^2 u}{\partial y^2}\right) = \frac{\partial u}{\partial t} \tag{3-14}$$

假定 $K_x = K_y = K$，得到：

$$c_v = \frac{K}{\gamma_w m_v} \tag{3-15}$$

联合式(3-15)和式(3-1)解渗流场，称为太沙基理论。这一理论的核心是假定荷载变化过程中总应力不变。

2. 比奥理论

在太沙基理论中，假设荷载变化过程中总应力不变。若不作这一假设，则式(3-11)右边孔隙比的变化需引入应力、应变关系来确定。这一项是由有效应力的增量导致的，然而，在不知道左侧孔隙水压力的情况下，该值是无法确定的。

在岩土工程数值计算中，这类将土的应力、应变分析和渗流分析“耦合”的问题称为比奥理论，通常采用有限元法来求解。

设某一土体在自重（包括土体中的水重）作用下，在初始时刻 $t = 0$ 时处于有效应力场 $\{\sigma_0'\}$ 和孔压 u_0 状态。此时土体的位移和应变作为计算参照点，设为零。如果此时受到外荷载的作用，则土体将产生附加位移，同时还将产生附加的有效应力和孔隙水压力。新建立的孔隙水压力场将改变原有的渗流流速，一部分水从土中挤出。随着时间的推移，孔隙水压力和有效应力不断变化，直至最后形成一个与外荷载平衡的稳定的$\{\sigma_0'\}$和u。建立一个y坐标向上的坐标系，在这个过程中的任一时刻t，土体应同时满足静力平衡、变形相容和渗流平衡，其微分方程和相容边界条件如下。

(1)静力许可的应力场

由弹性力学知：

$$[\partial]\{\sigma\} = \{f_b\} \tag{3-16}$$

其中

$$\{\sigma\}^T = (\sigma_x, \sigma_y, \tau_{xy}) \tag{3-17}$$

$$\{f_b\}^T = (0, -\gamma_s) \tag{3-18}$$

式中：$\{\sigma\}$——总应力；

$\{f_b\}$——单位体积力；

γ_s——土的实际重度，对于饱和土即为饱和重度。

$[\partial]$是一个用矩阵表示的偏微分算子符号：

$$[\partial] = \begin{bmatrix} \frac{\partial}{\partial x} & 0 & \frac{\partial}{\partial y} \\ 0 & \frac{\partial}{\partial y} & \frac{\partial}{\partial x} \end{bmatrix} \tag{3-19}$$

对于饱和土体，总应力和有效应力的关系为：

$$\{\sigma\} = \{\sigma'\} + \{a\}u \tag{3-20}$$

式中：u——孔隙水压力。

$\{a\}$由下式得到：

$$\{a\}^T = (1,1,0) \tag{3-21}$$

由于达西定律是对水头h而言的，把式(3-20)进行变换得到式(3-12)，即

$$u = -\gamma_w(h - y) \tag{3-22}$$

在有限元计算中，压应力一律取负值，故具有压力性质的孔隙水压力也取负值。将式(3-20)、式(3-22)代入式(3-16)得：

$$[\partial]\{\sigma'\} - \gamma_w[\partial]\{a\}(h - y) = \{f_b\} \tag{3-23}$$

(2)变形相容的位移场

位移场$\{W\}^T = (W_x, W_y)$代表了物体中任意一点在x和y方向的位移。当变形很小时，位移和应变满足下式：

$$\{\varepsilon\} = [\partial]^T\{W\} \tag{3-24}$$

式中：$\{\varepsilon\}$——应变矢量。

$$\{\varepsilon\}^T = (\varepsilon_x, \varepsilon_y, \gamma_{xy}) \tag{3-25}$$

位移场的边界条件要求，在所研究物体的一般边界s_2上满足下式：

$$\{W\} = \{\overline{W}\} \tag{3-26}$$

式中：$\{\overline{W}\}$——s_2上已知或设定的位移约束条件。

(3)本构关系

应力场$\{\sigma'\}$和应变场$\{\varepsilon\}$通过本构关系联系起来。对于弹性体来说，有：

$$\{\sigma'\} = \{\Delta\sigma'\} + \{\sigma_0'\} \tag{3-27}$$

其中

$$\{\Delta\sigma'\} = [C]\{\varepsilon\} \tag{3-28}$$

$[C]$为根据广义虎克定律建立起来的对称刚度矩阵，自此，$\{\varepsilon\}$均指由荷载增量引起的应

变增量。

(4)流量连续条件的渗流场

按照达西定律,水在土孔隙中的流速矢量$\{v\}$满足下式:

$$\{v\} = -[K]\{\nabla\}h \tag{3-29}$$

其中

$$\{v\}^{\mathrm{T}} = (v_{x}, v_{y}) \tag{3-30}$$

$$\{\nabla\}^{\mathrm{T}} = \left(\frac{\partial}{\partial x}, \frac{\partial}{\partial y}\right) \tag{3-31}$$

$[K]$为渗透系数矩阵,对于渗流各向异性的土体,有

$$[K] = \begin{bmatrix} k_{xx} & k_{xy} \\ k_{yx} & k_{yy} \end{bmatrix} \tag{3-32}$$

式中:$[K]$——对称矩阵,渗流主轴为x和y坐标轴。

连续条件要求,某一时段内,流出单位土体的水量$\{\nabla\}^{\mathrm{T}}\{v\}\Delta t$加上水的压缩量$-\dfrac{1}{Q}\Delta u$等于土体的压缩量$-\varepsilon_{v} = -(\varepsilon_{x} + \varepsilon_{y})$,可表达为:

$$\{\nabla\}^{\mathrm{T}}\{v\} + \{a\}^{\mathrm{T}}\frac{\partial}{\partial t}\{\varepsilon\} - \frac{1}{Q}\frac{\partial u}{\partial t} = 0 \tag{3-33}$$

式中:Q——不饱和土体的压缩模量,当土体饱和并假定水不可压缩时,$1/Q$为零。

将式(3-22)、式(3-29)代入式(3-33)得:

$$-\{\nabla\}^{\mathrm{T}}([K]\{\nabla\}h) + \{a\}^{\mathrm{T}}\frac{\partial}{\partial t}\{\varepsilon\} + \frac{\gamma_{w}}{Q}\frac{\partial h}{\partial t} = 0 \tag{3-34}$$

上式是一个对t微分的方程。求解微分方程通常是在(t_0, t)时段内通过积分实现的,这里引入卷积的定义。设u和v为空间坐标x和时间坐标t的函数,则定义卷积:

$$u \times v = \int_{t_0}^{t} u(x, t-\tau)v(x,\tau)\mathrm{d}\tau \tag{3-35}$$

可得:

$$-\{\nabla\}^{\mathrm{T}}([K]\{\nabla\}h) + \{a\}^{\mathrm{T}}\{\varepsilon\} + \frac{\gamma_{w}}{Q}(h - h_0) = 0 \tag{3-36}$$

(5)应力边界条件

应力场的边界条件要求在所研究物体一段边界s_1满足下式:

$$[\bar{T}] = [N]\{\sigma'\} + [N]\{a\}u \tag{3-37}$$

式中:$[\bar{T}]$——作用在s_1上已知的单位面积上的力,$[\bar{T}] = (\bar{T}_{x}, \bar{T}_{y})$。

$$[N] = \begin{bmatrix} n_{x} & 0 & n_{y} \\ 0 & n_{y} & n_{x} \end{bmatrix} \tag{3-38}$$

将式(3-22)代入式(3-37)得:

$$[\bar{T}] = [N]\{\sigma'\} - [N]\{a\}\gamma_{w}(h - y) \tag{3-39}$$

(6)渗流场的边界条件

渗流场边界条件可分为以下三类:

第一类边界条件。在所研究的物体边界面S_3上,水头满足下式:

$$\bar{h} = h \tag{3-40}$$

式中：$\bar{h}$——设定的水头值。

第二类边界条件。在所研究的物体边界面 s_4 上，流量满足下式：

$$\bar{q} = \{v\}^{\mathrm{T}}[N] = -\{\nabla\}^{\mathrm{T}}h[K]\{n\} \tag{3-41}$$

对上式在(t_0,t)时段内积分，得：

$$g \times \bar{q} = -\{\nabla\}^{\mathrm{T}}h[K]\{n\} \tag{3-42}$$

式中：g——$g=1$；

$\bar{q}$——s_4 上设定的流量强度。

$$\{n\}^{\mathrm{T}} = (n_x, n_y) \tag{3-43}$$

第三类边界条件。所研究的边界为渗流场的自由面。

此时，自由面上各点的孔压为大气压，应满足式(3-40)，其中

$$\bar{h} = y - y_0 \tag{3-44}$$

式中：y_0——位置水头的参照高程。

同时，在自由面法线方向没有流量，故又应满足式(3-41)，$\bar{q}=0$，但由于自由面的位置通常是未知的，要在满足这两个条件的情况下予以确定，故常常需要进行迭代解决，通常采用有限元法求解以上偏微分方程，求解位移场$\{W\}$和水头场 h，最终求得孔隙水压力 u。

第三节　路基的固结与沉降计算方法

一、地基固结度计算

土的固结计算是沉降计算的重要组成部分。一般固体材料应变与应力是同时发生的，然而在软土中应力作用后会发生一定的应变，而大部分变形是随着时间慢慢发展的，很长时间以后才达到稳定。在工程设计中，不但需要预估路堤可能产生的最终沉降量，而且还常常需要预估路堤达到某一沉降量所需的时间或者预估路堤竣工以后经过某一时间可能产生的沉降量，以及地基的强度增长和地基的稳定性。因此，需要计算地基任意时刻的固结度。

目前，1925 年 Terzaghi(太沙基)最早提出了一维固结理论，1936 年 Rendulic 在固结过程中总应力不变的假设下把一维理论推广到三维情况。1941 年 Biot(比奥)考虑了土骨架和孔隙水的相互作用，建立了严格的固结理论，1956 年又把这一理论推广到动力问题，从而完成了弹性孔隙介质变形理论的基本框架。

(一)瞬时加荷条件

在路堤荷载作用下，地基中的应力属于平面应变状态，地基中各点的固结情况不同，一般结合工程需要，仅考虑路堤中心下地基的固结过程。路堤中心下地基固结主要是单向固结，利用 Terzaghi 一维固结理论计算某一层的固结度。

Terzaghi 理论假定条件如下：

(1)土体是均匀的，并由不可压缩的水完全饱和；

(2)土粒是不可压缩的，体积变化是由孔隙比变化引起的；

(3)在各种大小的水力梯度下，孔隙水的流动均遵守达西定律；

(4)土体在每级荷重增量下产生的应变很小；

(5)在每级荷重下的固结过程中,土的透水性和压缩性不变;

(6)土的孔隙比仅决定于有效应力,而与时间无关。

在上述线性假设条件下,可推导出线性一维固结方程:

$$\frac{\partial u}{\partial t} = C_{v} \frac{\partial^2 u}{\partial z^2} \tag{3-45}$$

其中

$$C_{v} = k/(m_{v} \cdot \gamma_{w})$$

式中:u——土中孔隙水压力;

C_v——固结系数;

k——土的渗透系数;

m_v——与空隙有关的系数;

γ_w——水的重度。

用分离变量法,可求得式(3-45)的解答为:

$$u = \frac{4}{\pi} u_0 \sum_{m=1}^{\infty} \frac{1}{m} \sin\left(\frac{m\pi z}{2H}\right) e^{-\frac{m^2\pi^2}{4}T_v} \tag{3-46}$$

其中

$$T_{v} = C_{v} t/H^2$$

式中:u_0——加荷瞬间的初始孔隙水压力;

T_v——时间因数;

m——正奇数(1,3,5,…);

H——最大排水距离,在单面排水条件下为土层厚度,在双面排水条件下为土层厚度的一半。

对于任一深度 z 处经时间 t 后的固结度,可按下式表示:

$$U_{z} = \frac{u_0 - u}{u_0} = 1 - \frac{u}{u_0} \tag{3-47}$$

在实际应用中,人们更重视的是平均固结度。对于加荷瞬间的初始孔隙水压力均匀分布、且等于外加均布荷载的情况来说,土层的平均固结度为:

$$\overline{U}_{z} = 1 - \frac{\int_0^H u \mathrm{d}z}{\int_0^H u_0 \mathrm{d}z} = 1 - \frac{\int_0^H u \mathrm{d}z}{pH} \tag{3-48}$$

将式(3-46)代入式(3-48),积分后,即可得到土层平均固结度的表达式:

$$\overline{U}_{z} = 1 - \frac{8}{\pi^2} \sum_{m=1}^{\infty} \frac{1}{m^2} e^{-\frac{m^2\pi^2}{4}T_v} \tag{3-49}$$

当 $\overline{U}_z > 30\%$ 时,上式可简化为:

$$\overline{U}_{z} = 1 - \frac{8}{\pi^2} e^{-\frac{\pi^2}{4}T_v} \tag{3-50}$$

根据土力学的相关理论,瞬时加载条件下软土地基的固结度计算如图 3-1 所示,不同条件下的平均固结度计算公式见表 3-5。

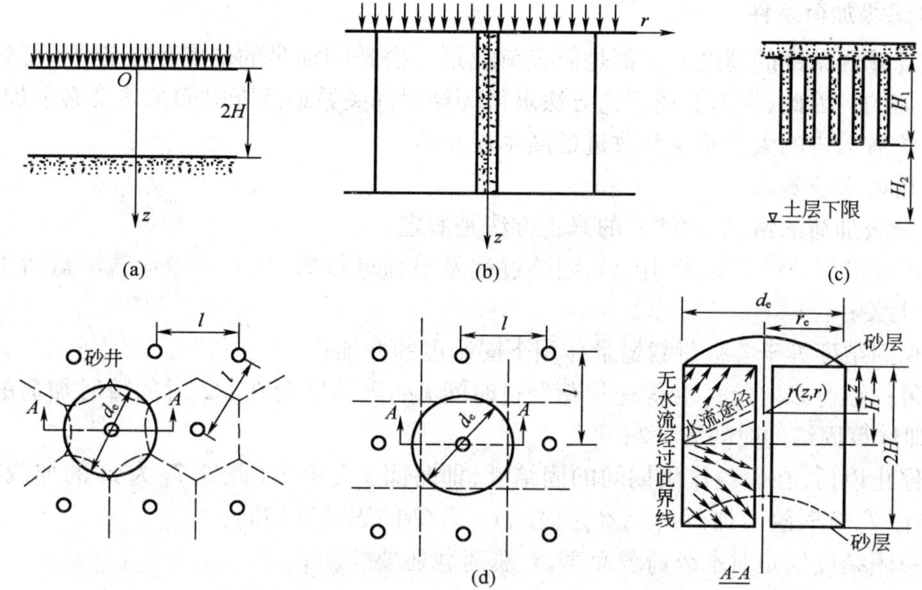

图 3-1 瞬时加载条件下软土地基的固结度计算图示

(a)竖向排水固结;(b)内径向排水固结;(c) 砂井未贯穿土层的情况;(d)排水体的布置方式及有效影响区域剖面

不同条件下平均固结度的计算公式 表 3-5

条件	平均固结度计算公式	α	β	备注
竖向排水固结($\overline{U}_z>30\%$)	$\overline{U}_z=1-\alpha e^{-\beta t}$	$\frac{8}{\pi^2}$	$\frac{\pi^2 C_v}{4H^2}$	太沙基解
径向排水固结	$\overline{U}_r=1-\alpha e^{-\beta t}$	1	$\frac{8C_h}{F(n)d_e^2}$	巴朗解 $F(n)=\frac{n^2}{n^2-1}\ln n-\frac{3n^2-1}{4n^2}$ $n=\frac{d_e}{d_w}$
竖向和内径向排水固结(砂井地基平均固结度)	$\overline{U}_{rz}=1-(1-\overline{U}_r)(1-\overline{U}_z)$ $=1-\alpha e^{-\beta t}$	$\frac{8}{\pi^2}$	$\frac{8C_h}{F(n)d_e^2}+\frac{\pi^2 C_v}{4H^2}$	
砂井未贯穿受压土层的平均固结度	$\overline{U}=P\overline{U}_z+Q\overline{U}_{rz}$ $\approx1-\alpha e^{-\beta t}$	$\frac{8}{\pi^2}Q$	$\frac{8C_h}{F(n)d_e^2}$	$P=\frac{H_2}{H_1+H_2},Q=1-p$
外径向排水固结($\overline{U}_r>60\%$)	$\overline{U}_z=1-\alpha e^{-\beta t}$	0.692	$\frac{5.78C_h}{R^2}$	R——土柱体半径

表中:C_v——竖向固结系数,$C_v=\frac{k_v(1+e)}{a\gamma_w}$;

C_h——水平向固结系数,$C_v=\frac{k_h(1+e)}{a\gamma_w}$;

d_e——每一个排水体的有效排水直径,根据排水体布置方式如图 3-1(d)所示,按下式计算:

$$d_e=\begin{cases}\sqrt{\frac{2\sqrt{3}}{\pi}}\times l=1.05l(\text{等边三角形})\\ \sqrt{\frac{4}{\pi}}\times l=1.128l(\text{正方形})\end{cases}\tag{3-51}$$

式中:d_e——砂井有效直径;

l——砂井间距。

(二)逐级加荷条件

以上计算固结度的理论公式都是假设荷载是一次瞬间加足的。实际工程中,荷载总是分级逐渐施加的。因此,根据上述理论方法求得固结时间关系或沉降时间关系都必须加以修正。修正的方法有改进的太沙基法和改进的高木俊介法。

1.改进的太沙基法

对于分级加荷的情况,太沙基的修正方法是假定:

(1)每一级荷载增量 p_i 所引起的固结过程是单独进行的,与上一级荷载增量所引起的固结度完全无关;

(2)总固结度等于各级荷载增量作用下固结度的叠加;

(3)每一级荷载增量 p_t 在等速加荷经过时间 t 的固结度与在 $t/2$ 时的瞬时加荷的固结度相同,也即计算固结的时间为 $t/2$;

(4)停止以后,在恒载作用期间的固结度,即时间 t 大于 T_i(此处 T_i 为 p_i 的加载期)时的固结度与在 $T_i/2$ 时瞬时加荷 p_i 后经过时间 $t-T_i/2$ 的固结度相同;

(5)总固结度仅是对本级荷载而言,对总荷载还要按荷载的比例进行修正。

图 3-2 为等速加荷的情况。图中实线是按瞬时加荷条件用太沙基理论计算的地基固结过程(U_t-t)关系曲线;虚线表示二级等速加荷条件的修正固结过程曲线。

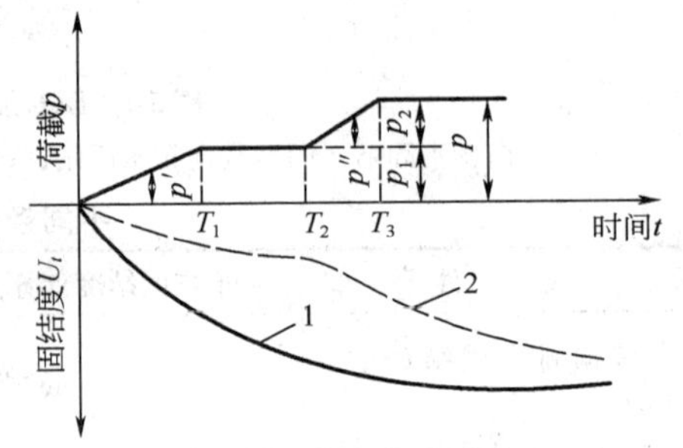

图 3-2 二级等速加荷的固结过程
1-二级等速加荷;2-瞬时加荷

现以二级等速加荷为例,计算对于最终荷载 P 而言的平均固结度 $\overline{U}'_t$,可由下列公式计算。

当 $t<T_1$ 时:

$$\overline{U}'_t=\overline{U}_{rz\left(\frac{t}{2}\right)}\cdot\frac{p_1}{p} \tag{3-52}$$

当 $T_1<t<T_2$ 时:

$$\overline{U}'_t=\overline{U}_{rz\left(t-\frac{T_1}{2}\right)}\cdot\frac{p_1}{p} \tag{3-53}$$

当 $T_2<t<T_3$ 时:

$$\overline{U}'_t=\overline{U}_{rz\left(t-\frac{T_1}{2}\right)}\cdot\frac{p_1}{p}+\overline{U}_{rz\left(t-\frac{T_2}{2}\right)}\cdot\frac{p_2}{p} \tag{3-54}$$

当 $t>T_3$ 时:

$$\overline{U}'_t=\overline{U}_{rz\left(t-\frac{T_1}{2}\right)}\cdot\frac{p_1}{p}+\overline{U}_{rz\left(t-\frac{T_2+T_3}{2}\right)}\cdot\frac{p_2}{p} \tag{3-55}$$

对多级等速加荷,可以此类推,并归纳如下:

$$\overline{U}'_t=\sum_1^n\overline{U}_{rz\left(t-\frac{T_{2n-2}+T_{2n-1}}{2}\right)}\cdot\frac{\Delta p_n}{\sum\Delta p} \tag{3-56}$$

式中: $\overline{U}'_t$——多级等速加荷,t 时刻修正后的平均固结度;

$\overline{U}_{rz}$——瞬时加荷条件的平均固结度;

T_{2n-2}, T_{2n-1}——分别为每级等速加荷的起点和终点时间(从时间0点起算),当计算某一级加荷时间 t 的固结度时,则 T_{2n-1} 改为 t;

Δp_n——第 n 级荷载增量,如计算加荷过程中某一时刻 t 的固结度时,则用该时刻相对应的荷载增量。

2. 改进的高木俊介法

该法是根据巴伦理论,考虑变加速荷载使砂井地基在辐射向和垂直排水条件下推导出砂井地基平均固结度的,其特点是不需要求得瞬时加荷条件下地基固结度,而是可直接求得修正后的平均固结度。修正后的平均固结度为:

$$\overline{U}_t' = \sum_1^n \frac{\Delta q_n'}{\sum \Delta p}\left[(T_{2n-1} - T_{2n-2}) - \frac{\alpha}{\beta}e^{\beta t}(e^{\beta T_{2n-1}} - e^{\beta T_{2n-2}})\right] \tag{3-57}$$

式中: $\overline{U}_t'$——t 时刻多级荷载等速加荷修正后的平均固结度,%;

$\sum \Delta p$——各级荷载的累计值;

$\Delta q_n'$——第 n 级荷载的平均加速度率,kPa/d;

T_{2n-2}, T_{2n-1}——分别为各级等速加荷的起点和终点时间(从零点起算),当计算某一级等速加荷过程中时间 t 的固结度时,则 T_{2n-1} 改为 t;

α, β——见表3-5。

(三)涂抹井的影响

影响砂井地基固结度的因素有初始孔隙水压力、涂抹作用及砂料的阻力等。当排水竖井采用挤土方式施工时,应考虑涂抹对土体固结的影响。当竖井的纵向通水量 q_w 与天然土层水平向渗透系数 k_h 的比值较小,且长度又较长时,尚应考虑井阻影响,瞬时加载条件下,考虑涂抹和井阻影响时,竖井地基径向排水平均固结度可按下式计算:

$$\overline{U}_t = 1 - e^{-\frac{8c_h}{Fd_e^2}t} \tag{3-58}$$

$$F = F_N + F_S + F_Z \tag{3-59}$$

$$F_N = \ln n - \frac{3}{4}, n \geqslant 15 \tag{3-60}$$

$$F_S = \frac{k_h}{k_s}\ln s \tag{3-61}$$

$$F_Z = \frac{\pi^2 L^2}{4}\frac{k_h}{q_w} \tag{3-62}$$

式中: $\overline{U}_t$——固结时间 t 时竖井地基径向排水平均固结度;

k_h——天然土层水平向渗透系数,cm/s;

k_s——涂抹区土的水平向渗透系数,可取 $k_s = (1/5 \sim 1/3)k_h$,cm/s;

s——涂抹区直径与竖井直径的比值,可取 $s = 2.0 \sim 3.0$,对于中等灵敏黏性土取低值,对高灵敏黏性土取高值;

L——竖井深度,cm;

q_w——竖井纵向通水量,为单位水力梯度下单位时间的排水量,cm^3/s。

一级或多级等速加荷条件下,考虑涂抹和井阻影响时竖井穿透受压土层地基之平均固结度可按式(3-59)计算,其中

$$\alpha = \frac{8}{\pi^2}, \beta = \frac{8c_h}{Fd_e^2} + \frac{\pi^2 c_v}{4H^2}$$

二、地基沉降计算

软土地基上填筑的路堤在施工期间或工后都将会由于软土的固结而引起路堤甚至路面的沉积变形，因此，进行软土路堤沉降计算和分析对于工程质量控制、工期和施工组织都有重要的意义。软土地基上的路堤沉降分析计算主要有以下作用：

(1)对于以沉降为控制条件需要进行预压处理的工程，通过沉降计算可估算堆载预压期间路堤沉降的发展情况、预压时间、超载大小以及卸载后所剩余的沉降量，以便调整排水系统和加压系统的设计；

(2)对于以稳定为控制的工程，如堤、坝等，通过沉降计算可预估施工期间由于基底沉降而增加的土方量；还可估计工程竣工后尚未完成的沉降量，作为堤坝预留沉降高度及路堤顶面加宽的依据；

(3)推算沉降量与时间之间的关系，作为加固地基应采取措施的依据，以及控制铺筑路面后的剩余沉降量，为路面铺筑时间提供依据。

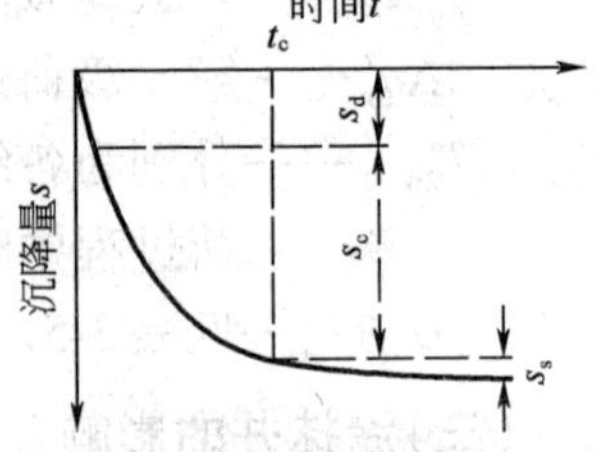

图 3-3　地基总沉降量示意图

地基土的总沉降量 s_∞，按其变形特征可分为瞬时沉降 s_d、主固结沉降 s_c 和次固结沉降 s_s 三部分，如图 3-3 所示，计算公式为：

$$s_\infty = s_d + s_c + s_s \tag{3-63}$$

式中：s_∞——地基最终总沉降；

s_d——地基的瞬时沉降(亦即初始沉降)；

s_c——地基的固结沉降(亦即主固结沉降)；

s_s——地基的次固结沉降(亦即蠕变沉降)。

(一)瞬时沉降

瞬时沉降是指在加荷瞬间，土中孔隙水来不及排出，空隙体积没有变化，即土不产生体积变化，但荷载使土产生剪切变形。对于严格的土体一维变形情况，瞬时沉降很小。当土体完全饱和时，由于土中水及土颗粒本身的变形忽略不计，瞬时沉降接近于零。对于二维或三维的土体，瞬时沉降在路基总沉降量中占有相当大的比例。由于不同增量加载时刻，土中有效应力随着土体的固结而增大，土体的变形模量相应增大，故瞬时沉降与加载方式及加载速率有很大的关系。

瞬时沉降 s_d 包括两部分：一部分是由地基的弹性变形产生的，另一部分是由地基塑性区开展继而扩大产生的侧向剪切位移引起的。目前的瞬时计算均针对第一部分变形，根据土体三不排水变形模量按线弹性理论来估算：

$$s_d = C_d \cdot p \cdot b \cdot \frac{1-\mu^2}{E} \tag{3-64}$$

式中：C_d——考虑荷载面积形状和沉降计算点位置的系数，其值见表 3-6；

p——基底附加应力；

b——荷载面积的直径或宽度；

E, μ——土体不排水弹性模量与泊松比。

半无限弹性表面各种均布荷载面积上各点的 C_d 值　　表 3-6

形状	中心点	角点或边点	短边中心	长边中点	平均
圆形	1.00	0.64	0.64	0.64	0.35
圆形(刚性)	0.79	0.79	0.79	0.79	0.79
方形	1.12	0.56	0.76	0.76	0.95
方形(刚性)	0.99	0.99	0.99	0.99	0.99
矩形					
长宽比:					
1.5	1.36	0.67	0.89	0.97	1.15
2	1.52	0.76	0.98	1.12	1.30
3	1.78	0.88	1.11	1.35	1.52
5	2.10	1.05	1.27	1.68	1.83
10	2.53	1.26	1.49	2.12	2.25
100	4.00	2.00	2.20	3.60	3.70
1 000	5.47	2.57	2.94	5.03	5.15
10 000	6.90	3.50	3.70	6.50	6.60

(二)主固结沉降

主固结沉降是由于外荷载引起超孔隙压力促使孔隙水排出,应力增量转移到土体骨架上而发生沉降,主要是引起体积的压缩变形,占总沉降量的主要部分。采用一维应力状况下分层总和法计算,具体可由 e-p 曲线、土层压缩模量或考虑前期固结压力等计算。

1. 根据 e-p 曲线计算主固结沉降

$$s_c = \sum_{i=1}^{n}\left(\frac{e_{0i} - e_{1i}}{1 + e_{0i}}\right)h_i \tag{3-65}$$

式中:e_{0i}——第 i 层中点土的自重应力所对应的孔隙比;

e_{1i}——第 i 层中点土的自重应力和附加应力之和相对应的孔隙比;

h_i——第 i 层土体的厚度,宜为 0.5 ~ 1.0m;

n——地基沉降计算分层层数。

e_{0i}与 e_{1i}由室内固结试验所得到的 e-p 曲线上查得。

2. 用压缩模量计算主固结沉降

$$s_c = \sum_{i=1}^{n}\frac{\Delta p_i}{E_{si}}h_i \tag{3-66}$$

式中:E_{si}——第 i 层中点土的自重应力所对应的孔隙比;

Δp_i——第 i 层中点土的自重应力和附加应力之和相对应的孔隙比;

h_i——第 i 层土体的厚度,宜为 0.5 ~ 1.0m。

3. 考虑前期固结压力 p_c 计算沉降

主固结沉降按单向压缩 e-lg$p$ 曲线进行计算时,主要是考虑前期固结压力 p_c 来计算沉降。所谓前期固结压力 p_c 是指土层历史上曾经承受过的最大固结压力,可被用来判断天然土层的固结状态,天然土层可分为下列固结状态:

①超固结状态，是指天然土层在地质历史上受到过的固结压力 p_c 大于目前上覆压力的情况；

②正常固结状态，是指天然土层在地质历史上受到过的固结压力 p_c 等于目前上覆压力的情况；

③欠常固结状态，是指天然土层历史上曾在固结压力 p_c 作用下压缩稳定，固结完成。

大多数情况下，除了侵蚀冲沟外，表层没有可侵蚀性物质。因此，就地质学意义上说，大部分软黏土可看作是正常固结土。但实际上就其天然状态而言，这样的土层常表现出微超固结土的特征。

（1）正常固结、欠固结土（如图 3-4 所示）

$$s_c = \sum_{i=1}^{n} \frac{h_i}{1 + e_{0i}} \cdot C_{ci} \lg \frac{p_{0i} + \Delta p_i}{p_{ci}} \tag{3-67}$$

式中：C_{ci}——土层的压缩指数；

p_i——土基中各分层点的自重应力；

p_{ci}——前期固结压力，正常固结时；

n——地基沉降计算分层层数。

（2）超固结土（如图 3-5 所示）

①当应力增量 $\Delta p > p_c - p_0$ 时，

$$s_c = \sum_{i=1}^{n} \frac{h_i}{1 + e_{0i}} \cdot C_{si} \lg \frac{p_{ci}}{p_{0i}} C_{ci} \lg \frac{p_{0i} + \Delta p_i}{p_{ci}} \tag{3-68}$$

②当应力增量 $\Delta p \leqslant p_c - p_0$ 时，

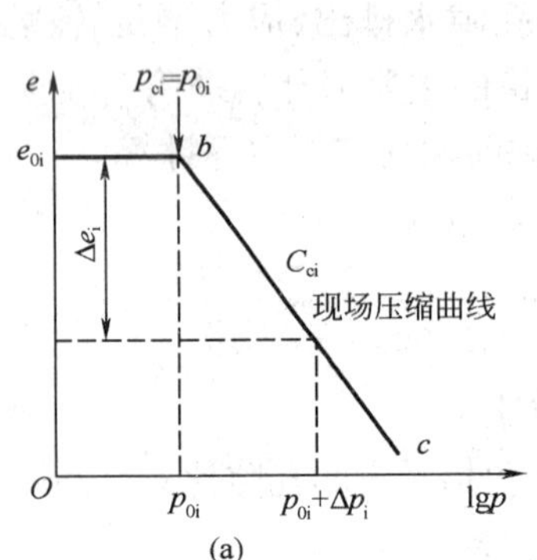

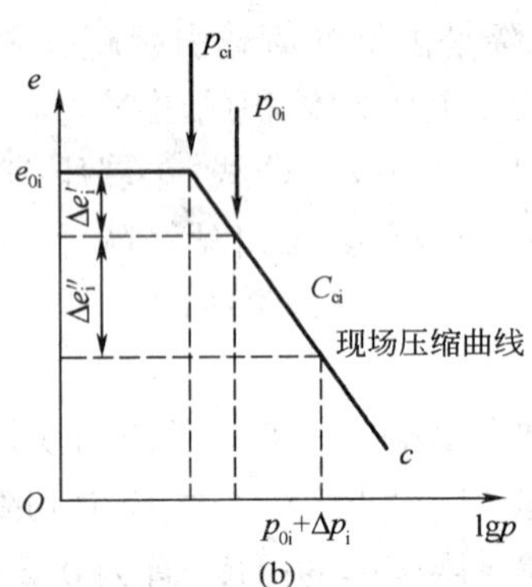

图 3-4　正常固结、欠固结土沉降计算

（a）正常固结土沉降计算；（b）欠固结土沉降计算

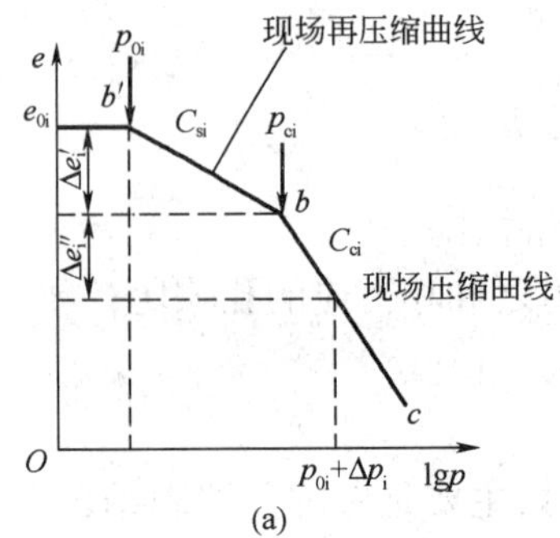

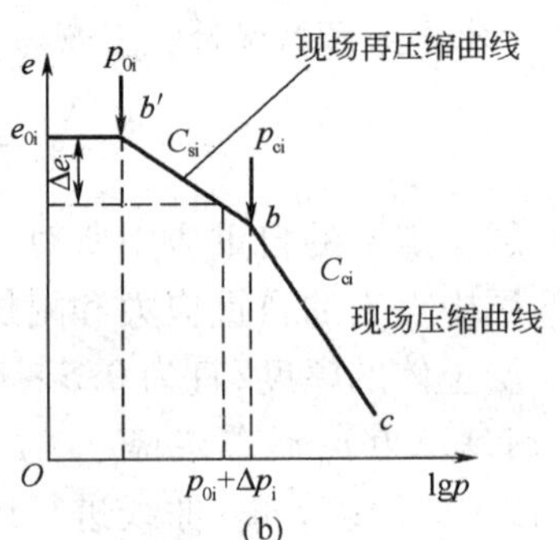

图 3-5　超固结土沉降计算

$$s_c = \sum_{i=1}^{n} \frac{h_i}{1+e_{0i}} \cdot C_{si} \lg \frac{p_{0i}+\Delta p_i}{p_{ci}} \tag{3-69}$$

式中：C_{si}——回弹指数。

（三）次固结沉降

次固结沉降是由于超静定压力消散后，在恒定有效压力作用下土体骨架的徐变所导致的，其大小与土的性质密切相关。泥炭土、有机质土或高塑性黏质土土层，其次固结沉降占总沉降的份额较大，而其他土的次固结沉降所占份额则较小。次固结沉降是地基随时间的增长而发生的沉降，可按从主固结完成后开始，由时间－压缩曲线的斜率近似地求得次固结沉降，如图3-6所示，计算表达式如下：

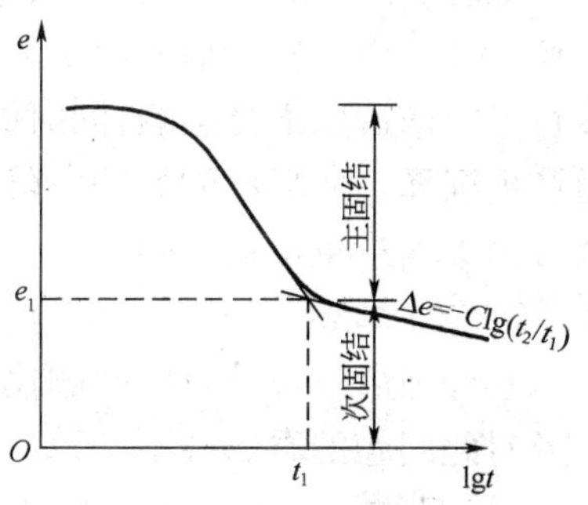

图3-6　次固结时间—压缩曲线图

$$s_s = \sum_{i=1}^{n} \frac{H_i}{1+e_{1i}} C_{\alpha i} \lg \frac{t_2}{t_1} \tag{3-70}$$

式中：t_1，t_2——相当于主固结达到100%的时间和需要计算次固结的时间；

$C_{\alpha i}$——用孔隙比变化计算时各软土层的次固结系数，$C_{\alpha i} = \frac{e_1 - e_2}{\lg t_2 - \lg t_1}$；

e_1，e_2——相应于时间t_1、t_2的孔隙比；

其他符号意义同前。

（四）总沉降计算

由于土的弹性模量和泊松比均不易准确测定，这将影响瞬时沉降s_d的计算精度。我国现行的《公路路基设计规范》（JTG D30—2004）总沉降即采用沉降系数和主固结沉降s_c计算，该经验公式如下：

$$s_\infty = m_s s_c \tag{3-71}$$

式中：m_s——沉降计算经验系数，与地基条件、荷载强度、加荷速率等因素有关，通常m_s=1.1～1.7，具体数值应根据现场沉降观测资料确定，也可采用下述经验公式估算，

$$m_s = 0.123\gamma^{0.7}(\theta H^{0.2} + VH) + Y \tag{3-72}$$

其中　θ——地基处理类型系数，地基用塑料排水板处理时取0.95～1.1，用粉体搅拌桩处理时取0.85，一般预压时取0.90，

H——路基中心高度，m，

γ——填料重度，kN/m^3，

V——填土速率修正系数，填土速率在0.02～0.07m/d之间时，取0.025，

Y——地质因素修正系数，满足软土层不排水抗剪强度小于25kPa、软土层的厚度大于5m、硬壳层厚度小于2.5m三个条件时，Y=0，其他情况下可取Y=－0.1。

对于一次瞬时加荷或一次等速加载结束后任何时间的地基沉降量，可将上式改写为：

$$s_t = (m_s - 1 + U_t) s_c \tag{3-73}$$

式中：U_t——地基处理类型系数。

三、工后沉降分析

相对于路堤总沉降而言，工程上更关心的是施工后一段时间内的沉降量，即工后沉降，两处不一致的工后沉降差称为差异沉降。

1. 工后差异沉降

工后差异沉降对路面结构横断面和纵断面均有影响，过大的差异沉降将导致路面结构的破坏；另外，由于横断面方向上的差异工后沉降，必将引起路拱和路肩横坡的变化，对路面排水及行车安全造成不良影响，同时纵断面线形的变化会危及路面的平整度，特别是桥台及台后引道产生沉降差而形成明显的台阶，远远超过行车安全的纵坡范围，对行车的舒适性、车辆及所载货物等均产生不良影响。

2. 容许工后沉降

容许工后沉降涉及的问题比较多，它的取值直接影响到工程造价及道路的使用性能。国内外对此问题的看法并不一致。

(1) 日本

1989 年日本道路协会的《软土地基处理技术指南》要求：

①路面铺筑后 3 年内，路堤中心处容许沉降可由道路重要性决定；

②与桥梁邻接的填土路段（桥头引道）的沉降量控制在 10 ~ 30cm 以内。

最新的日本《高等级公路设计规范》已不考虑容许工后沉降，重点放在填方稳定分析上，不考虑的原因是采用经济的施工办法，不能减少长期沉降；道路填方时，即使长期沉降量很大，在维修管理阶段也能控制；地基沉降量随时间的变化关系难以预测。

日本对工后沉降的重视程度逐渐在减小，更关注养护问题，这样可减少一次性投资，但养护工作的质量水平、所用机械的自动化程度要求较高，否则必然影响道路的运营效率。

(2) 德国

原联邦德国交通部 1990 年颁布的《软土地基上道路建设规范》对预压规定为：

①预压荷载的高度及作用时间必须保证；

②道路运营期由于堤身自重及行车荷载作用，不引起地基土的初期加荷，即要求预压期末地基土中任一点处，固结后达到的孔隙比所对应的当量应力，不能被运营期该点的有效应力所突破；

③次固结在这种预压处理后可以忽略不计。

可以看出，德国对预压的要求是很严格的，并通过预压达到控制次固结的目的。

(3) 其他国家

有关资料介绍，美国仅对桥头引道规定 12.7 ~ 25.4mm 的容许差异沉降，路面容许总沉降或差异沉降常不作规定，一条道路的工后沉降 0.30 ~ 0.61m 是容许的。法国要求桥头引道部分的容许工后沉降为 3 ~ 5cm，在一般路段为 10cm，对应的地基固结度为 85% ~ 95%。

(4) 中国

现行路基设计规范规定，当路面设计使用年限内计算的残余沉降不满足如表 3-7 的要求时，应针对沉降进行地基的处治设计。另外，由于地基沉降引起路堤的断面形式发生变化及连坡坡率的改变，软土地基上填筑路堤的底面应加宽，并根据路肩及路堤坡脚处预压期末的沉降量确定预压路堤的边坡。

容许工后沉降　　表 3-7

道路等级 \ 工程部位	桥台与路堤相邻处	涵洞、通道处	一般路段
高速公路、一级公路	≤0.10m	≤0.20m	≤0.30m
二级公路	≤0.20m	≤0.30m	≤0.50m

第四节　路基沉降监测技术

软土地基路堤应注意观测路基填筑过程中和竣工后的固结、强度和位移的变化，这不仅是发展理论和评价处理效果的依据，同时也可以及时防止因设计和施工不完善而引起的意外工程事故。

监测的一般原则如下。

(1)监测点应设在观测数据容易反馈的部位。地基条件差、地形变化大和设计问题多的部位和土质调查点附加均应设置观测点，桥头纵向坡脚、填挖交界的填方端、沿河等特殊路段均应酌情增设观测点。

(2)无论在路堤的纵向还是横向，测点越多，测得的结果越能反映路堤真实情况，但测点多，费用、测试工作量、测点保护工作量都会增加，而且测点会对施工造成不便。从满足监测需要与施工便利性考虑，一般路段沿纵向每隔 100～200m 设置一个观测断面，桥头路段应设计 2～3 个观测断面。

(3)沿河、临河等填方量大且稳定性差的路段，必要时应进行地基土体内部水平位移的观测。对于成层软土地基需进行土体内部竖向和水平向位移观测。

(4)测点的设置不仅要根据设计的要求，同时还应针对施工中掌握的地质、地形等情况增设。

(5)在施工期间位移观测应每填筑一层土观测一次；如果两次填筑时间间隔较长，每 3 天至少观测一次。路堤填筑完成后，堆载预压期间观测应视地基稳定情况而定，一般半月或每月观测一次。对于孔隙水压力的观测，每填筑一层后，应每隔 1h 观测一次，连续观测 2～3 天。

(6)当路堤稳定出现异常情况而可能失稳时，应立即停止加载并采取果断措施，待路堤恢复稳定后，方可继续填筑。

软土路基监测工作主要包括：变形监测、应力监测、强度监测和其他监测，如表 3-8。仪标埋设位置如表 3-9 所示。

路堤监测项目　　表 3-8

监测项目			仪标名称	监测目的
变形	地表位移	地表竖向位移	沉降板和水杯	地表以下土体沉降总量
		地表水平位移	水平位移边桩	测定路堤侧向地面水平位移量，兼测地面沉降或隆起量，用于稳定监测
	土体位移	土体竖向位移	深层沉降标	地基某一层位以下沉降量
			深层分层沉降标	地基不同层位分层沉降量
		土体水平位移	地下水平位移标（测斜仪、管）	观测地基各层位土体侧向位移量，用于稳定监测和了解土体各层侧向变位以及附加应力增加过程中的变位发展情况
应力	地基孔隙水压力		孔隙水压力计	观测地基孔隙水压力变化，分析地基土固结情况
	土压力		土压力计（盒）	测定测点为主的土压力及应力分布情况
强度	承载力		载荷试验仪	一般用于地基或桩（柱）的承载能力测定。粉喷桩地基应作此项监测，其他地基必要时采用

续上表

监 测 项 目		仪 标 名 称	监 测 目 的
其他（辅助监测）	地下水位	地下水位观测计	监测地基处理后地下水位的变化情况，校验孔隙水压力计读数
	出水量	单孔出水量计	监测单个竖向排水井排水量，了解地基排水情况

仪标埋设位置表 表 3-9

序　号	仪 标 名 称	埋 设 位 置
1	沉降板	埋设在路堤左、右路肩和路中心原地面上
2	水平位移边桩	在路堤两侧趾部以及边沟外缘及外缘以外 10m 处
3	深层沉降标	埋设在软土层顶面、软土层中或处理区底面
4	深层分层沉降标	埋至软土层底下的硬土层，分层观测点为沿管深间隔 1m 设置
5	地下水平位移标（斜测仪、管）	埋至软土层底下硬土层中，测点沿斜测导管间隔 50cm
6	孔隙水压力计	埋在路中地基土层，深度至软土底部，埋设间隔深度 1 ~ 5m
7	土压力计（盒）	横断面上左坡、中、右坡范围内埋设
8	地下水位观测计	设于坡脚外 20m 处，路堤横向两侧各设 1 ~ 2 个
9	单孔出水量计	设于排水井顶部，埋置于路中、路肩位置

一、变形监测

变形监测主要包括沉降观测和水平位移观测，沉降观测包括地表竖向位移和分层竖向位移的观测，水平位移观测包括地表水平位移和土体分层水平位移观测。

（一）地表竖向位移

（1）地表沉降观测一般采用在原地面埋设沉降板进行高程观测。沉降板由钢底板或钢筋混凝土板、金属测杆和保护套管组成。底板尺寸不小于 50cm × 50cm × 3cm，测杆直径以 4cm 为宜，保护套管尺寸以能套住测杆并留有适当空隙为宜。图 3-7 为沉降板的现场照片。随着填土的增高，测杆和套管亦相应接高，每节长度不宜超过 50cm。接高后的测杆顶面应略高于套管上口，套管上口应加盖封住管口，避免填料落入管内而影响测杆下沉自由度，盖顶高出碾压面高度不宜大于 50cm。沉降板埋设与观测过程如图 3-8 所示。

（2）地表沉降观测采用 S_1、S_3 型水准仪，以二级中等精度要求的几何水准测量高程，观测精度误差应小于 1mm。

（3）观测基桩：用于观测水平位移的位移标点桩、校核基点桩，亦同时用于沉降观测，埋设于坡趾及以外的标点桩一般兼测地面沉降。

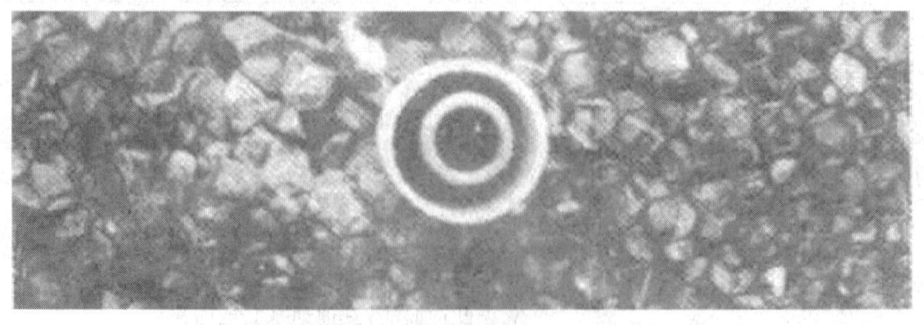

图 3-7　沉降板

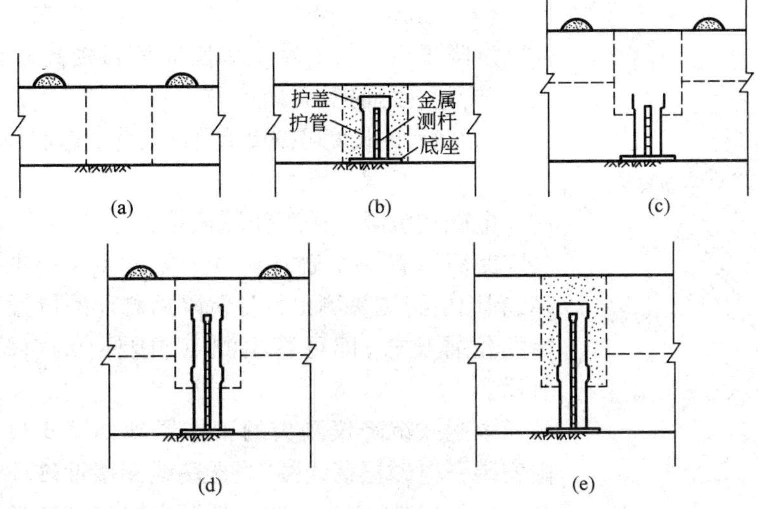

图 3-8 沉降板埋设与观测过程

(a)铺筑碾压,挖出沉降板坑;(b)安装好沉降板,测出杆头高程,拧好护盖并回填;(c)铺筑碾压第二层,在原位挖出沉降杆,拧下护盖测杆头高程;(d)接好沉降杆,测接杆后的高程;(e)盖好护盖,回填并夯实

(二)分层竖向位移

土体内部竖向位移是通过在土体内埋设沉降标进行观测。沉降标分为分层标和深层标,分层标可以在同一根测标上,分别观测土体沿深度方向各层次及某一层位土体的压缩情况。分层标深度可贯穿整个软土层,各分层测点布设间距一般为 1.0m,或者更密;深层标是测定某一层以下土体压缩量的,故深层标的埋设位置应根据实际需要确定。如软土层较厚,排水处理又不能穿透整个层厚时,为了解井下未处理软土的固结压缩情况,深层标可设置于未处理软土顶面。

深层标采用水准仪测量标杆顶端高程的方法进行,测量仪器和沉降板要求相同。

1. 仪器结构

国内外现有的沉降仪大体上分为机械式、舌簧式、电磁式、水管式、气压式等,这里主要介绍工程上常用的电磁式沉降仪。

电磁式沉降仪由脚架、钢卷尺、测头、沉降管和磁环组成,如图 3-9 所示。

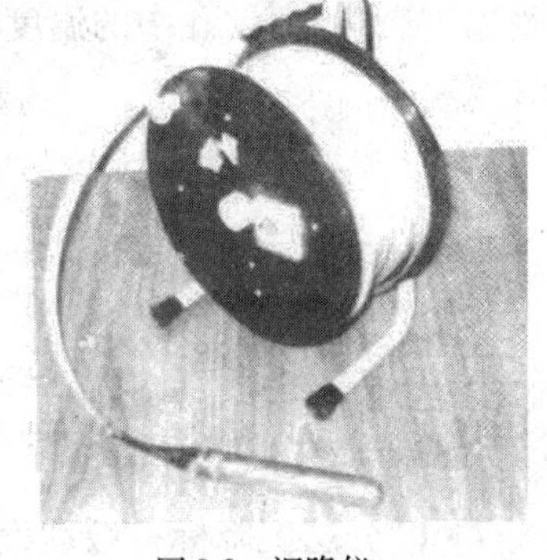

图 3-9 沉降仪

分层沉降仪主要技术性能指标为:

①测量深度:50m 或 100m;

②灵敏度:±1mm;

③标尺误差:< ±1mm/10m;

④密封性能:>1MPa。

(1)沉降管

用硬聚氯乙烯塑料制成,包括主管(测量管)和连接管,同时为防止泥砂进入管内,每一沉降管都配有管盖和管座。

(2)沉降环

沉降环的形式有单向带三个叉簧片的,双向带三个叉簧片的,圆形带三个叉簧片的等。

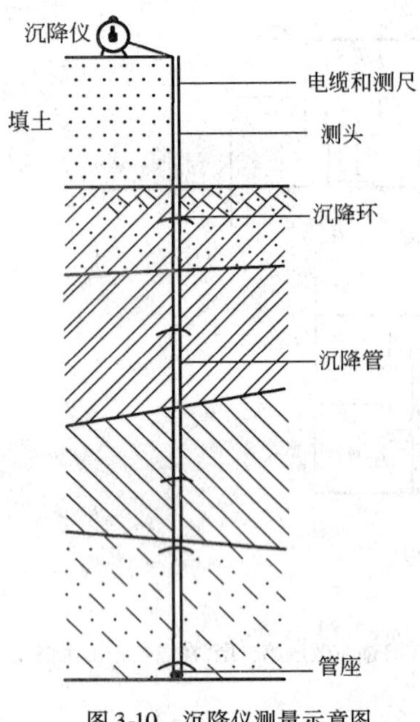

图 3-10　沉降仪测量示意图

(3)沉降仪

沉降仪由一块电路板和圆筒塑料密封外壳组成,配有探头、三脚架、手摇把柄、测尺等。

(4)测尺的长度可按要求测试的深度选取,一般在 30～50m。

2. 工作原理

电磁式沉降仪的工作原理是在土体中埋设一根竖管,隔一定距离设置一个磁环。当土体发生沉降时和土体同步沉降,利用电磁测头测出发生沉降后磁环的位置,将其与磁环初始的位置比较,即可算出测点(磁杯)的沉降量,如图 3-10 所示。

电磁式沉降仪测头的工作原理如图 3-11 所示。在测头内安装一电磁振荡线圈,当振荡线圈接近磁环时,由于磁环中产生涡流损耗,大量吸收了振荡电路的磁场能量,从而使振荡器振荡减弱,直至停止振荡。此时,放大器无输出,触发器翻转,执行器工作,晶体音响便发出声音。根据声音刚发出的一瞬间,确定环的位置。

3. 精度分析

(1)传感器的灵敏度,即测头的位移量为多大时,指示器才能指示。一般仪器只要有 0.2mm的变位就能有反应,因此考虑到仪器的温度飘移及人为影响、测尺影响等,其误差不会超过 0.5mm。

(2)测尺。测尺、电缆一般做成合二为一的钢钢丝塑料尺带,在拉力一定时,相对误差只受温度影响,而钻孔中的温度变化不大,所以误差也可忽略不计。

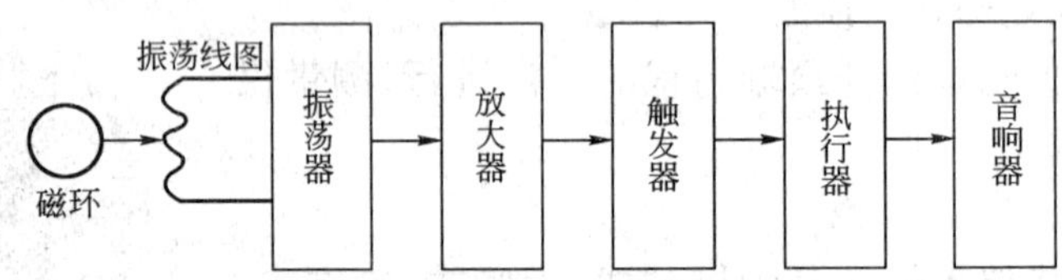

图 3-11　电磁式沉降仪电路原理示意图

4. 埋设技术

(1)分层沉降标一般埋设于路堤中心,观测孔要定位准确。

(2)在定位点安装钻孔机,钻孔直径为 ϕ108mm。成孔倾斜度不能大于 1°,并无塌孔、缩孔现象存在,遇到松散软土时,应下套管或泥浆护壁。分层标的钻孔深度即为埋置深度,而深层标的钻孔深度要在埋置深度以上 50cm,成孔后必须清孔。

(3)沉降管底部要装有底盖,底盖及各沉降管连接处应进行密封处理(橡皮泥及防水胶带),这样可防止泥水进入沉降管内。

(4)下沉降环的方法各异,一般用波纹管将沉降环固定到沉降管上,用纸绳捆绑住三脚叉簧的头部,当沉降管埋设就位后,纸绳在水的作用下断开,弹叉簧便伸入到钻孔壁内的土中起固定作用。

(5)沉降环埋设好后,应立即用沉降仪测量一次,对环的位置、数量进行校对,并对孔口高程进行测量。

(6)沉降管与钻孔之间的孔隙可用中粗砂回填。

(7)把埋设情况记入考证表,考证表的主要内容为:工程名称、仪器型号、生产厂家、量程、沉降管编号、位置、孔口高程、深度、埋设方式、埋设环数、埋设日期、人员等。

5.测试技术

观测时先取下护盖,测定管口高程,然后将测头沿沉降管徐徐放至孔底,打开电源开关,测头自下而上测定。当接近磁环时,指示器开始有信号发出,此时减小上拉速度,当信号消失的瞬间,停止上拉,读得测头至管口的距离。如此测完所有磁环,每测点应平行测定两次,读数差不得大于2mm。根据测得的距离与管口高程计算出各磁环的高程,各磁环相邻两次高程之差即为测点(磁环)的沉降量。

(三)地表水平位移

1.仪标

边桩一般采用钢筋混凝土预制,混凝土的强度不低于C25,长度不应小于1.5m;断面可采用正方形或圆形,边长或直径以10~20cm为宜,并在桩顶预埋不易磨损的测头,外观如图3-12所示。

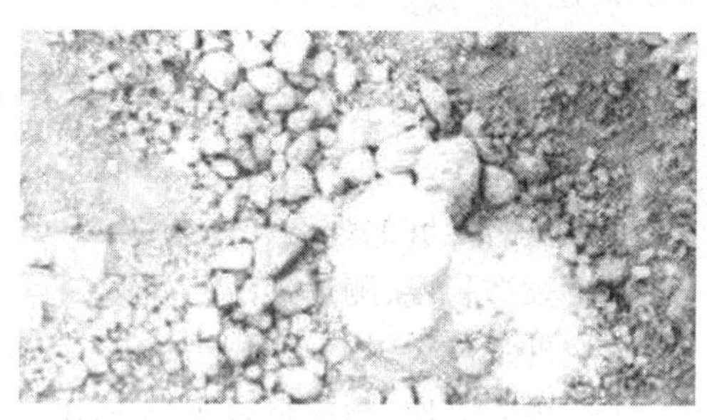

图3-12　边桩

2.埋设

边桩应根据需要埋设在路堤两侧坡脚处,并结合稳定分析在预测可能的滑裂面与地面的切面位置布设测点,一般在坡脚以外设置3~4个位移边桩。同一观测断面的边桩应埋在同一横轴线上。边桩的埋设深度以地表以下不小于1.2m为宜,桩顶露出地面的高度不应大于10cm。埋设方法可采用打入或开挖埋设,要求桩周围回填密实,桩周上部50cm高用混凝土浇筑固定,确保边桩埋置稳固。

(四)地基土体分层水平位移

土体分层水平位移观测通常在观测点埋设测斜管,由测斜仪测得。测斜仪主要有电阻应变片式、伺服加速度计式、钢弦式、差动电阻式等,测量方法一般采用活动式的。

1.埋设技术

(1)测斜管采用铝合金或塑料管,其弯曲性能应以适应被测土体的位移情况为宜,测斜管内纵向的十字导槽应润滑顺直,管端接口密合;

(2)测斜管应埋设于地基土体水平位移量大的平面位置,一般埋设于路堤边坡坡脚或边沟上口距外缘1.0m左右的位置;

(3)测斜管埋设时应采用钻机导孔,导孔要求垂直,偏差率不大于1.5%。测斜管底部应置于深度方向水平位移为零的硬土层中至少50cm或基岩上,管内的十字导槽必须对准路基的纵横方向。

2.测试技术

(1)将测头导轮卡置在测斜导管的导槽内,轻轻将测头放入测斜导管中,放松电缆使测头滑至孔底,记下深度标志。当触及孔底时,应避免激烈的冲击。测头在孔底停留5min,以便在孔内温度下稳定。

(2)将测头拉起至最近深度标志作为测读起点,每0.5m测读一个数,利用电缆标志测读至导管顶端为止,每次测读时都应将电缆对准标志并拉紧,以防读数不稳。

(3)将测头调转180°重新放入测斜导管中,将测头滑至孔底,重复上述步骤。

(4)将测得的正、反向数据以测读末位单位填入记录表中,处理后即可得到导管任意深度的水平位移。

二、应力监测

软土地基应力监测包括孔隙水压力监测和土压力监测等。

(一)孔隙水压力监测

孔隙水压力现场观测时,可根据测点孔隙水压力—时间变化曲线,反算土的固结系数,推算该点不同时间的固结度,从而推算强度增长,并确定下一级施加荷载的大小,故可以用来控制加荷速率。

1. 仪标

孔隙水压力测试系统由孔隙水压力计和量测仪器两部分组成。选用的孔隙水压力计必须具备以下条件:

(1)具有足够的强度和耐久性;

(2)读数稳定,测量延滞时间短;

(3)外形光滑平整,体积小;

(4)测量方便,精度符合观测要求。

2. 埋设技术

(1)孔隙水压力计的平面布点宜集中于路中心,并与沉降、水平位移观测点位于同一观测断面上。孔隙水压力测点沿深度布设应根据试验分析需要确定,一般每种土层均应有测点,土层较厚时每隔3~5m设一个测点,埋置深度应达到压缩层底。

(2)孔隙水压力计宜采用一孔单只孔压计钻孔埋设法,埋设时孔隙水压力计应紧贴合测点土层,采用干燥膨胀土或高液限黏土泥球封孔密闭,使测点土层孔隙水与上部土层孔隙水完全隔绝。

(3)保护孔压计外引电缆完好不受损坏,保证孔隙水压力准确传递。待同一观测断面的全部孔压计埋设后,所有孔压计的外引电缆应编好测点号码,而后集中穿入硬塑管埋入电缆沟,引出路基外进入观测房或观测箱内。必要时在电缆沟旁作些标记,以防施工时截断电缆线。

(4)每一只孔压计埋设后,应及时采用接收仪器检查孔压计是否正常。如发现异常应查明原因及时修正或补埋。

3. 测试技术

钻孔埋设时,应做好钻孔的详细记录。必要时,可采取土样进行土工试验,以补充或校核原土工试验资料或土质参数的不足,为试验研究提供更多的基础资料。

埋设后,待钻孔完全填实和埋设时的超孔隙水压力消散完后,才可测读孔压计的初始读数,一般需要3~4天的稳定时间。初读数时需连续测读数日,直至读数稳定为止,以稳定的读数作为初始读数。

(二)土压力监测

1. 仪标

土压力测试系统由土压力计和量测仪器两部分组成。压力计选型必须与被测土体应力状况相适应。

2. 埋设技术

(1)土压力计埋设位置按试验要求而定,可水平或竖向埋置,以测定被测地基的应力状态。

(2)采用挖坑埋设法。坑槽底面应平整密实,埋设后的土压力计必须位置正确而稳固,上下四周约20cm范围内用细砂填实。

(3)埋设时每只土压力计外引电缆均应编好测点号码,集中引入观测箱,同时记录各测点编号与其对应引线长度。每埋完一只就应及时进行测试,发现问题立即纠正或调换。

(4)外引电缆均应有可靠的保护措施,以免遭受损坏。

三、强度监测

天然地基承载力和搅拌桩的单桩、多桩及桩间土承载力,都可以通过现场载荷试验进行承载力的测定和加固效果的检验。而对应粉喷桩的载荷试验应至少在一个月龄期后进行,也可以按照试验分析需要确定载荷试验时间。

1. 埋设技术

载荷试验的压板可采用圆形、方形或矩形。单桩载荷试验的压板直径与桩径相同,单桩复合地基载荷试验压板的面积应为一根桩承担的处理面积,多桩复合地基载荷试验压板的尺寸按实际桩数所承担的处理面积确定。桩间土载荷试验压板的尺寸应限于桩间天然地基面积之内。压板高程应与地基顶面高程相同,压板下宜设置中、粗砂找平层。

2. 测试技术

(1)总加载量不宜小于设计要求值的两倍,加荷等级可分为8~12级。当加载量尚未超过设计要求值时,1h内垂直变形增量小于0.1mm时才可以加下一级荷载;当加载量大于设计要求值后,1h内垂直变形小于0.2mm时即可加下一级荷载。

(2)当出现下列现象之一时,即可终止试验:

①沉降急剧增大,土被挤出或压板周围出现明显的裂缝,其对应的前一级荷载为极限荷载;

②总加载量已达设计要求值的两倍以上;

③累计沉降大于压板宽度的10%。

(3)承载力的确定:

①当极限荷载能确定时,取极限值的一半;

②当总加载量已达设计要求值的两倍以上,取总加载量的一半;

③按相应变形值确定,根据设计对沉降的要求和桩端土层的软硬,可取沉降为0.004~0.010倍底板宽度时的荷载值,当加载量小于该荷载值的1.5倍时,取总加载量的一半。

四、其他监测

其他监测主要是路基监测中的一些辅助监测项目,包括地下水位监测和出水量的监测。

1. 地下水位监测

地下水位井应埋设在路堤应力范围之外。水位管一般采用$\phi60\sim\phi70$mm的钢管或聚氯乙烯管,长2.5~3.0m,管底端60cm范围钻有数排小孔,外包铜纱和尼龙纱并扎紧,封死管底口。水位管采用钻孔埋入，上口加盖保护。用特制测尺插入管中测量水位。

2. 出水量监测

单孔出水量井埋设的平面位置应根据研究分析需要设在路中、路肩或坡脚处。在确定的位置上挖出一个排水井，在排水井顶端约50cm处，套上留有排气管和排水管的出水井管，周围用水泥混凝土填实以隔离路基渗水，外引排气管和排水管至路基外的集水井。用体积法或称重法计出水量，并以连续测定为宜。

五、施工控制

现有的施工控制方法主要有以下三种。

(1)经验值控制施工。如控制边桩位移速率，控制地面沉降速率，控制孔隙水压力消散程度。

(2)制作控制图控制施工。如预测破坏的沉降与边桩位移率的相关控制图法，地基承载力的孔压系数控制图法。

(3)设计计算校核法。如承载力计算校核法，稳定计算校核法，限制塑性开展区法。

第一种方法是较为常用的施工控制，它采用某一种观测经验值作为判断工程安危的方法较为直观而方便，但由于缺少理论依据，有可能造成工程判断偏于保守或不安全。施工控制是一个很复杂的课题，须经过长期观测研究，积累经验。

这里主要介绍工程中常用的加荷速率控制方法。

(一)加荷速率控制

1. 根据沉降 s 和侧向位移 δ_H 判别

(1)利用 s 和 δ_H 关系，即路堤中部沉降量 s 和坡脚位移 δ_H 关系。当预压荷载较小时，s-δ_H 曲线应与 s 轴有个夹角 θ，测点在 E 线上移动。预压荷载接近破坏荷载时，δ_H 增加要比 s 增加显著，如图3-13中的Ⅰ、Ⅱ所示。

(2)地基破坏时 s 和 δ_H/s 关系大致在一条曲线上，如图3-14中的 $q/q_f=1.0$ 曲线，该曲线称为破坏基准线。将填土过程中实测得到的变形值绘制在 s-δ_H/s 图上，观察它是接近还是远离破坏基准线，如接近基准线，则表示接近破坏；若远离基准线，则表示安全稳定。根据国外工程实例，路堤各位置上出现裂缝时，其 q/q_f 值大多为0.8~0.9。

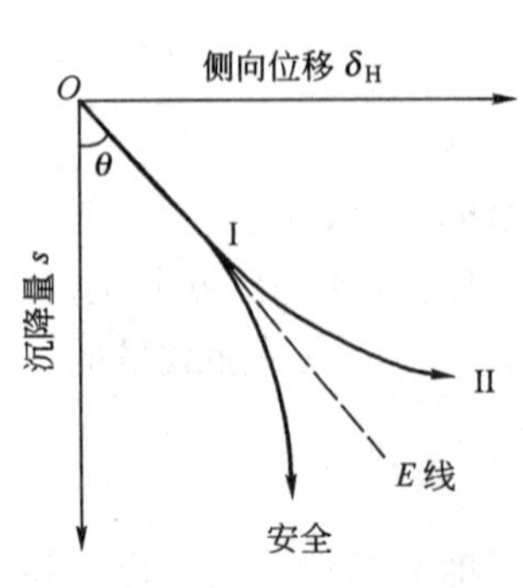

图3-13 s-δ_H 关系曲线

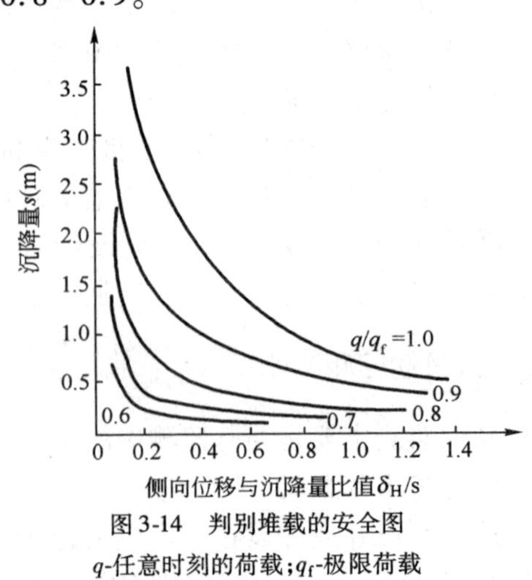

图3-14 判别堆载的安全图

q-任意时刻的荷载；q_f-极限荷载

2. 根据侧向位移速率判别

该法是以路堤坡脚向位移速率 $\Delta\delta_H/\Delta t$ 不超过某极限值作为判别标准。$\Delta\delta_H/\Delta_t$ 的极限值是随荷载大小、形状、土质等不同而变化的。图 3-15 是按照 300mm/天的填筑速率进行填筑时，q 或安全系数 F 与位移速率 $\Delta\delta_H/\Delta t$ 的关系，由图中可见，当 $F<1.1$ 时，$\Delta\delta_H/\Delta_t$ 就急剧增加，这就是“接近破坏”的信号。

3. 根据侧向位移系数判别

图 3-16 是荷载 q（或填筑高度 h）、时间 t 和侧向位移 $\Delta\delta_H$ 的关系图，填筑按照图中所示的分级进行。根据该图可以绘制出$\dfrac{\Delta q}{\Delta\delta_H}-q$（或 h）曲线，如图 3-17 所示。

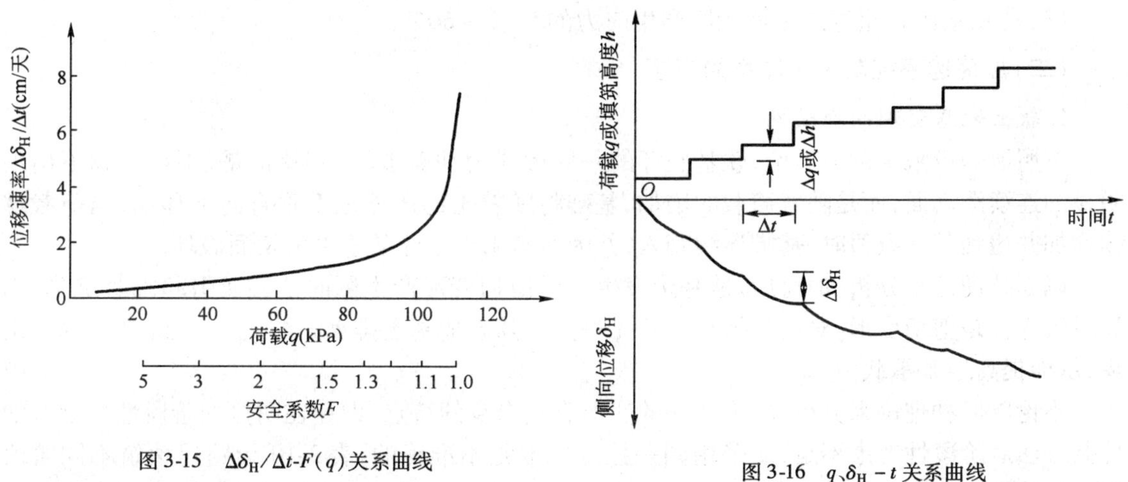

图 3-15 $\Delta\delta_H/\Delta t$-$F(q)$关系曲线

图 3-16 q、δ_H-t 关系曲线

从图中可以得到，当 q（或 h）较小时，$\dfrac{\Delta q}{\Delta\delta_H}\left(\text{或}\dfrac{\Delta h}{\Delta\delta_H}\right)$值就较大。当 q 到达某值后，q 和$\dfrac{\Delta q}{\Delta\delta_H}$成直线关系，将直线延长与横轴 q 相交，则该交点为极限荷载 q_f（或填筑极限高度 h_f）。

4. 根据土中孔隙水压力判别

图 3-18 为测定的孔隙水压力 u 和荷载 q 的曲线，从图中可以看出，1、2、3 三个测点的曲线有明显的转折点，对应转折点的荷载为 q_y。

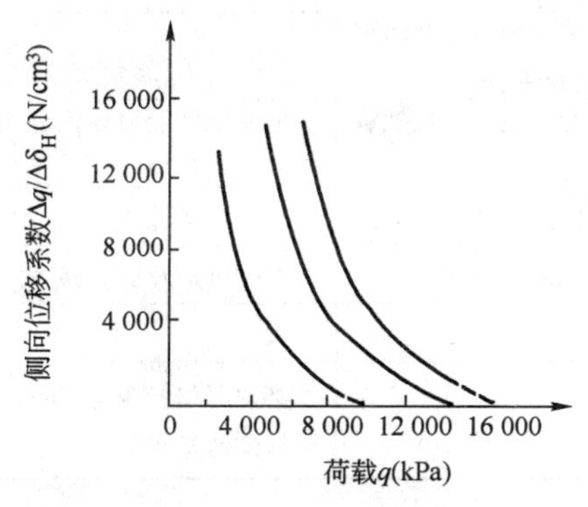

图 3-17 $\dfrac{\Delta q}{\Delta\delta_H}-q$ 关系曲线

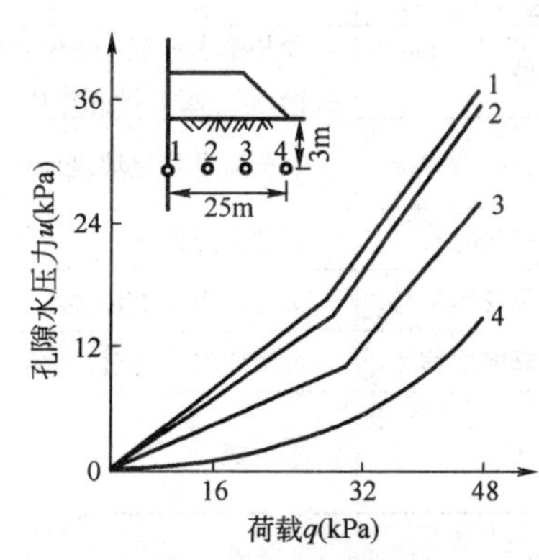

图 3-18 q-u 关系曲线

当 $q<q_y$ 时，地基土处于弹性阶段；

当 $q=q_y$ 时，设置孔隙水压力计测头处的土体发生塑性挤出；

当 $q > q_y$ 时，塑性区扩大。

转折点处的荷载 q_y 与极限荷载 q_f 之间存在以下关系：

$$\frac{q_f}{q_y} = 1.6$$

即图中出现直线转折点时，极限荷载为该点荷载的 1.6 倍。

5. 根据经验值判别

根据工程经验，加荷期间如超过以下三项指标时，地基有可能发生破坏：

（1）路堤中心点处，埋设地面沉降板的地面沉降量每天超过 10mm；

（2）路堤坡脚处侧向位移每天超过 4mm；

（3）孔隙水压力超过预压荷载所产生应力的 50% ~60%。

（二）加荷速率控制中应注意的问题

1. 软土地基变形的阶段性

按照地基极限承载力理论，软基破坏的一般形式为冲剪破坏，其特征是，不在基脚下出现明显的连续滑动面，而是随着荷载的增加，基础将随着土的压缩近乎垂直向下移动，当荷载继续增加并达到某一数值时，基脚连续刺入，并因基脚附近土体的垂直剪切而破坏。

以固结理论来分析，加荷后，地基土发生一定剪切变形产生侧向位移而引起瞬时沉降，而瞬时沉降仅是剪切变形，对地基承载力并无提高。随着地基土排水固结，土体压缩产生固结沉降，从而提高地基承载力。

不论以何种理论来分析，软土地基的变形有其自身的特点，即存在明显的阶段性。现有的控制方法对阶段性考虑不足，而采用同一控制标准是不准确的，表 3-10 为路堤填筑不同阶段沉降位移性状。

同样，在观测到的沉降曲线上，进入填筑中间阶段时，都会存在沉降速率增大的部分，即沉降曲线存在拐点，一般认为此时软土结构进入大量破损阶段，这时除了颗粒间的滑移外，还伴随着结构的塌陷。因此，可将这一拐点作为阶段划分点。

路堤填筑不同阶段地基沉降位移性状 表 3-10

填筑阶段 / 特征描述	初始阶段	中间阶段	高填土阶段
工程条件	砂井排水顺畅，排水固结速度快，有一定的硬壳作用	砂井变形并出现涂抹井阻现象，排水固结减慢	砂井排水能力明显降低
地基抗剪能力状况	完全满足路堤填筑加载要求	地基抗剪能力逐步接近加载引起的地基剪力	地基抗剪能力很接近加载引起的地基剪力
固结沉降状况	固结沉降大	固结沉降较大，逐渐减小	固结沉降较小
瞬时沉降及侧位移	瞬时沉降及侧位移小	瞬时沉降及侧位移大	瞬时沉降及侧位移大
实测沉降侧位移	沉降值较大，侧位移值较小	均较大	大
地基滑移	不可能	一般不可能	必须严格控制填筑速率，否则导致地基滑移

2. 软土地基的最薄弱层

在大部分稳定性分析和破坏后的逆分析中，假定破裂面为一种运动学上允许的圆弧破坏模式，如图 3-19 所示。阿祖斯（Azzouz，1981 年）等人确定了逆分析中空间影响的可能误差。弗里伦德（Frealund，1981 年）等人研究了在极限平衡分析的各种方法中，不同力系平衡所对应的安全系数表达形式的误差。然而,在许多实例中,圆弧破裂面的假定没有考虑地基内存在有软弱层,或者硬壳层底部的最小剪切强度区。如果设法让圆弧破裂面经过这些薄弱面,可能会导致出现不真实的破坏形状。

正是由于上述原因,发展了以平移运动为主的平移破坏模式,如图 3-20 所示。一般认为,当硬壳层较薄且其下部存在明显的最小剪切强度区时,很可能产生平移破坏。相反,圆弧破坏通常发生在硬壳层较厚、强度随深度分布均匀的情况下。

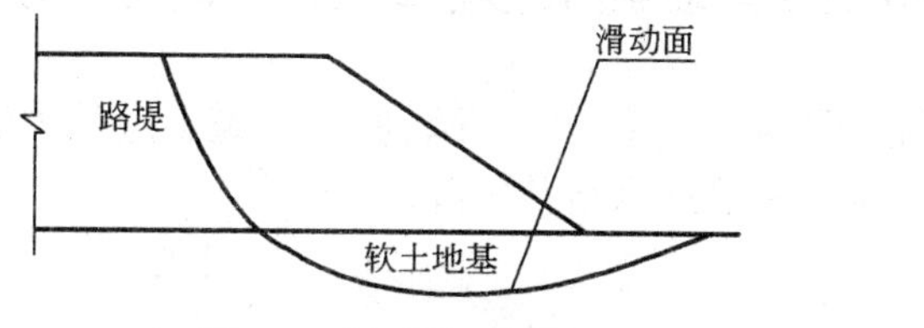

图 3-19 圆弧破坏模式

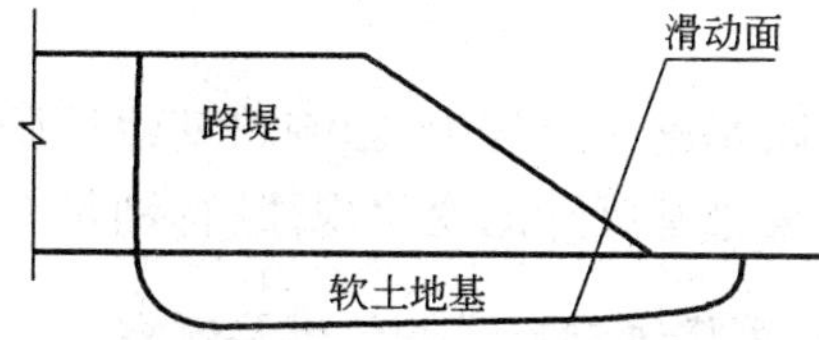

图 3-20 浅层平移破坏模式

对于路堤作用下多层软土地基路堤进行稳定检算,发现其稳定性受最软弱层厚度、层位的控制。河滩漫流相软土地基正是具备了地基不均匀,强度小,变化大,常夹有各种成分的透镜体这一特征,不同深度处的软基水平向变形不同,硬壳层下具有显著的变形集中现象,很容易出现浅层平移破坏,而不是深层圆弧破坏。但随着填土高度增加,较深处软基变形速率超过硬壳层下软基,若这一层埋藏较浅,也可能成为软基控制中的最薄弱层。

3. 软土成因

软土由于成因不同,其性质、成层结构不同,多年的实践表明,不同成因类型的软土,即使土样反映着相近的物理力学性质,其成层结构在水平方向和垂直方向的变化却很不相同,因此应以成因类型和物理力学性质并重。

六、监测成果

软土路基观测数据应及时记录表内,随时计算、校核、汇总并整理分析,发现问题应及时复查或重测。观测期间应及时记录当地气象资料及地下水位的变化情况。

(一)观测资料成果曲线图

1. 沉降观测

(1)荷载—时间—沉降(地表沉降或土体分层沉降)过程线。

(2)路堤横向沉降盆图(不同观测时间,相应的沉降曲线)。

2. 水平位移观测

(1)地面横向位移:I 为地面位移;II 为荷载—时间—水平位移过程线。

(2)土体内部水平位移:水平位移随深度变化曲线。

3. 应力观测

(1)孔隙水压力:I 为荷载—孔隙水压力—时间曲线;II 为孔隙水压力等值线。

(2)土压力观测:荷载—时间—土压力变化过程线。

4. 强度观测

搅拌桩承载力观测:I 为荷载—沉降变化过程线;II 为沉降—时间变化过程线。

5. 其他

(1)单孔出水量观测:荷载—时间—出水量变化过程线。

(2)地下水位井水位观测:全年时间—地下水变化线。

(二)最终沉降量和地基固结系数推算

利用实测的各种关系曲线推测 t 时段内沉降和最终沉降,或由实测的成果曲线反算地基固结系数以及判断路基稳定性,常用的方法有双曲线法、沉降速率法、三点法,还有日本常用的星野法和浅岗松尾法。这些方法各有优缺点,应根据实际情况选择。

第五节 路基沉降预测技术在道路与铁道工程中的应用

在路基施工过程中,影响路基建设质量的主要因素是路基的沉降,所以在施工过程中必须及时掌握路基沉降的变化规律,特别是能够较为合理地预测路基沉降。

一、沉降预测方法的分类及选择

(一)路基沉降预测方法的分类

利用已有沉降观测资料来预测后期沉降的预测方法很多,目前工程中常用的预测方法有:指数曲线法、双曲线法、三点法、沉降速率法、Asaoka 法、GM(1,1)灰色模型、Verhulst 灰色模型、Gompertz 成长模型、Pearl 成长模型、Weibull 成长模型、*s*-lg*t* 曲线法及神经网络 BP 算法等。由于这些预测方法均是在取得的较为充分的路基沉降资料的基础上进行的沉降预测,且综合考虑了各种复杂因素对土体性质的影响,故预测精度相对较高。

按照预测原理的不同可以分为三大类:曲线拟合类、系统分析类和地基参数反演类。其中曲线拟合类包括指数曲线法、双曲线法、三点法、沉降速率法、Asaoka 法、S 形成长曲线模型等;系统分析类包括灰色模型、人工神经网络预测模型等;地基参数反演类指的是基于不同固结理论和优化算法的参数反演法。

(二)路基沉降预测方法的合理选择

公路路基沉降观测是检验公路设计和指导施工的重要手段,沉降观测资料可用于控制路堤的稳定性。以沉降观测数据为基础进行分析,选择适当的沉降预测方法,推算出地基的最终沉降量,计算沉降速率,确定铺筑路面的时间。但由于路基沉降会受到许多因素的影响,故很难找到一种适用于各种情况的完善方法来计算沉降量,通常需要综合采用多种不同的方法来分析实测沉降观测资料,并根据多种方法得到的结果进行分析比较,以确定最终采用哪种方法更合适。这样的计算过程复杂而繁琐,可以通过编写程序并利用计算机进行反复比较最终选择合理的预测方法。

1. 运用 Matlab 软件选择合理的沉降预测方法

Matlab 程序是 1984 年美国 Math Works 公司开发的一种为科学和工程计算而专门设计的高级交互式软件包,集成了图示与精确的数值计算,是一个可以完成各种计算和数据处理可视化的、强有力的、易于使用和理解的工具,提供了指数曲线拟合法、双曲线拟合法、皮尔模型拟合法、GM(1,1)模型拟合法、灰色 Verhulst 模型拟合法以及神经网络模型拟合法等,可以利用 Matlab 软件进行沉降预测,步骤如下:

(1)建立拟合数据文件 *.txt,并保存,该文件的输入格式为两列,第一列为累计时间,第二列为该累计时间对应的累计沉降值;

(2)绘制原始沉降曲线图,并根据原始曲线图选择拟合数据范围和拟合方法;

(3)对拟合数据分段采用不同的拟合方法进行拟合,根据显示、保存的拟合参数及拟合误差曲线图,并将在同一坐标系中绘制的原始数据和拟合数据曲线图进行比较,确定拟合结果是否满足要求；

(4)若满足要求则保存；若不满足，则重新确定拟合数据文件、选择拟合数据范围和拟合方法进行计算；

(5)根据保存的拟合参数和给出的需要预估沉降值的时刻，预估未来时刻的沉降值。

2. 现有沉降预测方法的适应性

在合理选择沉降预测方法的同时还应该充分考虑各种沉降预测方法的适应性。在路基沉降三大类预测方法中，一般在加载过程中宜采用地基参数法，即根据土体固结理论和本构关系建立正演模型，利用实测沉降资料和优化方法，反演分析出地基土参数，最后利用所建立的正演模型预测后期沉降量。荷载稳定后，则可以采用曲线拟合或系统分析的方法进行沉降预测。曲线拟合类预测方法是将沉降近似看成按某种规律变化的过程，对实测沉降数据进行拟合，建立某种相适应的曲线模型，采用适当的优化方法，反推出计算公式所需的参数，再运用于后期的沉降预测。该方法由于参数少且易于确定，较之地基参数法更为简便，因此得到广泛的应用。而系统分析法是将太沙基理论或软土特性与数学方法相结合，模拟路基沉降过程的预测方法。各种沉降预测方法的使用性如表 3-11 所示。

沉降预测方法的适用性 表 3-11

预测方法			对实测数据的要求	是否包含次固结
曲线拟合类	S 形成长模型	Gompertz 成长模型	全沉降曲线	是
		Pearl 成长模型	全沉降曲线	是
		Weibull 成长模型	全沉降曲线	是
	双曲线法		恒载期沉降数据	是
	指数曲线法		需沉降曲线拐点数据	是
	Asaoka 法		等时距，恒载期	否
	三点法		恒载期沉降数据，三个数据点等时距	否
	沉降速率法		自加载起的所有加荷及沉降数据	否
系统分析类	GM(1,1)灰色模型		等时距，恒载期	否
	Verhulst 灰色模型		全沉降曲线	是
	神经网络法		等时距(处理)	是
地基参数反演类	有限元反分析法		加载时的荷载及沉降数据	否
	遗传算法反分析法		等时距，恒载期	是

二、曲线拟合预测路基沉降

(一)曲线拟合类预测方法

1. 双曲线法

双曲线法是假定下沉平均速率以双曲线形式减少的经验推导法。从填土开始到任意时间 t 的沉降量 s_t 可用下式求得，沉降模式见图 3-21。

$$s_t = s_0 + \frac{t}{\alpha + \beta t} \tag{3-74}$$

式中：s_0——初期沉降量($t=0$)；

s_t——t 时的沉降量；

t——经过时间；

α,β——从实测值求得的系数。

变换上式得：

$$\frac{t}{s_t - s_0} = \alpha + \beta t \tag{3-75}$$

由此可以得到$\frac{t}{s_t - s_0}$和 t 的直线关系图，如图 3-22 所示。从图中可以得到直线与纵轴的交点和斜率，从而分别求出 α、β 值，并代入式(3-75)，即求得任意时间的路基下沉量。

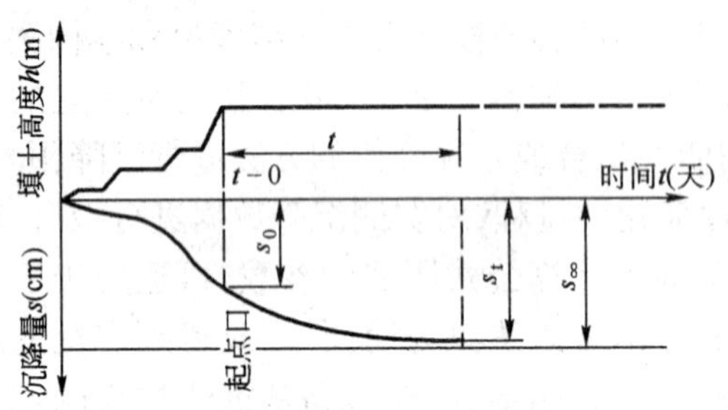

图 3-21　按双曲线法推测路基下沉模式图

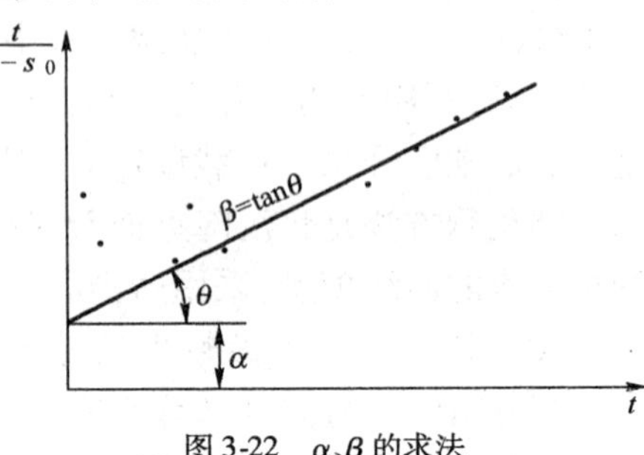

图 3-22　α、β 的求法

当 $t=\infty$ 时，最终沉降量 s_∞ 可用下式求得：

$$s_\infty = s_0 + \frac{1}{\beta} \tag{3-76}$$

荷载经过时间 t 后残留沉降量 Δs 可用下式求得：

$$\Delta s = s_\infty + s_t \tag{3-77}$$

采用该方案推测 t 时的路基沉降，要求实测沉降时间至少在半年以上。

2. 沉降速率法

设

$$s_\infty = ms_c$$

在荷载作用下地基的沉降随时间的发展可用下式计算：

$$s_t = s_d + U_t \cdot s_c \tag{3-78}$$

式中：s_t——t 时间地基的沉降量；

s_d——瞬时沉降；

s_c——主固结沉降；

U_t——t 时间地基的平均固结度。

对于一次瞬时加荷或一次等速加载结束后任何时间的地基沉降量，可将上式改写为：

$$s_t = (m_s - 1 + U_t)s_c \tag{3-79}$$

对于多级等速加荷情况，应对 s_d 作加荷修正，使其与修正的固结度 $\overline{U}_t$ 相适应，从而上式可写成：

$$s_t = \left[(m-1)\frac{P_t}{P_o} + U_t\right]s_c \tag{3-80}$$

式中：m——综合性修正系数；

s_c——地基的主固结沉降；

P_t——t 时的累计荷载；

P_o——总的累计荷载；

U_t——t 时的固结度。

在恒载条件下，可得沉降速率为：

$$S_v = AS_c e^{-\beta t} \tag{3-81}$$

$$A = \frac{8}{P_0 \pi^2} \sum_{i=1}^{n} q_i (e^{\beta t_i} - e^{\beta t_{i-1}}) \tag{3-82}$$

式中：t_i，t_{i-1}——第 n 级加荷的终点和始点时间。

利用实测的沉降速率 s_v 和时间 t 绘制 $\ln s_v$-t 关系曲线，从图中可得到截距为 As_c，斜率为 β，由式(3-82)可以得出 A，然后可求得 s_c 及 m 值和最终沉降量 s_∞。

根据不同地基条件，由下式计算固结系数 C_V、C_H：

$$\beta = \frac{\pi^2 C_V}{4H^2} \tag{3-83}$$

$$\beta = \frac{\pi^2 C_V}{4H^2} + \frac{8C_H}{F(n) d_e^2} \tag{3-84}$$

式中：H——最大排水距离；

C_V，C_H——分别为竖向、水平向固结系数。

3. 三点法

如表 3-5 所示，各种排水条件下，软土地基平均固结度的理论解均可表示为：

$$\overline{U}_t = 1 - \alpha e^{-\beta t} \tag{3-85}$$

软土地基的平均固结度也可表示为经过时间 t 后所产生的固结变形量与该土层固结完成时最终固结变形量之比，即：

$$\overline{U}_t = \frac{s_t - s_d}{s_\infty - s_d} \tag{3-86}$$

联立上述两式可解得：

$$s_t = (s_\infty - s_d)(1 - \alpha e^{-\beta t}) + s_d \tag{3-87}$$

从实测的沉降—时间(s-t)(图 3-23)曲线上选取任意三点：(s_i, t_i) $(i = 1,2,3)$，并使 $t_2 - t_1 = t_3 - t_2$，将这三点分别代入上式，从而可联立求解得：

$$\beta = \frac{\ln(s_2 - s_1) - \ln(s_3 - s_2)}{t_2 - t_1} \tag{3-88}$$

$$s_\infty = \frac{s_3(s_2 - s_1) - s_2(s_3 - s_2)}{(s_2 - s_1) - (s_3 - s_2)} \tag{3-89}$$

$$s_d = \frac{s_t - s_\infty(1 - \alpha e^{-\beta t})}{\alpha e^{-\beta t}} \tag{3-90}$$

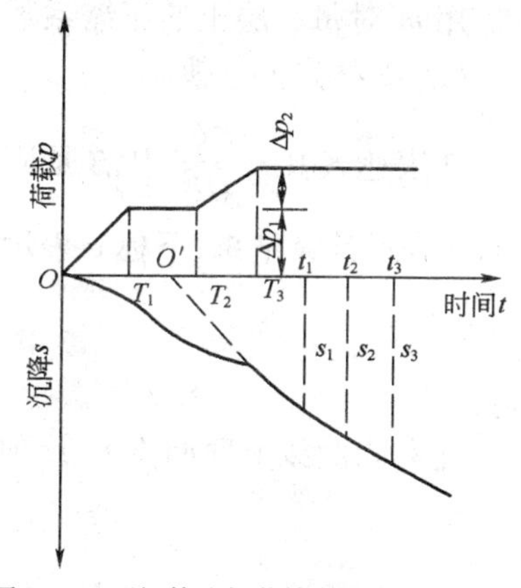

图 3-23　两级等速加载情况的沉降与时间曲线以及修正零点

值得注意的是，为了使推算的结果尽可能精确，点(s_3，t_3)应尽量靠近 s-t 曲线的末端，以使 $t_2 - t_1 = t_3 - t_2$ 尽量大一些。另外，上述各个时间是按修正的 O 点算起的，对于两级等速加载的情况，其修正的 O 点按下式确定：

$$O' = \frac{\Delta p_1 \cdot \frac{T}{2} + \Delta p_2 \frac{T_2 + T_3}{2}}{\Delta p_1 + \Delta p_2} \tag{3-91}$$

4. 用荷载—孔隙水压力—时间关系曲线反算

各种排水条件下软土地基平均固结度的理论表达式为：

$$U_t = 1 - \alpha e^{-\beta t} \tag{3-92}$$

任一时刻 t_1 和 t_2 土层的固结度分别为：

$$U_1 = 1 - \alpha e^{-\beta t_1}$$

$$U_2 = 1 - \alpha e^{-\beta t_2}$$

解得：

$$\frac{1 - U_1}{1 - U_2} = e^{\beta(t_2 - t_1)}$$

由固结度定义得：

$$\frac{U_1}{U_2} = e^{\beta(t_2 - t_1)} \tag{3-93}$$

式中：U_1，U_2——相应时间 t_1、t_2 时的实测孔隙水压力。

由上式可解出 β，从而求出 C_V、C_H。

推算沉降应在沉降发展相对稳定的情况下，并且对实测沉降数据进行一定的误差处理或曲线光滑拟合处理后进行。

5. 由一维固结计算方法反分析

由一维固结计算方法进行反分析的重点是进行土层压缩修正系数 m 和固结修正系数 m_c 的反演。

(1)压缩修正系数 m

在工程实际中，路基的最终沉降 s_∞ 和主固结沉降 s_c 是不相等的，这里把两者的差异归结为对压缩系数的修正，故压缩修正系数为：$m = s_\infty / s_c$。

用 m 对每一层土的压缩系数进行修正，即可达到对计算最终沉降量的修正。

(2)固结修正系数 m_c

在表达式 $\beta = \dfrac{\pi^2 C_V}{4H^2}$ 中，β 是固结系数 C_V 的线性函数，采用固结度表达式 $U_t = 1 - \alpha e^{-\beta t}$，用下标 j 表示计算结果，下标 c 表示测量结果，得到：

$$U_j = 1 - \alpha e^{-\beta_j t} \tag{3-94}$$

$$U_c = 1 - \alpha e^{-\beta_c t} \tag{3-95}$$

在实测曲线上取两点 t_1、t_2，则有：

$$U_{j1} = 1 - \alpha e^{-\beta_j t_1} \qquad U_{j2} = 1 - \alpha e^{-\beta_j t_2}$$

$$U_{c1} = 1 - \alpha e^{-\beta_c t_1} \qquad U_{c2} = 1 - \alpha e^{-\beta_c t_2}$$

得到：

$$\Delta U_j = \alpha(e^{-\beta_j t_1} - e^{-\beta_j t_2})$$

$$\Delta U_c = \alpha(e^{-\beta_c t_1} - e^{-\beta_c t_2})$$

$$\frac{\Delta U_j}{1 - \Delta U_{j1}} = 1 - e^{-\beta_j(t_2 - t_1)}$$

$$\frac{\Delta U_c}{1 - \Delta U_{c1}} = 1 - e^{-\beta_c(t_2 - t_1)}$$

由此可得：

$$\frac{\beta_c}{\beta_j}=\frac{\ln\frac{1-\Delta U_c}{1-U_{c1}}}{\ln\left(1-\frac{\Delta U_j}{1-U_{j1}}\right)} \tag{3-96}$$

由于 β 是固结系数 C_v 的线性函数，因此得到：

$$m_c=\frac{\beta_c}{\beta_j} \tag{3-97}$$

用 m_c 对每一土层的固结系数进行修正，所得的修正结果与实测过程线较为接近。根据部分试验路段的分析，m 的取值约为 1.1 ~1.7，m_c 的取值约为 4 ~28。

通过反演对计算参数进行修正是一种可行的方法，但通过一维固结计算来获得较准确的沉降时间过程线是很困难的。沉降计算这一土力学的经典问题仍有待深入研究和发展。

6. 星野法

根据太沙基固结理论，若 $U<50\%$ 时，固结度 U 与时间因数 T_V 的关系可用下式表达：

$$U=\sqrt{\frac{4T_V}{\pi}} \tag{3-98}$$

时间因数 T_V 和固结需要的时间 t 之间的关系为：

$$T_V=\frac{C_V t}{H^2} \tag{3-99}$$

式中：H——排水距离；

C_V——固结系数。

将上式代入式(3-98)中，得到：

$$U=\sqrt{\frac{4C_V t}{\pi H^2}} \tag{3-100}$$

上式表明，固结度与时间的平方根成正比。

星野根据现场实测证明了路基总沉降(包括剪切应变的沉降在内)与时间平方根成正比。

图 3-24 为星野法推测下沉模式图，沉降计算公式为：

$$s=s_0+s_t=s_0+\frac{AK\sqrt{t-t_0}}{\sqrt{1+K^2(t-t_0)}} \tag{3-101}$$

式中：s——随时间变化的总沉降；

s_0——假定的瞬时沉降；

s_t——随时间变化的沉降量；

t_0——假定瞬时沉降时的时间；

A,K——待定参数。

将式(3-101)变为直线方程的形式，如下式所示：

$$\frac{t-t_0}{(s-s_0)^2}=\frac{1}{A^2K^2}+\frac{1}{A^2}(t-t_0) \tag{3-102}$$

式中，$\frac{1}{A^2K^2}$为直线的截距，$\frac{1}{A^2}$为直线的斜率，从而用图解法求出系数 A、K。

式(3-101)适合于荷载瞬时施加情况下的沉降曲线。但在实际工程中,荷载是逐级增加的,因此对图3-24的虚线(实测曲线)加以修正,在加载方法规则的条件下,以加载期间的中点作为瞬时起点 t_0;加载方法不规则的条件下,应根据实测沉降曲线的趋势在加载的初期适当假定一个瞬时加载的起点 t_0 和相应的沉降 s_0,修正后的曲线如图中实线所示。

因此,星野法推求最终沉降量的步骤如下:

(1)假定几组 t_0 和 s_0,根据实测值点绘 $\frac{(t-t_0)}{(s-s_0)^2}-(t-t_0)$ 的关系曲线,如图3-25所示;

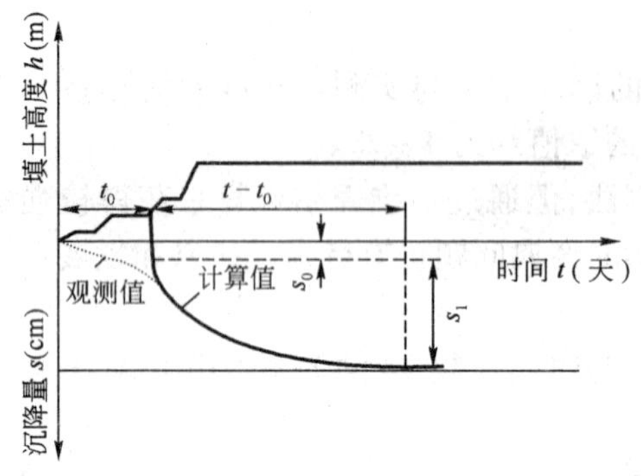

图3-24 按星野法推测下沉模式图

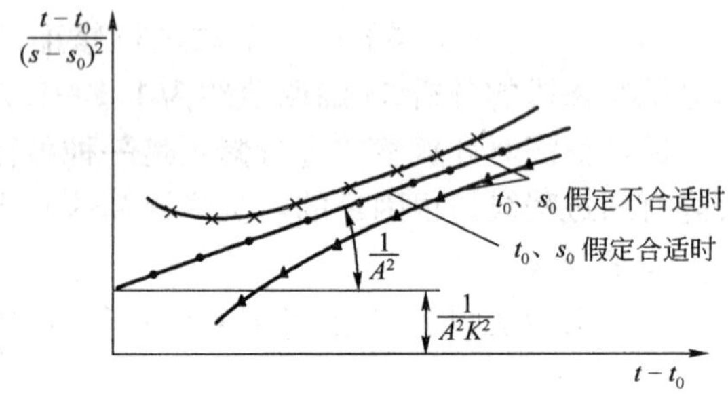

图3-25 星野法参数 A、K 的确定

(2)取最符合线性关系的直线,求出相应的系数 A、K;

(3)将 A、K 值代入式(3-101)计算总沉降。

7. 皮尔曲线法

皮尔曲线又称作逻辑斯蒂(logistic)曲线或生长曲线,是以美国生物学家人口统计学家皮尔(Raymond Pearl)的名字命名的曲线。要建立路基沉降的皮尔预估模型,首先要有一个路基沉降时间序列 $\{y(t)(t=1,2,\cdots)\}$。皮尔预估模型要求建模数据必须是等时距的,而在实际的路基沉降观测过程中,两相邻实测沉降值之间的时段可能是等时距的,也可能是非等时距的,因此应分别讨论。

(1)等时距皮尔预估模型

等时距皮尔预估模型的数学表达式为:

$$y(t)=\frac{L}{1+ae^{-bt}} \tag{3-103}$$

式中:$y(t)$——t 时刻的沉降预估值,单位为长度单位;

t——时间;

a,b,L——模型的待定参数且都为正,其中 a 为无量纲数,b 的单位为时间的倒数,L 的单位为 $y(t)$ 对应的长度单位。

图3-26为典型的皮尔曲线示意图。

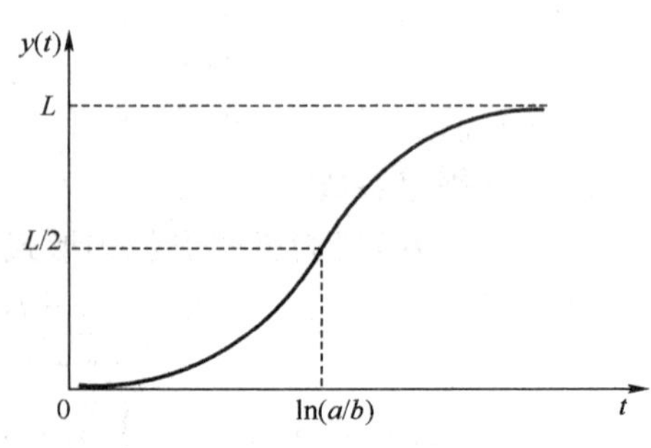

图3-26 皮尔曲线示意图

利用沉降数据求出上述3个待定参数,即可建立路基沉降的等时距皮尔预估模型,从而对路基沉降进行预估。

等时距皮尔模型参数的求解通常用3段计算

法，应满足以下两点要求。

①沉降时间序列中的数据项数 n 是 3 的倍数，计算时将时间序列分为 3 段，每段含 $n/3=r$ 项。

②自变量 t 的时间间隔相等或时间长短相等、前后连续，即为等间隔时间序列。令时间 $t=1,2,3,\cdots,n$，时间序列中各项数分别为 $y(1),y(2),y(3),\cdots,y(n)$，将时间序列分为 3 段，第 1 段为 $t=1,2,3,\cdots,r$；第 2 段为 $t=r+1,r+2,r+3,\cdots,2r$；第 3 段为 $t=2r+1,2r+2,2r+3,\cdots,3r$。

设 S_1、S_2、S_3 分别为这 3 个段内各项数值的倒数之和，即得：

$$S_1=\sum_{t=1}^{r}\frac{1}{y(t)},S_2=\sum_{t=r+1}^{2r}\frac{1}{y(t)},S_3=\sum_{t=2r+1}^{3r}\frac{1}{y(t)} \tag{3-104}$$

将皮尔预估模型(3-103)改写为倒数形式为：

$$y(t)=\frac{1}{L}+\frac{ae^{-bt}}{L} \tag{3-105}$$

则得到：

$$\left.\begin{aligned}S_1&=\sum_{t=1}^{r}\frac{1}{y(t)}=\frac{r}{L}+\frac{a}{L}\sum_{t=1}^{r}e^{-bt}=\frac{r}{L}+\frac{ae^{-b}(1-e^{-rb})}{L(1-e^{-b})}\\S_2&=\sum_{t=r+1}^{2r}\frac{1}{y(t)}=\frac{r}{L}+\frac{ae^{-(r+1)b}(1-e^{-rb})}{L(1-e^{-b})}\\S_3&=\sum_{t=2r+1}^{3r}\frac{1}{y(t)}=\frac{r}{L}+\frac{ae^{-(2r+1)b}(1-e^{-rb})}{L(1-e^{-b})}\end{aligned}\right\} \tag{3-106}$$

于是得到各参数的计算公式为：

$$\hat{b}=\frac{\ln\dfrac{S_1-S_2}{S_2-S_3}}{r} \tag{3-107}$$

$$\hat{L}=\frac{r}{S_1-\dfrac{(S_1-S_2)^2}{(S_1-S_2)-(S_2-S_3)}} \tag{3-108}$$

$$\hat{a}=\frac{(S_1-S_2)^2(1-e^{-r\hat{b}})\hat{L}}{[(S_1-S_2)-(S_2-S_3)]e^{-\hat{b}}(1-e^{-r\hat{b}})} \tag{3-109}$$

(2)非等时距皮尔预估模型

由于在实际的路基沉降观测工作中，所得到的数据常常是非等时距沉降时间序列，因此需要建立非等时距皮尔预估模型。

非等时距皮尔预估模型在形式上与等时距皮尔预估模型基本相同，不同之处在于对数据的处理上。这里利用 Lagrange 插值法，来实现非等时距沉降时间序列的等时距变换，以建立非等时距皮尔预估模型。

设非等时距沉降时间序列为：

$$\{y(t_i)\mid t_i\in R^+,i=1,2,3,\cdots,n\} \tag{3-110}$$

各时段的时间间隔为：

$$\left.\begin{aligned}\Delta t_i &= t_{i+1} - t_i \\ \Delta t_j &= t_{j+1} - t_j\end{aligned}\right\} \tag{3-111}$$

式中，$\Delta t_i \neq \Delta t_j; i \neq j; i,j \in \{1,2,\cdots,n\}$，表示各时间间隔不相等。

计算平均时间间隔 $\bar{t}$：

$$\bar{t} = \frac{1}{n-1}\sum_{i=1}^{n-1}\Delta t_i = \frac{1}{n-1}\sum_{i=1}^{n-1}(t_{i+1} - t_i) = \frac{1}{n-1}(t_n - t_1) \tag{3-112}$$

计算等时间间隔点的沉降值 $y(t)$（$t=1,2,3,\cdots,n$）：

当 $t=1$ 时，

$$y(1) = y(t_1) \tag{3-113}$$

当 $t=n$ 时，

$$y(n) = y(t_1 + (n-1)\bar{t}) = y(t_n) \tag{3-114}$$

当 $t=2,3,\cdots,n-1$ 时，利用 Lagrange 插值函数分段线形插值，得到：

$$\begin{aligned}y(t) &= y(t_1 + (t-1)\bar{t}) \\ &= y(t_{i-1}) + \frac{y(t_i) - y(t_{i-1})}{t_i - t_{i-1}}[(i-1)\bar{t} + t_1 - t_{i-1}]\end{aligned} \tag{3-115}$$

从而得到等时距沉降时间序列为：

$$\{y(t) \mid t = 1,2,3,\cdots,n\} \tag{3-116}$$

模型的求解如下。

将等时距沉降序列 $\{y(t) \mid t=1,2,3,\cdots,n\}$ 代入式(3-103)中，得到

$$y(t) = y(t_1 + (t-1)\bar{t}) = \frac{L}{1 + ae^{-b[t_1+(t-1)\bar{t}]}} \tag{3-117}$$

利用相邻两项的倒数之差与倒数之和建立方程式如下：

$$\frac{1}{y(t+1)} = \frac{1-e^{-b\bar{t}}}{L} + e^{-b\bar{t}}\frac{1}{y(t)} \tag{3-118}$$

利用系数 $e^{-b\bar{t}}$ 和 $\frac{1-e^{-b\bar{t}}}{L}$ 建立 $\frac{1}{y(t+1)}$ 对 $\frac{1}{y(t)}$ 的回归方程，得到标准方程组：

$$\left.\begin{aligned}&\sum_{t=1}^{n-1}\frac{1}{y(t+1)} = \frac{1-e^{-b\bar{t}}}{L}(n-1) + e^{-b\bar{t}}\sum_{t=1}^{n-1}\frac{1}{y(t)} \\ &\sum_{t=1}^{n-1}\left[\frac{1}{y(t+1)}\,\frac{1}{y(t)}\right] = \frac{1-e^{-b\bar{t}}}{L}\sum_{t=1}^{n-1}\frac{1}{y(t)} + e^{-b\bar{t}}\left[\sum_{t=1}^{n-1}\frac{1}{y(t)}\right]^2\end{aligned}\right\} \tag{3-119}$$

相对于 $e^{-b\bar{t}}$ 和 $\frac{1-e^{-b\bar{t}}}{L}$ 解标准方程组得参数 b 和 L 的值为：

$$\hat{b} = \frac{1}{\bar{t}}\ln\left\{\frac{(n-1)\sum_{t=1}^{n-1}\left[\frac{1}{y(t)}\right]^2 - \left[\sum_{t=1}^{n-1}\frac{1}{y(t)}\right]^2}{(n-1)\sum_{t=1}^{n-1}\left[\frac{1}{y(t+1)}\cdot\frac{1}{y(t)}\right] - \sum_{t=1}^{n-1}\frac{1}{y(t+1)}\cdot\sum_{t=1}^{n-1}\frac{1}{y(t)}}\right\} \tag{3-120}$$

$$\hat{L} = \frac{\left\{(n-1)\sum_{t=1}^{n-1}\left[\frac{1}{y(t)}\right]^2 - \left[\sum_{t=1}^{n-1}\frac{1}{y(t)}\right]^2\right\}(1-e^{-\hat{b}t})}{\sum_{t=1}^{n-1}\frac{1}{y(t+1)}\cdot\sum_{t=1}^{n-1}\left[\frac{1}{y(t)}\right]^2 - \sum_{t=1}^{n-1}\frac{1}{y(t)}\cdot\sum_{t=1}^{n-1}\left[\frac{1}{y(t+1)}\cdot\frac{1}{y(t)}\right]} \tag{3-121}$$

$$\hat{a} = e\left\{\frac{\overline{\hat{b}t(n-1)}}{2} + \hat{b}t_1 + \frac{1}{n}\sum_{t=1}^{n-1}\left[\frac{\hat{L}}{y(t)} - 1\right]\right\} \tag{3-122}$$

将非等时距沉降时间序列中的时间 t_i 代入到等时距皮尔预估模型中，即可建立非等时距的皮尔预估模型：

$$\hat{y}(t_i) = \frac{\hat{L}}{1 + \hat{a}e^{-\hat{b}t_i}} \tag{3-123}$$

（二）曲线拟合类预测方法在路基沉降预测中的应用

为了对前述各模型的预测精度进行比较，本节以某高速公路为例选取一个观测点，通过对实测数据用几种常用的预测模型建模得出的结果进行比较分析，得出不同预测方法在中期和后期的预测精度。

1. 原始数据的采集和处理

选取某高速公路 K159 + 585 为观测断面，原地基为软土地基，土质为低液限黏土，采用粉喷桩加固处理。高路堤填土为红砂岩，设计填方高度为 15.1m，沉降板板底距离原地面 1.392m，因此获得的原始沉降数据为原地基的沉降量。观测时间从 2003 年 11 月 2 日到 2004 年 12 月 15 日，沉降板上累计填土厚 13.07m，观测数据如表 3-12 所示。

由于观测时间间隔为非等时距时间序列，必须进行原始数据处理使其成为等时距时间序列。这里通过数值 3 次样条插值法将数据按间隔 5 天进行等时间间隔转换，转换后的数据作为各预测模型的样本值，并分别进行中、后期模型预测。

某高速公路 K159 + 585 观测点沉降观测数据表　　表 3-12

时段天数 t（天）	时段沉降量 y（mm）	时段天数 t（天）	时段沉降量 y（mm）	时段天数 t（天）	时段沉降量 y（mm）
0	0	48	74.00	124	254.80
3	13.74	50	84.03	130	259.60
5	17.10	51	97.66	137	262.21
10	21.79	53	107.53	145	263.75
11	23.35	54	118.03	151	266.59
14	26.72	56	131.57	159	265.63
16	33.99	59	147.67	166	265.00
21	39.60	64	162.58	174	268.80
23	43.62	71	190.00	184	270.00
26	50.90	96	230.80	196	273.30
33	59.72	103	242.00	201	274.60
40	65.00	110	246.10	217	276.10
44	67.28	117	250.50	233	277.90

续上表

时段天数 t(天)	时段沉降量 y(mm)	时段天数 t(天)	时段沉降量 y(mm)	时段天数 t(天)	时段沉降量 y(mm)
248	281.41	309	285.00	371	292.30
263	282.45	318	288.60	384	294.40
280	283.01	341	290.00	409	294.70
291	283.99	351	290.90		

2. 中期预测

以185天以前的数据作为各模型的样本值,对190~220天共30天的数据进行预测。为了提高预测精度,适当剔除误差较大的数据,通过反复检验,发现双曲线对前期的数据较敏感,前期数据误差较大,故选用55~185天的数据作为双曲线模型的样本值;指数曲线对后期的数据较为敏感,故前期数据保留,选用0~185天数据作为其样本值;Asaoca法选用55~185天的数据作为样本值;皮尔曲线选用40~185天数据作为样本值;龚帕斯曲线选用40~185天数据作为样本值。各模型预测结果如表3-13所示,拟合及预测曲线如图3-27所示。

K159+585 实测沉降量及各模型中期预测值 表3-13

天数(天)		200	205	210	215	220
实测值(mm)		274.39	275.29	275.79	276.07	276.34
双曲线法	预测值	275.50	276.31	277.07	277.79	278.48
	残差	-1.11	-1.01	-1.28	-1.72	-2.14
	误差(%)	-0.40	-0.37	-0.47	-0.62	-0.77
指数曲线法	预测值	272.83	273.52	274.15	274.72	275.25
	残差	1.55	1.77	1.64	1.35	1.10
	误差(%)	0.57	0.64	0.59	0.49	0.40
皮尔曲线法	预测值	268.57	268.63	268.68	268.71	268.74
	残差	5.82	6.66	7.11	7.36	7.60
	误差(%)	2.12	2.42	2.58	2.66	2.75
Asaoca法	预测值	269.16	269.31	269.44	269.54	269.63
	残差	5.22	5.98	6.35	6.53	6.72
	误差(%)	1.90	2.17	2.30	2.37	2.43
龚帕斯曲线法	预测值	269.63	269.76	269.87	269.96	270.03
	残差	4.76	5.53	5.91	6.11	6.31
	误差(%)	1.73	2.01	2.14	2.21	2.28

图3-27中仅列出80~220天的实测值及拟合曲线,其中190~220天为预测值。

从图3-27及表3-13可以看出,这几种预测方法精度均较高,其中指数曲线和双曲线拟合及预测效果最好,误差不到1%;其次为龚帕斯、皮尔曲线和Asaoca法,这三者的拟合效果较好,预测误差在0.83~2.75%之间,但越靠后拟合越趋于平缓,使得越靠后的预测结果越小于真实值。龚帕斯曲线和皮尔曲线原理较接近，故两者的拟合效果也很接近。

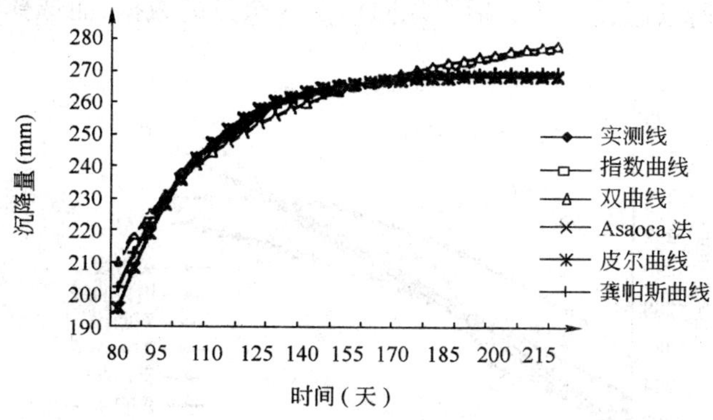

图 3-27　K159 + 585 实测沉降曲线及各模型中期拟合预测曲线

3. 后期预测

以 375 天以前的数据作为各模型的样本值，对 380 ~ 410 天共 30 天的数据进行预测。指数曲线和双曲线均选用 50 ~ 375 天的数据作为样本值；Asaoca 法选用 150 ~ 375 天的数据作为样本值；皮尔曲线和龚帕斯曲线选用 155 ~ 375 天数据作为样本值。各模型预测结果如表 3-14所示，拟合及预测曲线如图 3-28 所示。

K159 + 585 实测沉降量及各模型后期预测值　　表 3-14

天数(天)		390	395	400	405	410
实测值(mm)		295.36	295.86	295.97	295.57	294.52
双曲线法	预测值	291.50	291.70	291.90	292.09	292.28
	残差	3.86	4.16	4.07	3.48	2.24
	误差(%)	1.31	1.41	1.38	1.18	0.76
指数曲线法	预测值	293.23	293.33	293.42	293.51	293.59
	残差	2.13	2.53	2.55	2.06	0.93
	误差(%)	0.72	0.86	0.86	0.70	0.32
皮尔曲线法	预测值	294.40	294.79	295.16	295.54	295.90
	残差	0.96	1.07	0.81	0.03	-1.38
	误差(%)	0.33	0.36	0.27	0.01	-0.47
Asaoca 法	预测值	294.28	294.72	295.14	295.57	295.98
	残差	1.08	1.14	0.83	0.00	-1.46
	误差(%)	0.37	0.39	0.28	0.00	-0.50
龚帕斯曲线法	预测值	294.44	294.83	295.21	295.59	295.96
	残差	0.92	1.03	0.76	0.02	-1.44
	误差(%)	0.31	0.35	0.26	-0.01	-0.49

图 3-28 中仅列出 260 ~ 410 天的实测值及拟合曲线，其中 380 ~ 410 天为预测值。

从图 3-28 及表 3-14 可以看出，预测值与实测值相比有一定的波动，但各模型的拟合和预测精度仍然较高。龚帕斯、皮尔曲线和灰色预测结果明显比中期有所提高，拟合效果较好，但较长期的预测精度有所降低；双曲线和指数曲线的拟合预测效果明显比中期的差。

因此，对于一年及以上的预测，宜选用 Asaoca 法、皮尔曲线和龚帕斯曲线。由于后期预测的样本数量明显增加，所以通过比选后适当剔除前面 3 个月的数据，而选择中后期的数据作为样本值，预测效果会更好。

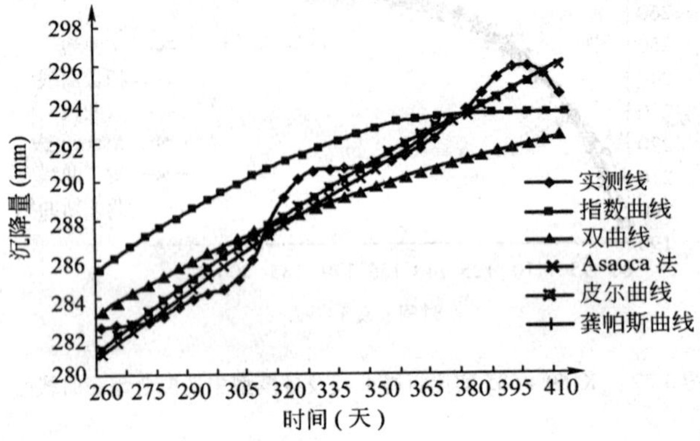

图 3-28　K159 +585 实测沉降曲线及各模型后期拟合预测曲线

第四章 土质边坡稳定性分析

随着山区路基工程的增加，高填路基不断出现，给路基设计提出了一些新问题。由于路基的稳定性不仅和边坡高度有关，而且与路基填料、性质、边坡坡度、地基状况和水文特点等有关，本章将在介绍土质边坡稳定性分析通用条分法的基础上，介绍土质边坡稳定性分析的简化法、最优化安全系数确定方法及有限元法。

第一节 土质边坡稳定性分析概述

一、边坡概念及分类形态

边坡是自然或人工形成的斜坡，是人类工程活动中最基本的地质环境之一，也是工程建设中最常见的工程形式。边坡横断面外形和各部分名称如图 4-1 所示。

边坡的基本形态包括直立式边坡、倾斜式边坡、台阶形边坡，如图 4-2 所示。根据这三种基本形态可构成复合式的边坡。

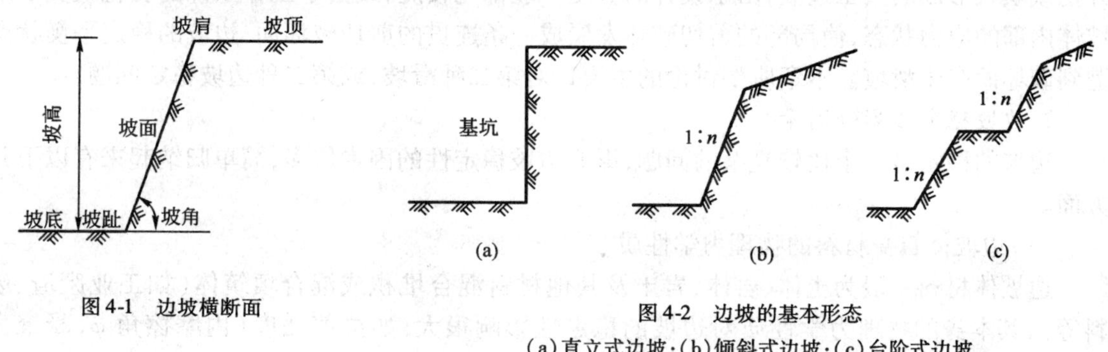

图 4-1 边坡横断面

图 4-2 边坡的基本形态

(a)直立式边坡；(b)倾斜式边坡；(c)台阶式边坡

在实际工程中，为满足不同工程用途的需要，边坡设计形态多种多样，边坡的分类通常有以下几种。

(1)按照边坡的成因可分为天然边坡和人工边坡。天然边坡是自然形成的山坡和江河湖海的岸坡。

(2)按照边坡的稳定性程度可分为稳定性边坡、基本稳定边坡、欠稳定边坡和不稳定边坡。这种分类方法一般根据边坡的稳定性系数的大小进行划分，但无严格的规定。

(3)按照边坡的高度分类，边坡高度大于 15m 称为高边坡，小于 15m 称为一般边坡。

(4)按照构成边坡坡体的岩土性质可分为土质边坡和岩石边坡。

本章将主要围绕土质边坡的稳定性展开分析阐述。

二、边坡稳定性的概念及影响因素

1. 边坡稳定性概念

边坡由于坡表面倾斜,在坡体本身重力及其他外力作用下,整个坡体有从高处向低处滑动的趋势,同时,由于边坡土体自身具有一定的强度和人为的工程措施,它会产生阻止坡体下滑的抵抗力。一般来说,如果边坡土体内部某一个面上的滑动力超过了土体抵抗滑动的能力,边坡将产生滑动,即失去稳定;如果滑动力小于抵抗力,则认为边坡是稳定的。

在工程设计中,判断边坡稳定性的大小习惯上采用边坡稳定安全系数来衡量。1955 年,毕肖普(A. W. Bishop)明确了土坡稳定安全系数的定义:

$$F_s = \frac{\tau_f}{\tau} \tag{4-1}$$

式中:τ_f——沿整个滑裂面上的平均抗剪强度;

τ——沿整个滑裂面上的平均剪应力;

F_s——边坡稳定安全系数。

按照上述边坡稳定性概念,显然,$F_s > 1$,土坡稳定;$F_s < 1$,土坡失稳;$F_s = 1$,土坡处于临界状态。

毕肖普的土坡稳定安全系数物理意义明确,概念清楚,表达简洁,应用范围广泛,在边坡工程处治中广泛应用。其问题的关键是如何寻求滑裂面,如何寻求滑裂面上的平均抗剪强度 τ_f 和平均剪应力 τ。

在工程建设中,常见的边坡滑动有两种类型。一种是天然边坡由于原来的地质条件改变而产生的滑坡,通常用地质条件对比法来衡量其稳定程度;另一种是由于工程建设需要而人工开挖或填筑形成的人工边坡,由于设计的坡度一般都比较陡,或由于工作条件的变化改变了边坡体内部的应力状态,使局部的剪切破坏发展成一条连贯的剪切破坏面,边坡的稳定平衡状态遭到破坏而产生滑坡。本章所要讨论的主要针对第二种滑坡,或第二种边坡稳定问题。

2. 边坡稳定性影响因素

边坡的稳定是一个比较复杂的问题,影响边坡稳定性的因素较多,简单归纳起来有以下几方面。

(1)边坡体自身材料的物理力学性质

边坡体材料一般为土体、岩体、岩土及其他材料混合堆积或混合填筑体(如工业废渣、废料等),其本身的物理力学性质对边坡的稳定性影响很大,如抗剪强度(内摩擦角 φ,凝聚力 c)、重度(包括天然重度和饱和重度等)。

(2)边坡的形状和尺寸

这里指边坡的断面形状、边坡坡度、边坡总高度等。一般来说,边坡越陡,边坡越容易失稳,坡度越缓,边坡越稳定;高度越大,边坡越容易失稳,高度越小,边坡越稳定。

(3)边坡的工作条件

边坡的工作条件主要是指边坡的外部荷载,包括边坡和边坡顶上的荷载、边坡后传递的荷载,如公路路堤边坡顶上的汽车荷载、人行荷载等,储灰场后方堆灰传递的荷载,水坝后方水压力等。

边坡体后方的水流及边坡体中水位变化情况是影响边坡稳定的一个重要因素,它除对边坡产生作用外,还影响边坡体材料的物理力学指标。

(4)边坡的加固措施

边坡的加固是采取人工措施将边坡的滑动传送或转移到另一部分稳定体中，使整个边坡达到一种新的稳定平衡状态，加固措施的种类不同，对边坡稳定的影响和作用也不相同，但都应保证边坡的稳定。

三、边坡稳定性分析基本理论和假定

边坡的稳定性问题一直是土木工程中一个非常重要的问题，不论是修建高速公路、铁路、机场等交通设施，还是建造矿井、大坝和大型建筑工程等都需要分析边坡的稳定性。所以一直以来有很多专家致力于研究边坡稳定性分析。

边坡稳定性分析方法大致可以分为两大类：定性分析方法和定量分析方法。此外，近年来，人们在前面两种分析方法的基础上，又引进了一些新的学科理论，逐渐发展起一些新的边坡稳定性分析方法，如可靠性分析法、模糊分级评判法、系统工程地质分析法、灰色系统理论分析法等，这里暂且称之为非确定性分析方法。

1. 定性分析方法

定性分析方法主要是通过工程地质勘察，对影响边坡稳定性的主要因素、可能的变形破坏方式及失稳的力学机制等的分析，对已变形地质体的成因及其演化史进行分析，从而给出被评价边坡一个稳定性状况及其可能发展趋势的定性说明和解释。其优点是能综合考虑影响边坡稳定性的多种因素，快速地对边坡的稳定状况及其发展趋势作出评价。常用的方法主要有自然（成因）历史分析法、工程类比法、图解法等，此外还有边坡稳定性分析数据库和专家系统法以及用于评价岩坡稳定性的 SMR 法。

2. 定量分析方法

严格地讲，边坡稳定性分析还远远没有走到完全定量这一步，它只能算是一种半定量的分析方法。常用的边坡稳定性分析方法主要有下述几种。

（1）极限平衡分析法

该方法是工程实践中应用最早、也是目前最普遍使用的一种定量分析方法。目前已有了多种极限平衡分析方法，如：Felleniu 法、Bishop 法、Jaubu 法、MorgensternPrinc 法、余推力法、Sarma 法、楔体极限平衡分析法等。其中 Sarma 法既可用于滑面呈圆弧形的滑体，又可用于滑面呈一般折线形的滑体极限平衡分析；楔体极限平衡分析则主要用于岩质边坡中由不连续面切割的各种形状楔形体的极限平衡分析。近年来，人们都已经把这些方法程序化了，有的还把有限元方法引入到极限平衡分析法中，先通过有限元方法计算出可能滑面上各点的应力，然后再利用极限平衡原理计算滑面上点的安全系数及沿整个滑面滑动破坏的安全系数。与其他方法相比，极限平衡法的缺点是在力学上作了一些简化假设。该方法抓住了问题的主要方面，且简易直观，并有多年的实用经验，若使用得当，将得到比较满意的结果，它是目前应用最多的一种分析方法。

（2）数值分析方法

数值分析方法是目前岩土力学计算中使用最普遍的分析方法。主要有有限元（FEM）法、边界元（BEM）法、离散元（DEM）法、快速 Lagranglan 分析法、块体理论（BT）与不连续变形分析（DOA）、无界元（IOEM）法等，其中有限元（FEM）法在边坡岩土体的稳定性分析中得到最早（1967 年）应用，也是目前最广泛使用的一种数值分析方法。目前，已经开发了多个二维及三维有限元分析程序，可以用来求解弹性、弹塑性、黏弹塑性、黏塑性等问题。有限元法的优点是部分地考虑了边坡岩体的非均质和不连续性，可以给出岩体的应力、应变大小与分布，避免了极限平衡分析法中将滑体视为刚体而过于简化的缺点，能近似地从应力、应变去分析边坡的变形破坏机制，分析最先、最容易发生屈服破坏的部位和需要首先进行加固的部位等。它还不能很好地求解大变形和位移不连续等问题，对于无限域、应力集中问题等的解还不理想。目前，在岩质边坡工程应用的数值分析方法，除了上述几种常用的之外，还有如日本学者川井忠彦(1981 年)提出的刚—弹法等。另外，上述几种方法间的耦合应用，如有限元与无界元、边界元、离散元等的耦合，边界元与离散元的耦合，以及数值解与解析解间的耦合，模糊数学与有限元等数值方法的耦合等，能在一定程度上彼此取长补短，以适应岩体的非均质、不连续、无限域等特征，使计算变得高效、合理与经济。

3. 非确定性分析方法

(1)可靠性分析法

理论与实践均证明，影响岩质边坡工程稳定性的诸多因素常常都具有一定的随机性，它们多是具有一定概率分布的随机变量。20 世纪 70 年代中后期，加拿大能源与矿业中心和美国亚利桑那大学等开始把概率统计理论引用到边坡岩体的稳定性分析中来。该方法的原理是首先通过现场调查，以获得影响边坡稳性影响因素的多个样本，然后进行统计分析，求出它们各自的概率分布及其特征参数，再利用某种可靠性分析方法，如 Monter Carlo 法、可靠指标法、统计矩法、随机有限元法等来求解边坡岩体的破坏概率即可靠度。祝玉学(1993 年)把在规定的条件下和规定的实用期限内，安全系数或安全储备大于或等于某一规定值的概率，即边坡保持稳定的概率定义为可靠度。可见，用可靠度比用安全系数在一定程度上更能客观、定量地反映边坡的安全性。我国的《岩土工程勘察规范》(GB 50021—2001)第 3.6.11 条已明确指出，大型边坡设计，除按本规范 3.6.10 条边坡稳定系数值计算边坡稳定性外，尚宜进行边坡稳定的可靠性分析，并对影响边坡稳定性的因素进行敏感性分析。只要求出的可靠度足够大，也即破坏概率足够小，小到人们可以接受的程度，就认为边坡工程的设计是可靠的。近年来，该方法在岩土工程中的研究与应用发展很快，为边坡稳定性评价指明了一个新的方向。但该方法的缺点是：计算前所需的大量统计资料难于获取，各因素的概率模型及其数字特征等的合理选取问题还没有得到很好的解决，另外，其计算通常也较一般的极限平衡方法显得困难和复杂。

(2)模糊分级评判方法

影响边坡稳定性的诸因素除了具有前述的随机不确定性外，还具有一定的模糊不确定性。采用模糊分级评判或模糊聚类方法对边坡的稳定性作出分级评判，其具体做法通常是先找出影响边坡稳定性的各个因素，并赋予它们不同的权值，然后根据最大隶属度原则来判定边坡的稳定性。实践证明，模糊分级评判方法为多变量、多因素影响的边坡稳定性分析提供了一种行之有效的手段。这一方法主要应用于大型边坡的整体稳定性评价。

目前，除了以上两种常用的非确定性分析方法外，系统工程分析方法、灰色系统理论方法、突变理论方法、神经元方法、损伤断裂力学理论、分叉与混沌理论等也在边坡稳定性方向上得到了不同程度的应用，为边坡稳定性分析及预测提供了新的途径。

第二节　土质边坡滑坡分析

一、滑坡的形成原因及其危害

滑坡是一种重要的地质灾害，给人类的生命财产带来重大威胁，例如滑坡可导致交通中断、河道堵塞、厂矿城镇被掩埋、工程建设受阻等。发生在土质边坡的滑坡通常形态比较单一，基本上以剪切破坏为主，滑裂面为圆弧形或圆弧与夹泥层的组合型。

滑坡的发生往往是多种因素共同作用的结果，通常将这些因素归结为两大类。一方面是由于外界力的作用破坏了土体原来的应力平衡状态，如路堑或基坑开挖、路堤填筑或边坡顶面上作用外荷载，以及土体内水的渗流力、地震力的作用等，改变原有应力平衡状态，使边坡坍塌。另一方面是边坡土体的抗剪强度由于受外界各种因素的影响而降低，促使边坡失稳破坏，如气候等自然条件使土体时干时湿、收缩膨胀、冻结融化等，另外水的渗入、软化效应、地震引起砂土液化等也将造成抗剪强度降低。

在工程边坡中，工程开挖是造成滑坡的重要原因。由于铁路、公路边坡大部分为明挖，滑坡则成为路堑建设的重要制约因素。表4-1列出了福建省高速公路施工时发生的主要滑坡（其中部分为岩石边坡）。

福建省高速公路主要滑坡工点一览表 表4-1

路段名称	滑坡地点	性质	规模	处理措施	工程投资（元）
福泉高速公路	石牌山高边坡	堆积层滑坡	边坡高约40余米	明洞（约100m）	约800万
	官秀互通滑坡	古滑坡复活（堆积层滑坡）	宽150m，长150m，厚度约10~20m	两排抗滑桩，辅以抗滑挡墙和排水平孔等	约600万
漳龙高速公路龙岩段	新祠互通滑坡	顺层滑坡（石英砂岩+泥岩）	高度约70余米，宽度约100m，厚度约10~15m	改线	—
	K67+995滑坡	破碎岩（石英砂岩）滑坡	高度约100余米，宽度约70m，厚度约10~15m	预应力锚索地梁+土钉+挂网喷射混凝土	约350万
漳龙高速公路和溪段	K63+770~+980	堆积层（古崩坡积层）滑坡	高度约200余米，宽度约160m，厚度约15~20m	预应力锚索抗滑桩+抗滑挡墙+排水平孔	约350万
	K64+670~+780	古滑坡复活（崩坡积体）	高度约110余米，长度约200m，具多级次滑动面	预应力锚索框架+抗滑挡墙+排水平孔	约350万
	K64+960	古崩坡积层开挖失稳	边坡高度约20余米，滑坡体宽度约60m，长度约80m	滑坡刚产生变形，就采用预应力锚索框架原位锁定，并辅以排水平孔	约70万
福宁高速公路	八尺门互通滑坡	古滑坡体复活（松散堆积体）	沿线展宽约500m，纵坡长200~300m的古滑坡群	及时采用预应力锚索框架+预应力锚索抗滑桩+平孔排水	5 000万
三福高速公路	梅列互通滑坡	一个古滑坡复活，一个破碎岩石高边坡滑坡	古滑坡体约5万m^3，边坡高约70m，滑坡体厚度约25~35m	预应力锚索抗滑桩+预应力锚杆地梁； 预应力锚索框架+抗滑挡墙	250万+1 000万
	西芹桥头滑坡	古滑坡复活（泥岩及泥质粉砂岩）	边坡高度约60m，长度约300m	预应力锚索框架+预应力锚索抗滑桩+抗滑挡墙+平孔排水	约1 100万

二、滑坡防治技术

在我国，随着大型工程建设的增多，用于边坡处治的费用也在不断增加，特别是在我国西部高速公路建设中，用于边坡处治的费用占总费用30%~50%。因此对边坡进行合理地设计和有效治理将直接影响到国家对基础建设的投资以及安全运营，而滑坡又是边坡失稳的一项重要灾害，所以对滑坡进行预防和治理在所难免。

然而，一个滑坡的发生往往是多个因素综合作用的结果，因此只有做详细的调查和分析计算后，才能制订出切合实际的防治措施。总的来说，治理滑坡应该坚持以防为主、综合治理、及时处理的原则。结合边坡失稳的因素和滑坡形成的内外部条件，治理滑坡可以从以下两个大的方面着手。

1. 消除和减轻地表水和地下水的危害

滑坡的发生常和水的作用有密切的关系，水的作用往往是引起滑坡的主要因素，因此，消除和减轻水对边坡的危害尤其重要，其目的是：降低孔隙水压力和动水压力，防止岩土体的软化及溶蚀分解，消除或减小水的冲刷和浪击作用。具体做法有：防止外围地表水进入滑坡区，可在滑坡边界修截水沟；在滑坡区内，可在坡面修筑排水沟；在覆盖层上可用浆砌片石或人造植被铺盖，防止地表水下渗。

排除地下水的措施很多，应根据边坡的地质结构特征和水文地质条件加以选择。常用的方法有：①水平钻孔疏干；②垂直孔排水；③竖井抽水；④隧洞疏干；⑤支撑盲沟。

2. 改善边坡岩土体的力学强度

通过一定的工程技术措施，改善边坡岩土体的力学强度，提高其抗滑力，减小滑动力，常用的措施如下：①削坡减载：用降低坡高或放缓坡角来改善边坡的稳定性。削坡设计应尽量削减不稳定岩土体的高度，而阻滑部分岩土体不应削减。此法并不总是最经济、最有效的措施，要在施工前作经济技术比较。②边坡人工加固。常用的方法有：修筑挡土墙、护墙等支挡不稳定岩体；钢筋混凝土抗滑桩或钢筋桩作为阻滑支撑工程；预应力锚杆或锚索，适用于加固有裂隙或软弱结构面的岩质边坡；固结灌浆或电化学加固法加强边坡岩体或土体的强度；SNS 边坡柔性防护技术等。

由于各种原因导致边坡失稳，引起各种规模的滑坡时有发生，给人们的生产生活带来了巨大的灾难，相信通过研究的不断深入，滑坡现象将在一定程度上得到控制，从而减少滑坡的发生和降低因滑坡造成的损失。

第三节　土质边坡稳定分析通用条分法

一、边坡稳定分析极限平衡法的基本原理

1. 基本原则

建立在极限平衡原理基础上的边坡稳定分析方法包含有以下几条基本原则。

(1) 安全系数

土坡沿着某一滑裂面滑动的安全系数 F（等同与第一节中的 F_s）是这样定义的：将土的抗剪强度指标降低为 c'/F 和 $\tan\varphi'/F$，则土体沿着此滑裂面处处达到极限平衡，即

$$\tau = c'_e + \sigma'_n \tan\varphi'_e \tag{4-2}$$

$$c'_e = \frac{c'}{F} \tag{4-3}$$

$$\tan\varphi'_e = \frac{\tan\varphi'}{F} \tag{4-4}$$

上述将强度指标的储备作为安全系数定义的方法是经过多年的实践被工程界广泛承认的一种作法。采用这一定义，在数值计算方面，会增加一些迭代、收敛方面的问题。

(2)摩尔—库仑强度准则

设想土体的一部分沿着某一滑裂面滑动。在这个滑裂面上，土体处处达到极限平衡，即正应力 σ_n'和剪应力 τ满足摩尔—库仑强度准则。设土条底的法向力和切向力分别为 N 和 T，则有

$$\Delta T = c'_e\Delta x\sec\alpha + (\Delta N - u\Delta x\sec\alpha)\tan\varphi'_e \tag{4-5}$$

式中：α——土条底倾角，$\tan\alpha = dy/dx$；

u——孔隙水压力，通常定义孔隙水压力系数，

$$r_u = \frac{u}{dW/dx} \tag{4-6}$$

(3)静力平衡条件

将滑动土体分成若干土条(图4-3)，每个土条和整个滑动土体都要满足力和力矩平衡条件。在静力平衡方程组中，未知数的数目超过了方程式的数目，解决这一静不定问题的办法是对多余未知数作假定，使剩下的未知数和方程数目相等，从而解出安全系数的值。

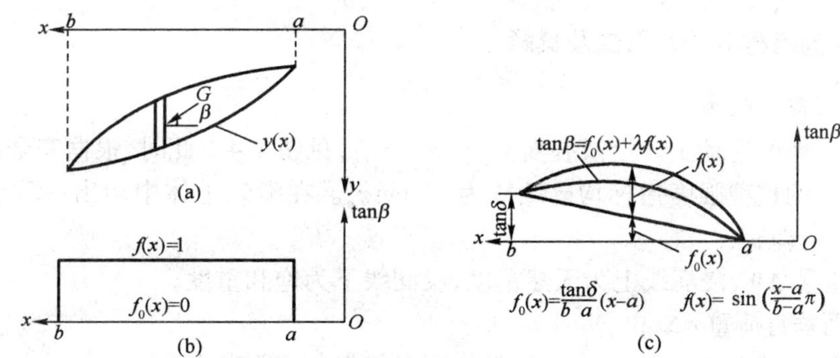

图4-3　边坡稳定的条分法

(a)滑坡体；(b)侧向力假定1；(c)侧向力假定2

2. 合理性要求

上述对多余未知数进行假定的具体方案可以是多种多样的，但是，也并不是完全任意的。它必须使获得的解符合土的力学特性。目前，被普遍接受的合理性条件是(Morgenstern&Price，1967年；Janbu，1973年)：

(1)沿着划分的土条两侧垂直面上的剪应力不能超过在这个面上所能发挥的抗剪能力(参见图4-4)，即

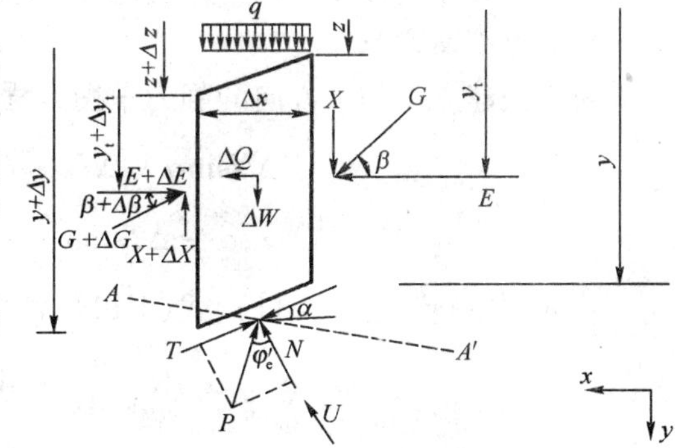

图4-4　作用在土条上的力

$$F_v = \frac{E'\tan\varphi'_{av} + c'_{av}(y - z)}{X} > F \tag{4-7}$$

或

$$F_{ve} = \frac{E'\tan\varphi'_{ave} + c'_{ave}(y - z)}{X} > 1 \tag{4-8}$$

上两式中：F_v——沿着土条垂直面的安全系数；

F_{ve}——使用经过式(4-3)、式(4-4)缩减后垂直面的安全系数；

E'——作用在土条垂直面的法向有效压力；

X——作用在土条垂直面的剪力；

$\tan\varphi'_{av}$——土条垂直面的有效平均摩擦系数；

c'_{av}——土条垂直面的有效平均黏聚力；

$\tan\varphi'_{ave}$——$\tan\varphi'_{av}$被 F 值除后的值；

c'_{ave}——c'_{av}被 F 值除后的值；

y——滑裂面的纵坐标值；

z——土坡表面的纵坐标值。

(2)为保证在土条接触面上不产生拉力，作用在土条上的有效力的合力作用点不应落在土条垂直面的外面(参考图4-4)。

$$0 < A'_c < 1 \tag{4-9}$$

$$A'_c = \frac{y'_t - z}{y - z} \tag{4-10}$$

式中：y'_t——作用在土条垂直面上的有效法向力的作用点的纵坐标值。

二、静力平衡方程的普遍形式及其解

1. 作用在土条上的力

设想某一边坡的滑动土体沿滑裂面 $y = y(x)$ 下滑，见图4-4。此时，根据安全系数的定义，土体和滑裂面上的抗剪强度指标均已缩减为 c'_e、$\tan\varphi'_e$。在滑动土体中切出一垂直土条，分析作用在其上的力，即有：

(1)土条重量 ΔW，浸润线上为天然重度，浸润线下为饱和重度；

(2)坡表面垂直荷重 $q\Delta x$；

(3)地震力，水平地震力 $\Delta Q = \eta\Delta W$，其作用点与土条底距离为 h_e；

(4)作用在土条垂直边上的总作用力 G(土骨架间的法向有效作用力和水压力之和)，它与水平线的夹角为 β，其作用点的纵坐标值为 y_t。

2. 静力平衡方程

对土条建立 x 和 y 方向的静力平衡方程：

$$\Delta N\sin\alpha - \Delta T\cos\alpha + \Delta Q - \Delta(G\cos\beta) = 0 \tag{4-11}$$

$$-\Delta N\cos\alpha - \Delta T\sin\alpha + (\Delta W + q\Delta x) - \Delta(G\sin\beta) = 0 \tag{4-12}$$

将式(4-5)代入式(4-11)、式(4-12)，消去 ΔN，令 $\Delta x \to 0$，得到静力平衡的微分方程：

$$\cos(\varphi'_e - \alpha + \beta)\frac{dG}{dx} - \sin(\varphi'_e - \alpha + \beta)\frac{d\beta}{dx}G = -p(x) \tag{4-13}$$

$$p(x) = \left(\frac{dW}{dx} + q\right)\sin(\varphi'_e - \alpha) - r_u\frac{dW}{dx}\sec\alpha\sin\varphi'_e + c'_e\sec\alpha\cos\varphi'_e - \eta\frac{dW}{dx}\cos(\varphi'_e - \alpha) \tag{4-14}$$

同时，将作用在土条上的力对土条底中点取矩，建立力矩平衡方程：

$$(G + \Delta G)\cos(\beta + \Delta\beta)\left[(y + \Delta y) - (y_t + \Delta y_t) - \frac{1}{2}\Delta y\right] -$$

$$G\cos\beta\left(y - y_t + \frac{1}{2}\Delta y\right) + G\sin\beta\Delta x - \eta\frac{dW}{dx}h_e = 0 \tag{4-15}$$

式中：h_e——水平地震力作用点距条底的垂直距离，当 $\Delta x \to 0$ 时，可得：

$$G\sin\beta = -y\frac{\mathrm{d}}{\mathrm{d}x}(G\cos\beta) + \frac{\mathrm{d}}{\mathrm{d}x}(y_t G\cos\beta) + \eta\frac{\mathrm{d}W}{\mathrm{d}x}h_e \tag{4-16}$$

式(4-13)也可通过将作用在条块上的力投影至图4-4中线 AA' 方向获得。AA' 与土条底切线方向夹角为 φ_e'，土条底的法向力 N' 与由其贡献的切向抗力 $N'\tan\varphi_e'$ 的合力因与 AA' 垂直而不出现。

3. 静力平衡方程的解

微分方程组式(4-13)和式(4-16)的边界条件是：

$$G(a) = 0 \tag{4-17}$$

$$G(b) = 0 \tag{4-18}$$

$$y_t(a) = y(a) \tag{4-19}$$

$$y_t(b) = y(b) \tag{4-20}$$

式中：a，b——滑体左、右端点的 x 坐标。

式(4-13)是一个一阶非线性常微分方程，它的积分形式是：

$$G(x) = -\sec(\varphi_e' - \alpha + \beta)s^{-1}(x)\left[\int_a^x p(\zeta)s(\zeta)\mathrm{d}\zeta - G(a)\right] \tag{4-21}$$

$$s(x) = \sec(\varphi_e' - \alpha + \beta)\exp\left[-\int_a^x \tan(\varphi_e' - \alpha + \beta)\frac{\mathrm{d}\beta}{\mathrm{d}\zeta}\mathrm{d}\zeta\right] \tag{4-22}$$

式(4-16)的积分形式是：

$$\int_a^x G(\sin\beta - \cos\beta\tan\alpha)\mathrm{d}x = \int_a^x \eta\frac{\mathrm{d}W}{\mathrm{d}x}h_e\mathrm{d}x + [G\cos\beta(y_t - y)]\Big|_a^x \tag{4-23}$$

令 $x = b$，并使用式(4-17)～式(4-20)的边界条件，应用分部积分法，式(4-21)和式(4-23)可化为

$$\int_a^b p(x)s(x)\mathrm{d}x = 0 \tag{4-24}$$

$$\int_a^b p(x)s(x)t(x)\mathrm{d}x - M_e = 0 \tag{4-25}$$

$$t(x) = \int_a^x (\sin\beta - \cos\beta\tan\alpha)\exp\int_a^\xi\left[\tan(\varphi_e' - \alpha + \beta)\frac{\mathrm{d}\beta}{\mathrm{d}\zeta}\mathrm{d}\zeta\right]\mathrm{d}\xi \tag{4-26}$$

$$M_e = \int_a^b \eta\frac{\mathrm{d}W}{\mathrm{d}x}h_e\mathrm{d}x \tag{4-27}$$

在获得式(4-25)时应用了式(4-24)和下面的关系式：

$$\begin{aligned}\int_a^b G(\sin\beta - \cos\beta\tan\alpha)\mathrm{d}x &= -\int_a^b\int_a^\xi p(\zeta)s(\zeta)\mathrm{d}\zeta\mathrm{d}t \\ &= -\left[t\int_a^\xi p(\zeta)s(\zeta)\mathrm{d}\zeta\right]\Big|_a^b + \int_a^b p(x)s(x)t(x)\mathrm{d}x \\ &= \int_a^b p(x)s(x)t(x)\mathrm{d}x\end{aligned} \tag{4-28}$$

注意式(4-28)右侧第一项由式(4-24)可知为零。式(4-24)和式(4-25)分别反映滑动土体力和力矩平衡要求。这两个方程中包含一个未知数，即安全系数 F，它隐含在 φ_e' 和 c_e' 中[式(4-3)和式(4-4)]，另外还包含一个变量 $\beta(x)$。Morgenstern 和 Price 假定其符合某一分布形状，留下一个待定常数 λ 和 F 一起求解，即假定

$$\tan\beta = \lambda f(x) \tag{4-29}$$

$f(x)$一旦确定,稳定分析就具体化为求解联立方程式(4-24)和式(4-25)中包含的两个未知数 F 和 λ 的问题。

对式(4-16)积分可获得使用式(4-10)需知的 y_t 的计算公式:

$$y_t = \frac{\int_a^x G(\sin\beta - \cos\beta\tan\alpha)\,dx - \int_a^x \eta\frac{dW}{dx}h_e\,dx}{G\cos\beta} + y_a \tag{4-30}$$

$f(x)$可假定为1,即假定各土条的$\beta(x)$为一常数;也可假定为其他函数。每一组解都要通过式(4-6)和式(4-8)的合理性要求检验。

在大部分的计算中,令$f(x)$ = 常数 = 1,如图4-3(b)所示。这种特例称Spencer法。因为大量的计算实例说明,$f(x)$的形状对安全系数 F 值的影响并不大,但是在一些特殊条件下,使用Spencer法可能导致较大的误差。从严格的理论意义上讲,为了保证在 $x=a$ 和 $x=b$ 处剪应力成对原理不被破坏,要求$\beta(x)$在该两端为指定值。因此假定

$$\tan\beta = f_0(x) + \lambda f(x) \tag{4-31}$$

$f_0(x)$在 $x=a$ 和 $x=b$ 处为指定值,$f(x)$在 $x=a$ 和 $x=b$ 处为零,如图4-3(c)所示。使用这一规定,可以进一步限制对未知函数$\beta(x)$作假定的随意性。

三、静力平衡方程的数值解(Newton-Raphson 迭代法)

通常采用Newton-Raphson迭代法求解下列静力平衡方程中的 F 和 λ。

$$G_n(F,\lambda) = \int_a^b p(x)s(x)\,dx = 0 \tag{4-32}$$

$$M_n(F,\lambda) = \int_a^b p(x)s(x)t(x)\,dx - M_e = 0 \tag{4-33}$$

先假定一组 F_1 和 λ_1,代入式(4-32)、式(4-33),下一个更为接近其解 F^*、λ^* 的数值 F_2、λ_2 通过下式求得($i=1$)。

$$\Delta F_i = F_{i+1} - F_i = \frac{G_n\dfrac{\partial M_n}{\partial\lambda} - M_n\dfrac{\partial G_n}{\partial\lambda}}{\dfrac{\partial G_n}{\partial\lambda}\dfrac{\partial M_n}{\partial F} - \dfrac{\partial G_n}{\partial F}\dfrac{\partial M_n}{\partial\lambda}} \tag{4-34}$$

$$\Delta\lambda_i = \lambda_{i+1} - \lambda_i = \frac{-G_n\dfrac{\partial M_n}{\partial F} + M_n\dfrac{\partial G_n}{\partial F}}{\dfrac{\partial G_n}{\partial\lambda}\dfrac{\partial M_n}{\partial F} - \dfrac{\partial G_n}{\partial F}\dfrac{\partial M_n}{\partial\lambda}} \tag{4-35}$$

重复上述步骤,直至下列收敛标准得到满足:

$$\Delta F_i < \varepsilon \tag{4-36}$$

$$\Delta\lambda_i < \varepsilon \tag{4-37}$$

式中:ε 值一般设为 10^{-4}。

四、其他通用条分法

1. 有关通用条分法的研究

开发同时满足力和力矩平衡条件的通用条分法,一直是边坡稳定分析领域中十分活跃的一项研究工作。但是所有的方法,只要是建立在本章阐述的极限平衡法的理论基础上,在本质

上都不会有很大的区别。在已有的研究工作已十分充分，Morgenstern（1992 年）认为，在这一方面更多的研究工作，不会对深化这一领域的认识带来实质性的影响。本文简要地回顾并讨论一些有代表性的研究工作。

在边坡稳定极限平衡分析领域，主要的一项工作是对作用在滑动土体中的某些未知内力引入适当的假定，使问题变得静定可解。根据未知内力的特点，可将这些方法分为两大类。

（1）对作用在滑面上的法向力作出假定。早期在这些方面有不少学者曾发表过有关的研究论文，这些方法的特点是确定一个滑裂面的安全系数和确定临界面的步骤是合并在一起的。Baker 和 Garbo（1977 年，1978 年）引入了变分法原理，最后得出了临界滑裂面应是对数螺旋线的结论。但这一工作后来受到了一系列论文的质疑。

土条上某一点法向力的大小是由上覆土条重量和该点以上滑体下滑力决定的。在确定法向力时，应充分考虑这些因素。Baker 和 Garbo 等在对法向力进行假定时，无视了这些因素。鉴于对这一建立在变分原理和法向力假定基础上的方法在理论上的问题和很少有实际应用的事实，Duncan（1995 年）认为不能将其视为对边坡稳定分析方法有意义的改进。

（2）对土条侧向力的某一参数进行假定，即垂直条分法。将滑动土体分成垂直土条，通过分析土条的静力平衡条件确定安全系数，仍是目前最为广泛的一种方法。在通用条分法中，根据假定的类型分为以下三大类：

①对土条侧向力的倾角的分布形状作假定；

②对土条倾向力的大小的分布函数作假定，这一类方法最具代表意义的是 Sarma（1973 年）法；

③对土条倾向力的作用位置作假定，这一类方法最有代表意义的是 Janbu（1973 年）法。

下面对 Sarma 法和 Janbu 法作一简单的介绍和讨论。

2. Sarma 法

首先，Sarma 提出了一个临界加速度的概念。他假定每个滑动土条承受一个 $K\Delta W$ 的水平力，滑体处于临界状态。K 称为临界加速度系数。这样，滑裂面上的 c' 和 φ' 不再按式（4-3）和式（4-4）缩减。但是为了和传统的安全系数接轨，Sarma 采用以下方法求得按式（4-3）和式（4-4）定义的安全系数：

（1）假定一系列的安全系数 F，按式（4-3）和式（4-4）获得 c'_e 和 $\tan\varphi'_e$；

（2）根据不同的 c'_e 和 $\tan\varphi'_e$ 求得 K，并将其绘制成如图 4-5 所示的 F-K 曲线；

（3）F-K 曲线与 x 水平轴的交点相应的 F 值即为按传统定义获得的安全系数。

在编制计算机程序时，上述步骤当然也可通过 Newton-Raphson 法的一维迭代实现。Sarma 解法的要点是，求解临界加速度系数比较方便，K 可以通过一个直接的公式求得，不需迭代。因而，求解安全系数变成了如图 4-5 所示的只包含一个未知数的迭代过程。

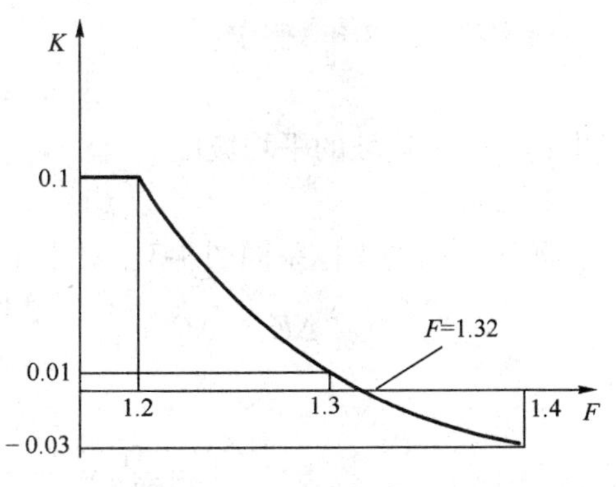

图 4-5　Sarma 法求解安全系数

Sarma 建立的坐标系同图 4-3。对土条左、右侧面的剪力 X 的差值 ΔX 作如下假定：

$$\Delta X = \lambda Q(x) \tag{4-38}$$

可见,Sarma 并没有对 ΔX 的绝对值作假定,而是对它的分布形状提出了一个函数 $Q(x)$。在此基础上建立力和力矩平衡方程,Sarma 最终获得以下公式:

$$\lambda = S_2/S_3 \tag{4-39}$$

$$K = \frac{S_1 - \lambda S_4}{\sum \Delta W_i} \tag{4-40}$$

$$S_2 = \sum \Delta W_i(x - x_c) + \sum D_i(y - y_c) \tag{4-41}$$

$$S_3 = \sum Q[(y - y_c)\tan(\varphi' - \alpha) + (x - x_c)] \tag{4-42}$$

$$S_4 = \sum Q\tan(\varphi' - \alpha) \tag{4-43}$$

$$D_i = \frac{[\Delta W_i\tan(\varphi' - \alpha) + c'\Delta x\cos\varphi' - \gamma_u\Delta W\sin\varphi]\sin\alpha}{\cos(\varphi' - \alpha)} \tag{4-44}$$

以上式中:x_c,y_c——土条底中点的坐标。

下面的问题是如何来确定 $Q(x)$,这是一个带量纲的分布函数。Sarma 从分析土条受力条件入手提出了一个计算 $Q(x)$ 的经验公式,对于均质边坡,Sarma 建议:

$$X = \lambda f(x)[(K' - r_u)\gamma H^2\tan(\varphi'/2) + c'H] \tag{4-45}$$

式中:$f(x)$——一个无量纲的分布形状函数,通常可以取为 1;

H——土条高度。

$$K' = \frac{1 - \sin(2\alpha - \varphi')[(1 - 2r_u)\sin\varphi + 4c'\cos\varphi'/\gamma H]}{1 + \sin\varphi\sin(2\alpha - \varphi')} \tag{4-46}$$

对于非均质边坡,Sarma 也提出了建议的 $Q(x)$ 分布函数。在推导上述公式过程中,Sarma 采用的力学分析中仍包含大量经验成分。

Sarma 法的优点是将求解安全系数的非线性方程迭代步骤从二维减少为一维。缺点是对 $Q(x)$ 这个带量纲的分布函数的假定缺乏直观的力学背景,多少带有一定的人为因素。还有不少学者对土条侧向力的绝对值作假定,如 Madej(1984 年)和 Cerreia(1988 年)假定:

$$X = \lambda g(x) \tag{4-47}$$

潘家铮(1978 年)假定:

$$X = \lambda\Delta W_i\tan(\gamma_{avg} - \alpha) \tag{4-48}$$

式中:γ_{avg}——边坡的平均坡度。

3. Janbu 法

此法采用的坐标系同图 4-3。对土条建立水平和垂直方向的静力平衡方程式,分别得:

$$\Delta E = \Delta Q + \left(q + \frac{\Delta W}{\Delta x} + t\right)\Delta x\tan\alpha - \tau\,\Delta x(1 + \tan^2\alpha) \tag{4-49}$$

$$\tau = \frac{\tau_f}{F} = \frac{c'_e + \left(q + \dfrac{\Delta W}{\Delta x} + t - u\right) + \tan\varphi'_e}{1 + \tan\varphi'_e\tan\alpha} \tag{4-50}$$

其中 τ 为按式(4-2)定义的作用在条底的剪应力。$t(x)$ 为

$$t(x) = \frac{dX}{dx} \tag{4-51}$$

对一个宽度无限小的土条建立力矩平衡,可得:

$$X = -E\tan\alpha + h_{t}\frac{\mathrm{d}E}{\mathrm{d}x} - h_{e}\frac{\mathrm{d}Q}{\mathrm{d}x} \tag{4-52}$$

式中：h_t——土条侧向力作用点与条底的距离。

令

$$B_{i} = \Delta Q + \left(q + \frac{\Delta W}{\Delta x} + t\right)\tan\alpha \tag{4-53}$$

$$A_{i} = \tau_{f}\Delta x(1 + \tan^{2}\alpha) \tag{4-54}$$

由整体平衡条件$\sum\Delta E = 0$可得：

$$F = \frac{\sum A_{i}}{E_{a} - E_{b} + \sum B_{i}} \tag{4-55}$$

式中：E_a，E_b——分别为滑体左右端E的边界值。

Janbu 法的计算步骤如下：

（1）假定h_t为一确定的数值，Janbu 建议取h_t为土条高度的 1/3；

（2）先假定一个F_0值，并假定$t(x) = 0$；通过式（4-50）求得τ_f，并用式（4-55）求得一个新的安全系数F_1；

（3）通过式（4-49）求得各条块的ΔE和E；

（4）通过式（4-52）求得各条块的X；

（5）在新的X的基础上通过式（4-51）获得一个新的$t(x)$；

（6）F_1与F_2的差值小于允许误差时，计算收敛结束，否则在新的t和F_2基础上重复（2）~（5）的步骤。

从上述步骤可知，Janbu 法求解力的平衡时，研究对象是图 4-4 所示的一个土条，而使用力矩平衡条件，即步骤（4）时，则是相对一宽度为无限小的以土条侧面为中心的另一个土条。

Janbu 自 1973 年提出此方法后，受到学术界的广泛重视。一个重要原因是此方法同时引入了力和力矩平衡条件，而计算过程却相对比较简单，可用手算或编制一个简单的程序来实现，但是在实际应用时，不少学者发现该法存在严重的收敛困难问题。

第四节　土质边坡稳定分析简化法

一、概述

在极限平衡法理论体系形成的过程中，出现过一系列简化计算方法，诸如瑞典法、毕肖普简化法（1955 年）和陆军工程师团法等。

瑞典法亦称 Fellenious 法，是边坡稳定分析领域最早出现的一种方法。该法假定滑裂面为圆弧形，在计算安全系数时，简单地将条块重量向滑面法向方向分解来求得法向力。这一方法虽然引入过多的简化条件，但构成了近代土坡稳定分析条分法的雏形。1955 年，毕肖普（Bishop）在瑞典法基础上提出了一种简化方法。这一方法仍然保留了滑裂面的形状为圆弧形和通过力矩平衡条件求解这些特点，但是在确定土条底部法向力时，考虑了条间作用力在法线方向的贡献。

自然界发生的滑坡其滑裂面有相当一大部分并非圆弧形。对于任意形状的滑裂面，瑞典法和毕肖普法不再适用，此时，一些学者试图通过力平衡而不是力矩平衡条件来求解安全系数。这样，就出现了适用于非圆弧滑裂面的陆军工程师团法、罗厄法、简化 Janbu 法和传递系数法。

20 世纪 50 年代和 60 年代早期建立起来的这些简化方法，其一个重要特点是试图提供较简单的计算步骤，使设计人员能够通过手算来得到安全系数。随着计算机的出现，这一问题已不重要。这样就出现了一些求解步骤更为严格的方法。

本节简要介绍各种简化方法的原理、适用范围以及这些方法和通用条分法的内在联系，并讨论其局限性。这些知识对于合理地评价边坡的稳定性具有重要意义。本节符号意义同前一节。

二、常见的几种简化法

1. 瑞典法

(1)简化条件

①滑面形状

瑞典法使用圆弧滑裂面。

②对多余未知力的假定

该法假定作用在土条侧向垂直面上的 E 和 X 的合力平行于土条底面。

③静力平衡

建立土条底面法线方向静力平衡方程，确定 $\Delta N'$（参见图 4-6）：

$$\Delta N' = \Delta W(\cos\alpha - r_u\sec\alpha) \tag{4-56}$$

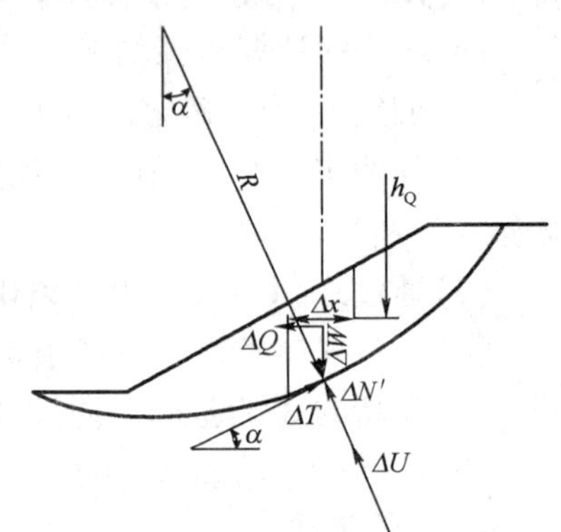

图 4-6 边坡稳定分析的简化方法

通过整体对圆心的力矩平衡确定安全系数：

$$\sum_{n=1}^{N}(-\Delta T + \Delta W\sin\alpha + R_d\Delta Q) = 0 \tag{4-57}$$

$$R_d = \frac{h_Q}{R} \tag{4-58}$$

式中：h_Q——水平地震力和圆心的垂直距离。

土条总数为 N。

(2)安全系数计算公式

将式(4-5)和式(4-56)代入式(4-57)可得：

$$F = \frac{\sum_{n=1}^{N}[\Delta W(\cos\alpha - r_u\sec\alpha) - \Delta Q\sin\alpha\tan\varphi' + c'\Delta x\sec\alpha]}{\sum_{n=1}^{N}(\Delta W\sin\alpha + \Delta QR_d)} \tag{4-59}$$

2. 毕肖普简化法

(1)简化条件

①滑面形状

毕肖普简化法使用圆弧滑裂面。

②对多余未知力的假定

该法假定 $X=0$（图 4-4），或 $\beta=0$，即土条两侧作用力均为水平。

③静力平衡

建立垂直方向静力平衡方程，解得 $\Delta N'$（参见图4-6）：

$$\Delta N\cos\alpha + \Delta T\sin\alpha = \Delta W \tag{4-60}$$

通过整体对圆心的力矩平衡解得安全系数。

(2)安全系数计算公式

将式(4-5)和式(4-60)代入式(4-57)得：

$$F = \frac{\sum_{n=1}^{N}[\Delta W(1-r_u)\tan\varphi' + c'\Delta x]/[\cos\alpha(1+\tan\alpha\tan\varphi'/F)]}{\sum_{n=1}^{N}[\Delta W\sin\alpha + \Delta QR_d]} \tag{4-61}$$

使用毕肖普法计算安全系数，需要通过迭代求解。

(3)与通用条分法的关系

如果把毕肖普法所包含的假定条件纳入通用条分法力矩平衡方程式(4-25)，通过适当推导，则该式就可回归为传统毕肖普法的计算公式(4-61)。

3. 滑楔法

(1)简化条件

①滑面形状

滑楔法适用于任意形状滑裂面。

②对多余未知力的假定

对土条侧向力的倾角 β 作如下假定：

陆军工程师团法：假定 β 为常数，等于边坡的平均坡度 γ_a，即

$$\beta = \gamma_a \tag{4-62}$$

罗厄法：假定 β 等于该土条底面倾角 α 和顶面倾角 γ 的平均值，即

$$\beta = \beta' = \frac{\alpha + \gamma}{2} \tag{4-63}$$

简化 Janbu 法：为陆军工程师团法的特例，假定 $\beta = 0$。

传递系数法：假定 β 等于该土条条底面倾角，即

$$\beta = \alpha \tag{4-64}$$

③静力平衡

要求每个土条和滑坡体整体力的平衡得到充分满足，但力矩平衡不满足。

(2)安全系数的计算方法

假定 F 为某一数值，从右端第一个土条开始，通过静力平衡确定每个土条左侧条间力（也就是下一个土条右侧条间力），到最后一个土条，即左端部的土条，其左侧向力应为零，如不闭合，需修正 F 值，直至收敛。

(3)双折线滑面的计算方法

滑楔法中有一个滑裂面为双折线形的特殊情况，如图4-7所示滑面。在 C 点滑面有一个突然转折，通常一部分滑面为两种土的接触面和软弱夹层。在对多余未知数的假定、静力平衡和安全系数的计算方法上，双折线滑面与滑楔法完全一致。因此，可以直接推导出双折线滑面安全系数的计算公式。

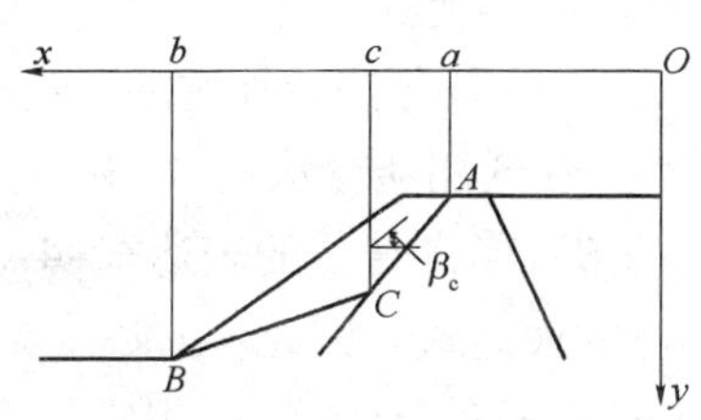

图4-7　双折线滑动计算简图

从式(4-22)知，当滑面为直线，即 α 为常数时，$s(x) = \sec(\varphi'_e - \alpha + \beta_a)$，式(4-24)可变为：

$$\int_a^b p(x)\cdot K\mathrm{d}x = 0 \tag{4-65}$$

$$\left.\begin{aligned} &K = 1, a < x \leqslant c \\ &K = \frac{\cos(\varphi_e^r - \alpha_r + \beta_c)}{\cos(\varphi_e^l - \alpha_l + \beta_c)}, c < x \leqslant b \end{aligned}\right\} \tag{4-66}$$

上下标 r 和 l 分别代表在转折点 C 左、右侧相应的数值，β_c 为左、右楔块界面处作用力的倾角。可知，安全系数决定于对 β_c 的假定值。

三、各种简化方法对计算精度的影响

1. 概述

关于边坡稳定分析各种方法的计算精度、适用范围等问题，一直受到普遍的关注，近代土力学经过几十年发展，学术界已对这些问题有了比较统一的看法。1993 年，美国土木工程师学会邀请 Duncan 作当代水平报告。报告对各种传统边坡稳定分析方法的计算精度和适用范围作了以下论述。

(1)各种边坡稳定分析的图表，在边坡几何条件、重度、强度指标和孔压可以简化的情况下可得出有用结果，其主要局限性在于使用这些图表需对上述条件作简化处理。使用图表法的主要优点是可以快速求得安全系数，通常可先使用这些图表进行初步核算，再使用计算机程序进行详细核算。

(2)传统瑞典法在平缓边坡和高孔隙水压情况下进行有效应力法分析时是非常不准确的。该法的安全系数在“$\varphi=0$”分析中是完全精确的，对于圆弧滑裂面的总应力法可得出基本正确的结果。此法的数值分析不存在问题。

(3)毕肖普简化法在所有情况下都是精确的，其局限性表现在仅适用于圆弧滑裂面以及有时会遇到数值分析问题。如果使用毕肖普简化法计算获得的安全系数反而比瑞典法小，那么可以认为毕肖普法中存在数值分析问题，在这种情况下，瑞典法的结果比毕肖普法好。基于这个原因，同时计算瑞典法和毕肖普法，比较其结果，是一个较好的选择。

(4)仅使用静力平衡方法的结果对所假定的条间力方向极为敏感，条间力假定不合适将导致安全系数严重偏离正确值。与其他考虑条间作用力方向的方法一样，这个方法也存在数值分析问题。

(5)满足全部平衡条件的方法(如 Janbu 法，Spencer 法)在任何情况下都是精确的(除非遇到数值分析问题)。这些方法计算的成果相互误差不超过 12%，相对于一般可认为是正确答案的误差不会超过 6%，所有这些方法也都有数值分析问题。

2. 关于数值分析

Duncan 教授在上面论述中多次提到了数值分析问题，根据以往的资料大致可理解为以下两个问题。

(1)条分法计算中的“死区”

在通用条分法的式(4-13)中，可以看到一个表达式 $\sec(\varphi_e' - \alpha + \beta)$，毕肖普法的表达式(4-61)中，实际上也存在一个 $\sec(\varphi_e' - \alpha)$ 的表达式。因此，当某一条块的条底倾角 α 使 $(\varphi_e' - \alpha + \beta)$ 或 $(\varphi_e' - \alpha)$ 等于 90°时，相应的余割值将变为无穷大。这种情况通常是在 α 为负值时出现，可以通过图 4-8 了解这一问题的物理背

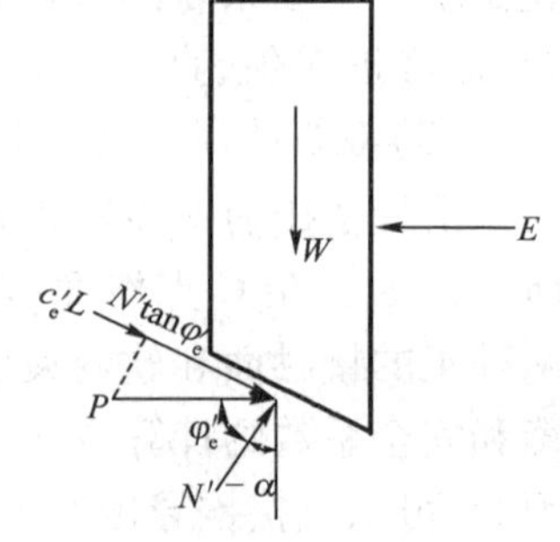

图 4-8　解释毕肖谱法遇到数值分析困难的示意图

景。土条条底切向力由两个量组成：一是黏聚力，即 $c_e'L$；另一是由法向力 N' 贡献的摩擦力 $N'\tan\varphi_e'$，它和法向力 N' 合成一个力 P，该合力与滑面的法线方向夹角为 φ_e'。如果 P 的方向恰好为水平，即 $\varphi_e' - \alpha = 90°$，那么，由于毕肖普法假定在土条间不存在铅直方向的力，因而在铅直方向上只有重力 W 和黏聚力 c_e' 在垂直方向的分力，而这两个力都是已知的，无论如何也无法保证垂直方向的静力平衡条件。

稳定计算分析的实践表明，上述问题并没有在应用中造成很大困难。事实上，只有在土的摩擦角很大而且滑弧反翘现象比较明显的情况下才会出现这个问题。如果问题包含一个搜索临界滑裂面的过程，那么，只要初始滑裂面不存在这一问题，计算就可以继续下去。遇到存在这样问题的滑面，随时可以抛弃，最终找到不存在数值分析问题的临界滑裂面。

(2)数值计算收敛问题

边坡稳定分析的控制方程是非线性的，因此，需要采用一定的数值分析方法求解安全系数。如果采用近代数值计算技术，可以保证在大部分情况下，各种方法都具有很好的收敛性。

3. 关于各种分析方法精度的讨论

(1)毕肖普法

Whitma 和 Bailey 对毕肖普法精度作过研究分析，他们将其计算结果与 Morgenstern-Price 法的结果对比，发现如果滑裂面为圆弧形，两者十分接近。因此，用毕肖普法计算往往能得到足够的精度。

(2)瑞典法

在通常情况下，瑞典法的结果总是比毕肖普法小。当圆弧夹角和孔隙水压力均较大时这种误差就可能很大。

(3)滑楔法

经验表明，在滑裂面为光滑曲线时，陆军工程师团法能够给出和严格方法接近的安全系数，但当滑裂面为折线形时，其成果和非圆弧严格方法的成果有一定差别，转折点增多，误差变大。使用陆军工程师团法，安全系数受假定的 β_c 数值影响很大。

第五节　确定最小安全系数的最优化方法

一、概述

1. 应用最优化方法确定最小安全系数

边坡稳定分析应包含下面两个步骤：

(1)对滑坡体内某一滑裂面按前两节中所介绍的方法，确定其抗滑稳定安全系数；

(2)在所有可能的滑裂面中，重复上述步骤，找出相应最小安全系数的临界滑裂面。

在讨论了计算一个滑裂面安全系数的方法后，本节将主要介绍边坡稳定分析极限平衡法的第二步，就是要寻找最小安全系数的方法。

如果滑裂面曲线为 $y(x)$。那么，这个问题具体化为寻找下列泛函的极值：

$$F = F(y) \tag{4-67}$$

岩土工程中边坡的几何形状各异，材料通常是非均质性，纯解析的变分原理很难进行极值计算。用最优化方法通过数值方法求解，是一个比较现实可行的途径。

我国学者较早开展应用数值规划方法求解安全系数极值的问题。20 世纪 80 年代初期，孙君实和 Nguyen 分别提出了使用复形法和单形法搜索任意形状和圆弧滑裂面的最小安全系数的方法。80 年代中期有更多的学者发表了有关研究工作。Chen 和 Shao 取得了采用单形法和牛顿法进行任意形状滑裂面搜索的研究成果。

同时陈祖煜教授也发现,相对于三维或二维斜分条的极限平衡法,垂直条分法的极小值搜索问题比较简单。采用任何一种优化计算方法配合本节介绍的随机搜索法,即可快速地找到临界滑裂面。

2. 最优化方法

最优化方法是近代数学规划中十分活跃的一个领域。目前,已有许多十分成熟的计算方法。这些计算方法总的来看,可以分为以下三大类。

(1)枚举法

枚举法的基本思想是,根据一定的模式,比较不同自变量的目标函数,经过筛选,最终找到最小值。这是最原始、简单的方法。

如图 4-9 所示,任一圆弧可用其圆心坐标(x_0,y_0)和半径 r 确定。其相应的安全系数 F 可表达为:

$$F = f(x_0, y_0, D_s) \tag{4-68}$$

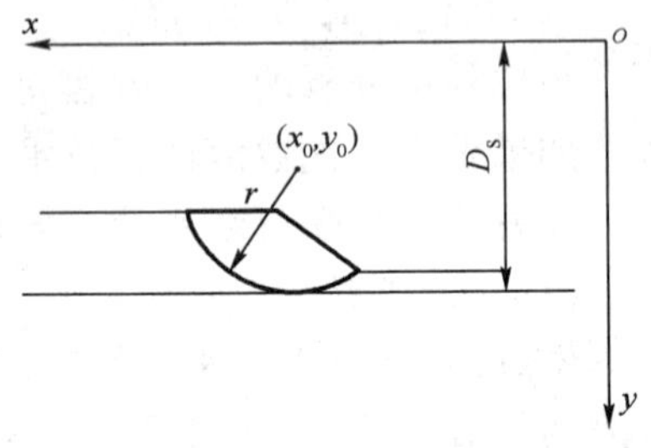

图 4-9 圆弧滑裂面

式中:D_s——滑弧深度,即圆弧最低点的坐标,可知:

$$D_s = r + y_0 \tag{4-69}$$

显然这是三个自由度的问题。采用枚举法,不断地改变 x_0、y_0 和 D_s 的数值,逐一比较相应的安全系数,最终找到最小的安全系数。

(2)数值分析方法

随着计算机的发展,数值分析方法逐步形成一门完整的学科,统称为最优化方法。这一方法又可分为两大类。

①第一类称模式搜索法

其基本思想是:根据一定的模式,比较不同自变量的目标函数,确定最优的搜索方向,最终找到最小值。

②第二类称牛顿法

它要通过解析手段寻找使目标函数 F 对自变量 z_i 的偏导数为零的极值点($\partial F/\partial z_i = 0, i = 1,2,\cdots,n$)。同时,从理论上讲,还需要满足由二阶导数形成的 Hessian 矩阵正定这个达到极小值的充分条件。此类方法中以导数为研究的主要对象,因此,也称为以导数为基础的方法。一般认为,当自由度较多时,直接搜索法效率较低。此时需要考虑牛顿法体系的分析方法。

本节将介绍直接搜索法中的单纯形法和 Powell 法以及牛顿法中负梯度法和 DFP 法,由于这些方法的原理在众多的文献及教科书中都有所介绍,这里不再全面阐述其原理,而着重讨论在边坡稳定分析领域需解决的特殊问题。

(3)非数值分析方法

第三类方法是在近期计算机发展基础上形成的,称为非数值方法。这一方法被广泛应用于管理科学、计算机科学、分子物理学及超大规模集成电路设计中,用于解决组合优化问题。非数值分析利用计算机具有容量大、计算速度快的优点,通过大量随机采样来找到目标函数的最优值。近期涌现了诸如模拟退火、遗传算法、神经网络和蚂蚁算法等均属此类。在边坡稳定分析中,上述算法均有人尝试。

二、任意形状滑裂面的模拟和目标函数的确立

1. 任意形状滑裂面的模拟

最优化问题的提法是：对于一个具有 n 个自变量的向量 $z=(z_1,z_2,\cdots,z_n)$，确定其目标函数 F 的最小安全系数 F_m，相应的自变量为 z_m。

为此，需要对式(4-67)中的曲线 $y(x)$ 用若干参数来模拟。也就是说，需要将任意形状滑裂面 $y(x)$ 用 z 来近似表达。将滑裂面曲线用 m 个点 A_1、A_2……A_m 离散，如图4-10所示。也就是将此 m 个点用直线或光滑的曲线连起来，以近似模拟此曲线。此 m 个点的坐标用 $z_i(i=1,2,\cdots,m)$ 表示：

$$z_i=\begin{Bmatrix}x_i\\y_i\end{Bmatrix}\tag{4-70}$$

一旦这种连接的模式确定，安全系数 F 即可表达成此 m 个点的坐标 x_1、y_1、x_2、y_2……x_m、y_m 的函数：

$$F=F(x_1,y_1,x_2,y_2,\cdots,x_m,y_m)\tag{4-71}$$

在进行最优化搜索过程中，A_1、A_2……A_m 将移到临界滑裂面的位置 B_1'、B_2'……B_m'，见图4-10，此处用 $m=6$，其中端点 A_1、A_m 原来在边坡线上，有可能移到边坡线外或内，如图4-10中的 B_1'、B_m'。为此，需要通过一定的处理方式，分别找到它们和边坡线的交点 B_1 和 B_m，仍以 B_1、B_2……B_m 作为研究的对象。对均匀的土质边坡，通常希望滑裂面比较光滑，此时，可采用三次或更高次的样条函数连接这些点。当然，也可以采用直线和光滑曲线的组合构筑滑裂面。例如图4-10，A_3、A_4、A_5、A_6 用曲线相连，A_2、A_3 用直线相连。

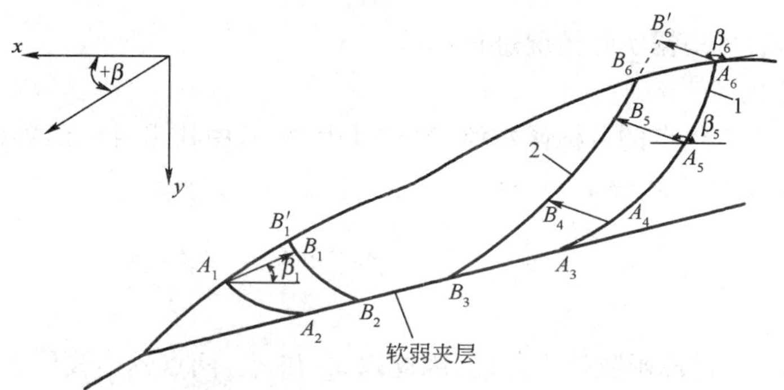

图4-10 任意形状滑裂面

应用样条函数构筑光滑滑裂面，对于减少自由度，提高数值计算效率具有重要意义。

2. 目标函数的确定

当滑裂面 z 的离散模型确定后，安全系数便是 m 个控制点 A_1、A_2……A_m 的函数。在优化计算过程中，这 m 个点中有 n 个点各沿某一设定方向 β_i 向临界滑裂面移动，或者不规定方向任其自由移动。其余 $m-n$ 个点由于问题本身的要求可以固定。滑裂面上任意一点的 z_i 可以用相应于一个初始滑裂面的相对坐标来代表，见图4-10。

$$z_i^0=\begin{Bmatrix}x_i^0\\y_i^0\end{Bmatrix}\tag{4-72}$$

$$z_i=z_i^0+d_i\begin{Bmatrix}\cos\beta_i\\\sin\beta_i\end{Bmatrix}\tag{4-73}$$

式中：d_i——第 i 个点沿 β_i 移动的距离，$i=1,2,\cdots,n$。

对于固定的点，其自由度为零，如图 4-10 中的 A_2、A_3，当某点需沿一个软弱夹层移动时，则其自由度为 1。如对该点的移动方向无特殊要求，如图 4-10 中的其他点，该点的自由度为 2。问题的自由度为各点自由度的总和，搜索最小安全系数的问题具体化为求下列函数的最小值问题。

$$F = F(d_1,d_2,\cdots,d_n,\beta_1,\beta_2,\cdots,\beta_n) \tag{4-74}$$

三、模式搜索法

1. 单形法

(1)建立初始单形

对某一初始向量 z^0，按下面模式构筑 n 个向量 $z^i(i=1,2,\cdots,n)$，组成 $n+1$ 个顶点：

$$\left.\begin{aligned} z^1 &= [z_1^0+p \quad z_2^0+q \quad \cdots \quad z_m^0+q]^T \\ z^2 &= [z_1^0+q \quad z_2^0+p \quad \cdots \quad z_m^0+q]^T \\ &\cdots \\ z^n &= [z_1^0+q \quad z_2^0+q \quad \cdots \quad z_m^0+p]^T \end{aligned}\right\} \tag{4-75}$$

其中

$$p = \frac{\sqrt{(n+1)}+n-1}{\sqrt{2}n}a \tag{4-76}$$

$$q = \frac{\sqrt{(n+1)}-1}{\sqrt{2}n}a \tag{4-77}$$

式中：a——初始步长，可根据实际情况进行调试。

(2)确定搜索方向

计算单纯形 $n+1$ 个顶点的目标函数值，比较其大小，从中找出目标函数最大点 z_H 和次大点 z_G 和最小点 z_L，然后按下式确定下一步的搜索方向：

$$z_{n+2}^v = \frac{1}{n}\left[\sum_{i=1}^{n} z_i^v - z_H^v\right] \tag{4-78}$$

式中：v——表示迭代次数。

显然，从 z_H^v 到 z_{n+2}^v，目标函数是下降的，因此以 z_H^v 和 z_{n+2}^v 两点的连线作为搜索方向。

(3)优化计算

①反射

沿搜索方向 z_H^v 和 z_{n+2}^v 点向前走一步，步长为 $\alpha(z_{n+2}^v - z_H^v)$，到达 z_{n+3}^v 点：

$$z_{n+3}^v = z_{n+2}^v + \alpha(z_{n+2}^v - z_H^v) \tag{4-79}$$

z_{n+3}^v 称为反射点，$\alpha>0$ 称为反射系数。计算反射点的目标函数，并根据它的大小来决定下一步的走法。

②扩张

如果反射点的函数值小于 z_L 点的函数值，即

$$F(z_{n+3}^v) < F(z_L^v) \tag{4-80}$$

则表明反射后情况有所改善，沿搜索方向 z_H^v、z_{n+2}^v 还可以试探一下，是否可以走得更远一些，即是否可以扩张到 z_{n+4}^v 点：

$$z_{n+4}^{v} = z_{n+2}^{v} + v(z_{n+3}^{v} - z_{n+2}^{v}) \tag{4-81}$$

式中:v——扩张系数,$v>1$。

如果 $F(z_{n+4}^{v}) < F(z_{L}^{v})$,则以 z_{n+4}^{v}点替换原来的最坏点 z_{H},构成新的单纯形,转入第(4)步进行收敛判断。

如果 $v(z_{n+4}^{v}) \geqslant v(z_{L}^{v})$,则以 z_{n+3}^{v}点替换 z_{H}^{v},构成新的单纯形,也转入第(4)步进行收敛判断。

③收缩

如果反射点的函数值大于次坏点的函数值,即

$$v(z_{n+3}^{v}) > v(z_{G}^{v}) \tag{4-82}$$

表明反射点走得太远,需要缩回去,按下式计算:

$$z_{n+5}^{v} = z_{n+2}^{v} + \beta(z_{H}^{v} - z_{n+2}^{v}) \tag{4-83}$$

式中:β——收缩系数,$0<\beta<1$。

用 z_{n+5}^{v}代替 z_{H}^{v},构成新的单纯形,并转入第(4)步。

④缩小边长

如果反射点函数值大于最坏点函数值,即 $v(z_{n+3}^{v}) > v(z_{H}^{v})$,则缩小单纯形的边长,以最好点 z_{L} 为顶点,其他各顶点向 z_{L} 移近一半距离,即按下式计算:

$$z_{i}^{v} = z_{L}^{v} + 0.5(z_{i}^{v} - z_{L}^{v}),\ i = 0,1,2,\cdots,n \tag{4-84}$$

得到新的单纯形,转入第(4)步重复计算。

(4)收敛判断

按照一定的方式通过反射、扩充和收缩,使单形不断更新逼近极值点。收敛准则为:

$$\sqrt{\frac{1}{n+1}\sum_{i=0}^{n}[v(z_{i}^{v}) - v(z_{n+2}^{v})]^{2}} \leqslant \varepsilon \tag{4-85}$$

式中:ε——要求的计算精度。

如式(4-85)满足,则结束计算,并以式 z_{L}^{v} 作为极小点。否则,置 $v=v+1$,转于第(3)步,重复计算。

据已有经验,可取 $\alpha=1, 0.4\leqslant\beta\leqslant0.6, 2.0\leqslant\gamma\leqslant3.0$。经 Nelder 和 Mead 论证,为使单纯形适应函数的状态及便于收敛,α 不宜比 1 大很多,而 $\alpha<1$ 的计算次数比 $\alpha=1$ 要多,故折中取 $\alpha=1$。另外,认为 β 的数值变化对搜索效率的影响比 γ 要大。推荐采用

$$0.4 \leqslant \beta \leqslant 0.6 \tag{4-86}$$

$$2.8 \leqslant \gamma \leqslant 3.0 \tag{4-87}$$

2. Powell 法

(1)基本原理

基本算法如下:

①给定初始点 z_0,并令

$$S^{i} = (0,0,\cdots,1,\cdots,0)^{T} \tag{4-88}$$

式(4-88)右端的 1 处于第 i 处,$i=1,2,\cdots,n$。

②相应迭代步 $i=1$,进行一次一维搜索,第一次搜索方向 $p_{i}=S^{i}$,使

$$v(z_{i-1} + \alpha_{i}p_{i}) = 极小 \tag{4-89}$$

并令

$$z_{i} = z_{i-1} + \alpha_{i}p_{i} \tag{4-90}$$

然后令 $i=i+1$,重复上述过程,直至 $i=n$ 为止。

③取 $p_i = p_{i+1}, i = 1,2,\cdots,n-1$，并令

$$p_n = z_n - z_0 \tag{4-91}$$

通过这一步，增加 $z_n - z_0$，丢弃原来的坐标方向 p_1。

④沿 $z_n - z_0$ 作一次一维搜索，求 α_n，使 $v(z_n + \alpha_n p_n)$ = 极小，并令

$$z_0 = z_n + \alpha_n p_n \tag{4-92}$$

然后转向第②步。

⑤重复进行上述运算 n 次，即沿 n 个互相共轭的方向都进行了一维搜索，然后作如下判断：

$$\| \alpha_n p_n \| < \varepsilon \tag{4-93}$$

如上述判断满足则结束计算，此时 z_0 为所求极小点，否则转向第①步。

(2)应用 Powell 法时所做的改进

在采用 Powell 法进行计算时，第一步需要确定 n 个独立的搜索方向。在大多数情况下，都采用与 n 个自变量 z_i 坐标轴方向一致的单位向量，即由式(4-88)定义的 S^i。

这种处理方式并不适于边坡稳定分析。参见图 4-11(a)所示一个有两个自由度的例子。按 Powell 法，第一步固定 B 点不动，让 A 点沿水平方向移动到 A'，使安全系数达到极小值。显然能够移动的范围是很有限的。第二步固定 A'不动，使 B 在其移动方向到达 B'，再次得一个极小值，其移动范围更为有限，这样的搜索效率很低，当自由度较多时，事实上无法实现有效的搜索。设想如果在 A 点移动时，让 B 点也向前移动一定值，第一次一维搜索就可以使初值 z_0 向极值 z_m 迈进一大步，如图 4-11(b)。因此，在构筑 S^i 时的思路是，当某一控制点在移动方向搜索最小值时，要求其邻近的点也按一定的比例移动，使滑裂面整体而不是局部在优化计算中不断地调整，以迅速地达到极值点。

为此按下式构筑 n 个向量 $S^i (i = 1,2,3,\cdots,n)$：

$$S^i = (e_1^i \; e_2^i \cdots e_n^i)^T \tag{4-94}$$

按下式确定 $e_j^i (i = 1,2,3,\cdots,n)$：

$$e_j^i = \begin{cases} \cos(\beta_j - \beta_i) \dfrac{x_j - x_1}{x_i - x_1}, \text{当 } i \leqslant j \text{ 时} \\ \\ \cos(\beta_j - \beta_i) \dfrac{x_n - x_j}{x_n - x_i}, \text{当 } i > j \text{ 时} \end{cases} \tag{4-95}$$

当 $i = 1$ 时，总是用式(4-95)的下式；当 $i = n$ 时，总是用式(4-95)的上式。e_j^i 的物理意义是当第 i 个变量沿其搜索方向移动一个单位值时，邻近的点 j 都将在其移动方向获得一个增量 e_j^i，这个增量值取决于第 j 点距端点(与 j 同侧的那个)的水平距离，在 $i = 0$ 和 $i = n$ 时等于零，$i = j$时等于 1，其余点按线性分布原则确定内插，参见图 4-12。

四、牛顿法

1. 负梯度法

负梯度法的基本思想是对一个初始滑裂面，寻找一个使安全系数减少速率最大的方向。数学上就是 $\left(\dfrac{\partial F}{\partial z_1} \; \dfrac{\partial F}{\partial z_2} \; \cdots \; \dfrac{\partial F}{\partial z_n}\right)^T$ 这个向量。在这个方向上，进行一维搜索，找到这一方向安全系数的低谷点，完成了这第一次迭代后，再在这个新的起点(上述低谷区)重复这样的运算，直到收敛至极值点。

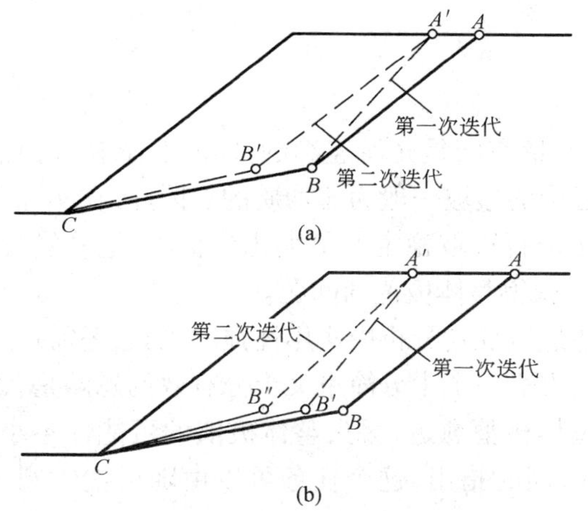

图 4-11　在边坡稳定分析中使用 Powell 法做的改进

(a)未作改进；(b)改进后

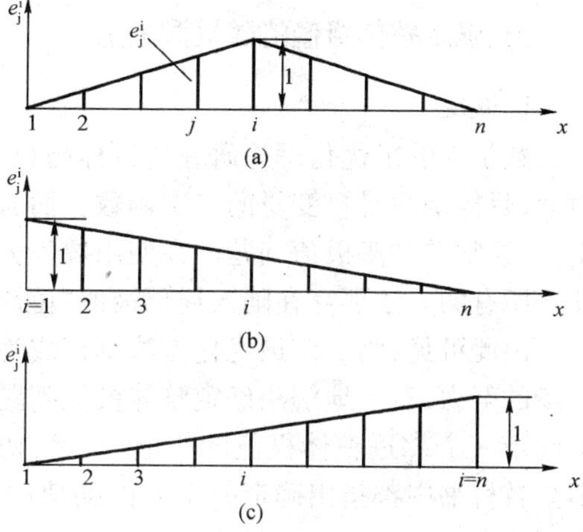

图 4-12　Powell 法搜索方向 e_j^i 的改进

(a)$1<i<n$ 的情况；(b)$i=1$ 的情况；(c)$i=n$ 的情况

2. DFP 法

DFP 法为 Davidon-Flefchen-Powell 法的简称，数学上的极值点是目标函数对各自变量的一次导数为零的点，也就是说，在极值点 $G=\left(\frac{\partial F}{\partial z_1},\frac{\partial F}{\partial z_2},\cdots,\frac{\partial F}{\partial z_n}\right)$ 均为零，同样要求由二阶导数构成的 Hessian 矩阵正定。Hessian 矩阵由下式定义：

$$H=\begin{bmatrix}\frac{\partial^2 F}{\partial z_1^2} & \frac{\partial^2 F}{\partial z_1\partial z_2} & \cdots & \frac{\partial^2 F}{\partial z_1\partial z_n}\\ & \frac{\partial^2 F}{\partial z_2^2} & \cdots & \frac{\partial^2 F}{\partial z_2\partial z_n}\\ \text{对} & & \ddots & \vdots\\ & \text{称} & & \frac{\partial^2 F}{\partial z_n^2}\end{bmatrix} \tag{4-96}$$

DFP 法试图通过一系列迭代步骤使假定的 Hessian 矩阵的逆阵 A^0 逐渐过渡到其真值。每一次迭代的方向均按下式决定：

$$S^v=-A^vG^v \tag{4-97}$$

在迭代步 $v+1$，通过下式确定 A^{v+1}：

$$A^{v+1}=A^v+C^v-D^v \tag{4-98}$$

其中，$v=0,1,2,\cdots$

$$C^v=\frac{\Delta z_v\Delta z_v^T}{\Delta z_v^T Y_v} \tag{4-99}$$

$$D^v=\frac{A^vY_v(A^vY_v)^T}{Y_v^T A^v Y_v} \tag{4-100}$$

$$Y_v=G^{v+1}-G^v \tag{4-101}$$

$$\Delta z_v=z^{v+1}-z^v \tag{4-102}$$

DFP 法即是基于这一基本思路的一种效率较高的方法。DFP 法的基本思路是，通过迭代，使 A^0、A^1……A^n 逼近极值点处 Hessian 阵的逆阵 A。通常取 A^0 为单位矩阵。

五、确定整体极值的随机搜索法

1. 概述

数学中的最优化理论研究的目标函数在其自变量空间是光滑连续的，同时要求在极值点附近，目标函数是自变量的二次函数。而岩土工程中的边坡一般为非均质的。因此，在实际应用时，经常遇到多极值问题。在使用数值分析方法进行边坡稳定的最大化分析时，笔者发现，几乎所有的方法那存在陷入局部极值“陷阱”，无法获得整体极值的问题。

由此可见，为了使最优化方法真正成为一个在边坡稳定分析中实用性强的工具，还需作进一步的努力，有效地解决确定整体极值问题。在这方面一个十分简单又十分有效的思路是：设法确定一个靠近整体极值的初值，显然，初值离整体极值愈近，丢失整体极值的可能性越小。不少教科书中都指出确定一个好的初值的重要性，同时指出，这个任务可以由随机搜索圆满完成。

随机搜索的基本思想是应用随机数在研究域内构筑一系列自变量，比较其相应的目标函数，寻找最小的目标函数。这样，在进行常规的最优化计算以前，对自变量空间进行一次均匀的、高密度的扫描，把整体极值的大体位置确定下来，再将这个最小目标函数作为初值，进行最优化计算。

根据 Monte Carlo 法的原理，当随机搜索的次数趋于无穷大时，目标函数的最小值就是整体极值。因此，随机搜索本身也可以独立地成为一种计算最小安全系数的方法。而本节所研究的把随机方法和确定性方法结合起来的途径，在数值计算效率和收敛性能两个方面均具有明显的优势。

2. 最小安全系数的随机搜索

对于某一边坡，根据问题特点，确定一个搜索区域，如图 4-13 所示，其轴线用 z^o 表示，其宽度为 D_i，半带宽为 $d_i = D_i/2$。这个搜索区域左右边界分别用两个滑裂面 z^l、z^r 来代表，即

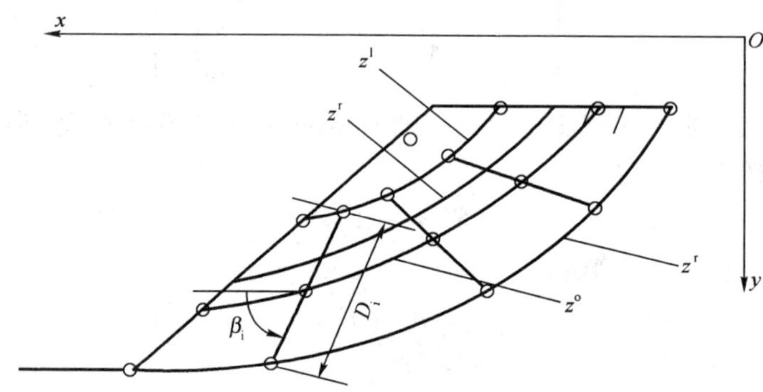

图 4-13 生成随机滑裂面示意图

$$z_i^l = z_i^o - d_i \begin{Bmatrix} \cos\beta_i \\ \sin\beta_i \end{Bmatrix} \tag{4-103}$$

$$z_i^r = z_i^o + d_i \begin{Bmatrix} \cos\beta_i \\ \sin\beta_i \end{Bmatrix} \tag{4-104}$$

$D = (D_1\ D_2\ \cdots\ D_n)^T$，$D$ 称为搜索区宽度。

在搜索区内，任意一个滑裂面可用下式表示：

$$z_i = z_i^o + (0.5 - r_i)d_i\begin{Bmatrix}\cos\beta_i \\ \sin\beta_i\end{Bmatrix} \tag{4-105}$$

式中：$r_1, r_2, \cdots, r_n$——伪随机数，其值均在(0,1)之间。

$r = (r_1\ r_2\ \cdots\ r_n)^T$，$r$ 为该滑裂面和各控制点相对于轴线距离的系数。

随机搜索的步骤如下：

(1)计算相应于滑裂面 z^1 的安全系数 F_0；

(2)使用计算机伪随机发生器，产生 n 个随机数 r_1、r_2……r_n，应用式(4-105)确定一个滑裂面 z，计算其相应的安全系数 F_1；

(3)比较 F_1 和 F_0，如果 $F_1 < F_0$，则 F_0 和 z^0 用 F_1 和 z^1 更新，否则直接转入步骤(4)；

(4)重复步骤(2)和(3)，直到比较的次数足够大，获得的最小安全系数足够小，作为最优化法的初值足够好为止。

由于计算机产生的伪随机数具有很好的均匀性，可以认为搜索区域内滑裂面空间的每个部分都机会均等地被扫描了一遍。搜索次数越多，扫描密度越高，成果越佳。应用上述步骤，在求解某一边坡的具体问题时，需要根据经验确定一个搜索区域和一个搜索次数。

现在，需要解决的问题是，如何确定一个合适的随机搜索次数 N。

设想所寻找的临界滑裂面存在着一个“条带”，称为“保证区间”，任何落在该区间内的滑裂面，如果被用作是最优化方法的初值，都可以保证计算收敛。那么，现在的问题就变成，按上述的随机方法生成滑裂面，要生成多少个即可保证至少有一个落在这个“保证区间”中。

进一步假定，该保证区间的宽度 d_i 和搜索区间宽度 D_i 存在一个固定关系：

$$m = \frac{d_1}{D_1} = \frac{d_2}{D_2} = \cdots = \frac{d_n}{D_n} \tag{4-106}$$

式中：m——置信系数，$0 < m < 1$。

那么，当随机数发生器为滑裂面第一个控制点按式(4-105)生成一个相对坐标时，该点落在保证区间中的概率为 m。根据概率论理论，n 个控制点全部落在保证区间中的概率为 m^n，由二项定理可知，在随机生成的 N 个滑裂面中，有 r 个落在保证区间中，有 $N-r$ 个未落在保证区间中的概率是：

$$p\binom{r}{N} = C_N^r(m^n)^r(1 - m^n)^{N-r} \tag{4-107}$$

那么，在 N 次中至少有一次落在保证区间中的概率(称成功率)是：

$$P = 1 - C_N^0(m^n)^0(1 - m^n)^N = 1 - (1 - m^n)^N \tag{4-108}$$

应用上述步骤，在求解某一边坡的具体问题时，需要根据经验确定一个搜索区域和一个相应此搜索区的置信系数 m。搜索区域划得越大，说明对临界滑裂的位置推测的把握越小，m 值越小。这样，根据式(4-108)所算出的需随机搜索次数也就越多。一般来说，根据经验是不难划定搜索区域并确定 m 值的。也许反复试算调整几次，才能找到较好的结果。

3. 提高随机搜索效率的途径

在将这一套随机搜索的方法运用到实际解题中去以前，为了提高随机搜索效率，还需要解决两个问题。

(1)滑裂面的几何合理性问题

在随机生成的滑裂面中，应该删去那些几何形状明显不合理的滑裂面。这些形状不合理的滑裂面的存在不仅耗费许多无谓的计算时间，而且在计算这种滑裂面的安全系数时，还会带来数值分析收敛的麻烦。根据边坡稳定分析实际特点，对滑裂面和几何形状，作出如下限制。

①相邻两个控制点的 x 坐标值应满足：

$$x_{i+1} > x_i \tag{4-109}$$

②相邻两个控制点所连的直线与 x 轴的夹角 α_i 应控制在一个合理的范围内，如

$$-45° \leqslant \alpha_i \leqslant 80° \tag{4-110}$$

(2)应用简化方法提高随机搜索的效率

在自由度较多时，为使搜索达到一定保证率需要的随机搜索次数很多，因此有必要找到一个途径，将随机搜索使用的时间尽量减少。一个很有效的方法就是在随机搜索时采用简化方法计算安全系数。因为随机搜索的目的是确定一个初始滑裂面，过高的安全系数精度是没有必要的。

第六节　边坡稳定分析有限元法

一、有限元法概述

有限元法的突出优点是适于处理非线性、非均质和复杂边界等问题，而土体应力变形分析就恰恰存在这些困难问题。有限元方法的应用，能比较好地解决这些困难，在处理边坡稳定分析中开辟了新的途径。

有限元法就是用有限个单元体所构成的离散化结构代替原来的连续体结构来分析土体的应力和变形，这些单元体只在结点处有力的联系。一般材料应力—应变关系或本构关系可表示为：

$$\{\sigma\} = [D]\{\varepsilon\} \tag{4-111}$$

由虚位移原理可建立单元体的结点力与结点位移之间的关系，进而写出总体平衡方程：

$$[K]\{\delta\} = \{R\} \tag{4-112}$$

式中：$[K]$——劲度矩阵；

$\{\delta\}$——结点位移列向量；

$\{R\}$——结点荷载列向量。

利用有限单元法，可考虑土的非线性应力—应变关系，求得每一个计算单元的应力及变形后，便可根据不同强度指标确定破坏区的位置及破坏范围的扩展情况。若设法将局部破坏与整体破坏联系起来，求得合适的临界滑面位置，再根据力的平衡关系推得安全系数，这样，就能将稳定问题与应力分析结合起来。或者求出在各种工作状态下边坡内部的应力分布状况，由边坡土的性质确定一个破坏标准，以此来衡量边坡的安全程度。

土体的应力—应变关系是非线性的，矩阵$[D]$就不是常量，而随着应力或应变的变化，由此推得的劲度矩阵$[K]$也将发生变化，这使得土坡有限元的计算比一般弹性有限元计算要复杂得多。

影响土体应力—应变关系的因素是很多的，有土体结构、孔隙、密度、应力历史、荷载特征、孔隙水及时间效应等。这些因素使得土体在受力后的行为非常复杂，而且往往是非线性的。

土体在应力作用下产生的变形一般是非线性的，在各种应力状态下都有塑性变形；土体在受力后有明显的塑性体积变形，而且在剪切时也会引起塑性体积变形(剪胀性)；土体受剪时发生剪应变，其中一部分为弹性剪应变，另一部分与土颗粒间相对错动滑移而产生塑性剪应变，剪应力引起剪应变，体积应力也会引起剪应变；土体还表现出硬化和软化特性，应力路径和应力历史对变形有影响，中主应力和固结压力对变形也有影响，而且表现出各向异性。一般根

据土的变形特性建立土的本构模型，反过来，它也是检验本构模型理论的客观标准。

二、弹性非线性模型

土体可采用非线性弹性模型来反映其本构关系。弹性非线性模型是根据广义虎克定律建立刚度矩阵[D]。由于其非线性性质，包含在矩阵[D]中的弹性常数 E、μ 就不再是常量，而是随应力状态而改变的量。当土体处于某一应力状态$\{\sigma\}$时，若施加微小的应力增量$\{\Delta\sigma\}$，则可用该应力状态下的弹性常数形成矩阵[D]，或者其逆矩阵[C]，来计算其相应的应变增量$\{\Delta\varepsilon\}$，即

$$\{\Delta\sigma\} = [D]\{\Delta\varepsilon\} \tag{4-113}$$

或者写成

$$\{\Delta\varepsilon\} = [C]\{\Delta\sigma\} \tag{4-114}$$

式中：

$$\{\Delta\sigma\} = [\Delta\sigma_x\ \Delta\sigma_y\ \Delta\sigma_z\ \Delta\tau_{yz}\ \Delta\tau_{zx}\ \Delta\tau_{xy}]^T$$

$$\{\Delta\varepsilon\} = [\Delta\varepsilon_x\ \Delta\varepsilon_y\ \Delta\varepsilon_z\ \Delta\gamma_{yz}\ \Delta\gamma_{zx}\ \Delta\gamma_{xy}]^T$$

$$[C] = \frac{1}{E}\begin{bmatrix} 1 & -\mu & -\mu & 0 & 0 & 0 \\ -\mu & 1 & -\mu & 0 & 0 & 0 \\ -\mu & -\mu & 1 & 0 & 0 & 0 \\ 0 & 0 & 0 & 2(1+\mu) & 0 & 0 \\ 0 & 0 & 0 & 0 & 2(1+\mu) & 0 \\ 0 & 0 & 0 & 0 & 0 & 2(1+\mu) \end{bmatrix} \tag{4-115}$$

弹性常数 E、μ 是应力状态$\{\sigma\}$的函数。

问题在于土体的 E、μ 如何随应力变化而变化，怎样建立其关系表达式，即建立其弹性非线性模型。

下面简要介绍邓肯(Duncan)和张(Zhang)的双曲线模型。

1. 切线弹性模量

对于通常的砂土和黏土，Kondner 建议将其应力—应变关系用双曲线表示如下：

$$\sigma_1 - \sigma_3 = \frac{\varepsilon}{a + b\varepsilon} = \frac{1}{a/\varepsilon + b} \tag{4-116}$$

式中：σ_1——大主应力；

σ_3——小主应力；

ε——轴向应变；

a,b——常数。

在式(4-116)中，令 $\varepsilon\to\infty$，则得到：

$$\frac{1}{b} = (\sigma_1 - \sigma_3)_u \tag{4-117}$$

式中：$(\sigma_1-\sigma_3)_u$——应力差的渐近值。

令抗压强度与应力差渐近值的比值为 R，则有：

$$(\sigma_1 - \sigma_3)_f = R(\sigma_1 - \sigma_3)_u \tag{4-118}$$

式中：$(\sigma_1-\sigma_3)_f$——土体抗压强度；

R——破坏比，小于 1，通常为 0.75 ~ 1.00。

由式(4-117)、式(4-118)得到常数 b，即

$$b = \frac{R}{(\sigma_1 - \sigma_3)_f} \tag{4-119}$$

由式(4-116)求导数，得到土的切线模量：

$$E_t = \frac{d(\sigma_1 - \sigma_3)}{d\varepsilon} = \frac{a}{(a + b\varepsilon)^2} \tag{4-120}$$

在式(4-120)中令 $\varepsilon = 0$，得到：

$$E_0 = \frac{1}{a} \tag{4-121}$$

式中：E_0——初始切线模量；

a——初始切线模量的倒数，为常数。

将式(4-116)做一些变换，得到

$$\frac{\varepsilon}{\sigma_1 - \sigma_3} = a + b\varepsilon \tag{4-122}$$

以 $\frac{\varepsilon}{\sigma_1 - \sigma_3}$ 为纵坐标，ε 为横坐标，上式将是一条直线，a、b 分别是这条直线的截距和斜率。用这种方式整理试验资料，可很方便地确定参数 a 和 b。

试验表明，土体的切线模量随着侧限压力而改变。邓肯(Duncan)和张(Zhang)建议用下式表示初始切线模量与侧限压力之间的关系：

$$E_0 = Kp_a\left(\frac{\sigma_3}{P_a}\right)^n \tag{4-123}$$

式中：E_0——初始切线模量；

p_a——大气压力；

σ_3——小主应力；

K,n——参数。

为了考虑土的抗拉强度，王复来建议用下式计算初始切线模量：

$$E_0 = Kp_a\left(\frac{\sigma_3 - \sigma_t}{P_a}\right)^n \tag{4-124}$$

$$\sigma_t = -2\cot(45° - \varphi/2) \tag{4-125}$$

式中：σ_t——土体抗拉强度；

其余符号意义同前。

对式(4-124)两边取对数，可知此式在双对数坐标上是一条直线，利用这一点，可方便地利用试验资料决定参数 K 和 n。

根据 Mohr-Coulomb 破坏准则，抗拉强度可由下式表示：

$$(\sigma_1 - \sigma_3)_f = \frac{2c\cos\varphi + 2\sigma_3\sin\varphi}{1 - \sin\varphi} \tag{4-126}$$

将 a、b 代入式(4-120)，得到切线模量 E_t 如下：

$$E_t = \frac{1/E_0}{\left[\frac{1}{E_0} + \frac{R\varepsilon}{(\sigma_1 - \sigma_3)_f}\right]^2} \tag{4-127}$$

为便于用于有限元计算，从上式中消去应变 ε，把式(4-116)改写为：

$$\varepsilon = \frac{(\sigma_1 - \sigma_3)a}{1 - b(\sigma_1 - \sigma_3)} = \frac{\sigma_1 - \sigma_3}{E_0\left[1 - \frac{R(\sigma_1 - \sigma_3)}{(\sigma_1 - \sigma_3)_f}\right]} = \frac{\sigma_1 - \sigma_3}{E_0(1 - RS)} \tag{4-128}$$

将式(4-128)代入式(4-127),消去 ε,得:

$$E_t = (1 - RS)^2 E_0 \tag{4-129}$$

式中:$S = \frac{\sigma_1 - \sigma_3}{(\sigma_1 - \sigma_3)_f}$ 称为应力度。

把 E_0、S、$(\sigma_1 - \sigma_3)_f$ 的表达式代入式(4-129),有:

$$E_t = \left[1 - \frac{R(1 - \sin\varphi)(\sigma_1 - \sigma_3)}{2c\cos\varphi + 2\sigma_3\sin\varphi}\right] K p_a \left(\frac{\sigma_3 - \sigma_t}{p_a}\right)^n \tag{4-130}$$

式(4-130)可方便地用于土体的有限元分析。式中的 c、φ、R、K、n 共 5 个参数应通过试验求得。

2. 回弹模量

在实际工程中,可能发生卸荷以及卸荷后再加荷的情况。通过试验资料表明,土体在卸荷—再加荷过程中,其应力—应变关系可足够准确地用一个统一的切线模量 E_u 表示。卸荷—再加荷的切线模量与应力水平关系不大,而只与侧限压力有关,可表示为:

$$E_u = K_u p_a \left(\frac{\sigma_3 - \sigma_1}{p_a}\right)^n \tag{4-131}$$

式中:E_u——卸荷及再加荷的切线模量;

K_u,n——参数。

实际中,此处的 n 值可采用初始切线模量计算式(4-123)中的 n 值,参数 K_u 一般比初始切线模量 E_0 的参数 K 大。

3. 切线泊松比

在计算土体的应力和应变时,除了切线模量 E 外,还要用到泊松比。土体的侧向变形和纵向变形之间的关系也可用双曲线表示:

$$\varepsilon_a = \frac{\varepsilon_r}{\mu_0 + m\varepsilon_r} \tag{4-132}$$

或

$$\frac{\varepsilon_r}{\varepsilon_a} = \mu_0 + m\varepsilon_r \tag{4-133}$$

式中:ε_a——轴向应变;

ε_r——径向应变(三轴试验);

μ_0——相对应于零应变时的初始泊松比;

m——参数。

由式(4-133)可得:

$$\varepsilon_r = \frac{\mu_0 \varepsilon_a}{1 - m\varepsilon_a} \tag{4-134}$$

根据泊松比定义:

$$\mu_t = \frac{d\varepsilon_r}{d\varepsilon_a} \tag{4-135}$$

即有

$$\mu_t = \frac{\mu_0}{(1 - m\varepsilon_a)^2} \tag{4-136}$$

试验资料表明,初始泊松比 μ_0 随侧限压力 σ_3 的增加而减少,可表示如下:

$$\mu_0 = g - h\lg\frac{\sigma_3 - \sigma_t}{p_a} \tag{4-137}$$

式中:g,h——参数,由试验资料确定;

其余符号意义同前。

将式(4-137)代入式(4-136),得泊松比如下:

$$\mu_t = \frac{g - h\lg\dfrac{\sigma_3 - \sigma_t}{p_a}}{(1 - m\varepsilon_a)^2} \tag{4-138}$$

上式计算中有3个参数 g、h、m,由试验确定。

式(4-130)和式(4-138)分别用于计算土体的切线模量和泊松比,是由邓肯提出的,通常称为邓肯模型。

4. 体积变形模量

1980年邓肯和Wong等人改用体积变形模量 K_t 作为计算参数,定义如下:

$$K_t = \frac{dp}{d\varepsilon_v} = K_b p_a\left(\frac{\sigma_3}{p_a}\right)^m \tag{4-139}$$

式中:p——$p = \frac{1}{3}(\sigma_1 + \sigma_2 + \sigma_3)$;

ε_v——体积变形;

K_b,m——试验确定的常数。

求出 K_t 和 E_t 后,再计算泊松比:

$$\mu = \frac{3K_t - E_t}{6K_t} \tag{4-140}$$

邓肯模型反映了土体变形的主要规律,但有许多方面没有得到反映。它反映了非线性;把总变形中的塑性变形部分也当成弹性变形处理,通过弹性常数的调整来近似地考虑这部分塑性变形;它用于增量计算,能反映应力路径对变形的影响;通过回弹模量 E_u 与加荷模量 E_t 的差别部分体现加荷历史对变形的影响,但却没反映固结压力增加与降低的差别,也没有反映加荷、卸荷对 μ 的影响;邓肯模型没有反映中主应力对 E、μ 和强度指标的影响,不能反映剪胀性,也不能反映软化和各向异性等问题。

尽管如此,上述邓肯模型由于计算参数是从试验曲线的直接拟合得来,比较直观,易为工程人员所接受,对于主应力方向没有明显偏转的问题,其计算结果一般是可以接受的,因此邓肯模型在实际工程计算中得到广泛的应用。

三、双屈服面弹塑性模型

以剑桥模型为代表的弹塑性模型等,从假定的屈服面出发推导出应力—应变关系,计算的位移有时偏大一些,但计算结果定性上较为合理。沈珠江院士在汲取了邓肯模型和剑桥模型的优点后,提出了双屈服面弹塑性模型,其应力—应变关系具有剑桥模型的形式,但有关系数则像邓肯模型一样，从应力—应变关系的试验数据拟合而得来。

1. 屈服函数与弹塑性矩阵

把总应变增量分成弹性应变增量$\{\Delta\varepsilon^{e}\}$和塑性应变增量$\{\Delta\varepsilon^{p}\}$两部分，即

$$\{\Delta\varepsilon\} = \{\Delta\varepsilon^{e}\} + \{\Delta\varepsilon^{p}\} \tag{4-141}$$

再把塑性应变增量分成两部分，即

$$\{\Delta\varepsilon^{p}\} = \{\Delta\varepsilon_1^{p}\} + \{\Delta\varepsilon_2^{p}\} \tag{4-142}$$

假定对应于每一部分塑性应变各有一个屈服面，采用正交流动法则，应变增量可计算如下：

$$\Delta\varepsilon_{ij} = \Delta\varepsilon_{ij}^{e} + A_1\Delta f_1\frac{\partial f_1}{\partial\sigma_{ij}} + A_2\Delta f_2\frac{\partial f_2}{\partial\sigma_{ij}} \tag{4-143}$$

式中：f_1，f_2——分别为两个屈服面函数；

A_1，A_2——分别相应于屈服面f_1，f_2的塑性系数。

设

$$p = \frac{1}{3}(\sigma_1 + \sigma_2 + \sigma_3)$$

$$\tau = \frac{1}{3}[(\sigma_1 - \sigma_2)^2 + (\sigma_2 - \sigma_3)^2 + (\sigma_3 - \sigma_1)^2]^{1/2}$$

式中：p，τ——分别为八面体正应力和剪应力；

其余符号意义同前。

沈珠江建议分别用椭圆和幂函数为第一和第二屈服函数，即

$$f_1 = p^2 + r^2\tau^2,\ f_2 = \frac{\tau^s}{p} \tag{4-144}$$

式中：r——椭圆的长、短轴之比；

s——幂次系数。

设$v = \varepsilon_1 + \varepsilon_2 + \varepsilon_3$为体积应变，$\gamma = \dfrac{2}{3}[(\varepsilon_1 - \varepsilon_2)^2 + (\varepsilon_2 - \varepsilon_3)^2 + (\varepsilon_3 - \varepsilon_1)^2]^{1/2}$为八面体剪切应变，由式(4-143)、式(4-144)两式，得其增量如下：

$$\left.\begin{aligned}\Delta v &= \frac{\Delta p}{K} + A_1\frac{\partial f_1}{\partial p}\Delta f_1 + A_2\frac{\partial f_2}{\partial p}\Delta f_2\\ \Delta\gamma &= \frac{\Delta\tau}{G} + \frac{2}{3}\left(A_1\frac{\partial f_1}{\partial\tau}\Delta f_1 + A_2\frac{\partial f_2}{\partial\tau}\Delta f_2\right)\end{aligned}\right\} \tag{4-145}$$

式中：K，G——分别为弹性体积模量和剪切模量。

由式(4-144)，有：

$$\Delta f_1 = 2p\Delta p + 2r^2\tau\Delta\tau$$

$$\Delta f_2 = -\frac{\tau^s}{p^2}\Delta p + \frac{s\tau^{s-1}}{p}\Delta\tau$$

把上式代入式(4-145)，得到：

$$\Delta v = \frac{\Delta p}{K} + A\Delta p + C\Delta\tau \tag{4-146}$$

$$\Delta\gamma = \frac{\Delta\tau}{G} + \frac{2}{3}(B\Delta\tau + C\Delta p) \tag{4-147}$$

式中：

$$A = 4p^2A_1 + \frac{\tau^{2s}}{p^4}A_2$$

$$B = 4r^2\tau^2A_1 + \frac{s^2\tau^{2s}}{p^2\tau^2}A_2$$

$$C = 4r^2p\tau A_1 - \frac{s\tau^{2s}}{p^3\tau}A_2$$

在 JI 平面上采用 Prandt-Reuss 流动法则,式(4-147)可扩展为:

$$\Delta e_{ij} = \frac{\Delta s_{ij}}{2G} + \frac{1}{3}(B\Delta\tau + C\Delta p)\frac{s_{ij}}{\tau} \tag{4-148a}$$

$$\Delta e_{ij} = \Delta\varepsilon_{ij} - \frac{1}{3}\Delta v\delta_{ij} \tag{4-148b}$$

$$s_{ij} = \sigma_{ij} - p\delta_{ij} \tag{4-148c}$$

式中:e_{ij}——应变偏量;

s_{ij}——应力偏量;

δ_{ij}——Kronecker 单位函数。

考虑到 $\Delta\tau = \frac{1}{3}\frac{s_{ij}}{\tau}\Delta s_{ij}$,式(4-148a)两边乘上 s_{ij} 后可解出 $\Delta\tau$,再代入式(4-146)和式(4-148)中,得到:

$$\left.\begin{aligned} \Delta p &= K_p\Delta v - P\frac{1}{\tau}\{s\}^T\{\Delta e\} \\ \Delta s_{ij} &= 2G\Delta e_{ij} - P\frac{s_{ij}}{\tau}\Delta v - Q\frac{s_{ij}}{\tau^2}\{s\}^T\{\Delta e\} \end{aligned}\right\} \tag{4-149}$$

式中:

$$K_p = \frac{K}{1+KA}\left(1 + \frac{2}{3}\times\frac{KGC^2}{1+KA+GD}\right)$$

$$P = \frac{2}{3}\times\frac{KGC}{1+KA+GD}$$

$$Q = \frac{2}{3}\times\frac{G^2D}{1+KA+GD}$$

$$D = \frac{2}{3}\times(B + KAB - KC^2)$$

对于平面应变问题,式(4-149)变成如下形式:

$$\{\Delta\sigma\} = [D]_{ep}\{\Delta\varepsilon\} \tag{4-150}$$

式中:$[D]_{ep}$——对称的弹塑性矩阵。

$$\{\Delta\sigma\}^T = [\Delta\sigma_x, \Delta\sigma_y, \Delta\sigma_z, \Delta\tau_{xy}]$$

$$\{\Delta\varepsilon\}^T = [\Delta\varepsilon_x, \Delta\varepsilon_y, \Delta\gamma_{xy}]$$

$$[D]_{ep} = \begin{bmatrix} M_1 - P\frac{S_x+S_y}{\tau} - Q\frac{S_x^2}{\tau^2} & M_2 - P\frac{S_x+S_y}{\tau} - Q\frac{S_xS_y}{\tau^2} & -P\frac{S_{xy}}{\tau} - Q\frac{S_xS_{xy}}{\tau^2} \\ M_2 - P\frac{S_y+S_x}{\tau} - Q\frac{S_yS_x}{\tau^2} & M_1 - P\frac{S_y+S_x}{\tau} - Q\frac{S_y^2}{\tau^2} & -P\frac{S_{xy}}{\tau} - Q\frac{S_yS_{xy}}{\tau^2} \\ M_2 - P\frac{S_z+S_x}{\tau} - Q\frac{S_zS_x}{\tau^2} & M_2 - P\frac{S_z+S_y}{\tau} - Q\frac{S_zS_y}{\tau^2} & -P\frac{S_{xy}}{\tau} - Q\frac{S_zS_{xy}}{\tau^2} \\ -P\frac{S_{xy}}{\tau} - Q\frac{S_{xy}S_x}{\tau^2} & -P\frac{S_{xy}}{\tau} - Q\frac{S_{xy}S_y}{\tau^2} & G - Q\frac{S_{xy}^2}{\tau^2} \end{bmatrix} \tag{4-151}$$

其中：$M_1 = K_P + 4G/3, M_2 = K_P - 2G/3$。

2. 塑性系数

假定塑性系数 A_1 和 A_2 只是应力状态的函数，与应力路径无关，于是室内简单应力路径下测得的结果，可以直接应用于现场的复杂应力条件，可用常规三轴试验的结果。此时，

$$\Delta\gamma = \frac{\sqrt{2}}{3}(3\Delta\varepsilon_1 - \Delta v) \tag{4-152}$$

$$\Delta p = \frac{1}{3}\Delta\sigma_1 \tag{4-153}$$

$$\Delta\tau = \frac{\sqrt{2}}{3}\Delta\sigma_1 \tag{4-154}$$

代入式(4-146)，并定义

$$E_t = \Delta\sigma_1/\Delta\varepsilon_1$$

$$\mu_t = \Delta v/\Delta\varepsilon_{11}$$

得到：

$$\left.\begin{aligned}\frac{9}{E_t} &= \frac{1}{K} + \frac{3}{G} + 4(p + \sqrt{2}\gamma^2\tau)^2 A_1 + \frac{\tau^{2s}}{p^2}\left(\frac{1}{p} - \frac{\sqrt{2}s}{\tau}\right)^2 A_2 \\ \frac{3\mu_t}{E_t} &= \frac{1}{K} + 4p(p + \sqrt{2}\gamma^2\tau)A_1 + \frac{\tau^{2s}}{p^2}\left(\frac{1}{p} - \frac{\sqrt{2}s}{\tau}\right)^2 A_2\end{aligned}\right\} \tag{4-155}$$

由上式可解出 A_1、A_2：

$$\left.\begin{aligned}A_1 &= \frac{\tau\left(\frac{9}{E_t} - \frac{3\mu_t}{E_t} - \frac{3}{G}\right) + \sqrt{2}sp\left(\frac{3\mu_t}{E_t} - \frac{1}{K}\right)}{4\sqrt{2}(p + \sqrt{2}\gamma^2\tau)(sp^2 + \gamma^2\tau^2)} \\ A_2 &= \frac{p^4\tau^2}{\tau^{2s}} \times \frac{p\left(\frac{9}{E_t} - \frac{3\mu_t}{E_t} - \frac{3}{G}\right) - \sqrt{2}\gamma^2\tau\left(\frac{3\mu_t}{E_t} - \frac{1}{K}\right)}{\sqrt{2}(\sqrt{2}sp - \tau)(sp^2 + \gamma^2\tau^2)}\end{aligned}\right\} \tag{4-156}$$

上面公式中，E_t 可用式(4-130)计算。

沈珠江用抛物线拟合试验得出 v-ε_1 关系曲线，由定义 $\mu_t = \Delta v/\Delta\varepsilon_1$，得到：

$$\mu_t = 2C_d\left(\frac{\sigma_3}{p_a}\right)^d \frac{E_0 R_s}{\sigma_1 - \sigma_3}\frac{1 - R_d}{R_d}\left(1 - \frac{R_s}{1 - R_s}\frac{1 - R_d}{R_d}\right) \tag{4-157}$$

$$R_d = (\sigma_1 - \sigma_3)_d/(\sigma_1 - \sigma_3)_{ult} \tag{4-158}$$

式中：C_d——$\sigma_3 = 1\text{atm}(1\text{atm} = 1.01 \times 10^5\text{Pa})$时的最大体应变；

d——体应变随 σ_3 而变化的幂次；

R_d——最大体应变发生时的应力比(剪胀比)。

卸荷—再加荷的切线模量由式(4-131)计算求得。假定泊松比 μ 为常数，弹性体积模量 K 和剪切模量 G 可由下式计算：

$$K = \frac{E_u}{3(1 - 2\mu)}, G = \frac{E_u}{2(1 + \mu)} \tag{4-159}$$

对大多数土，可取 $\mu = 0.30$。

关于屈服面参数 r 和 s，对于土体，根据沈珠江的计算结果，可取 $r = 2, s = 3$。

四、土单元的破坏模式及应力迁移

土体一般是不能承受拉力的，而且当主应力之差过大时还会造成剪切破坏。由于在计算中常用的邓肯模型是一个用于增量计算的弹性非线性模型，在计算中，荷载增量的取值不可能无限小，因而在某一级增量下，某些土单元的计算应力可能处于破坏状态，即当计算拉应力超过土的抗拉强度时，则处于拉裂状态；当计算剪应力超过土体极限抗剪强度时，则处于剪坏状态，而实际应力都不可能超过土体的极限抗拉和抗剪强度。因此，在有限元法计算中若遇到某一土体单元的应力超过极限应力，则应予以修正，再进行应力迁移，即将破坏单元多余的应力迁移到附近其他单元。这就需要对多余荷载施加于整个结构（土体）系统进行应力重分配。

1. 拉裂破坏应力的修正和迁移

当某一单元计算所得的 σ_3 为拉应力，或 σ_1、σ_3 同为拉应力，则此时要进行拉裂破坏的应力修正和迁移，其处理原则如下。

把 σ_3 修正为 $\sigma_3'=0$，也就是说拉裂破坏后土体已不能再承受任何拉应力。此时仍维持 $\sigma'_1=\sigma_1$，维持应力主方向不变，即 $2\alpha'=2\alpha$，如图 4-14 所示。

根据修正前后两圆的几何关系可推得修正后的应力$\{\sigma'\}$为：

$$\tau'_{xz} = \frac{\sigma_1}{2}\tan(2\alpha) = \frac{1}{2}\times\frac{\dfrac{\sigma_z+\sigma_x}{2}+\sqrt{\left(\dfrac{\sigma_z-\sigma_x}{2}\right)^2+\tau_{xz}^2}}{\left[\left(\dfrac{\sigma_z-\sigma_x}{2}\right)^2+\tau_{xz}^2\right]^{\frac{1}{2}}} \tag{4-160}$$

$$\sigma_z' = \frac{1}{2}\left\{\frac{\sigma_x+\sigma_z}{2}+\left[\left(\frac{\sigma_z-\sigma_x}{2}\right)^2+\tau_{xz}^2\right]^{1/2}\right\}+\frac{\sigma_y-\sigma_x}{2}\frac{\tau'_{xz}}{\tau_{xz}} \tag{4-161}$$

$$\sigma_x' = \sigma_z' - (\sigma_z-\sigma_x)\frac{\tau'_{xz}}{\tau_{xz}} \tag{4-162}$$

此时，由该单元迁移的应力，即修正前后的应力差为：

$$\{\Delta\sigma\} = \{\sigma\} - \{\sigma'\} \tag{4-163}$$

式中：$\{\sigma\}$——修正前的计算应力。

多余应力$\{\Delta\sigma\}$构成不平衡的节点荷载增量为：

$$\{\Delta R\} = \iint[B]^{\mathrm{T}}\{\Delta\sigma\}\mathrm{d}x\mathrm{d}y \tag{4-164}$$

这就是未被平衡的那部分荷载。将该荷载施加于原结构，重新作有限元计算，把求得的应力增量与原应力值叠加，叠加后的结果即为新的单元应力。

以上的步骤要重复多次，直到所有的单元均不发生破坏时为止。

2. 剪切破坏应力的修正和迁移

当大小主应力之差$(\sigma_1-\sigma_3)$太大时，计算应力构成的圆超过了库仑强度包线，则该土体单元发生剪切破坏，如图 4-15 所示。实际上，土体能承担的剪应力是不可能超过破坏状态的，因此，要进行剪切破坏的应力修正及迁移。

剪坏修正主要有如下两种方法。

(1)假定垂直应力分量 σ_z 在修正前后不变，只改变 σ_x 和τ_{xz}，并假定修正前后主应力方向不变，如图 4-15 所示。

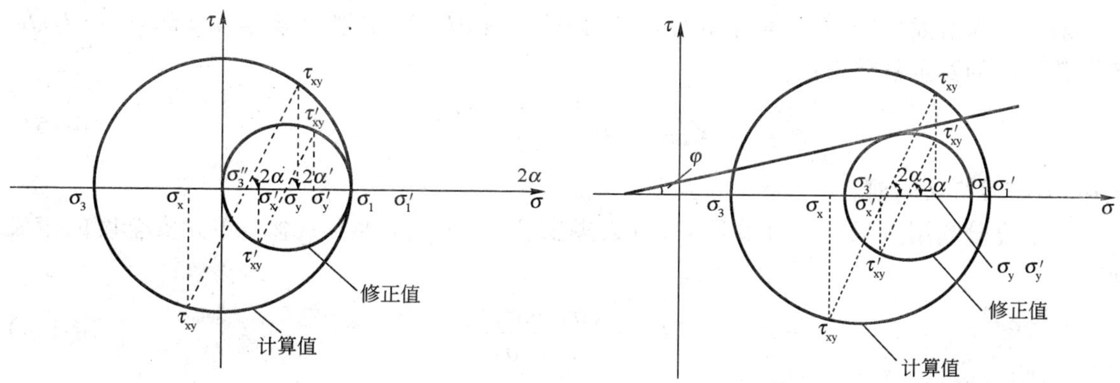

图 4-14 拉裂破坏应力的修正和迁移

图 4-15 剪切破坏应力的修正和迁移

修正后的应力值为:

$$\left.\begin{aligned}\tau'_{xz} &= \frac{\sigma_z\sin\varphi + c\cos\varphi}{\dfrac{\sigma_z-\sigma_x}{2}\sin\varphi + \left[\left(\dfrac{\sigma_z-\sigma_x}{2}\right)^2 + \tau_{xz}^2\right]^{\frac{1}{2}}}\tau_{xz}\\ \sigma'_x &= \sigma_z - (\sigma_z-\sigma_x)\frac{\tau'_{xz}}{\tau_{xz}}\end{aligned}\right\}\tag{4-165}$$

(2)假定主应力之和($\sigma_1+\sigma_3$)修正前后不变。这一假定认为剪切破坏只改变土体形状,不改变土体体积,因而不改变体积应力。同样,也假定修正前后主应力方向不变。求出修正后的应力$\{\sigma'\}$和需迁移的应力$\{\Delta\sigma\}$后,后续计算与拉裂修正和迁移处理相同。

土体单元拉裂或剪切破坏后,仍然要选定土体弹性常数,以计算下一级荷载增量。一般来说,应力达到破坏阶段后,E_t 总是较小的,有文献建议土单元拉裂后 K_t 取原计算值的 10%,而 $E_t=0.1K_t$。

五、有限元计算成果和安全判定准则

有限元法计算获得了土坡各土体单元的应力、应变和变位,如何根据这些计算结果来判定土坡的稳定性,目前有以下一些安全判定准则和方法。

工程实践表明,土坡稳定和变形有着十分密切的关系,一个土坡在发生整体稳定破坏之前,往往伴随着相当大的变形——垂直沉降和侧向变形。因此,有人建议根据土坡大主应变等值线图来确定最危险滑面,或根据各单元的最大剪应变值而勾绘的最大剪应变等值线图来确定最危险滑动面,再辅以判定单元体破坏的应变标准来判定土坡的稳定性。

通过有限元计算得到坡体各单元体上的应力后,再在坡体断面图上画出试算的滑动面,利用滑动面上力的平衡关系来计算安全系数。此时,安全系数计算式中的法向应力 σ 和切向应力 τ 均根据有限元法计算的结果取值。对平面问题,按下式计算:

$$\left.\begin{aligned}\sigma &= \frac{1}{2}(\sigma_x+\sigma_y) - \frac{1}{2}(\sigma_x-\sigma_y)\cos(2\alpha) - \tau_{xy}\sin\alpha\\ \tau &= \frac{1}{2}(\sigma_x-\sigma_y)\sin(2\alpha) - \tau_{xy}\cos(2\alpha)\end{aligned}\right\}\tag{4-166}$$

式中:σ_x,σ_y——单元体上 x、y 方向的法向应力,以拉力为正;

τ_{xy}——单元体上 xy 面上的剪应力;

α——单元体中的滑面与水平面的夹角(近似取滑面计算点的切线与水平面夹角)。

对于圆弧滑面，第 i 条土条滑动面上滑动力矩为 $\tau_i l_i R_i$，而抗滑力矩为 $(\sigma_i l_i \tan\varphi_i + c_i l_i)R$，该圆弧滑面的安全系数为：

$$F_s = \frac{\sum(\sigma_i l_i \tan\varphi_i + c_i l_i)}{\sum \tau_i l_i} \tag{4-167}$$

式中：各符号意义同前。

为了充分利用有限元计算的结果，有人提出了“单元安全度”概念。单元安全度的定义如下：

$$F_i = \frac{(\sigma_1 - \sigma_3)_{if}}{(\sigma_1 - \sigma_3)_i} \tag{4-168}$$

式中：　F_i——单元安全度系数；

$(\sigma_1 - \sigma_3)_i$——第 i 单元计算所得的最大和最小主应力之差；

$(\sigma_1 - \sigma_3)_{if}$——第 i 单元土体发生剪切破坏时最大和最小主应力之差。

显然，如果 $F_i > 1$，表明该单元体是稳定的，$F_i = 1$，表明该单元体已处于极限平衡（由于在有限元计算中已考虑了土体单元达极限平衡后的应力修正和迁移，计算结果中不含出现 $F_i < 1$ 的情形）。如果土坡体内各单元体的 $F_i > 1$，土坡应是稳定的。如果 $F_i = 1$ 的单元体在坡体中贯穿，则可认为在坡体中存在极限平衡带，即潜在滑裂带或危险带。如果仅有部分单元体满足 $F_i > 1$，则可在坡体断面图中画出 F_i 的等值线图。如果 F_i 接近于 1 的单元体仅有部分与坡体自由面相连，则可考虑计算潜在滑裂面上的平均安全系数：

$$\overline{F}_s = \frac{\sum F_i l_i}{\sum l_i} \tag{4-169}$$

式中：$\overline{F}_s$——潜在滑裂面上的平均安全系数；

F_i——滑裂面穿过单元体的安全度；

l_i——滑裂面穿过单元体的长度。

即使 $\overline{F}_s$ 满足稳定安全系数的要求，也要分析 $F_i = 1$ 的单元体（或 F_i 接近于 1 的单元体）是在坡顶部分还是在坡底部分。如在坡底部分，则不要轻易作出土坡是稳定的结论，还应做进一步的分析或采取适当的措施后再进行计算。

对其他情况，先找出 F_i 接近于 1 的等值线，认为沿该等值线形成潜在滑裂面，按式(4-169)计算平均安全系数即可。

第五章　岩质边坡稳定性分析

随着我国西部大开发战略的深入实施，给西部基础设施建设带来了极好的机遇，形成包括铁路、公路、水利水电的建设高潮。在这一过程中，由于西部或山区特殊的地理地质条件限制，工程建设不可避免地要遇到深埋高挖工程，出现一批高路堤和深路堑，从而形成越来越多的人工边坡，尤其是岩质边坡。因此，岩质边坡的稳定性分析将成为影响工程建设及后期安全运营的一个重要问题。本章将介绍岩质边坡的分类、稳定性分析方法及相关参数分析。

第一节　岩质边坡滑坡分类

滑坡是山体发生大变位或滑动破坏的地质现象的总称，岩质边坡是一个复杂的地质体，其变形破坏的方式也是多种多样的，各国学者在分析大量滑坡灾害的基础上曾提出过多种滑坡分类的方案，国际滑坡登录小组将滑坡分为5类：①崩塌；②倾倒；③滑动；④侧向扩展拉裂；⑤流动。张倬元等将滑坡分为5类（张倬元，王士天，王兰生，1990年）：①蠕滑—拉裂；②滑移—压致拉裂；③弯曲—拉裂；④塑流—拉裂；⑤滑移—弯曲。在水利水电工程中，滑坡灾害也经常发生，根据滑坡发生的部位或成因，一般可将滑坡分为河岸滑坡、水库滑坡和开挖失稳边坡三类。在国家“八五”科技攻关研究成果报告中根据滑坡形成模式，建议将滑坡分为以下7种类型：①崩塌；②滑动（平面、弧面、楔形体）；③倾倒；④溃屈；⑤侧向扩展拉裂；⑥流动；⑦复合型。这7种破坏类型的详细描述，见表5-1。

边坡变形破坏分类　　表5-1

序号	变形破坏		变形破坏特征	变形破坏机制	破坏面形态
	类型	亚类			
1	崩塌		边坡上局部岩体松动、脱落，主要运动形式为自由坠落或滚动	拉裂，岩层存在临空面，在结合力小于重力时，发生崩塌	无明显滑动面
2	滑动	平面型	边坡岩体沿某一结构面整体向下滑移	剪切—滑移。结构面临空或坡角岩层被剪断	层面或贯通性结构面形成滑动面
		弧面型	散体结构的边坡，沿圆弧形滑动面滑移，坡脚隆起	剪切—滑移。内摩擦角偏低，坡高坡角偏大	圆弧形滑动面
		楔形体	两个或三个结构面组合而成的楔形体，沿两个滑动面交线方向滑动	剪切—滑移。结构面临空	两个以上滑动面相结合

续上表

序号	变形破坏		变形破坏特征	变形破坏机制	破坏面形态
	类型	亚类			
3	倾倒		在层状结构的反倾向边坡中岩层较陡时,表层岩层逐渐向外弯曲倾倒滑动等现象	弯曲—滑移。由于层面密度大,强度低,表部岩层在风化及重力作用下产生弯曲	无明显滑动
4	溃屈		层状结构的顺层边坡,岩层的倾角与坡角大致相似,边坡岩层逐层向上鼓起,在鼓起变形的同时产生层面拉裂、脱层等现象	滑移—弯曲。顺坡向剪应力过大,层面间的结合力偏小,上部坡体沿软弱面蠕滑,由于下部受阻而发生纵向弯曲	层面拉裂,局部滑移
5	侧向扩展拉裂		在双层结构的边坡中,下部为软岩,软岩产生塑性变形或流动,使上部岩层发生扩展、移动、下沉、拉裂等变形现象	塑流—拉裂。重力作用下,软岩变形流动使上部岩体失稳	软岩中变形带
6	流动		崩塌碎屑类堆积在重力作用下,向坡角或峡谷内流动,形成碎屑流滑坡,多发生在具较大自然坡降的峡谷地区	流动。碎屑体饱水后在重力作用下,产生流动	碎屑体内流动无明显滑动面
7	复合型		包含两种以上破坏形式组合,包括不同部位的组合及不同发展阶段的组合		

经过对以往发生的岩质滑坡的地质特征进行分析可以发现,不论什么类型的滑坡,其发生的原因是与岩土体的结构密不可分的,不同结构类型岩体中发生的滑坡类型是不一样的,换句话说,岩体结构类型在很大程度上决定了边坡的破坏模式。相应于7种类型的边坡破坏形式示于图5-1中(中国水利水电科学研究院,1995年)。在这7种类型中,我们在工程实际中最常见到的破坏类型主要有平面滑动、圆弧滑动、楔体破坏、倾倒破坏以及溃屈破坏等,以下简要介绍这几种岩质边坡破坏类型的特点。

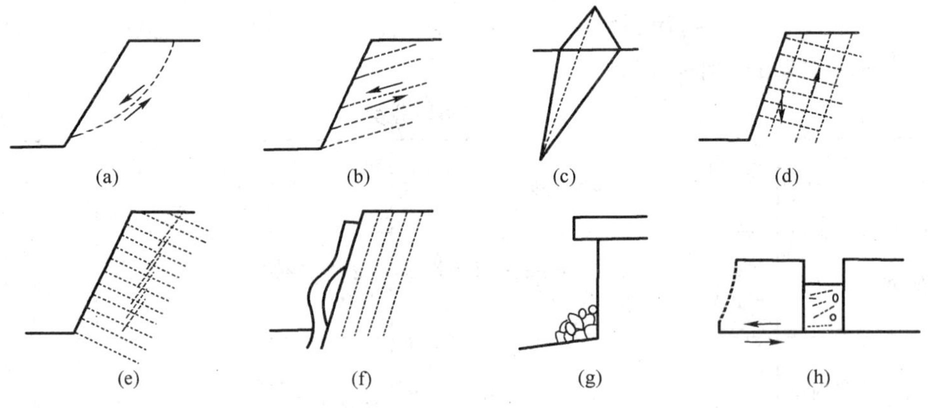

图5-1　边坡破坏类型

(a)圆弧滑动;(b)平面滑动;(c)块体滑动;(d)追踪节理面破坏;(e)倾倒破坏;(f)溃屈破坏;(g)崩塌;(h)水平层滑动

一、圆弧滑动

在工程实践中,经常能够见到在岩质边坡内发生弧形滑动破坏的现象。岩体中发生此类破坏模式的条件是:岩体中的单个块体与边坡尺寸相比是极其小的,且这些块体由于其形状的关系不是相互咬合的,在这种情况下,大型岩质边坡的破坏就会以圆弧形的模式出现,其滑面通常都表现为圆弧形。

二、平面滑动

平面滑动是一部分岩体在重力作用下沿着某一软弱面(层面、断层、裂隙)的滑动,活动面的倾角必大于该平面的内摩擦角。平面滑动不仅滑体克服了底部的阻力,而且也克服了两侧的阻力。在软岩中(例如页岩),如果底部倾角远陡于内摩擦角,则岩石本身的破坏即可解除侧边约束,从而产生平面滑动。而在破岩中,如果不连续面横切坡顶,边坡上岩石两侧分离,则也能发生平面滑动。在工程实践中也会经常遇到非典型的平面破坏,即滑面是由两个或两个以上走向近似、倾角不同的结构面组成的复合滑面。

三、楔体破坏

在岩质边坡的失稳模式中,楔体破坏是最常见的一种类型,在边坡失稳模式中占有重要位置。楔体是由两条或两条以上的结构面对岩体切割而形成的,滑体同时沿这两个面发生滑移,故其滑移方向必然是沿着该两个结构面的组合交线方向,且该交线的倾角必定缓于边坡坡角,并在坡面出露。由于滑体同时沿两个面滑动,其力学机制比较复杂。在边坡开挖过程中,边坡表面由于卸荷作用,岩体松弛,强度降低,加以坡面不平整,小块岩体极易具备临空条件,所以在开挖边坡的表面,经常会发生小块岩体以平面或楔体破坏形式的剥落现象,其体积由几立方米至几百立方米不等。影响楔体稳定的因素有滑体自身重力、底滑面的抗剪强度参数、滑面上的外水压力和外荷载等。

四、倾倒破坏

倾倒破坏是岩质边坡的又一种主要失稳类型,常见于反向层状结构边坡岩体中。1976 年 Goodman 和 Bray 将弯曲倾倒变形破坏归纳为三种基本类型(见图 5-2),即弯曲倾倒(flexural toppling)、块体倾倒(block toppling)和块体弯曲倾倒(block flexural toppling)。Goodman 和 Bray 认为弯曲倾倒多发生于非常发育的陡倾斜不连续面所分割的连续岩柱;坚硬岩柱被大间距正交节理分割的各小岩块位移累积而成,形成似连续性弯曲状,则为块体弯曲倾倒。自然界反倾向层状结构岩质边坡的弯曲倾倒变形,往往是上述三种基本变形破坏类型的复合产物。

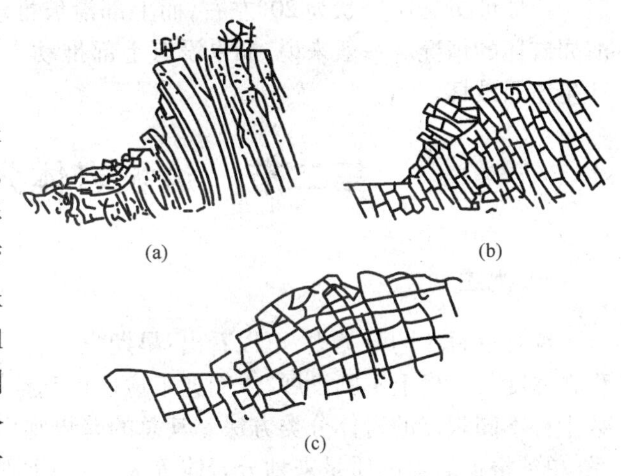

图 5-2 弯曲倾倒破坏的三种基本类型

(a)弯曲倾倒;(b)块体倾倒;(c)块体弯曲倾倒

岩质边坡倾倒破坏在我国露天矿工程建设中屡见不鲜,如金川露天矿的边坡变形、大孤山露天矿的边坡变形、抚顺露天矿北帮上部的变形,都属于倾倒变形。金川露天矿边坡是我国对边坡倾倒变形研究比较详细的工程之一,也是我国最早发现边坡倾倒变形破坏的实例之一。该矿边坡高度将近 400m,主要岩性为厚层大理岩,岩体内存在一巨大的挤压破碎带,挤压带中部存在一个宽达 30 余米的 F_3 断层带,同时,大理岩内还发育有一组反倾的小断层,断层面倾角45°左右，断层带内物质为皂石，浸水后强度很低。边坡开挖卸荷过程中产生了剧烈的倾倒变形，最大水平位移达17m，垂直位移达7m。

岩石边坡的倾倒问题从20世纪70年代以来逐渐为土木工程界所关注。很多论文对倾倒破坏的实例进行了描述，许多研究者采用数值模拟方法、室内地质力学模型试验方法、土工离心模型试验方法等对岩石边坡的倾倒破坏机理进行研究。但是由于边坡倾倒破坏所受的影响因素非常复杂，其倾倒破坏机理还有待于进一步探讨。

五、溃屈破坏

溃屈破坏作为岩质边坡失稳破坏的又一种模式，以往并不为人们所认识，但在自然界中确实大量存在。溃屈破坏在长江三峡地区、西南山区会经常见到。在矿山岩质边坡里也常有这种破坏类型，抚顺露天矿南帮边坡曾发生一次大滑坡，滑动后岩层弯曲变形，就是典型的溃屈破坏。国内所常见的厚层岩体产生溃屈破坏的典型实例就是霸王山边坡。该边坡高940m，组成岩体为灯影灰岩，岩层倾角为40°，岩层厚15m，下面有一层薄层黏土夹层，组成山体的岩石在长期自重作用下，上部灰岩层沿下部黏土岩层产生蠕变，坡脚处近河床部分产生弯曲，从而导致了溃屈破坏。

实践经验表明（孙广忠，1993年），溃屈破坏多发生在坡高在200~300m以上的陡高边坡内，且主要发生在具板裂结构的顺层岩质边坡中。组成岩体的板条在自重作用下，首先沿某一软弱结构面滑动，同时板条产生弯曲、折断，进而导致溃屈破坏。溃屈后的上部岩体，随溃屈岩层下界面充水条件的不同，可能缓慢蠕变下滑，也可能快速滑动，最后剩下弯折倾倒岩体的残根。溃屈破坏的岩层倾角一般大于40°。三峡地区产生溃屈破坏的岩层倾角多数在40°左右，对于边坡坡脚岩层产状为20°左右，而上部滑坡推动区岩层倾角为40°以上的边坡，也有发生溃屈破坏的情况。一般来说，如果没有上部推动力的作用，在岩层倾角小于25°的地段，不会产生溃屈破坏。

第二节　边坡岩体分类与质量评定

一、概述

综合近百年的分类史，可以看出：早期只有岩石的分类，直到20世纪60年代，由于岩土工程在深度与广度上不断发展，人们愈来愈认识到整体与个别岩块间的重大差异，才先后出现了数十种不同观点的岩体分类方法。其总的趋势则可分为两大类：一类是不与工程直接发生联系，单纯根据岩体的质量来划分岩体等级；另一类则力求将分级与某一类或几类相邻工程联系起来，属于岩体工程分级。所谓岩体分类是指针对不同类型岩体工程的特点，根据影响岩体稳定性的各种地质条件和岩体物理力学特性，将岩体分成稳定程度不同的若干类别，并以此为依据对岩体的稳定性做出初步评价。

岩体质量则是指由岩石坚硬程度和岩体完整程度这两个因素所决定的工程岩体性质。岩体质量是岩体分类和分级的依据，岩体分类和分级是在充分考虑影响工程岩体质量各类因素的基础上，对岩体基本质量进行修正后提出的。国内外对岩质边坡工程稳定性的研究，大多侧重于对边坡岩体变形破坏机制、破坏类型，以及影响其稳定性因素的研究，但针对边坡岩体分类的研究则甚少。

1. 岩体分类的目的

工程岩体分类的目的，是从工程的实际需求，对工程建筑物基础或围岩的岩体进行分类，并根据其好坏，进行相应的试验，赋予它必不可少的计算指标参数，以便于合理地设计和采取相应的工程措施，达到经济、合理、安全的目的。因此，工程岩体分类也为岩石工程建设的勘察、设计、施工和编制定额提供必要的基本依据。

根据用途的不同，工程岩体分类有通用的分类和专门的分类两种。通用的分类是较少针对性、原则的和大致分类，是供各学科领域及国民经济各部门笼统使用的分类。专用的分类是专为某种工程目的服务而专门编制的分类，所涉及的面窄一些，考虑的影响因素少一些，但更深入一些，细致一些。

供各种工程使用的工程岩体分类，从某种意义上讲，都是范围大小不等的专用分类。工程项目不同，分类的要求也不同，考虑分类的侧重点也不同。例如：水利水电工程须着重考虑水的影响，而对于修建在地下的大型工程来讲，须考虑地应力对岩体稳定性的影响。

总之，工程岩体分类是为一定的具体工程服务的，是为某种目的编制的，它的分类内容和分类要求是要为分类目的而服务。

2. 岩体分类的原则

进行工程岩体分类，一船应考虑以下几个方面。

(1)确定类级的目的和使用对象。考虑适用于某一类工程、某种工业部门或生产领域是通用的，还是为专门目的而编制的分类。

(2)分类应该是定量的，以便于用在技术计算和制订定额上。

(3)分类的级数应合适，不宜太多或太少，一般都分为五级，从工程实用来看，这是恰当的。

(4)工程岩体分类方法与步骤应简单明了，数字便于记忆，便于应用。

(5)由于目的对象不同，考虑的因素也不同。各个因素应有明确的物理意义，并且还应该是独立的影响因素。一般来说，为各种工程服务的工程岩体分类须考虑：岩体的性质，尤其是结构面和岩块的工程质量，风化程度. 水的影响，岩体的各种物理力学参数，地应力以及工程规模和施工条件等。在定量分类中，其指标量值的变化，都用几何级数来反映。级数的公比，一般为1.2～1.4。特性变动范围都在10～30倍之间。

3. 国外研究概况

国外的岩体分类研究起步较早，大致始于20世纪40年代，60～80年代间发展较快，可归纳为两大系统。第一种以日本为代表。据现有资料，日本较早期的分类是在1969年由土质工学会岩石力学委员会提出的“统一岩体分类法”，其后在70～80年代中期，各种形式的分类纷纷提出，分类因素由早期仅考虑岩石风化程度与节理结合状态逐渐发展为考虑裂隙间距、张开度与波速等因素。2004年日本岩土工程学会岩体工程分类标准委员会针对软岩、硬岩和风化岩等提出了相应的分类方法。日本的分类多适用于坝基与隧洞工程，真正涉及边坡岩体的仅有奥国诚之(1980年)与建设省(1976年)的两种分类体系，但也仅适用于高速公路的低边坡。日本分类主要是以定性为主，没有一个评价岩体的评分标准。第二种以欧美为代表，最早是1939年前苏联的萨瓦连斯基提出的岩石分级及1941年马斯洛夫提出的岩石地质技术分级，该分类定性地考虑了岩石强度、变形性质与渗透性等因素。1960年，前苏联在《岩基上混凝土重力坝设计规范》(CH 123—60)中提出的坝基岩体分级，除依据上述因素外，还考虑了灌浆处理情况。1964年，Deere提出了岩石质量指标(rock quality designation)的概念，进入70年代以后，Bieniawski（1973 年）与 Barton（1974 年）先后提出了按岩体质量指标划分岩体类型的方案与 Q 系统。与日本分类方案不同的是，上述方法均采用对分类因素赋予评分值的方法来进行岩体分类。现对欧美具有代表意义的分类体系作一简单的回顾。

（1）Terzaghi 的岩体分类。1946 年，岩土力学和土力学的创始人之一太沙基在进行阿尔卑斯山脉区域的地下洞室开挖咨询工作时，提出了关于地下洞室进行钢支撑设计的岩体分类标准。这一分类体系随之在北美洲获得了广泛的应用，Terzaghi 在他的分类体系中，将岩体分为完整（moderatdy jointed）、块状夹泥（block and seamy）、碎裂（crushed）、蠕变型（squeezing）和膨胀型（swelling）几类。

（2）Deere 的岩体质量指标（*RQD*）。在各种岩体分类中，Deere 的岩体质量指标（*RQD*）具有重要地位，Deere 建议将 *RQD* 定义为同级岩芯中大于 100mm 的岩柱在岩芯总长中的比例：

$$RQD(\%) = 大于 100mm 的岩柱总长/钻孔总长 \times 100\% \tag{5-1}$$

在钻孔取芯时，要求使用大于 50mm 的双套管金刚石钻进设备，Deere 建议使用表 5-2 来描述岩体的质量。

岩体质量分级表 表 5-2

岩体质量	非常差	差	一般	好	非常好
RQD	<25%	25% ~ 50%	50% ~ 75%	75% ~ 90%	90% ~ 100%

用单一的 *RQD* 来评价岩体质量显然是不全面的，很多学者提出了改进意见。当今，*RQD* 已经成为一些更加完备的岩体分类体系中采用的一个定量评分指标。

（3）Barton 的 *Q* 分级。该分类由挪威岩体工程研究所的 Barton、Lien 和 Lune 等人提出，见表 5-3。它主要考虑了岩体尺寸（RQD/J_n）、岩块间的抗剪强度（J_r/J_a）、主动应力（J_w/SRF）等因素。分类指标 *Q* 值按下式计算：

不同 *Q* 值的质量分级 表 5-3

Q 值	0.001 ~ 0.01	0.01 ~ 0.1	0.1 ~ 1	1 ~ 4	4 ~ 10	10 ~ 40	40 ~ 100	100 ~ 400	400 ~ 1000
质量描述	异常差	极差	很差	差	一般	好	很好	极好	异常好

$$Q = \frac{RQD}{J_n} \cdot \frac{J_r}{J_a} \cdot \frac{J_w}{SRF} \tag{5-2}$$

式中：*RQD*——岩石质量指数；

J_n——节理组数系数；

J_r——节理组粗糙度系数；

J_a——节理蚀变影响系数；

J_w——节理水折减系数；

SRF——应力折减系数。

Barton 的分类体系在地下工程中应用较为广泛，在边坡工程中应用则较少。

（4）Wickham 的岩石结构权值（*RSR*）。1972 年，Wickham 等提出了一种岩石结构权值（*RSR*）的定量方法来对岩体的质量进行描述并选择合理的支护措施。此种分类方法是喷混凝土支护采用的第一种分类方法，并在规模较小的由钢架支护的隧洞中广泛采用。岩石结构权值 *RSR* 的计算公式为：

$$RSR = A + B + C \tag{5-3}$$

式中：*A*——主要由岩石成因（岩浆岩、变质岩、沉积岩）、岩石硬度（硬、中等、软、分解）和地质构造（整体状、轻微断层/褶皱、一般断层/褶皱、严重断层/褶皱）等地质条件因素组成的参数；

B——主要包括节理间距、节理产状、隧洞掘进方向等几何形态因素组成的参数；

C——受地下水和节理条件的影响，主要包括节理条件（好、一般、差）和地下水流量[每1 000ft 隧洞每分钟涌出水量，单位：gal(UK)]等因素组成的参数。

实践应用中根据计算得出的 *RSR* 值来确定隧洞的支护形式。具体应用方法参见有关文献（Hoek，2002 年）。

(5) RMR 岩体分类和质量评定。Bieniawski 在 1976 年提出了 RMR 岩体分类体系，又称 CSIR 分类，这一体系考虑了完整岩体强度、岩石质量指标（*RQD*）、节理间距、节理条件、地下水等因素对岩体质量的影响，对这些因素分别给出影响因子；然后采用和差积分法（总分为100），计算岩体的分类指标；并根据节理方位与边坡之间的关系进行修正，来评价边坡的稳定性。1989 年，又进一步提出了 RMR 评分的实际操作方法。根据不连续面产状对评分值进行了调整（见表 5-4 ~ 表 5-6），并将地下水条件因子从 10 分调整为 15 分。根据分类指标 *RMR* 评分值，可按表 5-7 对岩体进行质量评价。

RMR 分类参数及评价标准表　　表 5-4

参数			评分标准						
1	岩石强度（MPa）	点荷载强度	>10	4 ~ 10	2 ~ 4	1 ~ 2	使用单轴抗压强度		
		单轴抗压强度	>250	100 ~ 250	50 ~ 100	25 ~ 50	5 ~ 25	1 ~ 5	<1
		评分	15	12	7	4	2	1	0
2	岩石质量指标 *RQD*（%）		90 ~ 100	75 ~ 90	50 ~ 75	25 ~ 50	<25		
	评分		20	17	13	8	3		
3	不连续结构面间距（cm）		>200	60 ~ 200	20 ~ 60	6 ~ 20	<6		
	评分		20	15	10	8	5		
4	不连续面条件		非常粗糙的面，不连续，未张开，节理壁未风化	轻微粗糙的面，张开度小于 1mm，节理壁轻微风化	轻微粗糙的面，张开度小于 1mm，节理壁强风化	摩擦光面或断层泥大于 1 ~ 5mm，张开度 1 ~ 5mm，连续	软弱断层泥小于 1 ~ 5mm，或张开度大于 5mm，连续		
	评分		30	25	20	10	0		
5	地下水条件	每 10m 洞身的流量（L/min）	无	<10	10 ~ 25	25 ~ 125	>125		
		节理水压力/主应力 σ	0	<0.1	0.1 ~ 0.2	0.2 ~ 0.5	>0.5		
		总体条件	完全干燥	潮湿	湿润	滴水	流水		
	评分		15	10	7	4	0		

不连续结构面分类表　　表 5-5

参数	评分标准				
不连续结构面长度（延展性）	<1m	1 ~ 3m	3 ~ 10m	10 ~ 20m	>20m
评分	6	4	2	1	0
张开度	无	<0.1mm	0.1 ~ 1.0mm	1 ~ 5mm	>5mm

续上表

参　数	评 分 标 准				
评分	6	5	4	1	0
粗糙度	很粗糙	粗糙	轻微粗糙	光滑	摩擦镜面
评分	6	5	3	1	0
充填物	无	坚硬充填物小于5mm	坚硬充填物大于5mm	软弱充填物小于5mm	软弱充填物大于5mm
评分	6	4	2	1	0
风化作用	未风化	微风化	弱风化	强风化	分解
评分	6	5	3	1	0

不连续面产状评分调整　　表 5-6

走向和倾向		非 常 有 利	有　利	一　般	不　利	非 常 不 利
评分	隧洞和矿井	0	-2	-5	-10	-12
	基础	0	-2	-7	-15	-25
	边坡	0	-5	-25	-50	-60

Bieniawski 等提出的质量分级　　表 5-7

评　分　值	100～81	80～61	60～41	40～21	<21
分类级别	I	II	III	IV	V
质量描述	很好的岩体	好岩体	一般岩体	差岩体	很差的岩体

Bieniawski 提出的 RMR 岩体分类方法（1976 年，1989 年）是目前应用最广泛的岩体分类系统。该方法简明易用，而且分类参数也容易从钻孔数据或地质图纸中获取，该分类方法适合并可应用于许多不同的条件，包括隧道、边坡稳定、基础稳定及采矿领域。在边坡工程中，Bieniawski 的岩体分类可以直接与岩体的凝聚力和内摩擦角挂钩，见表 5-8。

Bieniawski 等提出的岩体质量等级意义　　表 5-8

分 类 级 别	I	II	III	IV	V
岩体凝聚力（kPa）	>400	300～400	200～300	100～200	<100
岩体内摩擦角（°）	>45	35～45	25～35	15～25	<15

4. 国内研究概况

国内的岩体分类研究起步于 20 世纪 70 年代，主要是以岩石风化程度来对岩体进行风化状态分类，即《水利水电工程地质勘察规范》（SDJ 14—78）。1979 年，谷德振首先依据岩体结构将岩体划分为 4 个等级 8 个亚级，并提出了岩体质量系数 Z 这个定量指标来评价岩体质量。

$$Z = I \cdot f \cdot S \tag{5-4}$$

式中：f——结构面的摩擦系数；

S——岩块的坚硬系数，取岩块单轴饱和抗压强度值的 1%，即 $S = R_c/100$，其中 R_c 的单位为 kg/cm^2；

I——岩体完整性系数，I 定义为岩体纵波速与岩块纵波速之比的平方，

$$I = v_{pm}^2 / v_{pr}^2 \tag{5-5}$$

谷德振依据少数实际资料和经验，建议按 Z 值大小将岩体分为特好、好、一般、坏和极坏

5 级。

同期，长江流域规划办公室提出了用块度模数 *MK* 来评价岩体质量。*MK* 是通过统计岩块大小、组合关系及其结构面性状来表征岩体质量的一个数值指标，按 *MK* 的大小将岩体分为完整、较完整、中等、较破碎与破碎 5 级。

20 世纪 80 年代初，杨子文根据岩石强度和变形性、岩体完整性、风化程度和水的影响，提出了用综合的岩体质量指标 M 来进行岩体工程质量分级：

$$M = S_f \cdot K_y \cdot K_r \cdot I \tag{5-6}$$

式中：S_f——新鲜岩石的质量指标；

K_y——岩石的风化程度系数；

K_r——岩石的软化系数；

I——岩体的完整性系数。

按照 M 值，将岩体质量划分为优、良、中等、差和坏 5 个级别。

1986 年，在国家“六五”科技攻关项目的子项《水电地下工程围岩分类》研究报告中，提出了我国地下围岩的分类系统。该体系依据岩石强度、岩体完整性、结构面状态 3 个基本因素和地下水、构造、结构面方位、地应力 4 个修正因素，采用和差积分法将岩体划分为 5 类，见表 5-9。

围岩稳定性分类 表 5-9

Ⅰ类	Ⅱ类	Ⅲ类	Ⅳ类	Ⅴ类
稳定	基本稳定	稳定性差	不稳定	极不稳定
100 ~ 85	85 ~ 65	65 ~ 45	45 ~ 25	<25

1990 年，国家“七五”科技攻关项目《高坝坝基岩体稳定性评价及可利用岩体质量标准的研究》，结合二滩与李家峡工程，研究了坝基岩体的分级。二滩工程根据岩性与点荷载强度、岩体结构和围压效应等定量标准，采用乘积法得出岩体质量系数 Z_m，按照 Z_m 大小将岩体分为Ⅰ ~ Ⅴ级，Z_m 按下式计算：

$$Z_m = PLS/J_v \cdot J_r/J_a \cdot u = PLS \cdot T \cdot u \tag{5-7}$$

式中：Z_m——岩体质量系数；

PLS——岩石点荷载强度；

T——岩体结构系数，$T = J_r/(J_a \cdot J_v)$；

J_v——体积节理数；

J_r——节理粗糙度系数；

J_a——节理面蚀变度系数；

u——围压效应系数。

李家峡工程则把岩体分类与岩体力学指标密切结合，选用岩石湿抗压强度、岩体变形模量、岩体抗剪强度、岩体完整性及透水性 5 个因素的定量指标，以其乘积来评价岩体质量的优劣，其表达式为：

$$\begin{aligned} M_d &= R_s \cdot E \cdot f \cdot K_v \cdot \omega_R \\ &= R_b/R_a \cdot E_o/E_c \cdot f \cdot (v_p/v_o)^2 \cdot \omega_R \\ &= R_b/30 \cdot E_o/S \cdot f \cdot (v_p/v_o)^2 \cdot \omega_R \end{aligned} \tag{5-8}$$

式中：M_d——岩体质量指标；

R_b——岩石单轴饱和抗压强度；

R_a——软岩单轴饱和抗压强度上限(30MPa)；

E_o——岩体变形模量；

E_c——1/4 坝体混凝土的变形模量(5×10^3MPa)；

f——岩体摩擦系数；

K_v——岩体完整系数；

v_p——岩体弹性纵波速度；

v_o——岩体完整地段的波速(实测最高值)；

ω_R——岩体透水性系数，按压水试验 $\omega_R < 0.01$L/(min · m · m)的试验长度占试验段总长的百分比取值。

按 M_d 值将坝基岩体质量划分为 I ~ V 类，分别表示岩体质量为好、较好、差、极差和坏 5 级。

《工程岩体分级标准》(GB 50218—94)在广泛吸收了各行业和各专业工程经验和意见的基础上，认为岩石坚硬程度和完整程度是对各类岩石工程稳定性影响最大的因素，由它们所决定的工程岩体性质定义为"岩体基本质量"，据此对岩体进行基本质量 BQ 分级，然后针对各类型工程岩体的特点，分别考虑其他影响因素，对岩体基本质量级别再做进一步的修正。

国内外现有的各种岩体分级方法有定性的也有定量的。定性分级方法经验性较强，有一定的主观因素和不确定性。定量分级则是根据岩体某些特性的定量测试数据来计算岩体的质量指标，进而进行分级。由于影响岩体质量和岩体稳定性的因素众多，各种岩体分级方法和岩体质量评定方法都很难全面地反映这些因素的影响，只能根据工程类型的不同，选取某些重要的因素作为分类分级的依据；此外各种分级方法所定义的分级档数也不尽相同(见表 5-10)。以下仅对目前国内的《工程岩体分级标准》(GB 50218—94)作一详细介绍。

国内外岩体分级档数 表 5-10

名称		分级依据	分级(类)档数
国内	隧道工程岩体分级探讨(铁道部科学研究院西南研究所论文集第一集. 中国铁道出版社，1987 年)	岩体质量分级 *RMQ* 值	5 级
	坑道工程围岩分类(总参工程兵第四设计研究所，1985 年部级鉴定)	岩体质量指标 R_m 或 R_s	5 级
	鲁布革水电站(地下厂房围岩分类)	围岩质量 Q	5 级
	《岩体工程地质力学基础》(谷德振，科学出版社，1979 年)	岩石质量系数 *Z*	5 级
	《地下工程》(1981 年第 5 期，关宝树)	围岩质量 *Q*	6 级
国外	美国 *RQD* 分类法	*RQD* 值	5 级
	南非 Bieniawski 地质力学分级法	节理化岩体的 *RMR*	5 级
	挪威 Barton 分类法	岩体质量 *Q* 值	9 级

二、我国工程岩体分类和质量评定

《工程岩体分级标准》(GB 50218—94)作为国家标准第二层次的通用标准，采用了定性与定量相结合的分级方法。在分级过程中，定性与定量同时进行并相互对比检验，最后综合评定岩体的级别，这样做可以提高分级方法的准确性和可靠性。

1. 确定岩体基本质量

按定性、定量相协调的要求，最终定量确定岩石的坚硬程度与岩体完整性指数(K_v)。

岩石坚硬程度采用岩石单轴饱和抗压强度(R_c)。当无条件取得 R_c 时，亦可实测岩石的点荷载强度指数[$I_s(50)$]进行换算，$I_s(50)$指直径 50mm 圆柱形试件径向加压时的点荷载强度，换算公式如下：

$$R_c = 22.82 I_{s(50)}^{0.75} \tag{5-9}$$

R_c 与定性划分的岩石坚硬程度的对应关系见表 5-11。

R_c 与定性划分的岩石坚硬程度的对应关系 表 5-11

R_c(MPa)	>60	60~30	30~15	15~5	<5
坚硬程度	坚硬岩	较坚硬岩	较软岩	软岩	极软岩

岩体完整性系数 K_v 也应采用实测值，可按下式计算：

$$K_v = (v_{pm}/v_{pr})^2 \tag{5-10}$$

式中：v_{pm}——岩体弹性纵波速度，km/s；

v_{pr}——岩块弹性纵波速度，km/s。

当现场缺乏弹性波测试条件时，可选择有代表性露头或开挖面，对不同的工程地质岩组进行节理裂隙统计，根据统计结果计算岩体体积节理数(J_v)(条/m^3)：

$$J_v = S_1 + S_2 + \cdots + S_n + S_k \tag{5-11}$$

式中：S_n——第 n 组节理每米长测线上的条数；

S_k——每立方米岩体非成组节理条数。

J_v 与 K_v 的对照关系见表 5-12，K_v 与岩体完整性程度定性划分的对应关系见表 5-13。

J_v 与 K_v 对照表 表 5-12

J_v(条/m^3)	<3	3~10	10~20	20~25	>35
K_v	>0.75	0.75~0.55	0.55~0.35	0.35~0.15	<0.15

K_v 与定性划分的岩石坚硬程度的对应关系 表 5-13

K_v	>0.75	0.75~0.55	0.55~0.35	0.35~0.15	<0.15
完整程度	完整	较完整	较破碎	破碎	极破碎

2. 岩体基本质量分级

(1)岩体基本质量指标(BQ)按下式计算：

$$BQ = 90 + 3R_c + 250K_v \tag{5-12}$$

式中：BQ——岩体基本质量指标；

R_c——岩石单轴饱和抗压强度的兆帕数值；

K_v——岩体完整性系数值。

注意，使用本式时，应遵守下列限制条件：

①当 $R_c > 90K_v + 30$ 时，应以 $R_c = 90K_v + 30$ 和 K_v 代入计算 BQ 值；

②当 $K_v > 0.04R_c + 0.4$ 时，应以 $K_v = 0.04R_c + 0.4$ 和 R_c 代入计算 BQ 值。

(2)按计算所得的 BQ 值，由表 5-14 进行岩体基本质量分级。

岩体基本质量分级　表 5-14

基本质量级别	岩体基本质量的定性特征	岩体基本质量指标(BQ)
I	坚硬岩,岩体完整	>550
II	坚硬岩,岩体较完整;较坚硬岩,岩体完整	550 ~ 451
III	坚硬岩,岩体较破碎;较坚硬岩或软硬岩互层,岩体较完整;较软岩,岩体完整	450 ~ 351
IV	坚硬岩,岩体破碎;较坚硬岩,岩体较破碎 ~ 破碎;较软岩或软硬岩互层,且以软岩为主,岩体较完整 ~ 较破碎;软岩,岩体完整 ~ 较完整	350 ~ 251
V	较软岩,岩体破碎;软岩,岩体较破碎 ~ 破碎;全部极软岩及全部极破碎岩	≤250

3. *BQ* 值的修正

在对工程岩体进行初步定级时,可按表 5-14 规定的岩体基本质量级别作为岩体级别。在进行详细定级时,应在此基础上结合工程情况,计算岩体基本质量指标修正值[*BQ*],并仍按表 5-14所列的指标值确定本工程的工程岩体级别。

岩体基本质量指标修正值[*BQ*]按下式计算:

$$[BQ] = BQ - 100(K_1 + K_2 + K_3) \tag{5-13}$$

式中:[*BQ*]——岩体基本质量指标修正值;

BQ——岩体基本质量指标;

K_1——地下水影响修正系数;

K_2——主要软弱结构面产状影响修正系数;

K_3——初始应力状态影响修正系数。

K_1、K_2、K_3 的值可分别按表 5-15、表 5-16、表 5-17 确定。无表中所列情况时,修正系数取零。[*BQ*]为负值时,应按特殊问题处理。

地下水影响修正系数 K_1　表 5-15

K_1 \ BQ / 地下水出水状态	>450	450 ~ 351	350 ~ 251	<250
潮湿或点滴状出水	0	0.1	0.2 ~ 0.3	0.4 ~ 0.6
淋雨状或涌流状出水,水压≤0.1MPa 或单位出水量≤10L/(min·m)	0.1	0.2 ~ 0.3	0.4 ~ 0.6	0.7 ~ 0.9
淋雨状或涌流状出水,水压>0.1MPa 或单位出水量>10L/(min·m)	0.2	0.4 ~ 0.6	0.7 ~ 0.9	1.0

主要软弱结构面产状影响修正系数 K_2　表 5-16

结构面产状及其与洞轴线的组合关系	结构面走向与洞轴线夹角<30°,结构面倾角 30° ~ 75°	结构面走向与洞轴线夹角>60°,结构面倾角>75°	其他组合
K_2	0.4 ~ 0.6	0 ~ 0.2	0.2 ~ 0.4

初始应力状态影响系数 K_3 表 5-17

初始应力状态 \ K_3 \ BQ	>550	550 ~ 451	450 ~ 351	350 ~ 251	<250
极高应力区	1.0	1.0 ~ 1.5	1.0 ~ 1.5	1.0 ~ 1.5	1.0
高应力区	0.5	0.5	0.5	0.5 ~ 1.0	0.5 ~ 1.0

第三节 边坡失稳模式与总体稳定性评价方法

一、前言

岩土工程领域中对于岩质边坡稳定性的分析评价工作，基本上遵循着一种比较成熟的模式，其中包括：

(1)通过工程地质勘察获取基础地质资料；

(2)结合多种影响因素对边坡总体稳定性进行定性或半定量评价；

(3)对边坡失稳模式作出判别；选择适当的方法进行边坡稳定分析计算；

(4)制订边坡加固及监测设计方案。

边坡稳定性综合评价方法首先着重研究影响边坡稳定性的内在因素，主要是通过地质勘探、测量、现场观测等手段，取得研究区地质体的基础地质资料，建立能够反映地质体结构特征并具有清晰边界条件的地质模型，为进一步的研究工作打下基础。随后综合分析潜在的内外部影响因素，对边坡的稳定性进行初步的定性评价，并对边坡可能的失稳模式或破坏机制作出准确的判断。同时结合试验研究、经验判断、理论分析等手段，对地质体的岩土工程物理、力学特性进行系统的分析研究，提出各种分析方法所需的计算参数，针对不同的破坏机制，采用相应的边坡稳定分析计算方法，对各种工况条件下的边坡稳定性作出定量评价，根据计算分析成果，对可能失稳的边坡采取切实可行的工程处理措施，施加有效的边坡加固方案。同时要研究建立边坡稳定的监测系统，对边坡性态进行长期监测，依据监测信息反馈，进一步优化边坡加固方案。通过这一系列的工作环节，达到对边坡稳定性进行综合评价的目的。

在系统地进行岩质边坡稳定性分析时，通常需要遵循以下三个步骤。

1. 确定边坡失稳模式

岩体结构的复杂性、多样性，以及赋存环境的差异，决定了其失稳模式是多种多样的。孙广忠和姚宝魁(1988 年)曾将岩质边坡失稳模式总结为平面、圆弧、楔体、倾倒、溃决等 9 种形式。当然，也还有其他的各种分类方法。因此，研究某一岩质边坡的稳定性，首先需要判断在特定的地质条件下可能的失稳模式，在此基础上再针对已确定的失稳模式，通过数学力学和试验分析方法，确定边坡稳定的安全系数。

尽管岩质边坡存在多种失稳模式，但在工程中常见的还是平面滑动、圆弧滑动、楔体破坏和倾倒破坏，因此，本章着重讨论这几种失稳模式。

2. 边坡稳定性的总体评价

在了解边坡岩体结构和可能发生的破坏类型后，下面的一项工作是进一步对其稳定性作出评价。对于缺乏详细勘探试验资料的边坡，稳定评价可采用一定的经验方法。

3. 边坡稳定性的定量分析

对于一些重要的边坡，需开展更为深入的勘探、试验和分析研究工作。通过地质勘探和物理力学参数的试验研究以及近代数学力学分析方法，最终给出衡量边坡稳定性的定量指标。

本节着重介绍边坡失稳模式的初步判断方法和总体性稳定性评价。对于边坡稳定性的定量分析可以参考相关文献。

二、边坡失稳模式初步判断方法

在岩质边坡中，岩体的失稳与破坏主要受岩体内结构面的控制，它们相互之间的空间分布位置、组合关系（包括自然边坡或边坡开挖面的产状）和结构面的物理力学性质等，对边坡的稳定都起着至关重要的作用。赤平投影方法正是基于这一点来进行的，应用这种方法可以帮助地质及工程技术人员对边坡的稳定性做出快速、定性的判断。有关赤平投影方法的介绍可以参考相关文献，这里不再赘述。

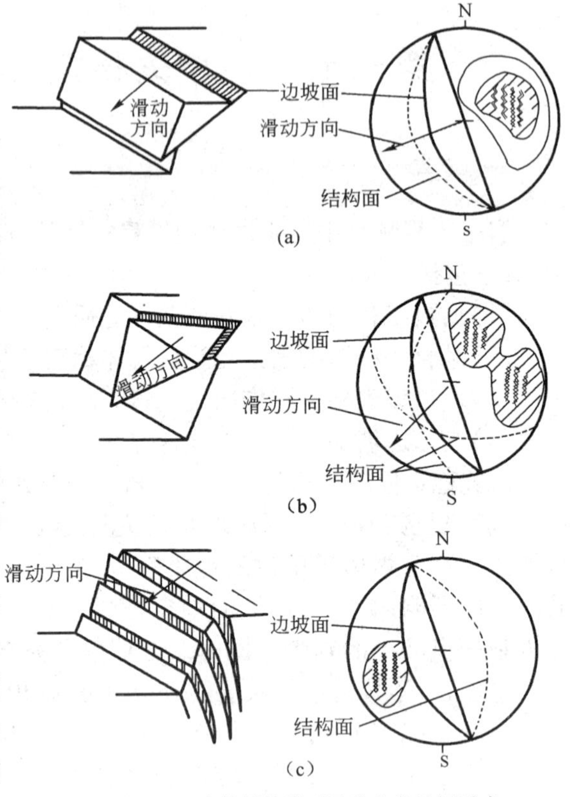

图 5-3　边坡岩体结构类型及其失稳破坏形式

（a）平面破坏；（b）楔体破坏；（c）倾倒破坏

图 5-3 说明了边坡失稳的平面破坏、楔体破坏和倾倒破坏三种类型与相应的结构面赤平投影图的对应关系（Hoek & Bray，1977 年）。

在平面破坏和楔体破坏两种类型中，其失稳或滑动的判别原则一般可简单归纳为（图 5-4）：$\beta_p \geqslant \beta \geqslant \varphi$，其中 β 为结构面（或某两组结构面交线）在坡面倾向上的视倾角，β_p 为边坡角（或某两组结构面交线）的倾角，φ 为结构面的摩擦角。特别值得指出的是，这一可能滑动的条件只考虑了结构面的摩擦角。如果有凝聚力存在的情况，可以按照等效摩擦角的概念综合考虑凝聚力的影响。如果结构面或者两组结构面交线的倾向为 α_j，倾角为 β_j，坡面的倾向、倾角分别为 α_p 和 β_p，则结构面或者两组结构面交线的视倾角 β 可用下式表示：

$$\tan\beta = \cos(\alpha_j - \alpha_p)\tan\beta_j \tag{5-14}$$

在此判别中，还要考虑坡面倾向与结构面倾向的一致性（通常认为当两者夹角小于或等于 20°时才可能发生滑动）。当有多组结构面组合构成楔体破坏时，还要考虑每两组结构面交线的产状与滑动方向的关系等综合因素。

1. 基本方法

根据上述原则，在赤平投影平面上的可能滑动区由 $\beta_p \geqslant \beta \geqslant \varphi$ 所包围的月牙形区域组成（图 5-5）。

根据国内外有关文献资料及已有的工程经验，倾倒破坏一般来说要满足以下条件（中国水利水电科学研究院，1995 年）：

(1)边坡面的倾角大于或等于30°。

(2)边坡面的倾向与结构面的倾向相反,且两者的夹角应大于或等于120°。

(3)倾倒区的范围一般为:(120° - 坡面倾角) ~ 90°的倾角范围。

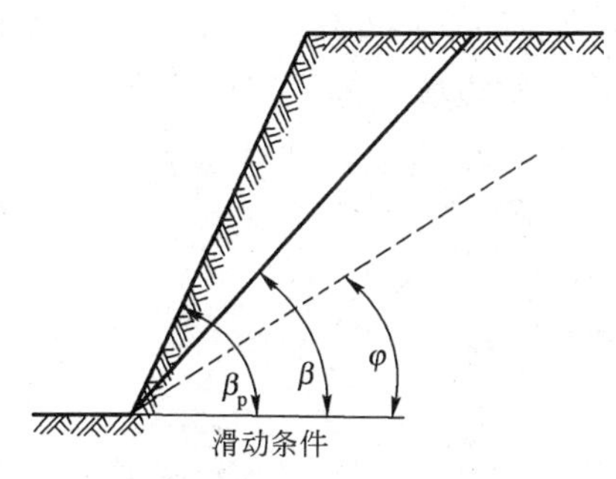

图5-4 平面滑动或楔体破坏的条件

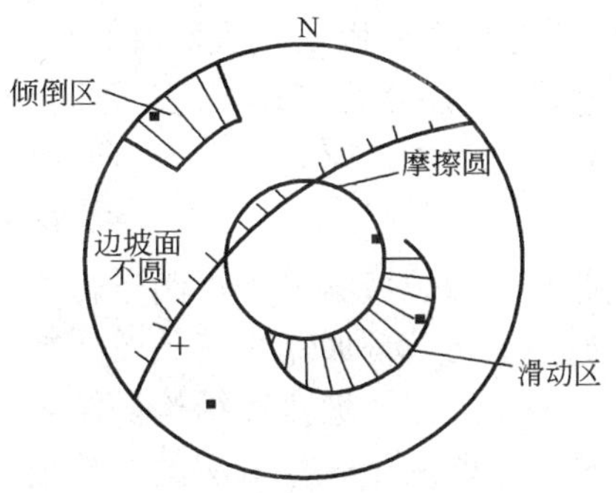

图5-5 用于岩质边坡稳定分析的赤平投影图

依据上述原则,在赤平投影图上的可能倾倒区,如图5-5所示。

2. 基于赤平投影法的边坡稳定分析

(1)大圆分析法。大圆分析法就是将各结构面产状以大圆表示的分析方法。该方法是依据每组结构面在赤平投影平面上的投影大圆或每两组结构面大圆组合形成的交线,与坡面(自然边坡或开挖边坡)在该投影平面上投影大圆以及摩擦圆的相对位置和分布情况来对边坡的稳定性做出判断,即当代表结构面的大圆或某两组结构面大圆的交线(图5-6中的第1组和第2组结构面大圆的交线)小于边坡面的倾角且都在摩擦圆中时,边坡是潜在不稳定的。

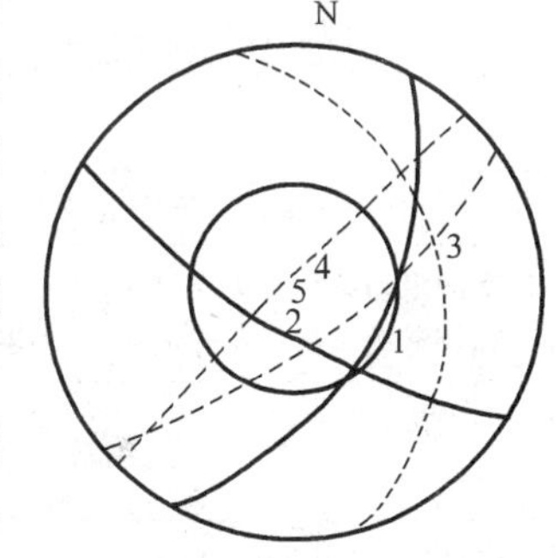

图5-6 边坡稳定分析赤平投影大圆分析法

(2)极点分析法。极点分析法就是将各结构面产状以极点表示的分析方法。该方法首先根据前述原理在赤平投影平面上绘出可能发生滑动和倾倒的破坏区,然后根据各结构面及它们相互之间组合交线的极点是否落入这两个区,来判断边坡的稳定性(图5-5)。当某个结构面或结构面交线的极点落入滑动区(月牙形阴影区域)或倾倒区(靠近大圆边界的扇形区)时,则表明该结构面代表的平面或结构面交线代表的楔形体存在潜在滑动破坏或者倾倒破坏的可能性。

三、岩质边坡总体稳定性评价

边坡稳定性综合评价方法中的一个重要环节,就是结合多种影响因素对边坡的总体稳定性作出宏观判断并进行定性或半定量的评价,这是岩土工程师和地质工程师在对边坡稳定性进行深入研究之前应首先完成的工作。在这方面,国内外众多学者提出了对边坡稳定影响因子进行定量评价,进而判断边坡整体稳定性的方法。在这些方法中,西班牙Romana提出的SMR系统,具有比较合理的工程地质和岩石力学背景。在执行国家"八五"攻关科研项目过程中,水电系统的工程技术人员将其进行了修正,提出了CSMR系统。

1. SMR评价方法

边坡岩体质量评定是根据边坡岩体的某些特征,对边坡岩体进行评分分类,以积分多少来评定边坡岩体稳定性的一种方法,属于宏观定性评定边坡稳定性的范畴。目前,国内外通用的用于地下工程和坝基岩体质量的分类方法很多，但用于岩质边坡稳定评价的分类则较少。Bieniawski 提出了岩体分类的 RMR 系统（已在第二节详细介绍），曾对地下洞室提出了详细的稳定性评价判据，而对边坡，则较笼统地提出了从 0 ~ 60 的打分标准。Romana 于 1985 年引入了考虑节理和边坡相互关系系数的 SMR 系统，对这 60 分的评价条件作出了进一步的细化，提出了边坡岩体评分的 SMR 方法，是国际上应用较广泛的一种边坡总体稳定性评定方法。

该方法把 SMR 评分值作为边坡稳定判据，SMR 评分值可通过下式计算：

$$SMR = RMR - F_1F_2F_3 + F_4 \tag{5-15}$$

式中：F_1——与边坡和节理走向平行度有关的系数；

F_2——与节理面倾角有关的系数；

F_3——描述边坡角和结构面倾角间关系的系数；

F_4——取决于开挖方法的调整因子。

表 5-18 给出了修正值 F_1、F_2、F_3 的取值原则，边坡产状和结构面产状之间的关系见图 5-7。表 5-19 给出了修正值 F_4 的确定方法，表 5-20 给出了根据 SMR 评分方法对边坡稳定性的评价分类。Romana 将获得的 SMR 值按百分制分为 5 个等级，即极稳定、稳定、部分稳定、不稳定和极不稳定。SMR 体系最大的特点是充分考虑了岩体结构特征对边坡稳定的影响。这种边坡稳定总体评价方法适用于最常见的平面滑动型破坏和倾倒型破坏。对于楔体滑动破坏，也可根据交棱线的产状近似地按平面型滑动来评定。

结构面方向修正 表 5-18

情况		非常有利	有利	一般	不利	非常不利
平面滑动 倾倒滑动	$\gamma_1 = \lvert \alpha_j - \alpha_s \rvert$ $\gamma_1 = \lvert \alpha_j - \alpha_s - 180° \rvert$	>30°	30° ~ 20°	20° ~ 10°	10° ~ 5°	<5°
平面滑动 倾倒滑动	F_1	0.15	0.40	0.70	0.85	1.00
平面滑动	$\gamma_2 = \lvert \beta_j \rvert$	<20°	20° ~ 30°	30° ~ 35°	35° ~ 45°	>45°
平面滑动 倾倒滑动	F_2 F_2	0.15 1	0.40 1	0.70 1	0.85 1	1.00 1
平面滑动 倾倒滑动	$\gamma_3 = \beta_j - \beta_s$ $\gamma_3 = \beta_j + \beta_s$	>10° <110°	10° ~ 0° 110° ~ 120°	0° >120°	0° ~ -10°	< -10°
平面滑动 倾倒滑动	F_3	0	5	25	50	60

注：α_s 为边坡倾向；β_s 为边坡倾角；α_j 为结构面倾向；β_j 为结构面倾角，参见图 5-7。

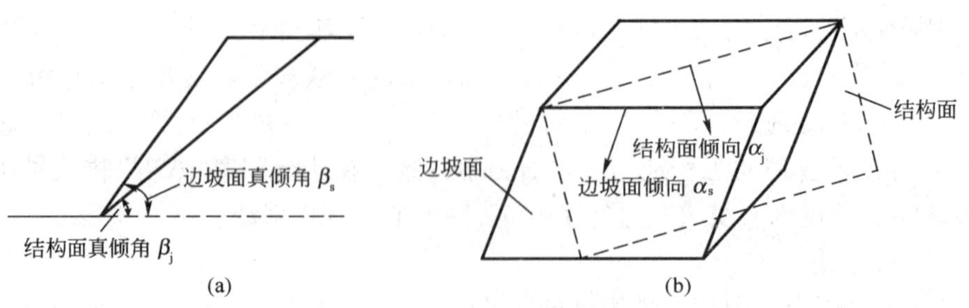

图 5-7 SMR 系统边坡产状与结构面产状关系图

边坡开挖方法修正 表 5-19

方　法	自然边坡	预裂边坡	光面爆破	常规爆破	无控制爆破
F_4	+15	+10	+8	0	-8

根据 SMR 法评价边坡稳定性 表 5-20

等　级	V	IV	III	II	I
SMR 评分	0~20	21~40	41~60	61~80	81~100
岩体特征	非常差	差	一般	好	非常好
稳定性	极不稳定	不稳定	部分稳定	稳定	极稳定
破坏模式	平面滑动,类似土质滑坡	大规模的平面或楔形体	小规模的平面或楔形体	掉块	无
加固方式	重建	大规模加固	系统加固	局部加固	无

SMR 体系提出后,曾初步应用于 28 个边坡的稳定性总体评价。同期,Collado 和 Gili 也应用 SMR 体系对 44 个坡高在 8~42m 的高速公路边坡进行了分类评分。总的来说,SMR 体系较为合理地考虑了结构面产状与工程开挖对边坡稳定性的影响,因此,我国水利水电系统在建立自己的边坡总体稳定性评价体系时,都以 SMR 作为其基本的出发点。

2. CSMR 评价方法

在实际工程中应用 SMR 评价方法时发现,该方法存在着两个重要的缺陷:

(1)没有考虑边坡高度对稳定性评价结果的影响;

(2)没有区分控制结构面的条件对边坡稳定性的影响,显然,控制结构面为连续、长大的夹泥层和不连续的硬性结构面,两者对边坡稳定的影响是有很大区别的。

为此,水利水电系统在国家“八五”科技攻关科研工作中,以 SMR 评价方法为基础提出了一个改进的边坡总体稳定性的评价方法,即 CSMR 分类体系(Chinese system for SMR)。

CSMR 指标的计算公式为:

$$CSMR = \xi RMR - \lambda F_1 F_2 F_3 + F_4 \tag{5-16}$$

式中:RMR——根据 RMR 体系得的边坡岩体质量评价指标;

ξ——高度修正系数;

λ——结构面性质折减系数;

F_1,F_2,F_3——结构面方位修正系数;

F_4——边坡开挖方法修正系数。

与 SMR 相比,$CSMR$ 引入了两个新的系数。

(1)结构面条件修正系数 λ

λ 为考虑控制结构面条件的一个系数,由表 5-21 确定。

结构面条件修正系数 λ 表 5-21

结构面条件	λ	结构面条件	λ
断层、夹泥层	1.0	节理面	0.7
层面	0.8~0.9		

在对以往 34 个工程边坡进行分析时发现,相当一部分边坡在 SMR 评分中 F_3 取值偏大,甚至部分边坡 SMR 值出现了负值。结构面条件修正系数 λ 是根据大量工程实例通过反复验算确定的,有利于弥补这一缺陷。

(2)边坡高度修正系数 ξ

近年来，随着各行各业工程建设的迅速发展，工程边坡的规模也越来越大，高度越来越高，涉及的天然边坡高度已达到500m以上，人工开挖边坡坡高也已达到300m以上。因此，在边坡总体稳定性评价方法中，考虑边坡高度的修正是十分必要的。*CSMR* 分类评价体系对 *SMR* 方法在这方面作了重要的改进，即将原 *RMR* 评分值乘一个边坡高度修正系数 ξ 来考虑边坡高度的影响，其值由下式确定：

$$\begin{aligned} \xi &= 0.57 + 0.43/\zeta \\ \zeta &= H/H_0 \end{aligned} \tag{5-17}$$

式中：H——边坡高度；

H_0——标准高度，建议取 $H_0 = 80\text{m}$。

换句话说，边坡高度为80m时，$CSMR = SMR$。否则，就需要根据式(5-17)作出修正。

第四节　岩石与结构面抗剪强度与强度指标

一、前言

自然界中构成边坡的岩体被一系列断层、层面、挤压带和节理裂隙等结构面切割，形成了一个复杂的不连续地质介质。当滑坡发生时，失稳岩体将沿结构面或由结构与岩桥组合形成的滑面滑动。因此，在边坡稳定分析中研究岩体的抗剪强度特性时，必需首先分别研究岩石和不连续结构面的破坏机理。

人们对岩石强度理论的研究，最早始于18世纪。根据研究方法和出发点的不同，岩石强度理论大致可以划分为“理论强度准则”和“经验强度准则”两大类。前者是根据固体的基本物理性质，通过严格的数学方法建立的，目前经常应用的理论准则有 Mohr-Coulomb 强度理论、Griffith 强度理论、修正的 Griffith 强度理论、模拟强迫直剪试验结果的 Lajtai 强度理论以及双剪强度理论等；后者是根据大量的试验结果，通过对试验数据的分析整理而建立的关于岩石破坏的经验判据，比较常用的有 Hoek-Brown 经验准则。研究结构面的抗剪强度也有两个途径：一是在大量结构面剪切试验成果的基础上总结归纳出结构面抗剪强度经验公式；二是在对结构面剪切强度进行理论分析的基础上提出关于结构面抗剪强度的理论公式，然后进行试验验证，并作必要的修正。前者提出的抗剪强度公式主要有 Patton 公式、Jaeger 公式和 Barton 公式，后者主要有 Ladamyi 公式等。

本节主要阐述岩石强度理论中比较常用的 Mohr-Coulomb 强度理论、Griffith 强度理论和 Hoek-Brown 经验准则，并给出了结构面强度的 Patton 公式和 Barton 公式，同时分析了填充物对结构面抗剪强度的影响。最后，给出了常用的岩石和结构面抗剪强度指标的参考值。

二、岩石抗剪强度基本理论

岩石的强度理论是在大量的试验基础上，并加以归纳、分析描述才建立起来的，即在某一应力或组合应力的作用下，岩石产生破坏的判据。由于岩石的成因不同和矿物成分的不同，使岩石的破坏特性会存在着许多差别。此外，不同的受力状态也将影响其强度特性。因此，有人根据岩石的不同破坏机理，建立了多种强度准则。本节将着重介绍在岩石力学中最常用的强度理论。

1. Mohr-Coulomb 强度理论

Mohr 强度理论是岩石力学中应用最广泛的强度理论。在此不仅介绍其强度理论的计算公式,同时要求大家了解 Mohr 强度的基本思想以及 Mohr 强度理论的不足之处,以便能灵活、正确地运用该公式。

(1) Mohr 强度理论的基本思想

Mohr 强度理论是建立在试验数据的统计分析基础之上的。他认为:岩石不是在简单的应力状态下发生破坏,而是在不同的正应力和剪应力组合作用下,才使其丧失承载能力。或者说,当岩石某个特定的面上作用着的正应力、剪应力达到一定的数值时,随即发生破坏。Mohr 同时对其破坏特征作了一些近似的假设。他认为:岩石的强度值与中间主应力小的大小无关,同时,岩石宏观的破裂面基本上平行于中间主应力的作用方向。据此,Mohr 强度理论可在以剪应力 τ 为纵轴、正应力 σ 为横轴的直角坐标系下,用极限 Mohr 应力圆加以描述。在上述坐标轴下,无数个极限应力圆上,破坏应力点的轨迹线被称为 Mohr 强度线,也可称作为 Mohr 包络线。

(2) Mohr 强度包络线

通过大量的三向压缩试验(包括 $\sigma_1=0$ 和 $\sigma_3=0$ 的试验)可求得许多组用极限应力表示的 Mohr 圆,如图 5-8 所示。那么,所谓 Mohr 强度包络线就是指有各极限应力圆的破坏点所组成的轨迹线。由于岩石存在着明显的不均一性,使得 Mohr 包络线的数字代表式,仅能用如下的一个普遍的函数形式表示:

$$\tau = f(\sigma) \tag{5-18}$$

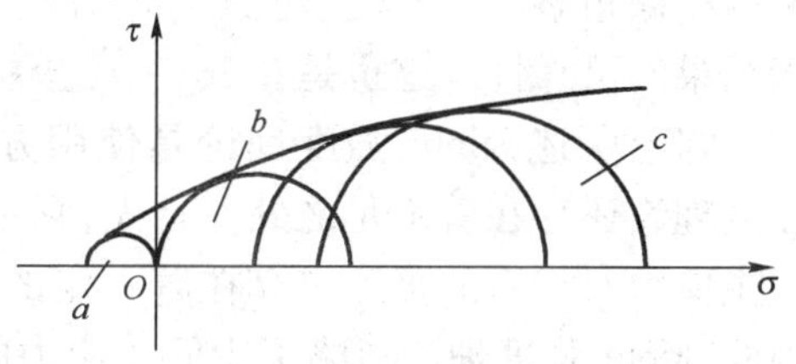

图 5-8 Mohr 包络线

a-单向抗拉;b-单向抗压;c-三向受压

而无法用一个显式正确地表征岩石的 Mohr 强度包络线。由图 5-8 可知,Mohr 强度包络线的主要特性为:在正应力较小的范围内,其曲线斜率较陡;而在较大的正应力作用下,其斜率将平缓。

如果掌握了某种岩石的强度包络线,即可对该类岩石的破坏状态进行评价。根据强度包络线的含意,只要作用在某种岩石上某个特定的作用面上的应力与包络线上的应力值相等时,该岩石即沿这特定的作用面产生宏观的断裂面而破坏。若用极限应力圆来表示的话,则极限应力圆上的某一点与强度包络线相切,即表示在该应力状态下,岩石发生破坏。

(3) Mohr-Coulomb 强度理论

Coulomb 为了克服 Mohr 强度包络线中的不足之处,为了使强度包络线更加简洁,提出了用直线公式所表示的强度包络线,其公式如下:

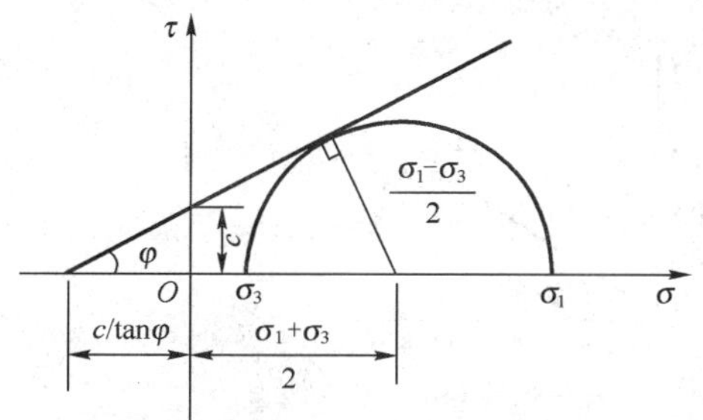

图 5-9 Mohr-Coulomb 强度条件

$$\tau_f = c + \sigma\tan\varphi \tag{5-19}$$

式中:τ_f——在正应力 σ 作用下的极限剪应力(MPa);

c,φ——分别为材料的强度参数。

在工程的实际应用过程中,为了更灵活地应用 Mohr-Coulomb 直线形强度包络线,也有人采用以下形式表示的强度表达式(由图 5-9 中的几何实际关系得):

$$\sin\varphi = \frac{\sigma_1 - \sigma_3}{\sigma_1 + \sigma_3 + 2c\cot\varphi} \tag{5-20}$$

此外,最近几年,由于经常采用统计分析的方法处理岩石力学的各类试验数据。因此,对三轴试验的数据，通常利用以最大主应力 σ_1 为纵坐标、以最小主应力 σ_3 为横坐标的强度包络线形式，见图 5-10所示。该强度包络线可利用公式(5-20)推导而得。其式如下：

$$\sigma_1 = \sigma_3 \frac{1+\sin\varphi}{1-\sin\varphi} + \frac{2c\cos\varphi}{1-\sin\varphi}$$

当令$\frac{1+\sin\varphi}{1-\sin\varphi} = \xi, \frac{2c\cos\varphi}{1-\sin\varphi} = \sigma_c$ 时，

$$\sigma_1 = \sigma_3 \xi + \sigma_c \tag{5-21}$$

式中：σ_c——理论上的单轴抗压强度值，MPa。

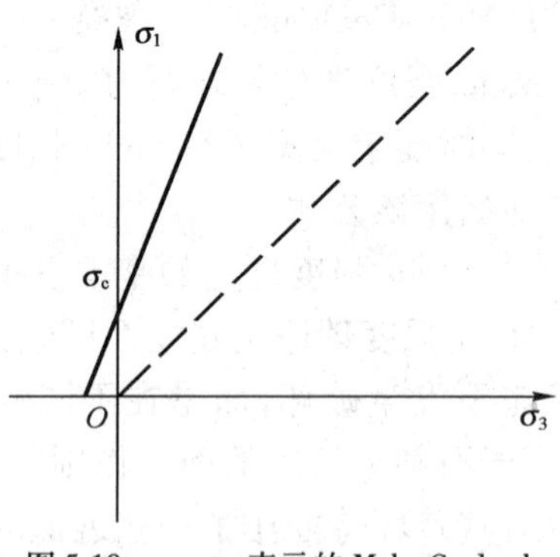

图 5-10 σ_1-σ_3 表示的 Mohr-Coulomb 强度包络线

显然在 $\sigma_1 - \sigma_3$ 坐标下，Mohr-Coulomb 强度包络线也是一条直线，且公式也极其简单。若得到一组三轴试验结果，则可利用最小二乘法，求出直线的斜率和截距，即 ξ 和 σ_c。并且通过 ξ 和 σ_c 的物理意义进一步推演求得岩石的内聚力 c 以及内摩擦角 φ。由于利用了统计的方法求出了岩石的强度参数，因此，可从统计意义上分析试验结果的可靠性。这也是在 $\sigma_1 - \sigma_3$ 坐标下的 Mohr-Coulomb 强度公式成为常用公式的原因。

综上所述，Mohr 强度理论是使用方便、物理意义明确的强度理论。但是不可否认，Mohr 强度理论还存在着不足之处。首先，它不能从岩石的破坏机理上解释其破坏的特征。其次，中间主应力对岩石的强度也存在着一定的影响。据试验结果分析，其影响程度约在 15% 左右。因此，Mohr 强度理论忽略了中间主应力的影响，是值得商榷的问题。

2. Griffith 准则

Griffith 在研究脆性材料(玻璃)的基础上，提出了评价脆性材料的强度理论。Griffith 强度理论大约在 20 世纪 70 年代末 80 年代初引进了岩石力学研究领域。Griffith 强度理论的引进，从理论上解释了岩石内部的裂纹扩展等现象，并能较正确地说明岩石的破坏机理。

Griffith(1924 年)在研究岩石脆性断裂的力学机理时指出：脆性材料的破坏主要是由物体内部存在微裂隙所控制的，由于材料内微裂隙的存在，在裂隙尖端会产生应力集中的现象，从而使裂隙扩展，以致破坏。

如图 5-11 所示，Griffith 假定裂纹具有椭圆形的形状，σ_1、σ_3 为作用于岩石试样上的主应力，并且，$\sigma_1 > \sigma_3$，$k = \sigma_3/\sigma_1$；φ 为 σ_1 方向与裂纹的夹角；σ_n 为裂纹末端的应力，σ_N 为 σ_n 的最大值。Griffith(1924 年)通过理论推导得出：

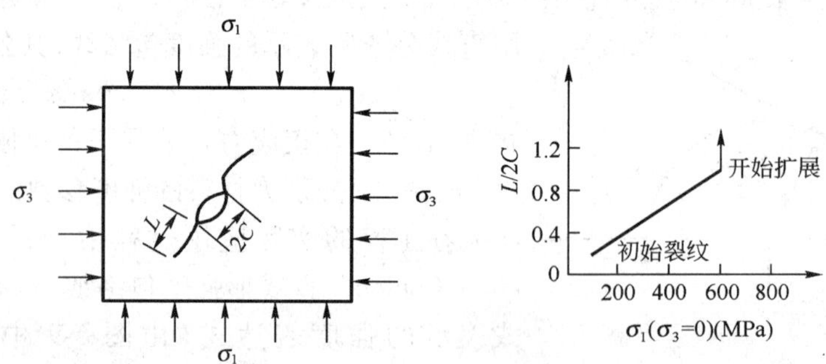

图 5-11 岩石单元断裂破坏示意图(2C 为裂纹的初始长度；L 为次生裂纹长度)

$$\sigma_N \xi_0 = \frac{1}{2}[(\sigma_1 + \sigma_3) - (\sigma_1 - \sigma_3)\cos\psi] \pm \sqrt{(\sigma_1^2 + \sigma_3^2) - (\sigma_1^2 - \sigma_3^2)\cos(2\psi)} \tag{5-22}$$

式中：ξ_0——与裂纹形状有关的系数。

令$\frac{\partial\sigma_N}{\partial\psi}=0$，可得$\cos(2\psi)=\frac{1-k}{2(1+k)}=\cos\psi_c$时，$\sigma_n$达到最大值$\sigma_N$。

当$-\infty<k<0.33$，σ_3等于岩石的抗拉强度时，裂纹就会发生扩展。

当$k>0.33$时，岩石的抗拉强度可以从下式求得：

$$2\sigma_t = \frac{1}{2}[(\sigma_1+\sigma_3)-(\sigma_1-\sigma_3)\cos\psi] \pm\sqrt{(\sigma_1^2+\sigma_3^2)-(\sigma_1^2-\sigma_3^2)\cos(2\psi)} \tag{5-23}$$

若材料是各向同性并且裂纹呈随机分布时，当

$$\sigma_1 = \frac{-8\sigma_t(1+k)}{(1+k)^2} \tag{5-24}$$

裂纹会产生扩展。

把$k=\sigma_3/\sigma_1$代入式(5-24)中，可以得到Griffith准则的表达式如下：

$$\begin{cases}\sigma_1+3\sigma_3\geqslant 0,(\sigma_1-\sigma_3)^2=8\sigma_t(\sigma_1+\sigma_3)\\ \sigma_1+3\sigma_3<0,\sigma_3=-\sigma_t\end{cases} \tag{5-25}$$

由公式(5-25)可知，Griffith强度理论的判据公式是一个用分段函数形式表示的表达式。在不同的应力段，表现出不同的特性。为了加深对Griffith强度理论的理解，下面讨论强度判据在不同坐标轴下的表达形式及其特征，以便在岩石工程中更好地应用。

(1)在$\sigma_1-\sigma_3$坐标轴下强度判据的表现形式

由于Griffith强度理论的判据公式是一个分段函数，先分析当$\sigma_1+3\sigma_3<0$时，其表达式的特征。由强度判据公式可知，此时的判据为$\sigma_3=-\sigma_t$(图5-12中直线EF)。这一判据的含意为：在$\sigma_1-\sigma_3$坐标下，当作用于岩石的应力满足$\sigma_1+3\sigma_3<0$的条件时，不管σ_1值的大小，只要$\sigma_3=-\sigma_t$，岩石的裂纹开始扩展。判据在$\sigma_1-\sigma_3$坐标下表现为平行于σ_1轴的直线。其次，当作用于岩石的应力满足$\sigma_1+3\sigma_3\geqslant 0$的条件时，在$\sigma_1-\sigma_3$坐标下，其判据为一二次曲线，且该二次曲线在点$(3\sigma_t,-\sigma_t)$与上面应力段的强度判据线相衔接。在这一应力段内，令$\sigma_3=0$，由公式(5-25)可得：

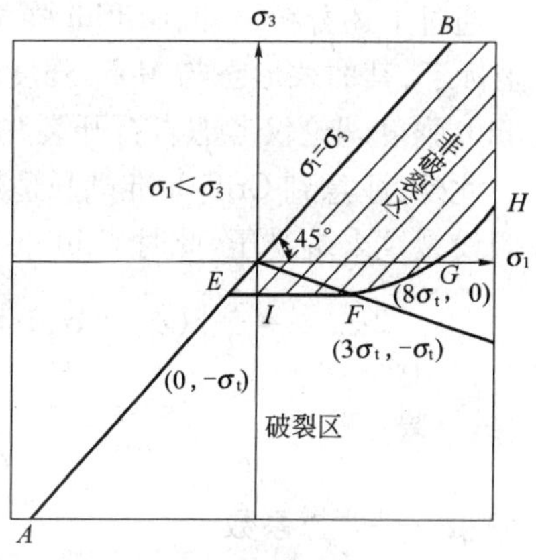

图5-12 Giffith准则图解

$$\sigma_1 = 8\sigma_t \tag{5-26}$$

这一结论告诉我们：根据Griffith强度理论，岩石的单轴抗压强度是抗拉强度的8倍。

(2)在$\tau-\sigma$坐标轴下强度判据的表现形式

为了能与Mohr-Coulomb强度理论相比较，讨论在$\tau-\sigma$坐标下，Griffith强度理论判据公式的表达形式。

设$\sigma_m=(\sigma_1+\sigma_3)/2$，$\tau_m=(\sigma_1-\sigma_3)/2$。假设分段函数第一应力段的表达式$\sigma_1+3\sigma_3\geqslant 0$，可改写成$2\sigma_m-\tau_m\geqslant 0$。同样利用假设条件，与第二应力段所对应的强度判据公式亦可改写成如下表达式：

$$\tau_m^2 = 4\sigma_m\sigma_t \tag{5-27}$$

此外，将常用的Mohr应力圆公式也写成用σ_m、τ_m表示的表达式，其式如下：

$$(\sigma-\sigma_m)^2+\tau^2=\tau_m^2 \tag{5-28}$$

将式(5-27)代入式(5-28)，得：

$$(\sigma - \sigma_m)^2 + \tau^2 = 4\sigma_m\sigma_t \tag{5-29}$$

上述公式的演变过程表明,式(5-29)为满足强度判据的极限 Mohr 应力圆的表达式。为了求得 Mohr 圆的切点,令公式中的 σ、τ 为任意取定的值。对公式(5-29)中 σ_m 求导,得如下公式:

$$\sigma_m = \sigma + 2\sigma_t \tag{5-30}$$

若将式(5-29)与式(5-30)联立求解,可得如下的公式,其含意为极限应力圆与切线方程的交点,就是破坏点的轨迹线,也就是强度包络线:

$$\tau^2 = 4\sigma_t(\sigma + \sigma_t) \tag{5-31}$$

式(5-31)表示了当作用在岩石上的应力状态满足 $\sigma_1 + 3\sigma_3 \geqslant 0$ 的条件,在 $\tau - \sigma$ 坐标下,Griffith 强度理论判据的表达式。该判据是一条抛物线,曲线的形态与 Mohr 强度包络线很接近。但其值要比 Mohr 强度包络线小。再回过头来分析 $\sigma_1 + 3\sigma_3 < 0$,即第一应力段的强度表达式。根据处在该应力段强度的判据可知,无论 σ_1 的大小如何,只要作用在岩石上的 σ_3 与岩石的抗拉强度相等,则开始破裂。这一判据在 $\tau - \sigma$ 坐标下,可用不同大小的极限 Mohr 应力圆与包络线来表示。若岩石发生破坏,其应力圆应与包络线相切。那么,第一应力段的强度判据,可理解为不管应力的大小如何,其应力圆都在 $\sigma_1 = -\sigma_t$ 点与包络线相切。可见在这一应力段的 Griffith 强度判据表达式蜕化为一点。这点的大小就是 σ_t。

通过上述分析可知,Griffith 强度判据公式虽然是一条用分段函数表示的曲线,但是在 $\tau - \sigma$ 坐标下,其曲线形态与 Mohr 强度包络线比较相似。而前者的强度值要比后者来得小,这是 Griffith 强度理论仅考虑岩石开裂并非宏观上破坏的缘故。

此外,注意到 Griffith 准则只适用于拉应力状态。Hoek(1968 年)对这一准则进行了修正并假设裂纹末端受压,此时 Griffith-Hoek 准则可表示为:

$$2\sigma_t = -\frac{1}{2}\{(\sigma_1 + \sigma_3)\sin(2\psi) - \mu[(\sigma_1 + \sigma_3) - (\sigma_1 - \sigma_3)\cos(2\psi)]\} \tag{5-32}$$

$$\sigma_1 = \frac{-4\sigma_t}{(1 + k)\sqrt{(1 + \mu^2)} - \mu(1 + k)} \tag{5-33}$$

式中:μ——摩擦系数。

3. Hoek-Brown 经验准则

Jaeger(1971 年)在他的 Rankine 讲座文章中提及:虽然 Griffith 理论已经被证明在研究岩石中裂隙对岩石强度的影响时是一个强有力的数学工具,但它本质上只是一个数学工具,从微观上讲岩石是由大量的不同力学性质、各向异性的岩晶颗粒聚集而成的,正是这些岩晶颗粒和它们的边界特征决定着岩石的微观力学特征。由于工程实践中缺乏强有力的数学工具和实践经验去预测岩石中裂纹的扩展,许多学者和研究人员不得不转而去推求能表征岩石强度的经验公式。这些经验公式中,相对而言由于 Hoek-Brown 经验公式能比较容易地用来估计节理岩体的强度,因而在岩石工程界已得到了广泛的应用和认可。本节将着重介绍用于岩石强度参数估计的 Hoek-Brown 经验公式。

受 Griffith 准则的启发,为了得到能同时适用于法向力为拉的 Griffith 准则和法向力为压的破坏条件,Hoek 和 Brown (1980 年)试图用不同形式的抛物线来拟合破坏状态时的实测数据(如直剪、三轴、现场试验),并提出用于确定新鲜岩石强度的经验准则。Hoek 和 Brown (1983 年)指出这一过程纯粹是一个试算过程;另外,Hoek-Brown 经验公式中的经验常数和岩石的物理力学参数,并没有本质上的联系。由于 Hoek-Brown 在提出这一经验准则时主要考虑

在地下洞室中应用,因而这一准则采用主应力来表示,其具体的形式为:

$$\sigma_1 = \sigma_3 + \sqrt{m_i \sigma_c \sigma_3 + \sigma_c^2} \tag{5-34}$$

式中:σ_1——破坏时的最大主应力;

σ_3——最小主应力或者是三轴试验中的围压;

σ_c——岩石的单轴抗压强度;

m_i——材料常数。

σ_1 和 m_i 可以根据试验数据,通过数理统计理论中的回归分析方法得到。其具体步骤为:首先将式(5-29)改写成如下的形式:

$$(\sigma_1 - \sigma_3)^2 = m_i \sigma_c \sigma_3 + \sigma_c^2 \tag{5-35}$$

令 $x = \sigma_3$,$y = (\sigma_1 - \sigma_3)^2$,对 x 和 y 进行线性回归,则单轴抗压强度 σ_c 和材料常数 m_i 可以表示为:

$$\sigma_c^2 = \frac{\sum y}{n} - \left[\frac{\sum xy - \frac{\sum x \sum y}{n}}{\sum x^2 - \frac{(\sum x)^2}{n}} \right] \frac{\sum x}{n} \tag{5-36}$$

$$m_i = \frac{1}{\sigma_c} - \left[\frac{\sum xy - \frac{\sum x \sum y}{n}}{\sum x^2 - \frac{(\sum x)^2}{n}} \right] \tag{5-37}$$

线性分析中 x 和 y 的相关系数 r 为:

$$r^2 = \frac{\left(\sum xy - \frac{\sum x \sum y}{n} \right)^2}{\left[\sum x^2 - \frac{(\sum x)^2}{n} \right] \left[\sum y^2 - \frac{(\sum y)^2}{n} \right]} \tag{5-38}$$

式中:n——用于回归分析的试验数据组数。

三、结构面的抗剪强度

1. Patton 模型

Patton 观察一处石灰岩边坡失稳时发现,层面愈粗糙起伏则允许坡角愈陡。他建议将这种粗糙起伏分为两级,如图 5-13 所示,一级凸起可称为起伏度,二级凸起可称为粗糙度,它们可以用角度表示并加以测量。

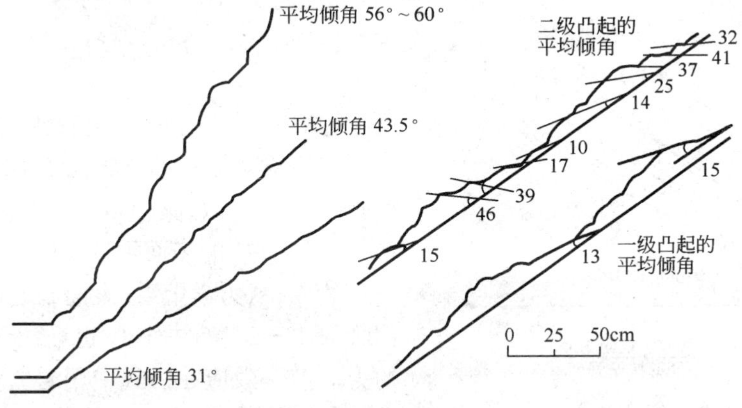

图 5-13 粗糙度的实际观测结果

如果受剪岩块受有法向应力 σ 及剪应力 τ 的作用，而剪切发生在倾角已知的斜面上(图 5-14)，且斜面两盘岩石之间的摩擦角为 φ，那么，从极限平衡条件可以导出：

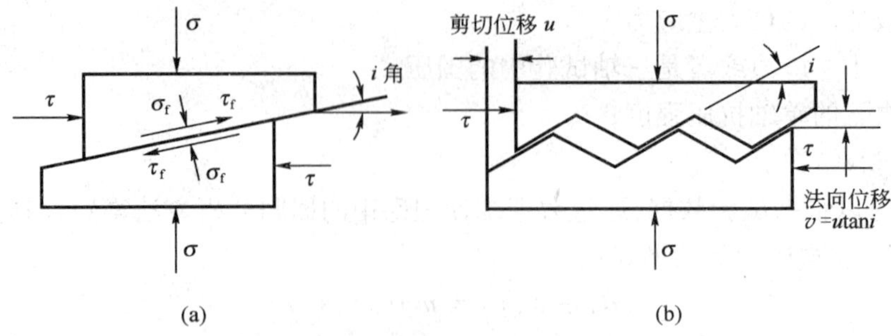

图 5-14　爬坡及剪胀的示意图

$$\tau = \sigma \cdot \tan(\varphi + i) \tag{5-39}$$

在此情况下，两盘岩块之间不仅有剪应力 u 发生，而且有与 σ 方向相反的位移 v 发生，这种现象称为爬坡，爬坡时试块发生“剪胀”。

在实际工程中 σ 是由岩柱重量引起的，因此总法向力将不随剪变形而改变，两岩块错动后，接触面减小则法应力增加，从而抗剪力也将增加，这一进程最终将导致凸起部的剪断，这时爬坡剪切变为了平面摩擦剪切，这时整个过程的强度曲线就由图 5-15 的双直线构成。

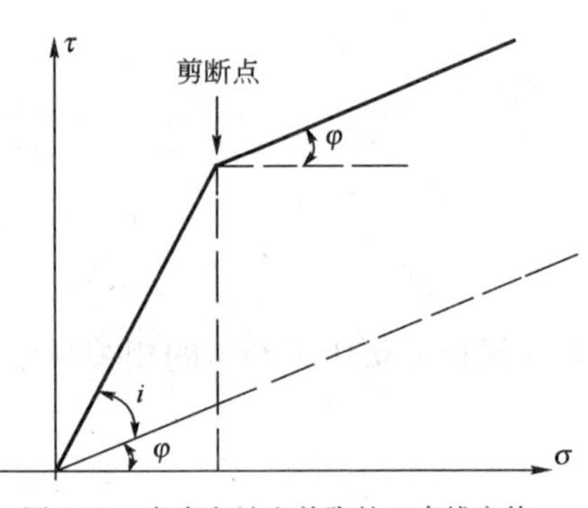

图 5-15　考虑爬坡和剪胀的双直线定律

2. Barton 的经验公式

Barton 归纳大量试验得到的结构面抗剪强度公式为：

$$\tau = \sigma'\tan\varphi' = \sigma'\tan(i + \varphi_r) = \sigma'\tan\left(JRC\lg\frac{JCS}{\sigma'} + \varphi_b\right) \tag{5-40}$$

此式包含三个参数：φ_b 表示平直无凸起的新鲜或风化岩石表面的基本摩擦角或两片岩石的残余摩擦角 φ_r，它们构成了抗剪强度的下极限值。抗剪的另一个组分是由于表面不光滑引起的，它可用爬坡角 i 表示，有

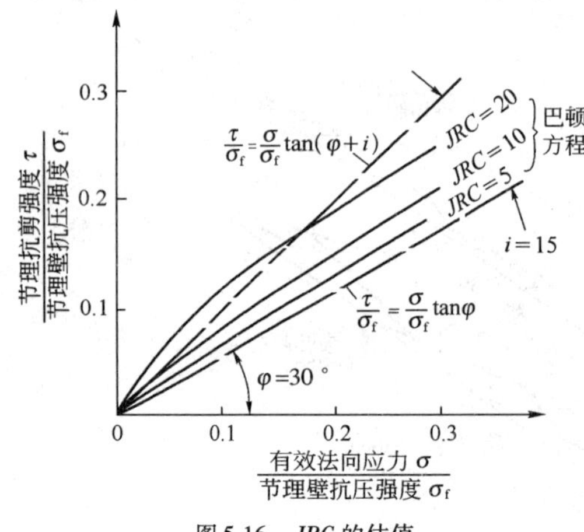

图 5-16　*JRC* 的估值

$$i = JRC\lg\frac{JCS}{\sigma'} \tag{5-41}$$

式中：JRC——节理壁粗糙系数，它是一个几何参数，可参照图 5-16 所示的案例选取，其值从光滑面的 0 到非常粗糙的表面可达 20。

然而，从力学上看，表面凸起能提供的抗剪作用既取决于岩壁的强度，也取决于通过岩壁传递的力。前一效应在公式中用岩壁的抗压强度 JCS 表示，传递的力用有效应力 σ' 加以考虑。

对于能取得岩芯的节理壁而言，取其三段金刚石钻进的芯段按上一下二地叠成品字形，然后作倾斜试验即可测得 φ_b。在风化强烈的岩石中难以取得岩芯，只得取岩块来做试验。然而在这类岩石中要采取一个两片岩块属于原配的试件也不容易，即使采到样品，用普通剪切仪做试验时要得到与残余摩擦相适应的剪切大位移也是困难的。为此 Barton 建议采用下列经验算式来求这类岩石的残余摩擦角 φ_r：

$$\varphi_r = (\varphi_b - 20°) + 20\frac{r_1}{r_2} \tag{5-42}$$

式中：φ_b——同类未风化岩的基本摩擦角；

r_1，r_2——分别是饱水风化节理壁和干燥未风化岩面上的“L”形斯密特（Schmite）锤的回弹量，这种回弹仪容易从市场上购得。

进一步的试验还说明，在大比例尺条件下，为调用峰值强度需要较大的剪切位移，这意味着随剪切面长度的增加，较大的但不陡的倾斜凸起将控制峰值强度，但却对 φ_r 或 φ_b 影响不大。前一问题牵涉大比例尺条件下节理粗糙度 *JRC* 的估值问题，为此 Barton 建议了图 5-17 所示的估值图表，图形要求的测量是基长和最高凸点与下凹点的高差，有此两数据即可按照图 5-17 查出 *JRC* 值。

图 5-17　长节理的粗糙系数的估计值

（按测段长度及凸起的幅度估计粗糙系数 *JRC*，Barton，1982 年）

3. 充填物对结构面拉剪强度的影响

Goodman 研究了人造锯齿状节理中的充填物对节理抗剪强度的影响，结果如图 5-18 所示。它说明一旦充填物厚度超过了表面凸起的幅度后，节理强度即由充填物的强度所控制。

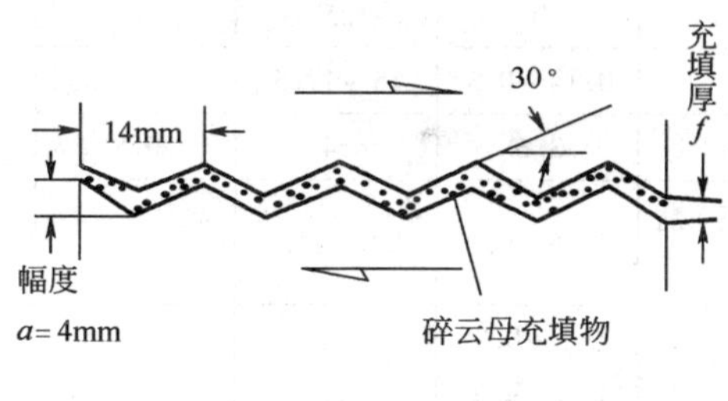

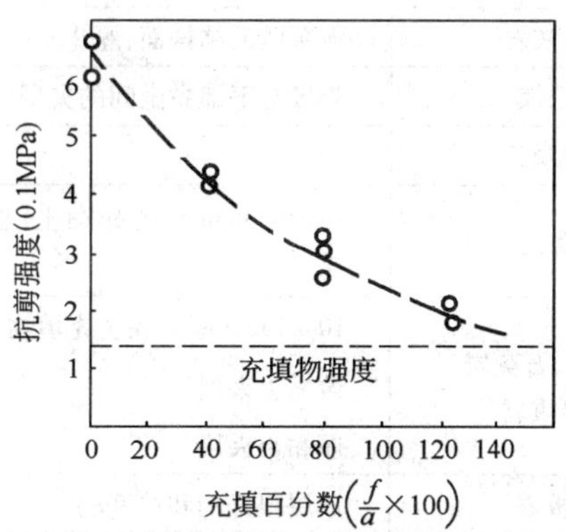

图 5-18　充填物厚度对结构面抗剪强度的影响

Barton 整理了一份夹有充填物的间断面抗剪强度的测试资料，如表 5-22，很有参考价值。

夹充填物的间断面的抗剪强度 表 5-22

岩石	说明	峰值强度		残余强度	
		$c(10^5Pa)$	$\varphi(°)$	$c(10^5Pa)$	$\varphi(°)$
玄武岩	黏土质与玄武岩质的角砾岩，其中黏土和玄武岩的含量变化很大	2.4	42		
膨润土	白垩中的膨润土夹层	0.15	7.5		
	薄层	0.9~1.2	12~17		
	三轴试验	0.6~1.0	9~13		
膨润土质页岩	三轴试验	0~2.7	8.5~29		
	直剪试验			0.3	8.5
黏土	超固结、滑移、节理和少量剪切	0~1.8	12~18.5	0~0.03	10.5~16
黏土质页岩	三轴试验	0.6	32		
	层理表面			0	19~25
煤系岩石	黏土糜棱岩层厚1.0~2.5cm	0.11~0.13	16	0	11~11.5
白云岩	蚀变页岩层厚约15cm	0.41	14.5	0.22	17
闪长岩、花岗闪长岩和斑岩	黏土角砾（2%黏土，$PI=17\%$）	0	26.5		
花岗岩	黏土充填的断层	0~1.0	24~25		
	因亚砂土断层充填物而弱化	0.5	40		
	构造剪切带，片岩和破碎花岗岩，破碎岩石和断层泥	2.42	42		
硬砂岩	层面上有1~2mm厚黏土			0	21
石灰岩	6mm厚黏土层			0	13
	1~2cm厚的黏土充填物	1.0	13~14		
	<1mm厚的黏土充填物	0.5~2.0	17~21		
石质岩泥灰岩与褐煤	褐煤夹层	0.8	38		
	褐煤和泥灰岩接触	1.0	10		
石灰岩	泥灰质的结构面，厚2cm	0	25	0	15~24
褐煤	褐煤与下部黏土间的夹层	0.14~0.3	15~17.5		
蒙脱石		3.6	14	0.8	11
黏土	白垩中8cm厚的膨润土（蒙脱石）黏土层	0.16~0.2	7.5~11.5		
片岩、石英岩与硅质岩片	10~15cm厚的黏土充填物	0.3~0.9	32		
	薄黏土夹层	0.1~7.4	41		
	厚黏土夹层	3.8	31		
板岩	成层很好的和蚀变的	0.5	33		
石英、高岭土及软锰矿	重塑试样的三轴试验	0.42~0.9	36~38		

Hoek 强调指出涉及有充填物的结构面时必须重视它们对岩体渗透性的影响。泥质充填物可能将地下水堵塞在岩体内形成高水压，这对岩体的稳定性可以造成很大的危害。

四、岩体及结构面抗剪强度参数参考表

本节中收集了国内某些工程的岩体力学试验资料，同时收集了少量的国外岩体力学试验资料。这些强度参数仅能供参考和作对比研究，因为试件的大小、级数、试验条件、试验方法、地质背景及试验技术水平等都不尽相同。

1. 岩体抗剪强度参数参考表

(1)大冶铁矿岩体抗剪强度参数表(表 5-23)。

(2)水电部某些工程的岩体抗剪强度参数表(表 5-24、表 5-26)。

(3)国外某些工程岩体野外抗剪强度试验成果表(表 5-25)。

大冶铁矿岩体抗剪强度参数表 表 5-23

岩　性	地 质 特 征	建议采用值			
		$c(10^5 Pa)$		$\varphi(°)$	
		浸水	风干	浸水	风干
含石榴子石大理岩	致密块状，完整	7	14	35	40
	致密块状，有裂隙及方解石脉	3	12	30	35
纯大理岩条带状大理岩	致密块状，完整	7	14	33	36
	致密块状，有裂隙及方解石脉	3	12	30	55
中粗粒闪长石	致密块状，完整 致密块状，有裂隙	10	18	40	48
蚀变闪长石	致密块状，有隐节理 致密块状，有裂隙	2	8	28	32

几个坝址的室内、野外抗剪试验数据与采用强度表 表 5-24

工 程 名 称			青铜峡水库	普定水电站	潘家口水电站			盐锅峡水库
坝高(m)			42.7	135.3	107.5			55
设计阶段			施工图	初设	初设			
坝型			混凝土支墩坝	混凝土宽缝重力坝	混凝土空心重力坝和当地材料坝比较			混凝土重力坝
岩石名称			中奥陶统砂岩	玉龙山灰岩	震旦系风化长城石英岩	震旦系半风化长城石英岩	震旦系强风化长城石英岩	砂岩
室内试验	抗剪	$\tan\varphi$	0.61	0.70				0.71～0.73
		$c(10^5 Pa)$	0.15	0.10				0.10
	抗剪断	$\tan\varphi$	1.15					
		$c(10^5 Pa)$	14.20					
野外试验	抗剪	$\tan\varphi$	0.96	0.76				0.70
		$c(10^5 Pa)$	2.03	0.15				0.15
	抗剪断	$\tan\varphi$	1.50			1.20	0.88	1.50
		$c(10^5 Pa)$	7.80			1.25	6.40	13.60
建议采用值	岩石/岩石	$\tan\varphi$	0.60	0.65	1.40	1.51	0.96	0.60
		$c(10^5 Pa)$		0.20	7.40	1.58	6.40	0.10

备注：摘自《水利水电工程岩石物理力学性质数据汇编》。

表 5-25

国外若干工程岩体野外抗剪强度试验成果表

岩石名称	国家	地点	剪切面积(m^2)	最大垂直荷载(10^5Pa)	抗剪断		抗剪		地质简述	备注
					$\tan\varphi$	c(10^5Pa)	$\tan\varphi$	c(10^5Pa)		
花岗岩	葡萄牙	Ahorabagao			0.8～1.9	1～13			i=3～15,坚固到风化	$i=(A/B)\times100$,为岩石风化程度指标。B为试件105℃烘干质量;A为烘干后放入水中的吸水质量
花岗岩	日本	Kuyopen	3.5×2.5	5	1.0～1.2	18～32				
玄武岩	巴西	Jupia	5.5×5.5	13	0.7～1.83	0.9～7.1			砂岩上的玄武岩	
石灰岩	南斯拉夫	Grancarero	2.8×2.8	2.5	0.85	7			有未充填节理	
砂岩	巴西	Jupia	0.7×0.7	20	1.67	9.8			硅化	
砂岩	安哥拉	Cambambe	0.7×0.7		1.70	1.0			微风化	
砂岩	捷克斯洛伐克		1.0×0.8	3.2			0.58	0.5	元古代硬质砂岩	
片麻岩	捷克斯洛伐克	Moyaria	100	0.7	1.0	6			轻微风化	
黑云母片麻岩	南斯拉夫	Djeydap	0.8×0.8	30	0.97	7.2			片状	
泥灰岩	西班牙	Grado	0.5×0.5		0.23～1.3	0～2.6			寒武纪泥灰岩	
页岩	联邦德国	Riverlech Helmenslein	0.5×0.5	6.7	0.37～0.83	4.8～6.5			有节理	
页岩	南斯拉夫	Bajianbasta	0.8×0.8	7.5	0.88	1.3			黏土质砂质页岩	
页岩	葡萄牙	Bemposta	0.7×0.7		2.6	2				垂直片理:i=0.8～1.73
云母片岩	罗马尼亚	Dteydap/Dleydap	0.8×0.8	11	0.68	2				
云母片岩	罗马尼亚	Dteydap/Dleydap		15.4	0.65	3.5				
云母片岩	捷克斯洛伐克		1.0×0.8	12			1.8	1	片状	
绿泥石片岩	捷克斯洛伐克		1.0×0.8	12			0.2	0.9		
褐煤	西班牙	Mesguinenza	0.5×0.5	20	0.67	0.7			1～25cm 厚	

注:摘自《水利水电工程岩石物理力学性质数据汇编》。

岩石抗剪参数汇总 表 5-26

岩 石 名 称	工 程 名 称	$\tan\varphi$	$c(10^5\text{Pa})$	备 注
流纹岩	古田一级电站	0.51	0.41	光面抗剪
玄武岩	二滩水电站	1.38 ~ 1.73	20	现场
混合岩	白山	0.85	2.5	
花岗岩	欧阳海水库	0.61	16.2	
变质辉绿岩	丹江口	1.75	25	现场值
熔结凝灰岩	周公宅水库	1.0 ~ 1.2	13 ~ 15	
白云母钠长片岩	黄龙电站	1.73	29	室内三轴
石英砂岩	十三陵抽水蓄能电站	2.6	12.3	双面剪切仪值
砂质页岩	陈村	0.62	13	
结晶状灰岩	彭水	0.81	1 600	室内三轴
白云岩	鲁布革	0.35	20	室内三轴

备注:选自《岩石力学参数手册》,中国水利水电科院研究院等,1991。

2. 结构面抗剪强度指标参考表

(1)大冶露天铁矿断层强度建议采用值(表 5-27)。

大冶露天铁矿断层强度 表 5-27

类型	岩性	结构面及夹泥特征	建议采用值						
			$c(10^5\text{Pa})$		$\varphi(°)$		$\gamma(\text{t/m}^3)$	$E(\times10^{10}\text{Pa})$	μ
			浸水	风干	浸水	风干			
断层	大理岩	泥质	0	0.3	8	16 ~ 18	2.3	0.07 ~ 0.09	0.35
		角砾夹泥	0	0.3	10	20 ~ 22	2.4		
		角砾	0	0.3	18	25	2.5	0.5 ~ 0.7	
	闪长岩	泥质	0	0.3	8	15 ~ 17	2.3	0.07 ~ 0.09	0.22
		角砾夹泥	0	0.3	10	18 ~ 20	2.4		
		角砾	0	0.3	18	25	2.5	0.5 ~ 0.7	
	蚀变闪长岩	泥质	0	0.2		14 ~ 16	2.3	0.07 ~ 0.09	0.35
		角砾夹泥	0	0.2	8	16 ~ 18	2.4		
		角砾	0	0.2	15	25	2.5	0.5 ~ 0.7	
氧化矿	褐铁矿	碎块及土	0	0.3	12	27	2.4		0.35

(2)大冶露天铁矿节理强度建议采用值(表 5-28)。

大冶露天铁矿节理强度 表 5-28

岩性	结构面及充填特征	建议采用值					
		$c(10^5\text{Pa})$		$\varphi(°)$		$E(\times10^{10}\text{Pa})$	μ
		浸水	风干	浸水	风干		
大理岩	平直、含泥	0	0.3 ~ 0.5	10	16 ~ 20	0.7 ~ 0.1	0.3
	平直、干净	0.5	1 ~ 2	20	30 ~ 32		
	粗糙、含泥	0	0.3 ~ 0.5	12	20 ~ 25	0.7 ~ 0.1	0.3
	粗糙、干净	0.5	1 ~ 2	25	32 ~ 35		

续上表

岩性	结构面及充填特征	建议采用值					
		$c(10^5Pa)$		$\varphi(°)$		$E(\times10^{10}Pa)$	μ
		浸水	风干	浸水	风干		
闪长岩	平直、含泥	0	0.3~0.5	10	15~20	0.7~0.1	0.3
	平直、干净	0.5	1~2	20	25~30		
	粗糙、含泥	0	0.3~0.5	12	19~28	0.7~0.1	0.3
	粗糙、干净	0.5	1~2	25	35~37		
蚀变闪长岩	平直、含泥	0	0.3~0.5	8	14~18	0.7~0.1	0.3
	平直、干净	0.5	1~2	20	25~26		
	粗糙、含泥	0	0.3~0.5	10	14~18	0.7~0.1	0.3
	粗糙、干净	0.5	1~2	20	30		

(3)河南林县金牛山水库张夏五层及崮山1号夹层抗剪强度汇总表(表5-29),试件尺寸均为100cm×100cm×60cm。

林县金牛山水库张夏五层及崮山1号夹层抗剪强度 表5-29

洞号	试件号	摩擦强度				剪切刚度 (10^5Pa)	法向刚度 (10^5Pa)	结构面特征
		峰值		屈服				
		$\varphi(°)$	$c(10^5Pa)$	$\varphi(°)$	$c(10^5Pa)$			
12	1	23.5	0.129	22.5	0.129	95		下盘面上均布一层厚度约1cm左右的压碎岩,上盘面上分布有黏泥、糜棱岩粉夹角砾
	2	25	0.119	9.5	0.035	90.7	159	剪切面上有压碎岩块及棕红色黏泥,岩块块度5cm×3cm,5cm×3cm不等
	3	16	0.226	13.5	0.200	82	98	剪切面上均布有棕红色黏泥、糜棱岩化碎屑,含角砾,泥岩上擦痕明显
	4	17	0.224	16	0.139	138	206	棕红色黏泥、糜棱化碎屑角砾,呈浅色,最大为2cm×2cm
	5	13	0.198	11	0.139	43	87	具有明显擦痕和擦沟,泥厚0.5~2cm,糜棱化角砾,呈浑圆状
	6	25	0.03	11	0.03	38		棕红色,泥厚0.5~2cm,擦痕明显,内部结构呈片状,具糜棱化岩粉及角砾
	7	13	0.25	9	0.224	24	87.5	上盘面和泥接触,下盘面上部为糜棱岩
	8	21.5	0.23	17	0.121	178	65	夹层为灰岩碎块,岩块起了骨架作用,故强度较高
7	1	44	0.30	38	0.3	80		剪切面不平,成搓板状
	2	30	0.137	20.5	0.137	74		剪切面内各层逐层剪断
	3	35	0.45	27	0.44	112		剪切面起伏不平,呈搓板状
	4	30	0.20	22.5	0.20	97	71	剪切面底面为鱼鳞块状,逐层剪断

注:中国科学院地质研究所五室岩石力学组的成果。

第五节　边坡稳定极限分析的理论与方法

极限分析是塑性力学求解结构破坏时承载能力的一个重要方法。1975年，W. F. Chen的专著《极限分析和土的塑性力学》为在土力学的地基承载力、边坡稳定和土压力分析这三个领域引入极限分析方法，作出了开创性的工作。

极限分析的基本出发点是假定结构的关键部位在外荷载作用下发生破坏，在该区域内各点均达到了极限平衡，处于塑性流动状态。此时，荷载不增加，位移可以不断发展。对于由岩土材料构成的边坡，这一关键部位可以理解为是滑坡体。

一、边坡稳定问题的一般提法

土体稳定分析的基本提法和求解固体力学问题是一致的，即在一个确定的荷载条件下，寻找一个应力场σ_{ij}、相应的位移场u_i以及应变场ε_{ij}，它们满足下列条件(以张量形式表达)。

1. 静力平衡条件

$$\sigma_{ij,j} + W_i = 0 \tag{5-43}$$

其力学和几何边界条件是：

$$T_i = \sigma_{ij} \cdot n_j \tag{5-44}$$

$$u_i = \bar{u}_i \tag{5-45}$$

式中：W_i——体积力；

T_i——作用于表面S上的边界力；

n_j——S面法线的方向导数；

$\bar{u}_i$——表面位移。

静力平衡的另一个表达形式是虚功原理，即相应任一协调的位移场增量$\overset{*}{u}_i$，有：

$$\int_v \overset{*}{\varepsilon}_{ij} dv = \int_v W_i \overset{*}{u}_i dv + \int_s T_i \overset{*}{u}_i ds \tag{5-46}$$

2. 变形协调

$$\varepsilon_{ij} = \frac{u_{i,j} + u_{j,i}}{2} \tag{5-47}$$

3. 本构关系

$$\sigma_{ij} = Ci_{jkl}\varepsilon_{kl}\frac{u_{i,j} + u_{j,i}}{2} \tag{5-48}$$

$$f(\sigma_{ij}) \leqslant 0 \tag{5-49}$$

式(5-48)和式(5-49)分别反映了材料必须遵守的应力、应变关系和强度准则。其中Ci_{jkl}为反映弹性或弹塑性本构关系的张量表达式。

式(6-49)通常采用Mohr-Coulomb准则，即：

$$f(\tau - \sigma_n \tan\varphi - c) \leqslant 0 \tag{5-50}$$

式中：σ_n，τ——分别为破坏面上的法向和剪切应力；

c，φ——抗剪强度指标。

在一般的岩土材料中我们还提出不容许出现拉应力的限制条件，即：

$$\sigma_3 \geqslant 0 \tag{5-51}$$

式中：σ_3——土体内任一点小主应力。

全面满足上述条件的解答，即是反映实际情况的真实解。但是，岩土材料的不连续性，各向异性和非线性的本构关系以及结构在破坏时呈现的体胀和软化、大变形等特性，使求解岩土材料稳定的问题变得十分困难和复杂。在工程实践中寻找能基本反映上述条件的简化方法，始终是人们长期探求的一条途径。

二、边坡稳定的塑性力学上限解和下限解

1. 加载的定义

在实际工程中我们分析的对象往往是一个具有一定安全储备的结构。分析这样一个结构稳定性的提法往往是这样的：对某一处于稳定的结构，需要一个多大的外部干扰因素，方可将其过渡到极限状态。在塑性力学和边坡稳定领域，通常有以下三种处理方案。

(1) 方案1。如果边坡表面作用有荷载 T^0，那么，可以将这个荷载增加到直至破坏，此时的荷载为 T，定义加载系数为：

$$\eta = \eta_t = \frac{T - T^0}{T^0} \tag{5-52}$$

(2) 方案2。极限状态是通过施加一个假想的水平体积力 $\eta_b W$(如水平地震惯性力)实现的。其中 W 为滑坡体的自重。Sarma(1973 年)首先提出这一思路，并称 η_b 为临界加速度系数。这一方案在边坡问题中较适用，因为大多数的边坡问题中不存在表面荷载。

采用(1)、(2)两种处理方案，η_t 或 η_b 通常可以直接通过一个公式求得，不需迭代。同时，这两种处理与塑性力学上、下限定理中的加载概念一致，因此，可以获得较坚实的理论基础。

(3) 方案3。定义安全系数 F。如果材料的抗剪强度指标 c 和 φ 按下式降低为 c_n 和 φ_n，即

$$c_n = c/F \tag{5-53}$$

$$\tan\varphi_n = \tan\varphi/F \tag{5-54}$$

边坡处于极限状态。采用这一方法时，F 常以隐式出现在求解的方程式中，需要进行迭代。通常的作法是，先假设一系列的 F 值，分别求得相应的 η_t 或 η_b，然后找到使 η_t 或 η_b 为零时相应的 F 值。为了表达方便，在以下的叙述中为这三种方案提供统一的计算公式，对出现下标 e 的物理量，如相应方案(1)和(2)，则意味着式(5-53)和式(5-54)中的 F 值为 1。

2. Drucker 准则

作为塑性力学的基础，Drucker 准则已在各类教科书中有详细介绍，这里不再赘述。Drucker 准则认为当材料从加载面的一点过渡到另一点时，应力增量在相应的塑性位移上做的功要大于或等于零，这样要求的加载面必为凸面。这一准则将成为证明下述塑性力学上限定理、下限定理和潘家铮原理的主要理论依据。

3. 塑性力学上限定理和下限定理

下限定理从构筑一个静力许可的应力场入手，认定凡是满足式(5-43)、式(5-44)和式(5-50)、式(5-46)的应力场相应的外荷载 T_i^* 一定比真实的荷载小。

上限定理从构筑一个处于塑性区 Ω^* 内机动可能的应变场 $\overset{*}{\varepsilon}_{ij}$ 和滑裂面 Γ 上的协调的速度场 v^* 出发[参见图 5-19(a)]，认定凡是满足式(5-46)和式(5-50)中的等式所相应的外荷载 T_i^* 一定比相应真实的塑性区 Ω 的真实的荷载 T 大，T^* 是通过虚功原理获得的，即：

$$\int_{\Omega}\boldsymbol{\sigma}_{ij}\boldsymbol{\varepsilon}_{ij}^{*}\,\mathrm{d}\Omega + \int_{\Gamma}\mathrm{d}D_{i}^{*} = Wv^{*} + T^{*}\cdot v^{*} \tag{5-55}$$

由于弹性变形通常相对塑性变形小许多,所以在应用上限定理通过式(5-46)确定外荷载时,还可以将其中的 u_i 仅理解为塑性变形。v 为在微小荷载增量作用下滑块沿滑面的相对位移,以下称速度。式(5-55)左端的内能耗散包括两项,即塑性区域 Ω 内和沿滑面 Γ 上的内能耗散。

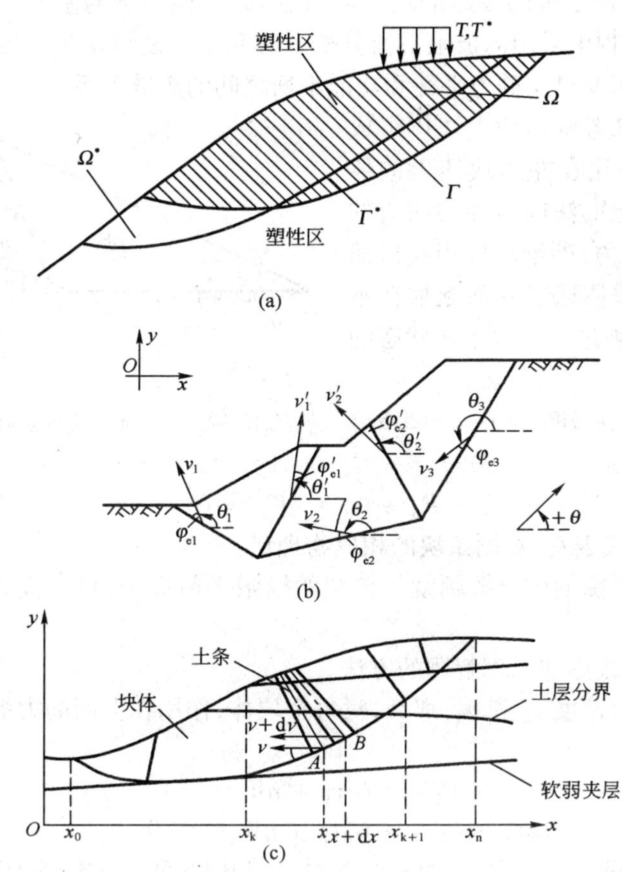

图 5-19　边坡稳定塑性力学上限解

(a)连续介质破坏模式;(b)多楔体破坏模式;(c)分段连续多块体破坏模式

如果材料遵守 Mohr-Coulomb 破坏准则和相关联的流动法则,则可确认沿滑面的位移 v 与滑面夹角为 φ_e(Chen,1975 年)。

滑面上的阻滑力在速度方向做的功,即单位面积内能耗散,可用下式表示(Chen,1975 年):

$$\mathrm{d}D = (c\cos\varphi_e - u\sin\varphi_e)v \tag{5-56}$$

式中:c——凝聚力;

u——孔压;

v——速度的大小。

说明在根据式(5-55)计算左边两项时,不需要知道滑面上的法向和切向应力。

由于速度 v 与滑动界面的夹角必须为 φ_e,知道第一个条块的速度大小 v_1 后,即可求得第二个条块的速度 v_2 和第一个条块相对于第二个条块的速度 $v_1{}'$[参见图 5-19(b)]。依此类推,任意一个条块的 v 和 v^j 可表达成第一个条块的速度 v_1 的函数。将式(5-56)代入式(5-55)后,v

不再是未知数,可通过式(5-55)求解安全系数 F 值。

用塑性力学上、下限定理分析边坡稳定问题,就是从下限和上限两个方向逼近真实解。在计算机软、硬件技术飞速发展的今日,可以成为现实。这一求解方法最大的好处是回避了在工程中最不易弄清的本构关系表达式(5-48),而同样获得了理论上十分严格的计算结果。

4. *虚功原理、静力法和能量法的等效性*

从 Drucker 公式和上限定理的表达形式中可以看到,塑性力学的基本原理是通过功和能的平衡形式表达的,而工程中采用的极限平衡分析方法和下面要讨论的潘家铮原理则以静力平衡的形式表达,因此,需要建立静力平衡和功能平衡之间的等效关系。

为便于理解,我们来考察由两个块体组成的滑体,如图 5-20。设作用在左边块体上的体积力为 W_L,作用在滑面上的法向力和切向力的合力为 P_L。P_L 的反作用力,即滑块作用在滑面上的力为 Q_L,并设右边块体通过界面施加在本块体上的力为 G_L。使边坡进入极限平衡状态的荷载力为 ηW_L,显然有:

$$W_L + P_L + G_L + \eta W_L = 0 \quad (5\text{-}57)$$

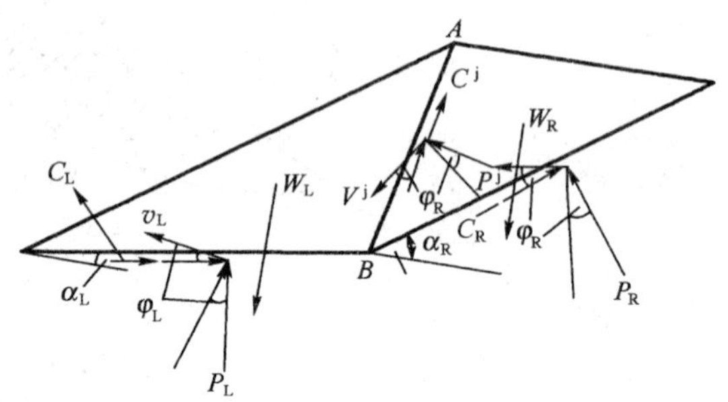

图 5-20　论述静力法和能量法等效性简图

同样,对右边块体有:

$$W_R + P_R + G_R + \eta W_R = 0 \quad (5\text{-}58)$$

其中下标 L、R 分别代表左、右侧条块的相应物理量。

遵照求解上述静力平衡的思路解题就是传统的极限平衡方法,具有代表性的是 Sarma 法(1979 年)。

但是,还存在另一种按虚功原理解题的方法。

假设左右块体分别有速度 v_L 和 v_R,那么,对每个块体,作用在上面的力沿位移做的功的总和为零,即:

$$W_L v_L + P_L v_L + G_L v_L + \eta W_L v_L = 0 \quad (5\text{-}59)$$

$$W_R v_R + P_R v_R + G_R v_R + \eta W_R v_R = 0 \quad (5\text{-}60)$$

在这里,我们规定,ηW 为水平方向的一个矢量。将式(5-59)和式(5-60)相加,并注意到以下关系式:

$$G_L = -G_R \quad (5\text{-}61)$$

$$Q_L = -P_L \quad (5\text{-}62)$$

$$Q_R = -P_R \quad (5\text{-}63)$$

有

$$W_L v_L + W_R v_R + \eta(W_L v_L + W_R v_R) = Q_L v_L + Q_R v_R + G_R v^j \quad (5\text{-}64)$$

$$v^j = v_L - v_R \quad (5\text{-}65)$$

式中:v^j——左条块相对右条块的速度。

式(5-64)左右端分别代表作用在滑体上的外力功总和、内能耗散总和。上述论证过程说明,按式(5-64)解题和按式(5-57)和式(5-58)解题是等效的。而式(5-64)恰好就是式(5-55)在有限条块情况下的表达形式。这一联系为证明潘氏原理奠定了基础。

三、潘家铮最大最小原理及其证明

在边坡、坝基和其他建筑物的抗滑稳定分析中,极限平衡法是工程中普遍采用的方法,这一方法包含两个步骤：

（1）对不稳定岩体或土体内某一滑裂面，根据静力平衡条件确定其抗滑稳定安全系数；

（2）在所有可能的滑裂面中，重复上述步骤，找出相应最小安全系数的临界滑裂面。

在极限平衡的理论体系中，上述第一步骤在本质上是一个静不定的力学问题，需要引入必要的假定，使问题变得可解。潘家铮（1980 年）在详细分析了建筑物和地基抗滑稳定的各种方法后，提出了以下两条原理，试图弥补传统的分析方法在理论上的缺陷：

（1）滑坡如能沿许多滑面滑动，则失稳时，它将沿抵抗力最小的一个滑面破坏（最小值原理）；

（2）滑坡体的滑面肯定时，则滑面上的反力（以及滑坡体内的内力）能自行调整发挥最大的抗沿能力（最大值原理）。

为了说明潘氏原理的理论意义，让我们回顾一个简单的例题。

图 5-21（a）是一个作用有垂直荷载 T^0 的无重量的均质边坡，将假定的滑坡体分成 4 个具有倾斜界面的块体，那么如果按照潘氏最大值原理来确定滑面和滑坡体的内力，显然，应选择在滑面和界面上均达到极限平衡的那个内力体系，即在外荷载 T 作用下滑面和界面上的法向力 N 和切向力 S 均满足下列的关系式：

$$S = N\tan\varphi + cL \tag{5-66}$$

式中：N,S——分别为作用在破坏面上的法向和切向反力；

φ,c——Mohr-Coulomb 准则的强度指标。

在满足式（5-66）的前提下，本问题是静定可解的。在边坡稳定分析领域，Sarma 法就是按照这一思路求解的。我们将按这一方法确定的相应外荷载 T 与实际荷载 T^0 的相对比值称为加强系数 η，即

$$\eta = \frac{T - T^0}{T^0} \tag{5-67}$$

在本例中，如果设 $T^0 = 111.437\text{kPa}$，$c = 98\text{kPa}$，$\varphi = 30°$，则计算获得的 η 为 0.274。根据潘氏最小值原理，作为稳定分析的第二步，我们应用数学规划的方法（该方法在下文详细介绍），寻找一个使 η 为最小的破坏机构，得到了如图 5-21（b）的破坏机构。其相应值为 $\eta = 0.027$，对这个例题，索科洛夫斯基（Sokolovski，1954 年）曾经给出过理论解，其模式如图 5-21（c）所示。对本例所采用的强度指标和其他参数，其极限荷载的理论解就是 111.437kPa。故理论解的 η 应为零。可以发现对本例采用 4 个块体的解 $\eta = 0.027$ 已和理论值非常接近，误差为 5.7%，其破坏模式也十分相似。事实上当条块数增加到 19 时，即可采用这一方法得 $\eta = 0.027$，其破坏模式和索氏解答［图 5-21（c）］完全一致。

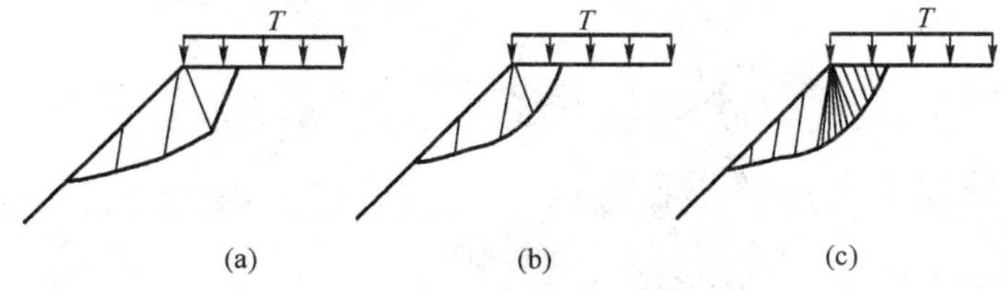

图 5-21　说明潘氏理论的一个例题

通过这一简单的例子，我们可以看到，存在着一个十分简便的途径来确定结构破坏的极限荷载。如果潘氏原理可以获得证明，那么传统的极限平衡分析方法可以和结构分析方法一样成为一个严格的理论分析体系。

四、数值分析方法——非线性规划

上、下限定理(或潘家铮最大最小原理)最终形成了一个求解目标函数(安全系数或加载系数)的极值问题。岩土工程问题通常包括复杂的地形和地质条件。上述求解土体稳定上、下限解的命题只有在数值分析的软、硬件技术发展到一定水平后方能成为现实。非线性规划中的最优化方法为解决这类问题提供了强有力的手段(Chen Z,Shao C,1988 年)。

最优化问题的提法是:对于一个具有 n 个自变量 $Z^T=(z_1,z_2,\cdots,z_n)$ 的目标函数 F,确定使 F 获得最小值 F_m 的自变量 Z^T。

在稳定分析中,自变量是滑裂面。因此就需要将它所代表的曲线 $y(x)$ 用若干参数来模拟。也就是说,需要将任意形状滑动面 $y(x)$ 用 Z^T 来近似表示。

将滑裂面曲线用 m 个点 A_1、A_2……A_m 离散(图 5-22),也就是将此 m 个点用直线或光滑的曲线连起来,以近似模拟此曲线。此 m 个坐标用 $Z_i(i=1,2,\cdots,m)$ 表示为:

$$Z_i = \begin{Bmatrix} x_i \\ y_i \end{Bmatrix} \tag{5-68}$$

一旦这种连接的模式确定,安全系数 F 即可表达成此 m 个点的坐标 x_1,y_1、x_2,y_2……x_n、y_n 的函数。而在上限解中,条块侧面的倾角 δ_i 也是自变量,因此,

$$F = F(x_1,y_1,x_2,y_2,\cdots,x_m,y_m,\delta_1,\delta_2,\cdots,\delta_m) \tag{5-69}$$

在进行最优化搜索过程中,A_1、A_2……A_m 将移到临界滑裂面的位置 B_1'、B_2'……B_m'(图 5-22,此处 $m=6$),其中端点 A_1、A_m 原来在边坡线上,有可能移到边坡线外或内,需要通过一定的处理方式,分别找到它们和边坡线的交点。各点的界面倾角 δ_i 也将过渡到使目标函数最小的新的数值。对均匀的土体介质,通常希望滑裂面比较光滑。此时,采用三次或更高次的样条函数连接这些点。作为一般的处理,采用直线和光滑曲线组合构筑的滑裂面。例如图 5-22 中 A_3、A_4、A_5、A_6 用曲线相连,A_2、A_3 用直线相连。通常只用少量的节点构筑这一破坏模式,然后再按线性内插的原则在相邻节点中进一步将土体细分成土条,如图 5-19(b)。

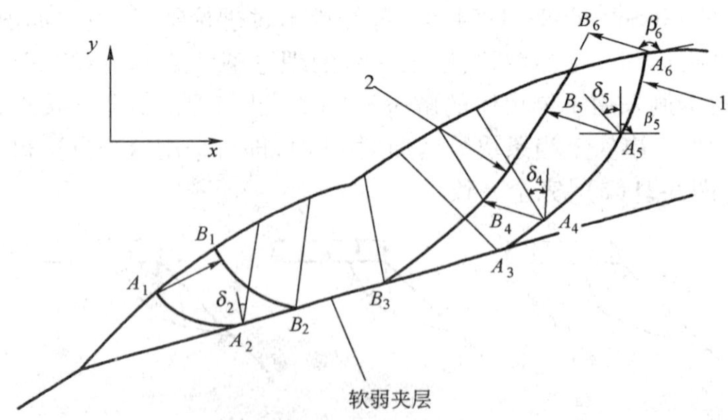

图 5-22 求解临界滑动模式的最优方法

1-初始滑动面;2-临界滑裂面

在实际应用时,经常遇到多极值问题。为了保证找到整体极值。可以用随机搜索的方法(Chen Z,1992 年;Greco,1996 年)。

第六节　岩质边坡楔体稳定性分析

在岩质边坡的失稳模式中,楔形体破坏占有重要位置。在三峡船闸边坡的开挖过程中,设计人员先后确定了200余个可能下滑的楔块。这些块体由片麻花岗岩的几组节理组成,方量在几十方到几千方之间。为确保工程安全,设计人员必须对这些块体的稳定性作出判断,并对不稳定块体提出加固方案。

本节主要介绍楔体稳定性分析的极限平衡方法和塑性力学上限解,并通过实例,说明两种方法得到的安全系数的大小关系。

一、楔体稳定性的极限平衡分析方法

1. 坐标系和物理量意义

为方便起见,在进行楔体稳定性分析时,需要使用空间解析几何的方法来确定与楔体有关物理量的几何关系。

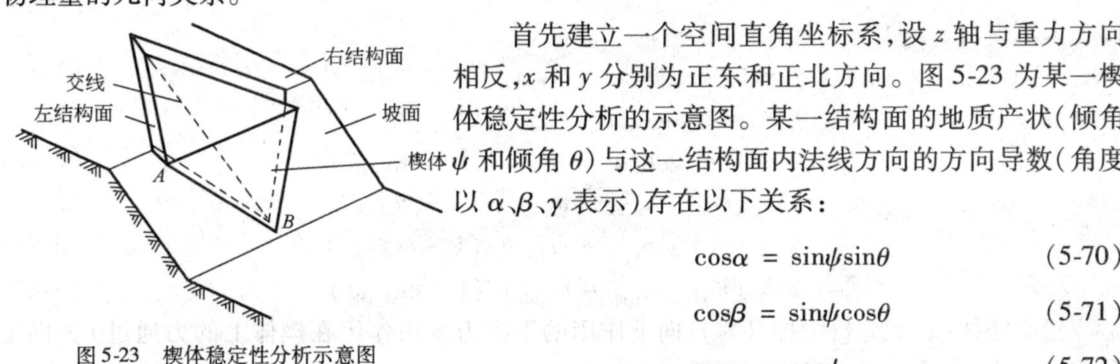

图5-23　楔体稳定性分析示意图

首先建立一个空间直角坐标系,设 z 轴与重力方向相反,x 和 y 分别为正东和正北方向。图5-23为某一楔体稳定性分析的示意图。某一结构面的地质产状(倾角 ψ 和倾角 θ)与这一结构面内法线方向的方向导数(角度以 α、β、γ 表示)存在以下关系:

$$\cos\alpha = \sin\psi\sin\theta \tag{5-70}$$

$$\cos\beta = \sin\psi\cos\theta \tag{5-71}$$

$$\cos\gamma = \cos\psi \tag{5-72}$$

对于图5-23所示的左、右底滑面,其交棱线的矢量为:

$$J = n_L \times n_R \tag{5-73}$$

式中:n_L,n_R——分别为左右底滑面内法线。

上式所代表的交棱线是向下的那个矢量,其中单位向量为 j,与其方向相反的那个矢量为:

$$J' = n_R \times n_L \tag{5-74}$$

这里,引入一个符号 $m_{\mathbf{a},\mathbf{b}}$,向量 $\boldsymbol{a}$ 在向量 $\boldsymbol{b}$ 上的投影可以用该两向量的点积来代表,定义为:

$$m_{\mathbf{a},\mathbf{b}} = \boldsymbol{a} \cdot \boldsymbol{b} \tag{5-75}$$

2. 楔体稳定性分析的极限平衡分析方法

传统的极限平衡分析方法,假定楔体底滑动的剪切力平行于交棱线。

(1)左右滑面均受压情况的楔体稳定分析

为了计算楔体底滑动的剪切力,需要知道有效法向反力的数值,用 N_L 和 N_R 表示。此时,引入一个假定,即作用于左右两个平面上的剪切力均平行于交棱线,见图5-24所示。这样,如果来考察一个与交棱线 j 垂直的剖面,将作用在该楔体上的力投影到这个面上,可以得到以下两个方程。

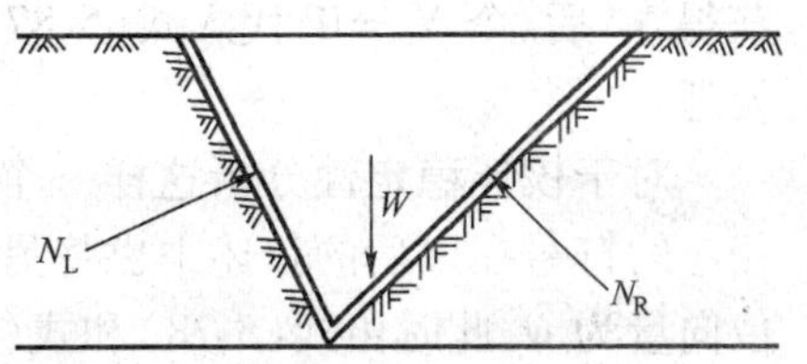

图5-24　作用在与交棱线 j 垂直的剖面上的力

$$(N_L + U_L) + m_{nR,nL}(N_R + U_R) + m_{w,nL}W + m_{v,nL}V + m_{t,nL}T = 0 \tag{5-76}$$

$$(N_R + U_R) + m_{nL,nR}(N_L + U_L) + m_{w,nR}W + m_{v,nR}V + m_{t,nR}T = 0 \tag{5-77}$$

从中可以解出 N_L 和 N_R：

$$N_L = qW + rV + sT - U_L \tag{5-78}$$

$$N_R = xW + yV + zT - U_R \tag{5-79}$$

对于作用于楔体上力的符号作如下假定：

W——楔体重力，单位向量为 w；

N_L——平面 A 上的有效法向反力沿平面 A 的内法线方向，单位向量为 n_L；

N_R——平面 B 上的有效法向反力沿平面 B 的内法线方向，单位向量为 n_R；

U_L——平面 A 上的水压力；

U_R——平面 B 上的水压力；

V——拉裂缝的抗拉力和拉裂缝中水压力总和，单位向量为 v；

T——外力，包括表面分布或集中荷载、地震力、锚固力等，单位向量为 t；

S——沿着交棱线方向的下滑力，单位向量为 j'。

上式中，

$$q = (m_{nL,nR}m_{w,nR} - m_{w,nL})/(1 - m_{nL,nR}{}^2) \tag{5-80}$$

$$r = (m_{nL,nR}m_{v,nR} - m_{v,nL})/(1 - m_{nL,nR}{}^2) \tag{5-81}$$

$$s = (m_{nL,nR}m_{t,nR} - m_{t,nL})/(1 - m_{nL,nR}{}^2) \tag{5-82}$$

$$x = (m_{nL,nR}m_{w,nL} - m_{w,nL})/(1 - m_{nL,nR}{}^2) \tag{5-83}$$

$$y = (m_{nL,nR}m_{v,nL} - m_{v,nL})/(1 - m_{nL,nR}{}^2) \tag{5-84}$$

$$z = (m_{nL,nR}m_{t,nL} - m_{t,nR})/(1 - m_{nL,nR}{}^2) \tag{5-85}$$

沿交棱线（在此分析中标号为 j）向下作用的下滑力 S 由作用在楔体上的力通过 j 方向上的投影求出：

$$S = m_{w,j}W + m_{v,j}V + m_{i,j}T \tag{5-86}$$

边坡的安全系数 F 由下式定义：

$$F = \frac{c_L \cdot A_L + c_R \cdot A_R + N_L \cdot \tan\varphi_L + N_R \cdot \tan\varphi_R}{S} \tag{5-87}$$

式中：c，φ——分别为滑面上的凝聚力和内摩擦角。

（2）左、右滑面中有一个为受拉情况

在楔体稳定分析中，还需要检查按式（5-78）和按式（5-79）计算所得的 N_L 和 N_R 是否为负。如果其中的一个为负，说明楔体将沿该面脱开，此时，应按“单面滑动”重新复核楔体的安全系数。Hoek 和 Bary 建议此时应找出该滑面的“最速下降方向”，通过沿此方向的投影来求解。这里仍假定滑面上的剪切力与交棱线平行。如果 N_R 为负，则 N_L 可按下式求得：

$$N_L = -m_{w,nL}W - m_{v,nL}V - m_{t,nL}T - U \tag{5-88}$$

获得 N_L 后，令 $N_R=0$，代入式（5-87）中，即可求得安全系数。对 N_L 为负的情况，可按类似方法处理。

对于楔体稳定性分析这样一个课题，作用在楔体上的重量 W、U_L、U_R、V、T 不再单独出现，相应的符号在以后的叙述中也将另作他用。而将 W 重新定义为重量和这四个力的合力，其单位向量为 $\boldsymbol{w}$，此时由式（5-78）和式（5-79）决定的左、右滑面上的有效法向力可分别表示为：

$$N_L = (\cos\theta \cdot W \cdot n_R - w \cdot n_L)\csc^2\theta \cdot W \tag{5-89}$$

$$N_L = (\cos\theta \cdot W \cdot n_L - w \cdot n_R)\csc^2\theta \cdot W \tag{5-90}$$

式中：θ——n_L 和 n_R 的夹角，计算安全系数的公式变为：

$$c_{eL}A_L + c_{eR}A_R - [\tan\varphi_{eL}(w \cdot n_L - w \cdot n_R\cos\theta) + \tan\varphi_{eR}(w \cdot n_R - w \cdot n_L\cos\theta)]W\csc^2\theta = \alpha_w W \tag{5-91}$$

其中，$\alpha_w = w \cdot j$。

在具体进行计算时，需要根据楔体的若干控制性几何参数计算楔体的重量以及左右滑面的面积等。

二、楔体稳定性分析的塑性力学上限解

楔体稳定时岩质边坡经常遇到的问题，如图5-25(a)所示，滑体由左、右两个结构面切割而成。作用在滑面上的力可分为两部分：一部分为法向力 N 和由它决定的摩擦阻力 $N\tan\varphi_R$ 构成的一个"摩擦反力"P，它与滑面法向夹角为 φ_e；另有 c_eA 提供的"凝聚阻力"T，其中 A 为滑面的面积，安全系数隐含于对强度指标的修正中。现在我们来寻找一个滑移速度。它与两个滑面的夹角均为 φ_R，则两个滑面上的"摩擦反力"P 在该滑移速度上做的功均为零，在虚功方程中除了隐含于 φ_R 中的安全系数 F 外，再没有其他未知量，于是可以很方便地求得安全系数。以上限原理为基础的楔形体稳定分析的机动位移法，在求解安全系数时包括以下步骤[图5-25(b)]。

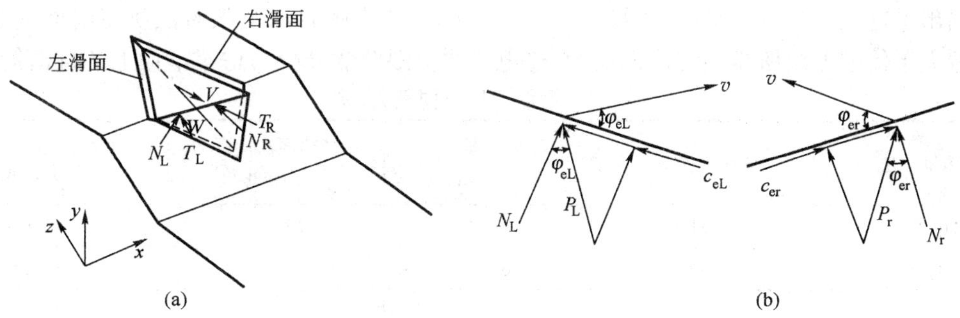

图5-25 楔体稳定性分析的塑性力学上限解

(a)作用于楔体上的力；(b)应用虚功原理求解

1. 计算楔体的绝对速度 v

如前所述，v 与左右两个结构面的夹角分别为 φ_{eL} 和 φ_{eR}。

v 用三个分量可表示为 (v_x, v_y, v_z)，其中，v_x、v_y、v_z 分别为 v 在三个坐标轴上的投影。n_{Lx}、n_{Ly}、n_{Lz} 为左结构面的法线矢量，n_{Rx}、n_{Ry}、n_{Rz} 为右结构面的法线矢量。可以得出下面的关系式：

$$v_x \cdot n_{Lx} + v_y \cdot n_{Ly} + v_z \cdot n_{Lz} = |v| \cdot \sin\varphi_{eL} \tag{5-92}$$

$$v_x \cdot n_{Rx} + v_y \cdot n_{Ry} + v_z \cdot n_{Rz} = |v| \cdot \sin\varphi_{eR} \tag{5-93}$$

再令 $|v| = 1$，即

$$v_x^2 + v_y^2 + v_z^2 = 1 \tag{5-94}$$

将式(5-92)、式(5-93)和式(5-94)组成三元方程组，可以求得 v 的三个分量，即 $v = (v_x, v_y, v_z)$。

2. 通过虚功原理求解安全系数

$$Wv\cos\psi = c_{eR}A_R\cos\varphi_{eR} + c_{eL}A_L\cos\varphi_{eL} \tag{5-95}$$

式中:ψ——重力 W 与 v 的夹角。

此时式(5-95)中仅包含了隐含在 c_e 和 φ_e 中的 F 一个未知数,可以通过非线性迭代方法来确定 F 值。

三、楔体稳定性极限平衡分析方法和塑性力学上限解的比较

陈祖煜对教材(Hoek 和 Bray,1977 年)中的一个典型算例进行了验证和比较。该边坡面的倾角为 65°,倾向为 185°。坡顶面的倾角为 12°,倾向为 195°。边坡被左右两个平面 A 和 B 交切,它们的倾角、倾向和几何特性见表 5-30。平面 A 和平面 B 的交线在平面 A 同坡顶线的交点以下 100ft 的坡面上露出,求此时边坡的安全系数。

各平面的几何要素和特性 表 5-30

平　面	倾　角 (°)	倾　向 (°)	走　向 (°)	位置和特性
A	45	105	15	凝聚力 $c_A = 500\ \mathrm{lb/ft^2}$
B	70	235	145	摩擦角 $\varphi_A = 20°$
边坡坡面	65	185	95	凝聚力 $c_B = 1\,000\ \mathrm{lb/ft^2}$
边坡坡面	12	195	105	摩擦角 $\varphi_B = 30°$

注:1lb = 0.453 592 37kg,1ft = 0.304 8m。

从表 5-31 看出,据极限平衡法得出的安全系数为 1.85,上限解得出的安全系数为 1.93。表中还给出了这两种方法分别得到滑向上的法向反力,从表中看出上限解法所得滑面上的法向反力普遍大于传统方法所得到的法向反力,这也说明上限解法充分考虑了滑面上的抗滑能力。

滑面上的法向反力 表 5-31

方　法	安全系数 F	楔体重量 W ($\times 10^3$lb)	左结构面法向反力 ($\times 10^3$lb)	右结构面法向反力 ($\times 10^3$lb)
极限平衡法	1.85	36 788	29 351	18 020
上限解	1.93	36 788	32 821	21 536

第七节　二维边坡稳定的极限分析

由于二维边坡稳定性分析的简便性,目前,很多边坡的稳定性分析均简化为二维情况进行研究。本节着重介绍二维边坡稳定极限分析的下限解和上限解。

一、下限解——垂直条分法

对图 5-26(a)所示的边坡断面,取出一垂直分条[图 5-26(b)],将作用于图 5-26(b)所示土条的所有力向轴 A-A'投影,A-A'面与 x 轴的夹角为 φ_e',则由于法向有效作用力与滑面法向方向夹角为 φ_e',故不出现在静力平衡方程中,在 $\Delta x \to 0$ 时,可以给出土条的力平衡微分方程(Chen 和 Morgentern,1983 年):

$$\frac{\mathrm{d}G}{\mathrm{d}x} - \tan\psi \frac{\mathrm{d}\beta}{\mathrm{d}x} G = -p(x)\sec\psi \tag{5-96}$$

将作用在条块上的力对条底中点取矩,忽略高阶小量,可得力矩平衡方程:

$$G\sin\beta = -y\frac{\mathrm{d}}{\mathrm{d}x}(G\cos\beta) + \frac{\mathrm{d}}{\mathrm{d}x}(y_i G\cos\beta) + \eta\frac{\mathrm{d}W}{\mathrm{d}x}Wh_i \tag{5-97}$$

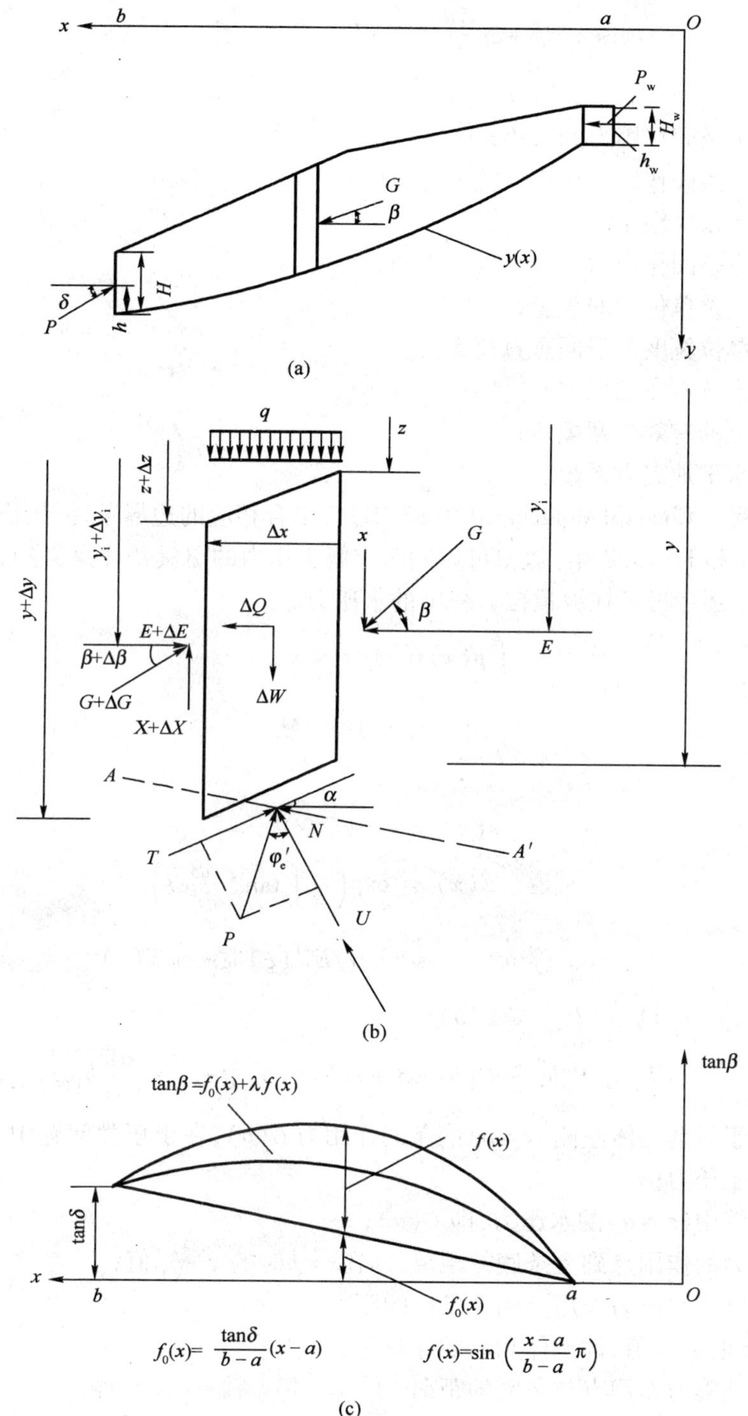

图 5-26　边坡稳定的垂直条分法

(a)边坡断面;(b)作用在条块上的力;(c)对 $\tan\beta$ 的假定

式(5-96)、式(5-97)中:

$$p(x) = \frac{\mathrm{d}W}{\mathrm{d}x}\sin(\varphi_e' - \alpha) + q\sin(\varphi_e' - \alpha) - r_u \frac{\mathrm{d}W}{\mathrm{d}x}\sec\alpha\sin\varphi_e' +$$

$$c'\sec\alpha\cos\varphi_e' + \eta \frac{dW}{dx}\cos(\varphi_e' - \alpha) \tag{5-98}$$

$$\psi = \varphi_e' - \alpha + \beta \tag{5-99}$$

以上式中：G——土条间作用力的大小；

y_i——土条间作用力作用点的 y 坐标值；

α——土条底倾角；

β——土条间作用力与水平线的夹角；

dW/dx——土条单位宽的重量；

q——单位宽度上表面垂直荷重；

c'——土体有效黏聚力；

φ_e'——土的有效内摩擦角；

η——水平地震力系数。

对边坡稳定问题 Chen 和 Morgentern(1983 年)曾结合相应的边界条件，给出式(5-96)和式(5-97)的解，Chen 和 Li(1998 年)提出可以同时求解土压力的更具普遍意义的解式(5-100)和式(5-101)，推导中还考虑了在坡顶拉力缝中的水压力。

$$\int_a^b p(x)s(x)dx = G_m \tag{5-100}$$

$$\int_a^b p(x)t(x)dx = M_m \tag{5-101}$$

其中，

$$s(x) = \sec\psi E(x) \tag{5-102}$$

$$E(x) = \exp\left(-\int_a^x \tan\psi \frac{d\beta}{d\xi}d\xi\right) \tag{5-103}$$

$$t(x) = \int_a^x (\sin\beta - \cos\beta\tan\alpha)E^{-1}(\xi)d\xi\sec\psi E(x) \tag{5-104}$$

$$G_m = P_w - PE(b) \tag{5-105}$$

$$M_m = P_w h_w - P[h\cos\delta + t(b)E(b)] + \int_a^b \eta_i \frac{dW}{dx}h_i dx \tag{5-106}$$

式中：P——作用于滑动土体左侧($x=b$)的条间作用力 $G(b)$，在土压力问题中，也就是待求的主动土压力；

P_w——拉力缝中($x=a$)的水压力，即 $G(a)$；

h——土压力的作用点到土条底的距离，即在$x=b$时的 $y-y_i$ 值；

h_w——拉力缝中水压力作用点到土条底的距离；

δ——$x=b$ 时的 β 值，即土体和墙的摩擦角；

h_i——水平地震力作用点与条底的距离。

方程(5-100)和方程(5-101)包括一个待定安全系数 F(或土压力 P)和一个未知变量 $\beta(x)$。Chen 和 Morgentern(1983 年)建议对 $\beta(x)$引入以下假定，图 5-26(c)。

$$\tan\beta = f_0(x) + \lambda f(x) \tag{5-107}$$

$f(x)$为一线性函数，它保证$f_0(a)$和$f_0(b)$的数值分别等于 $\tan\beta$ 在 $x=a$ 和 $x=b$ 的设定数值。在边坡稳定分析中，由于滑面两端点处土条变为单元，剪应力成对的原理要求 β 值与该点坡面的倾角相等(Chen 和 Morgentern，1983 年)。$f(x)$为保证$f_0(a)$和$f_0(b)$为零的任意函数。

引入这两个假定的函数后，式(5-100)和式(5-101)中仅包含安全系数 F(或土压力 P)和 λ 两个未知量.可以通过数值方法求解。

采用不同的 $f(x)$，将得到不同的 F 或 P。在所有这些解中，排除那些不满足式(5-50)和式(5-51)限制条件的解(Morgentern，Price，1965 年)，都是满足静力平衡和合理性条件的解，因此均属下限解。Morgentern、Price 发现，这些解均十分接近。Chen 和 Morgentern(1983 年)的研究进一步证实了这一点。因此，在垂直条分法求解过程中，可引入两个简单的关于 $f(x)$ 的假定以简化分析。例如，$f_0(x)=0$，$f(x)=1$ 或取 $f(x)$ 为一正弦曲线，见图 5-26(c)。求解式(5-100)、式(5-101)中隐含的两个未知量 F(或 P)和 λ 需要使用一定的迭代方法。Chen 和 Morgentern(1983 年)提供了使用牛顿—勒普生迭代所需要的各项导数的计算公式，较好地解决了数值计算的收敛问题(陈祖煜，1985 年)。

二、上限解——斜条分法

求解土体稳定问题上限解的斜条分法包括如下步骤。

1. 确定多块体的滑动模式。

将滑动土体划分为一个如图 5-19(b)所示的系统。

2. 计算多块体破坏模式协调的速度场。

如前所述，每个条块的速度 v 与滑面夹角为 φ_e，与右边相邻块体的相对速度为 v^j，与该两块体的交界面的夹角为 φ_{ij}。内能耗散发生于该楔块的底面和楔块间的界面，在刚体内为零。位移协调条件要求相邻条块的移动不至于导致它们重叠或分离。也就是说，速度多边形要闭合。根据这个条件，右侧条块的速度大小 v_R 和左右条块间界面的相对速度值 v^j 可以通过左侧条块的速度确定：

$$v_R = v_L \frac{\sin(\theta_L - \theta_j)}{\sin(\theta_R - \theta_j)} \tag{5-108}$$

$$v^j = v_L \frac{\sin(\theta_R - \theta_L)}{\sin(\theta_R - \theta_j)} \tag{5-109}$$

式中：θ——速度与正 x 轴的夹角。

知道第一个条块的速度 v_1 后，借助式(5-108)、式(5-109)，即可求得 v_2 和 v_2^j。依此类推，任意一条块的 v 和 v^j 可表达成第一个条块的速度 v_1 的线性函数。

$$v = kv_1 \tag{5-110}$$

$$k = \prod_{i=1}^{n} \frac{\sin(\alpha_i^L - \varphi_{ei}^L - \theta_i^j)}{\sin(\alpha_i^R - \varphi_{ei}^R - \theta_i^R)} \tag{5-111}$$

如果采用图 5-19(b)的模式，势必需要将土体分成大量的楔体，才能保证计算精度，而这将增加按式(5-69)进行数值分析的自由度，从而增加最优化计算的难度。Donald 和 Chen(1997 年)提出了将图 5-19(b)多楔体模式优化为图 5-19(c)这样一种分段连续多块体模式，即滑裂面仅用若干个控制点来构筑，相邻控制点之间底滑面可以用曲线也可以是直线相连，各分段块体[如图 5-19(c)中 x_k、x_{k+1}段]可按线性内插原则进一步细分为若干条块，当条块宽度 Δx 很小时，分别将 v 和 $v+dv$ 代替式(5-108)中的 v_L 和 v_R[图 5-19(c)]，可得计算任一条块 v 的微分方程，积分后可得：

$$v = E(x)v_0 \tag{5-112}$$

其中

$$E(x) = k\exp\left[-\int_{x_0}^{x}\cot(\alpha - \varphi'_e - \theta)\frac{d\alpha}{d\zeta}d\zeta\right] \tag{5-113}$$

式中：v_0——左端点的速度。

滑裂面上有若干个不连续点，在这些点 α 或 φ 发生突变。上标 L 和 R 代表不连续点左和右的物理量。计算从第一个界面开始，到分隔第 k 和第 $k+1$ 个块体的第 k 个界面终止。式(5-112)说明，滑裂面上处于第 k 个 α 或 φ 不连续点右侧任一点的速度可以直接通过在(x_0, x)区间的积分求得，表达成左端点($x = x_0$ 处)速度 v_0 的函数。滑裂面上 α 或 φ_0 的突变影响在系数 k 中得到了考虑。

各条块侧面的相对速度 α 或 φ 发生突变处仍按式(5-109)确定。在滑面连续处则可表达为：

$$v^j = -\csc(\alpha - \varphi'_e - \theta)E(x)v_0 d\alpha \tag{5-114}$$

3. 计算加载系数或安全系数

对某一多块体破坏模式，将通过式(5-112)获得的速度场代入式(5-56)再代入式(5-55)或式(5-46)，由于左右式都为 v_0 的线性表达式，故 v_0 被消去，最终获得计算安全系数或加载系数的公式。

定义：

$$\begin{aligned} G = &\int_{x_0}^{x_n}\left[(c_e\cos\varphi_e - u\sin\varphi_e)\sec\alpha - \left(\frac{dW}{dx} + \frac{dT_y}{dx}\right)\sin(\alpha - \varphi_e) - \right. \\ &\left.\left(\eta^t\frac{dW}{dx} + \frac{dT_x}{dx}\right)\cos(\alpha - \varphi_e)\right]E(x)dx - \\ &\int_{x_0}^{x_n}(c_e^j\cos\varphi_e^j - u^j\sin\varphi_e^j)L\csc(\alpha - \varphi_e - \theta_j)\frac{d\alpha}{dx}E(x)dx - \\ &\sum_{k=1}^{n-1}(c_e^j\cos\varphi_e^j - u^j\sin\varphi_e^j)_k L_k\csc(\alpha^j - \varphi_e^j - \theta_j)_k^L\sin(\Delta\alpha - \Delta\varphi_e)_k E^L(x_k) \\ = &\ 0 \end{aligned} \tag{5-115}$$

$$G_t = \int_{x_0}^{x_n}\left[\frac{dT_y}{dx}\sin(\alpha - \varphi_e) + \frac{dT_x}{dx}\cos(\alpha - \varphi_e)\right]E(x)dx \tag{5-116}$$

$$G_b = \int_{x_0}^{x_n}\frac{dW}{dx}\cos(\alpha - \varphi_e)E(x)dx \tag{5-117}$$

对于前文加载定义中讨论的三种方案，分别提出以下计算公式。

方案 1，表面荷载的加载系数 η_t 通过下式计算：

$$\eta = \eta_t = \frac{G}{G_t} \tag{5-118}$$

方案 2，表面荷载的加载系数 η_b 通过下式计算：

$$\eta = \eta_b = \frac{G}{G_b} \tag{5-119}$$

方案 3，要求隐含于 c_e 和 φ_e 中的 F 值使下式得到满足：

$$G = 0 \tag{5-120}$$

注意，对方案 1 和方案 2，使用了相同的下标 e，但应对 c_e 和 φ_e 理解为相应的 $F = 1$。

第六章　路基设计与施工

铁路路基和公路路基的整体作用和设计原则基本相同，其目标是在动荷载和自然因素作用下保持稳定。对于高速铁路和公路，路基的长期变形和动载下的弹性变形不能过大。路基设计的内容包括路堤、路堑设计，路基排水和防护工程（含支挡结构）及特殊条件下的路基设计。本章主要介绍路基断面（路基高度、边坡坡度和路基宽度）的设计与施工技术。

第一节　公路路基设计

一、路基断面设计

1. 路床设计

路床是路面结构以下 0.8m 深度范围内的路基，路床又分为上路床和下路床。路床应满足一定的强度要求，见表 6-1。为了达到表中的强度要求，路床应采用合适的措施进行加固，应根据土质、降水量、地下水类型、加固材料等，采用就地碾压、换土、土质改良、设置土工合成材料等加固措施。路床土的压实度也应满足表 6-1 中的要求。

路床土最小强度和压实度要求　　表 6-1

项目分类	路面底面以下深度（m）	填料最小强度 CBR（%）			压实度（%）		
		高速、一级公路	二级公路	三、四级公路	高速、一级公路	二级公路	三、四级公路
填方路基	0~0.3	8	6	5	≥96	≥95	≥94
	0.3~0.8	5	4	3	≥96	≥95	≥94
零填及挖方路基	0~0.3	8	6	5	≥96	≥95	≥94
	0.3~0.8	5	4	3	≥96	≥95	-

2. 填方路基设计

填方路基又称为路堤，是路面底面 0.8m 以下深，即路床以下的路基，其中路面底面以下 0.8~1.5m深称为上路堤，其下称为下路堤。

(1)路堤强度和压实度

路堤填料的最小强度应符合表 6-2 的要求。为了保证路堤的强度满足要求，路堤应分层铺筑，均匀压实，压实度应满足表 6-2 中的要求。

路堤最小强度和压实度要求 表 6-2

填挖类型	路面底面以下深度(m)	填料最小强度 CBR(%)			压实度(%)		
		高速、一级公路	二级公路	三、四级公路	高速、一级公路	二级公路	三、四级公路
上路堤	0.8~1.5	4	3	3	≥94	≥94	≥93
下路堤	1.5 以下	3	2	2	≥93	≥92	≥90

(2)填土路堤边坡坡度及其验算

路堤填料应优先选用级配较好的砂砾类土等粗粒土作为填料,最大粒径不应超过150mm。液限大于50%、塑性指数大于26的细粒土不能用于路堤填料,如需采用,应用石灰、水泥、粉煤灰等无机结合料进行处治。

路堤边坡形式和坡率应根据填料的物理力学性质、边坡高度和工程地质条件确定。当地质条件良好,边坡高度不大于20m时,其边坡坡率应不陡于表6-3的规定值。

路 堤 边 坡 坡 率 表 6-3

填 料 类 别	边 坡 坡 率	
	上部高度(≤8m)	下部高度(≤12m)
细粒土	1:1.5	1:1.75
粗粒土	1:1.5	1:1.75
巨粒土	1:1.3	1:1.5

当采用工程措施对边坡进行加固或者提高边坡施工控制标准时,可以适当采用较小的边坡坡率,如1:1.25或1:1.33的边坡坡率。

当土质边坡的总高度超过了表6-3中总的边坡高度时,边坡形式宜采用阶梯形,并需要进行路基的稳定性验算。对于渗透性高的土,采用直线滑动面法进行验算;对于黏性土,采用圆弧滑动面法进行验算。

对于浸水路堤,在设计水位以下的边坡坡率不宜陡于1:1.75。

(3)填石路堤边坡

用于路堤的石料应选用当地不易风化的片石、块石,风化严重或者软质岩石路段不适宜采用填石路堤。填石路堤对基底的要求与土质路堤相同。

填石路堤边坡可以采用两种方法砌筑。

一种是直接填石路堤,如图6-1所示。多用于岩石地段的半填半挖或跨越深沟的路堤,可利用挖方路基石料填筑。

直接填石路堤的边坡坡率见表6-4所示。

直接填石路堤边坡坡率 表 6-4

填 料 规 格	边坡高度(m)	边 坡 坡 率
粒径小于25cm的石块	<6	1:1.25 - 1:1.33
粒径小于25cm的石块	6~20	1:1.5
粒径大于25cm的石块	>20	1:1

第二种是砌石路堤,如图6-2所示。砌石路堤应用当地开山石料修筑,当直接填筑块石比较困难时,可以采用该方法。

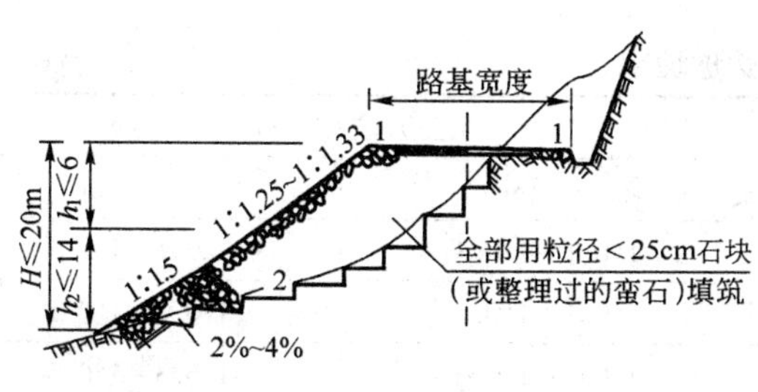

图6-1　填石路堤

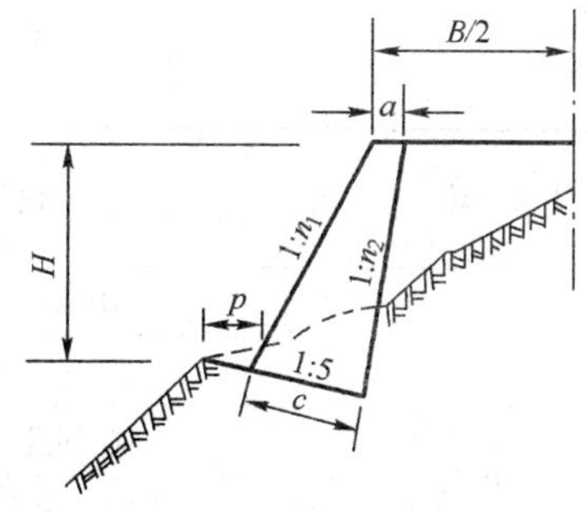

图6-2　砌石路基

砌石顶宽不小于0.8m，基底面向内倾斜，砌石高度不宜超过15m。砌石内、外坡率不宜大于表6-5的规定值。

砌石路堤边坡坡率　　表6-5

砌石高度(m)	内坡坡率	外坡坡率
≤5	1:0.3	1:0.5
≤10	1:0.5	1:0.67
≤15	1:0.6	1:0.75

3.挖方路基设计

挖方路基又称为路堑，路堑边坡形式及坡率应根据工程地质、水文地质条件、边坡高度并结合自然稳定坡体和人工边坡的调查以及力学分析综合确定。

为了防止边坡不稳而发生塌方等病害，在设计路堑边坡之前，首先要对山坡的自然稳定性进行分析。

(1)土质路堑边坡坡度及其验算

土的密实程度可以划分为四类。

①较松：铁锹很容易铲入土中，试坑坑壁很容易坍塌。

②中密：天然坡面不易陡立，试坑坑壁有掉块现象，部分需要开挖。

③密实：试坑坑壁稳定，开挖困难，土块用手用劲才能破碎，从坑壁取土能保持凹面形状。

④胶结：细粒土密实度高，粗颗粒呈现弱胶结，试坑开挖困难，天然坡面可以陡立。

在边坡高度不超过20m的情况下，边坡坡率根据土的密实程度和土质情况，不宜大于表6-6的规定值。具体取值可以结合当地成熟经验，并根据公路技术等级及路基排水、防护措施经边坡稳定性验算后综合确定。特殊土的路堑边坡坡率另有规定，可参见相关文献。

土质路堑边坡坡率　　表6-6

土的类别		边坡坡率
黏土、粉质黏土、塑性指数大于3的粉土		1:1
中密以上的中砂、粗砂、砾砂		1:1.5
卵石土、碎石土、圆砾土、角砾土	胶结和密实	1:0.75
	中密	1:1

(2)岩石路堑边坡坡度及其验算

当边坡高度不超过30m，无外侧软弱结构面的边坡，可以按照《公路路基设计规范》(JTG D30—2004)的附录A确定岩体类型，边坡坡率可以按照表6-7经边坡稳定性验算后选取。

岩石路堑边坡坡率 表6-7

边坡岩体类型	风化程度	边坡坡率	
		<15m	15~30m
Ⅰ类	未风化、微风化	1:0.1~1:0.3	1:0.1~1:0.3
	弱风化	1:0.1~1:0.3	1:0.3~1:0.5
Ⅱ类	未风化、微风化	1:0.1~1:0.3	1:0.3~1:0.5
	弱风化	1:0.3~1:0.5	1:0.5~1:0.75
Ⅲ类	未风化、微风化	1:0.3~1:0.5	
	弱风化	1:0.5~1:0.75	
Ⅳ类	弱风化	1:0.5~1:1	
	强风化	1:0.75~1:1	

二、高填深挖路基设计

1. 高路堤

(1)技术要求

当路堤总高度超过20m,即可以称为高路堤。高路堤占地广,对地基的承载力要求高,路堤自身的稳定性和强度要求高,同时考虑到美观,其结构形式应尽可能做到与周围环境协调。

(2)边坡形式

高路堤可以采用折线形边坡或者台阶形边坡两种形式,分别如图6-3和图6-4所示。折线形边坡自上而下逐渐放缓,但边坡点不宜过多。而台阶形边坡则每隔一定高度设置宽度不少于1~2m的平台,以增加边坡稳定性。

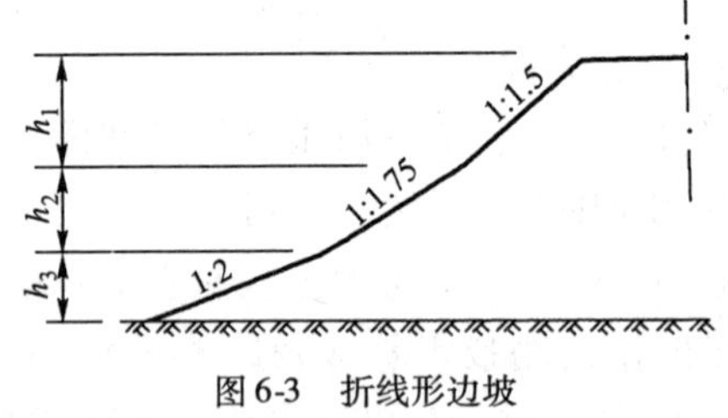

图6-3 折线形边坡

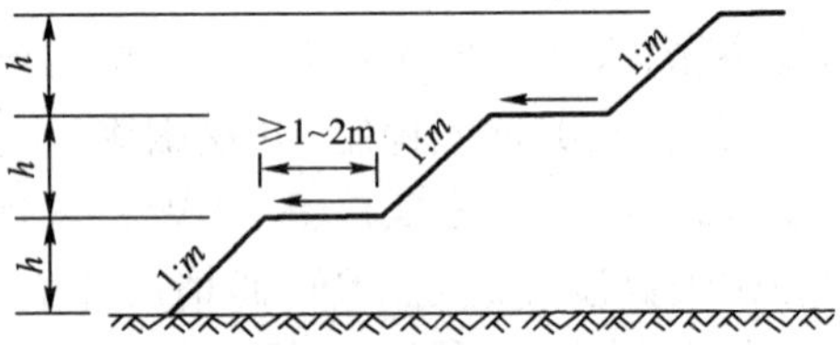

图6-4 台阶形边坡

(3)基底处理

高路堤的基底需要采取合适的工程措施进行稳定性处理,提高强度、减少工后沉降。处治措施可以根据土质状况进行选择。

当基底为斜坡时,则根据坡度不同,可以分别作出处理:

①地面横坡缓于1:5时,可以不作专门处理;

②地面横坡缓于1:2.5时,需先挖宽度至少为1m的台阶后填筑;

③地面横坡陡于1:2.5时,此时称为陡坡,在其上填筑的路堤可以称为陡路堤,陡路堤除了要保证路堤边坡的稳定外,还要预防路堤沿着陡坡下滑,此时必须采用专门措施来增加陡坡滑动面的摩擦力,可以开挖台阶、放缓坡脚、采用大颗粒填料嵌入地面、在坡脚处设置支挡结构物等。

(4)稳定性分析

采用相关章节介绍的稳定性分析方法,对于高路堤包括陡路堤进行稳定性分析,确保边坡自身的稳定以及坡面接触面的稳定。路堤稳定性计算分析得到的稳定安全系数不得小于表6-8的规定值。

路堤稳定安全系数 表6-8

分析内容	计算方法	地基情况	计算采用固结度和强度指标	稳定安全系数
堤身稳定性	简化 Bishop 法			1.35
路堤和地基的整体稳定性	简化 Bishop 法	地基土渗透性较差、排水条件不好	固结度为0,采用直剪固结快剪或三轴固结不排水剪指标	1.20
			按实际固结度,采用直剪固结快剪或三轴固结不排水剪指标	1.40
		地基土渗透性较好、排水条件良好	固结度为1,采用直剪固结快剪或三轴固结不排水剪指标	1.45
			固结度为1,采用快剪指标	1.35
沿斜坡滑动的稳定性	不平衡推力法		直剪快剪或三轴不排水剪指标	1.30

2.深路堑

土质挖方边坡高度超过20m、岩质挖方边坡高度超过30m的挖方边坡,称为深路堑,需要进行专门设计。

(1)边坡形式

深路堑的边坡形式可以采用如图6-5所示的形式,包括以下形式。

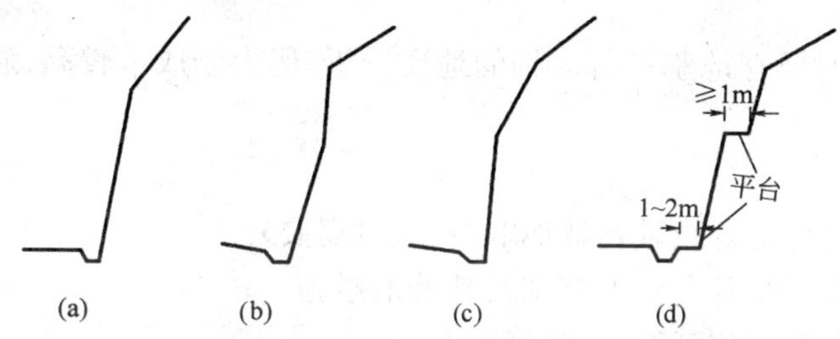

图6-5 深路堑的边坡形式

(a)直线形;(b)上陡下缓折线形;(c)上缓下陡折线形;(d)台阶形

①直线形:适用于边坡为均质或薄层高度不大时。

②折线形:适用于边坡较高或由性质不同的多层土组成,图6-5(b)适合于上部稳定性好于下部的情况,图6-5(c)适合于下部稳定性好于上部的情况。

③台阶形:适用于边坡由多层土组成且边坡很高时。

(2)边坡坡度

深路堑边坡的坡度,主要按照工程地质法确定,即根据岩石(土)性质、工程地质和水文地质条件以及边坡高度等,对照当地自然极限山坡或人工开挖边坡的坡度来确定。当土质比较均匀,可以进行适当简化时,也可以用力学计算的方法来确定。

(3)稳定性验算

边坡稳定性计算应考虑边坡可能的破坏形式,按照特定的方法进行计算确定:当存在规模较大的碎裂结构岩质边坡和土质边坡，宜采用简化 Bishop 法计算；对于可能产生直线形破坏的边坡宜采用平面滑动面解析法进行计算；对可能产生折线形破坏的边坡宜采用不平衡推力法计算；对结构复杂的岩质边坡，可配合采用投影法分析以及楔形滑动面法进行计算；当边坡破坏机制比较复杂时，宜结合数值分析方法进行分析。

进行边坡稳定性验算时，其稳定安全系数应满足表 6-9 的稳定安全系数要求，否则应对边坡进行支护。

路堑边坡稳定安全系数　　表 6-9

边坡工况	高速、一级公路	二级及以下公路
边坡处于天然状态	1.20～1.30	1.15～1.25
边坡处于暴雨或连续降雨状态	1.10～1.20	1.05～1.15
边坡处于地震等荷载作用状态	1.05～1.10	1.02～1.05

(4)边坡防护

对于容易风化剥落或者风化破损严重的坡面，应采用坡面防护措施，适宜采用工程防护和植物防护相结合。对于稳定性差的边坡应设置综合支挡工程，并采用分层开挖、分层稳定和坡脚预加固技术。

第二节　铁路路基设计

一、地质分析与土的分类

1. 地质分析

在施工之前需要对原有地基进行详细的地质分析，但由于成本较高，通常只在新修一条铁路线前进行。

地质调查主要包括：

(1)填筑路基的材料是否能做到就地取材，或者需要外运；

(2)开始填筑之前需要调查软土路基及其处治措施；

(3)地下水位的高度及其可能引起的问题；

(4)路堤稳定性处理措施；

(5)挖方路基的排水和保护措施；

(6)填、挖方的机械设备。

2. 水文地质条件

水文地质条件对路基的质量有重要的影响，其中关键的考虑因素是地下水位的高度。随着气候变化，地下水的水位高度也会随之变化。世界各国都规定了允许的最高地下水位高度，当地下水位高度低于规定值时，可以认为排水条件良好。

排水设施对于路基的质量也有重要影响，需要安装排水设施并保证路面横坡满足要求，否则水文地质条件也不能称之为良好。

对于地下水位随着时间变化较大的情况需要进行专门的研究分析，并综合考虑经济和技术的条件，采用设置砂垫层或者利用土工隔栅来控制地下水位的高度。在冰冻地区，需要考虑土基对于冰冻的敏感性。

3. 土的分类

虽然不需要对已有线路进行详细的地质调查,但需要对地基土的力学参数进行测试。土的分类方法可以参照公路工程中土的分类方法,根据土的粒度、液限、塑限,有时还包括土的强度参数如 *CBR* 进行分类。根据采用参数的不同,土的分类方法也有多种,一般可以粗略分为如下几种。

(1)岩石:根据其衰变程度分为低、中、高变质岩。

(2)砂砾($2\text{mm} < d < 20\text{mm}$):分为良好级配砂砾、无级配砂砾、淤泥质砂砾和黏土质砂砾。

(3)砂($0.1\text{mm} < d < 2\text{mm}$):淤泥质砂、黏土质砂。

(4)细粒土($0.001\text{mm} < d < 0.1\text{mm}$):低塑性淤泥质土、低塑性黏土、高塑性淤泥质土、高塑性黏土。

(5)有机土。

巨粒组、粗粒组填料应根据颗粒组成、颗粒形状、细粒含量、颗粒级配、抗风化能力等分为A、B、C、D组,具体见表6-10。细粒土填料分组见表6-11。

巨粒组、粗粒组填料分组 表6-10

一级定名				二级定名			填料分组
类别	名称		说明	细粒含量	颗粒级配	名称	
巨粒土 碎石类土 块石类	块石土	硬块石土	粒径大于200mm颗粒的质量超过总质量的50%(不易分化,尖棱状为主)	—	—	硬块石	A
		软块石土	粒径大于200mm颗粒的质量超过总质量的50%(易风化,尖棱状为主)	—	—	$R_c > 15\text{MPa}$ 的不易风化软块石	A
						$R_c \leq 15\text{MPa}$ 的不易风化软块石	B
						易风化的软块石	C
						风化的软块石	D
	漂石土		粒径大于200mm颗粒的质量超过总质量的50%(浑圆或圆棱状为主)	<5%	良好	级配好的漂石	A
					不良	级配不好的漂石	B
				5%~15%	良好	级配好的含土漂石	A
					不良	级配不好的含土漂石	B
				15%~30%	—	土质漂石	B
				>30%	—	土质漂石	C
	卵石土		粒径大于60mm颗粒的质量超过总质量的50%(浑圆或圆棱状为主)	<5%	良好	级配好的卵石	A
					不良	级配不好的卵石	B
				5%~15%	良好	级配好的含土卵石	A
					不良	级配不好的含土卵石	B
				15%~30%	—	土质卵石	B
				>30%	—	土质卵石	C
	碎石土		粒径大于60mm颗粒的质量超过总质量的50%(尖棱状为主)	<5%	良好	级配好的碎石	A
					不良	级配不好的碎石	B
				5%~15%	良好	级配好的含土碎石	A
					不良	级配不好的含土碎石	B
				15%~30%	—	土质碎石	B
				>30%	—	土质碎石	C

续上表

<table>
<tr><th colspan="5">一级定名</th><th colspan="3">二级定名</th><th rowspan="2">填料分组</th></tr>
<tr><th colspan="3">类别</th><th colspan="2">名称</th><th>说明</th><th>细粒含量</th><th>颗粒级配</th><th>名称</th></tr>
<tr><td rowspan="34">粗粒土</td><td rowspan="24">碎石类土</td><td rowspan="24">砾石类</td><td rowspan="12">粗砾土</td><td rowspan="6">粗圆砾土</td><td rowspan="6">粒径大于20mm颗粒的质量超过总质量的50%（浑圆或圆棱状为主）</td><td rowspan="2"><5%</td><td>良好</td><td>级配好的粗圆砾</td><td>A</td></tr>
<tr><td>不良</td><td>级配不好的粗圆砾</td><td>B</td></tr>
<tr><td rowspan="2">5% ~15%</td><td>良好</td><td>级配好的含土粗圆砾</td><td>A</td></tr>
<tr><td>不良</td><td>级配不好的含土粗圆砾</td><td>B</td></tr>
<tr><td>15% ~30%</td><td>—</td><td>土质粗圆砾</td><td>B</td></tr>
<tr><td>>30%</td><td>—</td><td>土质粗圆砾</td><td>C</td></tr>
<tr><td rowspan="6">粗角砾土</td><td rowspan="6">粒径大于20mm颗粒的质量超过总质量的50%（尖棱状为主）</td><td rowspan="2"><5%</td><td>良好</td><td>级配好的粗角砾</td><td>A</td></tr>
<tr><td>不良</td><td>级配不好的粗角砾</td><td>B</td></tr>
<tr><td rowspan="2">5% ~15%</td><td>良好</td><td>级配好的含土粗角砾</td><td>A</td></tr>
<tr><td>不良</td><td>级配不好的含土粗角砾</td><td>B</td></tr>
<tr><td>15% ~30%</td><td>—</td><td>土质粗角砾</td><td>B</td></tr>
<tr><td>>30%</td><td>—</td><td>土质粗角砾</td><td>C</td></tr>
<tr><td rowspan="12">细砾土</td><td rowspan="6">细圆砾土</td><td rowspan="6">粒径大于2mm颗粒的质量超过总质量的50%（浑圆或圆棱状为主）</td><td rowspan="2"><5%</td><td>良好</td><td>级配好的细圆砾</td><td>A</td></tr>
<tr><td>不良</td><td>级配不好的细圆砾</td><td>B</td></tr>
<tr><td rowspan="2">5% ~15%</td><td>良好</td><td>级配好的含土细圆砾</td><td>A</td></tr>
<tr><td>不良</td><td>级配不好的含土细圆砾</td><td>B</td></tr>
<tr><td>15% ~30%</td><td>—</td><td>土质细圆砾</td><td>B</td></tr>
<tr><td>>30%</td><td>—</td><td>土质细圆砾</td><td>C</td></tr>
<tr><td rowspan="6">细角砾土</td><td rowspan="6">粒径大于2mm颗粒的质量超过总质量的50%（尖棱状为主）</td><td rowspan="2"><5%</td><td>良好</td><td>级配好的细角砾</td><td>A</td></tr>
<tr><td>不良</td><td>级配不好的细角砾</td><td>B</td></tr>
<tr><td rowspan="2">5% ~15%</td><td>良好</td><td>级配好的含土细角砾</td><td>A</td></tr>
<tr><td>不良</td><td>级配不好的含土细角砾</td><td>B</td></tr>
<tr><td>15% ~30%</td><td>—</td><td>土质细角砾</td><td>B</td></tr>
<tr><td>>30%</td><td>—</td><td>土质细角砾</td><td>C</td></tr>
<tr><td colspan="2" rowspan="10">砂类土</td><td colspan="2" rowspan="5">砾砂</td><td rowspan="5">粒径大于2mm颗粒的质量占总质量的25% ~50%</td><td rowspan="2"><5%</td><td>良好</td><td>级配好的砾砂</td><td>A</td></tr>
<tr><td>不良</td><td>级配不好的砾砂</td><td>B</td></tr>
<tr><td rowspan="2">5% ~15%</td><td>良好</td><td>级配好的含土砾砂</td><td>A</td></tr>
<tr><td>不良</td><td>级配不好的含土砾砂</td><td>B</td></tr>
<tr><td>>15%</td><td>—</td><td>土质砾砂</td><td>B</td></tr>
<tr><td colspan="2" rowspan="5">粗砂</td><td rowspan="5">粒径大于0.5mm颗粒的质量超过总质量的50%</td><td rowspan="2"><5%</td><td>良好</td><td>级配好的粗砂</td><td>A</td></tr>
<tr><td>不良</td><td>级配不好的粗砂</td><td>B</td></tr>
<tr><td rowspan="2">5% ~15%</td><td>良好</td><td>级配好的含土粗砂</td><td>A</td></tr>
<tr><td>不良</td><td>级配不好的含土粗砂</td><td>B</td></tr>
<tr><td>>15%</td><td>—</td><td>土质粗砂</td><td>B</td></tr>
</table>

续上表

<table>
<tr><th colspan="4">一 级 定 名</th><th colspan="3">二 级 定 名</th><th rowspan="2">填料分组</th></tr>
<tr><th colspan="2">类别</th><th>名称</th><th>说　明</th><th>细粒含量</th><th>颗粒级配</th><th>名　称</th></tr>
<tr><td rowspan="10">粗粒土</td><td rowspan="10">砂类土</td><td rowspan="5">中砂</td><td rowspan="5">粒径大于 0.25mm 颗粒的质量超过总质量的 50%</td><td rowspan="2"><5%</td><td>良好</td><td>级配好的中砂</td><td>A</td></tr>
<tr><td>不良</td><td>级配不好的中砂</td><td>B</td></tr>
<tr><td rowspan="2">5% ~15%</td><td>良好</td><td>级配好的含土中砂</td><td>A</td></tr>
<tr><td>不良</td><td>级配不好的含土中砂</td><td>B</td></tr>
<tr><td>>15%</td><td>—</td><td>土质中砂</td><td>B</td></tr>
<tr><td rowspan="3">细砂</td><td rowspan="3">粒径大于 0.075mm 颗粒的质量超过总质量的 85%</td><td rowspan="2"><5%</td><td>良好</td><td>级配好的细砂</td><td>B</td></tr>
<tr><td>不良</td><td>级配不好的细砂</td><td>C</td></tr>
<tr><td>5% ~15%</td><td>—</td><td>含土的细砂</td><td>C</td></tr>
<tr><td>粉砂</td><td>粒径大于 0.075mm 颗粒的质量超过总质量的 50%</td><td>—</td><td>—</td><td>粉砂</td><td>C</td></tr>
</table>

注:①颗粒级配分为良好($C_u \geqslant 5$,并且 $C_c = 1 \sim 3$)和不良($C_u < 5$,或 $C_c \neq 1 \sim 3$),其中不均匀系数 $C_u = \frac{d_{60}}{d_{10}}$,曲率系数 $C_c = \frac{d_{30}^2}{d_{10} \times d_{60}}$,$d_{10}$、$d_{30}$、$d_{60}$ 分别为颗粒级配曲线上相应于 10%、30%、60% 含量的粒径。

②硬块石的单轴饱和抗压强度 $R_c > 30$MPa,软块石的单轴饱和抗压强度 $R_c \leqslant 30$MPa。

③细粒含量指细粒($d \leqslant 0.75$mm)的质量占总质量的百分数。

细粒土填料分组 表 6-11

<table>
<tr><th colspan="4" rowspan="2">一 级 定 名</th><th colspan="3">二 级 定 名</th><th rowspan="2">填料分组</th></tr>
<tr><th>液限含水率</th><th>名称</th><th>塑 性 图</th></tr>
<tr><td rowspan="6">细粒土</td><td colspan="2" rowspan="2">粉土</td><td rowspan="2">$I_p \leqslant 10$,且粒径大于 0.075mm 颗粒的质量不超过全部质量 50% 的土</td><td>$w_L < 40\%$</td><td>低液限粉土</td><td rowspan="6">B
A
40
30
20
10
0
塑性指数 I_p
CL
CH
B线:w_L=40
A线:I_p=0.63(w_L-20)
D线:I_p=17
C线:I_p=10
D
MH
ML
10 20 30 40 50 60 70 80
液限 w_L(%)</td><td>C</td></tr>
<tr><td>$w_L \geqslant 40\%$</td><td>高液限粉土</td><td>D</td></tr>
<tr><td rowspan="4">黏性土</td><td rowspan="2">粉质黏土</td><td rowspan="2">$10 < I_p \leqslant 17$</td><td>$w_L < 40\%$</td><td>低液限粉质黏土</td><td>C</td></tr>
<tr><td>$w_L \geqslant 40\%$</td><td>高液限粉质黏土</td><td>D</td></tr>
<tr><td rowspan="2">黏土</td><td rowspan="2">$I_p > 17$</td><td>$w_L < 40\%$</td><td>低液限黏土</td><td>C</td></tr>
<tr><td>$w_L \geqslant 40\%$</td><td>高液限黏土</td><td>D</td></tr>
<tr><td colspan="4">有机土</td><td colspan="3">有机质含量大于 5%</td><td>E</td></tr>
</table>

注:①液限含水率试验采用圆锥仪法,圆锥仪总质量为 76g,入土深度 10mm。

②A 线方程中的 w_L 按去掉% 符号后的数值进行计算。

4. 基床路堤填料的要求

路基基床分为表层及底层,表层厚度为 0.6m,地层厚度为 1.9m,总厚度为 2.5m。

基床表层填料:对 I 级铁路,应选用 A 组填料(砂类土除外),当缺乏 A 组填料时,经经济比较后可采用级配碎石或级配砂砾石;对 II 级铁路,应优先选用 A 组填料,其次为 B 组填料。对不符合要求的填料,应采用土质改良或加固措施。填料最大粒径不应大于 150mm。

基床底层填料:对 I 级铁路,应选用 A、B 组填料,否则应采用土质改良或加固措施;对 II 级铁路,可选用 A、B、C 组填料。当采用 C 组填料时,在年平均降雨量大于 500mm 的地区,其塑性指数不得大于 12,液限不得大于 32%,否则应采用土质改良或加固措施。填料最大粒径不应大于 200mm,或摊铺厚度的 2/3。

5. 基床以下路堤填料的要求

基床以下路堤填料应按表6-12的规定选用。当需要利用表列不宜使用的填料时,应按设计要求采取改良土质等措施。

基床以下路堤填料使用范围 表6-12

<table>
<tr><th colspan="2">填料类别名称</th><th>条 件 说 明</th><th>不浸水部分</th><th>浸 水 部 分</th></tr>
<tr><td rowspan="4">岩块</td><td>硬块石</td><td></td><td>宜</td><td>宜</td></tr>
<tr><td rowspan="3">软块石</td><td>微风化(非泥质岩石)</td><td>宜</td><td>可</td></tr>
<tr><td>弱风化</td><td>可</td><td>不宜</td></tr>
<tr><td>强风化</td><td>不得</td><td>不得</td></tr>
<tr><td rowspan="10">粗粒土</td><td rowspan="3">漂石土、卵石土、碎石土、圆砾土、角砾土</td><td>细粒土含量小于15%,级配良好</td><td>宜</td><td>宜</td></tr>
<tr><td>细粒土含量小于15% ~30%,级配不良</td><td>宜</td><td>不宜</td></tr>
<tr><td>细粒土含量大于30%</td><td>可</td><td>不宜</td></tr>
<tr><td>砾砂、粗砂、中砂</td><td></td><td>宜</td><td>宜</td></tr>
<tr><td rowspan="2">细砂</td><td>有防止振动液化和增强水稳性等措施</td><td>宜</td><td>可</td></tr>
<tr><td>无防止振动液化和增强水稳性等措施</td><td>可</td><td>不得</td></tr>
<tr><td rowspan="2">粉砂</td><td>有防止振动液化和增强水稳性等措施</td><td>可</td><td>不宜</td></tr>
<tr><td>无防止振动液化和增强水稳性等措施</td><td>不宜</td><td>不得</td></tr>
<tr><td>黏砂</td><td></td><td>宜</td><td>不宜</td></tr>
<tr><td rowspan="4">细粒土</td><td>砂粉土、砂黏土</td><td></td><td>宜</td><td>不宜</td></tr>
<tr><td>粉土、粉黏土</td><td></td><td>可</td><td>不宜</td></tr>
<tr><td>黏粉土、黏土</td><td></td><td>不得</td><td>不得</td></tr>
<tr><td>有机土</td><td></td><td>严禁</td><td>严禁</td></tr>
</table>

路堤基床以下部位的填料宜选用A、B、C组填料。当选用D组填料时,应采取加固或土质改良措施,严禁使用E组填料。

6. 铁路路基土的分类

根据世界铁路联合会(UIC)的分类,路基的强度等级可以根据其力学特征大致分为如下几类:

(1)低沉降并且承载力高,这类土的质量等级用S_3表示;

(2)中等沉降并且可承受火车荷载,这类土的等级用S_2表示;

(3)高沉降并且勉强可以承受火车荷载,这类土的等级用S_1表示;

(4)大沉降并且难以承受火车荷载,这类土的等级用S_0表示。

表6-13是UIC考虑了土的地质分类和水文地质条件以后的路基强度等级。

UIC中路基强度等级分类 表6-13

<table>
<tr><th>土的地质分类</th><th>水文地质条件</th><th>铁路路基土等级</th></tr>
<tr><td>稳定性岩石</td><td>—</td><td>R</td></tr>
<tr><td>中等风化石(dry Deval >9, Los Angels≤30)</td><td rowspan="2">—</td><td rowspan="2">S_3</td></tr>
<tr><td>细粒*含量不超过5%的土</td></tr>
</table>

续上表

土的地质分类	水文地质条件	铁路路基土等级
强风化石(6 < dry Deval < 9, 30 < Los Angels < 33)	良好	S_3
细粒含量小于5%的砂		
细粒含量在5% ~15%之间的土	差	S_2
PI > 7 的片岩		
PI > 7 的淤泥质砂	良好	S_2
细粒含量在15% ~40%的土	差	S_1
碎石(dry Deval < 6, Los Angels > 33)		
低塑性淤泥质土	—	S_1
细粒含量大于40%的土		
有机土	—	S_0

注：* 细粒是指尺寸小于60μm。

二、铁路路基断面设计

1. 挖方路基

在开挖之前，为了减少对原有地基稳定性的干扰，需要研究地基的地质构成。综合考虑造价、安全和景观，来确定合理的挖方段的坡度。根据地基类型，可以参考图6-6选取挖方段坡度。

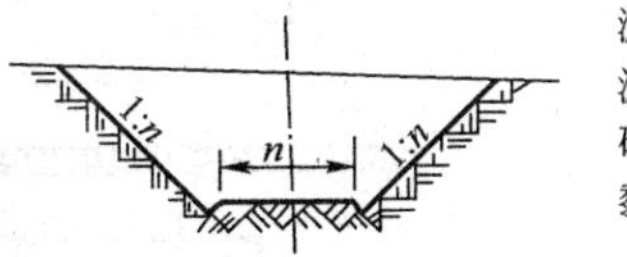

图6-6 挖方路基

为了保持挖方边坡的稳定性，需要在边坡上栽种灌木或者树木，其品种的选择应与周围的环境相协调。同时，坡面的排水应进行合理设计，防止滑坡。

2. 填方路基

填方路基需要考虑填方料的地质特征而确定不同的坡度，对于一般土质，$n=1.5\sim2$；对于砂砾，$n=2$；对于腐蚀土，$n=3$。如果原有地基的坡度超过1∶10，建议采用如图6-7所示的阶梯形地基形式。为了保证压实后填方路基的设计尺寸，需要在初始填方时增加高度和宽度，如图6-8所示。在填方边坡过大的情况下，需要采用挡土墙或者加筋土来加固边坡以承受填土和今后荷载的作用，如图6-9所示。

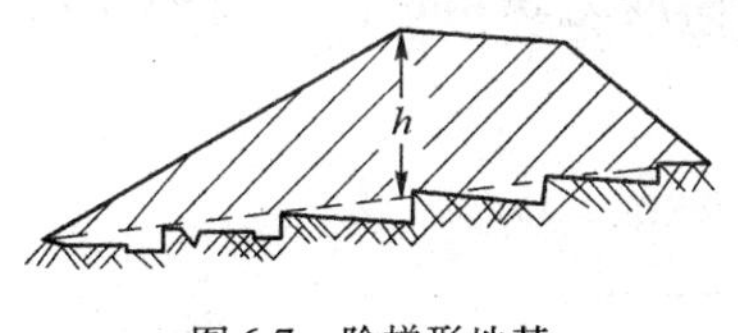

图6-7 阶梯形地基

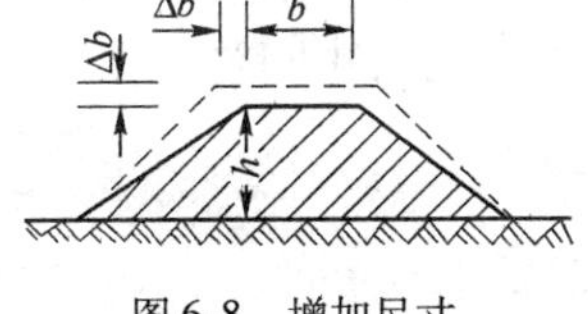

图6-8 增加尺寸

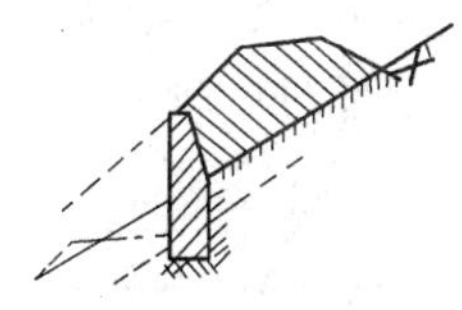
图6-9 挡土墙

3. 铁路路堤边坡设计

路堤边坡形式和坡率应根据填料的物理力学性质、边坡高度、轨道和列车荷载及工程地质条件等经稳定性验算后确定，边坡稳定性系数为1.15 ~1.25。地质良好时，边坡高度应不大于表6-14的范围时，其边坡形式和坡率应按表6-14采用。

路堤边坡形式和坡率 表 6-14

填料名称	边坡高度(m)			边坡坡率			边坡形式
	全部高度	上部高度	下部高度	全部坡率	上部坡率	下部坡率	
细粒土、易风化的软块石土	20	8	12	—	1:1.5	1:1.75	折线形
粗粒土(细砂、粉砂除外)、漂石土、卵石土、碎石土、不易风化的软块石土	20	12	8	—	1:1.5	1:1.75	折线形
硬块石土	8	—	—	1:1.3	—	—	直线形
	20	—	—	1:1.5	—	—	直线形

注:①当有可靠资料和经验时,可不受本表限制;
②I 级铁路的路堤边坡高度不宜大于 15m;
③填料为粉砂、细砂、膨胀土等时,其边坡形式和坡率应按《铁路特殊路基设计规范》(TB 10035—2006)的有关规定设计。

三、铁路路基过渡段设计

一次铺设无缝线路的 I 级铁路,路堤与桥台连接处应设置路桥过渡段,并应按图 6-10 进行设计。台后基坑应以混凝土回填或以碎石分层填筑压实。

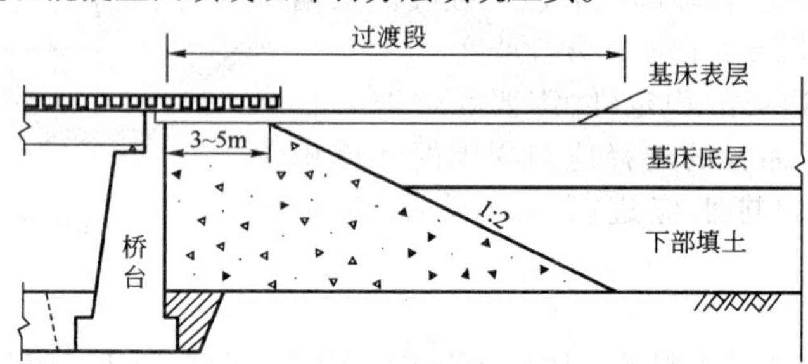

图 6-10 路桥过渡段设计图

一次铺设无缝线路的 I 级铁路,路堑与路堤连接处应设置路桥过渡段,当路堑与路堤连接处为硬质岩石路堑时,在路堑一侧沿原地面纵向设计台阶,台阶高度为 0.6m 左右,并应在路堤一侧设计过渡段,见图 6-11 所示;当路堑与路堤连接处为软质岩石路堑时,应先沿原地面纵向挖成 1:1.5 坡面后,再在 1:1.5 的坡面上设置台阶,台阶高度为 0.6m 左右,见图 6-12。开挖回填部分的填料及压实标准与路堤相同。

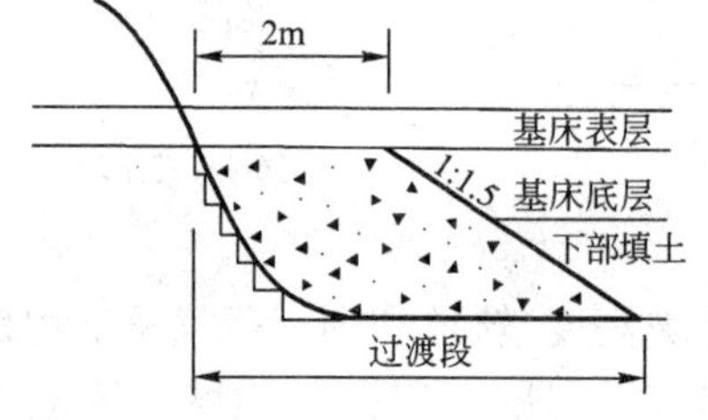

图 6-11 路堑与路堤硬质岩石过渡段设计图

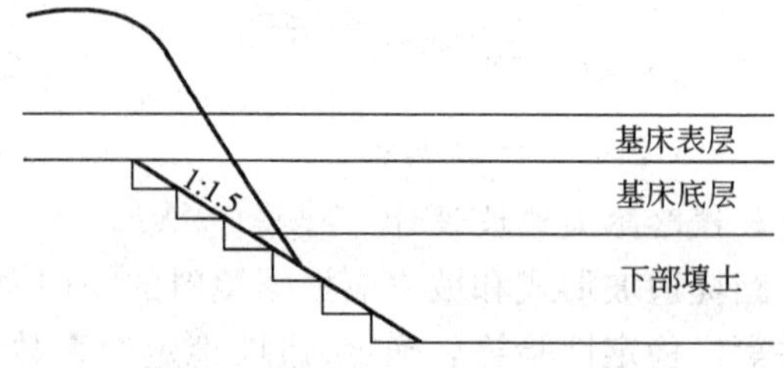

图 6-12 路堑与路堤软质岩石过渡段设计图

四、铁路路基沉降标准

软土地基及其他类型松软地基上的路基应进行工后沉降分析。路基的工后沉降量应满足以下要求：I 级铁路不应大于 20cm，路桥过渡段不应大于 10cm，沉降速率不应大于 5cm/年；II 级铁路不应大于 30cm。

铁路路基修筑在软土地基上的地基沉降标准计算应符合以下要求：

(1)地基沉降量计算其压缩层厚度按附加应力等于 0.1 倍自重应力确定；

(2)地基的总沉降量(s)计算应包括瞬时沉降(s_d)、主固结沉降(s_c)，对于富含有机质土和泥炭土尚应计算次固结沉降(s_s)；

(3)双线路基沉降计算时可按列车单线计算。

五、铁路路基压实标准

目前我国铁路路基设计针对不同的车速有不同的要求，最高时速 140km 按《铁路路基设计规范》(TB 10001—2005)设计；最高时速为 160km 按《时速 160 公里新建铁路线桥隧站设计暂行规定》设计；最高时速 200km 按《时速 200km 新建铁路线桥隧站设计暂行规定》设计；最高时速 300km 按《京沪高速铁路设计暂行规定》设计。

1.《铁路路基设计规范》(TB 10001—2005)

路基基床规定分为基床表层和底层，对细粒土和黏砂、粉砂应采用压实系数或地基系数作为控制指标；对粗粒土应采用相对密度或地基系数作为控制指标；对碎石类土和块石类混合料应采用地基系数作为控制指标。其值不应小于表 6-15 和表 6-16 的规定值。

基床表层的压实标准　　表 6-15

层位	填料类别 / 铁路等级 / 压实指标	细粒土 粉砂、改良土		砂类土 (粉砂除外)		砾石类		碎石类		块石类	
		I 级	II 级	I 级	II 级	I 级	II 级	I 级	II 级	I 级	II 级
基床表层	压实系数 K	—	(0.93)	—	—	—	—	—	—	—	—
	地基系数 K_{30}(MPa/m)	—	(100)	—	110	150	140	150	140	—	—
	相对密度 D_r	—	—	—	0.8	—	—	—	—	—	—
	孔隙率 n(%)	—	—	—	—	28	29	28	29	—	—

注：细粒土、粉砂、改良土一栏中，有括号的仅为改良土的压实标准，无括号的为细粒土、粉砂、改良土的压实标准。

基床底层的压实标准　　表 6-16

层位	填料类别 / 铁路等级 / 压实指标	细粒土 粉砂、改良土		砂类土 (粉砂除外)		砾石类		碎石类		块石类	
		I 级	II 级	I 级	II 级	I 级	II 级	I 级	II 级	I 级	II 级
基床底层	压实系数 K	(0.93)	0.91	—	—	—	—	—	—	—	—
	地基系数 K_{30}(MPa/m)	(100)	90	100	100	120	120	130	130	150	150
	相对密度 D_r	—	—	0.75	0.75	—	—	—	—	—	—
	孔隙率 n(%)	—	—	—	—	31	31	31	31	—	—

注：细粒土、粉砂、改良土一栏中，有括号的仅为改良土的压实标准，无括号的为细粒土、粉砂、改良土的压实标准。

基床以下部位填料的压实系数，对细粒土和粗粒土中的黏砂、粉砂，应采用压实系数或地基系数作为控制指标；对粗粒土应采用相对密度或地基系数作为控制指标；对碎石类和块石类混合料，应采用地基系数作为控制指标，其值不应小于表 6-17 中的规定值。

基床以下部位填料的压实标准 表 6-17

填筑部位	压实指标 \ 铁路等级 \ 填料类别	细粒土 粉砂、改良土		砂类土（粉砂除外）		砾石类		碎石类		块石类	
		Ⅰ级	Ⅱ级	Ⅰ级	Ⅱ级	Ⅰ级	Ⅱ级	Ⅰ级	Ⅱ级	Ⅰ级	Ⅱ级
不浸水部分	压实系数 K	0.90	0.90	—	—	—	—	—	—	—	—
	地基系数 K_{30}(MPa/m)	80	80	80	80	110	110	120	120	130	130
	相对密度 D_r	—	—	0.7	0.7	—	—	—	—	—	—
	孔隙率 n(%)	—	—	—	—	32	32	32	32	—	—
浸水部分及桥涵两端	压实系数 K	—	—	—	—	—	—	—	—	—	—
	地基系数 K_{30}(MPa/m)	—	—	(80)	(80)	(110)	(110)	(120)	(120)	(130)	(130)
	相对密度 D_r	—	—	(0.7)	(0.7)	—	—	—	—	—	—
	孔隙率 n(%)	—	—	—	—	(32)	(32)	(32)	(32)	—	—

注：①括号内为砂类土（粉砂除外）、砾石类、碎石类、块石类中渗水土填料的压实标准；

②一次铺设无缝线路的Ⅰ级铁路，路堤与桥台、路堤与硬质岩石路堑连接处过渡段填料的压实标准应满足《铁路路基设计规范》(TB 10001—2005)第 7.5.3 条的规定。

2.《时速 160 公里新建铁路线桥隧站设计暂行规定》

基床由基床表层与底层组成，总厚度为 2.5m。表层可以采用级配砂砾石或者级配碎石，底层则可以采用细粒土、粗粒土以及碎石土，路堤填料同样可以采用细粒土、粗粒土和碎石土。路基的压实标准如表 6-18 所示。

时速 160 公里路基压实标准 表 6-18

层位		地基系数(MPa/m)	压实系数 K_b	孔隙率(%)
表层		≥170		<20
底层	细粒土	≥100	≥0.93	
	粗粒土	≥110		<28
	碎石土	≥130		<28
路堤	细粒土	≥80	≥0.90	
	粗粒土	≥100		<31
	碎石土	≥120		<31

3.《时速 200 公里新建铁路线桥隧站设计暂行规定》

基床由基床表层与底层组成，总厚度为 2.5m。表层可以采用级配砂砾石或者级配碎石，底层则可以采用细粒土、粗粒土以及碎石土，路堤填料同样可以采用细粒土、粗粒土和碎石土。路基的压实标准如表 6-19 所示。

时速 200 公里路基压实标准　　表 6-19

层位		地基系数(MPa/m)	压实系数 K_b	孔隙率(%)
表层		≥190		<18
底层	细粒土	≥110	≥0.95	
	粗粒土	≥120		<28
	碎石土	≥150		<28
路堤	细粒土	≥90	≥0.90	
	粗粒土	≥110		<31
	碎石土	≥130		<31

4.《京沪高速铁路设计暂行规定》

基床为路基上部列车动应力作用较显著的部分,由表层与底层组成,其总厚度为 3.0m。对于高度小于基床厚度的路堤,基床包括路堤和地基的一部分;对于路堑则为开挖路基面以下基床厚度的范围。相关层位的技术要求与 200 公里铁路线相同。

六、路基保护层

1.铁路结构组成

在交通荷载作用下铁路轨道将会发生变形,该变形包括弹性和塑性变形。在承载力设计中主要考虑规定的弹性变形。为了保证轨道的弹性变形不超过钢轨所允许的变形量,需要保证下部结构具有一定承载力的要求。铁路的轨道和下部结构构成了一个受力整体,如图 6-13 所示。

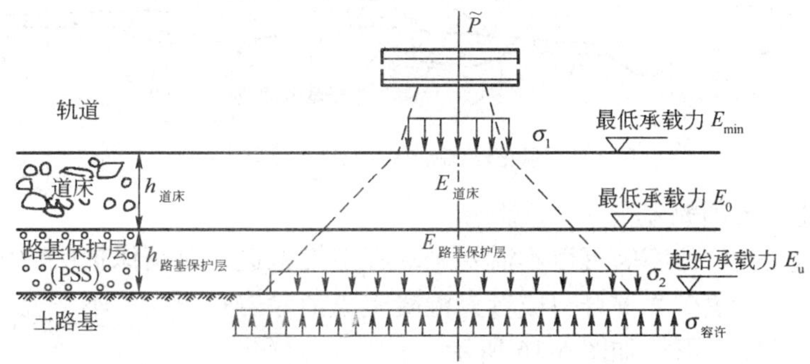

图 6-13　铁路上部结构和下部结构所组成的承载体系

2.路基保护层功能

在铁路路基中,保护层具有如下功能。

(1)承重层的作用

荷载通过保护层的分布作用,能防止在土路基的黏性松散碎石中出现高应力状态,保证整个铁路轨道系统随时都具有足够的承载力。

(2)防冻层的作用

最大限度地保护土路基内冻结敏感的黏性松散碎石土,以防止冻害的产生。

(3)过滤层的作用

能够阻止黏性松散碎石土挤入碎石道床内,并且阻止道砟碎石侵入黏性土路基。

(4)防水层的作用

进一步阻止地表水进入容易风化的土路基。

3. 路基保护层的断面形式

路基保护层具有多种形式，分别承担着不同的功能，不同情况下的路基保护层需要采用不同的形式进行设计。

(1)地基强度不足的情况

当松散碎石地基不能安全承受铁路运输的动荷载作用时，应在土路基和道床之间设置路基保护层，同时该保护层还起到构造路面横坡，易于排水的作用。对于路堤和路堑其路基保护层的设置形式是类似的，如图 6-14 所示即为路堤上路基保护层的设置。

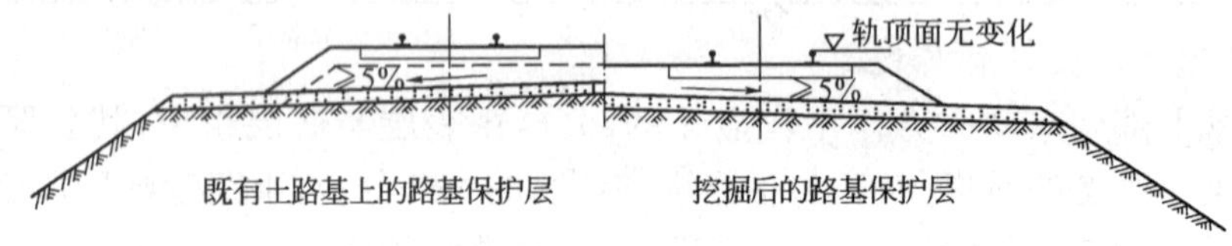

图 6-14　路堤上路基保护层

(2)风化岩石路基

如果路基下面是风化的岩石，或者土路基由易于风化的岩石构成，则应该设置路基保护层，以阻止雨水对于岩石路基的侵入，其设置形式如图 6-15 所示。

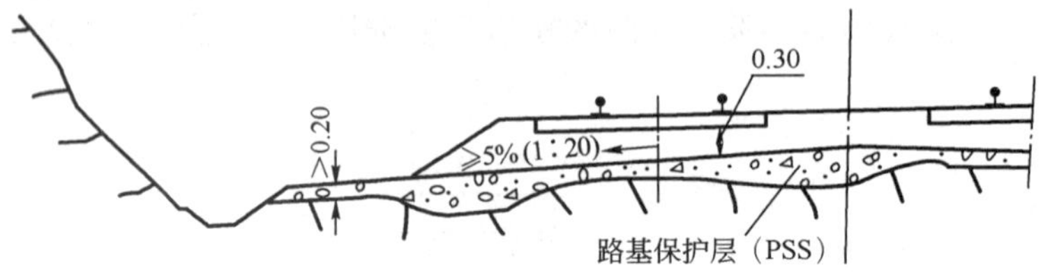

图 6-15　风化岩石路基保护层(尺寸单位:m)

(3)不易风化的岩石路基

对于不易风化的岩石路基，可以不需要采取特别措施进行路基保护层的设置，但需要采取适当的材料修复，如充填矿物混合料或者素混凝土来消除岩石表面的不平整，使之形成具有一定坡度的平整面，其断面形式如图 6-16 所示。

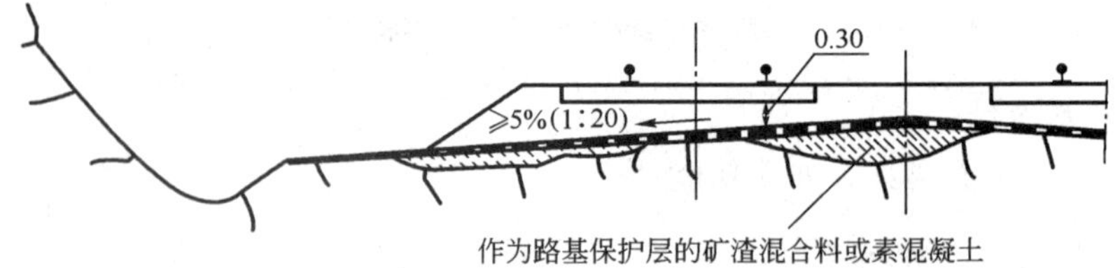

图 6-16　不易风化岩石路基保护层(尺寸单位:m)

七、路基承载力设计

路基需要承受通过道砟传递下来的火车荷载，为此需要保证其具有一定的强度特征。力学强度参数一般采用弹性模量或者 *CBR* 表示。路基的承载力与其自身的含水量和密实度有关,由于在春季冰雪融化期路基含水量最高,其承载力也降到最低,以此时的路基承载力作为铁路路基设计的依据。世界铁路联合会根据土的强度等级分类,提出了不同等级的路基应具有的弹性模量和 *CBR* 值,如表 6-20 所示。

世界铁路联合会的土路基强度取值 表 6-20

路基土等级	弹性模量(MPa)	*CBR*(%)
S_0	<13	<2
S_1	13~26	2~5
S_2	26~80	5~17
S_3	>80	>17

根据德国《土工建筑物规范》(实施指南 DS 836)的规定,土路基的最低承载力和密实度应满足表 6-21 的要求。

对新建和既有线路的路基承载力和密实度要求(DS 836) 表 6-21

线路类型		路基保护层		土路基	
		承载力(MN/m^2)	密实度	承载力(MN/m^2)	密实度
新建	干线铁路	120	1.03	80	1.00
	城市近郊快车	100	1.00	60	0.97
	其他线路	80	0.97	45	0.95
既有	$v>160$km/h	80	0.97	45	0.95
	$v<160$km/h	50	0.95	20	0.93

在不利的水文和地基条件下,要保证一定的承载力要求就必须在土路基和道床之间铺设路基保护层,以确保路基的应力不会超过容许应力、轨道的变形不会超过容许变形。路基保护层顶面的最小模量见表 6-21 所示。路基保护层的厚度参照德国《土工建筑物规范》(实施指南 DS 836)的规定,可以采用图 6-17 进行设计,或者可以根据世界铁路联合会对整平保护层的厚度建议值选取,见表 6-22 所示。

整平层厚度建议值(UIC) 表 6-22

路基强度等级	整平层	
	强度等级	厚度(cm)
S_1	S_2	30~55
	S_3	20~40
S_2	S_3	20~30

八、铁路路基的防冻

1.防冻的应用场合

当出现如下的情况时,就需要考虑铁路路基的冻害影响:

(1)具有冻结变化的地基;

(2)地基有足够的补给水；

(3)土路基范围内的温度在结冰点以下。

对铁路路基的防冻包括两种方式：一是完全防冻，即完全防止土路基的冻结；二是部分防冻，即在严寒的冬季有限制地让冻结进入土路基里。

2. 冰冻指数

铁路部门需要根据冬季极端低温条件来确定是否需要对铁路采取防冻措施，表6-23给出了根据冰冻概率和特定时间内的预期冰冻次数确定的冰冻指数。

冰 冻 指 数　　表6-23

冰冻指数	冰冻概率	特定时间内的冰冻次数
F2	50%	2年一次
F5	20%	5年一次
F10	10%	10年一次
F100	1%	100年一次

3. 防冻措施

为了防止路基冻结，可以有两种措施。一是在道砟和土路基间设置防冻层以保护路基，防止路基出现冻胀。防冻层是由防冻性材料和一些防冻措施构成。二是在道砟道床和土路基之间铺设一层由导热性极低的材料组成的隔热层，以阻止冻结侵入到土路基。

4. 防冻设计

防冻层的厚度设计根据大气冷量总和来确定。所谓大气冷量总和是指在一个冻结周期内或一个冬季里日平均温度在零度以下的总和，用℃·日表示。目前对防冻层的厚度往往采用经验来确定，可以参考德国《土工建筑物规范》(实施指南DS 836)的设计方法来确定防冻层的厚度。其设计图如图6-18所示。图中得到的防冻保护层厚度包括了道砟和防冻层的总厚度，考虑道砟采用50cm厚，则防冻层的设计厚度应为$h-50$cm。

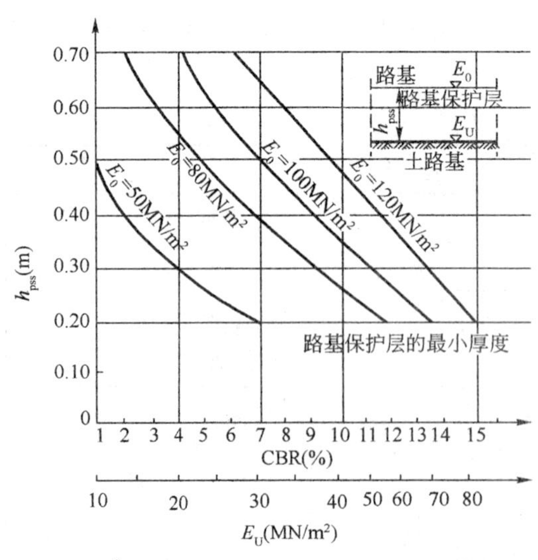

图6-17　德国DS 836规定的路基保护层厚度设计图

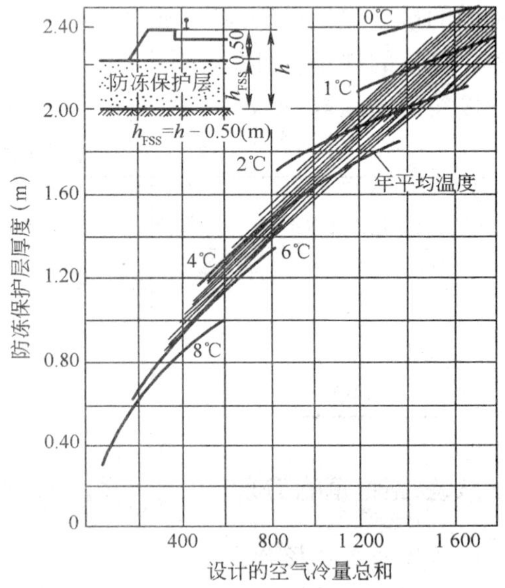

图6-18　防冻层厚度设计图

第三节　填方路基施工

一、基底处理

在填方施工之前，必须对基底的原地面进行清除，对路基范围内的各种杂质进行清理，需要时回填并压实基底，为路堤施工提供一个坚实的平台。针对原地面的不同坡度，需要对基底进行技术性的预先处理，保证基底与路堤接触面的稳定。

1. 地面横坡缓于1∶10

当地面横坡平缓，缓于1∶10时，只需对基底进行清杂、回填、压实等处理。

2. 地面横坡介于1∶10～1∶5

当地面横坡介于1∶10～1∶5时，如果原地面稳定，则只需如上处理；如果原地面斜坡稳定性较差，则需要采取措施稳定斜坡后填筑路堤。

3. 地面横坡陡于1∶5

当地面横坡陡于1∶5时，则原地面应挖成台阶，并加以夯实。台阶顶面应作成2%～4%向内倾斜的横坡，以增加稳定性。

4. 地面横坡陡于1∶2.5

当地面横坡陡于1∶2.5时，并且填土有可能向下滑动时，应对填土地基抗滑阻力进行稳定性验算，根据结构选择如下两种方式进行处理。

(1)下滑力不大，可以将基底按照地形分段挖成不陡于1∶2.5的缓坡，在缓坡上挖出台阶，在坡脚处台阶应尽可能宽一些，如图6-19所示。

(2)下滑力大，但边坡较为平缓，则可以在坡脚处用大块石砌成石垛护堤，其断面尺寸应按照稳定性验算确定，如图6-20所示。

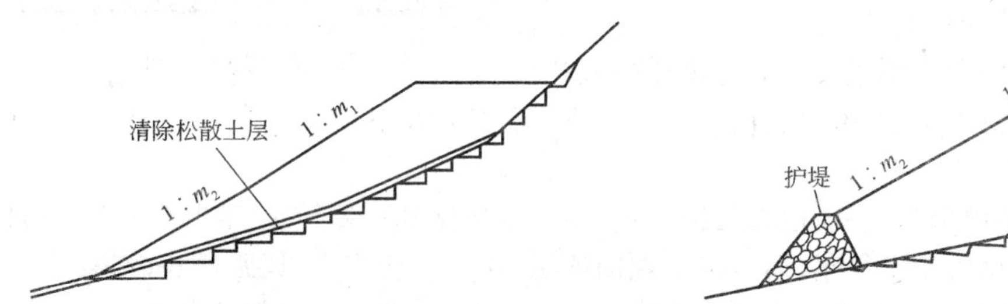

图6-19　基底改善措施一

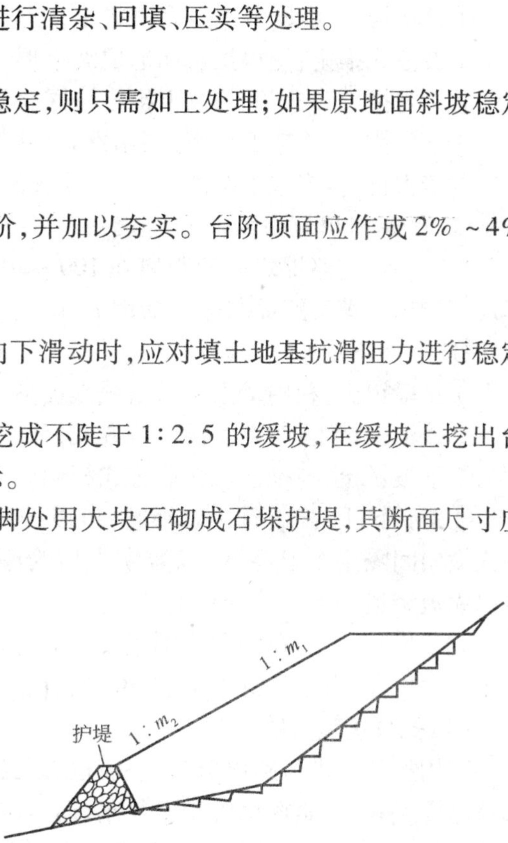

图6-20　基底改善措施二

对于半填半挖路基，则需要对山坡一侧宽度不小于2m、深度不小于0.8m范围内的土进行挖除换填，以避免不均匀沉降。

对于岩石基底，可以不作处理，但如岩层面光滑，为保证填方不出现滑动，应将基面凿毛或对路堤采取支挡措施。

二、土质路堤施工

1. 土质路堤填筑

土质路堤填筑施工常用的土方机械为推土机、铲运机、平地机和挖掘机等，不同机械有不同的作业方式和特点，适用于不同的场合。

(1)推土机填筑路堤

采用推土机直接填筑路堤可以有两种方式。

一种是土方由自卸车运来,按照路基纵、横向每层需要铺筑的土方数量卸成土堆,然后由推土机推土摊铺均匀,以达到预计的松铺厚度,并保证摊平后的高度要比路基高度高出 20 ~ 30cm,最后经过碾压后修整到设计高度。

另一种是推土机从取土坑中直接取土,横向推土到填土断面后分层摊平、碾压,最后一层仍然要高出 20 ~ 30cm。

推土机的作业方式包括:切土、推土、堆卸、空返四个环节,其中推土方式是作业效率高低的核心环节。根据不同的作业面和实践经验,主要采用如下几种较好的作业方式。

①坑槽推土:在同一地点多次推土,形成槽沟,利于减少推土损失。

②波浪式推土:使得推切面形成波浪形,利于发挥推土机的最大功率。

③并列推土:采用两部以上推土机同时作业,减少推土损失。

④下坡推土:构造下坡面,利用重力协同推土,提高效率。

⑤接力推土:当取土距离较长、土质较硬,可以预先形成堆土,然后集中作业。

(2)铲运机填筑路堤

当取土坑与路堤之间的距离在 100 ~ 700m,最远可达到 1 000m 时,采用铲运机进行路堤填筑。铲运机填筑路堤同样包括铲土、运土、卸土、空返四个环节。根据土质、作业面和实践经验,一般有如下几种方法进行作业。

①一般铲土:利用铲土机速度惯性提高铲土效率。

②波浪式铲土:与推土机作业方式相同。

③下坡铲土:与推土机作业方式相同。

④跨铲铲土:当土质比较硬时,可以按照图 6-21 的方式横向间隔半个铲斗宽、以数字先后为序进行作业,可以缩短铲道长度和减少铲土时间。

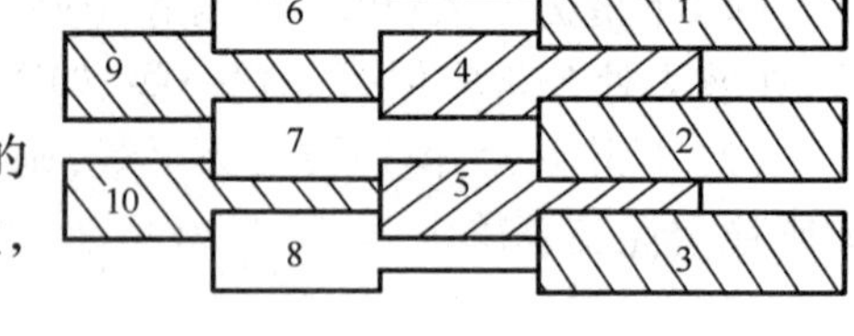

图 6-21 铲运机跨铲铲土

⑤顶推铲土:当在土质特别坚硬或者是冻土以及松散干砂中作业,由于打滑力不够,可以利用推土机协助顶推提高效率。

(3)挖掘机填筑路堤

采用挖掘机进行路堤填筑,一般也有两种方式:一种是从路基一侧挖土,直接卸向另一侧填筑路堤;另一种是挖掘机挖土装车,运至施工现场填筑,在取土场集中、运距较长的情况下,最适宜采用。挖掘机的作业大致也分为四个环节:挖土、向运土车辆或卸土位置转向、卸土、向挖土位置转向。为了提高作业效率,应该提高转向速度。

(4)平地机施工

当路堤填筑完成以后,主要应用平地机进行初平、修整工作,可以用来平整路基面,修整路基达到设计高程;修整路拱、修整路堤边坡;并在路堤边坡修整好以后,沿坡脚护道纵向粗平,使得护道纵向坡度与路基纵坡大致吻合;采用平地机还可以对取土坑进行修整,确保土坑排水通畅。

2. 土质路堤压实

土质路堤的压实最重要的是两个因素:一是路堤含水量,二是最大干重度。在施工中压实作业时,应使得土的含水量等于或接近最佳含水量,可以获得最佳的压实效果,使土的压实密度能够较快接近最大干重度。土质路堤的压实度标准可以参见《公路路基施工技术规范》

(JTG F10—2006)的规定值。

对土的压实作用,一般有三种方式:一是机械重力压实,二是一定频率和幅度的振动压实,三是利用作用高度的冲击压实。主要的压实机械有轮胎压路机、振动压路机、光轮压路机等,不同压路机的作业技术性能可以参见表6-24所示。

各种压路机的使用技术性能 表6-24

压路机类型	吨位(t)	使用技术性能		
		最佳压实厚度(cm)	碾压次数	适用范围
自行式光轮压路机	5	10~15	12~16	各类土
	10	15~25	8~10	
	12	20~30	6~8	
拖式光轮压路机	5	10~15	8~10	
拖式轮胎压路机	10	15~20	8~10	
	25	25~45	6~8	
	50	40~70	5~7	
振动压路机	0.75	50	2	非黏性土
	6.50	120~150	2	

3. *施工质量控制*

当土质路堤修整至设计高程并整修完成以后,其施工质量和检查频率应符合表6-25的技术要求。

土质路堤施工质量标准 表6-25

检查项目	规定值或允许偏差			检查方法和频率
	高速、一级公路	二级公路	三、四级公路	
压实度	符合规定	符合规定	符合规定	施工记录
弯沉	不大于设计值	不大于设计值	不大于设计值	—
纵断高程(mm)	+10,-15	+10,-20	+10,-20	每200m测4断面
中线偏位(mm)	50	100	100	每200m测4点
宽度	不小于设计值	不小于设计值	不小于设计值	每200m测4处
平整度(mm)	15	20	20	3m直尺:每200m测2处×10尺
横坡(%)	±0.3	±0.5	±0.5	每200m测4断面
边坡坡度	不陡于设计坡度	不陡于设计坡度	不陡于设计坡度	每200m抽4处

三、石质路堤施工

1. *分层压实法*

分层压实法是石质路堤施工中最为常用的方法,填筑时按照横断面全宽分为水平层次,填筑一层、压实一层,逐层向上填筑,如图6-22所示。

石方填筑路堤分为四级施工台阶,每个台阶有不同的松铺厚度和最大粒径的控制要求,见表6-26所示。

填石路基施工分级和填料粒径要求 表 6-26

路堤分级	路基面下深度(m)	分层松铺厚度(cm)		最大粒径控制(cm)	
		高速、一级公路	其他公路	高速、一级公路	其他公路
一级台阶	0～0.5	30	30	10	15
二级台阶	0.5～1.5	40	50	25	30
三级台阶	1.5～3.0	50	60	30	40
四级台阶	3.0 以下	50	100	35	65

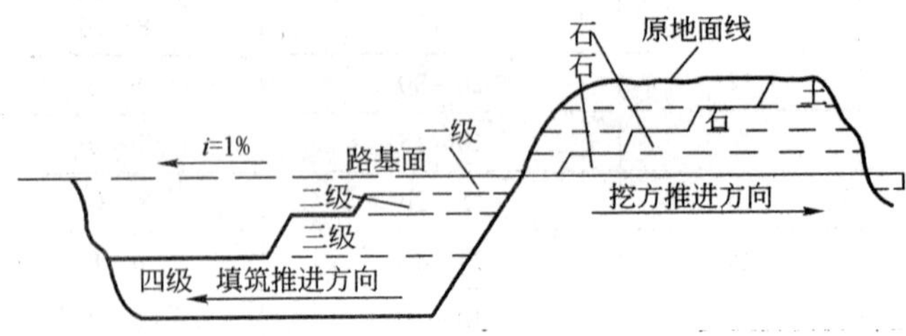

图 6-22 分层填石方法

石质路堤施工分为填石、平整、碾压、检测四个作业区段，采用八道工艺流程：施工准备、填料装运、分层填筑、摊铺平整、振动碾压、检测签认、路基成型、路基整修。从而有利于机械化作业和实施平行流水施工，其施工工艺流程如图 6-23 所示。

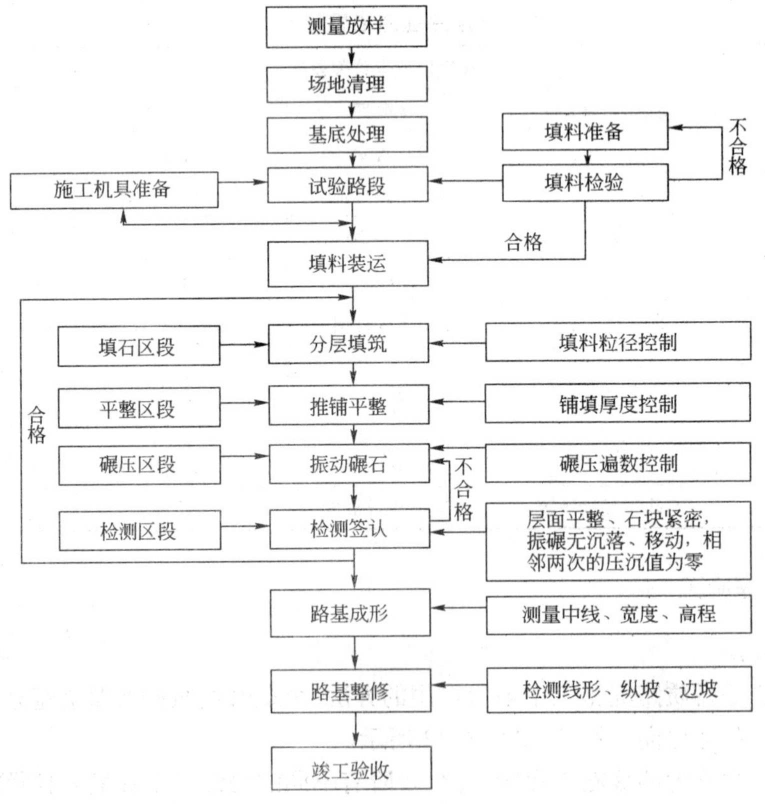

图 6-23 填石路基施工工艺流程

2. 强夯法

强夯法是用起重机械吊起重 8~30t 的夯锤从 6~30m 高处自由落下,给石质填料和地基以强大的冲击力,使得岩土颗粒产生位移,提高填筑层密实度和地基强度。强夯法设备简单、施工方便、效果显著,解决了大块石填筑地基厚层施工的技术难题,对于工期紧迫的工程和竖向填筑的工程,尤为适用。强夯法的有效压实厚度是碾压法的 8~10 倍。

强夯法施工采用分层布置,分层厚度约为 5m 左右,在高度 20m 内的填石路堤一般分 4 层进行,其中底层稍厚,不超过 5.5m;面层稍薄,一般为 4m。各层夯点采用错位布置,即上层夯点位于下层夯点之间,以获得良好的击实效果。其布置方案如图 6-24 所示,夯点间距 4.5m×4.5m。

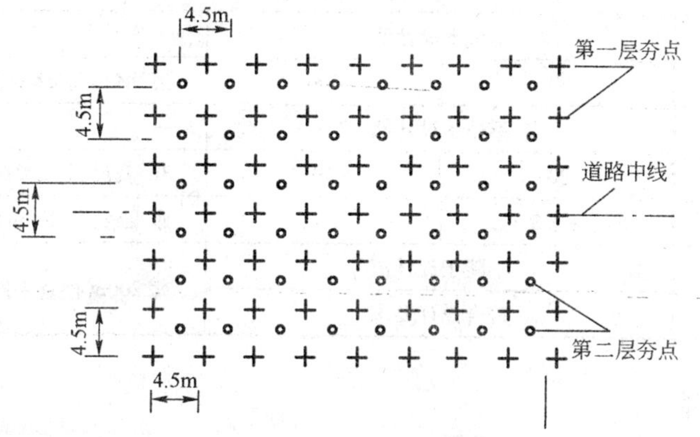

图 6-24　强夯法布点示意图

3. 竖向填筑法

竖向填筑是以路基一端按照横断面从上往下倾卸石料,逐步推进填筑。该方法适用于无法进行分层填筑的陡坡、断岩、泥沼地区以及水中作业,其施工作业如图 6-25 所示。

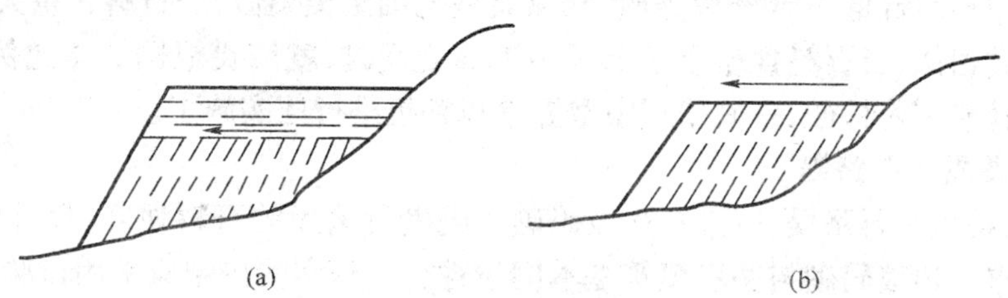

图 6-25　竖向填筑示意图

(a)上部水平分层;(b)全高度竖向填筑

竖向填筑法应用于路堤以下路基的填筑,对于上下路堤仍然采用分层填筑和压实方法进行施工。

4. 施工质量控制

填石路堤施工中,上下路堤的压实标准见表 6-27 所示。压实指标的检测可以根据试验段确定的沉降差指标进行。

填石路堤上下路堤压实质量标准　　表 6-27

分　区	路床顶面以下深度(m)	硬质石料孔隙率(%)	中硬石料孔隙率(%)	软质石料孔隙率(%)
上路堤	0.8~1.50	≤23	≤22	≤20
下路堤	>1.50	≤25	≤24	≤22

填石路堤填筑至设计高程并整修完成后，其施工质量应符合表6-28 的规定值。

填石路堤施工质量标准 表6-28

<table>
<tr><td colspan="2" rowspan="2">检 查 项 目</td><td colspan="2">规定值或允许偏差</td><td rowspan="2">检查方法和频率</td></tr>
<tr><td>高速、一级公路</td><td>其他公路</td></tr>
<tr><td colspan="2" rowspan="2">压实度</td><td colspan="2">符合试验路确定的施工工艺</td><td>施工记录</td></tr>
<tr><td colspan="2">沉降差≤试验路确定的沉降差</td><td>水准仪：每 40m 检测 1 个断面，每个断面测 5 ~ 9 点</td></tr>
<tr><td colspan="2">纵面高程(mm)</td><td>+10，-20</td><td>+10，-30</td><td>水准仪：每 200m 测 4 个断面</td></tr>
<tr><td colspan="2">弯沉</td><td colspan="2">不大于设计值</td><td>—</td></tr>
<tr><td colspan="2">中线偏位(mm)</td><td>50</td><td>100</td><td>经纬仪：每 200m 测 4 点</td></tr>
<tr><td colspan="2">宽度</td><td colspan="2">不小于设计值</td><td>—</td></tr>
<tr><td colspan="2">平整度(mm)</td><td>20</td><td>30</td><td>3m 直尺：每 200m 测 4 点 ×10 尺</td></tr>
<tr><td colspan="2">横坡(%)</td><td>±0.3</td><td>±0.5</td><td>水准仪：每 200m 测 4 个断面</td></tr>
<tr><td rowspan="2">边坡</td><td>坡度</td><td colspan="2">不陡于设计值</td><td rowspan="2">每 200m 抽查 4 处</td></tr>
<tr><td>平顺度</td><td colspan="2">符合设计要求</td></tr>
</table>

四、其他填方路基

1. 土石路堤

(1)压实特性

土石混合材料是由一定比例的土和石组成，由于比例的不同使得土石混合材料的工程特性呈现出不同的特点，施工中需要根据这种土石混合填料的特定工程特性进行填筑和碾压施工。当混合土中石料含量在 30% 以下时，压实特性与细土类类似；当石料含量大于 70% 时，压实特性与填石类相似；当石料含量介于 30% ~70% 之间时，就需要根据具体比例，通过试验段确定其压实特性和工艺特征，一般采用中型振动压路机进行压实施工。

(2)中硬、硬质土石路堤

对于中硬、硬质土石路堤，应进行边坡码砌。码砌所采用的石料强度、尺寸以及码砌厚度应符合设计要求。边坡码砌与路堤填筑基本同步进行。压实的控制应采用试验路段确定的沉降差指标，通过试验段确定的工艺流程和工艺参数，控制压实过程。路基成型后的质量应符合表 6-28 的要求。

(3)软质土石路堤

对于软质土石路堤，其边坡可以按照土质路堤边坡处理。路基成型后的质量应符合表6-28的质量要求。

2. 高路堤

(1)高路堤的划分

高路堤的划分，与地基情况与填料类型有关。当地基条件较好，填料为粗砂、中砂时，边坡设计超过 12m，即为高路堤；当填料为黏质土、粉质土、砂质土以及砾石土以及其他不易风化的石质填料，边坡设计高度超过 20m，即为高路堤。当地基条件较差，无论何种填料，当边坡高度超过 6m 时，即为高路堤。

(2)高路堤的要求

高路堤的施工要求与一般填方路堤要求基本相同，但在基底处理上，基底压实度要比一般填方路堤提高5%。高填方路堤的填料宜优先采用强度高、水稳性好的材料，或采用轻质材料。受水淹、水浸的部分，应采用水稳性和透水性均好的材料。

第四节　挖方路基施工

一、土质路堑施工

1. 一般路堑开挖

一般路堑开挖可以采用人工或者机械方法，或者两者结合采用。目前的施工方法以机械开挖为主，人工开挖为辅，可以提高工作进度、改进施工质量。路堑的开挖方式根据路堑的深度、长度以及施工方法的不同，一般包括三种：横挖法、纵挖法和混合挖法。

（1）横挖法

从路堑的一端或两端按横断面全宽沿路线纵向逐渐向前开挖的方式称为横挖法，如图6-26所示。

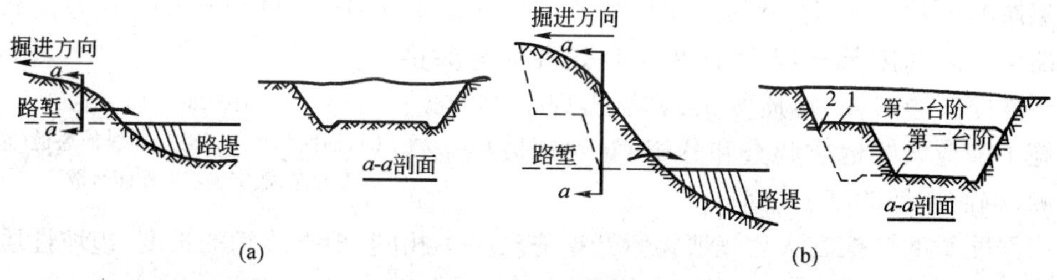

图6-26　横向全宽挖掘法

（a）一层横向挖掘；（b）多层横向挖掘

当路堑深度不大时，可以一次挖到设计高程，称为单层横挖法，如图6-26（a）所示；当路堑深度较大时，可以按照分层横挖法进行，即在几个不同高程上同时开挖，如图6-26（b）所示。

当采用人工开挖时，每层的开挖深度一般为1.5～2.0m；当采用机械开挖时，每层的开挖深度可增加到3.0～4.0m。当采用机械开挖路堑时，边坡应配以平地机或人工分层修刮平整。

（2）纵挖法

沿着路线纵向分层依次向前开挖称为纵挖法，适用于较长的路堑，如图6-27所示。

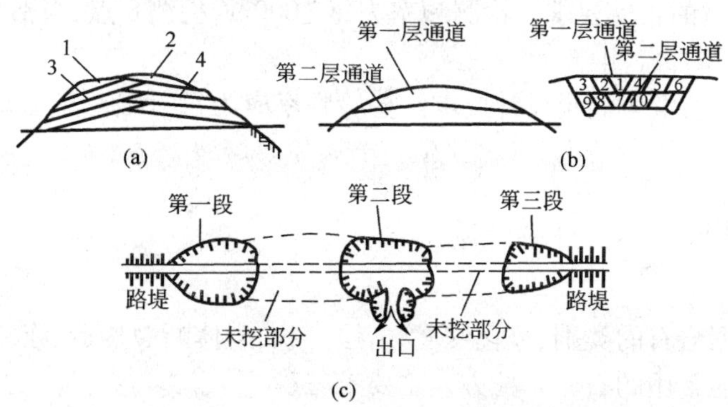

图6-27　纵向挖掘法

（a）分层纵挖（图中数字为挖掘顺序）；（b）通道纵挖（图中数字为拓宽顺序）；（c）分段纵挖

根据路堑的宽度和深度不同，纵挖法又可以分为三种。

①如果路堑的深度和宽度都不大，可以按照路堑横断面全宽纵向分层开挖，称为分层纵挖法，如图6-27(a)所示。

②如果路堑的宽度和深度都比较大，可以先沿着路堑纵向分层挖出一条通道，然后开挖通道两旁，称为通道开挖法，如图6-27(b)所示。上层通道两旁开挖至路堑边坡后，再开挖下层通道。

③如果路堑很长，可以沿着路堑纵向选择多个点，将路堑横向挖穿，把路堑分为几段，各段再纵向开挖，称为分段纵挖法，如图6-27(c)所示。这种方法可以使得多个机械同时作业，加快工程进度。

(3)混合挖法

对于长度、深度和宽度都很大的路堑，土方量很大，为了扩大作业面和加快施工进度，可以将横挖法和通道纵挖法混合使用，称为混合挖法，如图6-28所示。

混合挖法施工时应先沿着路堑纵向开挖通道，然后沿横向开挖若干条辅助通道，沿着纵横向同时开挖。

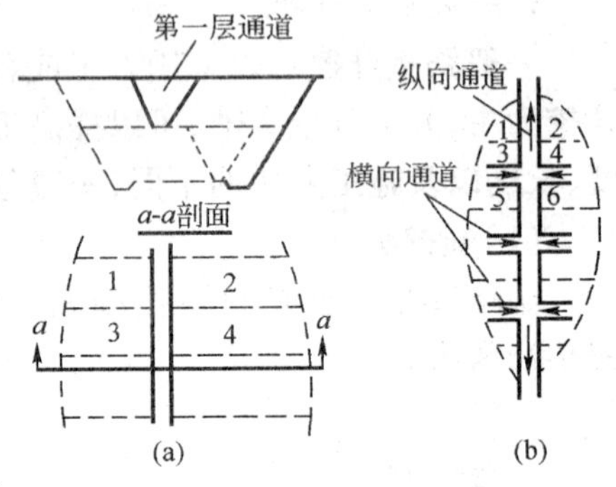

图6-28 混合挖掘法

(a)横面和平面;(b)平面纵横通道(箭头表示运土方向，数字表示工作面号数)

2. 深路堑开挖

当路堑边坡高度等于或大于20m时就可称为深路堑。由于深路堑边坡高、地质复杂，容易出现工程事故，因此在施工前应做好地质调查和分析，并对边坡稳定性进行监测，编制详细的施工方案。

土质深路堑的开挖方法与一般路堑开挖方法基本相同，根据路堑的长度、边坡性质和形状可以分为如下三种方法。

(1)对于土质单边坡深路堑可以采用分层、横向的全宽挖掘法。

(2)对于土质双边坡深路堑的开挖可以采用分层纵挖法和通道纵挖法。如果路堑纵向长度较大，一侧边坡的土壁厚度和高度不大时，可以采用分段纵挖法。

(3)当土质坚硬，为了加快施工进度，可以在距离边坡3m以外采用爆破法施工，但要注意对边坡的稳定性不能造成隐患。

3. 施工质量要求

土质路堑施工完成以后，需要进行压实度检测，压实度标准应满足《公路路基施工技术规范》(JTG F10—2006)的相关要求。检测频率为每2 000m^2检测8点，当不足200m^2时，至少检测2点，必要时可以增加检测点。

土质路堑顶面的弯沉应满足设计要求。检验频率应为每一幅双车道每50m布设4点，左右两轮隙下各1点。

二、石质路堑施工

1. 开挖方式

石方开挖应根据岩石的类别、风化程度、岩层产状、岩体断裂构造、施工环境等因素确定具体的开挖方式。目前常用的石方开挖方式主要有三种。

(1)钻爆开挖

该方法是当前应用最为广泛的方法，主要包括：薄层开挖、分层开挖、全断面一次开挖和特高梯段开挖等。

(2)机械开挖

当需要破碎的岩石不是特别坚硬,可以采用带有松土器的重型推土机进行破碎开挖。该方法特别适用于施工场地开阔、石方量很大的软岩石方工程。

(3)静态破碎法

该方法是在炮孔内装入破碎剂,利用药剂自身产生的膨胀力,缓慢作用于岩壁上,经过几个小时后达到一定的压力水平后使得介质开裂。这种方法特别适合于特定条件下的开挖,但需要与其他方法配合使用,方可提高工程施工效率。

2.爆破方法

路基石方的爆破方法很多,根据不同的岩质、地形条件,可以选择不同的爆破方法,分别如下所列。

(1)浅孔爆破

浅孔爆破是指炮孔孔径小于50mm,炮孔深度小于5m的爆破。该方法由于装药量小,围岩的破坏范围小,可以有效控制爆破岩石的移动方向和块度,因此,在露天和地下石方开挖中有广泛应用。

(2)裸露爆破

裸露爆破是把药包放在待爆物体表面,在药包上覆盖炮泥,进行起爆的爆破方法,如图6-29所示。多用于抢通车时,用来爆破大块岩石和孤石。

(3)蛇穴爆破

蛇穴爆破是集中将药包放入直径为20~50cm、深度在2~6m的水平或微倾斜的炮洞中进行爆破,炮洞和装药结构如图6-30所示。该方法可以在缺少施工机械的情况下,在岩石破碎地段实现提高爆破效率的目的。

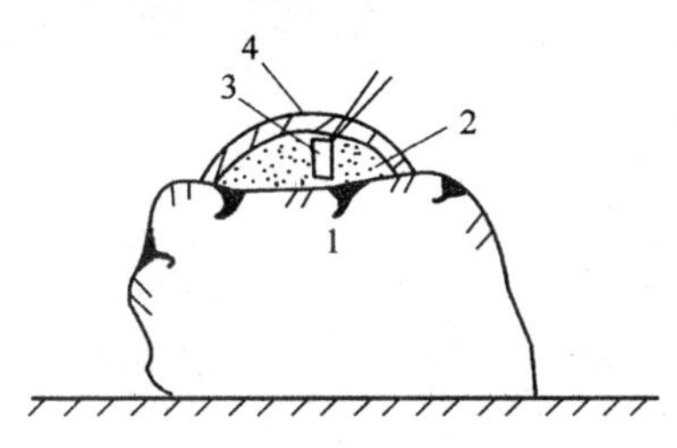

图6-29 裸露药包的放置

1-岩石;2-炸药;3-雷管;4-覆盖材料

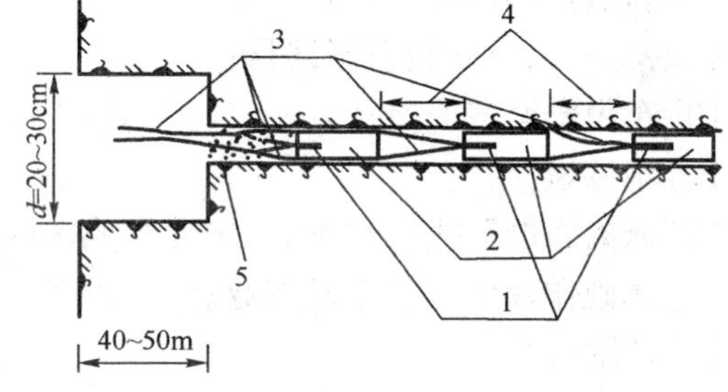

图6-30 蛇穴布置法

1-电雷管;2-药卷;3-导线;4-空气间隔,大于30cm;5-炮泥填塞

(4)药壶爆破

药壶爆破是在炮孔底部,用小药量多次爆破。这种方法增加了一次爆破石方量,减少了钻眼工作量,提高了爆破效果,适用范围相当广泛。

(5)深孔爆破

深孔是指孔径大于50mm以上,深度超过5m的炮孔,在炮孔中装药进行爆破如图6-31所示。该方法可以采用机械钻孔,爆堆采用挖运机械施工,实现了施工的综合机械化,是如今石方开挖中主要爆破方法。

深孔爆破的钻孔可以采用垂直钻孔、倾斜钻孔和水平钻孔,目前工程中大量采用的是垂直钻孔。布孔的方式有单排布孔和多排布孔,如图6-32所示。目前工程中为了加大爆破方量,通常采用多排爆破技术。

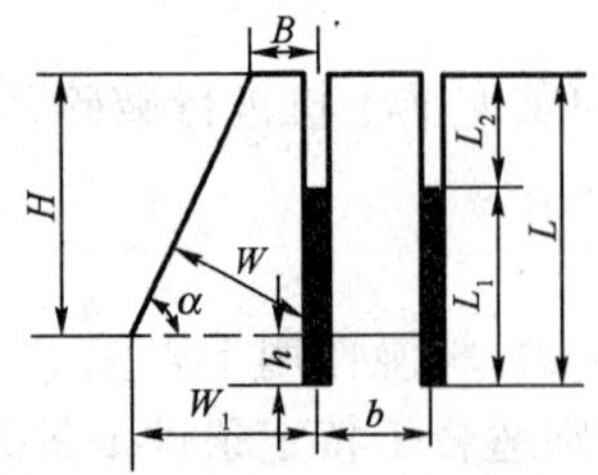

图6-31　深孔爆破法

H-台阶高度；W_1-前排钻孔的底盘抵抗线；L-钻孔深度；L_1-装药长度；L_2-堵塞长度；h-超深；α-台阶坡面角；b-排距；B-台阶上眉线至前排孔口的距离；W-炮孔的最小抵抗线

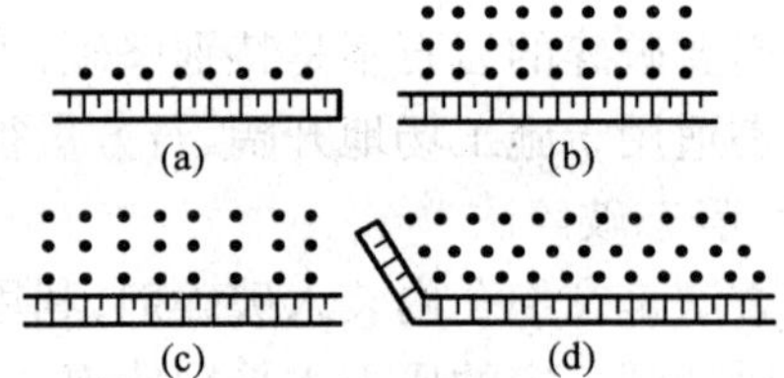

图6-32　深孔布置方式

(a)单排布孔；(b)方形布孔；(c)矩形布孔；(d)三角形布孔

3.爆破施工工艺

爆破前应先查明空中缆线、地下管线的位置，开挖边界外可能受到爆破影响的建筑物结构类型、居民居住情况等，然后制订详细的爆破技术安全方案。

爆破开挖石方，宜按照如下的步骤进行：

(1)爆破影响调查与评估；

(2)爆破施工组织设计；

(3)培训考核、技术交底；

(4)主管部门批准；

(5)清理爆破区施工现场的危石等；

(6)炮眼钻孔作业；

(7)爆破器材检查测试；

(8)炮孔检查合格；

(9)装炸药以及安装引爆器材；

(10)布设安全警戒岗；

(11)堵塞炮孔；

(12)撤离施爆警戒区和飞石、振动影响区的人、畜等；

(13)爆破作业信号发布及作业；

(14)清除盲炮；

(15)解除警戒；

(16)测定、检查爆破效果。

第七章　路基排水设计与施工

水的作用是造成路基病害最主要的原因，如路基沉陷、翻浆冒泥、冻脉凸起、边坡溜滑、崩坡滑坡等病害，多与地面和地下水的活动有关。因此，为了保证路基的强度和稳定性，必须做好排水附属工程（排水地面工程和排水地下工程）的设计，本章主要介绍路基排水的设计和施工技术。

第一节　地表排水设计与施工

地面水主要是由大气降水形成的地面径流，对公路的影响主要是冲刷和渗透。冲刷将导致公路整体和局部稳定性的破坏，渗透将导致公路结构强度降低、失稳。路基地表排水设计的目的就是将影响路基稳定的地面水加以拦截，排除于路基范围以外，并防止漫流或者下渗，使得路基工作区内的含水率降低到一定范围以内，确保结构的强度与稳定。

常用的地面排水设施主要有边沟、截水沟、排水沟、跌水与急流槽以及蒸发池等，它们分别设置在路基的不同部位，共同形成完整的路基地表排水系统。

一、边沟的设计

1. 边沟设计的一般要求

边沟的断面形式和尺寸应该根据水文、水力计算得到的排水量来确定。为了防止边沟水流漫溢或者产生冲刷，应尽可能利用当地有利地形条件，采取相应措施，将边沟水流分段排除于路基范围之外或引入自然沟渠，以减少边沟的几何流量。必要时可以增设涵洞，将边沟水引向路基另一侧排出。

由于边沟通常紧靠路基，而路面水又受到一定程度的污染，通过边沟排除的路面水应该与其他的水流分开，尤其生活和生产用水，应该与其隔断。

边沟水流不应滞留在沟内，同时要注意出水口的设置，使水流不致危害路基。当边沟水流流向路堤坡脚外时，如果边沟底部与填土坡脚高差较大，则应结合当地地形与地质等具体条件采取如下措施：

（1）设置排水沟将路堑边沟水沿出口的山坡引向路基范围之外，使之不致冲刷填方边坡；

（2）自然沟与填方毗连处设置跌水或急流槽，将水流直接引到填方坡脚之外，以免冲刷边坡，影响路基稳定，如图 7-1 所示。

在暴雨量较大的地区，如挖方路基的纵坡陡长，下端接有小半径曲线或平缓的纵坡路段，为了避免水流漫溢、冲刷或软化路基，危及路面的稳定性，可以在边坡点附近或进入弯道前，设置横向排水沟，必要时增设涵洞将边沟水排除于路基范围以外。

2. 边沟的横断面形式及适用范围

边沟的形式一般采用梯形，但随着机械化施工的推广应用和与环境景观的协调，也可以采用三角形边沟以及流线型边沟，当用地紧张时还可以应用矩形边沟。确定边沟形式时还需要考虑环境、地质等多方面因素。

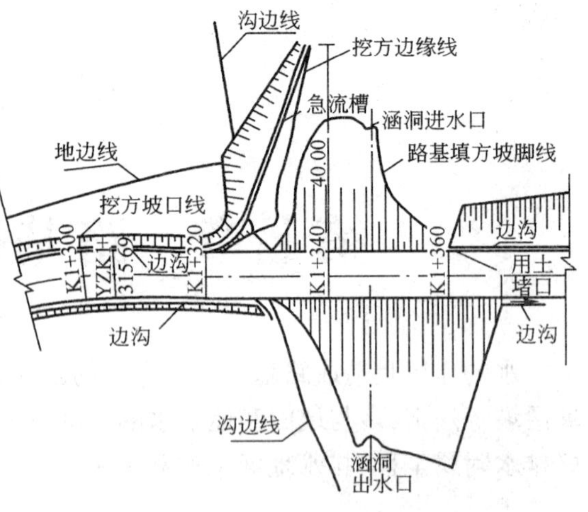

图 7-1 路堑与路堤衔接处边沟排水示意图

(1)梯形边沟

梯形边沟的应用最广，这种形式的边沟排水量大，边坡稳定性好，适用于土质或者软弱石质边沟。

内侧沟壁边坡一般为1:1～1:1.5，外侧边坡与挖方边坡相同。底宽与深度一般为0.4～0.6m，干旱地区或水流少的路段，取低限但不应小于0.3m，而降水量集中或地势低洼路段取高限或更大值。

梯形边沟的长度一般小于500m，在多雨地区不宜超过300m。纵坡与路线一致，最小纵坡为0.25%，沟壁铺砌后可以为0.12%，当纵坡大于3%时需进行加固防护。

(2)矩形边沟

矩形边沟的特点是占地少，施工方便，适用于石质或者铺砌式边沟。沟壁一般是直立或者是稍有倾斜。

矩形边沟的底宽与深度一般为0.4～0.6m，干旱地区或水流少的路段取低限但一般不宜小于0.3m，在降水量集中或者地势较低路段取高限或者更大值。

矩形边沟的长度一般小于500m，多雨地区一般不宜超过300m。其纵坡与路段保持一致，最小纵坡为0.25%，沟壁铺砌后可以为0.12%，当纵坡大于3%时需进行加固防护。

(3)流线型边沟

流线型边沟的特点是美观大方，与周围自然环境相协调，多用于对环境景观要求较高的场合。

流线型边沟的曲线半径 R 一般采用30cm。边沟深度一般为0.4～0.6m，在降水量集中或者地势较低的路段取高限或者更大值。

流线型边沟的长度一般小于500m，在多雨地区不宜超过300m。纵坡与路线一致，最小纵坡为0.25%，沟壁铺砌后可以为0.12%，当纵坡大于3%时需进行加固防护。

(4)三角形边沟

三角形边沟的特点是便于机械化施工，适用于低路堤或者少雨浅挖地段的土质边沟。

三角形边沟一般采用1:2～1:3 的边坡。深度为0.4～0.6m，在流量较大时沟的深度可以适当加大。边沟的长度一般不宜超过200m。

二、截水沟的设计

1. 截水沟设计的一般要求

在降水量较少或者坡面坚硬和边坡高度较低以及冲刷影响不大的路段，可以不设截水沟；反之，如果降水量较多、山坡汇水面积较大，并且暴雨频率较高、山坡覆盖层较松软、水土流失比较严重的地段，必须设置一道或者多道截水沟。

截水沟的位置，应尽量与绝大多数地面水流方向垂直，以提高截水效果、缩短沟的长度。截水沟应保证水流畅通，就近引入自然沟内排出。若由于地形限制，汇水量比较大，如将截水沟中的水流引至自然沟或路堤地段确有困难，引入边沟又将过大增加路基挖方时，则应综合考虑，可在挖方较低处增设急流槽和涵洞，直接将水引至路基的另一侧，如图 7-2 所示。

截水沟沟底应具有 0.5% 以上的纵坡，以免水流停滞，但也不宜超过 3%，否则会出现冲刷问题。

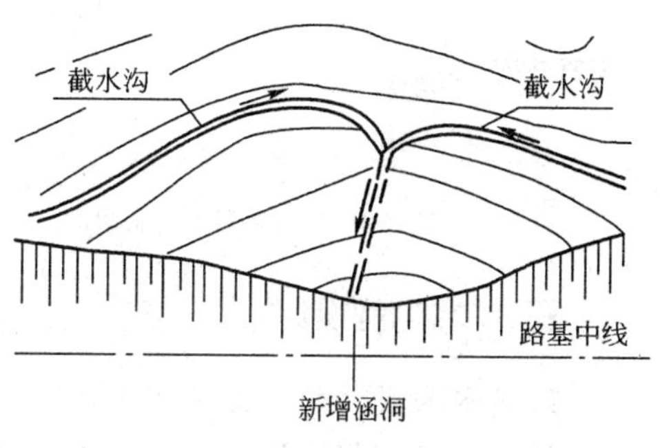

图 7-2 增设急流槽与涵洞

截水沟应按照设计要求进行防渗和加固处理。地质不良地段、土质松软路段、透水性大或者岩石裂隙较多地段，截水沟沟底、沟壁、出水口都应进行加固处理，防止水流渗漏和冲刷。加固后的截水沟在山坡上方一侧的砌体与山坡土体连接处，容易产生渗漏水，应严格进行夯实和防渗处理，以防止顺山坡下来的水渗入而影响山坡稳定。

季节性冻土地区，土质截水沟底面和侧面应采用浆砌体铺筑。设置拦水埂的参考技术参数为：内缘距离坡顶边线 1.0 ~ 1.5m，顶宽 0.5 ~ 0.7m，高度 0.4 ~ 0.6m，边坡坡度 1:1.5。

截水沟的长度一般介于 200 ~ 500m 之间。截水沟的纵坡一般与路线纵坡一致，当路线比较平时，路堑或路堤坡面截水沟的纵坡也就很小，这时应人为地把路堑或者路堤坡面截水沟的纵坡加大，使之不致产生淤泥和积水。

截水沟内的水流一般应避免排入边沟，通常应排入自然沟中，为了避免冲刷，截水沟的出水口应与其他排水设备平顺地衔接，必要时宜设置跌水或急流槽。

2. 截水沟的断面形式

截水沟的常见断面形式一般为梯形，如图 7-3(a) 所示。底宽不小于 0.5m，深度可以按设计流量确定，应不小于 0.5m，边坡的坡度视土质确定。

当山坡覆盖层较薄时，为了保证稳定性，修建截水沟时可以将沟底设置在基岩上［如图 7-3(b) 所示］，从而截除覆盖层与基岩之间的地下水。

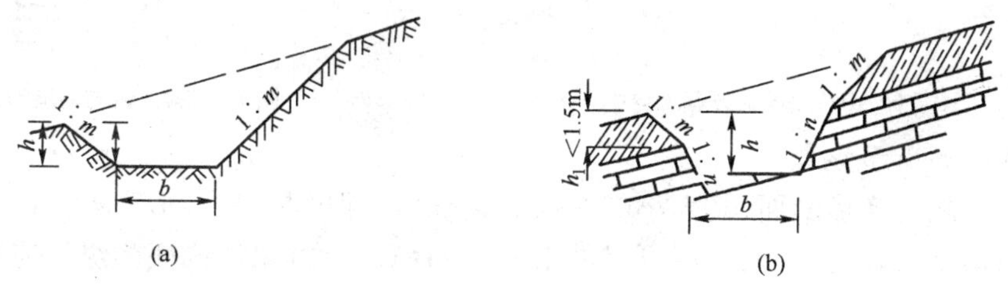

图 7-3 截水沟的断面形式

为了保证路堑边坡的稳定性，通常在路堑边坡上方设置截水沟，如图 7-4 所示。

当挖方路段土质边坡较高时，可以在边坡上设置平台，然后在平台上加设截水沟，拦截由坡顶流下的水流，如图 7-5 所示。

山坡填方路段上方的截水沟，离开路堤坡脚至少 2m，并用开挖截水沟的土在路堤与截水沟之间，修成向沟倾斜 2% 的土台，如图 7-6 所示。

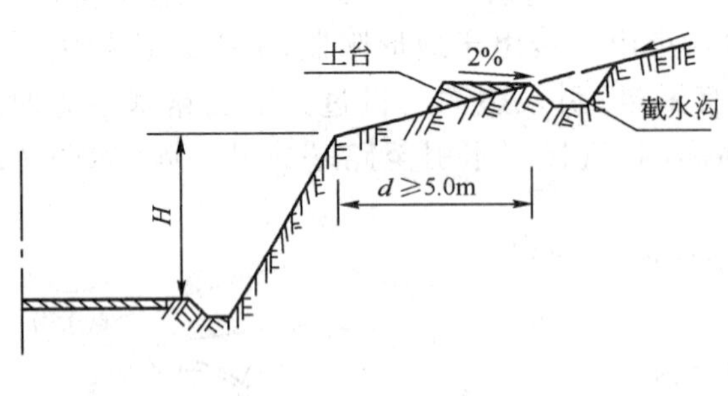

图 7-4　挖方路段上的截水沟

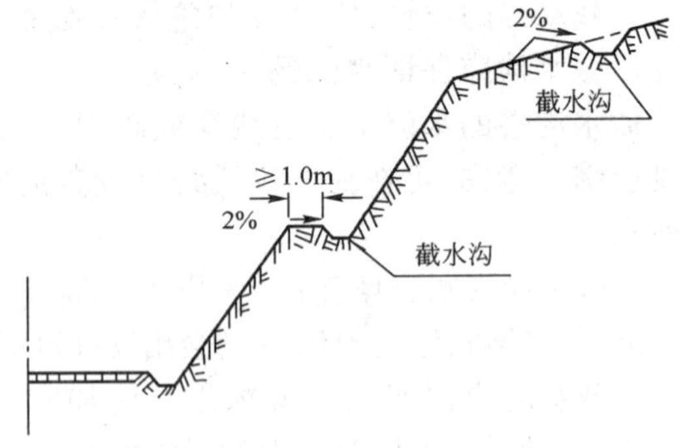

图 7-5　挖方路段上边坡较高时的截水沟

三、排水沟的设计

1. 排水沟设计的一般要求

排水沟可以将边沟、截水沟、取土坑或路基附近的积水排至桥涵或路基以外的洼地或天然河流中。其位置应该离路基尽可能远，距离路基坡脚不宜小于2.0m。

排水沟应尽量采用直线，如必须转弯时，其半径不宜小于10～20m。排水沟的长度应根据实际需要确定，通常不应超过500m。

当排水沟中的水流流入河道或沟渠时，应使原水道不产生冲刷或淤积。一般应使排水沟与原水道两者的水流流向成锐角相交，并力求不小于45°，保证汇流处水流顺畅。如限于地形，难以采用锐角连接，可以采用半径 $R=10b$ 的圆弧（弧长等于1/4圆周长，b 为排水沟顶宽），如图7-7所示。

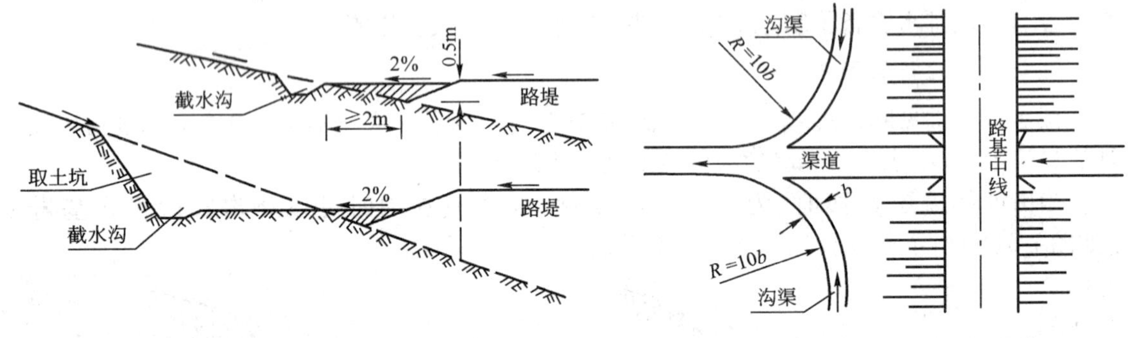

图 7-6　山坡路段上方截水沟

图 7-7　排水沟与河道沟渠的衔接

2. 排水沟的断面形式

排水沟一般为梯形断面，其大小应根据流量确定，深度与底宽均不应小于0.5m。排水沟的边坡应根据土质确定，一般土层可以采用1:1～1:1.5。排水沟沟底的纵坡应不小于0.5%，在特殊情况下可以减到0.2%。

四、跌水与急流槽的设计

1. 设计的一般要求

设置跌水和急流槽应在满足排水需要和工程质量的前提下，力求经济实用，其类型和尺寸等的确定要因地制宜，进行综合考虑。

设计跌水和急流槽，可以考虑采用增加槽底粗糙度的措施，使水流减速。与下游水面的连接形式，宜采用淹没式，以减少加固工程。

跌水两端的土质沟渠，应注意加固，保持水流畅通，不致产生水流冲刷和淤积，以充分发挥跌水的排水功能。

傍山路线遇有岩石山沟，有的相当于天然急流槽，应予以利用。必要时适当加工修整，将水流沿该山沟引入指定地点。

急流槽的纵坡比跌水的平均纵坡更陡，结构的坚固稳定性要求更高。在开挖坡面的急流槽与边沟交汇处，应在边沟设置沉淤池或消能池，以起到沉积泥沙和消能作用，避免泥沙阻塞和冲刷边沟。

2. 跌水的构造

跌水的构造可以分为进口、台阶和出口三个部分。跌水的构造有单级和多级之分，沟底也有等宽和变宽两种。单级跌水适用于排水沟渠连接处。例如路基边沟水通过涵洞排泄时，在涵洞的进口设置单级跌水的窨井，如图 7-8 所示。

土质边沟纵坡较大时，可设置多级跌水，以降低水流速度、减少冲刷，如图 7-9 所示。

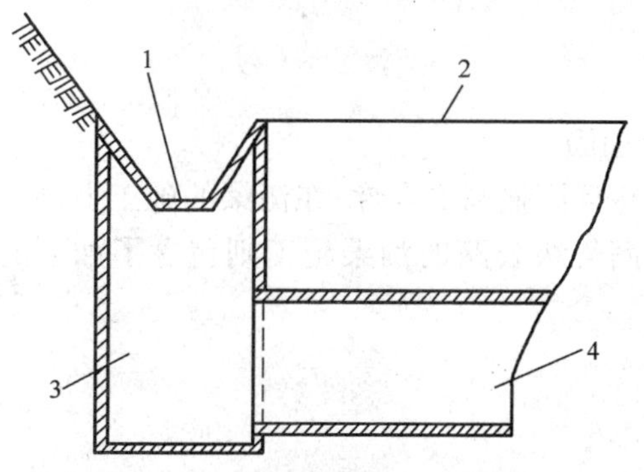

图 7-8　边沟与涵洞单级跃水连接图

1-边沟；2-路基；3-跌水井；4-涵洞

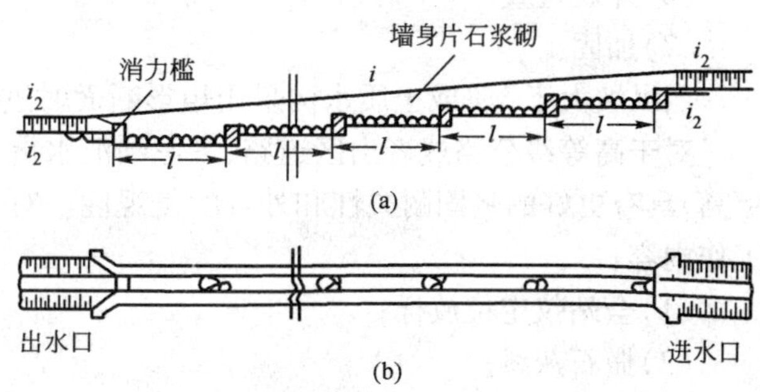

图 7-9　多级跌水结构图

(a)纵断面图；(b)跌水槽平面图

跌水台阶的高度，可以根据地形、地质等条件确定，一般不超过 0.5m，也不宜小于 0.3m。多级台阶的各级高度可以变化，但高度和长度之比应与原地面坡度相适应。

跌水槽一般为矩形或者梯形，但采用梯形跌水，应在台阶的前后进行加固处理。

3. 急流槽的构造

急流槽可以分为进口、槽身和出口三个部分，如图 7-10 所示。当急流槽很长时，应分段砌筑，每段长度一般为 5 ~ 10m，接头处用防水材料填缝。急流槽的基础要稳固，其底可以每隔2 ~ 5m设置耳墙并埋入地面以下，以防止滑动。

急流槽的纵坡一般不宜超过 1:2，槽壁厚度，当采用石砌时一般为 0.4m，采用水泥混凝土时为 0.3m，槽壁应高出计算水深至少 0.2m。

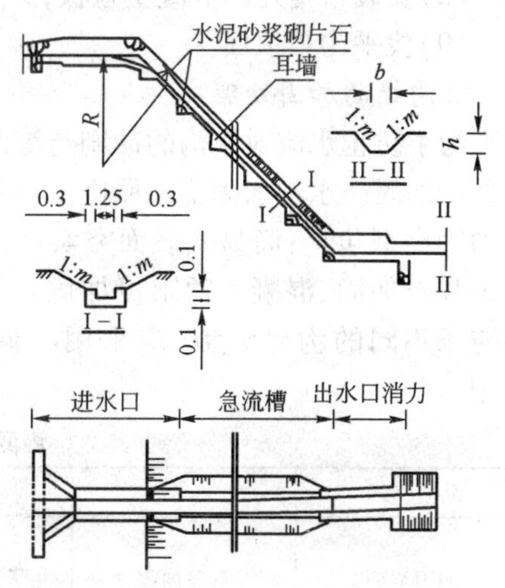

图 7-10　急流槽结构图(尺寸单位：m)

五、沟渠的施工与加固

1. 沟渠的施工工艺

边沟、截水沟与排水沟的施工与加固的工艺与方法基本类似，统称为沟渠。一般沟渠的施工主要包含如下内容和步骤。

(1)施工准备

对现场进行清理，并根据现场情况检查原有设计是否合理，做好施工组织设计，对人员、机械和材料等进行调配。

(2)测量放样

放样时，应检查沟渠设计的位置是否与其他建筑物发生冲突，检查沟渠的平面布置、纵坡设置、与其他排水设施的搭接等是否合理。

(3)撒石灰线或者挂线

当采用机械化施工时，撒布石灰线；当采用人工施工时，采用挂线。

(4)沟槽开挖

当沟渠尺寸较小时，通常采用人工开挖，反之则采用机械进行开挖。为了提高效率、保证质量，应该因地制宜，采用人工配合机械进行作业。

(5)人工修整

(6)外观检查

(7)加固

当纵坡大于3%或土质水沟采用矩形断面时进行加固。

对于高等级公路或者山区道路，考虑到汇水量大并且更强调安全性，在沟渠的施工上要求更高，具有更好的坚固耐久性和外观的美观性。对于高等级公路的沟渠施工则包含了如下的工作内容：

(1)全站仪定位放样；

(2)撒石灰线；

(3)机械开挖沟槽；

(4)人工修整和验槽；

(5)砌筑沟底、沟壁；

(6)检查沟底、沟壁；

(7)沟底、沟壁抹面或者勾缝；

(8)安装带槽孔的混凝土盖板；

(9)找平沟渠顶面。

2. 沟渠的加固处理

为了防止水流对水沟的冲刷与渗漏，对边沟、截水沟和排水沟等地面排水设施的沟底和沟壁进行加固。水沟加固措施原则上应遵循就地取材、简单易行、经济适用的原则。目前常用的加固类型包括：简易式表面夯实加固；三合或四合土加固、干砌片石加固、栽砌卵石加固、浆砌片石加固、混凝土预制板加固。加固类型的选用确定还应该考虑到沟渠的沟底纵坡，对应于不同的沟底纵坡，应采用不同的加固方法，两者之间的对应关系可以参考表7-1选用。

沟底纵坡与加固类型的关系 表7-1

纵坡(%)	<1	1~3	3~5	5~7	>7
加固类型	不需加固	土质好可不加固，反之加固	简易式或干砌式加固	干砌式或浆砌式加固	阶梯形浆砌式加固

(1)简易式表面夯实加固

这种加固类型的示意图如图 7-11 所示。夯实加固方法一般适用于土质边沟和排水沟，不适用于截水沟。沟内平均流速不大于 0.8m/s，沟底纵坡不大于 1.5%。

开挖时，在沟壁和沟底均比原有设计少挖 0.05m 深，然后将沟底沟壁夯拍密实，使得土的干密度不小于 $1.66\times10^{3}\text{kg/m}^{3}$，土层厚度不小于 0.05m。沟渠开挖时应随时开挖随时夯实，以免土中水分消失后不易夯拍密实。如果基槽土比较干燥，应该预先洒水进行湿润后夯实。

(2)三合或四合土加固

这种加固方法的示意图如图 7-12 所示。三合或四合土加固一般适用于无冻害以及无地下水地段的水沟；沟内的平均流速一般在 1.01 ~ 32.5m/s 之间，在常年有流水的沟渠表面可以抹 M7.5 级水泥砂浆，抹面厚度一般为 1cm，混合土的厚度应根据沟内平均流速或沟底纵坡大小来确定。

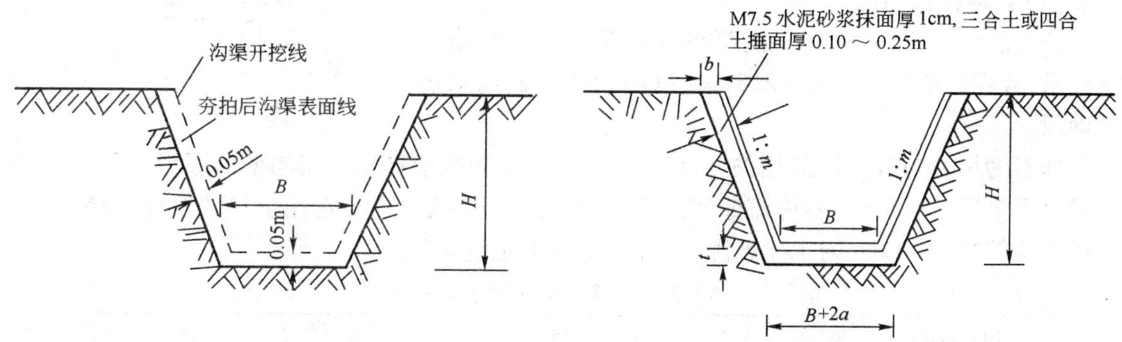

图 7-11　表面夯实断面形式

图 7-12　三合或四合土加固的断面

三合土一般指水泥、砂和炉渣，在无炉渣地区可以石灰、黄土、卵石或碎石代替。三合土的比例一般为：

$$水泥:砂:炉渣 = 1:5:1.5(质量比)$$

或者：

$$石灰:黄土:卵(碎)石 = 1:3.3:2.3(体积比)$$

四合土指水泥、石灰、砂和炉渣，其质量比一般可以为：

$$水泥:石灰:砂:炉渣 = 1:3:6:24$$

水泥适宜采用低强度等级，炉渣需经高温烧化且含灰量不超过 5%，最大粒径不超过 5mm。

(3)干砌片石加固

该方法如图 7-13 所示。干砌片石加固一般适用于无防渗要求的沟渠加固。一般土夹砂卵石、软石、风化严重的岩石沟渠沟底纵坡在 5% 以上，流速在 2m/s 以上，必须考虑加固。对于砂土质地段，纵坡大于 1% 以上，就需考虑加固。

当沟内平均流速在 2.0 ~ 3.5m/s 时，干砌片石尺寸可采用 0.15 ~ 0.25m。流速在 4m/s 以上时，应采用急流槽或加设跌水。

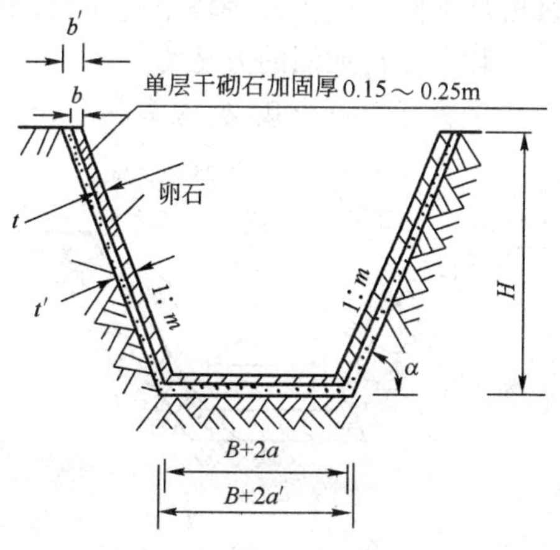

图 7-13　单层干砌片石加固

当沟壁沟底为细粒土时，应加设卵石、碎石垫层，其厚度按照平均流速大小以及土质情况，在0.10～0.15m范围内选用。垫层的石料以粒径为5～50mm占90%质量比以上为宜。

干砌片石加固的砌筑方法为：

①所有卵石应栽砌，大面朝下，相互紧靠，严禁前俯后仰，左右倾斜，每行片石需大小均匀，两排之间的竖缝应保持错缝；

②片石下部及片石之间的空隙，均应用小石填塞紧密，严禁叠砌、贴砌和浮塞；

③片石砌筑后，应先用小石填缝至缝深的一半，再用片石卡缝；

④用较大的片石水平砌缝封顶。

(4)栽砌卵石加固

该方法如图7-14所示。栽砌卵石一般用于无严格防渗要求，且容许流速在2.0～2.5m/s以内的防冲刷沟渠加固地段。

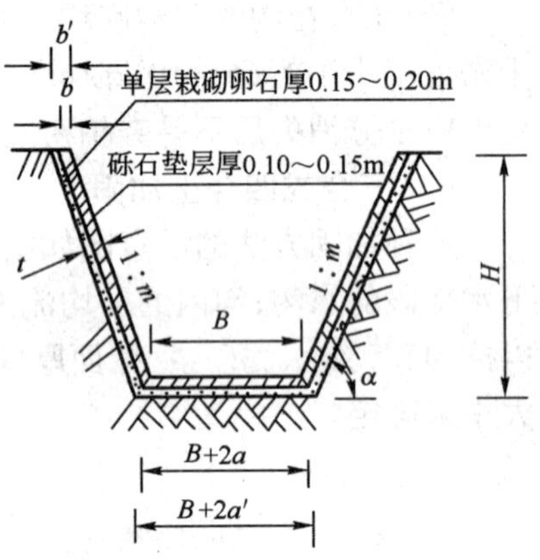

图7-14 单层栽砌卵石加固

卵石的尺寸与容许流速相关，可以参考表7-2中的数值选用。当沟壁沟底为细颗粒时，需加设砾石垫层，其厚度与容许流速和土质情况有关，可参考表7-3选用垫层的厚度。垫层可以采用平均粒径2～4mm的干净砂砾，其含泥量应不超过5%。

卵石尺寸与容许流速的经验关系 表7-2

卵石直径(cm)	15	20
容许流速(m/s)	2.0	2.5

砾石垫层厚度(单位：cm) 表7-3

土质 / 容许流速(m/s)	一般细粒土	黏土
小于2.5	10	10
2.5～3.0	15	10

一般应先砌沟底，后砌沟壁。砌底选用较好的大卵石，坡脚两行应特别注意选料砌牢。砌筑可从下而上逐步选用较小的卵石，最上一层用较长卵石平放封顶压牢。

栽砌卵石加固的方法为：

①所有卵石应栽砌，大头朝下，相互紧靠，严禁前俯后仰、左右倾斜，每行卵石需大小均匀，两层之间的竖缝应保持错缝；

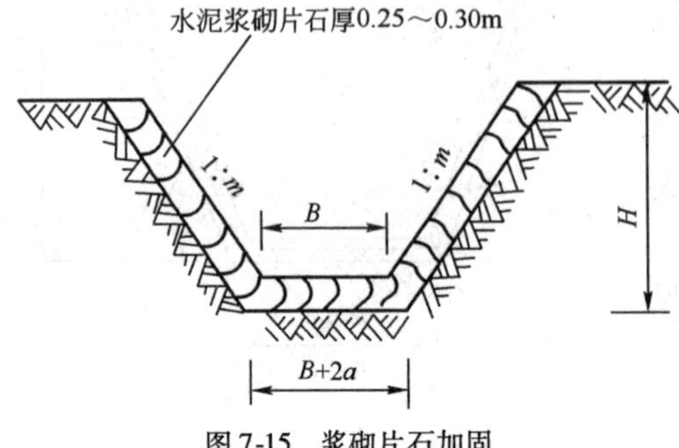

图7-15 浆砌片石加固

②卵石下部及卵石之间的空隙，均应用小石填塞紧密，严禁叠砌、贴砌和浮塞；

③卵石砌筑后，应先用小石填缝至缝深的一半，再用卵石卡缝；

④用较大的卵石水平砌缝封顶。

(5)浆砌片石加固

浆砌片石加固形式如图7-15所示。该方法一般用于沟内水流速度较大且防渗要求较高的地段。

在有地下水或者常年流水以及冻害地段,沟壁沟底外侧应加设反滤层或垫层,并在沟壁上预留泄水孔。

当沟内平均流速大于4m/s时,沟底纵坡不加限制,可以考虑用急流槽的形式。

水泥砂浆的强度等级一般应采用M5,随拌随用,砌筑完成后应注意养生。沟渠开挖后应整平夯实,如土质干燥则应加水湿润后夯实。如有鼠洞等凹陷,应阻塞后夯实。

浆砌片石的加固方法为:

①砌筑前应洒水湿润,石料要冲洗干净;

②浆砌石应大面朝外、错缝交接,并选择较大、较规整的块石砌在沟底和沟坡下部;

③各砌缝要用小石块嵌紧,要求紧密、错缝、无叠砌和浮塞;

④对于浆砌料石和块石,当块石缝宽超过5cm时,应塞小片石;卵石可采用挤浆砌筑,也可干砌后用砂浆或者细粒式混凝土灌缝;

⑤在砌筑砂浆初凝之前进行勾缝,勾缝应自上而下用砂浆充填、压实和抹光;浆砌料石、块石、石板等宜勾平缝;浆砌卵石宜勾凹缝,缝面宜低于砌石面1~3cm。

(6)混凝土预制板加固

一般采用两种形式的预制板:一种是水泥混凝土预制板,另一种是沥青混凝土预制板。

①水泥混凝土预制板加固

混凝土预制板一般用于缺乏砂、石地段,断面形式一般可以采用梯形结构。板厚为5~10cm,在无冻胀地区可以采用4~8cm。其厚度受到地质水文条件的影响,表7-4中所示的是水利部门的经验,可以供公路部门参考。混凝土预制板的尺寸一般采用50cm×50cm,最大一般不超过100cm×100cm。对于小型的沟槽,可以采用U形断面。一般采用C15混凝土制成。

混凝土加固参考厚度 表7-4

基础以及其他条件	流量(m^3/s)	板厚(cm)	备注
砂砾石、砾石、风化石,无浮托力	<2	5~6	3~4cm厚的混凝土衬砌渠道,一般采用压力喷射设备
	>2	4~10	
密实的砂砾土,砂土挖方渠道,无浮托力	<2	4~8	需要砾石垫层
	>2	6~12	
黄土、普通土、冲击土、细砂土的填方渠道	<2	6~10	需垫层和排水设备,黏土需防冻胀。如无冻胀,则不设垫层
	>2	8~12	

混凝土预制板在初凝后即可以拆模,强度达到设计强度的70%以上方可运输。采用水泥砂浆或者水泥混合砂浆砌筑,并用水泥砂浆勾缝。砌筑应平整稳固,砌筑缝的砂浆应填满、捣实、压平和抹光。必须重视施工后的养护工作,密切注意接缝料,如有脱落或裂隙,应随时修补,以免水渗入沟底土中,影响沟渠的稳定性和排水能力。

②沥青混凝土预制板加固

沥青混凝土板具有防渗、耐久、抗碱、造价低、施工与养护方便的特点。沥青混凝土预制板作为防渗层加固的示意图如图7-16所示。

该方法一般适用于小型渠道,其厚度为5~6cm,采用人工安砌。为便于搬运与安装,板块尺寸可以根据沟渠长度与断面尺寸确定,可以采用100cm×50cm×5cm,每块重100kg左右较为合适。

沥青混凝土板在气温过低时,容易发生收缩,产生裂缝,在使用中应密切注意板的开裂,并随时用沥青材料灌缝,防止渗入。

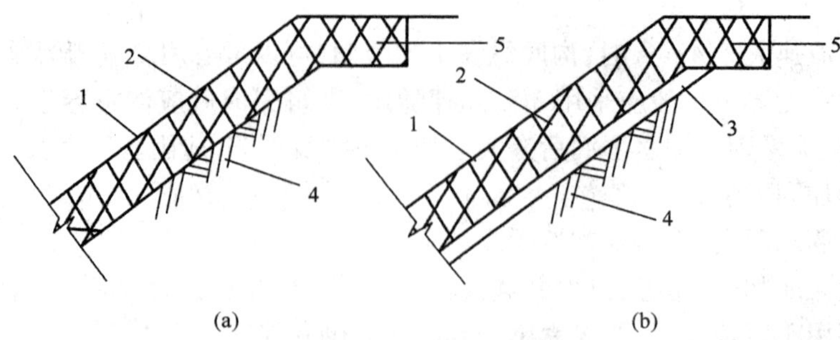

图7-16 沥青混凝土渠道防渗

(a)无整平胶结层;(b)有整平胶结层

1-封闭层;2-防渗层;3-整平胶结层;4-渠道;5-封顶板

沥青混凝土预制板加固的施工方法为:

a. 沥青混凝土预制板宜采用刚模板预制,预制板应尺寸准确,平整光滑,振动下能保持稳定;

b. 预制板振动密实后,即可以拆模,降温后方可搬动;

c. 采用沥青砂浆或者沥青玛蹄脂砌筑沥青混凝土预制板;

d. 砌缝宜用梯形或者矩形缝,缝宽1.5~2.5cm,做到平稳整固;

e. 在洁净、干燥的加固层上涂刷沥青玛蹄脂,涂层应厚薄均匀,涂刷时,沥青玛蹄脂的温度不应低于160℃。

3. 沟渠施工加固质量控制标准

沟渠设施的施工和加固外观质量应符合如下规定:

①纵坡顺直,曲线线形圆滑;

②沟壁平整、稳定,无贴坡;沟底平整,排水通畅,无冲刷和阻水现象;

③各类防渗、加固设施坚实稳固;

④浆砌片石工程,嵌缝均匀、饱满、密实,勾缝平顺无脱落、密实、美观,缝宽均衡协调、砌体咬扣紧密;抹面平整、压光、顺直,无裂缝、空鼓;

⑤干砌片石工程,砌筑咬合紧密,无叠砌、贴砌和浮塞;

⑥水泥混凝土砌块的强度符合设计要求,砌体平整,勾缝整齐牢固。

(1)沟渠施工质量控制标准

对于土质边沟、截水沟、排水沟的施工质量,应符合表7-5的要求。

土质边沟、截水沟、排水沟施工质量标准 表7-5

检查项目	规定值或允许偏差	检查方法和频率
沟底纵坡	符合设计要求	水准仪:每200m测8点
沟底高程(mm)	+0,-30	水准仪:每200m测8处
断面尺寸	不小于设计要求	尺量:每200m测8处
边坡坡度	不陡于设计要求	每50m测2处
边棱顺直度(mm)	50	尺量:20m拉线,每200m测4处

对于浆砌边沟、排水沟、截水沟施工质量,应符合表7-6的要求。

浆砌边沟、截水沟、排水沟施工质量标准　　表7-6

检 查 项 目	规定值或允许偏差	检查方法和频率
砂浆强度	符合设计要求	同一配合比,每台班2组
轴线偏位(mm)	50	经纬仪:每200m测8处
墙面直顺度(mm) 或坡度	30 符合设计要求	20m拉线 坡度尺:每200m测4处
断面尺寸(mm)	±30	尺量:每200m测4处
铺砌厚度	不小于设计值	尺量:每200m测4处
基础垫层宽度、厚度	不小于设计值	尺量:每200m测4处
沟底高程(mm)	±15	水准仪:每200m测8点

对于跌水、急流槽等的质量标准可以参照表7-6进行质量控制。

(2)沟渠加固质量标准

在对沟渠进行加固前,必须对开挖的沟渠进行验收,验收标准可以参照《渠道防渗工程技术规范》(SL 18—2004)。验收合格并做好临时性排洪、排水设施后,才能进行水沟的防渗加固。

沟渠防渗加固工程的施工质量应满足设计要求,水沟的平整度、尺寸等的允许偏差值、防渗效果应满足《渠道防渗工程技术规范》(SL 18—2004)相关标准的要求。

第二节　地下排水设计与施工

一、地下水来源和设计目的

地下水是指路基以及边坡土体中的水,根据水的来源和所处位置不同,地下水主要有如下几种。

1. 上层滞水

上层滞水指从地面渗入,滞留于上层相对不透水层上的地下水。

2. 潜水

潜水指在地面以下第一个隔水层以上的含水层的水,距离地面较近,在重力作用下可以沿土层流动。

3. 层间承压水

层间承压水指在地面以下任何两个隔水层之间的含水层中的地下水。当水源高于地面时,可以通过岩层裂隙冒出地面而成泉水。

路基地下排水的目的是为了提高路基和坡体的稳定,提高路堤基底的承载力,使得路面免遭地下水的影响。在地下水危及路基稳定或者严重影响路基、路面强度的情况下,应根据具体情况采取措施拦截、旁引、排出地下含水层的水分,降低地下水位或者疏干坡体内地下水。

路基地下排水设施主要包括:暗沟(管)、渗沟和渗井,其他还有仰斜式排水孔、检查疏通井以及渗水隧洞等。地下排水设施的类型、位置以及尺寸应根据工程地质和水文地质条件确定,并与地表排水设施相协调,做好综合设计。

二、暗沟的设计

1. 暗沟设计的一般要求

暗沟是指设置在地面以下引排、集中水流的沟渠，无排渗水和汇水的作用。

暗沟沟底的纵坡不宜小于1%，条件困难时亦不得小于0.5%，出水口处应加大纵坡，并应高出地表排水沟常水位0.2m以上，不允许出现倒灌现象。当采用暗管排水时，管底纵坡不宜低于0.5%。

寒冷地区的暗沟，应作防冻保温处理或者将暗沟设置在冰冻深度以下。应防止泥土或砂粒落入沟槽或者泉眼，以免堵塞，可以在暗沟顶部铺筑一层碎石或卵石，再填上砂砾。

2. 暗沟的断面形式及适用范围

暗沟横断面一般为矩形（如图7-17所示），泉井壁和沟底、沟壁用浆砌片石或者水泥混凝土预制块砌筑，沟顶设置混凝土或石盖板，盖板顶面上的填土厚度不应小于0.50m。如果沟身两侧为石质，盖板可直接放在两侧石壁上。

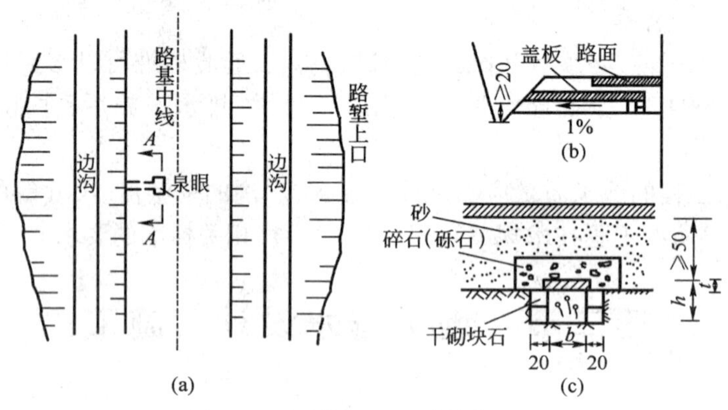

图7-17　暗沟构造图（尺寸单位：cm）

（a）平面；（b）剖面；（c）剖面 A-A

如图7-17（c）中所示，暗沟井宽 b 按照泉眼的范围大小确定。暗沟的高度 h 一般为20cm，宽度约为20～30cm。

暗沟（管）适用于排除路基范围内的泉水或地下集中水流，在如下情况下设置暗沟（管）：

（1）当路基遇到个别泉眼，泉水外涌，路线不能绕行时，为将泉水引至填方坡脚以外或挖方边沟加以排出，可在泉眼与出水口之间开挖沟槽，修建暗沟或者暗管；

（2）市区或穿过集镇路段的街道污水管或雨水管，以及公路中央分隔带弯道处的排水设施，也可以采用暗沟或者暗管排出积水；

（3）过水暗沟，例如两雨水井之间的水道连接，也可采用混凝土水管。

三、渗沟的设计

1. 渗沟设计的一般要求

渗沟可采用渗透方式将地下水汇集于沟内，并将水排到指定地点。渗沟具有疏干表层土体、增加坡面稳定性、截断及引排地下水、降低地下水位、防止地下细颗粒土被冲移的作用。

由于渗沟通常是隐蔽的地下工程，不易维修，因此在施工时要确保质量，保证渗沟渗流的畅通。渗沟应该尽可能设置成与地下水流向相互垂直，使得能够拦截更多的地下水。

渗沟的埋置深度应按照地下水位的高程、地下水位需下降的深度以及含水层介质的渗透系数等因素综合确定。表7-7是各种含水层介质的渗透系数,在计算渗沟尺寸时可以参考选用,也可以进行实测。浅埋的渗沟约在2~3m以内,深埋时可达6m以上。

渗透系数参考值　　表7-7

含水层土质	渗透系数参考值(cm/s)	含水层土质	渗透系数参考值(cm/s)
粗砂	$1\times10^{-2}\sim1\times10^{-1}$	黏土	$1\times10^{-7}\sim1\times10^{-6}$
砂类土	$1\times10^{-4}\sim1\times10^{-2}$	重黏土	$\leqslant1\times10^{-7}$
亚砂土	$1\times10^{-5}\sim1\times10^{-3}$	泥炭	$1\times10^{-4}\sim1\times10^{-2}$
亚黏土	$1\times10^{-6}\sim1\times10^{-5}$		

渗沟的排水孔,应设在冻结深度以下不小于0.25m处。在寒冷地区,渗透出口应采用防冻措施。截水渗沟的基底宜埋入隔水层内不小于0.5m。边坡渗沟、支撑渗沟的基底,宜设置在含水层以下较为坚实的土层上。

2. *渗沟的结构形式*

渗沟按照结构形式的不同可以分为填石渗沟、管式渗沟和洞式渗沟,分别应用于不同的场合,但具有类似的结构,都是由排水层、反滤层和封闭层所组成。

渗沟的封闭层是为了防止土粒落入填充石料的孔隙,以免造成渗沟堵塞而设置的,同时也能起到防止地面水渗入沟内的作用。渗沟的反滤层是为了汇集水流,并用以防止含水层中土粒堵塞排水层而设置的。反滤层应尽可能选用颗粒大小均匀的砂石材料,分层填埋,相邻两层颗粒直径之比不小于1:4。填料的颗粒应为含水层中土粒最大粒径的8~10倍。

(1)填石渗沟

填石渗沟结构形式如图7-18所示,是目前公路中常用的一种渗沟形式,一般用于流量不大,渗沟不长的地段。由于排水层阻力比较大,因此纵坡不应小于1%,一般可采用5%。

填石渗沟的排水层,可采用石质坚硬的较大颗粒填充,以保证具有足够的空隙率排除设计流量的水。排水层的填充高度不小于0.3m,并应高出原地下水位。

(2)管式渗沟

管式渗沟的结构形式如图7-19所示。一般用于地下引水较长的地段,但渗沟过长时,应加设横向泄水管,将纵向渗沟内的水流,迅速地分段排除。沟底纵坡取决于设计流速,为避免冲刷,一般以不大于1.0m/s为宜。为了防止淤积,渗沟的纵坡不宜小于0.5%。

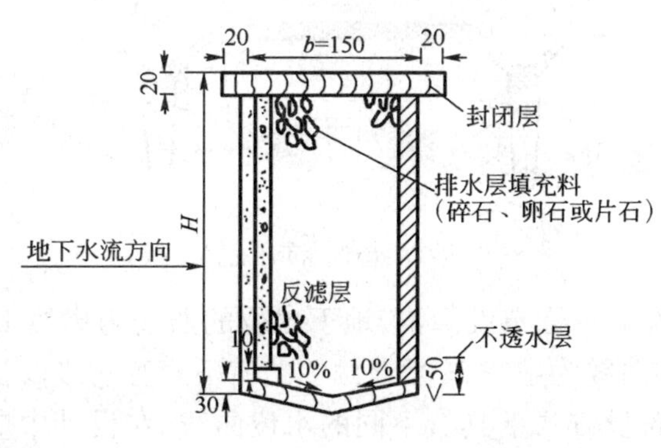

图7-18　渗沟的结构形式(尺寸单位:cm)

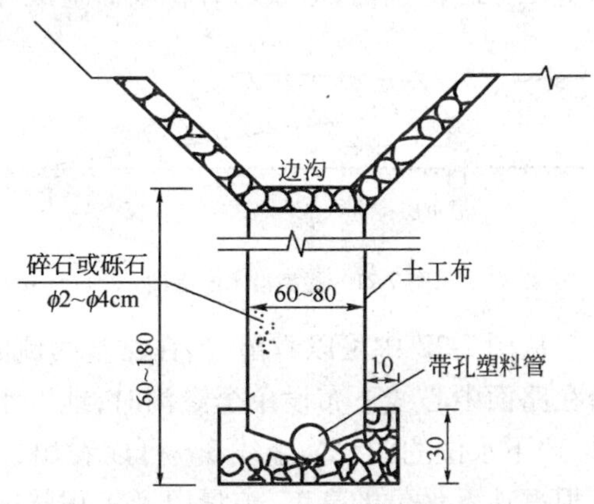

图7-19　管式渗沟(尺寸单位:cm)

渗沟的泄水管，常用 PVC 管，也可以因地制宜采用如陶土、混凝土预制管以及当地材料制成。管径根据设计流量确定，一般为 10 ~ 20cm。管式渗沟的高度，应使得填料顶面高出原地下水位，而且不低于沟底至管顶之间的高度 2 ~4 倍。沟底一般采用干砌片石，如果渗入不透水层，则采用浆砌片石或混凝土。

(3)洞式渗沟

洞式渗沟的结构形式如图 7-20 所示，一般用于地下水流量较大，缺乏水管或者石料比较丰富的地区。

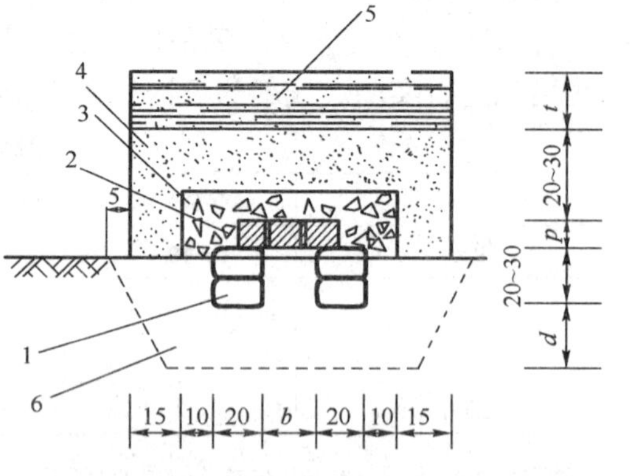

图 7-20　洞式渗沟(尺寸单位:cm)

1-浆砌块石;2-碎砾石;3-盖板;4-砂;5-反铺草皮或土工布;6-基础

其下部结构相当于顶部可以渗水的涵洞，洞宽约为 20cm，高 20 ~ 30cm。盖板采用条石或者混凝土预制板，板长约为 2 倍洞宽，板厚不小于 15cm，并预留渗水孔，以便渗入沟内的水汇集于洞内排出。

洞身应尽可能埋入不透水层内，当由于条件所限埋置在透水层中时，需要在洞身两侧和底部加设隔水层，以达到排水的目的。洞口的大小应依据设计流量确定，沟底纵坡不宜小于 0.5%，在有条件时适当采用较大纵坡，以利于排水。

3. 渗沟的布设位置

渗沟的作用是为了在地面以下汇集流向路基的地下水，并将其排到路基范围以外，使得路基保持合理的干湿状态，保持路基的稳定。由于地形的差异、地下水位的不同，渗沟的布设位置也应该根据不同的地基类型加以灵活设计。目前在路基排水设计中，常见的三种渗沟的布设位置有三个：一是在路基的一侧布设，二是在路基两侧对称布设，三是在填挖交界位置布设。

(1)路基单侧布设

如图 7-21 所示即为埋置于路基一侧边沟下的渗沟，用以拦截流向路基的层间水，防止路基边坡滑动和毛细水的上升，保证路基强度与稳定性。

(2)路基两侧对称布设

如图 7-22 所示即为在路基两侧对称布设的渗沟，用于降低地下水位，防止毛细水上升到路基工作区范围内，形成水分积聚而造成冻胀和翻浆，或土基过湿而降低强度。

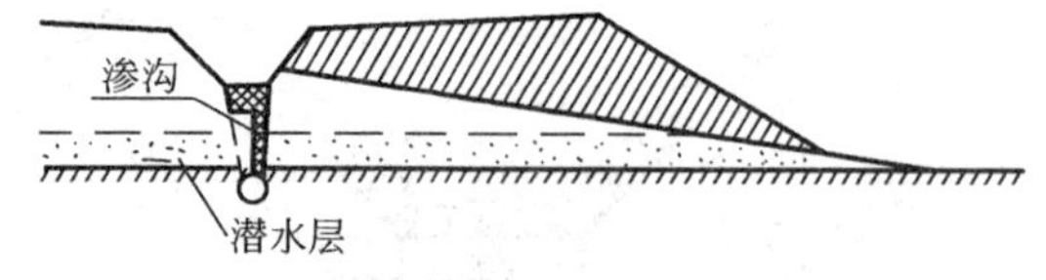

图 7-21　拦截潜水的渗沟

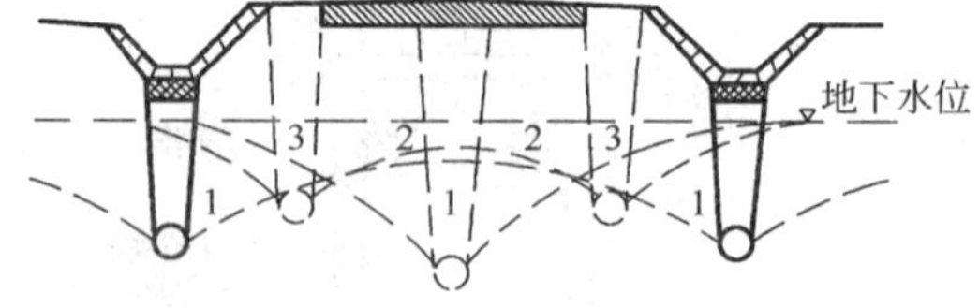

图 7-22　降低地下水位的渗沟

从图 7-22 中可以看出，当在路基两侧的边沟下对称布设渗沟，地下水位的曲线为虚线 1；当在路面中心线下布设单个渗沟时，地下水位的曲线为虚线 2；当在两侧路肩下对称布设渗沟时，地下水位的曲线为虚线 3。可以看出，三种布设方式下具有不同的水位曲线，在设计中应该根据地下水位的高度、流量以及工程状况，进行合理设计和反复比选后确定合适的渗沟布设方式。

(3)路基填挖交界处布设

如图7-23所示即为在路堤和路堑交界处布设的渗沟，用以拦截和排出路堑下面层间水或小股的泉水，保持路堤填土不受水害。

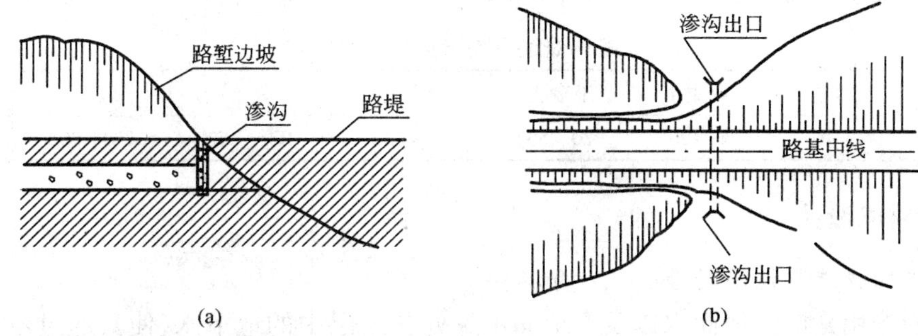

图7-23 填挖交界处渗沟

4.渗沟的埋置深度

渗沟埋置深度的确定与所在路段的气候、水文、地质情况密切相关，为了有效降低地下水以及有关的毛细水，渗沟埋置深度可以采用下式计算，如图7-24所示。

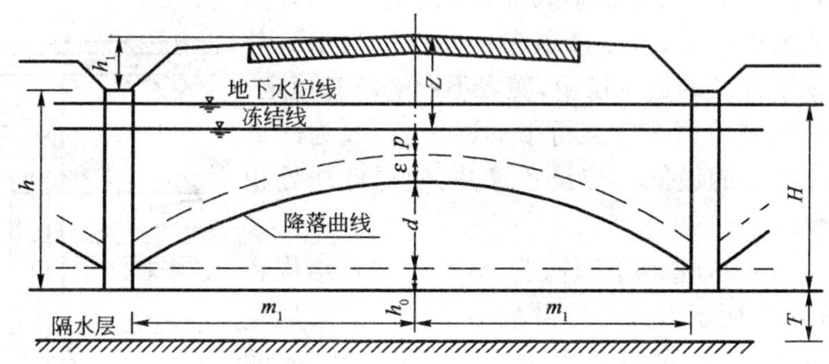

图7-24 双面渗沟降落曲线示意图

$$h = Z + p + \varepsilon + d + h_0 - h_1 \tag{7-1}$$

式中：h——渗沟埋置深度，m；

Z——沿路基中线上的冻结深度，m；

p——沿路基中线由路基冻结线至排水后毛细管水升高曲线的距离，m，可以采用地下水波动的平均数值，当缺乏有关资料时，可以近似采用0.25m；

ε——毛细管水上升高度，m，该值可以通过试验确定，当缺乏试验资料时，可以参考表7-8中提供的数值采用；

h_0——渗沟内的水深，m，通常采用0.3～0.4m；

h_1——路中心至边沟底的高差，m；

d——路基范围内降落曲线的最大矢距，m。

毛细管水上升高度参考值　　表7-8

含水层土质	砂土	砂性土	粉性土	黏性土
毛细管水上升高度(m)	0.2～0.3	0.3～0.8	0.8～2.0	1.0～2.0

对于两侧边沟下的对称渗沟，降落曲线的最大矢距 d 可以根据下式计算：

$$d = I_0 m_1 \tag{7-2}$$

式中：I_0——降落曲线平均坡度值，根据含水层土质，可以依据表 7-9 选用；

m_1——渗沟边缘至路基中线的距离，m。

降落曲线平均坡度值（$\times 10^{-3}$） 表 7-9

土质	粗砂	砂类土	亚砂土	亚黏土	黏土	重黏土	泥炭
平均坡度	3~6	6~20	20~50	50~100	100~150	150~200	20~120

四、渗井的设计

1. 渗井的构造与适用场合

渗井的作用是汇集地面水以及离地面不深处含水层中的地下水，使其通过不渗水层渗入更深的含水层中，以降低浅层的地下水位或全部予以排除，疏干路基。

渗井施工难度大，并且易于淤塞，当地面排水可以采用其他措施，或者浅层地下水可以采用渗沟时，不宜采用。当探明路基下层存在透水层并且在下面两种情况下，可以考虑采用渗井：

(1) 当雨量较少，地面水流量不大并且地下水流向背离路基时，而边沟又无法贯通，可以修筑渗水井将边沟水流分散到地面 1.5m 以下深度的透水层中，使之不影响路基稳定；

(2) 高速公路或城市道路立交桥下的通道，路线为凹形竖曲线时，可以在凹形的最低部位设置渗井，使得低洼处积水由渗井排走。

渗井一般分为上部构造和下部构造，分别为集水结构和排水结构。如图 7-25 所示为圆形渗井的结构图。圆形的直径一般为 1.0~1.5m。也可以采用边长为 1.0~1.5m 的方形。

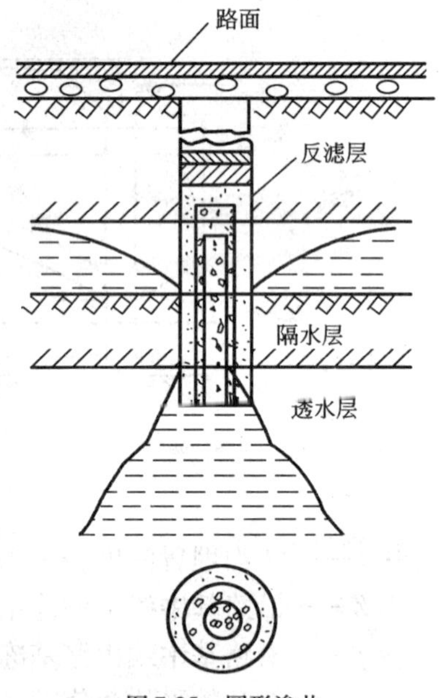

图 7-25 圆形渗井

为了防止淤塞，渗水井的顶部四周（进口部分除外）用黏土筑堤围护。顶上也可以加盖混凝土盖。渗水井的下部，必须穿过不透水层而深达渗透层。井内填充材料采用碎石或卵石，上部不透水层内填充砂和砾石。当透水性土层距离路面较深时，可以用钻井机钻孔，其直径不小于 15cm。

2. 渗井反滤层布设方式

由于渗井的维护不方便，因此通过设计防止渗井的淤塞显得极为重要，常用的渗井反滤层的布设方式主要有三种。

(1) 土工布

用反滤土工布作为反滤层时，将剪裁好的土工布沿井底、井壁全部包裹、覆盖、铺平，土工布尺寸不足时也应保证其搭接部分不小于 30cm。或者采用如图 7-26 所示的连接方法，并留足井口覆盖部分宽度。

(2) 集料填充

采用集料作为反滤层，在渗井的下段透水层高度范围内填充碎石或卵石；上层不透水层范围内填充反滤材料如砂和砾石，如图7-27(a)所示。

(3)集料封边

将反滤层沿着井壁布设，根据渗井形状、尺寸大小事先制作两套宽度不同的套筒隔板，用于隔开粗细反滤层和内层反滤层与中间透水层，再在隔板间填入不同粒径的填料，如图7-27(b)所示。

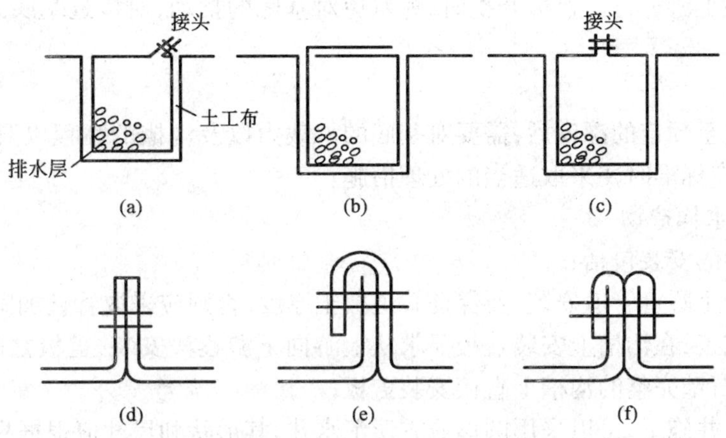

图7-26　土工布搭接方式

(a)边缘搭接；(b)顶部重叠；(c)中间搭接；(d)平接缝；(e)丁形接缝；(f)蝶形接缝

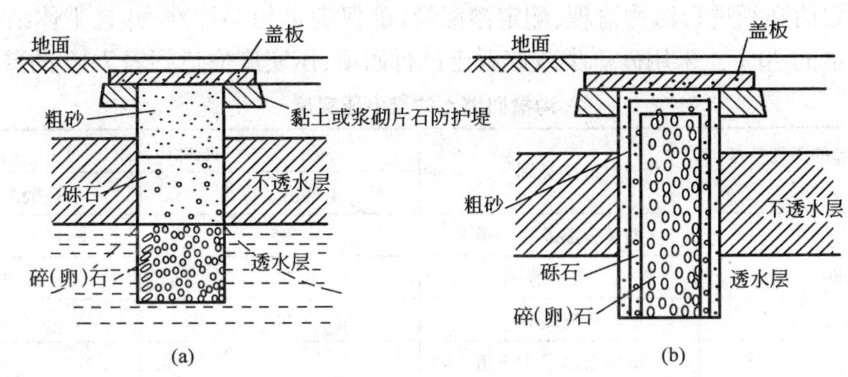

图7-27　渗井的反滤形式

(a)甲方案；(b)乙方案

五、地下排水设施的施工与质量控制

1. 暗沟的施工

暗沟的施工主要包括如下几个步骤。

(1)施工准备

清理现场，熟悉图纸内容，并根据现场检查泉眼、出水口位置等情况对原有设计进行必要的补充和丰富，如果出入较大，需要按照程序提出设计变更并报批。

(2)定线

根据各种技术参数进行暗沟开挖路线的放线，一般以直线排水路径放线为主。定线时需要注意如下几点：

①出口沟底应高于路基外排水沟常水位0.2m以上；

②盖板沟的沟底纵坡不小于1%，圆管不小于0.5%；

③盖板顶至路面覆土高度不小于0.5m，圆管管顶以上覆土不小于0.7m。

(3)开挖沟槽

开挖方式可以采用人工或者机械开挖方式，开挖时要根据现场情况做好沟壁支护。开挖方向应从下游往上游进行。机械开挖时，为避免对基底的扰动，对接近基底的20cm厚采用人工清底。

(4)验槽

当沟槽开挖至预定的深度后，需要对基底的承载力以及沟槽的高程以及断面尺寸等进行检验，不满足相应标准时要采取适当的处理措施。

(5)安装排水构造物

排水构造物的安装包括：

①钢筋混凝土圆管管道安装，要保证管道覆土厚度，否则应采取管壁加固措施；

②盖板沟施工，在沟槽上安装盖板要求从上游向下游逐段安装，盖板之间应紧紧靠拢，不留缝隙，可以在石壁完整的沟槽上直接安装盖板；

③泉眼汇水井施工，可以采用圆形或方形汇水井，其形状和尺寸应根据泉眼分布范围大小确定。

(6)回填

在回填之前必须进行污物清理，测定渗漏量，确保满足相关标准，并且主体结构的强度应达到设计强度的70%。采用砂砾类或碎石土进行回填，压实度应达到表7-10的要求。

沟槽回填土的最小压实度 表7-10

由沟槽底算起的深度范围(cm)	道路类别	最低压实度(%)	
		重型击实标准	轻型击实标准
≤80	高速公路及主干道	95	98
	次干道	93	95
	支线	90	92
80~150	高速公路及主干道	93	95
	次干道	90	92
	支线	87	90
>150	高速公路及主干道	87	90
	次干道	87	90
	支线	87	90

2.渗沟的施工

渗沟的施工主要包括如下几个步骤。

(1)施工准备

施工前应该根据设计图纸拟定施工方案，做好施工组织设计，熟悉相关验收标准和施工措施，并对现场进行清理，检查相关控制点参数。

(2)测量放样

根据设计图，采用经纬仪或者全站仪进行渗沟中线桩位定位并画线，如需变更，须经过监理批准。

(3)开挖沟槽

开挖方式可以采用人工或者机械开挖方式,开挖时要根据现场情况做好沟壁支护。开挖方向应从下游往上游进行。机械开挖时,为避免对基底的扰动,对接近基底的20cm厚采用人工清底。开挖过程中要做好排水引流,避免基槽受水浸泡。

(4)清理和验槽

开挖完成以后,需要对沟槽进行清理,清除其中的尖石或树根等杂物,然后按照相关标准对沟槽进行验收。在验收过程中,若出现设计文件没有提及的水文地质情况,影响到沟槽强度和稳定性的,需要采取合理解决方案。

(5)渗沟材料回填

采用土工布或者集料作为渗沟的反滤层。对于填石渗沟的排水层应该采用较大颗粒的坚硬石质(粒径2~6cm的碎石和卵石),尽量采用单一级配,以保证具有足够的空隙率,填充高度不小于30cm。管式渗沟的排水管可采用陶土、混凝土、石棉或者PVC管等材料制成,在林区公路临时性使用时也可选用竹木等当地材料。洞式渗沟在渗沟底部,以浆砌片石或者混凝土预制块砌成矩形排水槽,槽顶覆盖水泥混凝土条形盖板,或者采用无砂混凝土预制盖板,形成排水洞。

3.渗井的施工

渗井的施工主要包括如下几个步骤。

(1)方案比选

由于渗井造价高、养护困难、施工复杂,因此必须在施工之前通过现场勘查,对该方案进行进一步论证,尽量避免采用。

(2)施工准备

熟悉设计图纸和要求,清理现场障碍物。

(3)测量放样

按照设计确定渗井位置,应保证距离路堤坡脚不小于10m。采用经纬仪或者全站仪测高程并打桩,用石灰线撒出开挖边线。

(4)开挖基坑

开挖时应根据现场的水文地质情况,做好井壁支护和临时排水。然后采用人工方式进行开挖,应连续开挖,并随时观察土质类型和水位变化。尤其需要确定在设计深度下,是否已经位于透水层内。

(5)验坑

基坑开挖完成以后,对井底高程、井身宽度、井底和井壁地质状况、污染程度等进行查验,满足相关标准要求。

(6)渗井回填

采用合适的反滤层方案,并进行渗透层的回填,回填料可以参考有关技术标准。

(7)井顶封闭

当排除表面集中水流时,井顶须用混凝土盖板盖严,以防渗井淤塞。进口部分要安装铁丝网或者隔栅,防止杂物进入。

当渗井排除浅层地下水时,为防止地表水进入渗井内,在渗井顶部反滤层上砌筑一层厚20cm的M5砂浆片石封闭层,或者夯填不小于30cm厚的黏土层,下设双层反铺草皮。

4. 地下排水设施的质量控制

施工过程中的每一道工序都要进行检查验收，验收合格以后方可进行下一道工序的施工。

地下排水管道的安装等必须满足中华人民共和国国家标准《给水排水管道工程施工及验收规范》(GB 50268—97)的相关标准要求。

用于反滤层的无纺土工布应符合《公路土工合成材料应用技术规范》(JTJ/T 019—98)的基本要求，一般情况下，宜采用 II 级；如铺设条件良好，可采用 III 级；如所处环境有冲刷，应采用 I 级。土工织物的单位面积质量宜选用 300 ~ 500g/m^2。

如采用集料作为反滤层，则反滤集料的质量要求可见表 7-11。反滤料可以采用天然砂砾或人工加工的集料，优先采用天然砂砾。加工好的各种反滤料应标明规格，在加工、运输和施工过程中应防止污染。

反滤层集料的技术要求 表 7-11

项　目	指　标	项　目	指　标
级配	按照设计要求的粒径，其中小于 0.1mm 的颗粒不应超过 5%	含泥量	<3%
不均匀系数	≤设计规定值	渗透系数	$>5.8\times10^{-3}$cm/s
颗粒形状	无针片状含量，坚固抗冻	对于塑性指数大于 20 的黏土地基，第一层粒度 D_{50} 的要求	当不均匀系数≤2 时，D_{50}≤5mm；当不均匀系数为 2 ~ 5 时，D_{50} 介于 5 ~ 8mm 之间

排水渗沟的施工质量，应符合表 7-12 的要求。

排水渗沟施工质量标准 表 7-12

检查项目	规定值或允许偏差	检查方法和频率
沟底高程(mm)	±15	水准仪：每 20m 测 4 处
断面尺寸	不小于设计	尺量：每 20m 测 2 处

渗井井身的施工放线、开挖、修整和清理之后，井身断面高程、尺寸、平整度等允许的偏差见表 7-13 的要求。

渗井开挖后的验收指标及方法 表 7-13

检查项目	规定值或允许偏差(cm)		检查方法和频率
	土质	石质	
井底高程	±2	±3	水准仪：圆形测中心、方形测对角
井底宽度	+3	+5	尺量：圆形测直径、方形测边长
井顶宽度	+4	+5	尺量：圆形测直径、方形测边长
井底地质情况	达到透水层中的深度		尺量：圆形测中心、方形测对角
井底、井身清理	无杂土、淤泥、污物、浮土等		现场检查

第三节　铁路路基排水设计与施工

铁路路基的排水设计与施工可以参见第一节和第二节的介绍，本节主要根据铁路路基的特点，对铁路路基的排水设施进行介绍，主要参考国内外关于铁路路基排水设计的有关内容整理而成。图 7-28 是一个铁路路基排水设施的典型断面示意图。

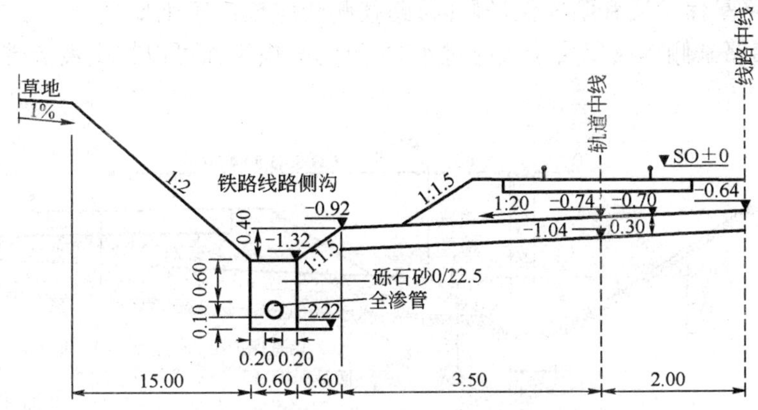

图 7-28 铁路路基排水典型断面图(尺寸单位:m)

注:SO-轨顶高程

一、地表排水系统

降雨汇集的地表水可以通过铁路路基的横坡、路基侧沟和截水沟汇集后排出路基范围以外。

1. 路基面排水

与公路相比,铁路道床无法阻止雨水透入路基,为了保持铁路路基的强度稳定,就需要迅速排除路基上的水分。因此,在铁路路基设计中,路基面一般采用 1:20(5%)的横坡,使得水流能够流入路基侧沟。

为了达到路基面横坡排水的目的,在铁路路基的设计和施工中应该做到如下几点:

(1)路基面要保证足够的平整度,不会形成积水;

(2)路基垫层应具有足够的透水能力,使得水能快速通过路基横坡排出;

(3)道床侧面应该清洁,并保证不会阻隔水的横向流动。

从路基面排除的水,对于较高的路堤,可以直接经过路堤边坡排到地面;对于三线或多线线路以及在车站内时每两线之间则通过布置排水暗沟来解决路基面的排水问题。对于路堑段、半填半挖段以及低矮路堤水量较大等情况,通常采用路基侧沟排除路基面的水。

2. 路基侧沟

路基的侧沟一般是采用明沟的形式。侧沟汇集从路基和路基边坡流入的雨水,并将其疏导到集中泄水处。路基侧沟断面尺寸,需要根据设计水流量进行水力学计算进行设计,以保证具有足够的横断面和纵坡排除进水。侧沟的设计方法可以参见《公路排水设计手册》的计算方法进行。

(1)路基侧沟的设置

路基排水侧沟应该平行于线路中心线,对于路堑段,路基侧沟设在路基两侧;对于半填半挖段,路基侧沟设在靠山坡侧;对于低矮路堤,排水量较大时,路基侧沟应设置在路堤坡脚处。

(2)路基侧沟的横断面结构

路基侧沟的标准设置结构如图 7-29 所示。

路基侧沟一般为梯形断面，底宽一般不小于0.40m，侧沟底距离路基面以下应不小于0.40m。当设置路基保护层和防冻保护层时，路基侧沟应该位于土地基面下至少为0.10m，如图7-29所示。当路基侧沟仅仅用于短时过水时，侧沟的横断面可以根据经验选取最小尺寸进行设计。

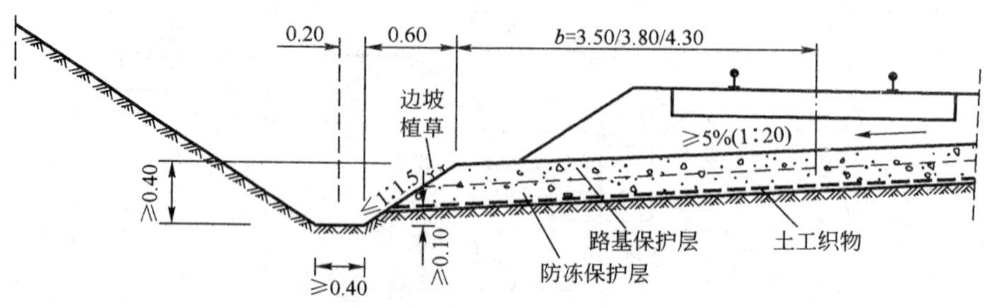

图7-29 路基侧沟结构图(尺寸单位:m)

当由于场地限制，路堤侧沟无法按照标准断面进行设置时，可以根据水流量，采用宽0.80~1.60m、深约0.20m的弧形排水槽，如图7-30所示。

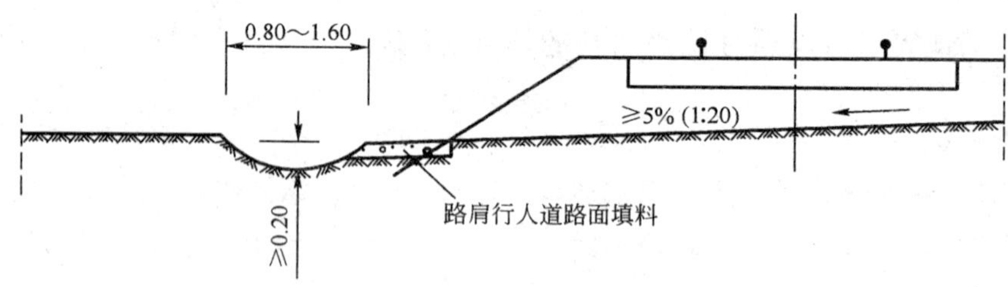

图7-30 弧形排水槽(尺寸单位:m)

当地面空间受限时，也可以采用地下排水设施来代替路基侧沟排除从路基面上流入的水量。可以采用两种方式：一种是在路边人行道边上建造槽壁可以透水的、带有可供行人行走的盖板的混凝土排水暗沟，如图7-31所示；另一种是在路肩人行道范围内设置预埋管道的封闭式路基侧沟，如图7-32所示。

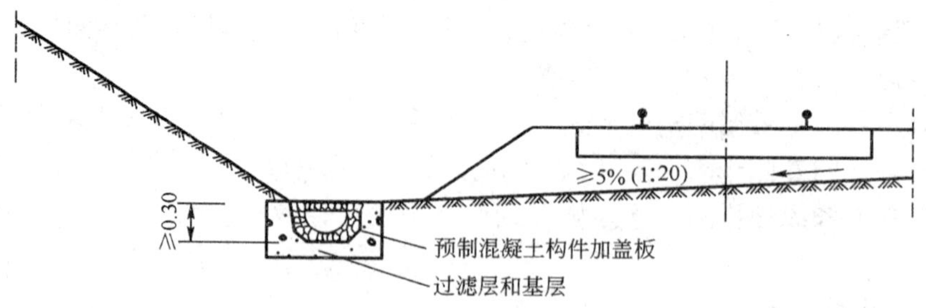

图7-31 混凝土排水暗沟(尺寸单位:m)

路基侧沟边坡的坡度需要根据土的类型进行确定，一般不宜陡于1:1.5，采用植草边坡防护措施进行保护。当由于空间限制，边坡坡度较陡时，则需要进行边坡加固。可以采用片石砌块、混凝土格栅板或者土工合成材料进行加固处理。

(3)路基侧沟的纵向坡度

为了保证路基侧沟的水分能及时汇集排出路基范围之外，路基侧沟应该确保一定的纵向坡度。通常路基侧沟的纵向坡度在0.3%～3.0%之间，一般可以随线路的坡度变化。但由于地形限制，不得不采用纵向坡度小于0.3%的平缓纵坡时，需要采取一定的措施进行处理：方法一是通过对路基侧沟底板和边坡进行平整加固，使得路基侧沟的粗糙度降低；方法二是修建能够联结到透水地层的渗沟或沟槽等地下排水设施，如图7-33所示。

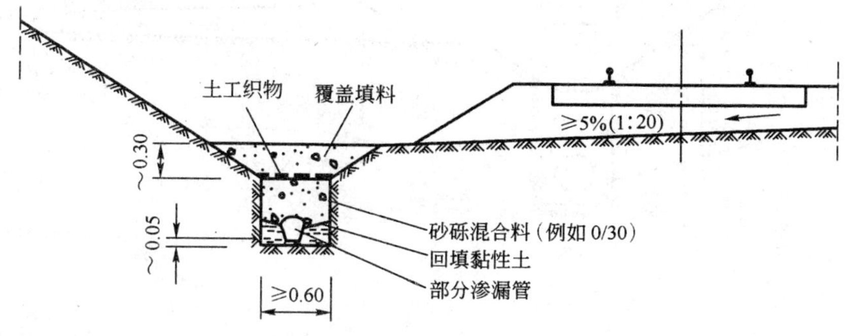

图7-32　封闭式路基侧沟（尺寸单位：m）

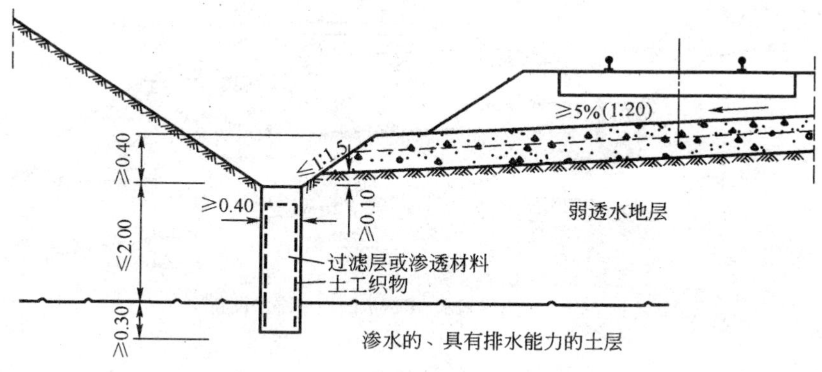

图7-33　渗透槽（尺寸单位：m）

当纵坡坡度过大时，需要考虑路基侧沟的防冲刷问题，必须对侧沟进行加固处理。可以采用粗糙的砌块或者设置阶梯跌水方式来降低水流速度、加固沟底。

二、地下排水系统

1. 地下排水系统的功能与设置场合

地下排水系统与地表排水系统构成了铁路路基的排水系统，地下排水系统首先必须与地表排水系统相协调，在可用地表排水系统防排水的情况下，优先采用地表排水系统。只有当地表排水系统无法排除路基范围内的水分时，才考虑采用地下排水系统。

地下排水系统一般设置在线路中心线1.50m以下，用以排除地基面下0.5m深度范围内的自由水，如地下水、积水和毛细水等，其标准设置如图7-34所示。在复线线路上，地下排水设施应该布置在两线路之间。

当铁路路基下含有较多的层间水和渗透水时，为了保证路基处于合适的干湿状况，往往设置渗沟或渗井来排除，如图7-35所示。

如果既有线路空间受到限制，地下排水设施可以布置在人行道下或者建筑物旁，如图7-36所示。

2. 地下排水设施的系统构成

铁路路基的地下排水设施由竖井、渗沟（由渗流管和过滤层组成）、汇水管道以及通向泄水处的出水口等构成。

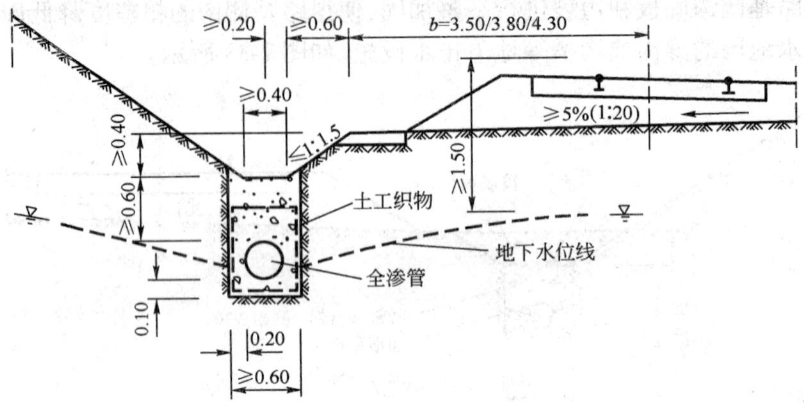

图 7-34　地下排水设施布置（尺寸单位：m）

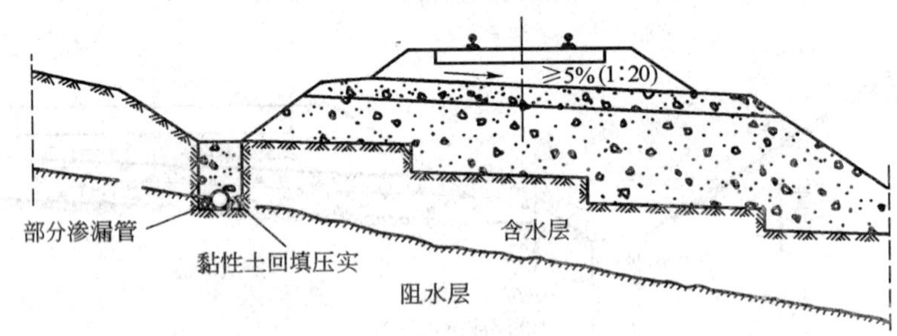

图 7-35　汇集层间水、渗透水的地下排水设施

（1）竖井

由于地下排水设施埋于地下，维修、清理都很不方便，可以铺设竖井用于地下排水管道与地面相联结，同时竖井可以将地下众多的管道相联系。竖井可以用于通风和目测检查水流情况。通过竖井可以利用高压冲洗等设备对地下排水管道进行清洗。

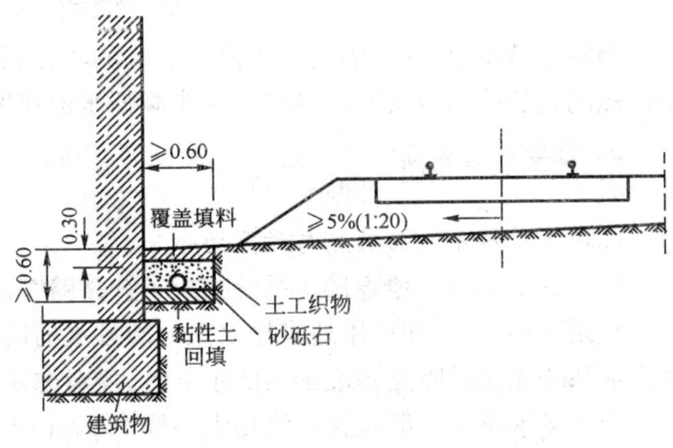

图 7-36　建筑物旁的地下排水（尺寸单位：m）

竖井一般由管道、盖板、底板三个部分组成。管道可以采用混凝土管道、人工合成材料管道或者混凝土预制管道。盖板可以采用混凝土盖板或者钢制盖板。底板应设置贯通水沟，以保证无淤塞现象发生，但当有大量的泥浆清理工作时，可以将竖井底板设计成为泥浆沉积池。该沉积池应该设置在排水管道的下方超过 0.30m 处，如图 7-37 所示。

竖井的间距一般为 50～100m，一般布设的场合通常位于：管道联结处；渗水管与集水管的过渡处；在管道尺寸、类型、坡度等出现变化处。

竖井按照直径，分为两种规格：一种是直径为300～600mm，这种渗井只能用作检查、清洁和通风，不能进行攀爬，其深度大约为1.25m；另一种直径大于1 000mm，深度一般超过1.25m。

位于路基侧沟内的竖井，其上缘或者盖板要高出侧沟底板一点，一般不超过100mm，如图7-38所示。而在行人区域如站台以及掉车通道处，竖井应该和地面同高。

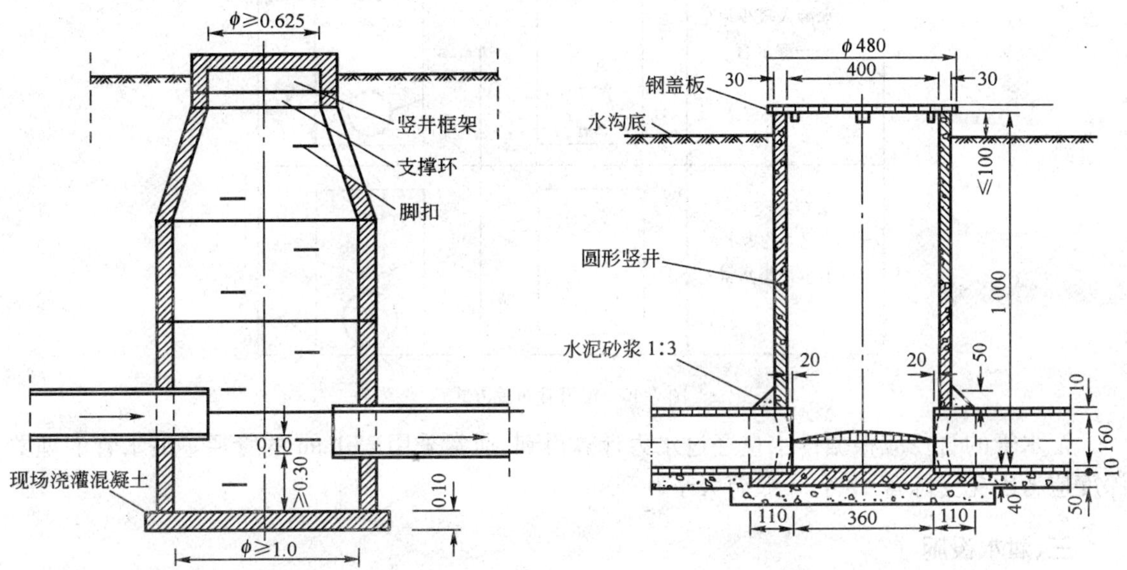

图7-37　带沉积池的预制竖井（尺寸单位：m）

图7-38　混凝土竖井（尺寸单位：mm）

（2）渗沟

渗沟是地下水排除的主要设施，由渗流管、过滤层和土工织物构成，如图7-39所示。

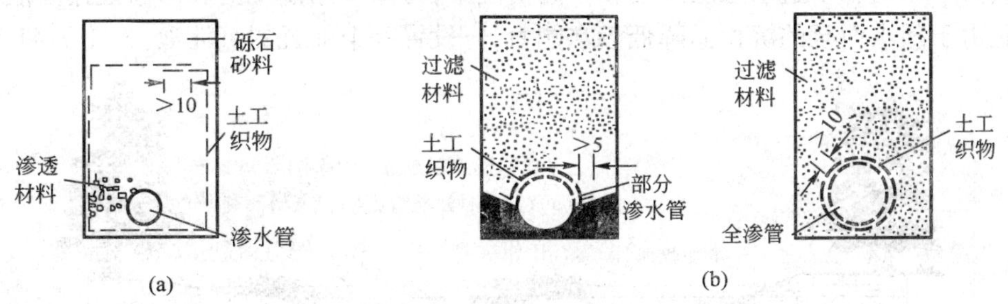

图7-39　渗沟构造（尺寸单位：cm）

（a）排水沟过滤层；（b）排水管过滤层

渗流管是用于汇集土中的自由水、层间渗流水等地下水源，并将其排到汇水管道或者泄水处。因此渗流管应具有足够的排水能力，可以快速、无碍地排走其中的水分。

渗流管的形式包括四周都具有渗透能力的全渗管、管底密封而只有部分渗水的管、渗水管和集水管组合成的背驮式渗水结构等，根据水流的方向和水流量的大小，可以按照图7-40的方式选取渗流管的布置方式。

过滤层用以促进土层中的水进入渗流管中，加快水的排出速度。过滤层由粗颗粒土、砂砾石以及土工织物构成，与渗流管一起构成了渗沟。过滤层的材料要求和技术指标要求可以参见前面有关章节或《公路排水设计手册》的要求。

(3)汇水管

汇水管是封闭式管道,其用途是将通过竖井的渗水管或路基侧沟中的渗水汇集起来,排至泄水处。汇水管应能快速、通畅地排水,并能承受路基范围内的各种作用力。

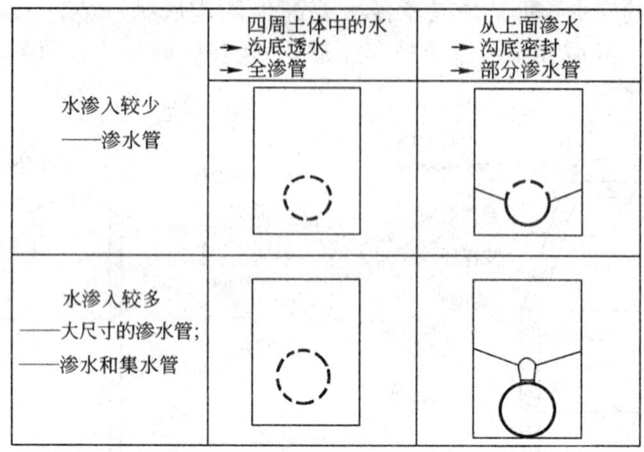

图7-40　渗流管布置方式

汇水管的管径应根据排水量经过水力计算得到,通常采用250mm的管径。汇水管的埋置深度应考虑免受冻害影响,一般要大于0.80m。

三、泄水设施

通过地下排水系统和路基侧沟汇集的水,应直接通过排水管沟以及汇水管,以自然坡度或渗水设备引至泄水处。泄水设施包括河流、湖泊、雨水管道等。泄水设施的布置应确保水流能通畅进入,对于农业和生态环境无大的不利影响,并综合考虑到当地条件和技术经济比较。

在极为平坦的和不透水土层厚度较小的情况下,可以采用蒸发池和渗水池作为泄水设施。为了防止由于随水而至的沉积而降低渗水能力,应设置一个前置的沉淀池,如图7-41所示。

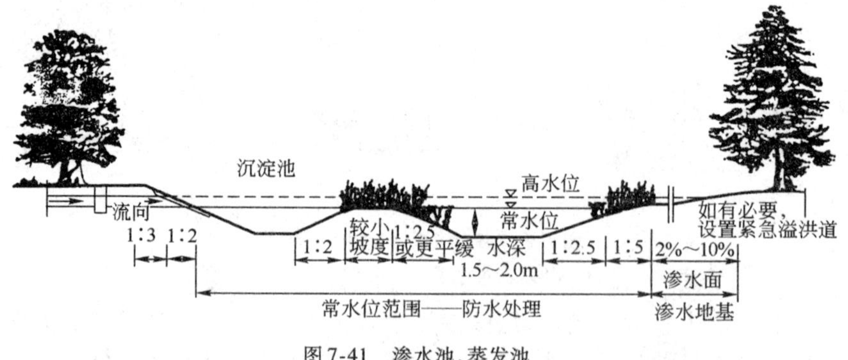

图7-41　渗水池、蒸发池

第八章　路基支挡结构的分析与设计

为了满足高速铁路(公路)线形的要求,在地形起伏较大的丘陵地区将会遇到大量的支挡结构。支挡结构的整体稳定性和局部稳定性的分析和设计是支挡结构形式优选和设计的关键,它不仅与断面结构设计有关,还与填料类型、排水方式等有关,本章主要介绍路基支挡结构的分析与设计方法。

第一节　支挡结构的用途及类型

一、支挡结构的用途

路基边坡指在道路、铁道及桥隧工程的建(构)筑物场地或其周边,由于建(构)筑物和工程开挖或填筑施工所形成的人工边坡和对建(构)筑物安全或稳定有影响的自然边坡。为保证边坡及其环境的安全,需对边坡采取支挡、加固与防护措施,即形成支挡结构。支挡结构包括挡土墙、抗滑桩、预应力锚索等支撑和锚固结构,是维护边坡或基坑等的稳定并使结构两侧土体保持一定高差的土工构筑物。目前,支挡结构不仅被广泛应用于公路、铁路、城市建设,同时还被应用于水坝建设、河床整治、港口工程、水土保持、山地规划、山体滑坡及泥石流防治等领域,如图 8-1 所示。并且随着人们对环境景观等方面要求的日益提高,支挡结构除发挥其保持土体结构稳定的基本功能外,在景观美化等方面的应用也日渐广泛。

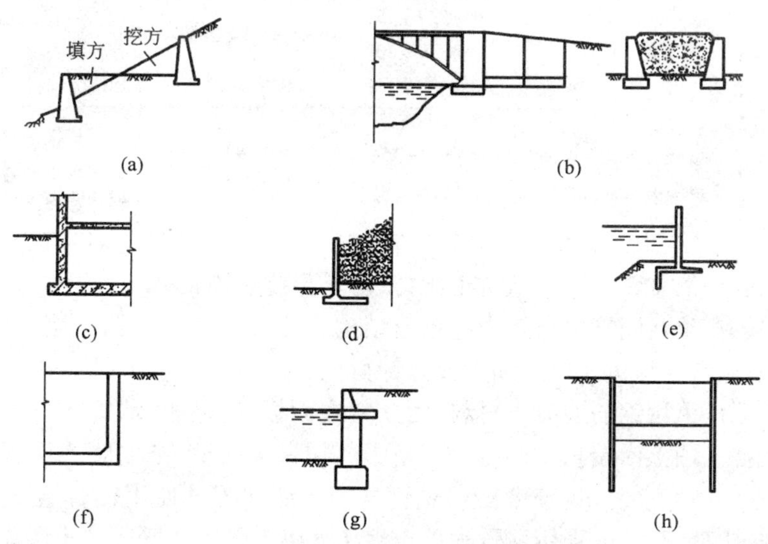

图 8-1　支挡结构的常用场合

(a)傍山公路或铁路;(b)桥台及引道两侧挡土墙;(c)建筑物地下室外墙;(d)粒状材料储仓挡墙;(e)壅水墙;(f)船闸闸墙;(g)方块重力式码头;(h)基坑开挖支护挡墙

在路基工程中,支挡结构可用于稳定路基和路堑边坡,减少土石方工程量和占地面积,防止水流冲刷路基,并经常用于整治塌方、滑坡等路基病害。支挡结构的采用一般根据工程需要而设,路基在遇到下列情况时可考虑修建:

(1)陡坡路堑边坡薄层开挖、路堤边坡薄层填方地段,或为加强路堤本体稳定地段;

(2)为避免大量挖方、降低高边坡或加强边坡稳定性的路堑地段;

(3)不良地质条件下,为加固地基、边坡、山体、危岩,或拦挡落石地段;

(4)水流冲刷影响路堤稳定的沿河、滨海路堤地段;

(5)为节约用地、少占农田或为保护重要的既有建筑物地段;

(6)其他特殊条件的需要如环境景观等方面的要求。

二、支挡结构的类型与适用范围

支挡结构根据其结构形式与作用机理可分为重力式挡土墙、悬臂式挡土墙、扶壁式挡土墙、锚杆挡土墙、抗滑桩、土钉墙、预应力锚索等多种结构形式。各类挡土墙的特点及其适用范围见表8-1。边坡支护结构形式可根据场地地质和环境条件、边坡高度以及边坡工程安全等级等因素确定。

边坡支护结构的常用形式 表8-1

条件 / 结构类型	边坡环境	边坡高度 H(m)	边坡工程安全等级	说明
重力式挡墙	场地允许,坡顶无重要建(构)筑物	土坡,$H \leqslant 8$;岩坡,$H \leqslant 10$	一、二、三级	土方开挖后边坡稳定较差时不应采用
扶壁式挡墙	填方区	土坡,$H \leqslant 10$	一、二、三级	土质边坡
悬臂式支护		土坡,$H \leqslant 8$;岩坡,$H \leqslant 10$	一、二、三级	土层较差,或对挡墙变形要求较高时,不宜采用
板肋式或格构式锚杆挡墙支护		土坡,$H \leqslant 15$ 岩坡,$H \leqslant 30$	一、二、三级	坡高较大或稳定性较差时宜采用逆作法施工。对挡墙变形有较高要求的土质边坡,宜采用预应力锚杆
排桩式锚杆挡墙支护	坡顶建(构)筑物需要保护,场地狭窄	土坡,$H \leqslant 15$;岩坡,$H \leqslant 30$	一、二级	严格按逆作法施工。对挡墙变形有较高要求的土质边坡,应采用预应力锚杆

重力式挡土墙是依靠墙体自重抵抗土压力、防止土体坍滑的挡土结构。衡重式挡土墙是以填土重力和墙体自重共同抵抗土压力的挡土结构。为减小衡重式挡土墙下墙土压力、增加全墙抗倾覆稳定,通常在衡重式挡土墙中设计卸荷板。

悬臂式挡土墙是采用钢筋混凝土材料,由立臂式面板、墙趾板、墙踵板三部分组成的挡土结构。在悬臂式挡土墙上沿墙长方向每隔一定距离加一道扶壁,把立臂式面板与墙踵板连接起来则构成了扶壁式挡土墙。钢筋混凝土悬臂式挡土墙在国外使用很普遍,通常墙高3m以下,采用重力式挡土墙,3~6m采用悬臂式挡土墙,6m以上采用扶壁式挡土墙。

锚杆挡土墙是由钢筋混凝土肋柱、墙面板和锚杆组成的支挡结构,它依靠锚固在稳定岩土层内锚杆的抗拔力平衡墙面处的土压力。我国从1966年开始于成昆线应用锚杆挡土墙,继而在川黔、鹰厦、太焦、沙通、枝柳等铁路线上岩石地段修建多处，使用至今情况良好，而且锚杆在岩层中灌浆锚固已取得了较多的经验。1996 年交通部通用图《铁路岩质路堑立柱式钢筋混凝土锚杆挡土墙》（铁二院编制）正式颁布，给锚杆墙的推广应用打下了一定的基础。但土层锚杆的设计和应用，由于实践经验不多，而且影响土层抗剪强度的因素较岩层更为复杂，尚待今后继续试验研究。锚杆挡土墙主要适用于岩质路堑地段。岩质是指硬质岩层（花岗岩、闪长岩、片麻岩、石灰岩、石英砂岩、矽质砾岩等）与节理发育微、弱风化程度的硬质岩石及软质岩层（页岩、泥灰岩、云母片岩、千枚岩等），岩体的内摩擦角等于或大于 45°。

锚定板挡土墙由墙面系、拉杆、锚定板及填土共同组成。墙面的结构形式可采用肋柱式墙面板和无肋柱墙面板，肋柱式由肋柱和挡土板拼装而成。肋柱式和无肋柱式锚定板的结构形式见图 8-2。

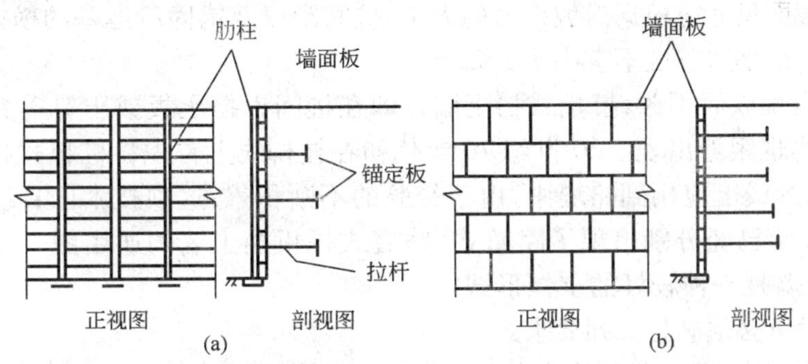

图 8-2　锚定板挡土墙结构形式

加筋土挡土墙是由墙面板、拉筋、填料三部分共同组成的复合结构物。它依靠填料与拉筋之间的摩擦力作用，平衡填料作用于墙面上的水平土压力，使之形成整体，抵抗其后部填料产生的土压力。滑坡和崩坍等工程地质不良地段由于地质条件复杂，土压力变化较大，可能导致墙面板受力不均产生相互错位，而且在这种地段修筑加筋土挡土墙挖方量也比较大，故应慎重采用。加筋土挡墙使用在地震区路内尚无成熟经验。

加筋土挡土墙的墙面板承受侧压力，防止土颗粒外泄，因此要求有一定的刚度和强度，国内外目前普遍采用钢筋混凝土面板，其平面形状多为十字形、矩形等。加筋土挡墙拉筋的材料性能在加筋土挡土墙中具有重要的作用，拉筋的强度关系到挡土墙的稳定；耐腐蚀性和耐久性关系到挡土墙的使用年限，因此选材是拉筋设计的主要环节，目前用作拉筋材料的包括钢筋混凝土板条、钢带、复合土工带或土工格栅等。钢带是国外在加筋土挡土墙使用初期普遍采用的一种拉筋材料，根据我国国情，国内多用钢筋混凝土板条连接而成，也有用钢筋焊角钢作为拉筋的，效果均良好。土工格栅是一种抗老化、抗蠕变、抗拉强度高、抗拉刚度大、施工简单、与填土共同作用效果好的合成塑料拉筋材料。复合土工带是近年来开发的抗老化、抗蠕变、强拉力的合成塑料（以聚丙烯为主）内嵌高强度钢丝的拉筋材料，公路部门采用较多，效果良好，经济效益高。

土钉墙是从隧道新奥法基础上发展起来的一门边坡支挡新技术，通过钢筋等高强度长条材料对原位岩土体进行加固，从而提高原位岩土体的“视凝聚力”及其强度，使被加固土体形成了性质与原来大为不同的复合材料“视重力式挡土墙”。目前土钉广泛应用于深基坑支护及边坡工程中，在侯月铁路膨胀岩（土）路堑边坡及南昆铁路软弱破碎岩质路堑高边坡中成功地进行了研究与应用。土钉墙在深基坑支护中应用高度一般小于 12m。但法国巴黎至布雷斯特铁路单级土钉墙高达 21.6m，南昆铁路 DK339 土钉墙试验工点为两级 21m 高，而 DK333 土钉墙推广工点为三级27m高。因单级土钉墙比多级土钉墙承受的土压力大且土钉更长，故墙较高时，从经济及稳定方面考虑，一般采用两级或多级。由于面板、土钉与边坡岩土相互作用，土钉墙土压力的问题比较复杂，它与边坡岩土性质、注浆压力等许多因素有关。

抗滑桩是由锚固段侧向地基抗力来抵抗悬臂段的土压力或滑坡下滑力的横向受力桩。抗滑桩可用于稳定滑坡、加固山体及加固其他特殊路基。抗滑桩的设置必须满足下列要求：

(1)提高滑坡体的稳定系数，达到规定的安全值；

(2)保证滑坡体不越过桩顶或从桩间滑动；

(3)不产生新的深层滑动。

抗滑桩的桩位应设在滑坡体较薄、锚固段地基强度较高的地段，其平面布置、桩间距、桩长和截面尺寸等的确定，应综合考虑达到经济合理。桩间距宜为6~10m。抗滑桩的截面形状宜为矩形。桩的截面尺寸应根据滑坡推力的大小、桩间距以及锚固段地基的横向容许抗压强度等因素确定。桩最小边宽度不宜小于1.25m。

在抗滑桩出现以后不久，桩板式挡土墙也即在桩间设挡土板或土钉等其他结构来稳定土体的挡土结构也跟着出现。20世纪70年代初在枝柳线上首先将桩板式挡墙应用在路堑中，接着在南昆等线上应用到路堤中，由于经验的不断积累，这项技术已日臻成熟，因此，在1992年和1993年已经分别出现了路堑式、路肩式桩板挡土墙的通用图。多年来的实践证明，桩板式挡土墙是一种较好的支挡形式。

锚固桩的设置必须满足下列要求：

(1)桩必须锚固在稳定的地层中；

(2)保证桩后土体不越过桩顶或从桩间滑走；

(3)不发生新的深层滑动；

(4)加锚索(杆)的锚固桩必须保证桩与锚索(杆)的变形协调。

预应力锚索广泛应用于岩锚和土锚，土锚地层主要为砂土层，它通过对锚索施加张拉力以加固岩土体，使其达到稳定状态或改善结构内部应力状况。为确保锚索工程安全可靠，预应力锚索的锚固段应置于稳定的岩层内；锚固段若置于土层中，则需进行拉拔试验并进行个别设计。

第二节　支挡结构设计的一般性问题

一、支挡结构设计的极限状态

挡土墙结构超过某一特定状态，致使其不能正常使用或不能达到在正常维护下的正常使用要求，该特定状态称为功能的极限状态。极限状态分承载能力极限状态与正常使用极限状态两类。

挡土墙结构承载能力极限状态可理解为与安全性有关的最大承载状态，挡土墙的组成构件若发生塑性变形而使其几何形状发生显著改变时，且未达到完全破坏，但已严重影响安全，也应属于达到了承载能力极限状态。挡土墙的正常使用极限状态是与适用性和耐久性有关的极限状态，可理解为挡土墙及其组成构件在使用功能上允许达到某个限值的极限状态，仅涉及挡土墙的工作条件和性能，往往需要采用一定的约束条件，例如混凝土构件的裂缝宽度、墙面的挠度等。

现行规范采用以极限状态设计的分项系数法为主的设计法。挡土墙构件承载能力极限状态设计采用的一般表达式如式(8-1)所示。式中的设计基本变量通过概率分析取其代表值,而以分项系数来反映它们的变异性。现行公路工程设计规范中,涉及岩土工程设计部分仍然采用容许应力法。

$$\gamma_0 S \leqslant R \tag{8-1a}$$

$$R = R\left(\frac{R_k}{\gamma_f}, \alpha_d\right) \tag{8-1b}$$

式中:γ_0——结构重要性系数,按表8-2的规定采用;

S——作用(或荷载)效应的组合设计值;

$R(\cdot)$——挡土墙结构抗力函数;

R_k——抗力材料的强度标准值;

γ_f——结构材料、岩土性能的分项系数,除另有规定外,常用作用(或荷载)分项系数可按表8-3的规定采用;

α_d——结构或结构构件几何参数的设计值,无可靠数据时,可采用几何参数标准值。

结构重要性系数 γ_0 表8-2

墙高(m)	公路等级	
	高速公路、一级公路	二级及以下公路
≤5.0	1.0	0.95
>5.0	1.05	1.0

承载能力极限状态作用(或荷载)分项系数 表8-3

情况	荷载增大对挡土墙结构			
	起有利作用时		起不利作用时	
组合	I,II	III	I,II	III
垂直恒载 γ_G	0.90		1.20	
恒载或车辆荷载、人群荷载的主动土压力 γ_{Q1}	1.00	0.95	1.40	1.30
被动土压力 γ_{Q2}	0.30		0.50	
水浮力 γ_{Q3}	0.95		1.10	
静水压力 γ_{Q4}	0.95		1.05	
动水压力 γ_{Q5}	0.95		1.20	

结构正常使用极限状态的计算主要适用于钢筋混凝土挡土墙构件设计,现行《公路路基设计规范》(JTG D30—2004)规定按照《公路钢筋混凝土及预应力混凝土桥涵设计规范》(JTG D62—2004)执行,这里不作详述。

二、支挡结构设计的一般原则与设计参数

挡土墙是用于支挡不稳定的路基两侧山坡或路基土体,因而要承受较大的土压力,为了避免挡土墙遭受各种形式的破坏,必须保证挡土墙在设计荷载作用下稳定、坚固和耐久。支挡工

程的设计应包括支护结构的选型、计算、构造和布置,并对施工、监测及质量验收提出要求。为此在设计前应查明山体和地基的工程地质、水文地质条件,获取必要的岩土物理力学参数,以及相关的施工技术、设备性能、施工经验和施工条件等资料。此外支挡结构与相邻构造物如桥台、隧道洞门、既有支挡结构之间的连接应协调配合、衔接平顺,城市及风景区的支挡结构也应考虑与其他相邻建筑物的协调。

一级边坡工程应采用动态设计法。应提出对施工方案的特殊要求和监测要求,应掌握施工现场的地质状况、施工情况和变形、应力监测的反馈信息,必要时对原设计校核、修改和补充。二级边坡工程宜采用动态设计法。

挡土墙设计应重点考虑下列三项内容。

(1)对于作用于挡土墙之静态及动态侧向土压力,需依墙体断面几何形状及尺寸、墙身前后土岩体性质及分布、墙身前后地表规则性及坡度、墙体与土岩体间互制行为特性等条件,分析并考虑采用适用该状态土压力之计算方法。对于作用于挡土墙之水压力,亦需视地下水状况及排水滤层之设置方式,考虑其计算方式。

(2)挡土墙墙体及整体稳定性需针对各项可能破坏形式采用适用方法分析其安全性。在静态条件下,挡土墙可能的破坏形式包括:倾覆(前倾或后倾)破坏、滑动破坏(浅层或深层全面破坏)、塑性流动破坏、基础承载破坏。在动态条件下,挡土墙可能的破坏形式包括:墙背或墙基土壤液化导致破坏,墙体前后动态侧压力增量造成倾覆或滑动破坏。

(3)核算挡土墙结构体的断面应力,包括墙身及基础的弯矩应力、剪应力等,以及剪力榫之检算等。

以上各项检算的内容应该符合表8-4的要求。值得说明的是:挡土墙的高度大于12m(一般地区的重力式路堑、路肩挡土墙,墙高大于15m)时,应适当加大滑动稳定系数 K_c 和倾覆稳定系数 K_0。当挡土墙按有荷、无荷计算,其基底合力的偏心距为负值时,墙踵基底压应力可超过地基容许承载力,一般地区最大不得超过30%,浸水地区不得超过50%,但平均压应力不得超过地基容许承载力。对于墙身截面的材料强度检算,当主力与附加力、特殊力组合时,应将材料的容许应力(纯剪应力除外)乘以不同的提高系数。当主力加附加力时乘以1.30,当主力加特殊力时乘以1.40;当主力加地震力时,应符合现行规范的要求。当墙身截面出现拉应力时,其值应小于所用材料的容许抗弯曲拉应力。

挡土墙稳定性和强度检算要求 表8-4

<table>
<tr><th colspan="3">检 算 项 目</th><th>主 要 力</th><th>主要力加附加力</th></tr>
<tr><td rowspan="5">全墙</td><td colspan="2">滑动稳定系数 K_c</td><td>≥1.3</td><td>≥1.2</td></tr>
<tr><td colspan="2">倾覆稳定系数 K_0</td><td>≥1.6</td><td>≥1.4</td></tr>
<tr><td rowspan="2">偏心距 e</td><td>土质地基</td><td colspan="2">≤$B/6$</td></tr>
<tr><td>岩石地基</td><td colspan="2">≤$B/4$</td></tr>
<tr><td colspan="2">基底应力 σ</td><td>≤容许承载力</td><td>容许承载力可提高20%</td></tr>
<tr><td rowspan="3">墙身截面</td><td colspan="2">压应力 σ</td><td>≤容许应力</td><td>容许应力可提高30%</td></tr>
<tr><td colspan="2">剪应力 τ</td><td>≤容许应力</td><td>≤容许应力</td></tr>
<tr><td colspan="2">偏心距 e</td><td>≤0.3B</td><td>≤0.35B</td></tr>
</table>

注:B 为基底宽度,倾斜基底为其斜宽。

作用在墙背上的主动土压力，可按库仑理论计算。应进行墙后填料的土质试验，确定填料的物理力学指标，当缺乏可靠试验数据时，填料内摩擦角 φ 可参照表 8-5 选用。基底与基底土间的摩擦系数可参照表 8-6。

填料内摩擦角或综合内摩擦角(°)　　表 8-5

填料种类		综合内摩擦角 φ_0	内摩擦角 φ	重度(kN/m^3)
黏性土	墙高 $H \leqslant 6m$	35~40	—	17~18
	墙高 $H > 6m$	30~35	—	
碎石、不易风化的块石		—	45~50	18~19
大卵石、碎石类土、不易风化的岩石碎块		—	40~45	18~19
小卵石、砾石、粗砂、石屑		—	35~40	18~19
中砂、细砂、砂质土		—	30~35	17~18

注：填料重度可根据实测资料作适当修正，计算水位以下的填料重度采用浮重度。

基底与基底土间的摩擦系数 μ　　表 8-6

地基土的分类	摩擦系数 μ	地基土的分类	摩擦系数 μ
软塑黏土	0.25	碎石类土	0.50
硬塑黏土	0.30	软质岩石	0.40~0.60
砂类土、黏砂土、半干硬的黏土	0.30~0.40	硬质岩石	0.60~0.70
砂类土	0.40		

三、作用于支挡结构上的荷载

根据荷载发生的概率，作用在挡土墙上的荷载力系可分为主要力系、附加力系和特殊力系，如表 8-7 所列。作用在一般地区挡土墙上的力，可只计算永久作用(或荷载)和基本可变作用(或荷载)，浸水地区、地震动峰值加速度值为 $0.2g$ 及以上的地区、产生冻胀力的地区等，尚应计算其他可变作用(或荷载)和偶然作用(或荷载)，作用(或荷载)组合可按表 8-8 进行。挡土墙前的被动土压力一般不予考虑。当基础埋置较深且地层稳定，不受水流冲刷和扰动破坏时，结合墙身的位移条件，可采用 1/3 被动土压力值。

作用于挡土墙上的荷载力系　　表 8-7

作用(或荷载)分类	作用(或荷载)名称
永久作用(或荷载)	挡土墙结构重力
	填土(包括基础襟边以上土)重力
	填土侧压力
	墙顶上的有效永久荷载
	墙顶与第二破裂面之间的有效荷载
	计算水位的浮力及静水压力
	预加力
	混凝土收缩及徐变
	基础变位影响力

续上表

作用(或荷载)分类		作用(或荷载)名称
可变作用(或荷载)	基本可变作用(或荷载)	车辆荷载引起的土侧压力
		人群荷载、人群荷载引起的土侧压力
	其他可变作用(或荷载)	水位退落时的动水压力
		流水压力
		波浪压力
		冻胀压力和冰压力
		温度影响力
	施工荷载	与各类型挡土墙施工有关的临时荷载
偶然作用(或荷载)		地震作用力
		滑坡、泥石流作用力
		作用于墙顶护栏上的车辆碰撞力

常用作用(或荷载)组合表 表8-8

组　合	作用(或荷载)名称
I	挡土墙结构重力、墙顶上的有效永久荷载、填土重力、填土侧压力及其他永久荷载组合
II	组合I与基本可变荷载相组合
III	组合II与其他可变荷载、偶然荷载相组合

注:①洪水与地震力不同时考虑;

②冻胀力、冰压力不与流水压力或波浪压力同时考虑;

③车辆荷载与地震力不同时考虑。

车辆荷载作用在挡土墙墙背填土上所引起的附加土体侧压力,可按式(8-2)换算成等代均布土层厚度 h_0 计算:

$$h_0 = \frac{q}{\gamma} \tag{8-2}$$

式中:γ——墙背填土的重度,kN/m^3;

q——车辆荷载附加荷载强度,墙高小于2m,取20kN/m^2;墙高大于10m,取10kN/m^2;墙高在2~10m之内时,附加荷载强度用直线内插法计算。

作用于墙顶或墙后填土上的人群荷载强度规定为3kN/m^2,作用于挡墙栏杆顶的水平推力采用0.75kN/m,作用于栏杆扶手上的竖向力采用1kN/m。

1. *岩土压力*

岩土压力专指作用于支挡结构中的侧向压力,是挡土墙的主要荷载,其大小和分布受挡土墙的形式和墙体的刚度、挡土墙表面的倾斜度及其粗糙程度、挡土墙的变形和位移、填土的性质(如土的均匀性,土的物理力学性质等)、填土表面荷载的情况及地下水的分布等因素的影响。在影响土压力的诸多因素中,墙体位移条件是最主要的因素。墙体位移的方向和位移量决定着所产生土压力的性质和大小,按土变位的情况可分为静止土压力、主动土压力和被动土压力。

当墙体静止不动,既不产生位移,也不产生变形时,挡土墙墙背面的填土处于弹性平衡状态,此时填土对挡土墙所产生的土压力称为静止土压力;若墙体向背离填土方向产生水平位移，或者墙体围绕靠近填土方向的墙顶旋转，或者墙体围绕靠近填土方向的墙踵旋转，使墙体产生背离（远离）填土方向的变形时，土压力由原来的静止土压力逐渐减小，墙后填土逐渐失去原来的弹性平衡状态，当填土达到主动极限平衡状态时，此时作用在挡土墙上的土压力称为主动土压力；若墙体向着填土方向平移和转动，产生向着填土方向的位移或变形，使墙背面填土逐渐压密而失去原来的弹性平衡状态，当位移达到一定数量，即土体压密到一定程度，而使墙背面填土处于被动极限平衡状态时，此时填土作用在挡土墙上的土压力，称为被动土压力。

作用在墙上的实际土压力值与墙的变位相关。墙背土压力与墙的变位的关系如图8-3所示，产生主动和被动土压力所需的墙的位移量如表8-9所示。在实际工程中，一般按三种特定状态的土压力（主动土压力E_a、静止土压力E_0、被动土压力E_p）进行挡土墙设计，此时应该弄清实际工程与哪种状态较为接近。在使用被动土压力时，由于它的发挥需要较大的变位，往往超过实际的可能性，工程上常将被动土压力E_p经适当折减后再用。而在某些情况下，又按挡土墙实际的变位影响考虑土压力的分布，例如在多支撑支护结构设计中采用简化的经验支撑土压力分布，以及在计算基坑支护结构的变形时把任一点的土压力看成和该点的位移成正比的假定等。各种计算方法都有它适用的条件和范围，所以必须根据工程特点和地区经验选择合适的土压力计算方法。

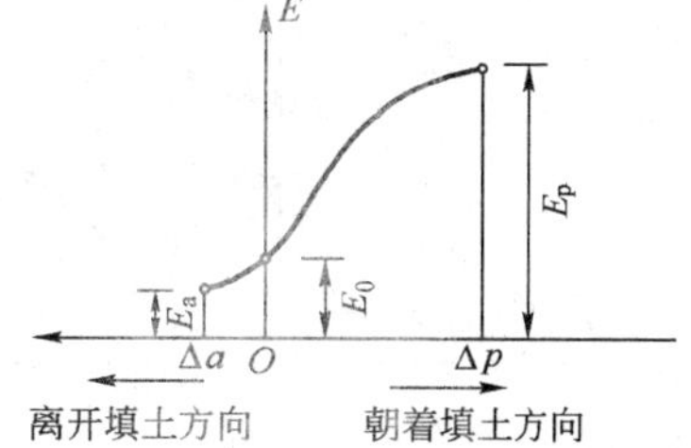

图8-3 墙体位移和土压力的关系

产生主动和被动土压力所需的墙的位移量 表8-9

土　类	应力状态	位移形式	所需的位移量
砂土	主动	平移	0.001H
	主动	绕墙趾转动	0.001H
	主动	绕墙顶转动	0.02H
	被动	平移	0.05H
	被动	绕墙趾转动	>0.01H
	被动	绕墙顶转动	0.05H
黏土	主动	平移	0.004H
	主动	绕墙趾转动	0.004H

注：H为墙高。

2. 滑坡推力

滑坡是主要在重力作用下产生的坡体变形，计算滑坡或边坡在工程使用年限内各种荷载作用条件下不同部位尤其是在设立抗滑支挡工程建筑物部位的滑坡推力数值，为整治工程设计计算提供定量的依据，这是滑坡推力计算的主要目的。在支挡结构的设计中，均将滑坡推力作为抗滑结构上的外荷载，因此，滑坡推力计算也是支挡结构工程设计的前提条件。

对横截滑动方向某一截面上的滑坡推力，一般有两类做法，即：①先求出全截面上的全滑坡总推力，然后按该横截滑动方向的截面上滑体厚度的不同分配出各段每米宽的推力大小；②按平行滑动方向分段，求每段代表断面的每米宽的滑坡推力，从而综合各段的推力而得出全滑坡的推力。其中第二种方法是当前国内外普遍采用的做法，在计算每米宽滑动断面的推力时，其两侧为内力而不计算侧向摩阻力。通常根据滑带形状可将滑面归纳为三种类型：单一滑面、圆弧滑面与折线形滑面，各类型的滑面中作用于 A 点的滑推力计算公式如表 8-10 所示。

三种类型滑面的稳定系数与滑坡推力 表 8-10

滑面类型	计算图示	稳定系数 K_0 与滑坡推力 E
单一平面	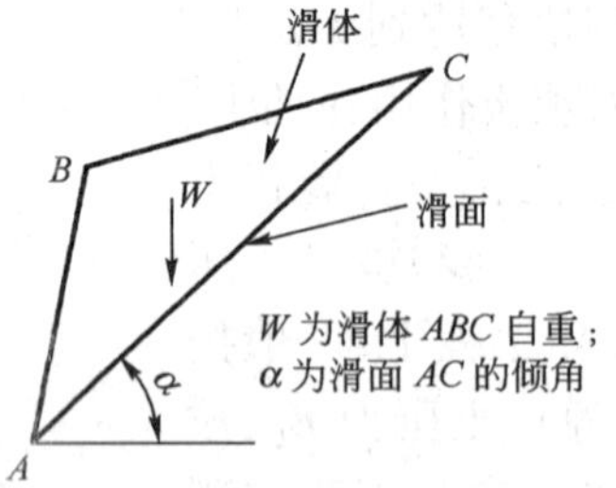 滑体 C B W 滑面 W 为滑体 ABC 自重； α 为滑面 AC 的倾角 α A	$K_0=\frac{\tan\varphi}{\tan\alpha}$ $E=W\cos\alpha(K\tan\alpha-\tan\varphi)$ 式中，K 为安全系数；φ 为滑面岩土的综合内摩擦角
圆弧形	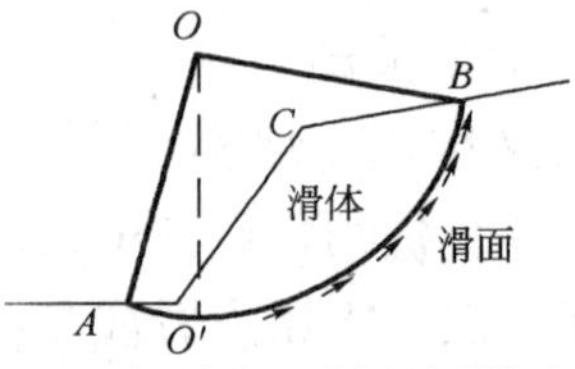 O B C 滑体 滑面 A O′ (a) 有反倾部分的圆弧形滑面 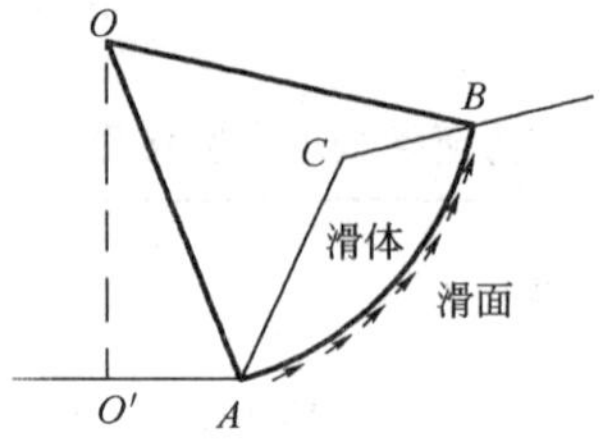 O B C 滑体 滑面 O′ A (b) 无反倾部分的圆弧形滑面	$K_0=\frac{\sum N\tan\varphi+\sum cl+\sum R}{\sum T}$ $E=K\sum T-\sum N\tan\varphi-\sum cl-\sum R$ 式中，$\sum N$ 为作用于滑面(带)上法向力之和；$\sum T$ 为作用于滑面上的滑动力之和；$\sum R$ 为反倾滑动部分的阻滑力之和；c 为滑面各段单位黏结力；l 为滑面长度
折线形	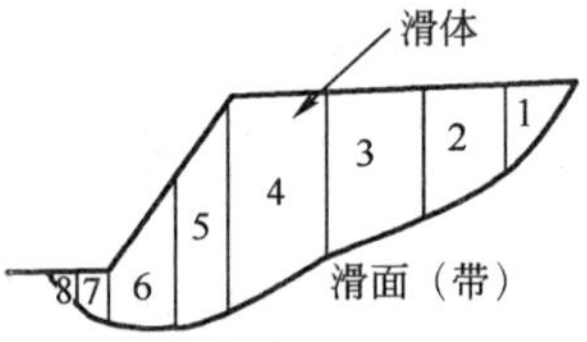 滑体 1 2 3 4 5 6 7 8 滑面（带）	$K_0=\frac{\sum_1^n W\cos\alpha\tan\varphi+\sum_1^n cl}{\sum_1^n W\sin\alpha}$ $E=K\sum_1^n W\sin\alpha-\sum_1^n W\cos\alpha\tan\varphi-\sum_1^n cl$

以上三种针对不同滑面(带)计算滑坡推力的计算公式中，虽然表达式略有不同，但经分析不难发现它们的意义都一样，即所求推力均为滑体的下滑力增大 K 倍后与抗滑力的差。这种计算方法比较简单，对于滑面为单一平面的情况比较适用，而对于其他滑面形状则不大适用。首先，对于滑面为圆弧形的滑动，这种推力计算方法丝毫没有考虑条间力的影响，且将抗滑力与下滑力进行简单的代数运算，由于滑面不同位置的抗滑力和下滑力的作用方向不同，这种代数运算没有明确的物理意义，如果用力矩平衡的观点来解释所求推力的意义(按照瑞典圆弧法计算滑坡推力)，则这样求得的滑坡推力也只是表明滑体维持稳定需要抗滑结构在滑面处提供的抗滑力，而非作用于实际抗滑结构上的滑坡推力。其次，对于滑面形状为折线的滑动而言，这种计算方法同样没有考虑条间力的作用，而所得推力数值只是各分条下滑力的简单叠加。

鉴于以上计算滑坡推力方法中的不足，现有规范规定采用传递系数法计算，这种计算方法的原理基于路基边坡稳定分析方法——传递系数法。该方法计算方便，适用范围也较为广泛，因此在滑坡推力计算中得到了普遍的应用。其基本假定为条块间作用力方向平行于上一条块的底面，这对滑体平动的情况较为适用，而对于有转动趋势的滑动或滑面较陡的情况适用性较差，有时会使计算结果偏差较大，所以，传递系数法也有其适用范围。由于滑坡或边坡失稳破坏的多样性和复杂性，对滑坡或边坡的稳定性评价方法也多种多样，就滑坡推力的计算而言也没有一种适用于所有情况的万能方法，应该对具体问题具体分析。

四、支挡结构的形式选择

虽然挡土墙的应用范围较广，但采用其他设计方案也可能替代挡土墙的功能，一般需要经过经济、技术比较后方能确定。此外，环境效益、社会效益也是选择方案的重要因素。对高度、长度较大的挡土墙工程，方案比选尤为重要。

支挡类型除了选择重力式挡土墙外，可根据现场的地形、地质、水文等具体情况结合工程技术条件，从各种支挡类型中选择最合适的形式。挡土墙形式的选择基本上应考虑以下各种条件：

(1)挡土墙构筑目的及功能；

(2)挡土墙的重要性及其行为的可靠性；

(3)基础地质、地形、地层构造及地下水因素的适用性；

(4)挡土墙施工方式及难易度；

(5)挡土墙周边既有构造物及管线设施的安全性；

(6)挡土墙用地的限制；

(7)工程造价的经济性及工期长短；

(8)挡土墙对周边景观及环境的冲击及影响程度。

支挡结构建筑材料的选用可视类型而定，重力式挡土墙一般应考虑就地取材，采用浆砌片石砌筑，在缺乏天然石料或砂石料地区，可选用混凝土预制构件拼装。其他支挡结构除了采用钢筋混凝土外，由于结构类型不同需用其他材料，如加筋土挡土墙的拉筋采用金属拉带或其他材料的拉带，锚杆挡土墙、锚定板挡土墙的拉杆则宜选用可焊性和延伸性良好的钢材。由于上述材料埋在填料中，因此应保证耐久、耐腐的要求。

路堑挡土墙的位置通常设置在路基侧沟边，有时结合边坡的地质条件也可设置在边坡的中部，但要保证墙基以下边坡的稳定。路堤挡土墙与路肩挡土墙比较，当其墙高、工程数量、地基情况相近时，宜设路肩挡土墙。当路肩挡土墙、路堤挡土墙兼设时，其衔接处可设斜墙或端墙。滨河挡土墙要注意使设墙后的水流平顺，不致形成旋涡，发生严重的局部冲刷，更不可挤压河道。滑坡地段的抗滑支挡工程，应结合地形、地质条件、滑体的下滑力，以及地下水分布情况，与清方减载、排水等工程综合考虑。带拦截落石作用的挡土墙，应按落石宽度、规模、弹跳轨迹等进行考虑。受其他建筑物(如公路、房屋、桥涵、隧道等)控制的挡土墙的设置，应注意保证既有建筑物的稳定和安全。

五、支挡工程的布置

支挡结构的布置是挡土结构设计的一个重要内容，通常在路基横断面图和墙趾纵断面图上进行。个别复杂的支挡结构，尚应作平面布置。布置前，应现场核对路基横断面图，不足时应补测；测绘墙趾处的纵断面图，收集墙趾处的地质和水文等资料。

1. 挡土墙位置的选定

路堑挡土墙大多数设在边沟旁。山坡挡土墙应考虑设在基础可靠处，墙的高度应保证墙后墙顶以上边坡的稳定。

当路肩墙与路堤墙的墙高或截面圬工数量相近、基础情况相似时，应优先选用路肩墙，按路基宽布置挡土墙位置，因为路肩挡土墙可充分收缩坡脚，大量减少填方和占地。若路堤墙的高度或圬工数量比路肩墙显著降低，而且基础可靠时，宜选用路堤墙，并作经济比较后确定墙的位置。

沿河路堤设置挡土墙时，应结合河流情况来布置，注意设墙后仍保持水流顺畅，不致挤压河道而引起局部冲刷。

2. 挡土墙的纵向布置

挡土墙纵向布置在墙趾纵断面图上进行，布置后绘成挡土墙正面图。

布置的内容包括如下方面。

(1)确定挡土墙的起讫点和墙长，选择挡土墙与路基或其他结构物的衔接方式。

路肩挡土墙端部可嵌入石质路堑中，或采用锥坡与路堤衔接；与桥台连接时，为防止墙后填土从桥台尾端与挡墙连接处的空隙中溜出，需在台尾与挡土墙之间设置隔墙及接头墙。

路堑挡土墙在隧道洞口应结合隧道洞门、翼墙的设置做到平顺衔接；与路堑边坡衔接时，一般将墙高逐渐降低至2m以下，使边坡坡脚不致伸入边沟内，有时也可与横向端墙连接。

支挡结构两端与路堤的连接方式，关系到前后工程的衔接及挡土墙的长度和稳定，其连接方式如同桥台耳墙与路堤连接，因此在接头处采用锥体边坡过渡，以便与路堤边坡坡面平顺相接。为了加强挡土墙与路基的连接，挡土墙端部伸入路堤内的长度不应小于0.75m。

(2)按地基及地形情况进行分段，确定伸缩缝与沉降缝的位置。

(3)布置各段挡土墙的基础。墙趾地面有纵坡时，挡土墙的基底宜做成不大于5%的纵坡。但地基为岩石时，为减少开挖，可沿纵向做成台阶。台阶尺寸视纵坡大小而定，但其高宽比不宜大于1:2。

(4)布置泄水孔的位置，包括数量、间隔和尺寸等。

在布置图上注明各特征点的桩号，以及墙顶、基础顶面、基底、冲刷线、冰冻线、常水位线或设计洪水位的高程等。

3. 挡土墙的横向布置

横向布置，主要是在路基横断面图上进行，其内容为根据实际情况分析确定断面形式、基础类型及埋置深度、布置排水设备、指定墙后填料的类别等。对于沿河支挡结构，布置时应综合考虑河流情况，使设墙后仍能保持水流顺畅，不致因挤压河道而引起局部冲刷。

4. 平面布置

对于个别复杂的挡土墙，如高、长的沿河曲线挡土墙，应作平面布置，绘制平面图，标明挡土墙与路线的平面位置及附近地貌与地物等情况，特别是与挡土墙有干扰的建筑物的情况。沿河挡土墙还应绘出河道及水流方向、防护与加固工程等。

支挡结构的布置，往往需要在横、纵、平三面上多次反复比较，方能取得技术可靠、经济合理且施工简便的最佳方案。

第三节　作用于支挡结构的荷载计算

一、土压力

支挡结构的主要荷载是土压力。土压力的理论计算始于 1773 年，库仑（C. A. Coulomb）发表了以挡土墙墙背滑裂体整体极限平衡为条件的著名库仑土压力理论，其后，1857 年朗肯（W. J. M. Rankine）又发表了以微分土体极限平衡为条件的朗肯土压力理论，此后许多学者，如太沙基（K. Terzaghi）、契波塔廖夫（Tschebotarioff）、皮克（R. B. Peak）、毕晓普（A. B. Bishop）、罗威（P. W. Rowe）等，又相继对土压力的计算理论及方法进行了研究，扩展了库仑和朗肯土压力理论的应用范围，使其直至今日仍为挡土墙设计中经常采用的重要方法。同时，随着科学技术的进步和许多学者的研究，又提出了许多新的理论和计算方法，如极限平衡理论、能量理论、空间土压力理论、有限单元计算方法、水平层计算方法、凝聚力等效法则和其他许多土压力的简化计算方法等，使土压力的计算方法和计算理论更趋完善，使计算结果与实际更加吻合。

1. 静止土压力的计算

对于修建在岩基上或坚硬土基上的刚性挡土墙，或者修建在地下的刚度较大的结构物、墙体或挡土结构，在压力作用下产生的位移或变形很小，可以忽略，而视为不产生位移和变形，此时作用在挡土墙和挡土结构上的土压力，可以按静止土压力计算（图 8-4）。

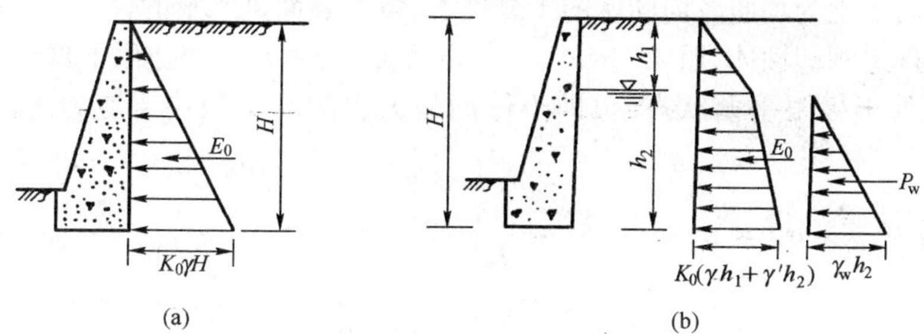

图 8-4　静止土压力的分布

（a）均匀土时；（b）有地下水时

若挡土墙墙面竖直，而且光滑，墙背面填土面水平，当墙体静止不动，墙背面填土处于弹性平衡状态，填土表面以下 z 深度一点处的三向应力状况满足平衡方程，即

$$\left.\begin{aligned}\frac{\partial\sigma_x}{\partial x}+\frac{\partial\tau_{yx}}{\partial y}+\frac{\partial\tau_{zx}}{\partial z}&=0\\\frac{\partial\sigma_y}{\partial y}+\frac{\partial\tau_{xy}}{\partial x}+\frac{\partial\tau_{zy}}{\partial z}&=0\\\frac{\partial\sigma_z}{\partial z}+\frac{\partial\tau_{yz}}{\partial y}+\frac{\partial\tau_{xz}}{\partial x}&=\gamma_0\end{aligned}\right\}\tag{8-3}$$

对于具有水平地面的匀质土，其水平力为：$\sigma_x=\sigma_y$，另外，结合剪应力互等定理，对于平面问题，$\tau_{yz}=\tau_{xz}=0$，从而式（8-3）变为：

$$\sigma_z=\gamma_0 z-\int_0^z\frac{\partial\tau_{yz}}{\partial y}dz-\int_0^z\frac{\partial\tau_{xz}}{\partial x}dz=\tau_{xz}=\gamma_0 z\tag{8-4}$$

由虎克定律知，无侧向变形时，即 $\varepsilon_x=\varepsilon_y=0$，因 $\sigma_x=\sigma_y$，可得：

$$\sigma_x = \frac{\mu}{1-\mu}\sigma_z = K_0\gamma_0 z \tag{8-5}$$

式中：K_0——土的侧压力系数或静止土压力系数。

静止土压力系数可根据试验测定，也可根据下列经验公式确定。

对于无黏性土及正常固结黏性土：

$$K_0 = 1 - \sin\varphi'$$

式中：φ'——土的有效内摩擦角。

对于超固结土：

$$(K_0)_{O.C} = (1 - \sin\varphi') \cdot (OCR)^m$$

式中：$(K_0)_{O.C}$——超固结土的 K_0 值；

OCR——超固结比；

m——经验系数，对于砂土取 0.34 ~ 0.45，对于黏性土取 0.5 ~ 0.7。

2. 朗肯土压力理论

朗肯土压力理论是土压力计算中两个著名的古典土压力理论之一。由于其概念明确，方法简单，至今仍被广泛使用。朗肯土压力理论是 1857 年法国人朗肯提出的，这一理论建立在土的极限平衡理论基础上，它的基本假定是：

(1) 挡土结构为刚性体，其墙面竖直、光滑；

(2) 墙背面的填土为均质各向同性的无黏性土，填土表面是水平的；

(3) 土体是理想刚塑性体，服从 Mohr-Coulomb 准则，墙体在压力作用下将产生足够的位移和变形，使填土处于极限平衡状态，也即土体的最大主应力与最小主应力之间满足如下关系式：

$$\left.\begin{aligned} \sigma_3 &= \sigma_1 \tan^2\left(45^\circ - \frac{\varphi}{2}\right) - 2c \cdot \tan\left(45^\circ - \frac{\varphi}{2}\right) \\ \sigma_1 &= \sigma_3 \tan^2\left(45^\circ + \frac{\varphi}{2}\right) + 2c \cdot \tan\left(45^\circ + \frac{\varphi}{2}\right) \end{aligned}\right\} \tag{8-6}$$

挡土墙墙背面填土中任意一点处的应力如图 8-5(a) 所示，作用在水平面上的竖直应力为 σ_z，其值等于该点以上土柱的重量，即 $\sigma_z = \gamma z$（其中 γ 为填土的重度，z 为该点距填土表面的深度）；作用在竖直面上的水平正应力为 σ_x。由于在该点的水平面上和竖直面上仅作用正应力 σ_z 和 σ_x，均无剪应力作用，故该两平面为主平面，σ_z 和 σ_x 分别为作用在这两个平面上的主应力。

当挡土墙墙体在外力和填土压力作用下产生背离（远离）填土方向的位移或变形，使填土处于主动极限平衡状态时，填土中任意一点处作用在水平面上的正应力 $\sigma_z = \gamma z = \sigma_1$ 为大主应力，作用在竖直面上的正应力 $\sigma_x = \sigma_3$ 为小主应力，因此可得如图 8-5(b) 所示的应力圆，此时作用在挡土墙上的土压力为水平向作用的小主应力 σ_3，即为主动土压力。当填土处于主动极限平衡状态时，土中任意一点处存在两个滑动面，这两个滑动面与大主应力 σ_1 的作用面之间的夹角 α_1 均等于 $45^\circ + \varphi/2$，与小主应力 σ_3 的作用面之间的夹角 α_2 均等于 $45^\circ - \varphi/2$。因此，当墙背面填土处于主动极限平衡状态时，填土中形成两组连续而又对称的滑动面，如图8-5(c) 所示，滑动面与水平面（大主应力作用面）之间的夹角为 $45^\circ + \varphi/2$，滑动面与竖直面之间的夹角为 $45^\circ - \varphi/2$。

当挡土墙墙体在外力和填土压力作用下产生面向填土方向的位移或变形，使墙背面填土处于被动极限平衡状态时，填土中任意一点处作用在水平面上的正应力 $\sigma_z=\gamma z=\sigma_3$ 为小主应力，作用在竖直面上的正应力 $\sigma_x=\sigma_1$ 为大主应力，因此可以得到如图 8-5(b)所示的应力圆，此时作用在挡土墙上的土压力为水平向作用的大主应力 σ_1，即为被动土压力。填土中任意一点处同样存在两个滑动面，这两个滑动面与大主应力 σ_1 作用面之间的夹角 $\alpha_1=45°+\varphi/2$，与小主应力 σ_3 作用面之间的夹角 $\alpha_2=45°-\varphi/2$。因此，当挡土墙墙后填土处于被动极限平衡状态时，填土中形成两组连续而又对称的滑动面，如图 8-5(c)所示。滑动面与水平面(小主应力 σ_3 的作用面)之间的夹角等于 $45°-\varphi/2$，与竖直平面(大主应力 σ_1 的作用面)之间的夹角等于 $45°+\varphi/2$。

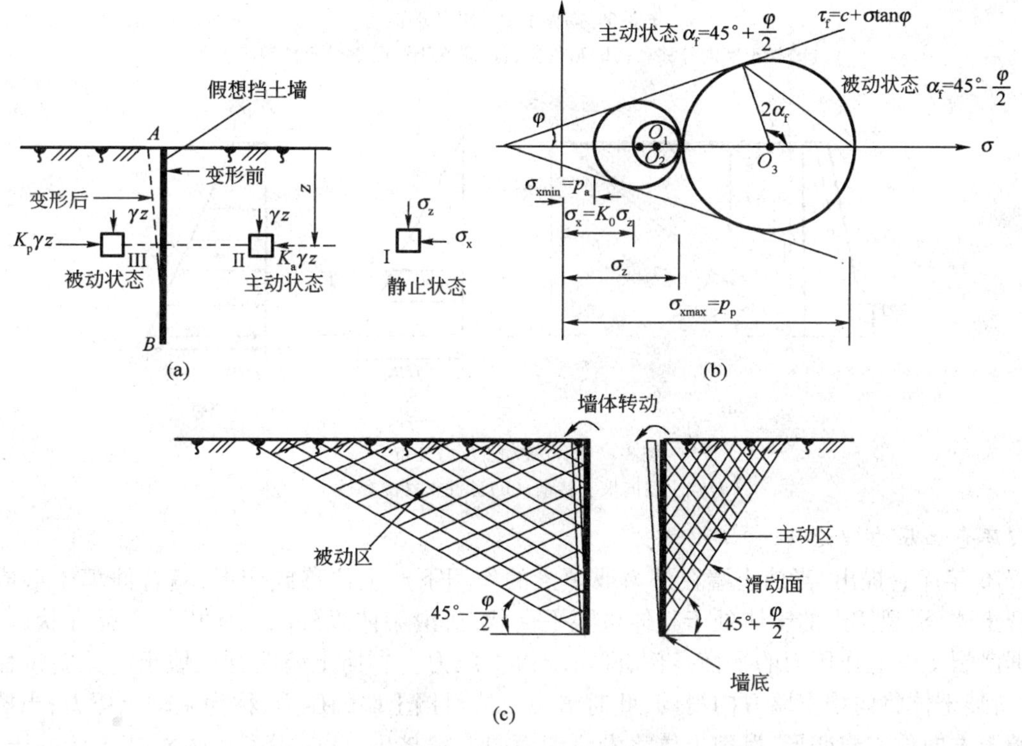

图 8-5　朗肯主动及被动状态

(a)土单元应力状态；(b)不同平衡状态下的应力圆；(c)破坏面方向

记 $K_a=\tan^2\left(45°-\frac{\varphi}{2}\right)$，$K_p=\tan^2\left(45°+\frac{\varphi}{2}\right)$，显然，$K_p=1/K_a$，结合土体的极限平衡条件与上述分析，可得到朗肯土压力的表达式，如式(8-7)所示：

$$\left.\begin{aligned}p_a&=\gamma zK_a-2c\sqrt{K_a}\\p_a&=\gamma zK_p+2c\sqrt{K_p}\end{aligned}\right\}\tag{8-7}$$

式中：K_a——朗肯主动土压力系数；

K_p——朗肯被动土压力系数。

朗肯土压力的分布形式如图 8-6 与图 8-7 所示。相应土压力的合力即为分布图形的面积，合力的作用点位于分布图形的形心处。值得注意的是，在计算朗肯主动土压力时，对于 $c>0$的情况，按公式计算时，在距地表高度为 $h_0=2c/(\gamma\sqrt{K_a})$ 的深度范围内为拉应力区。事实上，由于填土与墙背之间不可能承受拉应力，在拉应力区范围内将出现裂缝，如图8-6(d)所示，在此种情况下一般不考虑拉力区的作用。

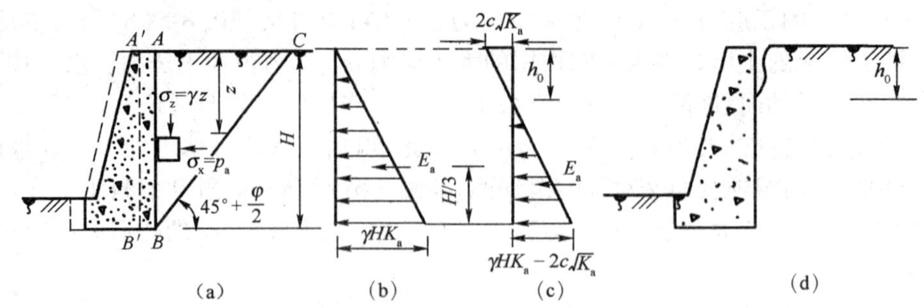

图8-6 朗肯主动土压力分布

(a)挡土墙向外移动；(b)砂性土；(c)黏性土；(d)黏性土拉裂区

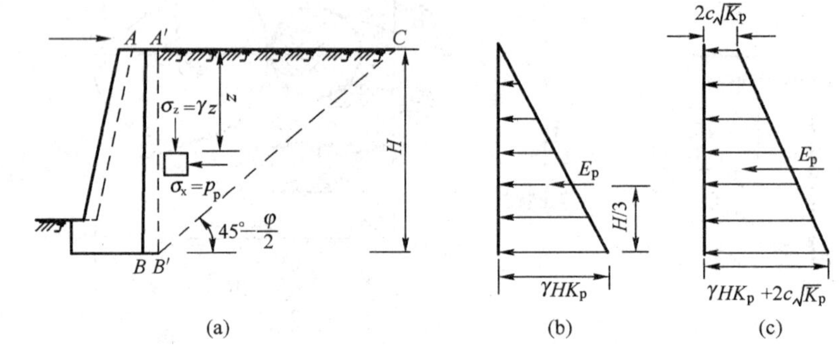

图8-7 朗肯被动土压力分布

(a)挡土墙向填土移动；(b)砂性土；(c)黏性土

3. 库仑土压力理论

1776年库仑提出，当挡土墙在外力或填土的作用下产生位移或变形，墙背面填土形成楔形滑裂土体，滑裂体内的土体处于整体极限平衡状态，滑裂体以外的土体仍处于弹性状态，此时根据滑裂土体上作用力的平衡条件，即可求得土压力。当挡土墙向背离填土的方向位移或变形，滑裂土体将向挡土墙方向滑动，此时滑裂土体对挡土墙的压力，称为主动土压力；当挡土墙向填土方向位移或变形，滑裂土体将沿滑动面向上被挤出，此时滑裂土体对挡土墙的压力，称为被动土压力。这即为库仑土压力理论。

库仑土压力理论的基本假定是：

①墙背面填土为均质的无黏性散粒体，服从 Mohr-Coulomb 准则；

②当墙体产生位移或变形后，墙背面填土中形成滑裂土体，滑裂土体被视为刚体；

③滑动面为一个通过墙踵的平面，滑动面上的摩擦力是均匀分布的；

④填土表面为水平面或倾斜面；

⑤挡土墙墙面为一平面，也是一个滑动面，填土与墙面之间存在摩擦力，摩擦力沿墙面的分布是均匀的；

⑥按平面问题处理，即取单位墙长来进行计算。

(1)主动土压力

对于如图8-8所示的挡土墙，设其墙面与竖直线之间的夹角为α，墙背面填土为一向上倾斜的平面，填土面与水平面之间的夹角为β，填土的内摩擦角为φ。当墙体产生背离填土方向的位移或变形，形成滑裂土体 ABD，滑裂土体的滑动面为 BD 平面，与水平面之间的夹角为 θ。此时滑动面以上的土体（滑裂土体）处于极限平衡状态，滑动面以下的土体处于弹性状态，作用在滑裂土体 ABD 上的作用力如图 8-8（b）所示；挡土墙墙面的反力 P_a（填土对挡土墙的主动土压力），作用在墙面法线的下方，与墙面法线成 δ 角（填土与墙面之间的摩擦角）。

因滑裂土体在上述力的作用下处于平衡状态，故作用在滑裂土体上的力将形成一个闭合三角 abc，如图 8-8（c）所示。

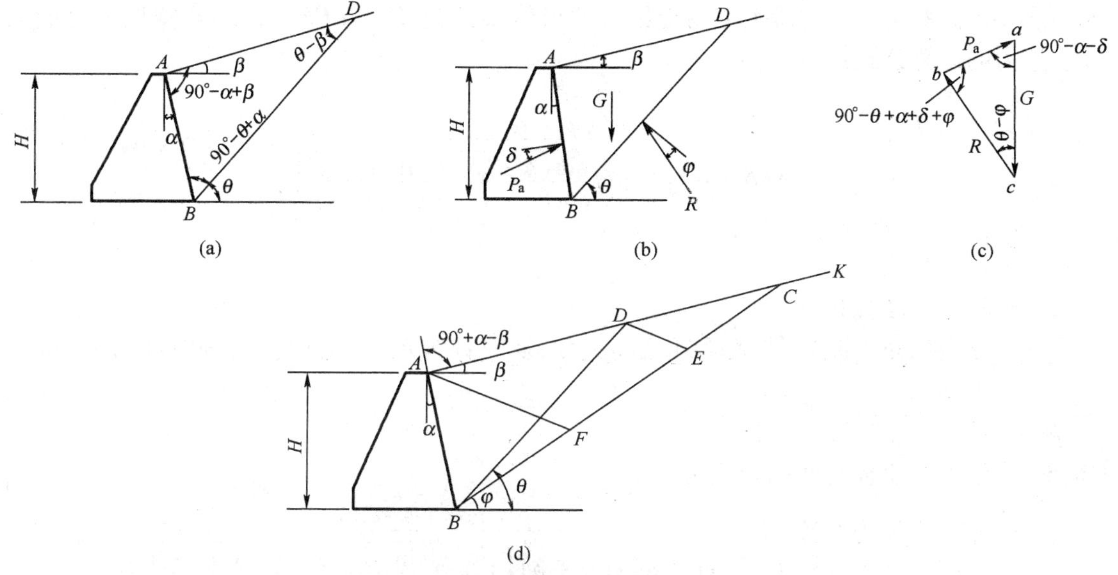

图 8-8　主动土压力计算示意图

若从挡土墙墙踵 B 点作直线 BC 与水平线成 φ 角，并与填土面 AK 线相交于 C 点，则 BD 线与 BC 线的夹角 $\angle DBC=\theta-\varphi$。然后再从 D 点作直线 DE 与直线 BC 线相交于 E 点，并使 $\angle BED=90°-\alpha-\delta$，如图 8-8（d）所示，因而在三角形 BDE 中，$\angle BDE=\gamma=90°-\theta+\alpha+\delta+\varphi$。将图 8-8（d）中三角形 EDB 和图 8-8（c）中三角形 abc 相比较可知，三角形 EDB 和三角形 abc 是相似的。由这两个三角形相似的几何关系，可得：

$$P_a=G\cdot\frac{\overline{BE}}{\overline{DE}} \tag{8-8}$$

由图 8-8（d）可见：

$$G=\gamma\cdot S_{ABD}=\frac{1}{2}\gamma\cdot\overline{AB}\cdot\overline{BD}\cdot\sin\left(\frac{\pi}{2}+\alpha-\beta\right) \tag{8-9}$$

从而可求得滑裂体 ABD 的主动土压力为：

$$P_a=\frac{1}{2}\gamma\cdot\frac{\overline{BE}\cdot\overline{AB}\cdot\overline{BD}}{\overline{DE}}\cdot\sin\left(\frac{\pi}{2}+\alpha-\beta\right) \tag{8-10}$$

在图 8-8（d）中，从 A 点作直线 AF 与 DE 线平行，结合三角形 AFC 与三角形 DEC 相似的几何条件可得：

$$P_a = \frac{1}{2}\gamma \cdot \frac{\overline{BE} \cdot \overline{AB} \cdot \overline{AC} \cdot \overline{AF}}{\overline{FC}^2} \cdot \frac{(\overline{FC} - \overline{BC} + \overline{BE}) \cdot (\overline{BC} - \overline{BE})}{\overline{BE}} \cdot \sin\left(\frac{\pi}{2} + \alpha - \beta\right) \tag{8-11}$$

由图 8-8(d)可见,线段 AB、AC、BC、AF 和 FC 均为常量,而线段 BE 则随线段 BD(滑动面长度)的长度而变化,也就是随滑动面的倾角 θ 而变化。所以,由式(8-11)可知,主动土压力 P_a 随线段 BE 而变化。因此最大主动土压力的极值条件为 $\mathrm{d}P_a/\mathrm{d}\,\overline{BE}=0$,综合整理可得最大主动土压力的计算公式:

$$P_a = \frac{\gamma H^2}{2} \cdot \frac{\cos^2(\varphi - \alpha)}{\cos^2\alpha\cos(\delta + \alpha)\left[1 + \sqrt{\dfrac{\sin(\delta + \varphi) \cdot \sin(\varphi - \beta)}{\cos(\delta + \alpha) \cdot \cos(\varphi - \beta)}}\right]^2} = \frac{1}{2}\gamma H^2 K_a \tag{8-12}$$

式中:γ——填土重度;

φ——填土内摩擦角;

α——墙背倾角,即墙背与铅垂线之间夹角,反时针为正(称为俯斜),顺时针为负(称为仰斜);

β——墙背填土表面的倾角;

δ——墙背与土体之间的摩擦角;

K_a——主动土压力系数,$K_a = \dfrac{\cos^2(\varphi - \alpha)}{\cos^2\alpha\cos(\alpha + \delta)\left[1 + \sqrt{\dfrac{\sin(\delta + \varphi) \cdot \sin(\varphi - \beta)}{\cos(\delta + \alpha) \cdot \cos(\alpha - \beta)}}\right]^2}$。

主动土压力的水平分量为:

$$P_{ah} = P_a\cos(\delta + \alpha) = \frac{1}{2}\gamma H^2 K_{ah} \tag{8-13}$$

式中:K_{ah}——水平主动土压力系数,$K_{ah} = K_a\cos(\delta + \alpha)$。

(2)被动土压力

若有如图 8-9(a)所示的挡土墙,墙面与竖直线之间的夹角为 α,墙面填土为一向上倾斜的斜平面,填土表面与水平面之间的夹角为 β,填土的重度为 γ,内摩擦角为 φ。当墙体产生向着填土方向的位移或变形,形成向上挤出的滑裂体 ABD,滑裂体的滑动面为 BD 平面,与水平面之间的夹角为 θ。此时滑动面以上土体(滑裂土体)处于被动极限平衡状态,滑动面以下的土体,仍处于弹性状态。作用在滑裂体 ABD 上的力如图 8-9(b)所示,由于滑裂土体在上述力的作用下处于平衡状态,故作用在滑裂土体上的力将形成一个闭合三角形 abc,如图 8-9(c)所示。

按照主动土压力计算公式的类似推导方法,可得作用在挡土墙上的被动土压力为:

$$P_p = \frac{1}{2}\gamma H^2 K_p \tag{8-14}$$

式中:K_p——被动土压力系数,$K_p = \dfrac{\cos^2(\varphi + \alpha)}{\cos^2\alpha\cos(\alpha - \delta)\left[1 - \sqrt{\dfrac{\sin(\varphi + \delta) \cdot \sin(\varphi - \beta)}{\cos(\alpha - \delta) \cdot \cos(\alpha - \beta)}}\right]^2}$。

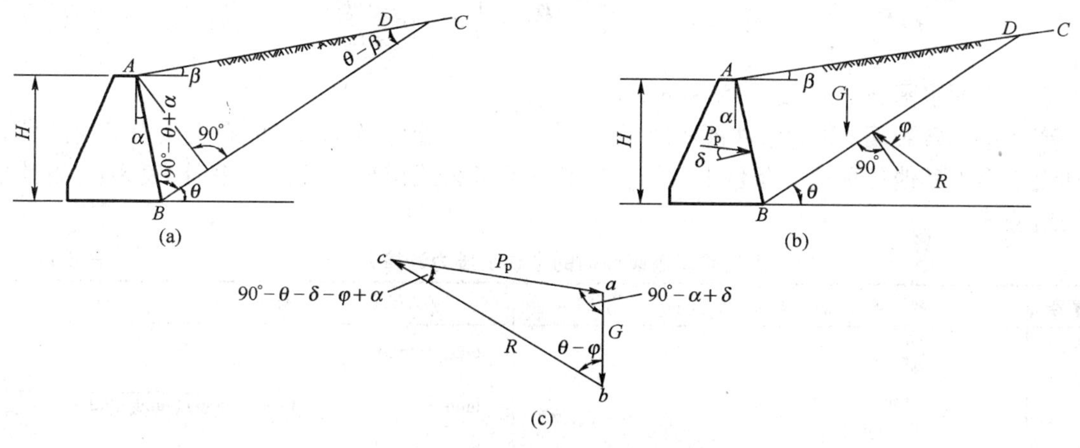

图 8-9　被动土压力计算示意图

(3)第二破裂面计算法

在挡土墙设计中,有时会遇到墙背俯斜很缓,即墙背倾角 α 比较大的情况,如衡重式挡土墙的上墙或大俯角墙背挡土墙,见图 8-10 所示。当墙身向外移动,土体达到主动极限平衡状态,破裂土楔体将并不沿墙背 CA 滑动,而是沿着出现在土中的相交于墙踵的第二个破裂面 CD 滑动,即沿图 8-10 中所示的 CA 和 CD 破裂面滑动。此时称远墙的破裂面 CF 为第一破裂面,近墙的 CD 为第二破裂面。工程上常把出现第二破裂面的挡土墙称为坦墙,把出现第二破裂面时计算土压力的方法称为第二破裂面法。按照库仑土压力假设,直接采用库仑理论的一般公式来计算坦墙所受的土压力是不合适的。虽然滑动土楔体 CAF 处于极限平衡状态,但位于第二破裂面与墙背之间的土楔体 CAD 尚未达到极限平衡状态。在这种情况下,可将它暂时视为墙体的一部分,贴附于墙背 AB 上与墙一起移动。

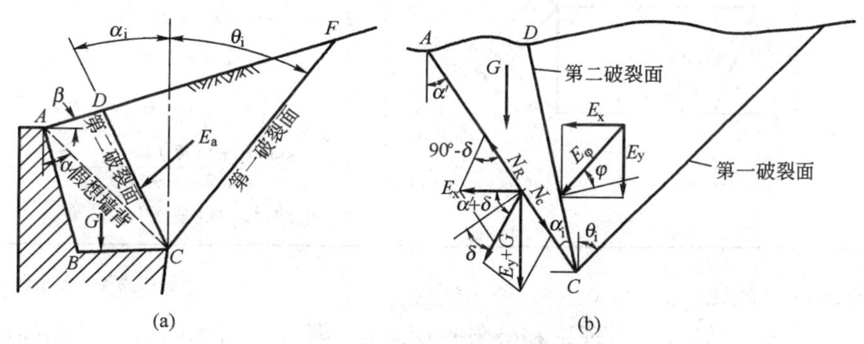

图 8-10　出现第二破裂面的条件

具体计算时,需首先求出作用于第二破裂面 CD 上的土压力,再计算出三角形土体 ACD 的自重力,最终作用于墙背 AB 上的主动土压力就是上述两个力的合力(向量和)。应该注意的是,由于第二破裂面是存在于土中,土体间的滑动是土与土之间的摩擦,因此,作用在第二破裂面 CD 上的土压力与该面法线的夹角是土的内摩擦角 φ 而不应该是墙背与土的摩擦角 δ。

产生第二破裂面的条件应与墙背倾角 α、δ、φ 以及填土面坡角 β 等因素有关。一般可用临界倾斜角 α_{cr} 来判别:当 $\alpha > \alpha_{cr}$ 时,认为会出现第二破裂面,应按坦墙进行土压力计算;否则认为不会出现第二破裂面。经研究表明,临界倾斜角与 δ、φ、β 有关。可以证明当 $\delta = \varphi$ 时,临界倾斜角用式(8-15)计算:

$$\alpha_{cr} = 45° - \frac{\varphi}{2} + \frac{\beta}{2} - \frac{1}{2}\arcsin\frac{\sin\beta}{\sin\varphi} \tag{8-15}$$

若填土面水平，$\beta = 0$，$\alpha_{cr} = 45° - \varphi/2$。

产生第二破裂面 CD 的条件证实以后，即将 CD 当作墙背，$\delta = \varphi$，按库仑土压力理论计算其主动土压力。其他各种边界条件下的第二破裂面数解公式详见有关设计手册，表 8-11 为其中的两组公式。

出现第二破裂面时的主动土压力计算公式 表 8-11

序号	计算草图	公式
1	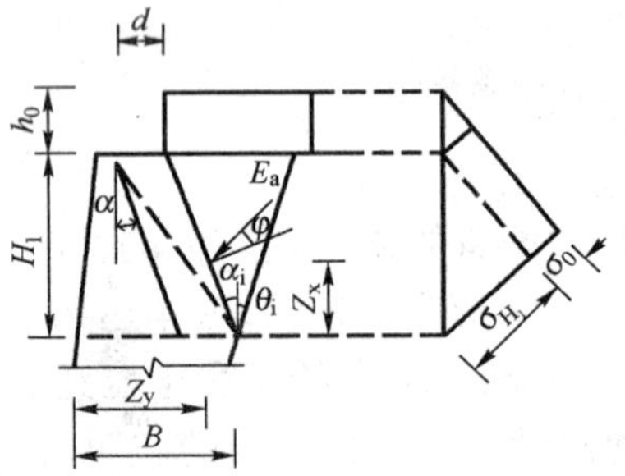	$\tan\alpha_i = \tan\alpha - \frac{d}{H_1}$ $\tan\theta_i = -\tan\psi \pm \sqrt{(\tan\psi + \cos\varphi)(\tan\psi - \tan\alpha_i)}$ $\psi = 2\varphi + \alpha_i$ $A_u = \frac{1}{2}H_1(H_1 + 2h_0)$，$B_0 = -A_0\tan\alpha_i$ $E_a = \gamma(A_0\tan\theta_i - B_0)\frac{\cos(\theta_i + \varphi)}{\sin(2\varphi + \alpha_c + \theta_i)}$ $E_x = E_a\cos(\varphi + \alpha_i)$，$E_y = E_a\sin(\varphi + a_i)$ $Z_x = \frac{H_1}{3}\left(1 + \frac{h_0}{H_1 + 2h_0}\right)$，$Z_y = B - Z_x\tan a_i$ $\lambda_a = \frac{(\tan\alpha_i + \tan\theta_i)\cos(\theta_i + \varphi)}{\sin(2\varphi + \alpha_i + \theta_i)}$ $\sigma_0 = \gamma h_0\lambda_a$，$\sigma_{N_1} = \gamma H_1\lambda_a$
2	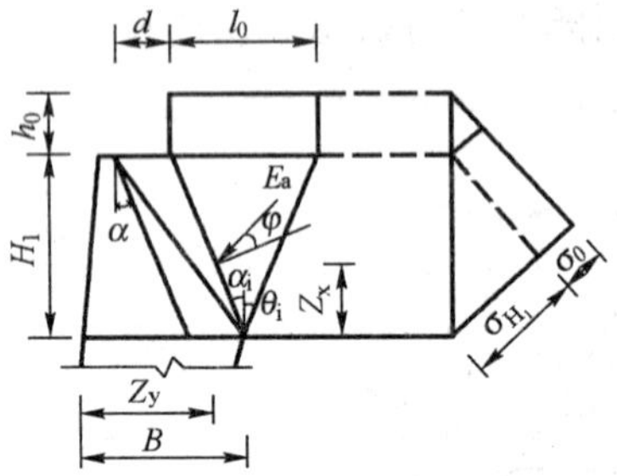	$\tan\alpha_i = \tan\alpha - \frac{d}{H_1}$ $\tan\theta_i = \frac{d + l_0}{H_1} - \tan\alpha$ $E_a = \frac{1}{2}\gamma H_1(H_1 + 2h_0)\lambda_a$ $E_x = E_a\cos(\varphi + \alpha_i)$，$E_y = E_a\sin(\varphi + \alpha_i)$ $Z_x = \frac{H_1}{3}\left(1 + \frac{h_0}{H_1 + 2h_0}\right)$，$Z_y = B - Z_x\tan\alpha_i$ $\lambda_a = \frac{(\tan\alpha_i + \tan\theta_i)\cos(\theta_i + \varphi)}{\sin(2\varphi + \alpha_i + \theta_i)}$ $\sigma_0 = \gamma h_0\lambda_a$，$\sigma_{H_1} = \gamma H_1\lambda_a$

4. 空间土压力简述

前面所述的朗肯理论、库仑理论和极限平衡理论，都是将挡土墙作为平面问题来研究的，也就是将挡土墙看做是无限长墙中的一个单位长度墙体来研究的，但是实际上，所有挡土墙的长度都是有限的。

作用在挡土墙上的土压力，不仅随墙高而变化，而且随墙的长度而变化，沿挡土墙的长度，作用在中间断面上的土压力与作用在两端断面上的土压力有明显的不同，这说明作用在挡土墙上的土压力是一个空间问题，而非平面问题。

挡土墙土压力的这种空间性质，是和挡土墙墙背面填土的破坏机理有关的。实际上当挡土墙在填土或外力作用下产生位移后，墙背面填土中明显地形成两个应力区，随同墙体位移的这一部分土体，处于塑性应力区；远离墙背面的未产生位移的土体，则保持弹性应力区。在这两个应力区域之间，形成一个过渡区。

过渡区中的土体并未产生明显的变形，但由于受到随同墙体变形的土体的影响，在靠近产生较大变形的土体部分，应力产生松弛，因此过渡区中的应力是向着远离墙背的方向逐渐增大到弹性应力状态的。

对于松散介质，应力的传递是依靠介质接触面间的相互作用来进行的，因此，当介质的一个方向产生微小变形或应力松弛时，在与之正交的另一个方向上，极易形成拱的作用，所以在过渡区中，由于上述作用将产生无数卸荷拱，而且这种拱效应随着上述变形的增长而变得明显。当变形达到一定值后，土中的拱作用达到极限，即形成所谓的极限平衡拱。在平衡拱范围内的土体（平衡拱土柱）随同墙体产生明显的变形，而在平衡拱以外的土体，并未由于墙体的位移而产生明显的变形或者是未产生变形。当平衡拱土柱随同墙体向前产生位移时，由于受到底部地基的摩阻影响，柱段的底面形成一曲线形的滑动面。图 8-11为试验所拍摄到的平衡拱效应。

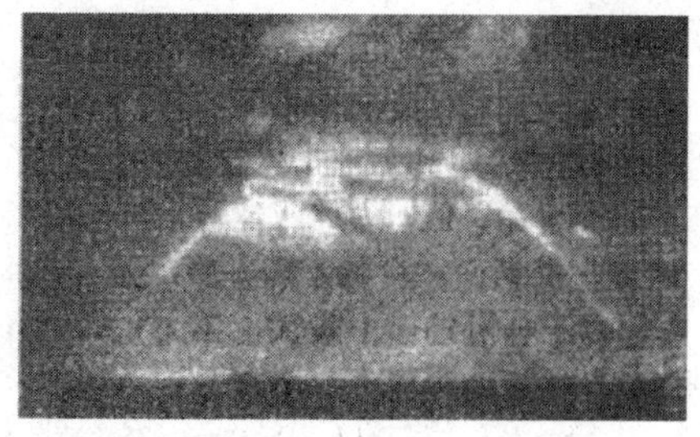

图 8-11　试验所拍摄到的平衡拱效应

所以，当挡土墙产生位移，并达到一定值以后，墙背面土体即形成一个截柱体形的滑裂土体（平衡拱柱段被滑动面截去底部一段以后所剩余的截柱体），这一滑裂土体，相对于墙长是轴对称的。

正是由于滑裂土体的上述形状特点，使得挡土墙上的土压力具有空间特性。

早在 20 世纪 30 年代，在太沙基、契波塔廖夫等人的著作中，就已经指出了土压力的空间特性，但对这一问题的实际研究是从 20 世纪 50 年代才开始的，特别是在近 20 年来，许多学者对这一问题进行了试验研究，其中有代表性的主要有索柯洛夫、克列恩和卡斯底特及顾慰慈等。关于有限长度挡土结构的空间土压力计算详见顾慰慈所著的《挡土墙土压力计算手册》。

二、岩石压力

根据《建筑边坡工程技术规范》（GB 50330—2002），岩质边坡按其破坏形式可分为滑移型与崩塌型，其岩体特征与破坏特征如表 8-12 所示。外倾结构面一般指结构面倾向与坡面倾向小于 30°的结构面，岩体有可能沿外倾结构面滑落，在边坡高度不大时，可认为结构面走向平行于坡面。

岩质边坡的破坏形式　　表 8-12

破坏形式	岩体特征		破坏特征
滑移型	由外倾结构面控制的岩体	硬性结构面的岩体	沿外倾结构面滑移，分单面滑移与多面滑移
		软弱结构面的岩体	
	不受外倾结构面控制和无外倾结构面的岩体	整体状岩体，巨块状、块状岩体，碎裂状、散体状岩体	沿极软岩、强风化岩、碎裂结构或散体状岩体中最不利滑动面滑移
崩塌型	危岩		沿陡倾、临空的结构面塌滑；由内、外倾结构不利组合面切割，块体失稳倾倒；岩腔上岩体沿竖向结构面剪切破坏坠落

基于岩体沿破裂面的极限平衡状态，可推导出沿外倾结构面滑移的岩石压力的计算公式。其公式推导过程与库仑公式类似，只不过通过边坡坡底边缘的破裂面是倾角已知的结构面，不必像库仑公式那样用数学上求极值的方法求得破裂角，且在推导过程中考虑了黏结力的影响。

对于沿外倾结构面滑动的边坡，其主动岩石压力的合力可按下式计算：

$$\left.\begin{aligned} E_a &= \frac{1}{2}\gamma H^2 K_a \\ K_a &= \frac{\sin(\alpha+\beta)}{\sin^2\alpha\cdot\sin(\alpha-\delta+\theta-\varphi_s)\cdot\sin(\theta-\beta)}\cdot\xi \\ \xi &= K_q\cdot\sin(\alpha+\theta)\cdot\sin(\theta-\varphi_s)-\frac{2c_s}{\gamma H}\sin\alpha\cdot\cos\varphi_s \end{aligned}\right\} \tag{8-16}$$

式中：θ——外倾结构面倾角，(°)；

c_s——外倾结构面黏聚力，kPa；

φ_s——外倾结构面内摩擦角，(°)；

δ——岩石与挡墙背的摩擦角，取$(0.33\sim0.5)\varphi_0$。

当有多组外倾结构面时，应计算每组结构面的主动岩石压力并取其大值。

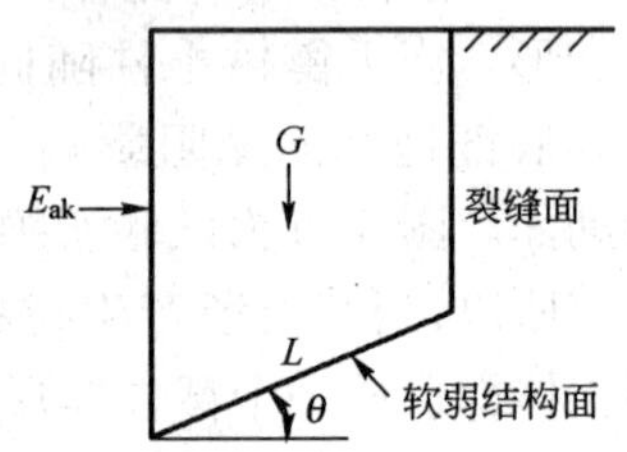

图 8-12　岩质边坡四边形滑裂时侧向压力计算

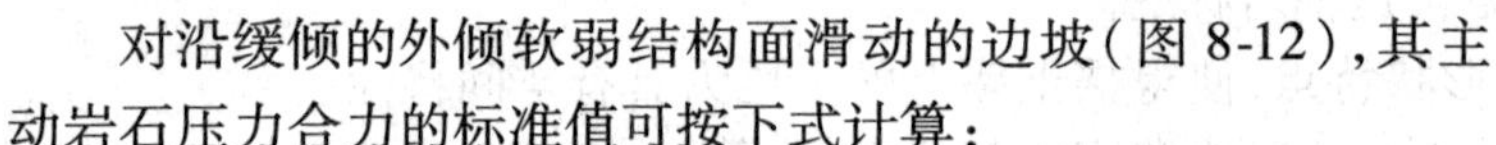

对沿缓倾的外倾软弱结构面滑动的边坡(图 8-12)，其主动岩石压力合力的标准值可按下式计算：

$$E_{ak} = G\tan(\theta-\varphi_s)-\frac{c_s L\cos\varphi_s}{\cos(\theta-\varphi_s)} \tag{8-17}$$

式中：G——四边形滑裂体自重，kN/m；

L——滑裂面长度，m；

θ——缓倾的外倾软弱结构面的倾角，(°)；

c_s——外倾软弱结构面的黏聚力，kPa；

φ_s——外倾软弱结构面的内摩擦角，(°)。

岩体结构面的抗剪强度指标宜根据现场原位试验确定。当无条件进行试验时，对于二、三级边坡工程可按表 8-13 和反算分析等方法综合确定。

岩体结构面的抗剪强度参数　　表 8-13

结构面类型	结构面结合程度	内摩擦角 α(°)	黏聚力 c(MPa)
硬性结构面	结合好	>35	>0.13
	结合一般	35~27	0.13~0.09
	结合差	27~18	0.09~0.05
软弱结构面	结合很差	18~12	0.05~0.02
	结合极差(泥化层)	根据地区经验确定	

注：①无经验时取表中的低值；
②极软岩、软岩取表中较低值；
③岩体结构面连通性差取表中的高值；
④岩体结构面浸水时取表中较低值；
⑤临时性边坡可取表中高值。

对于无外倾结构面岩质边坡的岩石压力，一般以岩体等效内摩擦角按侧向土压力方法计算侧向岩石压力。等效内摩擦角是考虑岩体黏结力影响的假想内摩擦角，它既与岩体内摩擦角与黏结力有关，也与坡高、岩体重度、坡形与坡度等有关。边坡岩体的等效内摩擦角可参照表 8-14 确定。当地有工程经验时，应按地区经验确定。

边坡岩体的等效内摩擦角参考值 表 8-14

边坡岩体类型	I	II	III	IV
等效内摩擦角 α_e(°)	≥70	70~60	60~50	50~35

注：①边坡高度较大时宜取低值，反之取高值；坚硬岩、较硬岩、较软岩和完整性好的岩体取高值，软岩、极软岩和完整性差的岩体取低值；

②临时性边坡取表中高值；

③表中数值已考虑时间效应和工作条件等因素。

三、滑坡推力

滑坡体上的荷载分为长期荷载、短期荷载、偶然荷载三种类型。长期荷载主要是指滑坡体的自身重力及其上面的建筑物荷载。短期荷载主要是指常年降水，以及由于常年降水引起的水位变化，对滑坡产生的下滑推力。偶然荷载主要是指地震力，及百年一遇的大气降水及由此引起的水位变化所产生的水压力。对于绝大多数滑坡而言，滑坡的下滑动力，主要是来源于滑坡体的重力。也有极少数的滑坡，滑坡的下滑动力除来自滑坡体的自重外，还与残余构造应力有关。但是目前关于残余构造应力对滑坡滑动的影响，研究的深度还不够，在工程设计中还不能准确计算其效果。

滑坡是主要在重力作用下产生的坡体变形，因此，作用在滑坡系统的基本力系是重力和滑体周边的阻滑力，包括滑体自重滑动面的下滑分力、滑床对滑体的阻滑力和滑体两侧壁的摩擦阻力。滑体两侧壁的摩擦阻力对窄而长的滑坡作用较大，对宽度较大的滑坡则可忽略不计。考虑到三维问题的边界条件和计算参数尚无法精确确定，对滑坡的计算通常按二维平面问题处理，即以滑坡的主轴断面为代表(单宽 1m)进行分析：

①视滑体为连续而无压缩的介质，由后向前传递下滑力作整体滑动，不计滑体内部的局部应力作用；

②横向按每米宽计算，而其两侧的摩阻力略去不计；

③每段滑体的下滑方向与其所在条块的滑面(带)平行；

④作用在任一分界面上的推力的分布图形，在一般情况下滑体上层和下层的速度大体一致时，可假定为矩形；对于软塑体或塑流滑坡，底部流速往往大于其表层，可假定为三角形；介于上述两种情形之间者，可假定为梯形；推力合力的作用点分别在滑体厚度(h)的底面以上 $h/2$、$h/3$ 和$\frac{(2a+b)\cdot h}{3(a+b)}$处(其中 a 为梯形的上底宽，b 为梯形的下底宽)；实测推力分布图为抛物线形，作用点在滑体厚度的底面以上约 $h/2.4$ 处；

⑤凡算出任一段的剩余下滑力为负值时，表示无剩余下滑力(因土体不能承受拉力)，不再向下传递，再从此段以下重新计算，当计算条块本身的下滑力为负值时(反坡段属抗滑力)，不再乘安全系数 K；

⑥当主轴断面在平面上为折线时，折点以上的剩余下滑力应乘以 $\cos\theta$(θ 为滑动体受侧向边界阻碍而转向时的转折角)折减后再向下传递。

检验滑坡的稳定性或计算推力时，作用于单宽滑体任一条块上的力系大体可分为下述两项。

(1)基本力系，在任何情况下均须计入(图 8-13)。

①$N_n = W_n\cos\alpha_n$，条块重力对滑面的垂向分力(kN/m)；

②$T_n = W_n\sin\alpha_n$，条块重力对滑面的切向分力(kN/m)；

③T_{n-1}，自上一条块传递来的剩余下滑力，作用于分界面的中点，方向平行于第 $n-1$ 条滑面，指向下滑方向(kN/m)；

④E_n，条块产生的平衡上段的支撑力，作用于分界面的中点，方向平行于本条滑面，指向滑动反方向(kN/m)；

⑤$E_n = N_n$，滑床反力，作用于本段滑面中点，方向垂直滑面向上(kN/m)；

⑥$S_n = N_n f_n + c_n l_n$，滑面的抗滑力，方向平行于本段滑面，指向滑动反力向(kN/m)；f_n 为滑面上岩土的摩擦系数。

(2)特殊作用力系，在可能出现的条件下才列入计算(图 8-14)。

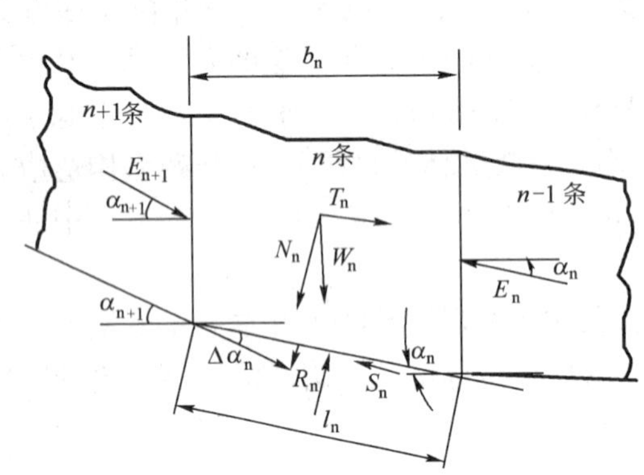

图 8-13　作用于滑体任一条块上的基本力系

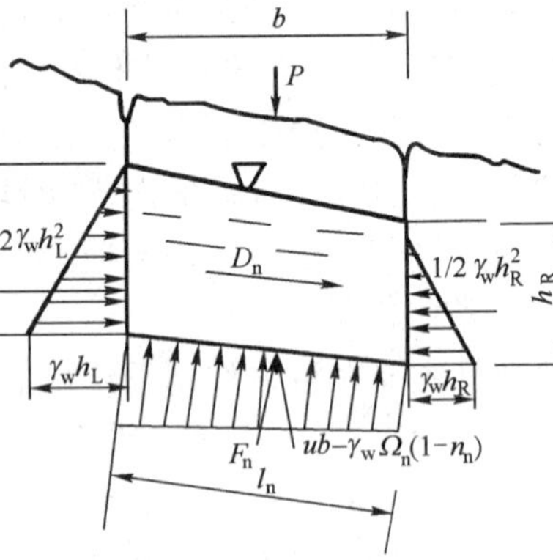

图 8-14　作用于滑体条块上的特殊作用力

①P，作用于条块上的外部荷载(kN)。

②滑体裂隙充水或滑体中有上层滞水但不与滑带水连通时，其中水重按增加滑体内重考虑，即 $W_w = \gamma_w \Omega_n n_n$(kN)，式中，$\gamma_w$ 为水的重度(kN/m^3)，Ω_n 为滑体条块的饱水面积(m^2)，n_n 为滑体土的孔隙度。

③滑体条块全部饱水或其下部饱水且与滑带水连通时，需考虑动水压力，D_n 作用于饱水面积的重心，方向与滑动方向相向并平行于本段滑面，其大小为 $D_n = \gamma_w \Omega_n n_n \sin\alpha_n$ 或 $D_n = \gamma_w \Omega_n n_n I_n$，$I_n$ 为滑体中水的水力坡度(°)。

同时还应考虑在滑体上产生的浮托力 F_n(当滑带水系有压头 H_0 的承压水时，亦应考虑浮托力 F_n 的作用)，其方向与滑床反力 R_n 相同，其大小前者为：$F_n = \gamma_w \Omega_n(1-n_n)\cos\alpha_n$；后者为：$F_n = \gamma_w \mathrm{H}_0$。因而滑面上的抗力改变为：$S_n = (N_n - F_n)f_n + c_n l_n$，滑体条块饱水部分的重度按饱水后的重度计算。

④滑体条块两端有贯通至滑带的裂隙，在滑动时裂隙部分充水，应考虑裂隙水对滑体的静水压力，其分布图形和方向如图 8-14 所示，其合力大小分别为：$\frac{1}{2}\gamma_w \cdot h_L^2 - \frac{1}{2}\gamma_w \cdot h_R^2$。

⑤在高烈度地震区，应考虑地震力的作用，将作用于滑体条块重心处的水平地震力分解为对滑面的垂向分力及切向分力引入计算，其方向前者与滑体条块重力对滑面的垂向分力(N_n)相反，后者与滑体条块重力对滑面的切向分力(T_n)相同。

四、水压力

作用在挡土结构上的荷载，除了岩土压力外，还有地下水位以下的水压力，其大小与地下水的补给数量、季节变化，施工开挖期间挡墙的水密度、入土深度及排水处理方法等因素有关。地下水位以下水、土压力的计算方法，包括水土分算（先分别计算水、土压力，再相加）和水土合算两种，对于砂性土和粉土，通常采用水土分算方法，对于黏性土，可根据现场情况和工程经验选择其中的一种方法进行计算。

1. 水土压力分算法

水土压力分算法是采用浮重度计算土压力，按静水压力计算水压力，然后两者相加即为总的侧压力，水土分算是指水压力和土压力分开计算，即有效应力将在挡土结构上产生土压力，而孔隙水压力 u 是各向等压的，故直接作用在挡土结构上。根据朗肯土压力理论：

$$\left.\begin{aligned} p_a &= \sigma' K'_a - 2c'\sqrt{K'_a};K'_a = \tan^2\left(\frac{\pi}{4}-\frac{\varphi'}{2}\right)\\ p_a &= \sigma'_z K'_p + 2c'\sqrt{K'_p};K'_p = \tan^2\left(\frac{\pi}{4}+\frac{\varphi'}{2}\right)\\ \sigma'_z &= \gamma' z;p_w = u = \gamma_w z \end{aligned}\right\} \tag{8-18}$$

上式为完全的水土分算，但由于 u 和有效应力强度指标 c' 和 φ' 难以确定，往往采用一般形式的水土分算，即

$$\left.\begin{aligned} p_a &= \sigma' K_a - 2c'\sqrt{K_a};K_a = \tan^2\left(\frac{\pi}{4}-\frac{\varphi}{2}\right)\\ p_a &= \sigma'_z K_p + 2c'\sqrt{K_p};K_p = \tan^2\left(\frac{\pi}{4}+\frac{\varphi}{2}\right)\\ \sigma'_z &= \gamma' z;p_w = u = \gamma_w z \end{aligned}\right\} \tag{8-19}$$

式中：z——计算点至填土顶面的距离；

u——静水压力（包括渗流中的水压力）。

2. 水土压力合算法

采用水土合算计算水土压力时考虑土体自重的总应力，不再计及水压力影响，即土压力中包含了水压力。公式为：

$$\left.\begin{aligned} p_a &= \sigma_z K_a - 2c\sqrt{K_a};K_a = \tan^2\left(\frac{\pi}{4}-\frac{\varphi}{2}\right)\\ p_a &= \sigma_z K_p + 2c\sqrt{K_p};K_p = \tan^2\left(\frac{\pi}{4}+\frac{\varphi}{2}\right)\\ \sigma_z &= \gamma_{sat} z;p_w = 0 \end{aligned}\right\} \tag{8-20}$$

以上讨论了静水压力作用下的水土压力分算和合算问题。对于考虑渗流的水土压力问题也是支挡结构设计中的重要方面，简化计算方法主要有“静水压力法”、“代替重度法”、“全浮重度法”等，在此不再详细介绍。

第四节　重力式挡土结构

一、概述

挡土结构是一种结构体系，以维护土坡的稳定，并使挡土结构两侧土体保持一定的高度差。在山区建设中，房屋、道路、铁路、桥梁等各种土木工程建设，都少不了挡土结构。在高层房屋建筑中，其地下室也属于挡土结构类型。重力式挡土结构，因其经常以墙体形式出现，所以又称之为重力式挡土墙，它是挡土结构中应用时间最长且最广泛的挡土结构形式。重力式挡土墙主要依靠挡土墙自身的质量，来支挡土坡的横推力。材料选择上，必须选择重度较大，取材较容易的材料，通常取用当地的石材砌筑，或采用混凝土浇筑。

重力式挡土墙因其就地取材，施工方便，造价低廉，所以得到广泛使用。但也有其不可克服的缺点，重力式挡土墙施工主要由人工操作，耗费的材料和人工过多，占地面积过大，在科学昌明的今天，已经不是经济的挡土结构形式。但重力式挡土墙在高度小于 5m 的地方使用，还是比较经济合理的。而高度大于 8m 的高大挡土墙，因土压力较大，需要的挡土墙体量也相对庞大，还需在重力式挡土墙建造之前开挖边坡坡脚，施工难度较大，难免出现施工安全事故，在经济上便很不合算。通常当挡土高度小于 5m 时，可采用重力式挡土墙；挡土高度大于 8m 时，宜采用桩锚体系等新型支挡结构。

钢筋混凝土扶壁式挡土墙、箱式挡土墙，是在混凝土重力式挡土墙的基础上发展起来的，即利用部分填土的重力代替混凝土的质量，以支挡土坡的横推力，也属于重力式挡土墙体系。由于利用了部分填土的重力以代替混凝土的质量，使挡土结构的造价大幅度降低，同时提高了挡土结构的安全度。扶壁式挡土结构的设计与计算，与重力式挡土墙基本相同，只是增加了面板及扶壁等构件的计算。

到了 20 世纪六七十年代，出现了一种土钉墙，实质上还是一种重力式挡土结构，它是由扶壁式挡土结构演变而来的，即除保留了扶壁式挡土墙的面板外，其余部分由土钉及填土替代，使坡脚的开挖减少到最低的限度，降低了施工的危险程度，挡土结构的造价进一步降低。与此同时出现的还有加筋土边坡，其基本原理与土钉墙相同，只不过采用了柔性的加筋带，替代了刚性或半刚性的土钉。加筋土边坡的加筋带在填土中布置比较稠密，使面板的支挡功能进一步退化，变成了装饰性的构件。加筋土边坡宜在填方边坡上使用。

二、重力式挡土墙的构造

重力式挡土墙有多种分类方法，根据其墙背倾斜方面，墙身断面形式可分为俯斜、直立、仰斜和衡重式等几种形态，如图 8-15 所示。

1. 俯斜式［图 8-15(a)］

这种墙背形态比较符合库仑土压力理论的基本假定，是常用的挡土结构形式。库仑土压力理论假定：当墙背填土达到极限状态时，填土将沿着墙背产生滑移，这是对陡墙而言；当墙背的倾角 ε 大于临界倾角 ε_{cr}时，称为坦墙，滑移面将产生在填土的内部，即不再沿着墙背滑移。俯斜式重力式挡土结构，是应用最广泛的一种挡土结构形式，扶壁式、箱式、土钉墙、加筋土边坡以及其他许多挡土结构，都属于这种挡土结构形式。

2. 直立式[图 8-15(b)]

这种重力式挡土结构的墙背是铅直的,即墙背与铅直线的夹角 ε 为 0。墙背为直立式的挡土结构,其土压力分布符合朗肯理论。由于其具有倾斜的墙面,所以占地面积较大,在建筑物密集地区不宜采用。

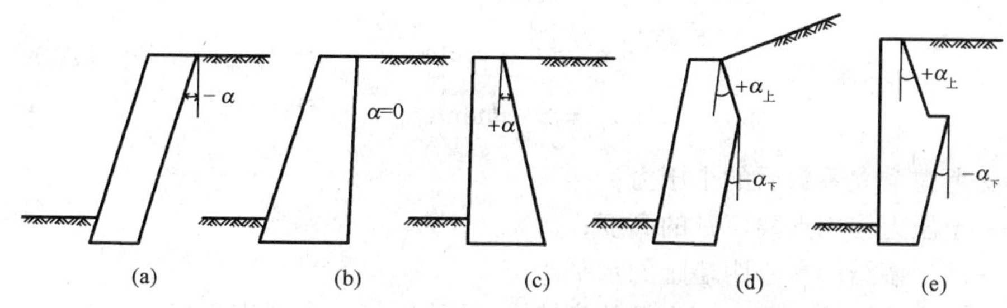

图 8-15 重力式挡土墙的常见断面形态

(a)仰斜;(b)直立;(c)俯斜;(d)凸形折线;(e)衡重式

3. 仰斜式[图 8-15(c)]

这种重力式挡土结构是基于一种设想,即如果墙背的倾角 θ 与库仑破裂面重合,$\theta=45°+\varphi/2$ 时,根据楔形体理论,这时的楔形体体积为 0,墙背上没有土压力作用,因此是最经济的重力式挡土结构。为此又派生出另一种重力式挡土结构,即平台式[图 8-15(d)],在道路建设中得到了广泛使用。它的出发点为进一步节约建筑材料,在土压力较小的顶部,设置一个卸荷平台,或称衡重台,利用填土的质量来增加挡土结构的支挡能力。但通过大量的试验证明,这种挡土结构建成后,挡土结构本身就有后倒的趋势,达到极限破坏时,其倒塌方式总是墙顶后倒而墙基向前滑出,如图 8-16 所示。

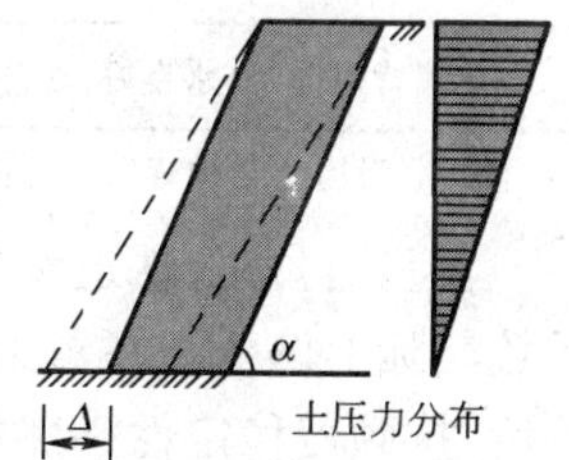

图 8-16 仰斜式挡墙安息角

应当指出,楔形体体积为 0,则挡土墙的土压力也为 0 是不成立的。以砂土为例,由于砂土的黏聚力为 0,所以砂土边坡的自然角 β 就等于砂土的内摩擦角 φ,边坡的坡角大于摩擦角 φ 时,必然存在下滑力,土的内摩擦角 φ 是永远小于 $45°+\varphi/2$ 的,所以不可能没有土压力存在。从以上分析看来,仰斜式挡墙的土压力分布与库仑土压力分布完全不同,如果再按照库仑土压力理论进行土压力计算,将与实际有较大的出入。

三、重力式挡土墙的稳定性验算

重力式挡土结构的稳定性验算,是挡土结构设计中的关键,稳定性验算通过后,挡土结构的安全承载便有了基本的保证。再配合适当的构造措施,挡土结构便可安全无虑。重力式挡土结构的稳定性验算,主要由三部分组成,即抗倾覆稳定性、抗滑移稳定性、整体稳定性验算。整体稳定性可采用圆弧滑动法验算,岩质地基稳定性可采用平面滑动法验算。

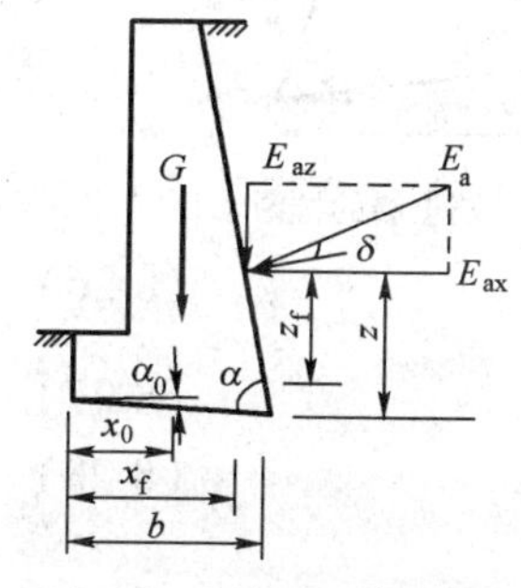

图 8-17 抗倾覆稳定性验算计算示意图

1. 抗倾覆稳定性验算

抗倾覆稳定验算,通常是以墙趾 O 点作矩心,作用在挡土结构上的所有荷载对 O 点取矩,以抗倾覆力矩与倾覆力矩之比,来衡量挡土结构的抗倾覆稳定性,其比值称为抗倾覆安全分项系数。根据图 8-17 的示意图,抗倾覆安全分项系数 γ_t 的计算见式(8-21)~式(8-25)。

$$\gamma_t = \frac{Gx_0 + E_{ax}x_f}{E_{ax}z_f} \geqslant 1.6 \tag{8-21}$$

$$E_{ax} = E_a\sin(\alpha - \delta) \tag{8-22}$$

$$E_{az} = E_a\cos(\alpha - \delta) \tag{8-23}$$

$$x_f = b - z\cot\alpha \tag{8-24}$$

$$z_f = z - b\tan\alpha_0 \tag{8-25}$$

式中：E_a——考虑增大系数后的土压力；

z——土压力作用点离墙趾的高度；

x_0——挡土墙结构重心距墙趾的水平距离；

δ——挡土墙结构墙背与填土间的摩擦角，具体取值可参照表8-15。

挡土结构墙背与填土间的摩擦角 表8-15

挡土结构情况	摩擦角 δ	挡土结构情况	摩擦角 δ
墙背平滑、排水不良	$(0\sim0.33)\varphi_k$	墙背很粗糙、排水良好	$(0.50\sim0.67)\varphi_k$
墙背粗糙、排水良好	$(0.33\sim0.50)\varphi_k$	墙背与填土间不可能滑动	$(0.67\sim1.00)\varphi_k$

注：φ_k 为挡土结构背后填土的内摩擦角标准值。

在我国公路、铁道路基设计规范中，对于抗倾覆安全分项系数 γ_t 一般取1.5，该安全分项系数实际上偏低。在重力挡土结构设计中，通常受抗滑动稳定验算控制，即抗滑动稳定验算过关后，抗倾覆稳定性必然能过关，这是一种不正常现象。据统计，大量重力式挡土结构的破坏，都是由于抗倾覆稳定不足而出现的。从数值上看，抗倾覆安全分项系数 γ_t 取1.5已经足够，但从计算草图来分析，在验算时土压力分布是取库仑分布，土压力总合力的作用点比较低，计算出的倾覆力矩值偏小。而实际土压力分布，其合力的力臂长度比计算值大，因此验算虽然过关，但仍显得不安全。为使挡土结构有一定的安全储备，我国建筑边坡工程技术规范将抗倾覆安全分项系数 γ_t 取1.6；黄求顺、张四平等认为，将土压力分布修改成梯形分布，也可解决重力式挡土结构的爆突式破坏。

2. 抗滑移稳定性验算

抗滑移稳定性，是指重力式挡土结构在土压力作用下是否有向前平移的可能性。重力式挡土结构的向前平移破坏，也是挡土结构常见的破坏方式之一。重力式挡土结构的水平移动，服从库仑摩擦定律，即与正压力及基底的摩擦系数有关。抗滑移稳定性验算，根据图8-18的计算草图，计算表达式如下：

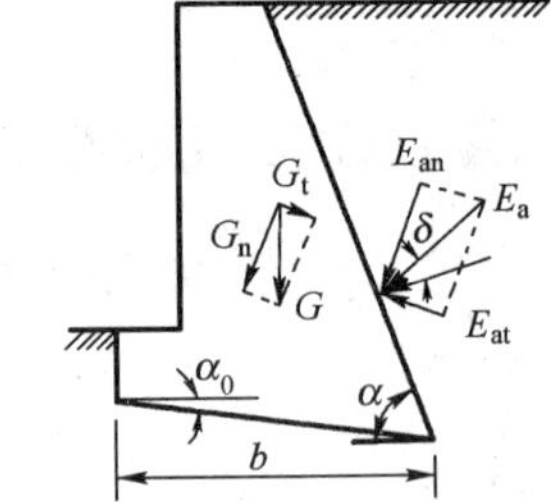

图8-18 挡土墙的抗滑动稳定

$$\gamma_s = \frac{(G_a + E_{an})\mu}{E_{at} - G_t} \geqslant 1.3 \tag{8-26}$$

$$E_{at} = E_a\sin(\alpha - \alpha_0 - \delta) \tag{8-27}$$

$$E_{an} = E_a\cos(\alpha - \alpha_0 - \delta) \tag{8-28}$$

式中：γ_s——抗滑移安全分项系数；

G——重力式挡土结构每延米的自重；

α_0——重力式挡土结构基础底面的倾角；

α——重力式挡土结构墙背的倾角；

δ——挡土结构墙背与填土间的摩擦角，可按表 8-15 取用；

μ——地基与挡土结构基底间的摩擦系数，宜由试验确定，也可按表 8-16 取用。

地基与挡土结构基底间的摩擦系数 μ 表 8-16

岩土类别		摩擦系数 μ
黏性土	可塑	0.20～0.25
	硬塑	0.25～0.30
	坚硬	0.30～0.40
粉土		0.25～0.35
中砂、粗砂、砾砂		0.35～0.45
碎石土		0.40～0.50
极软岩、软岩、较软岩		0.40～0.60
表面粗糙的坚硬岩、较硬岩		0.65～0.75

我国《建筑边坡工程技术规范》(GB 50330—2002)中，列出了各种基底条件下的摩擦系数，如表 8-16 所示，经过几十年的应用，证明该基底摩擦系数是比较可靠的。大量工程试算结果表明，对于水平底面的重力式挡土结构，其抗滑移稳定性计算很难过关；很多情况下，挡土结构的底面宽度达到了挡土高度的 1/2，还不能满足抗滑移稳定安全分项系数的要求。而从已破坏的重力式挡土结构的统计分析结果表明，因抗滑移稳定性的破坏几率并不高，因此，有专家建议 γ_s 取 1.25。

为解决抗滑移稳定性问题，工程设计中往往可采取加大挡土结构宽度、设置单级或多级基底逆坡、采用基底突榫或墙踵后拖板等方法。实际上，采取加大挡土结构宽度的办法，往往得不偿失。因为加大基础宽度其实质是增大挡土结构的质量，从表 8-16 中可见，基底与地基间的摩擦系数 μ 为 0.4 左右，即每增加一份质量，只能发挥 40% 的效率。在工程设计中，采用基底逆坡是一种比较可行的办法。如图 8-19 所示，逆坡可设置成单坡或多级坡，在设置基底逆坡时，基础的各个部位不允许出现锐角，以免受力后遭致破坏。基底设置逆坡 α_0 后，在不增大挡土结构体积的条件下，从式(8-26)可知，基底的正压力 G'将得到提高，而滑移力 T'则有所降低，从而提高了抗滑移稳定安全分项系数。逆坡 α_0 的角度也不宜过大，否则地基容易出现挤出破坏[图 8-19(d)]。

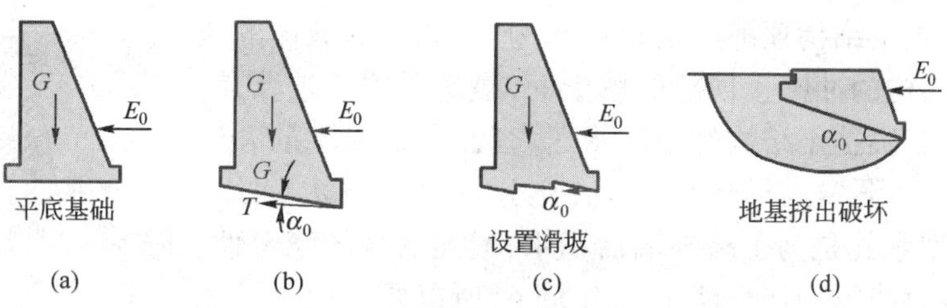

图 8-19 挡土结构基底逆坡

在一般情况下，对于土质地基，基底逆坡的坡度不宜大于 1∶10；对于岩质地基，基底逆坡不宜大于1:5。采用基底突榫或墙踵后拖板（图8-20）的办法，则是基于充分利用突榫或拖板上的被动土压力，以抵抗挡土结构的水平滑移。采用这种措施提高挡土结构的抗滑移安全分项时，必须注意被动土压力发挥的程度，并认真核算结构强度。许多研究证明，被动土压力的发挥，较主动土压力发挥时所需要的位移大10～15倍，在通常条件下，挡土结构是不允许出现如此巨大位移的。因此，其最大限度只能取用静止土压力。设置突榫时，突榫与基底的接触部位是剪切应力最大的地区，应认真核算该处的剪切强度。设置拖板时，拖板与拉结板之间将出现较大的张拉应力，必须配置腋筋。

3. 整体稳定性验算

重力式挡土结构体系的整体稳定性，是指挡土结构连同地基一起是否有产生滑动破坏的可能性。重力式挡土结构产生整体稳定性破坏，是屡见不鲜的，尤其是当基础埋置较浅且有软弱下卧层时，最容易出现这种破坏。其破裂面基本上呈圆弧状，圆弧破裂面通常通过墙趾（图8-21）。进行整体稳定性验算时，选择一个圆心，以圆心点到墙趾的距离为半径，画一圆弧，该圆弧就是可能的滑动面，然后采用条分法的计算原理，计算出该圆弧滑动面的安全分项系数。反复选择多个圆心，进行滑动稳定计算分析，确定出安全分项系数最小的滑动面，如果该滑动面的安全分项系数≥（1.05～1.10）时，该挡土结构的整体稳定性是安全的。如果不能满足整体稳定性要求，应适当加深基础埋置深度。

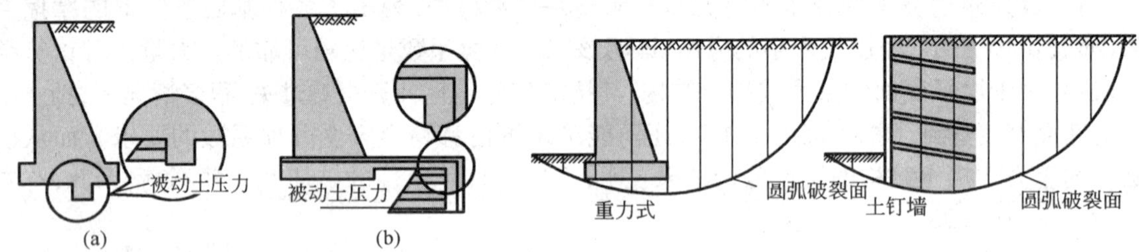

图8-20　基底突榫和墙踵拖板
（a）基底突榫；（b）基底拖板

图8-21　整体稳定破坏

四、挡土结构的排水系统

挡土结构的排水系统至关重要，在对已破坏的挡土结构的调查中发现，大多数挡土结构破坏的原因是由于排水不畅造成的。众所周知，静水压力的侧压力系数为1.0，所以水压力较土压力的数值大，采用挡土结构来支挡水压力，在经济上和技术上都是不可取的。重庆市1966年在对破坏后的挡土墙调查中发现，由于排水不良或未做排水处理而导致破坏的数量占总破坏挡土墙的90%，所以在进行挡土墙设计和施工时，必须重视处理好排水系统。挡土结构顶部应设置截水沟，阻截上部坡体的流水，防止对挡土结构的冲刷。顶部的填土面，最好采用植被覆盖，防止水土流失。解决挡土结构的地下水压力问题，最根本的办法还是在挡土结构上设置足够的泄水孔，充分排泄地下水（图8-22）。墙身设置泄水孔是为了疏导墙后积水，增加墙身的稳定性。排水条件的好坏直接影响挡土墙土压力大小，所以要求泄水孔布置得当、排水通畅，最低排泄水孔应布置在排水沟（或侧沟）的设计最高水位线以上部位。在一般情况下，泄水孔应在挡土结构的墙面上，沿着横竖2个方向上设置，泄水孔的间距宜取2～3m，泄

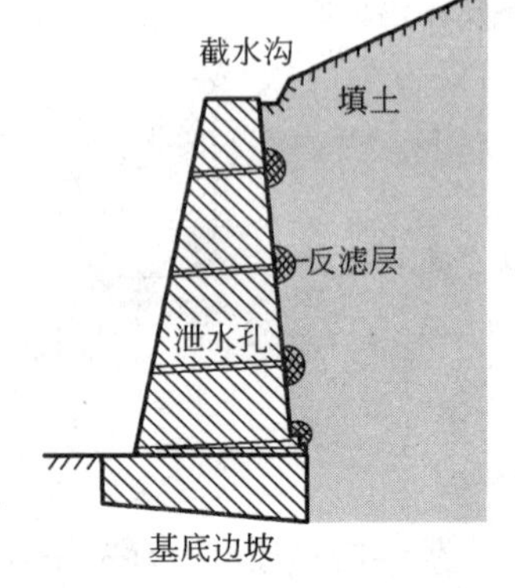

图8-22　挡土墙的排水

水孔的孔径宜取 50 ~ 100mm，向外倾斜 3% ~5% 。

为了发挥泄水孔的排水效能，要求泄水孔进口处设置反滤层，以保证泄水孔不被堵塞，墙后土的细颗粒也不会被带走。由于挡土墙后填料中含水量一般较小，动水压力可不计，因此对反滤层的要求不高，不需通过计算确定其颗粒级配和层数等。根据实践经验，只要在泄水孔进口处设边长为 0.3m 的正立方体砂夹卵石或砂砾石反滤层即可满足要求。

对于墙后排水不良或填料有冻胀可能者，应在墙后最低排泄水孔至墙顶下 0.5m 深度之间全部设置厚度不小于 0.3m 的砂夹卵石或土工合成材料反滤层，既可减轻冻胀力对墙的影响，又可防止墙后产生静水压力，同时起反滤作用。

应特别指出的是，在山区或丘陵地区，采用覆盖阻水或挖沟截水，只能对挡土结构的工作条件有所改善，不是根本解决地下水压力的办法。当挡土结构填土顶部实行胶凝物质覆盖，并开挖截水沟后，远处高位山坡降水或水库漏水，仍然可绕过覆盖面和截水沟，从土体孔隙及岩体结构面中渗流到挡土结构上来，形成挡土结构背面填土的地下水位。在很多情况下，挡土结构上的地下水，其补给地区常距离挡土结构较远，岩体中的补给水更常常是源远流长，这种远距离的补给水（图 8-23），只宜疏导不宜堵截，特别是碳酸盐类岩石地区的岩溶水，进行堵截后有可能出现严重的水灾。在挡土结构中预留排水孔，是比较常用和有效的办法。当挡土结构为砌体结构时，常利用无浆灰缝作排水孔，但在砌筑过程中，施工时稍不注意，砂浆有可能流淌到排水孔内，将排水孔完全堵塞，失去了排水的效应。重庆市的砌体挡土结构为此而发生破坏的，占有较大的比例。为消除此弊病，现在重庆市多采用预埋 50mm 直径钢管或塑料管作排水孔，其效果比较好。

挡土结构背面的地下水从墙面排出，很容易污染墙面，有碍观瞻，在建筑物周围及有景观要求的公路通常不允许这种情况出现。采用暗沟（盲沟）排水可以免除这种污染。其主要做法是在挡土结构的下部设置暗沟，让地下水汇集在暗沟内，然后于适当地方排泄。排水暗沟通常是采用滚圆度较好的卵石码砌而成，暗沟的横截面积一般不应小于 500mm × 500mm，其外部根据反滤层的做法，分别堆码砾石、粗砂、中砂，以防止墙背填土流失。

对于岩石边坡的支护结构，也应设置排水暗沟，其做法与挡土结构有所不同。土层中的地下水，是沿着土孔隙进行渗透，而岩石边坡的地下水则是沿着岩体裂隙渗流，岩体裂隙分布的规律性不强，在支挡结构设置集中的排水暗沟不能排泄所有的地下水。通常的做法是在岩石边坡上开凿与地平面大致平行的排水槽，排水槽的坡度为 3% ~5%，槽内干码卵石或碎石，将地下水导出坡体外部，如图 8-24（b）所示。排水槽应沿着高度方向每间隔 2 ~3m 开凿一条，每条排水槽都应与边坡外的排水系统接通，以排泄边坡内的地下水。

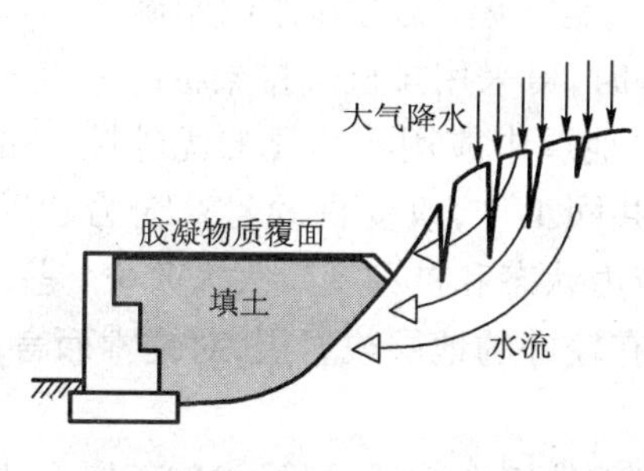

图 8-23 挡土墙的地下水补给

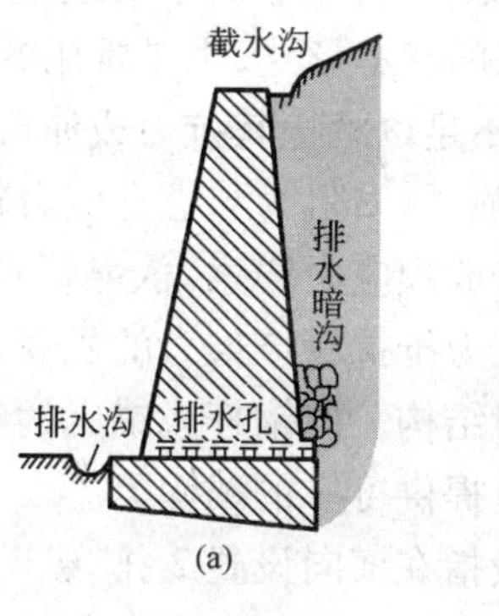

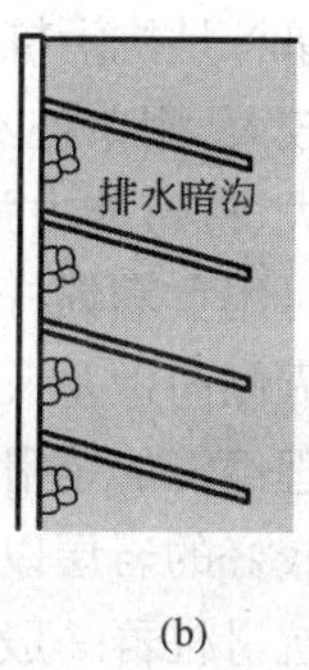

图 8-24 排水暗沟

第五节　抗　滑　桩

一、概述

1. 类型、特点及适用条件

抗滑桩按材质分类有木桩、钢桩、钢筋混凝土桩和组合桩。按成桩方法可分为打入桩、静压桩和就地灌注桩，其中就地灌注桩包括沉管灌注桩与钻孔灌注桩两大类；按结构形式分类有单桩、排桩、群桩、有锚桩，排桩形式常见的有椅式桩墙、门式刚架桩墙、排架抗滑桩墙，如图 8-25所示；有锚桩常用的有锚杆或锚索，锚索多用单锚，见图 8-26 所示；抗滑桩按桩身断面形式分类，有圆形桩、方形桩、矩形桩和“工”字形桩等。

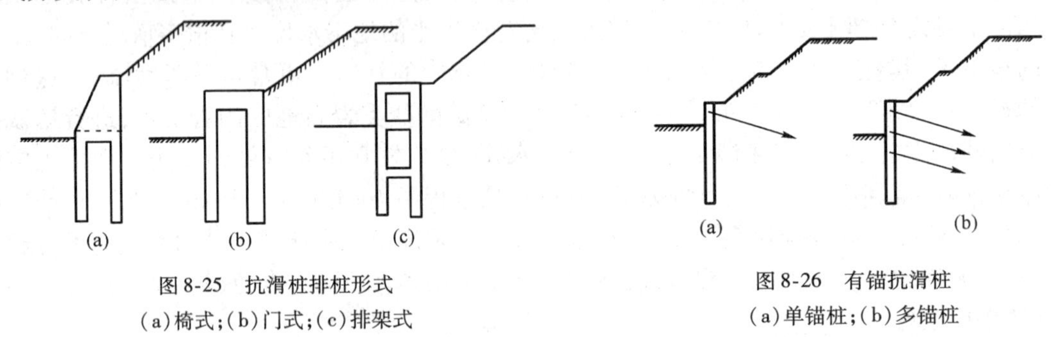

图 8-25　抗滑桩排桩形式
(a)椅式；(b)门式；(c)排架式

图 8-26　有锚抗滑桩
(a)单锚桩；(b)多锚桩

木桩是最早采用的桩，其特点是就地取材、方便、易于施工，但桩长有限，桩身强度不高，一般用于浅层滑坡的治理、临时工程或抢险工程。钢桩的强度高，施打容易、接长方便，受桩身断面尺寸限制，横向刚度较小，造价较高。钢筋混凝土桩是边坡处治工程中广泛采用的桩材，其桩断面刚度大，抗弯能力高，施工方式多样，可打入、静压、机械钻孔就地灌注、人工成孔就地灌注，其缺点为混凝土的抗拉能力有限。

抗滑桩的施工采用打入时，应充分考虑施工振动对边坡稳定的影响，一般地在全埋式抗滑桩或填方边坡可采用，同时下卧地层应有可打性。抗滑桩施工常用的是就地灌注桩，机械钻孔速度快，桩径可大可小，适用于各种地质条件，但对地形较陡的边坡工程，机械进入和架设困难较大，另外，钻孔时的水对边坡的稳定也有影响。人工成孔的特点是方便、简单、经济，但速度较慢，劳动强度高，遇不良地层（如流沙）时处理相当困难。另外，桩径较小时人工作业困难，桩径一般应在 1m 以上才适宜于人工成孔。

单桩是抗滑桩的基本形式，也是常用的结构，其特点是简单、受力和作用明确。当边坡的推力较大，用单桩不足以承担其抗力或使用单桩不经济时，可采用排桩。排架桩的特点是转动惯量大、抗弯能力强，桩壁阻力与桩身应力较小，在软弱地层中应用有明显的优越性。带锚桩的锚可用负筋锚杆或预应力锚索，依靠锚杆（索）和桩共同工作，改变桩的悬臂受力状况和桩完全靠侧向地基反力抵抗滑坡推力的机理，使桩身的应力状态和桩顶变位大大改善，是一种较为合理经济的抗滑结构。但锚杆或锚索的锚固端需要有较好的地层或岩层，对锚索而言，更需要有较好的岩层以提供可靠的锚固力。

抗滑桩群一般指在横向设置 2 排、纵向设置 2 列以下的组合抗滑结构，类似于墩台或承台结构，它能承担更大的滑坡推力，可用于特殊的滑坡治理工程或特殊用途的边坡工程。

2. 桩上基本力系

作用于抗滑桩的外力有滑坡推力、桩前滑体抗力和锚固段地层的抗力。桩侧摩阻力和黏聚力以及桩身重力和桩底反力可不计算。滑坡推力采用传递系数法计算确定。桩前抗力可按桩前滑体处于极限平衡时的滑坡推力或桩前被动土压力确定,取小值。抗滑桩截面形状宜采用矩形,桩的截面尺寸应根据滑坡推力大小、桩间距、锚固段地基横向容许强度等因素确定,桩最小边宽度不应小于1.25m。在主滑方向不确定的情况下,可采用圆形截面。

3. 桩的布设和设计步骤

(1)抗滑桩的设置必须保证滑坡体不越过桩顶或从桩间滑动,不产生新的滑坡。抗滑桩宜设置在滑坡厚度较薄、推力较小、锚固段地基强度较高的地段。确定桩的平面布置、桩间距、桩长和截面尺寸时,应综合考虑,以达到经济合理,并与周围景观相协调。

(2)桩的间距

抗滑桩的间距受滑坡推力大小、桩形及断面尺寸、桩的长度和锚固深度、锚固段地层强度、滑坡体的密实度和强度、施工条件等诸多因素的影响,目前尚无成熟的计算方法。合适的桩间距应该使桩间滑体具有足够的稳定性,在下滑力作用下不致从桩间挤出。可按在能形成土拱的条件下,两桩间土体与两侧被桩所阻止滑动的土体的摩阻力不小于桩承受的滑坡推力来估计。一般采用的桩间距为6~10m。当桩间采用了结构连接来阻止桩间楔形土体的挤出,则桩间距完全决定于桩的抗滑力和桩间滑体的下滑力。

(3)桩的锚固深度

桩埋入滑面以下稳定地层内的适宜锚固深度,与该地层的强度、桩所承受的滑坡推力、桩的刚度以及如何考虑滑面以下桩前抗力等有关。按弹性地基梁设计的抗滑桩,原则上由桩的锚固段传递到滑面以下地层的侧向压应力不得大于该地层的侧向容许压应力,桩基底的最大压应力不得大于地基的容许承载力。

4. 理论简介

抗滑桩的外力分布、锚固段确定、内力及变位的计算理论有静力平衡法、布鲁姆(Blum)法、弹性地基梁法、链杆法、混合法(滑动面以上均布荷载的弹性地基梁,滑动面以下无荷载的弹性地基梁)等。弹性地基梁法是抗滑桩设计的常用方法。其基本假定为桩身任一点处岩土的抗力与该点的位移成正比。具体的解法大致分为三种:一种是直接用数学方法求解桩在受荷以后的弹性挠曲微分方程,计算桩身内力和位移,这是本书主要介绍推荐的方法;另一种是将桩分成有限段,用差分式代替桩的挠曲微分方程中的各阶导数式而求解的有限差分法;还有一种为有限元法,即将桩划分为有限单元的离散体,再根据力的平衡和位移协调条件解得桩各部分的内力和位移。弹性地基梁计算方法中,地基系数变化的比例系数、滑面处的地基抗力、锚固段及最大剪力的位置等因素的确定在今后的设计中尚需深入探讨。

二、滑坡推力与桩前反力

1. 滑坡推力

作用于滑坡上的基本力系与特殊力系在前述章节已进行描述,由于对推力计其中安全度的考虑存在两种方式,故计算推力的方法有以下两种。

(1)通过折减滑面的抗剪强度增大安全度。

$$T_i = W_i \sin\alpha_i + \Psi' T_{i-1} - W_i \cos\alpha_i \frac{\tan\varphi_i}{K} - \frac{c_i}{K} L_i \tag{8-29}$$

传递系数：

$$\Psi' = \cos(\alpha_{i-1} - \alpha_i) - \sin(\alpha_{i-1} - \alpha_i)\frac{\tan\varphi_i}{K} \tag{8-30}$$

(2)通过加大自重下滑力增加安全度。

$$T_i = KW_i\sin\alpha_i + \Psi T_{i-1} - W_i\cos\alpha_i\tan\varphi_i - c_iL_i \tag{8-31}$$

传递系数：

$$\Psi = \cos(\alpha_{i-1} - \alpha_i) - \sin(\alpha_{i-1} - \alpha_i)\tan\varphi_i \tag{8-32}$$

上述式中：T_i——第 i 个条块末端的滑坡推力，kN/m；

K——安全系数，视工程的重要性、外界条件对滑坡的影响、滑坡的性质和规模、滑动的后果及整治的难易等因素综合考虑，可采用1.05～1.25；

W_i——第 i 个条块滑体的重力，kN/m；

α_i——第 i 个条块所在滑动面的倾角，(°)；

α_{i-1}——第 $i-1$ 个条块所在滑动面的倾角，(°)；

φ_i——第 i 个条块所在滑动面上的内摩擦角，(°)；

c_i——第 i 个条块所在滑动面上的单位黏聚力，kPa；

L_i——第 i 个条块所在滑动面上的长度，m。

第一种算法物理力学意义比较明确，但稳定分析时要用试算法确定安全系数，计算工作量较大。第二种算法较方便，也是工程设计中常用的方法。以下的分析均按第二种方法进行。

公式(8-31)为基本力系作用下的滑坡推力计算。当滑体条块上有特殊力作用时，应将特殊力分别加入下滑力和抗滑力内进行计算。若所得条块的剩余下滑力为负值时，则说明自该条块以上的滑体是稳定的，其对下一条块的推力为零。

2. 桩前反力与桩身受力

设置抗滑桩以后，当抗滑桩受到滑坡推力的作用产生变形时，一部分滑坡推力通过桩体传给锚固段地层，另一部分传递给桩前滑体。而桩前滑体的抗力与滑坡的性质和桩前滑体的大小等因素有关。试验表明，桩前滑体的体积越大，抗剪强度越高，滑动面越平缓、粗糙，桩前滑体抗力越大；反之，越小。另外，还与是否存在多层滑面有关。

滑动面以上的桩前滑体抗力，可由极限平衡的滑坡推力曲线、桩前被动土压力或桩前滑体的弹性抗力确定，设计时选用其中的小值。桩前滑坡体可能滑动时，不应计及其抗力，按悬臂桩计算。

(1)根据滑坡推力曲线确定桩前抗力

①当假定滑坡处于极限平衡状态，滑面上的 c、φ 值根据反算确定时，桩前反力和桩后滑坡推力的关系如图8-27所示。

②当 c、φ 值采用试验值或经验数据时，桩前反力和桩后滑坡推力的关系如式(8-33)，如图8-28所示。

$$F = T - P \tag{8-33}$$

从图8-28可见，当实际 c、φ 值大于反算 c、φ 值时，工程设计中习惯上仍然按由反算 c、φ 值求得的设计滑坡推力与实际滑坡推力之差作为桩上的设计推力，其值偏大，设计偏于安全。当实际 c、φ 值小于反算 c、φ 值时，不能用反算 c、φ 值求得的设计滑坡推力与实际滑坡推力之差作为桩上的设计推力，应该是由实际 c、φ 值求得的设计滑坡推力与桩前剩余抗滑力之差作为桩上的设计推力，即设桩之后，应检算剩余下滑力是否会将桩前的土体推走。

(2)以桩前被动土压力作为桩前抗力时,可按朗肯被动土压力公式计算。

(3)将滑动面以上桩身所受的滑坡推力作为设计荷载,然后根据滑动面上、下地层的地基系数,把整根桩当作弹性地基上的梁来计算,不考虑滑动面存在的影响。

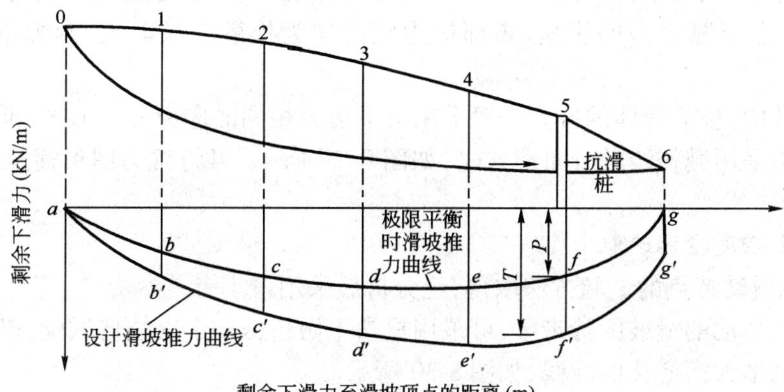

图8-27 根据极限平衡状态反算确定c、φ时的滑坡推力曲线

T-桩上滑坡推力;P-桩前滑体抗力

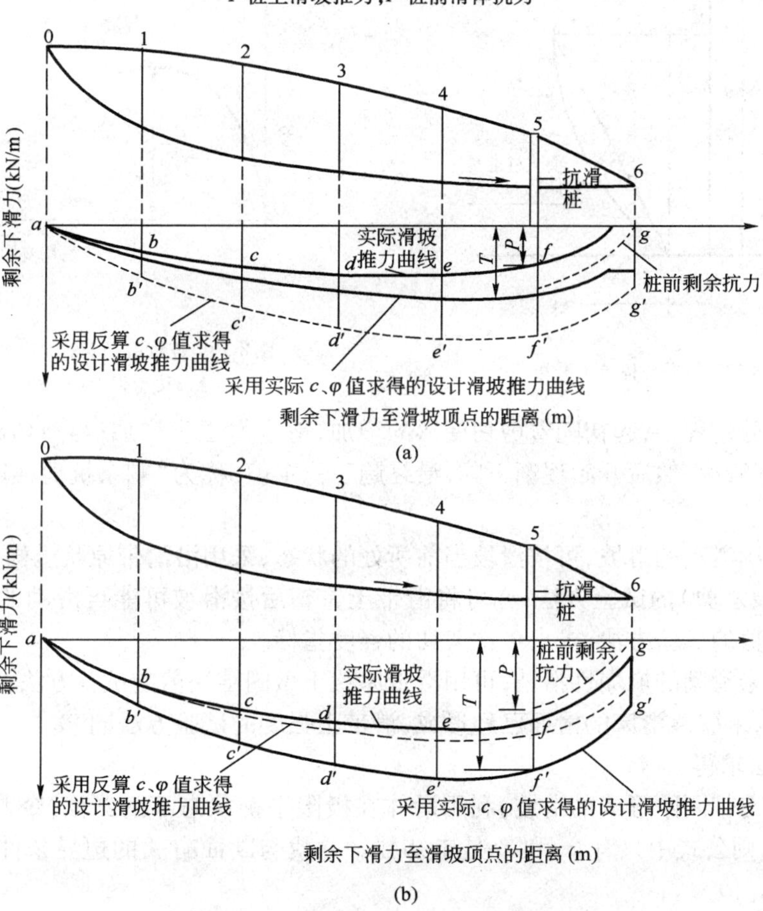

图8-28 采用试验值或经验数据确定c、ϕ时的滑坡推力曲线

(a)实际c、φ值大于反算c、φ值的情况;(b)实际c、φ值小于反算c、φ值的情况

T-桩上滑坡推力;P-桩前滑体抗力

应该特别注意，以上桩前抗力的计算都是基于桩土体不会滑走的情况。如果桩前土体将被挖掉或者会滑走，则没有桩前抗力，应将滑坡推力直接作为桩上设计力。

抗滑桩破坏试验和模型试验表明，虽然各次试验所得的桩前滑体抗力的分布图形不完全相同，但基本呈抛物线分布，抗力的最大值出现在滑体的中部，靠近滑动面的应力较小。当滑体为黏性土时，由于黏聚力的影响，顶部抗力较滑体为松散介质时大，合力重心也较高，如图8-29所示。

在工程设计中，桩前滑体的抗力一般采用与下滑力相同的应力分布形式，也可采用抛物线的分布形式。当采用抛物线的分布形式时，如图8-29所示，可将抗力图形简化为一个三角形和一个倒梯形。

3. 滑带岩土强度指标选取

(1)用模拟滑动特点的试验方法取得，经分析后采用最小者

①对于连续滑动的滑坡的滑带土，可采用重塑土做超压密多次快剪试验，以求得其抗剪强度随剪切变形的增加而变化的曲线，如图8-30所示。

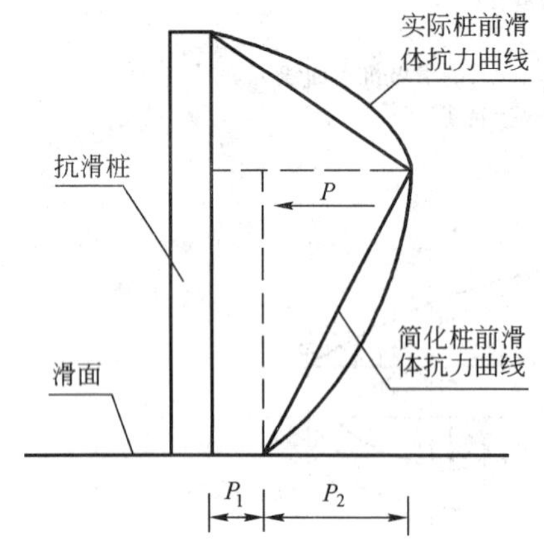

图8-29　桩前滑体抗力分布

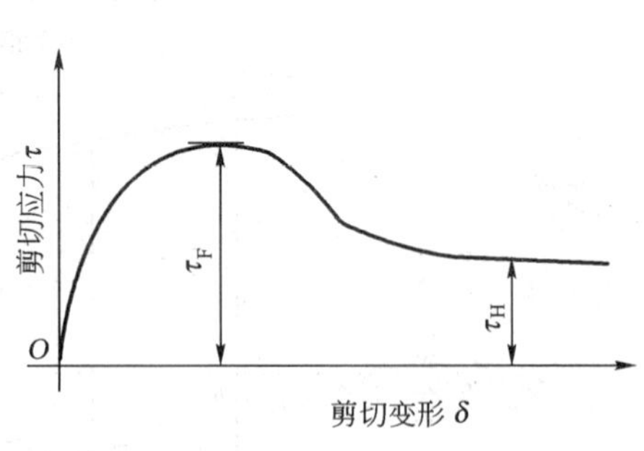

图8-30　连续剪切变形的应力—变形曲线

τ_F-峰值抗剪强度；τ_H-剩余抗剪强度

土样在试验过程中，起初随着剪切变形的增加，剪应力逐步增加；当剪切破裂面完全形成时，剪应力达到峰值，然后开始逐渐下降，最终趋于稳定值，称为“剩余抗剪强度”，作为滑带土的强度指标。

②对于断续滑动的滑坡，可按滑坡当前所处的状态，采用沿滑带原状土样中已有滑面在固结下剪切(或浸水剪)的试验方法；亦可将滑带土重塑后按滑坡可能再滑动的性质，采用多次不浸水固结快剪的试验方法，求出各次剪切的强度指标。

③对于尚未滑动的崩塌性滑坡，可用滑带原状土做固结快剪的试验方法；对于已开始滑动的崩塌性滑坡，未脱离滑床的滑面已经形成，滑带土强度的试验方法同②。

(2)反算法求得

对于整个滑带刚刚形成的滑坡，利用滑体在极限平衡状态下的断面，令剩余下滑力为0，安全系数为1，则公式中只有 φ_i 和 c_i 是未知数。寻找与断面有关的边界条件，列出辅助方程式，求出 φ_i 和 c_i 值。

①一般对抗滑地段和被牵引地段的滑带岩土强度指标，可根据试验资料或经验数据经分析对比后选用，并通过反算以求出主滑地段滑带岩土的强度指标。有时需反复计算多次才能求得较合理的数据。

②若有充分可靠的资料证明，滑坡曾经两次或多次滑动均通过某一固定的滑面，或某一滑坡有两个不同外形的断面，或者此滑坡与另一滑坡的性质极为类似并有断面资料时，则可建立联立方程式以求解强度指标值。

③当可用被动土压法求出已知断面处的滑坡推力时，则可按此推力来反求滑带土的强度指标值。

用被动土压法求算滑坡推力：根据施工详细记录，当开挖边坡至某一高度时，坡体产生裂缝并开始出现沿滑面滑动现象，可认为此时山坡处于极限平衡状态。按照开挖高程与滑动面的差计算被动土压力，即为滑坡推力。

$$E_{\mathrm{p}} = \frac{1}{2}\gamma H^2 \tan^2\left(45° + \frac{\varphi}{2}\right) \tag{8-34}$$

式中：E_{p}——抗滑段未被开挖土体所产生的被动土压力，即滑坡推力，kN/m；

γ——滑体重度，kN/m^3；

φ——滑体综合内摩擦角，(°)。

(3)用与经验数据对比的方法求得

当滑带岩土的性质及所在部位与已有可靠的经验数据的滑坡相同或非常近似，可经过对比，将经验数据分析调整后试用于计算。

三、滑动面以下地基的抗力

1. 基本假定

抗滑桩在承受滑坡推力的时候，把一部分或全部的力传递给锚固段。

(1)锚固段桩周岩层从受力到破坏的各阶段

滑动面以下的桩将滑体中未平衡的滑坡推力传递至桩周的岩土。此时锚固段前后的岩土受力后随应力的大小而变形；弹性阶段时，应力和应变成正比；当侧力增加不多而变形骤增，此时为塑性阶段；当应力不再增大而变形不停止时则达到破坏阶段。

(2)锚固段中桩身前后岩土的抗力，当岩土变形在弹性阶段时，可按弹性抗力计算；视地层为弹性介质，具有随地层性质不同的地基系数，受荷地层的岩土的弹性抗力等于该地层的地基系数乘以相应的与变形方向一致的岩土的压缩变形值。

(3)当岩土变形在塑性阶段，则抗力等于该地层的地基系数乘以相应的变形方向一致的岩土的弹性极限时的压缩变形值，或用该地层的侧向容许承载力值代替之。

(4)为了简化计算，如果不考虑桩身自重，桩与基周围的摩阻力(包括黏聚力的作用)一般可略去不计。

2. 滑面以下桩的正面计算宽度

只有在计算作用于桩身的侧向弹性抗力时才采用桩的正面计算宽度。

(1)形状换算系数

用不同尺寸的圆形截面桩和矩形截面桩施加水平荷载的试验结果表明：直径为 d 的圆形桩与正面边长为 $0.9d$ 的矩形桩，在其两侧土体开始挤出的极限状态下，临界荷载值相等；若加载使它们产生同样大小的倾斜度，二者所需施加的水平荷载值亦相等。故可取矩形桩正面宽度的形状换算系数为1，而取圆形桩宽度的形状换算系数为0.9。

(2)受力换算系数

在水平荷载作用下，桩两侧土体的受力状态是复杂的空间问题。如果为了简化计算按平面问题考虑,则需引入一个受力换算系数将桩的实际宽度换算成与其受力条件相当的宽度。根据试验资料,受力换算系数对于正面边长 b 大于 1.0m 的矩形桩为 $1+1/b$,对于直径 $d>1.0$m的圆柱形桩为 $1+1/d$。

(3)桩的正截面宽度 B_p

桩的正截面宽度 B_p 为桩的实际宽度乘以形状换算系数和受力换算系数,即

矩形桩:

$$B_p = 1.0(1+1/b)b = b+1 \tag{8-35}$$

圆形桩:

$$B_p = 0.9(1+1/d)d = 0.9(d+1) \tag{8-36}$$

3. 地基弹性抗力系数

在弹性阶段时,滑动面以下地基的弹性抗力系数(简称地基系数),其意义可理解为单位土体或岩体在弹性限度内产生单位压缩变形值所需施加于单位面积上的力,应根据地层的性质和深度按下列条件确定。

(1)自滑面沿桩身至桩底,在同一高程处桩前后围岩的弹性抗力系数一般是相等的;当桩前后有高差时(如悬臂桩,桩后滑体厚,桩前滑体薄或缺失),对一般土层和严重风化破碎及其他第四纪松散堆积地层而言,可不相等。在同一地层中沿桩轴的地基弹性抗力系数的分布图形有矩形、梯形、抛物线形、三角形和反抛物线形,如图 8-31 所示。

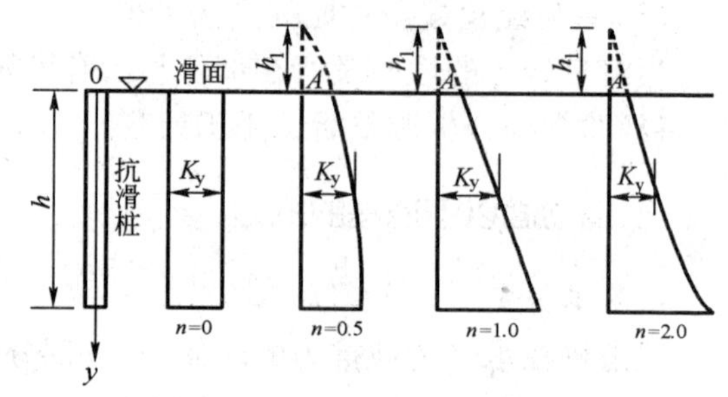

图 8-31 地基弹性抗力系数形状

当为硬塑的砂黏土及碎石类土、风化破碎的岩块时,桩前滑动面以上无滑坡体和超载时,地基系数应为三角形分布;桩前滑动面以上有滑坡体和超载时,地基系数应为梯形分布;当岩层较完整或为硬黏土时,地基系数应为矩形分布。

(2)当岩层较完整或为硬黏土时,认为侧向地基系数是常数(不随深度而变化),相应的弹性地基梁的地基系数用 K_H 表示,垂直方向的地基系数以 K_V 表示。地基系数宜采用试验资料值,若无实测资料,可参考表 8-17 采用。

较完整层的地基系数 表 8-17

顺　　号	抗 压 强 度(kPa)		地 基 系 数(kN/m³)	
	单轴极限值	侧向容许值[σ]	竖直方向 K_V	水平方向 K_H
1	10 000	1 500 ~ 2 000	100 000 ~ 200 000	60 000 ~ 160 000
2	15 000	2 000 ~ 3 000	250 000	150 000 ~ 200 000
3	20 000	3 000 ~ 4 000	300 000	180 000 ~ 240 000
4	30 000	4 000 ~ 6 000	400 000	240 000 ~ 320 000
5	40 000	6 000 ~ 8 000	600 000	360 000 ~ 480 000
6	50 000	7 500 ~ 10 000	800 000	480 000 ~ 640 000

续上表

顺　　号	抗压强度(kPa)		地基系数(kN/m^3)	
	单轴极限值	侧向容许值[σ]	竖直方向 K_V	水平方向 K_H
7	60 000	9 000 ~ 12 000	1 200 000	720 000 ~ 960 000
8	80 000	12 000 ~ 16 000	1 500 000 ~ 2 500 000	900 000 ~ 2 000 000

注:$K_H = 0.6 \sim 0.8K_V$。

(3)硬塑—半干硬的砂黏土,碎石土或风化破碎的岩层时,认为地基系数是随深度而变化的,即水平方向的地基系数:

$$C_H = A_H + m_H y^n \tag{8-37}$$

垂直方向的地基系数:

$$C_V = A_V + m_V y^n \tag{8-38}$$

式中:A_H,A_V——滑面处地层水平和垂直方向的弹性抗力系数,kN/m^3;

m_H,m_V——水平和垂直方向地基系数随深度变化的比例系数,kN/m^3;

y——自滑面沿桩轴向下的距离,m;

n——线性指数,设计中一般取 $n = 1$。

由于地基系数随深度变化的比例系数(常数)以“m”表示,相应的计算方法称为“m”法。地基系数随深度变化的比例系数宜采用试验资料值,若无实测资料,可参考表 8-18 采用。

抗滑桩土质地基系数(随深度增加的比例系数)　　表 8-18

序　号	土 的 名 称	竖直方向 m_0(kPa/m^2)	水平方向 m(kPa/m^2)
1	$0.75 < I_L < 1.0$ 的软塑黏土及粉质黏土;淤泥	1 000 ~ 2 000	500 ~ 1 400
2	$0.5 < I_L < 0.75$ 软塑粉质黏土及黏土	2 000 ~ 4 000	100 ~ 2 800
3	硬塑粉质黏土及黏土;细砂和中砂	4 000 ~ 6 000	200 ~ 4 200
4	坚硬的粉质黏土及黏土;粗砂	6 000 ~ 10 000	300 ~ 7 000
5	砾砂;碎石土、卵石土	10 000 ~ 20 000	5 000 ~ 14 000
6	密实的大漂石	80 000 ~ 120 000	40 000 ~ 84 000

注:I_L 为土的液性指数,其土质地基系数 m_0 和 m 值,相应于桩顶位移 0.6 ~ 1.0m。

(4)结合围岩的岩性,《铁路路基支挡结构设计规范》(TB 10025)中的地基系数可供参考。

(5)对于同一种岩层,在考虑采用“K”法或“m”法计算地基弹性抗力系数时,应注意以下几点:

①从(2) ~ (4)所列的各表来看,各表的数值相差较大。如何套用表列数值,需要深入地研究和探讨。设计时,一般大部分根据经验而定。最好能通过旁压仪实测或大型实体推桩试验探求适合于抗滑桩边界条件的地基系数。

②$R = 10\,000 \sim 20\,000$kPa 的半岩质岩层或位于构造破碎影响的岩质岩层,应根据实际情况可采用 $K_H = A_H + m_H y$ 计算,相当于“m”法。

③断层破碎带、岩层风化带、残积层及密实土层沿桩轴的 K_H 值,视压密状态与上部松弛现象而异:曾受过历史荷载有压密作用的一段,在桩前、桩后围岩的 K_H 值,视压密状态与上部松弛的一段上部堆积厚度的差别,在同一高程处其 K_H 不等。

④一般堆积层的 K_H 值因上部土的厚度而异:在地面处为零,可假定随埋深按直线增大,

即 $K_H = m_H y$，y 自地面向下量取。

⑤如滑面系沿断层带发育，自滑面以下为断层影响带时，在滑面处 $K_H \neq 0$，可假定沿桩轴 $K_H = A_H + m_H y$，y 自地面向下量取。若桩前、后地面有高差，在同一高程的桩周围岩的 K_H 值将因 A_H 与 $m_H y$ 之间相对的比值而异，当 A_H 特大时可认为 K_H 相等。

⑥通常裂隙密闭、较完整的块状或中厚层的岩质和半岩质岩层，少节理的半岩质和岩质岩层，及无裂隙较完整的半成岩岩层或岩性裂隙均匀的岩层等，除表面受风化影响的厚度外，可假定其桩周围岩的 K_H 值为常数。

4. 桩底的约束条件

抗滑桩桩底支承可采用自由端、固定端或铰支端。

(1)当围岩为同种岩层或虽然是不同的岩层但岩层刚度相差不大时，桩底可视作自由端，即桩底弯矩 $M=0$，剪力 $Q=0$，有水平变位 x 及角变位 φ。

(2)同种围岩当沿桩轴的 K_H 值急剧增大为 y 的多次方时，可相对地按固定端计算，即桩底的水平变位、角变位为零，弯矩和剪力不为零；不同种岩层刚度比大于 10 倍以上者，可按固定端计算，此时下岩层必须坚硬、完整，而桩底嵌入该层之内需有一定深度，侧应力一定要小于侧向容许压应力，且较上层的相对位移量及角变位量为小。

(3)只有在桩底附近围岩的侧向 K_H 值巨大，而桩底基岩的 K_V 值相对为小等条件下才有出现铰支端的可能。此时桩底水平面变位为零、剪力不为零、角变位不为零、弯矩为零。

(4)在同一高程，桩前后的 K_H 值不等时，如采用桩前的 K_H 值计算，对固定端而言结果无出入；对自由端则偏于安全。但在计算桩的内力时应充分估计到最大弯矩和最大剪力点的位置有变化，在桩身的配筋方面亦需照顾到。

四、桩身内力和变位计算

滑动面以上的桩身内力，应根据滑坡推力和桩前滑坡体抗力计算。滑动面以下的桩身变位和内力，应根据滑动面处的弯矩和剪力，以及地基的弹性抗力进行计算。

1. 滑动面以上桩身

(1)弯矩和剪力

滑动面以上桩所承受的外力为滑坡推力和桩前反力之差 E，其分布形式一般为三角形、梯形和矩形。内力计算时按一端固定的悬臂梁考虑。现以梯形分布为例，给出弯矩和剪力的计算公式。

锚固段顶点桩身的弯矩 M_0、剪力 Q_0 为：

$$M_0 = E_x Z_x \tag{8-39}$$

$$Q_0 = E_x \tag{8-40}$$

式中：Z_x——桩上外力的作用点至锚固点的距离，m。

如图 8-32 所示，土压力的分布图形中：

$$\left.\begin{aligned} T_1 &= \frac{6M_0 - 2E_x H_1}{H_1^2} \\ T_2 &= \frac{6E_x H_1 - 12M_0}{H_1^2} \end{aligned}\right\} \tag{8-41}$$

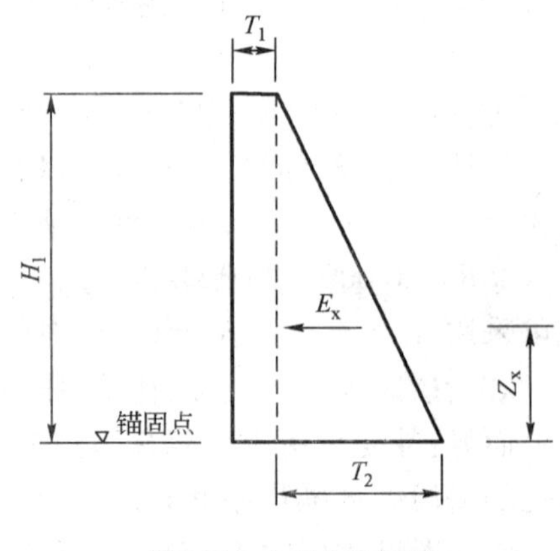

图 8-32 土压力分布图

当 $T_1=0$ 时，土压力分布为三角形；当 $T_2=0$ 时，土压力分布为矩形。

滑面以上桩身各点的弯矩 M_y 和剪力 Q_y 按下式计算：

$$M_y = \frac{T_1 y^2}{2} + \frac{T_2 y^3}{6H_1} \tag{8-42}$$

$$Q_y = T_1 y + \frac{T_2 y^2}{2H_1} \tag{8-43}$$

式中：H_1——滑动面以上桩长，m；

y——锚固点以上桩身某点距桩顶的距离。

(2)水平位移和转角

水平位移：

$$x_y = x_0 - \varphi_0 \cdot (H_1 - y) + \frac{T_1}{EI}\left(\frac{H_1^4}{8} - \frac{H_1^3 y}{6} + \frac{y^4}{24}\right) + \frac{T_2}{EIH_1}\left(\frac{H_1^5}{30} - \frac{H_1^4 y}{24} + \frac{y^5}{120}\right) \tag{8-44}$$

转角：

$$\varphi_y = \varphi_0 - \frac{T_1}{6EI}(H_1^3 - y^3) - \frac{T_2}{24EIH_1}(H_1^4 - y^4) \tag{8-45}$$

2. 滑动面以下桩身

弹性桩的内力和变位如图 8-33 所示，在计算滑动面以下桩身内力、位移和侧向压应力时，首先应引入桩的变形系数。

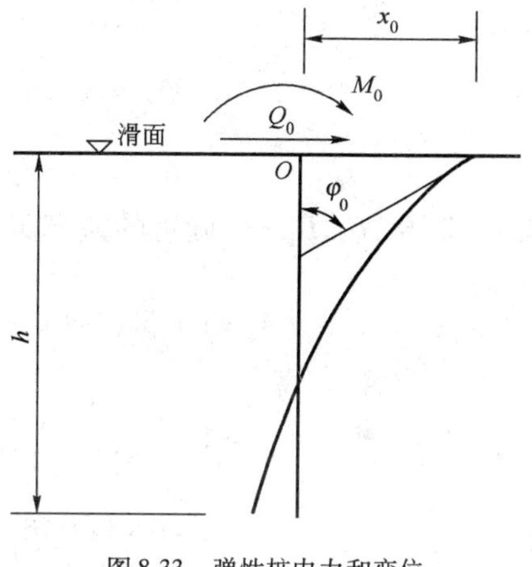

图 8-33 弹性桩内力和变位

按“K”法计算时：

$$\beta = \left(\frac{K_H B_p}{4EI}\right)^{\frac{1}{4}} \tag{8-46}$$

其锚固段换算长度为 βh。

按“m”法计算时：

$$\alpha = \left(\frac{m_H B_p}{EI}\right)^{\frac{1}{5}} \tag{8-47}$$

其锚固段换算长度为 αh。

上述式中：β,α——桩的变形系数，m^{-1}；

K_H——地基系数，kPa/m；

m_H——地基系数随深度增加的比例系数，kPa/m^2；

E——桩的钢筋混凝土弹性模量，kPa，$E=0.8E_c$；

E_c——混凝土弹性模量，kPa；

B_p——桩的计算宽度，m；

I——桩的截面惯性矩，m^4。

下面介绍几种计算方法。

(1)普通“m”法

此法系根据弹性地基上的弹性梁受挠曲后的微分方程用幂级数解出的。梁的挠曲方程为：

$$EI\frac{d^4x}{dy^4} = -P \tag{8-48}$$

式中：P——土作用于桩上的水平反力，kN/m^3。

假定桩作用在土的水平压应力等于桩上各点的水平位移 x 与该点处土的地基系数 C_H 的乘积，即 $P=xC_H$，由于 C_H 随深度 y 成正比变化，故

$$P = xC_HB_P = m_HyxB_p \tag{8-49}$$

$$EI\frac{d^4x}{dy^4} = -m_HyxB_p \tag{8-50}$$

式(8-50)为桩承受水平外荷后的挠曲微分方程，通过数学求解可得一组幂级数的表达式，换算整理后得：

$$\left.\begin{aligned}
x_y &= x_0A_1 + \frac{\varphi_0}{\alpha}B_1 + \frac{M_0}{\alpha^2EI}C_1 + \frac{Q_0}{\alpha^3EI}D_1 \\
\varphi_y &= \alpha\left(x_0A_2 + \frac{\varphi_0}{\alpha}B_2 + \frac{M_0}{\alpha^2EI}C_2 + \frac{Q_0}{\alpha^3EI}D_2\right) \\
M_y &= \alpha^2EI\left(x_0A_3 + \frac{\varphi_0}{\alpha}B_3 + \frac{M_0}{\alpha^2EI}C_3 + \frac{Q_0}{\alpha^3EI}D_3\right) \\
Q_y &= \alpha^3EI\left(x_0A_4 + \frac{\varphi_0}{\alpha}B_4 + \frac{M_0}{\alpha^2EI}C_4 + \frac{Q_0}{\alpha^3EI}D_4\right) \\
\sigma_y &= m_Hyx_y
\end{aligned}\right\} \tag{8-51}$$

式中：A_i,B_i,C_i,D_i——随桩的换算深度(ay)而异的系数，计算如下，

$$\left.\begin{aligned}
A_1 &= 1+\sum_{k=1}^{\infty}(-1)^k\frac{(5k-4)!!}{(5k)!}(ay)^{5k} \\
&= 1-\frac{(ay)^5}{5!}+\frac{1\times6}{10!}(ay)^{10}-\frac{1\times6\times11}{15!}(ay)^{15}+ \\
&\quad \frac{1\times6\times11\times16}{20!}(ay)^{20}+\cdots \\
B_1 &= ay+\sum_{k=1}^{\infty}(-1)^k\frac{(5k-3)!!}{(5k+1)!}(ay)^{5k+1} \\
&= ay-\frac{2}{6!}(ay)^6+\frac{2\times7}{11!}(ay)^{11}-\frac{2\times7\times12}{16!}(ay)^{16}+\cdots \\
C_1 &= \frac{(ay)^2}{2!}+\sum_{k=1}^{\infty}(-1)^k\frac{(5k-1)!!}{(5k+2)!}(ay)^{5k+2} \\
&= \frac{1}{2!}(ay)^2-\frac{3}{7!}(ay)^7+\frac{3\times8}{12!}(ay)^{12}-\frac{3\times8\times13}{17!}(ay)^{17}+\cdots \\
D_1 &= \frac{(ay)^3}{3!}+\sum_{k=1}^{\infty}(-1)^k\frac{(5k-1)!!}{(5k+3)!}(ay)^{5k+3} \\
&= \frac{1}{3!}(ay)^3-\frac{4}{8!}(ay)^8+\frac{4\times9}{13!}(ay)^{13}-\frac{4\times9\times14}{18!}(ay)^{18}+\cdots
\end{aligned}\right\} \tag{8-52}$$

A_2、B_2……A_4、B_4、C_4、D_4 各系数由 A_1、B_1、C_1、D_1 逐次计算。

$$\left.\begin{aligned}
A_2 &= -\frac{(\alpha y)^4}{4!} + \frac{6(\alpha y)^9}{9!} - \frac{6\times 11}{14!}(\alpha y)^{14} + \frac{6\times 11\times 16}{19!}(\alpha y)^{19} - \cdots \\
A_3 &= -\frac{(\alpha y)^3}{3!} + \frac{6(\alpha y)^8}{8!} - \frac{6\times 11}{13!}(\alpha y)^{13} + \frac{6\times 11\times 16}{18!}(\alpha y)^{18} - \cdots \\
A_4 &= -\frac{(\alpha y)^2}{2!} + \frac{6(\alpha y)^7}{7!} - \frac{6\times 11}{12!}(\alpha y)^{12} + \frac{6\times 11\times 16}{17!}(\alpha y)^{17} - \cdots \\
B_2 &= 1 - \frac{2}{5!}(\alpha y)^5 + \frac{2\times 7}{10!}(\alpha y)^{10} - \frac{2\times 7\times 12}{15!}(\alpha y)^{15} + \cdots \\
B_3 &= -\frac{2}{4!}(\alpha y)^4 + \frac{2\times 7}{9!}(\alpha y)^9 - \frac{2\times 7\times 12}{14!}(\alpha y)^{14} + \cdots \\
B_4 &= -\frac{2}{3!}(\alpha y)^3 + \frac{2\times 7}{8!}(\alpha y)^8 - \frac{2\times 7\times 12}{13!}(\alpha y)^{13} + \cdots \\
C_2 &= (\alpha y) - \frac{3}{6!}(\alpha y)^6 + \frac{3\times 8}{11!}(\alpha y)^{11} - \frac{3\times 8\times 13}{16!}(\alpha y)^{16} + \cdots \\
C_3 &= 1 - \frac{3}{5!}(\alpha y)^5 + \frac{3\times 8}{10!}(\alpha y)^{10} - \frac{3\times 8\times 13}{15!}(\alpha y)^{15} + \cdots \\
C_4 &= -\frac{3}{4!}(\alpha y)^4 + \frac{3\times 8}{9!}(\alpha y)^9 - \frac{3\times 8\times 13}{14!}(\alpha y)^{14} + \cdots \\
D_2 &= \frac{(\alpha y)^2}{2!} - \frac{4}{7!}(\alpha y)^7 + \frac{4\times 9}{12!}(\alpha y)^{12} - \frac{4\times 9\times 14}{17!}(\alpha y)^{17} + \cdots \\
D_3 &= (\alpha y) - \frac{4}{6!}(\alpha y)^6 + \frac{4\times 9}{11!}(\alpha y)^{11} - \frac{4\times 9\times 14}{16!}(\alpha y)^{16} + \cdots \\
D_4 &= 1 - \frac{4}{5!}(\alpha y)^5 + \frac{4\times 9}{10!}(\alpha y)^{10} - \frac{4\times 9\times 14}{15!}(\alpha y)^{15} + \cdots
\end{aligned}\right\} \tag{8-53}$$

式(8-51)即为弹性桩用普通法求解的一般表达式。为求得桩身任意一点的变位、转角、弯矩、剪力和岩土对该点的侧向应力，必须求出滑面处的 x_0 和 φ_0，此时需根据桩底的三种不同条件来确定。

①当桩底为固定端时，$x_h=0$，$\varphi_h=0$，但 $M_h\neq 0$，$Q_h\neq 0$。将 $x_h=0$、$\varphi_h=0$ 代入式(8-51)的前两式，联立求解得：

$$\left.\begin{aligned}
x_0 &= \frac{M_0}{\alpha^2 EI}\cdot\frac{B_1C_2-C_1B_2}{A_1B_2-B_1A_2} + \frac{Q_0}{\alpha^3 EI}\cdot\frac{B_1D_2-D_1B_2}{A_1B_2-B_1A_2} \\
\varphi_0 &= \frac{M_0}{\alpha EI}\cdot\frac{C_1A_2-A_1C_2}{A_1B_2-B_1A_2} + \frac{Q_0}{\alpha^2 EI}\cdot\frac{D_1A_2-A_1D_2}{A_1B_2-B_1A_2}
\end{aligned}\right\} \tag{8-54}$$

将 x_0 和 φ_0 代入式(8-51)，可求得桩身任一深度处的内力和变位。

②当桩底为铰支端时，$x_h=0$ 而 $\varphi\neq 0$，$M_h=0$，$Q_h\neq 0$，不考虑桩底弯矩影响。将 $x_h=0$ 和

$M_h=0$ 分别代入式(8-51)中第1、3式,联立求解得:

$$\left.\begin{aligned}x_0&=\frac{M_0}{a^2EI}\cdot\frac{C_1B_3-C_3B_1}{A_3B_1-B_3A_1}+\frac{Q_0}{a^3EI}\cdot\frac{B_3D_1-D_3B_1}{A_1B_3-B_1A_3}\\\varphi_0&=\frac{M_0}{aEI}\cdot\frac{C_3A_1-A_3C_1}{A_3B_1-B_3A_1}+\frac{Q_0}{a^2EI}\cdot\frac{D_3A_1-A_3D_1}{A_3B_1-B_3A_1}\end{aligned}\right\}\tag{8-55}$$

将 x_0 和 φ_0 代入式(8-51),可求得桩身任一深度处的内力和变位。

③当桩底为自由端时,$M_h=0,Q_h=0,x_h\neq0,\varphi_h\neq0$。将 $Q_h=0$ 和 $M_h=0$ 分别代入式(8-51)中第3、4式,联立求解得:

$$\left.\begin{aligned}x_0&=\frac{M_0}{a^2EI}\cdot\frac{C_4B_3-C_3B_4}{A_3B_4-B_3A_4}+\frac{Q_0}{a^3EI}\cdot\frac{B_3D_4-D_3B_4}{A_3B_4-B_3A_4}\\\varphi_0&=\frac{M_0}{aEI}\cdot\frac{C_3A_4-A_3C_4}{A_3B_4-B_3A_4}+\frac{Q_0}{a^2EI}\cdot\frac{D_3A_4-A_3D_4}{A_3B_4-B_3A_4}\end{aligned}\right\}\tag{8-56}$$

将 x_0 和 φ_0 代入式(8-51),可求得桩身任一深度处的内力和变位。

(2)普通“K”法

桩顶受水平荷载的挠曲微分方程为:

$$EI\frac{d^4x}{dy^4}+xK_HB_p=0\tag{8-57}$$

式中:xK_HB_p——地基作用于桩上的水平抗力。

引入变形系数 $\beta=\left(\frac{K_HB_p}{4EI}\right)^{\frac{1}{4}}$,即 $K_HB_p=4EI\beta^4$,

$$\frac{d^4x}{dy^4}+4\beta^4x=0\tag{8-58}$$

通过数学求解,得到滑动面以下任一截面的变位、侧应力和内力的计算公式:

$$\left.\begin{aligned}&\text{变位}:x_y=x_0\varphi_1+\frac{\varphi_0}{\beta}\varphi_2+\frac{M_0}{\beta^2EI}\varphi_3+\frac{Q_0}{\beta^3EI}\varphi_4\\&\text{转角}:\varphi_y=\beta\left(-4x_0\varphi_4+\frac{\varphi_0}{\beta}\varphi_1+\frac{M_0}{\beta^2EI}\varphi_2+\frac{Q_0}{\beta^3EI}\varphi_3\right)\\&\text{弯矩}:M_y=-4x_0\beta^2EI\varphi_3-4\varphi_0EI\varphi_4+M_0\varphi_1+\frac{Q_0}{\beta}\varphi_2\\&\text{剪力}:Q_y=-4x_0\beta^3EI\varphi_2-4\varphi_0\beta^2EI\varphi_3-4M_0\beta\varphi_4+Q_0\varphi_1\\&\text{侧向应力}:\sigma_y=K_{II}x_y\end{aligned}\right\}\tag{8-59}$$

式中：$\varphi_1,\varphi_2,\varphi_3,\varphi_4$——“$K$”法的影响函数值，按下式计算，

$$\left.\begin{aligned}\varphi_1 &= \cos(\beta y)\mathrm{ch}(\beta y)\\ \varphi_2 &= \frac{1}{2}[\sin(\beta y)\mathrm{ch}(\beta y)+\cos(\beta y)\mathrm{sh}(\beta y)]\\ \varphi_3 &= \frac{1}{2}\sin(\beta y)\mathrm{sh}(\beta y)\\ \varphi_4 &= \frac{1}{4}[\sin(\beta y)\mathrm{ch}(\beta y)-\cos(\beta y)\mathrm{sh}(\beta y)]\end{aligned}\right\}\tag{8-60}$$

式(8-59)为用普通的“K”法求解的表达式，计算时先求滑动面处的 x_0 和 φ_0，即可求桩身任一截面的变位、内力和侧应力，为此，需要根据下述三种边界确定。

①当桩底为固定端时，$x_h=0,\varphi_h=0$，将式(8-59)第1、2式联立解得：

$$\left.\begin{aligned}x_0 &= \frac{M_0}{\beta^2EI}\cdot\frac{\varphi_2^2-\varphi_1\varphi_3}{4\varphi_4\varphi_2+\varphi_1^2}+\frac{Q_0}{\beta^3EI}\cdot\frac{\varphi_2\varphi_3-\varphi_1\varphi_4}{4\varphi_4\varphi_2+\varphi_1^2}\\ \varphi_0 &= -\frac{M_0}{\beta EI}\cdot\frac{\varphi_1\varphi_2+4\varphi_3\varphi_4}{4\varphi_4\varphi_2+\varphi_1^2}-\frac{Q_0}{\beta^2EI}\cdot\frac{\varphi_1\varphi_3+4\varphi_4^2}{4\varphi_4\varphi_2+\varphi_1^2}\end{aligned}\right\}\tag{8-61}$$

②当桩底为铰支端时，$x_h=0,M_h=0,\varphi_h\neq0,Q_h\neq0$，不考虑桩底弯矩的影响，将 $x_h=0$、$M_h=0$代入式(8-59)第1、3式，联立解得：

$$\left.\begin{aligned}x_0 &= \frac{M_0}{\beta^2EI}\cdot\frac{4\varphi_3\varphi_4+\varphi_1\varphi_2}{4\varphi_2\varphi_3-4\varphi_1\varphi_4}+\frac{Q_0}{\beta^3EI}\cdot\frac{4\varphi_4^2+\varphi_2^2}{4\varphi_2\varphi_3+4\varphi_1\varphi_4}\\ \varphi_0 &= -\frac{M_0}{\beta EI}\cdot\frac{\varphi_1^2+4\varphi_3^2}{4\varphi_2\varphi_3-4\varphi_1\varphi_4}-\frac{Q_0}{\beta^2EI}\cdot\frac{4\varphi_3\varphi_4+\varphi_1\varphi_2}{4\varphi_2\varphi_3+4\varphi_1\varphi_4}\end{aligned}\right\}\tag{8-62}$$

③当桩底为自由端时，$M_h=0,Q_h=0,\varphi_h\neq0,x_h\neq0$。将 $M_h=0$、$Q_h=0$ 代入式(8-59)的第3、4式，联立解得：

$$\left.\begin{aligned}x_0 &= \frac{M_0}{\beta^2EI}\cdot\frac{4\varphi_4^2+\varphi_1\varphi_3}{4\varphi_3^2-4\varphi_2\varphi_4}+\frac{Q_0}{\beta^3EI}\cdot\frac{\varphi_2\varphi_3-\varphi_1\varphi_4}{4\varphi_3^2-4\varphi_2\varphi_4}\\ \varphi_0 &= -\frac{M_0}{\beta EI}\cdot\frac{4\varphi_3\varphi_4+\varphi_1\varphi_2}{4\varphi_2^3-4\varphi_2\varphi_4}-\frac{Q_0}{\beta^2EI}\cdot\frac{\varphi_2^2-\varphi_1\varphi_3}{4\varphi_3^2-4\varphi_2\varphi_4}\end{aligned}\right\}\tag{8-63}$$

将上述各种边界条件相应的 x_0 和 φ_0 代入式(8-59)，可求得滑动面以下桩身任一截面的变位和内力。

(3)当滑面处抗力不为零时的处理方法

“m”法的公式是按滑面处抗力为零的情况导出的。结合抗滑桩的实际情况滑动面以上往往有滑体存在，在滑面处岩土的抗力不为零，而是某一数值 A，则滑面以下某一深度处岩土抗力的表达式为 $p_y=A+mHy$，即滑面以下的地基系数为梯形变化，此时普通法和简化法已有的

一套公式均不能直接使用,可通过下述方法处理之,如图 8-34 所示。

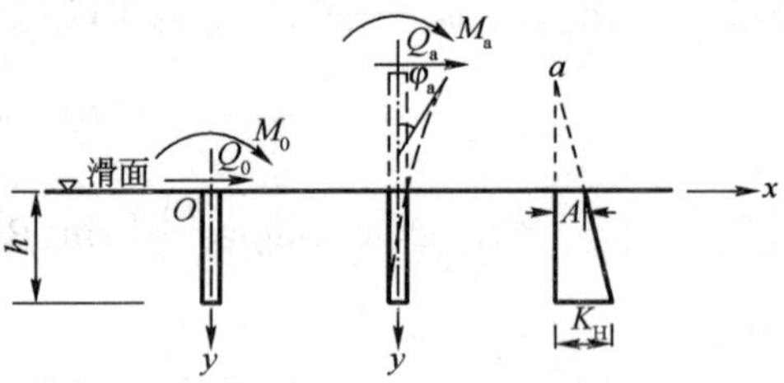

图 8-34　滑面抗力不为零时的处理

①将地基系数变化图形向上延伸至虚点 a,延伸的高度 $h_1 = \dfrac{Ah}{K_H - A}$。

②自虚点 a 向下计算便可以直接使用已有的公式,但必须重新确定 a 点处的初参数 M_a、Q_a、x_a、φ_a。

③在 M_a 和 Q_a 的作用下,必须满足下述条件:

当 $y=0$ 时(滑面处),$M=M_0$,$Q=Q_0$;

当 $y=h$ 时(桩底处),$M_h=0$,$Q_h=0$(桩底为自由端时),$x_h=0$,$\varphi_h=0$(桩底为固定端时)。

桩底为自由端时可建立下列方程:

$$\left.\begin{aligned}
a^2EI\left(x_aA_3^0+\frac{\varphi_a}{a}B_3^0+\frac{M_a}{a^2EI}C_3^0+\frac{Q_a}{a^3EI}D_3^0\right)&=M_0\\
a^3EI\left(x_aA_4^0+\frac{\varphi_a}{a}B_4^0+\frac{M_a}{a^2EI}C_4^0+\frac{Q_a}{a^3EI}D_4^0\right)&=Q_0\\
x_aA_3^h+\frac{\varphi_a}{a}B_3^h+\frac{M_a}{a^2EI}C_3^h+\frac{Q_a}{a^3EI}D_3^h&=0\\
x_aA_4^h+\frac{\varphi_a}{a}B_4^h+\frac{M_a}{a^2EI}C_4^h+\frac{Q_a}{a^3EI}D_4^h&=0
\end{aligned}\right\}\tag{8-64}$$

桩底为固定端时可建立下列方程:

$$\left.\begin{aligned}
x_aA_1^h+\frac{\varphi_a}{a}B_1^h+\frac{M_a}{a^2EI}C_1^h+\frac{Q_a}{a^3EI}D_1^h&=0\\
x_aA_2^h+\frac{\varphi_a}{a}B_2^h+\frac{M_a}{a^2EI}C_2^h+\frac{Q_a}{a^3EI}D_2^h&=0
\end{aligned}\right\}\tag{8-65}$$

上述式中:A_3^0——在滑面处的系数 A_3 值,余类推;

A_3^h——在桩底处的系数 A_3 值,余类推。

通过对式(8-64)及式(8-65)联立,即可求得 M_a、Q_a、x_a、φ_a 之值,此时便可用已有的公式计算出滑面以下任一点的内力和变位。

在计算机编程中,"K"法和"m"法可互相转换。把锚固段分成足够小的微段,近似地认为在每一小微段中,地基系数为一定值,可按"K"法计算;在完整的岩质地层中,可认为地基系数随深度增长的比例系数为零,也可按"m"法计算。

五、地基强度校核

(1)对于较完整的岩质岩层及半岩质岩层的地基,桩的最大横向压应力 σ_{max} 应不大于地基的横向容许承载力。地基的横向容许承载力可按下式计算。

桩为矩形截面时:

$$[\sigma_H]=K_{RH}\gamma R \tag{8-66}$$

式中：K_{RH}——在水平方向的换算系数，根据岩层构造，可采用0.5~1.0；

γ——折减系数，根据岩层的裂缝、风化及软化程度，可采用0.3~0.45；

R——岩石单轴抗压极限强度，kPa。

桩身作用于围岩的侧向压应力，一般不应大于容许强度。桩周围岩的允许抗压强度，必要时可直接在现场试验取得，一般按岩石的完整程度、层理或片理产状、层间的胶结物与胶结程度、节理裂隙的密度和充填物、各种构造裂面的性质和产状及其贯通等情况，分别采用垂直允许或抗压强度的0.5~1.0倍，当围岩为密实土或砂层时其值为0.5倍，较完整的半岩质岩层为0.60~0.75倍，块状或厚层裂隙少的岩层为0.75~1.0倍。

（2）对于一般土层或风化成土、砂砾状的岩层地基，抗滑桩在侧向荷载作用下发生转动变位时，桩前的土体产生被动土压力，而在桩后的土体产生主动土压力。桩身对地基土体的侧向压应力一般不应大于被动土压力与主动土压力之差。

①埋式抗滑桩

a. 当地面无横坡或横坡较小时，如图8-35(a)所示，地基y点的横向容许承载力可按下式计算。

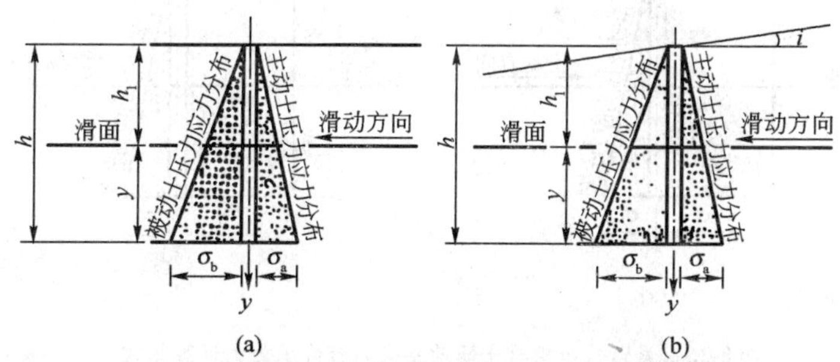

图8-35　埋式抗滑桩土质地基横向容许承载力计算图式

(a)地面无横坡或横坡较小；(b)地面横坡较大

$$[\sigma_H] = \sigma_b - \sigma_a = \left[\gamma h \tan^2\left(45° + \frac{\varphi}{2}\right) + 2c\tan\left(45° + \frac{\varphi}{2}\right)\right] - \left[\gamma h \tan^2\left(45° - \frac{\varphi}{2}\right) - 2c\tan\left(45° - \frac{\varphi}{2}\right)\right] \tag{8-67}$$

$$[\sigma_H] = \frac{4}{\cos\varphi}[(\gamma_1 h_1 + \gamma_2 y)\tan\varphi + c] \tag{8-68}$$

式中：σ_b——被动土压应力，kPa；

σ_a——主动土压应力，kPa；

$[\sigma_H]$——地基的横向容许承载力，kPa；

γ_1——滑动面以上土体的重度，kN/m^3；

γ_2——滑动面以下土体的重度，kN/m^3；

φ——滑动面以下土体的内摩擦角，(°)；

c——滑动面以下土体的黏聚力，kPa；

h_1——设桩处滑动面至地面的距离，m；

y——滑动面至计算点的距离，m；

h——地面至计算点的距离，m。

b. 当地面横坡i较大且$i \leq \varphi_0$时，如图8-35(b)所示，地基y点的横向容许承载力可按公式(8-69)计算。为简化公式推导,采用综合内摩擦角。

$$[\sigma_{\mathrm{H}}] = 4(\gamma_1 h_1 + \gamma_2 y)\frac{\cos^2 i\sqrt{\cos^2 i - \cos^2\varphi_0}}{\cos^2\varphi_0} \tag{8-69}$$

式中:φ_0——滑动面以下土体的综合内摩擦角。

②悬臂抗滑桩

a. 当地面无横坡或横坡较小时[图 8-36(a)],地基 y 点的横向容许承载力可按下式计算:

$$[\sigma_{\mathrm{H}}] = 4\gamma_2 y\frac{\tan\varphi_0}{\cos\varphi_0} - \gamma_1 h_1\frac{1-\sin\varphi_0}{1+\sin\varphi_0} \tag{8-70}$$

b. 当地面横坡 i 较大且 $i \leqslant \varphi_0$ 时,如图 8-36(b),地基 y 点的横向容许承载力可按下式计算:

$$[\sigma_{\mathrm{H}}] = 4\gamma_2 y\frac{\cos^2 i\sqrt{\cos^2 i - \cos^2\varphi}}{\cos^2\varphi} - \gamma_1 h_1\cos i\frac{\cos i - \sqrt{\cos^2 i - \cos^2\varphi}}{\cos i + \sqrt{\cos^2 i - \cos^2\varphi}} \tag{8-71}$$

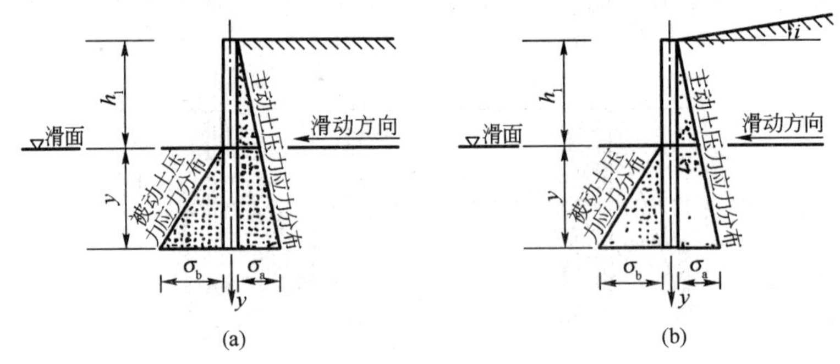

图 8-36 悬臂式抗滑桩土质地基横向容许承载力计算图式

(a)地面无横坡或横坡较小;(b)地面横坡较大

c. 围岩在不同部位的极限抗压强度,一般都尽可能取代表样品试验,其垂直允许值常用极限值的 1/10 ~ 1/4,对软弱或破碎岩层一般采用较大的系数,对坚硬岩层则取小些。

d. 如桩身作用于地基地层的侧向压应力大于围岩的允许强度,则需强调整桩的埋深或截面尺寸和间距,重新设计;但对围岩有随深度而逐渐增大强度的情况时,可允许在滑面以下 1.5m深度内产生塑性变形现象,而在塑性变形深度内围岩抗力采用其侧向允许值,故对于一般土层或风化成土、砂砾状的岩层地基,也可只检算滑动面以下深度为 $h_2/3$ 和 h_2(滑动面以下桩长)处的横向压应力是否小于相应的容许压应力。

e. 抗滑桩锚固深度的计算,除了满足强度校核外,地面处桩的水平位移不宜大于 10mm。当桩的变位需要控制时,应考虑最大变位不超过容许值。根据多年的工程经验,抗滑桩的锚固深度一般为总桩长的 1/3 ~ 1/2,对于完整的基岩,约为 1/4。

第九章　路基工程具体问题

我国地域辽阔，不同的气候、水文和地质条件造成了复杂的地形地貌，在地势不平坦地区建设高速铁路(公路)时常建造桥梁以跨越河、沟、谷的阻隔，这就形成了桥涵台后回填材料的变形及路基稳定问题。同时，随着交通量的增加及现代化交通的建设，高速铁路建设和高速公路拓宽成为当前交通基础设施建设的主要特点。本章结合当前交通建设特点，主要介绍高速铁路路基设计和施工、路桥结合部差异沉降和处理技术、路基拓宽时新老路基结合部的差异沉降和处理技术。

第一节　高速铁路路基

高速铁路是社会经济发展的需要。日本是世界上第一个建成实用高速铁路的国家。1964年10月1日东海道新干线正式开通营业，高速列车运行速度达到210km/h，从东京至大阪间旅行时间由6h 30min缩短到3h。这条专门用于客运的电气化、标准轨距的双线铁路，代表了当时世界第一流的高速铁路技术水平，标志着世界高速铁路由试验阶段跨入了商业运营阶段。高速铁路具有强大的生命力和吸引力，历经多次更新换代，技术上取得了新突破，不但给传统铁路注入了新的活力，还带动了交通运输行业的革新。高速铁路的业绩深受世人瞩目，法国及时发展了独具特色的TGV高速列车技术。紧接日、法之后，德国、意大利、西班牙等都相继修建了高速铁路。截止到2010年，法国、德国、西班牙、意大利、英国、比利时、丹麦、荷兰等西欧国家将建成6 000多公里的高速铁路。捷克、波兰、匈牙利等东欧国家也积极改造既有铁路，提高列车运行速度，建设高速铁路。亚洲的韩国、印度、土耳其，非洲的埃及，大洋洲的澳大利亚，美洲的加拿大、美国、巴西等国家也正在修建和计划修建高速铁路。在我国，2006年3月13日，国务院正式批准京沪高速铁路项目建设立项，拉开了我国高速铁路建设的序幕。预计到2015年，世界上修建高速铁路的国家和地区将达到23个，高速铁路总里程将突破3万km。

一、高速铁路路基的特点

高速铁路的出现对传统铁路的设计、施工和养护维修提出了新的挑战，在许多方面深化和改变了传统的设计方法和观念。就路基工程而言，主要表现为以下三个特点。

1. 高速铁路路基的多层结构系统

高速铁路与普通铁路相比，无论是在设计、施工和养护维修方面都有本质的区别。就线路结构领域看，目前已经突破了传统的轨道/道床/土路基这种结构形式，既有有砟轨道也有无砟轨道。在有砟轨道中，从轨道至基床这个过渡层范围内，除了道砟/土这种两层系统外，还有多层系统。例如法国的道砟层/底砟层(或次道砟层，砂、砾料)/基层(级配良好的砾石)/反滤层(土工纤维)；日本在道床与基床之间加设了2.5cm厚的橡胶垫层；德国在道砟与基床之间加一块钢筋混凝土板等。我国拟建的京沪高速铁路,其路基结构分基床表层、基床底层及下部填土。

2. 控制变形是路基设计的关键

控制变形是路基设计的关键,采用各种不同路基结构形式的首要目的是为高速线路提供一个高平顺、均匀和稳定的轨下基础。由散体材料组成的路基是整个线路结构中最薄弱、最不稳定的环节,是轨道变形的主要来源。它在多次重复荷载作用下所产生的累积永久下沉(残余变形)将造成轨道的不平顺,同时其刚度对轨道面的弹性变形也起关键性的作用,因而对列车的高速走行有重要影响。高速行车对轨道变形有严格的要求,因此,变形问题便成为高速铁路设计所考虑的主要控制因素。就路基而言,过去多注重于强度设计,并以强度作为轨下系统设计的主要控制条件。而现在强度已不成为问题,一般在达到强度破坏前,可能已经出现了过大的有害变形。日本东海道新干线的设计时速为220km,由于其在设计中仅仅采取了轨道的加强措施,而忽略了路基的强化,以至从1965年开始,因为路基的严重下沉,致使路基病害不断,线路变形严重超限,不得不对线路以年均30km以上的速度大举整修,10年内中断行车200多次,列车运行平均速度也降到100~110km/h。

3. 在列车、线路这一整体系统中,路基是重要的组成部分

变形问题相当复杂,是一个世界性的难题。日本及欧洲各国虽然实现了高速,但他们都是通过采用高标准的昂贵的强化线路结构和高质量的养护维修技术来弥补这方面的不足。日本对此不惜代价,在上越和东北新干线上,高架桥延长米数所占比例分别为49%和57%,路基仅占1%和6%。所以,变形问题是轨下系统设计的关键。由于普通铁路行车速度慢、运量小,因此在以往的设计中,只孤立地研究轮、轨的相互作用,并把这种相互作用狭义地理解为轮、轨接触部位的几何学、运动学、动力学的关系,而忽略了路基的影响,其中各个部分的设计也只局限于本专业范围内。对于高速铁路,轮、轨系统应该是车轮、钢轨、道床、路基各部分相互作用的整体。因为包括路基在内的轨下系统的垂向变形集中反映在轨面上,并且又直接影响着轮、轨作用力的大小,因此,必须把轮、轨系统的各组成部分放到整个系统中去考察,建立适当的模型,着眼于各自的基本参数和运用状态,进行系统的最佳设计,实现轮、轨系统的合理匹配,尽可能降低轮、轨作用力,以保证列车的高速、安全运行。其中轨上各部分应尽量降低车辆轮载和簧下质量,轨下的道床、路基部分必须提供一个坚实稳定的轨道基础,以减少变形,同时又保持适当的弹性。德国著名的高速铁路专家Eisenmann指出:铁路路基作为承受轨道和列车荷载的基础,如果选择了合理的刚度(弹性模量),则能明显地影响轮载的分配,可以使轨面的最大支承力减少60%~70%,而且还可以改善基床动应力的分布,减弱重复荷载的动力作用,减少列车荷载对线路的不良影响。但这并不是要求路基不存在变形,因为列车不可能在一个绝对刚性的基础上作高速稳定运行,而只能依循着不平顺的走行面和刚度有变化的轨道运行。

因此,在高速铁路技术研究中,无论机车车辆、轨道结构或路基专业,都应当把自己的问题放在整个系统中去考察,设计中所采用的设计参数应当使系统的各个部分相互间有合理的匹配。对于路基来说,这些参数主要是弹性系数、阻尼、参振质量、变形模量、动刚度、固有频率以及与之联系的压实度和含水量等。

二、高速铁路路基横断面

高速铁路路基面形状应为三角形,并设有由路基面中心向两侧成4%的横向排水坡。曲线加宽时,仍应保持路基面的三角形形状。

1. 线间距

由于高速列车运行时会产生列车风，相邻线路高速列车相向运行所产生的空气压力冲击波易振碎车窗玻璃，使旅客感到不适，甚至影响列车运行的平稳性，故高速线路的线间距较普通铁路有所增大。其大小取决于机车车辆幅宽、轨距、高速列车相遇产生的风压以及考虑将来铺设渡线道岔等条件。

日本东海道新干线的设计列车最高速度为220km/h，考虑到高速列车相遇产生的风压和列车本身的安全等情况，确定两列车内侧间距为0.8m，线间距为车辆幅宽3.4m加0.8m的车侧安全距离，共计4.2m(表9-1)。但以后续建的山阳、东北、上越、北陆等新干线的列车最高设计速度为260km/h，线间距则均采用4.3m。法国东南线(巴黎至里昂)的列车最高速度为270km/h，试验资料表明，线间距为4.0m即可满足要求，但考虑到将来铺设渡线的需要，线间距采用了4.2m。我国京沪高速铁路线间距根据所采用机车车辆类型、运行速度等因素确定为5.0m。

国外高速铁路轨道及路基面宽度 表9-1

国别	日本					法国		德国		意大利
线名 / 项目	东海道	山阳	东北	上越	北陆	东南	大西洋	曼海姆—斯图加特	汉诺威—维尔茨堡	罗马—佛罗伦萨
最高设计速度(km/h)	220	260	260	260	260	300	300	250	250	货120，客250
最高运营速度(km/h)	210	230	240	240	260	270	300	250	250	250
轨道	有砟54%	有砟12%，板式50%	有砟5%，板式90%	有砟1%，板式95%	板式	有砟	有砟	有砟	有砟	有砟
钢轨(kg/m)	52~60	60	60	60	60	UIC60	UIC60		UIC60	
轨枕	长2.4m混凝土枕，1 700根/km					长2.3m双块式混凝土枕，1 667根/km		长2.6m混凝土枕，1 667根/km		长2.6m混凝土枕
道床	枕下30cm厚					枕下35cm厚		枕下30cm厚		枕下35cm厚
线间距(m)	4.2	4.3	4.3	4.3	4.3	4.2	4.2	4.7	4.7	4.0
路基面宽度(m)	10.7	11.60				13.00	13.60	13.50~13.70	13.50~13.70	11.00，新建线增至13.00
路肩宽度(m)	一侧0.5，另侧1.0	1.20	1.20	1.20	1.20	1.20	SES马道外0.9	1.3	1.3	安全限界基柱外1.0

2.路肩宽度

路肩虽不直接承受列车荷载作用,但它对保证路基受力部分的稳固十分重要。路肩宽度选择应同时满足敷设接触网支柱、安放通信信号设备、埋设必要的线路标志、通行养路机具等要求。路肩宽度取决于以下几个因素。

(1)路基稳定的需要,特别是浸水以后路堤边坡的稳定性。根据日本、德国的经验,在降雨量大的地区,加大路肩宽度对于保证线路畅通有重要作用。路堤浸水后,边坡部分土质会软化,在自重与列车荷载产生的振动加速度的共同作用下,容易产生边坡的浅层滑坡。路肩较宽时,即使发生浅层坍滑,也不会影响路堤承载部分,从而可不影响列车的正常通行。此外,路肩部分需考虑设置电杆、电缆槽位置,路堑地段则需考虑为边坡剥落物留有空地及开挖排水沟时不影响边坡稳定。

(2)满足养护维修的需要。高速铁路虽说是高标准、高质量的线路,但小型、紧急补修还是不可避免的,因此仍需考虑线路维修时搁置或推行小型养路机械所必须的路肩宽度。

(3)保证行人的安全,符合安全退避距离的要求。虽然高速铁路线路是全封闭的,运行期间人员不能进入线路范围,但世界各国依然考虑了行人的安全问题,并做过不少试验。日本的试验结果认为,列车长度为350m,列车运行速度为250km/h时,作业人员能够接受安全待避的车风速为17m/s,以此要求风压限界定为车辆边侧以外0.8m(车辆幅宽为3.4m),距车0.8m是安全的。法国测得速度为350km/h时,离线路中心2.4m是安全的。如果车体宽2.8m,则距车体1.0m是安全的。德国在线路设计规范中把距离线路中心3.5m以外作为安全区。如车体宽3.0m,则需离车体2.0m。德国把这一距离作为路肩的起点,在这外0.8m为路肩部分。前苏联对站台上旅客安全距离和相向运行高速列车安全范围的实测试验资料表明,当列车速度达200km/h及以上时,人站在距站台边缘1.2m处,气浪的侵袭会危及人身安全。在用3P200型电动车组进行的200km/h的试验中,测量了站台上的风压随离站台边缘距离的变化关系,规定气流对人体的最大压力不得大于250kPa,据此得出列车以200km/h通过时,人离站台边缘的安全距离约为2.0m。

(4)为路堤压密与道床边坡坍落留有余地。路堤在建成以后多多少少会发生一些沉降,特别是高路堤、软弱地基路堤,即使施工质量很好也会有压密沉降。日本1964年修建东海道新干线时规定为一侧设0.5m的人行道,另一侧设1.0m宽的作业通道。但经运营实践,修订了路肩宽度标准。自山阳新干线以后制订的路基标准规定,路堤的路肩宽度增加到1.2m,路堑为1.0m。法国修建东南线时,考虑到养护人员乘车行走,特别是电弧焊装置使用的发动机组能在路肩上通过,双侧设1.2m路肩通道。但在修建大西洋干线时,修改为在接触网支柱处设0.7m宽的SES马道,马道外再设宽0.9m的路肩,其结果使路基面宽度从13.0m增至13.6m。意大利罗马—佛罗伦萨高速铁路沿线在轨道侧安全限界边设有高度超过人头的基柱,两侧在基柱外各设1.0m通道。

我国京沪高速铁路路肩宽度亦根据所采用的机车外形、车辆幅宽、列车长度、行车速度等,参考其他国家的资料考虑了上述要求后,提出路基两侧均为1.4m宽的标准。

3.路基面宽度

路基面宽度等于道床坡角间所占用的路基宽度再加上两侧的路肩宽度。它应满足铺设轨道、设置线路及信号标志、通行维修机具和行人,便于养护维修作业,制止土体侧向挤动以保证路基核心部分的稳固等各项要求。路基面宽度与铁路等级、轨道类型、道床厚度、填料性质及路肩宽度等因素有关。由于高速铁路采用重型轨道结构,加大了线间距和路肩宽度。因此其基面宽度较一般线路要宽，直线地段的单线路基面宽度，路堤和路堑为8.8m；双线路基面宽度，路堤和路堑为13.8m。

此外，应在曲线外侧加宽路基面宽度，加宽值在缓和曲线内渐变。对于不同的曲线半径路基外侧加宽值不同，当14 000 > R≥11 000时，路基外侧加宽0.3m；当11 000 > R≥7 000时，路基外侧加宽0.4m；当7 000 > R≥5 500时，路基外侧加宽0.5m；当5 500 > R≥500时，路基外侧加宽0.6m。

4. 高速铁路路基标准横断面图

图9-1～图9-4为高速铁路路基的标准横断面图。

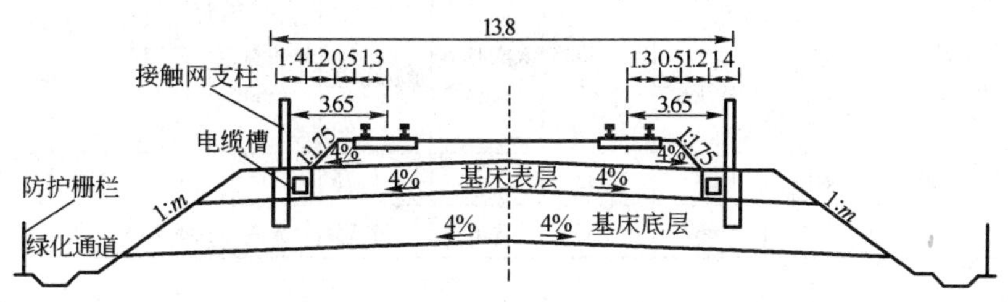

图9-1 高速铁路双线路堤标准横断面（尺寸单位：m）

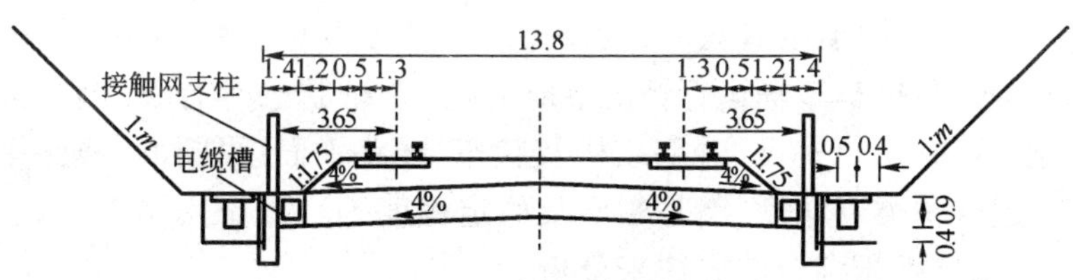

图9-2 高速铁路双线路堑标准横断面（尺寸单位：m）

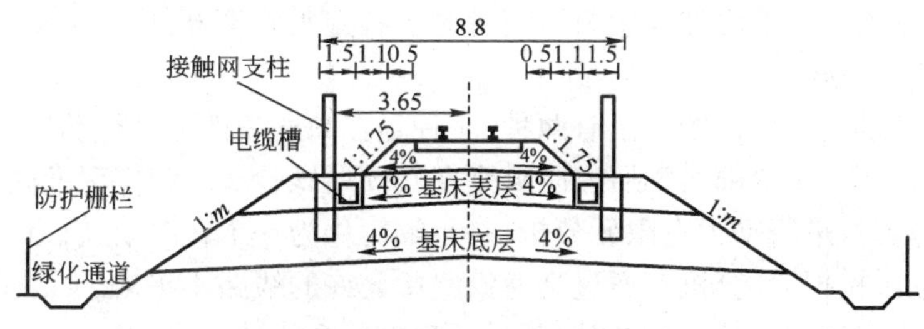

图9-3 高速铁路单线路堤标准横断面（尺寸单位：m）

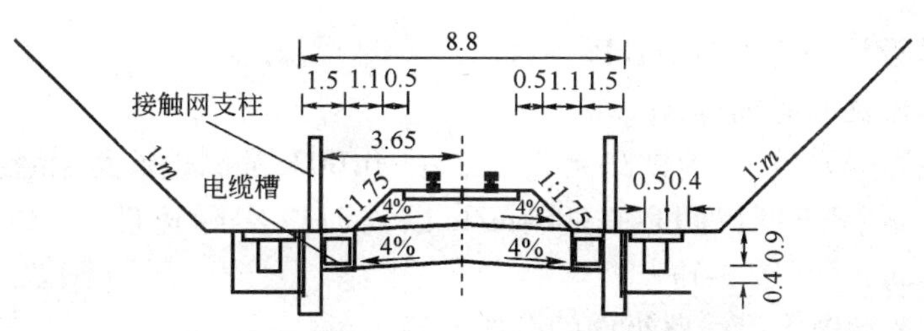

图9-4 高速铁路单线路堑标准横断面图（尺寸单位：m）

三、高速铁路路基设计荷载

1. 静荷载

铁路路基面上作用有列车荷载和轨道荷载。列车荷载和轨道荷载是确定路基本体构造要求的一个重要依据。我国的高速铁路采用有砟轨道结构，其标准：钢轨为60kg/m^2，轨枕为Ⅲ型混凝土枕，枕长2.6m，1 600～1 680根/km，道砟厚不小于35cm，砟肩宽50cm。轨道及列车荷载换算的土柱高度及分布宽度如表9-2所示。

离速铁路轨道和列车荷载换算土柱高度及分布宽度 表9-2

列车活载种类	设计轴重(kN)	钢轨(kg/m)	轨枕(根/km)	道床厚度(m)	道床顶宽(m)	道床坡度	分布宽度(m)	计算高度(m) 土的重度(kN/m^3)				
								18	19	20	21	22
ZK标准活载	220	60	1 667	0.35	3.6	1: 1.75	3.4	3.0	2.8	2.7	2.6	2.4
中—22活载	220	60	1 667	0.35	3.6	1: 1.75	3.4	3.4	3.2	3.0	2.9	2.8

2. 动荷载

在列车动荷载作用下，路基保持长期稳定是列车高速运行的基础。要使路基保持长期稳定，不产生任何危及正常运行的过大有害变形，就必须了解列车在高速运行时通过钢轨、枕道床传到路基表面的动应力幅值及其频率，以及振动加速度及位移的大小。在列车动荷载作用下，路基动应力的幅值与机车车辆运行情况、线路及其基础状态等有关，因受诸多因素的影响（如机车车辆类型、轴重、运行速度、线路结构及状态、线路平面、纵断面、线路平顺情况、类型、轨枕类型及间距、道砟种类及厚度、路基土质及稳定程度等），很难用简单的数学模型来表达，一般采取实测与理论分析相结合的方法来分析。

（1）高速铁路路基设计动应力幅值

作用在轨道上的轮重实际上由两部分组成：①机车车辆（包括货物）静轴重；②机车车辆与轨道的相互作用而产生的附加作用力。前者对于特定的机车车辆是常数，后者是与诸多因素有关的一个随机变量。

确定路基设计动应力幅值的方法有两种：一种是在高速条件下进行动应力实测，另一种是运用计算机模拟计算。铁道部科学研究院分别在其环形试验基地和广深准高速铁路上进行了实测，然后利用计算机进行动力有限元分析，将车辆简化为一个转向架，轨道、轨枕、道床、路基分别用弹簧、阻尼来模拟，计算机车通过高速铁路所允许的线路不平顺（如三角坑、错台等）对轨道产生的动应力，最后提出高速铁路路基设计动应力幅值计算公式：

$$\sigma_{d1} = 2.6 \times P(1 + \alpha v) \tag{9-1}$$

式中：σ_{d1}——路基设计动应力幅值，kPa；

P——机车车辆的静轴重，t；

α——速度影响系数，高速铁路无缝线路 $\alpha = 0.003$，准高速铁路无缝线路 $\alpha = 0.004$；

v——列车运行速度，速度在300km/h以内时以实际速度计，超过300km/h时按300km/h计（图9-5）。

（2）路基面上的动应力沿线路纵向的分布

在高速铁路路基设计中，不仅需要知道列车荷载通过钢轨、轨枕、道砟传递到路基面的动应力数值的大小，还需要了解其在路基面上沿线路纵向的分布情况。大量实测的应力曲线表明，动应力在路基面上沿线路纵向的分布如图9-6所示，图中σ_{max}为车轮正下方路基面的动应力最大值。如沿线路纵向距该车轮L处路基面应力衰减为零，则L即为扩散距离。

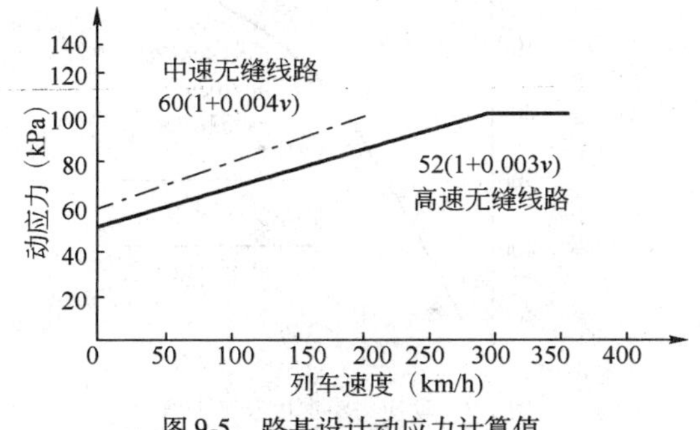

图9-5　路基设计动应力计算值

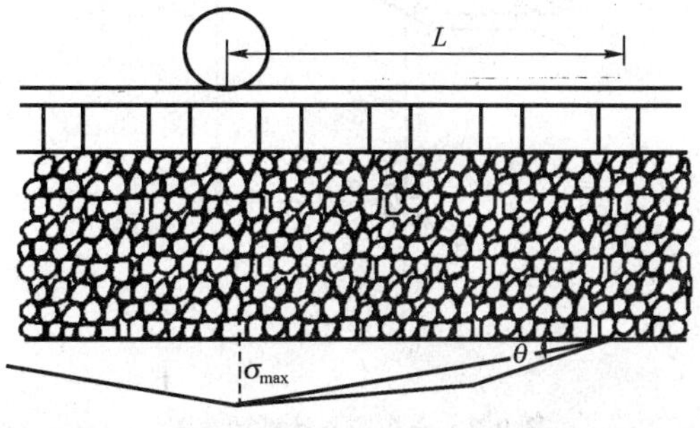

图9-6　动应力沿线路纵向在路基面的扩散情况

车轮正下方路基面动应力最大值和最大值与沿线路纵向扩散距离L之比存在线性关系。其关系式如下：

$$L = 10^3\sigma_{max}/(82.9 + 6.17\sigma_{max}) \tag{9-2}$$

式中，σ_{max}的单位为kPa，L的单位为cm。

(3)高速铁路路基设计荷载

当高速铁路的设计速度为350km/h，最大轴重为220kN时，根据式(9-1)可求出设计动应力幅值为100kPa，在路基面上的分布面积为260cm×280cm，如图9-7所示。

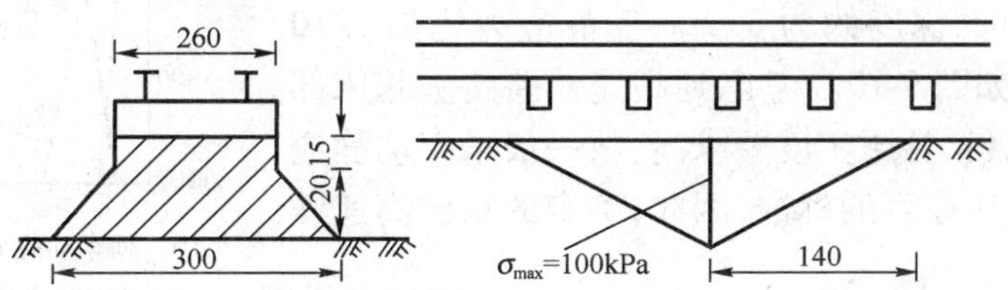

图9-7　高速铁路路基面上设计动应力及分布图(尺寸单位：cm)

(4)动应力沿深度的衰减

列车荷载以动力波的形式通过道床传递到基床面，再向深层传播。在动力波传播的过程中要消耗能量，或者说由于阻尼作用，土要吸收能量，因此，动应力随着深度的增加而衰减。动应力沿深度的衰减可从两个方面进行探讨：一是实测，二是理论计算。前者由于受测试设备、埋设传感器的边界条件等影响，数值较离散，加之深处测试也比较困难，因此大多采用后者。在理论计算中虽作了一些假设，会造成计算结果与实际有些出入，但对于路基填土设计而言，这样的精度是可以接受的。

在长方形均布荷载作用下(图9-8)，荷载中心点下深度z处的垂直应力可采用Boussinesq理论，按照半空间弹性理论公式进行计算：

$$\sigma_z = \frac{2P_0}{\pi}\left[\frac{m \times n}{\sqrt{1 + m^2 + n^2}} \times \frac{1 + m^2 + 2n^2}{(1 + n^2)(m^2 + n^2)} + \arcsin\frac{m}{\sqrt{n^2 + n^2} \times \sqrt{1 + n^2}}\right] \tag{9-3}$$

式中：P_0——荷载强度；

m,n——$m = a/b, n = z/b$。

如果长方形的长与宽如图9-8所示，则动应力沿深度的衰减可按式(9-3)计算，只是需要考虑基床表层与基床底层填料的模量差异，计算结果见图9-9所示。

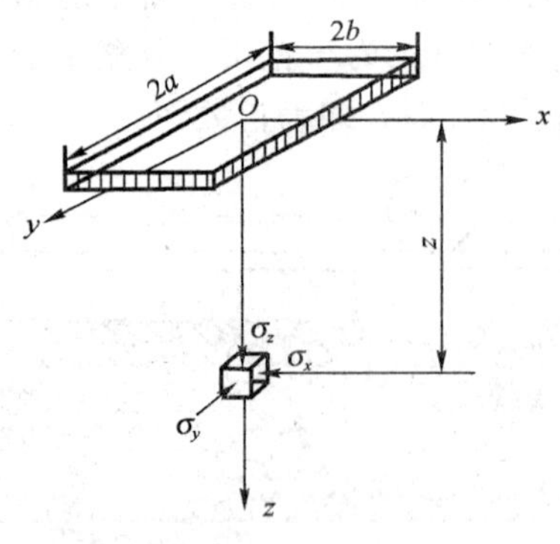

图 9-8　土中应力计算示意图

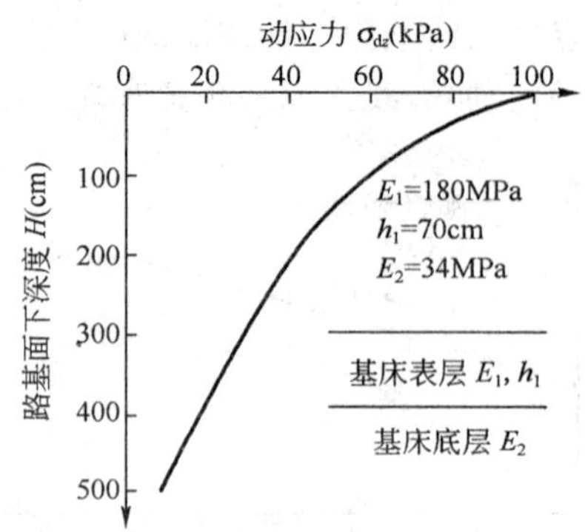

图 9-9　动应力沿深度衰减曲线

(5)基床厚度的确定

列车动应力由轨道、道床传至路基本体，然后沿深度逐渐衰减。一般将动应力影响较大的部分定义为路基基床。压实土的动三轴试验表明，当动静应力比在 0.2 以下时，加载 10 万次产生的塑性累积变形在 0.2% 以下，而且很快能达到稳定。如果动静应力比小于 0.1，动荷载影响就相当微小了。因此，一般将动静应力比 1/5 或 1/10 作为确定基床厚度的依据。我国对京沪高速铁路路基的研究表明，动静应力比为 1/5 时的深度约为 3.2m，动静应力比为 1/10 的深度约为4.2m，如图 9-10。考虑到高速铁路路基基床部分的填料为优质填料，且压实度要求高，故一般采用动静应力比 1/5 为确定基床厚度的标准，因此，确定的京沪高速铁路路基基床厚度为 3.0m。

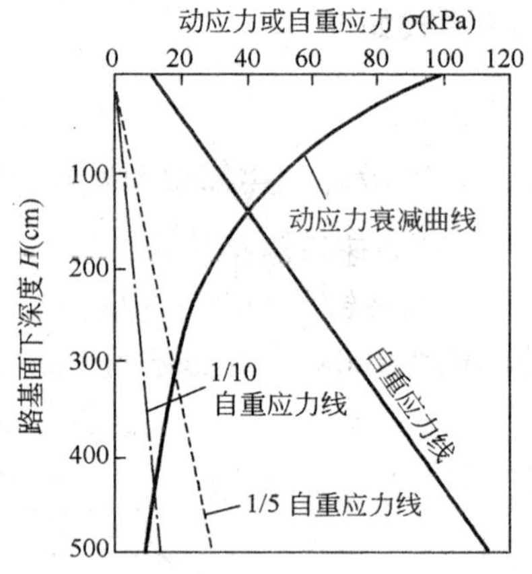

图 9-10　列车动应力与路基自重应力沿深度的变化曲线

四、高速铁路路基基床

1. 对基床的要求与基床的结构

基床是在路基面以下、路基上部受列车动力作用和水文气候变化影响较大的一层。基床土承受列车荷载产生的动应力，在它的长期重复作用下，基床容易发生破坏或是产生过大的有害变形，从而影响正常的铁路运输。因此，基床是铁路路基最重要的关键部位。

(1)对基床的要求

对基床主要有以下几个方面的要求。

①强度要求。应有足够的强度以抵抗列车荷载产生的动应力而不致破坏；能抵抗道砟压入土中，从而防止道砟陷槽等病害的形成；在路基填筑阶段能承受重型施工车辆走行而不形成印坑，以免留下后患。

②刚度要求。在列车荷载的重复作用下，塑性累积变形要小，以避免形成过大的不均匀下沉造成轨道的不平顺，增加养护维修的困难。在列车高速行驶时，基床的弹性变形应满足高速走行的安全性和舒适性的要求，同时能保障道床的稳固。

③优良的排水性。能够防止雨水浸入路基下层，避免引起软化和冻融等危害。

(2)基床的结构

传统的普通线路多为道床与土质路基直接相连的二层系统，称为土基床。随着高速铁路列车速度的提高和重载铁路轴重的增加，基床所受的动应力明显提高，普通的二层系统已不能满足要求，因此发展了多层系统。多层系统的基床分基床表层及基床底层两部分。有的国家针对填料、气候、无碴轨道等不同线路情况，将基床表层再细分成两层或多层结构，每层使用不同材料或结构。最典型的是德国无碴轨道的线路结构，包括钢筋混凝土板连续板、混凝土绝热层和支持层、素混凝土、矿渣混凝土、填土、道砟等。日本在基床表层的表面铺设一层5cm厚的沥青混凝土，德国在有碴线路基床表层加设一层混凝土板和过滤层。我国的京沪高速铁路路基基床采用两层结构。

2. 基床表层设计

基床表层是路基直接承受列车荷载的部分，又常被称为路基的承载层或持力层，因此基床表层的设计是路基设计中最重要的部分。自20世纪50年代末日本开始研究东海道新干线路基以来，主要是研究基床表层的设计及施工问题。在此之前，日本铁路并无基床表层。70年代，欧盟为了减少路基病害，提高路基适应大运量、高速度的运输需求，对路基上部的受力条件、结构、材料等方面进行了深入的研究。法国在制定TGV线路技术标准前以及德国在建设高速铁路时，都对基床表层进行了比较深入的研究。

(1)基床表层的作用

基床表层是铁路路基最重要的组成部分，是轨道的直接基础，担负着重要使命。基床表层的作用大致有以下几点：

①增加线路强度，使路基更加坚固、稳定，并具有一定的刚度，使列车通过时的弹性变形控制在一定范围之内；

②将作用到基床底层顶面上的动应力扩散，使其不超出基床底层填料的临界动应力；

③防止道砟压入基床及基床土进入道砟层；

④防止雨水浸入基床使基床土软化，发生翻浆冒泥等基床病害，并保证基床肩部表面不被雨水冲刷；

⑤防冻等。

实践表明，基床表层的优劣对轨道变形影响很大。由图9-11可知，不良基床表层引起的轨道变形是良好基床表层的几倍，而且其差距还随速度的提高而增大。这说明高速铁路设置一个良好基床表层是必不可少的。因此，需要对基床表层厚度、填料、结构及压实标准等多方面进行精心设计。

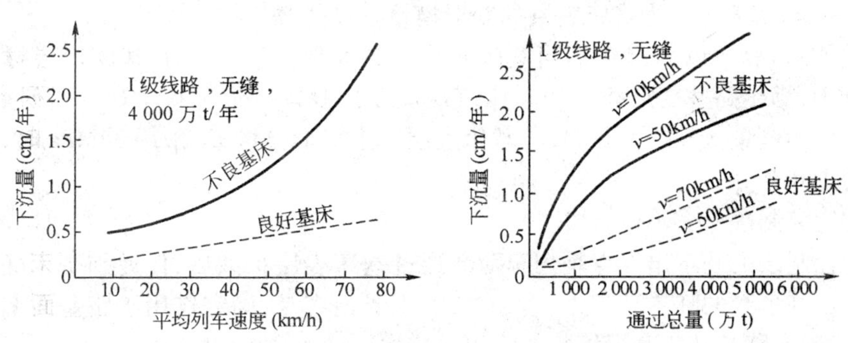

图9-11 日本铁路轨道下沉量与基床表层质量的关系

(2)基床表层厚度

基床表层厚度的确定是由变形控制因素决定的。计算方法有动强度控制法和弹性变形控制法两种。

①弹性变形控制法

弹性变形控制法是日本铁路在设计强化路基基床表层时提出的。日本强化路基基床表层采用的是沥青混凝土,厚5cm。参照公路沥青混凝土路面设计,路面回弹变形折角不应大于2.5%,故根据日本铁路基床荷载分布情况(图9-12),将基床表层弹性变形控制在不大于2.5mm,否则沥青混凝土面层将开裂,影响基床表层的特性。

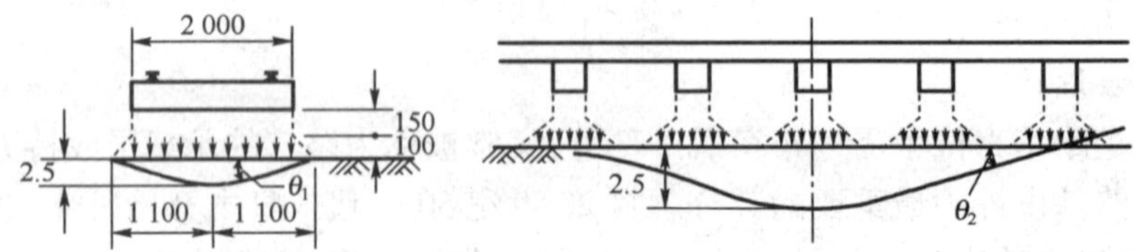

图9-12　基床容许弹性变形值图(尺寸单位:mm)

对于非沥青混凝土表面的基床表层,弹性变形控制法同样适用。许多现场调查资料表明,若基床表面的弹性变形大于4mm时,将引起道砟的侧向流动,从而加速线路状态的恶化。因此,有关研究提出将3.5mm作为京沪高速铁路路基基床表层的弹性变形控制值。

根据Boussinesq理论,长方形均布荷载作用在双层弹性地基(基床表层和基床底层)上,均布荷载中心点的沉降可用下式计算。

$$S_0=\frac{2bP_0(1-\mu^2)}{\pi E_2}\left\{\left(\ln\frac{\sqrt{1+m^2+n_1^2+q^{2/3}}+m}{\sqrt{1+m^2+n_1^2+q^{2/3}}-m}+m\times\ln\frac{\sqrt{1+m^2+n_1^2+q^{2/3}}+1}{\sqrt{1+m^2+n_1^2+q^{2/3}}-1}-\right.\right.$$
$$\left.\frac{1-2\mu}{1-\mu}\times n_1\times q^{1/3}\times\arctan\frac{m}{n_1\times q^{1/3}\times\sqrt{1+m^2+n_1^2+q^{2/3}}}\right)\left(1-\frac{1}{q}\right)+$$
$$\left.\frac{2}{q}\left[\ln(\sqrt{1+m^2}+m)+m\times\ln\frac{\sqrt{1+m^2}+1}{m}\right]\right\}\tag{9-4}$$

式中:P_0——荷载强度,路基面应力;

μ——泊松比,通常取0.3;

E_2——基床底层的变形模量;

m——$m=a/b$,a为荷载的长边之半,b为荷载的短边之半;

n_1——$n_1=h/b$,h为基床表层厚度;

q——$q=E_1/E_2$,E_1为基床表层的变形模量。

根据式(9-4)就可以算出在不同基床底层填料变形模量(E_2)和基床表层材料变形模量(E_1)的基础上,满足路基变形条件的基床表层厚度。我国铁道部科学研究院研究表明,基床表层材料的变形模量E_1取为180MPa,基床底层填土变形模量E_2采用34MPa时,需要的基床表层厚度约为0.7m。

②动强度控制法

动强度控制法的基本出发点是列车荷载通过基床表层扩散后,传递到基床底层顶面的动应力必须小于其填料的临界动应力。该方法的主要内容是:确定作用于路基面上的设计动应力幅值大小;确定路基基床底层填料的临界动应力。

填料的临界动应力可通过动三轴试验确定,其大小与填料的种类、密实度、含水量及围压大小、荷载的作用频率等紧密相关。试验结果表明，由散体材料组成的弹塑性土体在重复荷载的每一次加、卸载作用下都要产生不可恢复的塑性变形，塑性变形随重复次数的增加而累积。对于路基填土而言，存在一个特定的临界动应力，当实际动应力小于临界动应力时，塑性变形随重复作用次数的增加而累积，但塑性变形速率则是随重复次数的增加而减少，最后塑性变形趋向稳定。当实际动应力大于临界动应力时，填料的累计塑性变形随重复作用次数的增加而增加，且变形速率加快，最后因变形过大而失稳。

临界动应力也是动强度的反映，通过不同的围压试验，可以求得土的动强度指标，试验结果表明，动强度约为静强度的50%～60%。如果把荷载动应力沿深度的衰减曲线与路基土动强度随深度增加的曲线叠加于同一张图上，它们的交点则表示所要求的基床表层深度，如图9-13所示。在此交点以上的基床范围，荷载的动应力大于土的临界动应力，需要进行加固处理或换填优质填料，以提高临界动应力。这就是基床表层厚度的确定原则。由于确定土的临界动应力的试验工作量很大，常用静强度乘以0.6的折减系数来替代。当基床土的压实系数能够达到100%时，则基床表层厚度约需0.6m左右。如果压实系数只能达到95%，则需要基床表层厚度在0.8m以上。

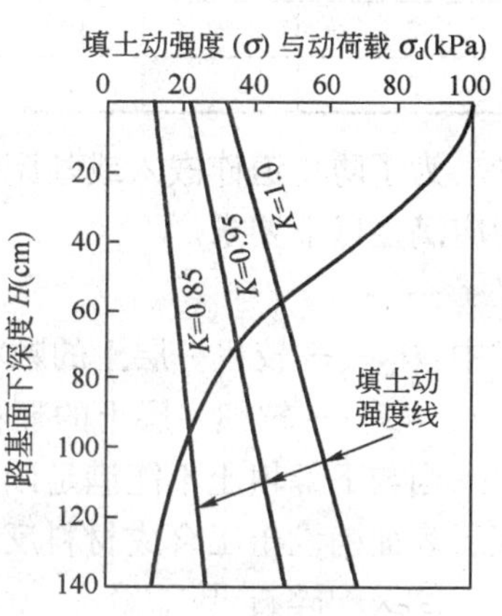

图9-13　基床表层厚度的确定

综合强度控制与变形控制两方面的计算结果，京沪高速铁路路基基床表层的厚度取为0.7m。为有利于自然降水的排出，基床表层和基床底层顶面都应设置4%的横坡。

(3)基床表层填料

从日、法、德三国和我国铁路以前进行的少量强化基床的试验研究来看，基床表层使用的材料大致有以下几类：级配砂砾石、级配碎石、级配矿物颗粒材料（高炉炉渣）和各种结合料（如石灰、水泥等）的稳定土。级配矿物颗粒材料，特别是水硬性的级配高炉炉渣是很好的基床表层材料。它的主要成分是氧化钙、二氧化硅、三氧化铝，其成分与水泥的成分相似。施工后很长时间内会继续硬化，承载能力相应提高，这显然是非常有利的。这种材料的无侧限强度在1 200kPa以上，弹性模量在300MPa以上。但也有一些不利的地方，它必须以炼铁厂为中心进行再加工，对矿渣碎石的品质要求高，否则水硬性的特点就得不到发挥。矿渣碎石对施工工艺要求严格，使用不当时，其含有的硫化钙、氧化钙还会污染环境。这种材料在日本已大量使用，欧洲也有少量使用，我国铁路还很少用。从我国现有的施工条件来看，采用这类材料难度较大。

我国高速铁路路基基床表层填料采用级配砂砾石和级配碎石。

①级配砂砾石

各种砂砾石是欧洲铁路基床表层普遍使用的材料，我国公路上也已大量使用。它是粒径大小不同的粗、细砾石集料和砂各占一定比例的混合料，其颗粒组成符合密实级配要求，其中包括一部分塑性指数较高的黏土填充空隙并起黏结作用，经压实后形成密实结构。其强度的形成是靠集料间的摩擦力和细粒土的黏结力。公路部门的经验表明，只要保证组成材料质量，使混合料具有良好级配，并控制好细粒土的含水量及塑性指数，在施工过程中将混合料搅拌均匀，在最佳含水量下压实，达到要求的压实度，就能形成较高的力学强度和一定的水稳性。

作为高速铁路路基基床表层材料的级配砂砾石的颗粒粒径、级配应符合表9-3要求。级配曲线应接近圆滑，某种尺寸的粒径不应过多或过少。为了提高承载能力，还要求颗粒中扁平及细长颗粒含量不超过20%,黏土团及有机物含量不超过2%。形状不合格的颗粒含量过多时,应掺入部分合格的材料。粒径小于0.5mm的细集料的液限应小于28%,其塑性指数应小于6。

砂砾石的级配范围 表9-3

级配编号	通过筛孔(mm)的质量百分率(%)								
	50	40	30	20	10	5	2	0.5	0.075
1	100	90~100		65~85	45~70	30~55	15~35	10~20	4~10
2		100	90~100	75~95	50~70	30~55	15~35	10~20	4~10
3			100	85~100	60~80	30~50	15~30	10~20	2~8

为了防止道砟嵌入或基床底层填料进入基床表层,级配砂砾石与上部道床及下部填土之间应满足以下要求。

$$D_{15} < 4d_{85}$$

式中:D_{15}——较粗一层土的颗粒粒径,mm,小于该粒径的质量占总质量的15%;

d_{85}——较细一层土的颗粒粒径,mm,小于该粒径的质量占总质量的85%。

当与下部填土不能满足以上要求时,基床表层应采用颗粒级配不同的双层结构,或在基床底层表面铺设土工合成材料反滤层,当下部填土为改良土时,可不受此项规定限制。

②级配碎石

级配碎石是我国高等级公路上普遍采用的路基基层填料。它是粒径大小不同的粗、细碎石集料和石屑各占一定比例的混合料,并且其颗粒组成符合密实级配要求。级配碎石可由未筛分碎石和石屑组配成。未筛分碎石是指控制最大粒径(仅过一个规定筛孔的筛)后,由碎石机轧制的未经筛分的碎石料。它的理论粒径组成为0~50mm,并且具有较好的级配,可直接用作高速铁路基床表层填料。石屑是指实际颗粒组成通常为0~10mm的筛余料,并具有良好的级配。

级配碎石的颗粒粒径、级配范围如表9-4所示。级配碎石与上部道床碎石及下部填土之间应满足$D_{15} < 4d_{85}$;针状、片状碎石含量不大于20%;质软、易破碎的碎石含量不得超过10%;材料必须清洁,淤泥及有机物含量不得超过2%;坚硬、耐磨、耐久,磨耗率不大于30%(洛杉矶磨耗率);碎石相对密度大于2.45,吸水量不大于3.0%。

碎石的级配范围 表9-4

级配编号	通过筛孔(mm)的质量百分率(%)									
	50	40	30	25	20	15	5	2.5	0.5	0.075
1	100	90~100			60~90		30~65	20~50	10~30	2~10
2		100	95~100		60~90		30~65	20~50	10~30	2~10
3			100	95~100		55~85	30~65	20~50	10~30	2~10

(4)基床表层结构

高速铁路路基基床表层一般均由两层结构组成,日本、德国、法国、西班牙均如此。上层大多要求填料变形模量大,渗透系数小。但这两个要求的统一是较难满足的,因此,日本采用了沥青混凝土,它可以满足这些要求。由于基床表层接近轨道,受较大动荷载作用,即使在厚度不足1m的范围内,上下部分产生的动应变也有相当大的差距,上层受到的动应变比下层要大得多。因此,在使用级配砂砾石的国家,一般都把基床表层分成上下两部分。上层较薄,大多为0.2~0.3m厚,要求变形模量高,有时还对颗粒的耐磨性提出要求,因此在选用砂石料时应采用石英质母岩。其次,为了提高该层的刚度,颗粒的最大粒径可适当提高,粗颗粒含量增加。下层的作用偏重于保护,颗粒粒径应与基床底层填料匹配,使基床底层填料不能进入基床表层,同时要求渗透系数小,至少要小于 10^{-4}m/s。如果只能采用经改良的黏性土作为基床底层填料时,需考虑在基床表层的底面铺设土工合成材料。如果基床底层部分采用粗颗粒渗水性填料,则不仅基床表层厚度可以减小,而且可以考虑采用一层。

(5)基床表层压实标准

高速铁路路基基床表层的压实标准如表 9-5 所示。

高速铁路路基基床表层的压实标准　表 9-5

填　料	厚度(m)	压实标准		备　注
		地基系数 K_{30}(MPa/m)	孔隙率 n(%)	
级配砂砾石	0.7	≥190	<18	
级配碎石	0.7	≥190	<18	路堤
级配碎石	0.55	≥190	<18	当为软质岩、强风化的硬质岩及土质路堑时
中粗砂	0.15	≥190		

3. 基床底层设计

高速铁路路基基床底层填料应严格按照现行《铁路路基设计规范》(TB 10001—2005)执行,只能使用 A、B 组填料或改良土。

高速铁路路基基床底层压实标准如表 9-6 所示。

高速铁路基床底层的压实标准　表 9-6

填　料	厚度(m)	压实标准	细　粒　土	粗　粒　土	碎　石　类
A、B 组填料及改良土	2.3	地基系数 K_{30}(MPa/m)	≥110	≥130	≥150
		压实系数 K_h	≥0.95		
		孔隙率 n(%)		<28	<28

第二节　路桥结合部差异沉降及处理技术

公路桥梁台背回填是一项容易被忽视又不容易做好的工作,常常因为多种原因而严重影响公路的使用性能。路面施工完成后桥梁结构物台背回填区继续沉降,致使台背与结构物连接处出现台阶,车辆通过时容易产生腾空现象,工程界通常称作为"桥头跳车",见图 9-14。

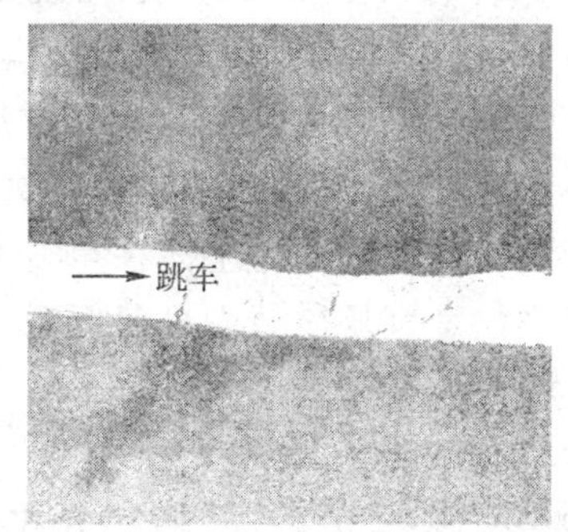

图 9-14　桥头跳车

由路桥过渡段两端的差异沉降引起的跳车现象对于道路、桥梁、车辆和驾乘人员都有不同程度的影响与危害。首先,桥头的差异沉降使得车辆通过桥涵结构物时,对结构物产生不小的冲击荷载,路桥结合处的损害严重,尤其对伸缩缝的破坏显著。为了维护高速公路的良好使用状态,对桥涵两端的差异沉降要及时进行维修,不断的维修不仅要耗费大量的人力、财力和物力，而且也产生了不良的社会影响。其次，桥头跳车对车辆的损害也相当大，并且加剧了机件、轮胎的磨耗和行车的油耗。另外，桥头的差异沉降会导致车辆行驶至桥头时不得不减速通过，引起车辆振动，影响车辆的行驶速度。而且，对于高速公路来说，桥头跳车对行车质量的影响尤为明显，降低了驾乘人员的行驶舒适性。据有关资料分析，汽车每经过一座桥台时，因跳车紧急制动一次，将增加耗油60mL。按每昼夜5 000辆的交通量计算，每座桥头每天浪费燃油300L，燃油单价平均2元/L计算，每年将造成109 500元浪费。在美国每年因桥头跳车而花费的养护、修理费用高达一亿美元以上。我国每年也要花费大量的人力、物力和财力来处理桥头跳车。桥头跳车已成为高速公路运营中迫切需要解决的世界性难题，因而有必要对桥头跳车的机理进行分析研究，从而有利于消除或减少桥头跳车的发生。

一、路桥过渡段差异沉降产生的原因分析

高速公路必须以安全、可靠和舒适为前提。道路的稳定性和平顺性是必不可少的条件。但是在路基与桥梁的连接处，因为路基与桥台的沉降不一致，在路桥过渡段附近容易产生桥头跳车。为了解决桥头跳车问题，首先要对这个问题的产生原因有一个全面的认识，然后才能借鉴国内外一些成功的处理方法，提出针对路桥过渡段有效的处理方法，以保证高速公路的行车条件。根据研究和调查，普遍认为导致桥头跳车的路桥过渡段差异沉降主要由以下几部分组成。

1.桥头原地基在上部路堤、行车荷载作用下发生固结压缩

在公路工程中由于桥梁属于刚性结构，如果发生不均匀沉降可能导致上部结构开裂甚至塌陷，因此桥台基础一般采用桩基础、扩大基础等形式确保地基沉降很小，相比之下未处理的桥头路堤地基在上部路堤荷载和车辆荷载的作用下发生的沉降要大得多。由于地基土体固结的时间效应，如果地基预压时间不足，大部分地基沉降不能在路面施工前完成，路面竣工后沉降继续发展，在路面顶部形成路桥沉降差。

2.欠压实的台背填土在自然环境下进一步固结沉降

无论是台背填土还是普通路堤填土，压实不足都将导致土体在自然环境下进一步较明显地沉降。但是由于桥台沉降很小，与之相邻的台背填土发生的沉降对比之下非常明显。因此台背填土的“欠压实”有两层含义：一是在规定的压实标准下压实度不足，二是台背填土的压实度标准规定太低。

3.桥头台背填土在上部车辆重复荷载作用下产生塑性累积变形

土体属于弹塑性材料，因此在超过一定大小的应力作用下，荷载每一次作用土体都将发生一定量的塑性变形。目前国内对土体在重复荷载作用下塑性变形的研究集中在饱和软黏土的范围。车辆荷载不仅是重复荷载而且是振动冲击荷载，要深入地研究路面和路基的变形特征，必须了解土在车辆荷载作用下的响应。

4.设计或结构的原因

由于桥台的类型、接缝的种类、压实方式和搭板的设计不合理等原因导致过量的差异沉降，特别是当搭板压实后再铺筑桥和桥台时将导致路桥过渡段的压实非常困难。同时排水系统设计不好也将导致沉降，当填土和路基材料的含水量太高或级配不适时土的承载能力将降低，这也将导致土基沉降和搭板下沉。

5.施工控制的问题

在施工过程中，由于路桥过渡段的位置特殊，场地狭小，又常使台后填料不易达到最佳的

压实效果,竣工后沉降较大。而桥梁作为重点控制工程一般优先进行施工,路基由于被认为施工难度较小而放在最后,经常路桥结合处的路基填土没有经过很长的堆载压密时间,导致交付后运营的路面沉降变形较大。若在施工中对桥头沉陷病害认识不够,没有严格把握填料质量关,按照分层填筑、分层碾压、分层检测三种方法施工,也可能产生路桥过渡段的差异沉降。

二、路桥过渡段差异沉降控制标准研究

实践证明,路桥过渡段产生的差异沉降是不可避免的,但是必须提出一个合理的差异沉降控制标准,以保证路桥过渡段路面不发生过量沉陷和断裂,产生桥头跳车现象。

路桥过渡段的差异沉降控制标准不仅涉及路面的使用性功能,还与路面的结构性功能密切相关。为了避免桥头跳车,国内外许多学者对路桥过渡段的差异沉降提出了很多控制指标,如工后差异沉降量,纵坡相对差和错台高度等。由于路桥过渡段的差异沉降涉及的问题较多,其取值直接影响到工程造价,因而国内外制定的标准不统一。它们彼此之间不仅数值上不统一,在参数影响的考虑上也不一致。有的没有考虑路面等级的影响,有的没有考虑车型的影响。而且很多差异沉降控制标准的确定均是现场实际调查的结果,彼此并不一致。实际上桥头跳车控制标准并不是固定的,受许多因素如车速、车型和车载、驾乘人员和路桥过渡段结构设计参数等的影响,但是国内外在这些方面的研究还很少有人涉及。可以说桥头跳车沉降标准方面的理论研究还没有深入开展,而且很不完善。

为了从理论上确定一个合理的路桥过渡段差异沉降控制标准,本书通过建立合适的人车路系统振动模型,以路桥过渡段容许差异沉降量或纵坡差作为控制指标,并结合 ISO 2631 标准来确定路桥过渡段差异沉降控制标准。

1. 行驶舒适性的评价方法及评价指标

车辆行驶时,由于路面不平整等因素使车辆处于振动状态。车辆平顺性就是保持车辆在行驶过程中乘客所处的振动环境具有一定舒适度的性能。由于平顺性主要是根据乘客的舒适程度来评价,因此又称为乘坐舒适性,这里统一称为行驶舒适性。

目前国内外确定了很多反映汽车乘客的行驶舒适性评价标准。ISO 2631 是以人体加权加速度均方根值作为行驶舒适性的基本评价指标,并给出了加速度均方根值与人体舒适程度的关系(见表 9-7),可以看出人体加权加速度均方根值与人的主观感觉相关性较强,它可以反映人体的振动输入,而且计算分析方便,因而采用传至人体振动的加权加速度均方根值作为车辆通过路桥过渡段而引起的瞬态振动评价指标。

加权加速度均方根值与行驶舒适性的关系(ISO 2631-1:1997,Annex C.) 表 9-7

加权加速度均方根值 a_ω(m/s^2)	人体的舒适程度	加权加速度均方根值 a_ω(m/s^2)	人体的舒适程度
<0.315	保持舒适	0.8~1.6	不舒适
0.315~0.63	稍不舒适	1.25~2.5	非常不舒适
0.5~1	有些不舒适	>2.0	特别不舒适

2. 路桥过渡段路面不平整模型

车辆运行时,不平整路面的激励使其产生振动。按路面不同的类型将激励分为随机激励及离散事件激励。路桥过渡段路面不平整属于离散事件激励,可用确定性函数来描述。经过现场调查分析,路桥过渡段纵断面沉降曲线可以采用指数型曲线来拟合,因而本书采用指数型纵断面沉降曲线来建立路桥过渡段路面不平整模型。指数型纵断面沉降曲线可用公式表

示为：

$$y = S_a + (S_b - S_a)\exp(-kx) = S_a + u\exp(-kx) \tag{9-5}$$

式中：x——车辆行驶方向的水平距离；

S_a——桥台的工后沉降量；

S_b——L（所取的路桥过渡段沉降区段长度）处的桥头路基工后沉降量；

u——路桥过渡段差异沉降量，$u = S_b - S_a$；

k——待定参数。

由于路桥过渡段路面不平整属于离散事件激励，可用确定性函数来描述。因而，当车辆以恒速 v 通过路桥过渡段时，路桥过渡段路面不平整的时域模型为：

$$u(x) = \begin{cases} h + h_0 & 0 \leqslant x \leqslant L_0 \\ h\exp[-k(x - L_0)] & L_0 < x \leqslant L_1 + L_0 \\ 0 & x > L_1 + L_0 \end{cases} \tag{9-6}$$

式中：h_0——桥台基础工后沉降量，m；

h——路桥过渡段路面最大差异沉降量，m；

L_0——所取桥面的长度，m；

L_1——路桥过渡段沉降区段长度，m；

k——待定参数，可根据长度 L_1 处的工后沉降计算得到。

3. 人车路系统振动方程

（1）车辆垂向振动的力学模拟

一般来说，道路纵向的不平整要远大于其横向不平整，因而可近似认为道路沿横向是平整的，并假设车辆左右两边质量对称。由于路桥过渡段的差异沉降比一般路段的不平整要大，故车辆纵向的倾覆和转动不能忽略。另外考虑到双轴车辆占公路上行驶车辆的大多数，故以双轴车辆为研究对象，忽略车辆横向的倾覆和转动，仅考虑车辆纵向的倾覆和转动，将车辆简化为二维五自由度体系。国内外一些学者对车辆的振动模型做了研究，也认为包括人体—坐椅系统在内的五自由度数学模型有足够的自由度，比较实用。因而本书将车辆系统简化为五自由度半车模型来确定路桥过渡段路面的差异沉降控制标准和车辆动荷载计算标准。

在建立二维五自由度数学模型时，作了如下假设：

①车身、发动机、车架、前后轴为刚性，车身、车架为刚性连接；

②汽车等速直线行驶；

③汽车结构对于垂直面对称，左右路面不平度状况相同，只考虑垂直方向的振动和纵向角振动；

④路面不平度较小，汽车振动不大；

⑤汽车悬架刚度、轮胎刚度、坐椅刚度均为位移的线性函数，悬架阻尼、坐椅阻尼为相对速度的线性函数；

⑥轮胎与路面保持接触，无跳起；

⑦路面位移输入函数作用在轮胎与路面的接触点中心上。

本书依据上述假定对国产微型汽车和载重客车进行简化，采用集中质量法将车辆简化成二维五自由度数学模型，如图 9-15 所示。

五自由度分别为坐椅和人的垂直位移 y_1、前轮的垂直位移 y_2、后轮的垂直位移 y_3、车架质心处的垂直位移 y 和车架绕其质心的转角 φ。图 9-15 中其余各参数的含义分别是：

k_1 为坐椅刚度系数；k_2 为前悬挂系统刚度系数；k_3 为前轮胎刚度系数；k_4 为后悬挂系统刚度系数；k_5 为后轮胎刚度系数；

c_1 为坐椅阻尼系数；c_2 为前减振器等效阻尼系数；c_3 为前轮阻尼系数；c_4 为后减振器等效阻尼系数；c_5 为后轮阻尼系数；

m_1 为人和坐椅的质量；m_2 为前轮质量；m_3 为后轮质量；m 为车辆与装载的货物质量和簧上质量；J 为车架绕质心的转动惯量；

a 为前坐椅中心到车架质心的距离；d 为前轴到车架质心的距离；b 为后轴到车架质心的距离；L 为前后轴距，$L=d+b$；

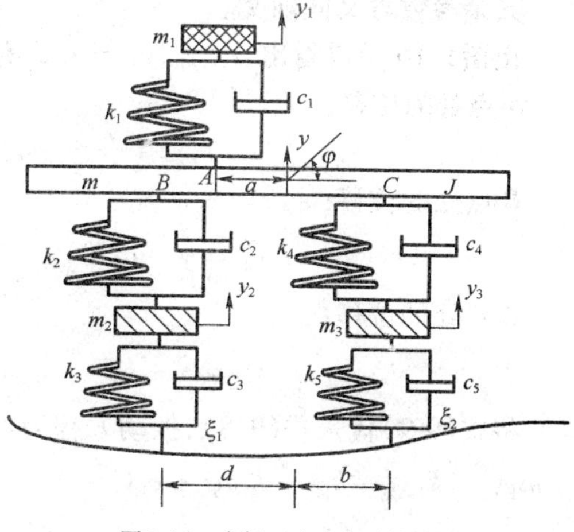

图 9-15 车辆五自由度计算模型

ξ_1 为前轮下方路面（或桥面）的位移；ξ_2 为后轮下方路面（或桥面）的位移。

对五自由度车辆模型，其振动方程可以用下式表示：

$$[M]\cdot\ddot{Y}+[C]\cdot\dot{Y}+[K]\cdot Y=F \tag{9-7}$$

式中：Y——表示广义坐标向量；

F——表示广义力向量；

$[M]$——表示质量矩阵；

$[C]$——表示阻尼矩阵；

$[K]$——表示刚度矩阵。

（2）行驶过程中的振动方程

由牛顿第二定律和达朗伯原理建立了五自由度车辆的人车路振动微分方程组，该方程组包含五个微分方程，各质量的振动方程和微分方程如下所示。

m_1 的振动方程为：

$$m_1\ddot{y}_1=-k_1(y_1-y_a)-c_1(\dot{y}_1-\dot{y}_a) \tag{9-8a}$$

m_2 的振动方程为：

$$m_2\ddot{y}_2=-k_2(y_2-y_d)-c_2(\dot{y}_2-\dot{y}_d)-k_3(y_2-u_1)-c_3(\dot{y}_2-\ddot{u}_1) \tag{9-8b}$$

m_3 的振动方程为：

$$m_3\ddot{y}_3=-k_4(y_3-y_b)-c_4(\dot{y}_3-\dot{y}_b)-k_5(y_3-u_2)-c_5(\dot{y}_3-\ddot{u}_2) \tag{9-8c}$$

m 垂直方向的振动方程为：

$$m\ddot{y}=-k_1(y_a-y_1)-c_1(\dot{y}_a-\dot{y}_1)-k_2(y_d-y_2)-c_2(\dot{y}_d-\dot{y}_2)-k_4(y_b-y_3)-c_4(\dot{y}_b-\dot{y}_3) \tag{9-8d}$$

m 的转动方程为：

$$J\ddot{\varphi}=ak_1(y_a-y_1)+ac_1(\dot{y}_a-\dot{y}_1)+dk_2(y_d-y_2)+dc_2(\dot{y}_a-\dot{y}_2)-bk_4(y_b-y_3)-bc_4(\dot{y}_b-\dot{y}_3) \tag{9-8e}$$

式中：u_1——前轮下方路面（或桥面）的位移，$u_1=\xi_1$；

u_2——后轮下方路面（或桥面）的位移，$u_2=\xi_2$；

y_a,y_b,y_d——A、C、B 点的垂直位移，可以用车架质心处的位移 y 和绕质心的转角 φ 表示，方向以向上为正；

其余参数含义同前文。

由图 9-16 可以看出，y_a、y_b、y_d 与 y、φ 有以下关系。

A 点处的位移：

$$y_a = y - a\varphi \tag{9-9a}$$

B 点处的位移：

$$y_d = y - d\varphi \tag{9-9b}$$

C 点处的位移：

$$y_b = y + b\varphi \tag{9-9c}$$

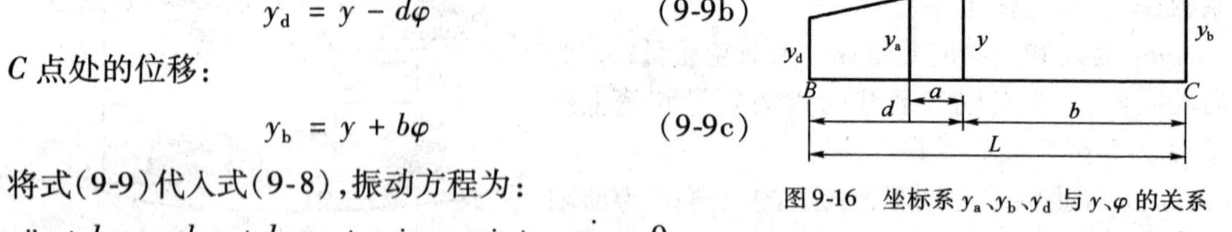

图 9-16　坐标系 y_a、y_b、y_d 与 y、φ 的关系

将式(9-9)代入式(9-8)，振动方程为：

$$\left.\begin{aligned}
&m_1\ddot{y}_1 + k_1y_1 - k_1y + k_1a\varphi + c_1\dot{y}_1 - c_1\dot{y} + c_1a\dot{\varphi} = 0\\
&m_2\ddot{y}_2 + (k_2 + k_3)y_2 - k_2y + k_2d\varphi + (c_2 + c_3)\dot{y}_2 - c_2\dot{y} + c_2d\dot{\varphi} - k_3u_1 - c_3\dot{u}_1 = 0\\
&m_3\ddot{y}_3 + (k_4 + k_5)y_3 - k_4y - k_4b\varphi + (c_4 + c_5)\dot{y}_3 - c_4\dot{y} - c_4b\dot{\varphi} - k_5u_2 - c_5\dot{u}_2 = 0\\
&m\ddot{y} + (k_1 + k_2 + k_4)y - (ak_1 + dk_2 - bk_4)\varphi - (ac_1 + dc_2 - bc_4)\dot{\varphi} + (c_1 + c_2 + c_4)\dot{y} -\\
&k_1y_1 - c_1\dot{y}_1 - k_2y_2 - c_2\dot{y}_2 - k_4y_3 - c_4\dot{y}_3 = 0\\
&J\ddot{\varphi} - (ak_1 + dk_2 - bk_4)y - (ac_1 + dc_2 - bc_4)\dot{y} + (a^2k_1 + d^2k_2 + b^2k_4)\varphi +\\
&(a^2c_1 + d^2c_2 + b^2c_4)\dot{\varphi} + ac_1\dot{y}_1 + ak_1y_1 + dk_2y_2 + dc_2\dot{y}_2 - bk_4y_3 - bc_4\dot{y}_3 = 0
\end{aligned}\right\} \tag{9-10}$$

经整理并化简为：

$$\left.\begin{aligned}
&m_1\ddot{y}_1 + c_1\dot{y}_1 + k_1y_1 - c_1\dot{y} - k_1y + c_1a\dot{\varphi} + k_1a\varphi = 0\\
&m_2\ddot{y}_2 + (c_2 + c_3)\dot{y}_2 + (k_2 + k_3)y_2 - c_2\dot{y} - k_2y + c_2d\dot{\varphi} + k_2d\varphi - c_3\dot{u}_1 - k_3u_1 = 0\\
&m_3\ddot{y}_3 + (c_4 + c_5)\dot{y}_3 + (k_4 + k_5)y_3 - c_4\dot{y} - k_4y - c_4b\dot{\varphi} - k_4b\varphi - c_5\dot{u}_2 - k_5u_2 = 0\\
&m\ddot{y} + (c_1 + c_2 + c_4)\dot{y} + (k_1 + k_2 + k_4)y - (ak_1 + dk_2 - bk_4)\varphi - (ac_1 + dc_2 - bc_4)\dot{\varphi} -\\
&k_1y_1 - c_1\dot{y}_1 - k_2y_2 - c_2\dot{y}_2 - k_4y_3 - c_4\dot{y}_3 = 0\\
&J\ddot{\varphi} + (a^2c_1 + d^2c_2 + b^2c_4)\dot{\varphi} + (a^2k_1 + d^2k_2 + b^2k_4)\varphi - (ac_1 + dc_2 - bc_4)\dot{y} -\\
&(ak_1 + dk_2 - bk_4)y + ac_1\dot{y}_1 + ak_1y_1 + dk_2y_2 + dc_2\dot{y}_2 - bk_4y_3 - bc_4\dot{y}_3 = 0
\end{aligned}\right\} \tag{9-11}$$

(3)车辆振动系统的固有频率

五自由度车辆的固有频率可以根据车载系统的无阻尼自由振动方程得到，即

$$M\ddot{Y} + KY = 0 \tag{9-12}$$

其中，刚度矩阵 *K* 为：

$$K = \begin{bmatrix}
k_1 & 0 & 0 & -k_1 & ak_1\\
0 & k_2 + k_3 & 0 & -k_2 & dk_2\\
0 & 0 & k_4 + k_5 & -k_4 & -bk_4\\
-k_1 & -k_2 & -k_4 & k_4 + k_2 + k_1 & -(-bk_4 + dk_2 + ak_1)\\
ak_1 & dk_2 & -bk_4 & -(-bk_4 + dk_2 + ak_1) & a^2k_1 + d^2k_2 + b^2k_4
\end{bmatrix} \tag{9-13}$$

质量矩阵 M 为：

$$M = \begin{bmatrix} m_1 & 0 & 0 & 0 & 0 \\ 0 & m_2 & 0 & 0 & 0 \\ 0 & 0 & m_3 & 0 & 0 \\ 0 & 0 & 0 & m & 0 \\ 0 & 0 & 0 & 0 & J \end{bmatrix} \tag{9-14}$$

则特征矩阵：

$$H = K - \omega_{\mathrm{n}}^2 M \tag{9-15}$$

求解特征方程：

$$|H| = |K - \omega_{\mathrm{n}}^2 M| = 0 \tag{9-16}$$

通过对特征方程进行求解得到关于 ω_{n}^2 的 n 个大于零的正实根 ω_1^2、ω_2^2、ω_3^2、ω_4^2 和 ω_5^2，称为系统的特征值，将特征值开方后得到五自由度车辆无阻尼自由振动的固有频率 ω_1、ω_2、ω_3、ω_4 和 ω_5。

(4)人体瞬时加速度的计算

本书应用多自由度系统对确定性激励响应的傅氏积分法(简称谐波叠加法)来求解路面不平整激励下人车路系统的响应。

对于人车路振动系统，主要关心的是输出输入的幅值比以及相位角。幅值比和相位角实际上反映了系统的传递特性。一个复数具有模和相角两个参数，因此一个系统的传递特性可以用一个复数 $H(\omega)$ 来表示。$H(\omega)$ 和幅值比、相位角一样，都是频率的函数，所以 $H(\omega)$ 称为频率响应函数，简称频响函数。

由 $Y(\omega)=H(\omega)U(\omega)$ 可知，系统的响应 $Y(\omega)$ 可由路桥过渡段路面不平度激励 $U(\omega)$ 和系统的频率响应函数 $H(\omega)$ 确定。对于简化的人车路振动系统，有两个输入、五个输出，如图 9-17 所示。不同输入点与输出点之间的 $H(\omega)$ 是不同的。因而 $H(\omega)$ 要加上角标，即 $H_{\mathrm{ij}}(\omega)$ 表示在 i 处输入与 j 处输出之间的频响函数。

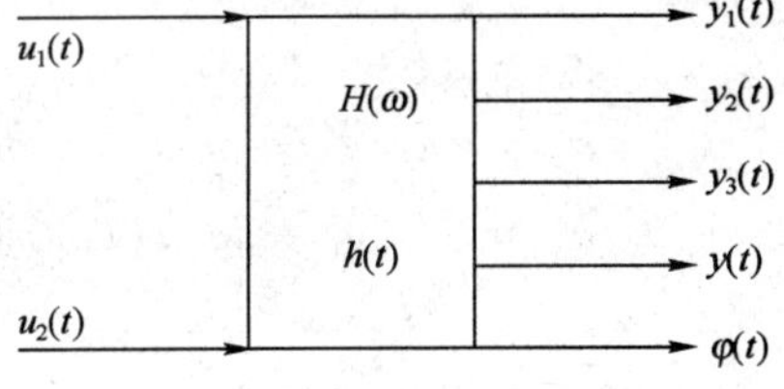

图 9-17　线性系统输入输出示意图

对五自由度车辆，有两个路面不平度输入激励 $u_1(t)$ 和 $u_2(t)$。

前轮路面不平度激励 $u_1(t)$ 的频域表达式为：

$$\tilde{u}_1(\omega) = \int_{-\infty}^{+\infty} u_1(t) e^{\mathrm{i}\omega t} \mathrm{d}t \tag{9-17}$$

后轮路面不平度激励 $u_2(t)$ 的频域表达式为：

$$\tilde{u}_2(\omega) = \int_{-\infty}^{+\infty} u_2(t) e^{\mathrm{i}\omega t} \mathrm{d}t \tag{9-18}$$

由于前后轮在同一轮辙上行驶，则前后轮路面不平度函数只存在一个行程差(轴距)或一个时间差 Δt，Δt 可由轴距 L_0 和车速 v 求出：

$$\Delta t = \frac{L_0}{v} \tag{9-19}$$

由此可求得前后轮路面不平度频域复振幅的关系：

$$\tilde{u}_2(\omega) = \tilde{u}_1(\omega) e^{-\mathrm{i}\omega \Delta t} = \tilde{u}_1(\omega) e^{-\mathrm{i}\omega L_0/v} \tag{9-20}$$

接着确定系统的频率响应函数 $H(\omega)$。设作用在前轮质量 m_2 上的路面不平度激励 $u_1(t)$ 为单位简谐激振力，求出五个自由度 y_1、y_2、y_3、y、φ 对应于前轮路面不平度输入的频率响应函

数 $H_{y_1u_1}(\omega)$、$H_{y_2u_1}(\omega)$、$H_{y_3u_1}(\omega)$、$H_{yu_1}(\omega)$、$H_{\varphi u_1}(\omega)$。根据单位谐函数法，令

$$u_1(t) = e^{i\omega t}, u_2(t) = 0$$

$$y_1(t) = H_{y_1u_1}(\omega)e^{i\omega t}, \ddot{y}_1(t) = -\omega^2 H_{y_1u_1}(\omega)e^{i\omega t}$$

$$y_2(t) = H_{y_2u_1}(\omega)e^{i\omega t}, \ddot{y}_2(t) = -\omega^2 H_{y_2u_1}(\omega)e^{i\omega t}$$

$$y_3(t) = H_{y_3u_1}(\omega)e^{i\omega t}, \ddot{y}_3(t) = -\omega^2 H_{y_3u_1}(\omega)e^{i\omega t}$$

$$y(t) = H_{yu_1}(\omega)e^{i\omega t}, \ddot{y}(t) = -\omega^2 H_{yu_1}(\omega)e^{i\omega t}$$

$$\varphi(t) = H_{\varphi u_1}(\omega)e^{i\omega t}, \ddot{\varphi}(t) = -\omega^2 H_{\varphi u_1}(\omega)e^{i\omega t}$$

代入式(9-11)化简并写成矩阵方程：

$$AX = B \tag{9-21}$$

式中：

$$X = [H_{y_1u_1}(\omega) \quad H_{y_2u_1}(\omega) \quad H_{y_3u_1}(\omega) \quad H_{yu_1}(\omega) \quad H_{\varphi u_1}(\omega)]'$$

$$B = [0 \quad k_3 + ic_3\omega \quad 0 \quad 0 \quad 0]'$$

矩阵 A 的各分量为：

$a_{11} = -m_1\omega^2 + ic_1\omega + k_1, a_{14} = -k_1 - ic_1\omega, a_{15} = k_1 a + ic_1\omega a$,

$a_{22} = -m_2\omega^2 + (c_2 + c_3)i\omega + k_2 + k_3, a_{24} = -k_2 - ic_2\omega, a_{25} = k_2 d + ic_2\omega d$,

$a_{33} = -m_3\omega^2 + (c_4 + c_5)i\omega + k_4 + k_5, a_{34} = -k_4 - ic_4\omega, a_{35} = -k_4 b - ic_4\omega b$,

$a_{41} = -k_1 - ic_1\omega, a_{42} = -k_2 - ic_2\omega, a_{43} = -k_4 - ic_4\omega$,

$a_{44} = -m\omega^2 + (c_1 + c_2 + c_4)i\omega + k_1 + k_2 + k_4$,

$a_{51} = ak_1 + iac_1\omega, a_{52} = dk_2 + idc_2\omega, a_{53} = bk_4 + ibc_4\omega$,

$a_{54} = -(ac_1 + dc_2 - bc_4)i\omega - (ak_1 + dk_2 - bk_4)$,

$a_{55} = -J\omega^2 + (a^2c_1 + d^2c_2 + b^2c_4)i\omega + (a^2k_1 + d^2k_2 + b^2k_4)$,

其余各分量都为零。

解此矩阵方程组，由式(9-21)可得各频率响应函数 $H_{y_1u_1}(\omega)$、$H_{y_2u_1}(\omega)$、$H_{y_3u_1}(\omega)$、$H_{yu_1}(\omega)$、$H_{\varphi u_1}(\omega)$。

同理，可求出 y_1、y_2、y_3、y、φ 对应于后轮路面不平度输入 u_2 的频率响应函数 $H_{y_1u_2}(\omega)$、$H_{y_2u_2}(\omega)$、$H_{y_3u_2}(\omega)$、$H_{yu_2}(\omega)$、$H_{\varphi u_2}(\omega)$。

根据频率响应函数输入与输出的关系，由路面不平度输入 $u_1(t)$ 和 $u_2(t)$ 便可推得人体垂直位移 $y_1(t)$ 的频域复振幅 $\tilde{y}_1(\omega)$ 和人体垂直加速度 $\ddot{y}_1(t)$ 的频域复振幅 $\tilde{\ddot{y}}_1(\omega)$ 为：

$$\tilde{y}_1(\omega) = H_{y_1u_1}(\omega)\tilde{u}_1(\omega) + H_{y_1u_2}(\omega)\tilde{u}_2(\omega) \tag{9-22}$$

$$\tilde{\ddot{y}}_1(\omega) = -\omega^2\tilde{y}_1(\omega) \tag{9-23}$$

将式(9-22)代入式(9-23)得人体垂直加速度的频域复振幅：

$$\tilde{\ddot{y}}_1(\omega) = -\omega^2[H_{y_1u_1}(\omega) + H_{y_1u_2}(\omega)e^{-i\omega L_0/v}]\tilde{u}_1(\omega) \tag{9-24}$$

将式(9-24)进行傅里叶逆变换得人体垂直方向瞬时加速度 $\ddot{y}_1(t)$ 的时域表达式：

$$\ddot{y}_1(t) = \frac{1}{2\pi}\int_{-\infty}^{+\infty}\tilde{\ddot{y}}_1(\omega)e^{-i\omega t}d\omega \tag{9-25}$$

(5)人体加权加速度均方根值的计算

由于车辆通过路桥过渡段一般时间很短，其振动是典型的瞬态振动，故本书采用传至人体

振动的加权加速度均方根值（简称人体加权加速度均方根值 σ_a）作为振动评价指标，其计算过程如下。

由式(9-8)得人体加权加速度均方根值：

$$\sigma_a = \left[\frac{1}{T}\int_0^T a_\omega^2(t)\,\mathrm{d}t\right]^{0.5} = \left[\frac{1}{T}\int_0^T \ddot{y}_1^2(t)\,\mathrm{d}t\right]^{0.5} \tag{9-26}$$

式中：T——振动的分析时间，s；

$a_\omega(t)$——瞬时频率加权加速度幅值；

其余符号意义同上。

根据巴什瓦等式式(9-7)知周期函数的平方在周期里的平均值等于其傅里叶系数的模数平方的级数和，所以人体加权加速度均方根值 σ_a 可写为：

$$\sigma_a = \left[\int_{0.5}^{80}(W(f)\cdot|\tilde{a}(f)|)^2\mathrm{d}f\right]^{0.5} = \left[\int_{0.5}^{80}(W(f)\cdot|\tilde{\ddot{y}}_1(f)|)^2\mathrm{d}f\right]^{0.5} \tag{9-27}$$

式中，$f=\omega/(2\pi)$。

频率加权函数 $W(f)$ 可以用以下公式表示（频率 f 的单位为 Hz）：

$$W(f) = \begin{cases} 0.5, & 0.5 < f < 2 \\ f/4, & 2 < f < 4 \\ 1, & 4 < f < 12.5 \\ 12.5/f, & 12.5 < f < 80 \end{cases} \tag{9-28}$$

(6)程序的编制

根据上述思路，利用 Matlab 软件编制了基于人车路相互作用的行驶舒适性评价程序 RCBA(Ride Comfort of Bridge-Approach)，该程序由一个主程序和两个子程序（roughness 和 weigha）构成。在输入车路桥计算参数后，将生成人车路系统振动方程，在调用子程序 roughness 输入路桥过渡段路面不平整激励后，即可对系统进行求解，得到各自由度的响应，随后可利用子程序 weigha 得到人体加权加速度均方根值。其计算流程如图 9-18 所示。

利用 RCBA 程序可获得人体、车身和车轮的位移、速度和瞬时加速度的时程曲线和人体加权加速度均方根值。

4. 路桥过渡段的差异沉降控制标准

在桥头跳车处治技术中，路桥过渡段差异沉降控制标准是影响处治措施选择的最关键因素。路桥过渡段的差异沉降控制标准与设计理念、工程造价和路面等级等有着密切关系。目前的高速公路强调安全、舒适、高速和少维修的设计理念，制定的路桥过渡段差异沉降控制标准基本上应能达到在一个使用周期内（15 年）不需进行大修的目标。同时路桥过渡段差异沉降标准不能定得过严或过松，当差异沉降标准要求太严时，处治维修养护费用将成倍增加；当差异沉降标准要求太松时，对车辆行驶舒适性和安全性又起不到改善的作用。因而确定一个合理实际的路桥过渡段差异沉降控制标准非常重要。

关于路桥过渡段的沉降控制标准，各国并没有一致或统一的标准。本书以桥台与引道之间的最大差异沉降量或最大纵坡相对差作为路桥过渡段差异沉降控制指标。由于基于行车舒适性确定的差异沉降指标比根据结构性破坏得出的指标更为严格，因此，本书根据车辆驶过路桥过渡段时各关键因素对行驶舒适性的影响程度，并结合相关参考文献和实际调查结果，提出基于行驶舒适性的路桥过渡段差异沉降控制标准。

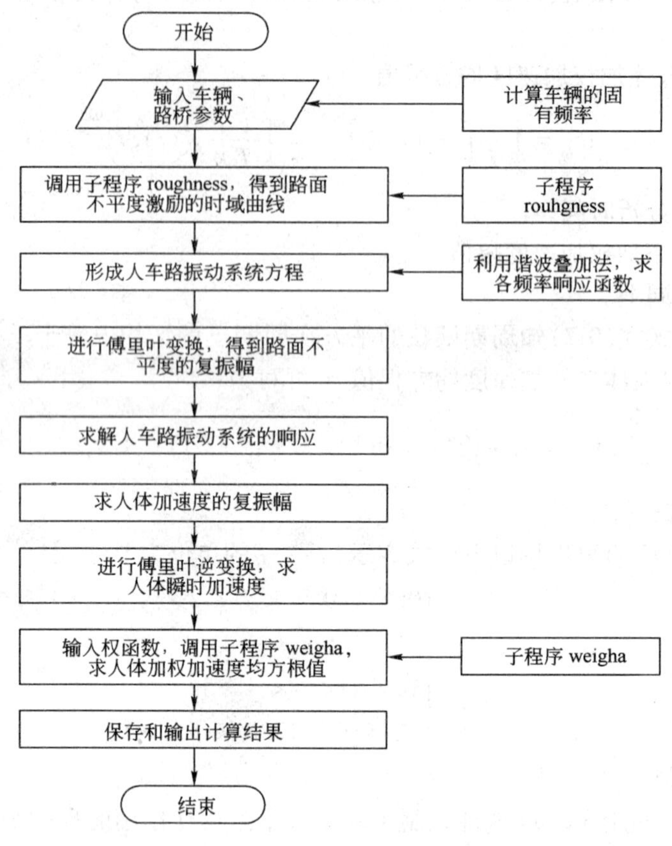

图 9-18 行驶舒适性评价程序流程图

对影响行车舒适性的关键因素分析发现，路桥过渡段差异沉降控制标准与公路等级（对应设计车速）、路桥过渡段的沉降区段长度、车型和车载都有着密切的关联。想要确定路桥过渡段的差异沉降控制标准，首先要确定标准的人体加权加速度均方根值，接着确定代表车型、标准车辆结构参数和标准车速，最后得出最大差异沉降量或最大纵坡相对差。具体过程如下。

(1)标准人体加权加速度均方根值的确定

由于标准的人体加权加速度均方根值的选取直接影响到工程造价，当满足行驶舒适性很好且不产生跳车时，这样确定的人体加权加速度均方根值实际上制定了较高的差异沉降控制标准，可能引起造价、养护和维修费用都很高。因而本书建议以人体感觉基本没有跳车和行驶舒适性较好来确定标准的人体加权加速度均方根值。

(2)标准车辆及参数的选取

车辆荷载模型以长安微型汽车和黄河载重汽车为代表车型，这两种车型都简化为五自由度车载模型进行模拟。标准车辆的选取与公路等级有关，对于高速公路和一级公路，主要以小汽车为主，因而以长安微型汽车作为标准车辆来确定相关的差异沉降控制标准；对于二级及二级以下的公路，主要以载重汽车为主，因而以黄河载重客车作为标准车辆来确定相关的差异沉降控制标准。标准车辆确定后，可根据厂家给定的技术参数得出五自由度车载系统的基本性能参数，相关车载模型的基本性能参数如表 9-8 所示。

车辆性能参数 表 9-8

参数名称	数值		单位
	长安微型汽车	黄河载重客车	
簧上质量 m	638.4	9 440	kg
人和坐椅的质量 m_1	50	50	kg
车架绕质心的转动惯量 J	62 226	75 070	$kg \cdot m^2$
前轮质量 m_2	26	550	kg
后轮质量 m_3	65	1 041	kg
前悬挂系统刚度系数 k_2	14 985	301 840	N/m
后悬挂系统刚度系数 k_4	35 739	607 364	N/m
前减振器等效阻尼系数 c_2	1 082	11 901	N·s/m
后减振器等效阻尼系数 c_4	1 730	23 691	N·s/m
前轮胎刚度系数 k_3	116 919	1 900 000	N/m
后轮胎刚度系数 k_5	162 863	3 800 000	N/m
前轮阻尼系数 c_3	0	0	N·s/m
后轮阻尼系数 c_5	0	0	N·s/m
坐椅刚度系数 k_1	10 500	10 500	N/m
坐椅阻尼系数 c_1	240	240	N·s/m
前轴至车架质心的距离 d	1.083	3.238	m
后轴至车架质心的距离 b	0.757	1.462	m
车辆前后轴轴距 L	1.84	4.7	m
前坐椅中心至车架质心的距离 a	0.883	2.238	m

注：簧上质量 m 为车辆满载时的参数。

(3)标准车速的确定

为确定路桥过渡段差异沉降控制标准，车速的合理选取是关键。考虑到车速取值较低时，由此得到的差异沉降标准必然较低，一般工程都能轻易满足该要求，失去了控制意义。因而假设各等级公路设计速度的最大值为对应的标准车速。根据《公路工程技术标准》(JTG B01—2003)，各等级公路设计车速如表 9-9 所示。

各等级公路设计速度[《公路工程技术标准》(JTG B01—2003)] 表 9-9

公路等级	高速公路			一级公路			二级公路		三级公路		四级公路
设计速度(km/h)	120	100	80	100	80	60	80	60	40	30	20
标准速度(km/h)	120			100			80		40		20

(4)最大差异沉降量或最大纵坡相对差的确定

当标准的人体加权加速度均方根值、标准车辆结构参数和标准车速确定后，就可以根据路桥过渡段的沉降区段长度确定最大差异沉降量或最大纵坡相对差。

通过计算分析最后得到了以差异沉降量最大值为控制指标的路桥过渡段差异沉降控制标准，见表 9-10a 所示。从表可以看出当车速在 20～120km/h 之间变化时，相应的容许差异沉降建议值在 16.3～1.4cm 之间变化。当忽略路桥过渡段沉降区段长度对标准的影响时，可采用纵坡相对差最大值作为路桥过渡段的差异沉降控制标准，各等级路面对应的最大纵坡相对差见表 9-10b 所示。

路桥过渡段的差异沉降控制标准 表 9-10a

路桥过渡段沉降区段长度(m)	路桥过渡段差异沉降量最大值(cm)				
	高速公路	一级公路	二级公路	三级公路	四级公路
4	≤1.4	≤1.9	≤2.0	≤3.2	≤3.9
6	≤2.3	≤2.6	≤3.2	≤5.3	≤7.0
8	≤3.0	≤3.6	≤4.1	≤6.5	≤8.6
10	≤3.5	≤4.5	≤5.3	≤9.1	≤12.7
12	≤4.5	≤5.6	≤6.8	≤11.0	≤15.2
15	≤5.4	≤7.1	≤9.2	≤13.6	≤16.3

路桥过渡段的差异沉降控制标准 表 9-10b

路面等级	高速公路	一级公路	二级公路	三级公路	四级公路
标准车速(km/h)	120	100	80	40	20
纵坡相对差最大值(‰)	≤3.5	≤4.4	≤5.1	≤8.0	≤9.7

三、路桥过渡段差异沉降处理技术

路桥过渡段的差异沉降是诸多因素的影响而造成的，对于不同的影响因素应采用相应的方法解决。常见的路桥过渡段处理措施如下。

1. 加筋土路堤法

通过在路桥过渡段中埋设一定数量的加筋材料，以增加路基强度，大幅度提高路堤刚度，减小路基变形。通过调整拉筋材料的布置间距和位置，可将桥背路基与桥梁交界处的台阶式跳跃沉降变成连续斜坡式沉降，能方便地达到使路桥过渡段平顺的目的。

Monley(1993 年)通过大型模型试验，利用有限元方法分析了台背填土中铺设拉筋材料，减小路堤沉降的效果，同时探讨了在不同的拉筋强度和超载压力下，在台背和台后路堤间设置可压缩夹层，对提高桥头路堤抗剪强度，发挥拉筋抗拉特性，降低桥台承受土压力等方面的有效性。周志刚(2000 年)等人对几种桥头跳车处理措施的经济效益进行分析后认为，用土工网处理桥头跳车最经济，用碎石土填筑台背的处理方法次之。付宏渊(2001 年)等人在现场试验的基础上分析了土工网处理桥头跳车的效果及经济效益，认为用灰土或 NCS 固化剂改良土与土工网对台背填土联合进行处理后，基本上没有错台现象，开放交通一年后，台背路面的纵坡变化率小于 0.5% 的控制值。

2. 级配粗粒料填筑法

为了减小路堤自身的压缩性，降低其工后沉降，在路桥过渡段中填筑强度高、变形小的级配粗粒料，包括碎石、砂砾石、水泥石灰稳定砂石土和低强度等级的混凝土等。但是如果使用了优质填料，而没有进行充分的压实，同样会产生较大的沉降，不能发挥过渡段的功能，因而必须对级配填料的填筑压实进行规定。

王金万(1993 年)介绍了某高速公路的路桥过渡段处理方法，其质量检验标准要求为：二灰碎石的压实度大于 97%(重型击实)，7 天无侧限抗压强度大于 1.2MPa；压实后的干重度不大于 20.8kN/m^3，基底的压实度大于 85%。

3. 轻型材料填筑法

轻型材料填筑可以显著减小桥背路堤填料自身的压缩变形，减弱对地基的竖向加载作用以及对桥台结构的水平压力，从而使填料对地基的变形影响减小。常用的轻型填料有 EPS(聚苯乙烯泡沫塑料)、人工气泡混合土(泡沫水泥砂浆)、火山灰和粉煤灰等。

丁财德(1994 年)介绍了“粉煤灰高路堤代引桥”的研究成果，认为在软土地区，可利用粉煤灰填筑 6 ~ 8m 高的桥头路堤。与土路堤相比，能减少软基沉降 30%，减少桥台土压力 20% ~30%，还能缩短工期，降低地基处理费用，具有显著的技术、经济和社会效益。冉隆重(2000 年)、王亦麟(2000 年)介绍了可采用泡沫混凝土、陶土颗粒、EPS 和粉煤灰等轻质材料作为桥头路堤的填料。

4. 钢筋混凝土搭板法

在路桥过渡段范围内路基填料上可设置钢筋混凝土搭板，一段支撑于刚性基础(桥台)，另一端简支于枕梁上，图 9-19 为常见的桥头搭板。桥台后搭板的设置，可使刚性桥台与柔性路基间的刚度逐渐变化。另一方面，由于桥台基础和台后路基土体的工后沉降差，使得搭板竣工时会发生纵坡变化。实测资料表明:搭板纵坡变化值的大小是充分发挥搭板作用、改善桥头行车舒适性的重要控制指标。当搭板纵坡变化值在 0.1% ~0.4% 以下时，不会影响行车舒适性。因而搭板的设置除了使刚度的变化逐步过渡外，还必须使台后的路基具有足够的刚度和稳定性，以控制路桥段的沉降差。

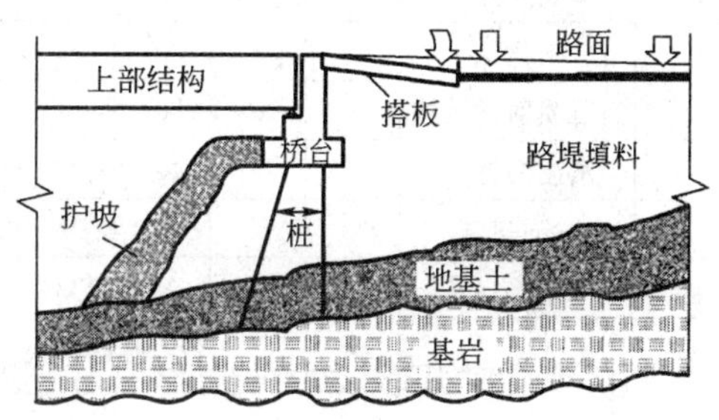

图 9-19 常见的桥头搭板

湖南大学刘代全(2001 年)采用半刚性挤密桩复合地基加固桥头搭板枕梁下路堤，实现路与桥的刚柔过渡方法，并在湖南长常高速公路益常段进行了试验研究。研究认为，桥头搭板可以平顺差异沉降引起的路基纵坡的变化，延缓桥头跳车的产生。

然而，当桥头路基出现局部凹陷时，搭板下部脱空，形成了一个类似于简支梁的结构，随着凹陷范围的扩大，搭板下部的脱空长度也不断加大，在行车荷载的作用下，简支梁的最大弯矩超过极限值，搭板底部开裂乃至搭板折断，此时完全失去了桥头搭板的功能。因此，桥头搭板只是一种临时补救措施，没有改变台背回填区的沉降变形特性。

5. 地基处理法

对于软土地基上的桥台，地基处理是防止桥头跳车的关键。表 9-11 列出了高速公路上常见的软土地基处理方法及其特点和适用条件。

常见软土地基处理方法　　表 9-11

分类	处理方法	适用情况						加固效果				最大有效处理深度(m)	高路堤工程的应用
		淤泥质土	人工填土	黏性土		无黏性土	湿陷性黄土	降低压缩性	提高抗剪强度	形成不透水性	改善动力特性		
				饱和	不饱和								
1	换填法	√	√	√	√		√	√	√		√	3	
2	强夯法		√		√		√	√	√		√	10	
3	挤密砂桩法		√	√	√	√		√	√		√	20	√
4	碎石桩法		√	√	√	√		√	√		√	18	√
5	灰土桩法		√		√		√	√	√		√	20	
6	石灰桩法	√		√	√			√	√			20	√

续上表

分类	处理方法	适用情况						加固效果				最大有效处理深度(m)	高路堤工程的应用
		淤泥质土	人工填土	黏性土		无黏性土	湿陷性黄土	降低压缩性	提高抗剪强度	形成不透水性	改善动力特性		
				饱和	不饱和								
7	砂井塑料排水法	√		√			√	√				18	√
8	真空预压法	√		√				√	√			15	
9	降水预压法	√		√				√	√			30	
10	电渗排水法	√		√				√	√			20	
11	灌浆法	√		√	√	√	√	√	√	√	√	20	
12	硅化法			√	√	√	√	√	√	√	√	20	
13	高压喷射注浆法	√	√	√	√	√		√	√	√		20	
14	水泥搅拌法	√		√	√			√	√	√		18	√
15	粉喷桩法	√		√	√			√	√			16	√
16	堆载预压法	√	√	√	√	√	√	√				30	√

同济大学旷开萃(2002 年)结合苏(州)嘉(兴)杭(州)高速公路的工程实例对桥头地基处理方法及其效果进行了研究。东北林业大学张宁(2002 年)和王末顺(2002 年)对北方冰冻地区桥头地基不同的处理方法,如浅层处理、粉喷桩、挤密砂桩等的处理效果进行了研究和对比。他们的研究一致认为,对于软土地基上的桥台,必须进行地基处理,提高地基承载能力,减少地基沉降,从而减少回填土体表面的总沉降。

6. 预抛高处理法

软土路基上修建公路的关键问题,是防止填方路堤与桥涵构造物之间过大的差异沉降。在众多的公路软土路基处理措施中,预抛高方法处理路桥过渡段是最经济有效的。根据路基工后沉降的预估值,综合考虑行车舒适性,在原路面设计的横坡和纵坡上适当地抛高的方法,能够在一定程度上抵消部分日后的差异沉降,延缓桥头跳车现象的出现,减少加罩维修次数。

第三节　新老路基结合部差异沉降及处理技术

随着国民经济的快速发展,我国高速公路的建设十分迅猛。截至 2008 年底,全国高速公路里程达 6.03 万 km。由于受建设时社会经济水平、技术水平和建设思想的制约,在已经建成使用的高速公路中,绝大多数是双向四车道,六车道和八车道高速公路所占比例较低。现在有相当一部分已不能适应交通量增长和社会发展的要求,迫切需要扩大道路通行能力。解决这一问题有几种途径:一种是路网加密方案,如将 106 国道走廊带交通条件改善提高,以分流 107 国道走廊带交通;一种是近距离新建高速公路;另一种方法是老路加宽方案。路网加密方案工程投资大,对已建高速公路交通吸引有限,特别是加密公路建设规模较小时,对长大距离交通吸引甚微;近距离新建高速公路投资规模大,占用土地多,且容易造成路网分布不均;而老路加宽方案利用已建高速公路部分工程,占地拆迁较少,工程投资相对较小。现阶段我国高速公路扩建大多采用老路加宽的方案。自 1997 年 8 月,我国首条高速公路扩建加宽工程——广佛高速公路加宽工程动工以来,先后有海南环岛东线、沪杭甬、沈大、南京绕城、沪宁等高等级公路相继局部或全线扩建加宽。结合国外经验及根据国家未来经济发展，可以断言，全国主要经济干线走廊带内，如京广、京沪、京沈等，远期将需要10条左右车道的高速公路的通行能力。因此，从长远发展和经济效益的角度讲，高速公路的扩建加宽工程将是21世纪初我国公路建设亟待解决和必须解决的重要问题。

在我国尤其是东部沿海已经建成使用的高速公路中，有相当一部分是修筑在软土地基上，由于软土地基固有复杂的技术特性，高速公路相应的加宽工程将更加复杂。综观现有的软土地基上高速公路加宽工程，一般遇到的关键技术问题有新老公路的融合贯通、新老桥台的拼接组合、新老路堤的差异沉降、新老路面的拼接等问题。虽然我国已完成的软基上高速公路加宽工程积累了一些经验，但还没有成型的技术能够较好地解决这一问题，很多加宽工程处治效果不佳，通车后不久就出现了路面纵向开裂等严重病害。同时由于相关的成果大都建立在试验路基础之上，缺乏相应的理论支撑，因此，深入研究加宽工程中新老路堤变形特性、新老路基结合部处治等关键技术问题，对提高加宽高速公路的使用性能具有重要的理论意义和使用价值。

一、新老路基结合部差异沉降产生的原因分析

高速公路必须以安全、可靠和舒适为前提，因此，新老路基顺适连接是加宽工程的主要目标。但在实际工程中，新老路基结合部差异是无法避免的。其产生的原因主要归结于两个方面。

1. 地基固结程度不同

加宽工程中，旧路下软基在车辆、路堤等荷载多年的作用下，基本固结完毕，随距老路中心线距离增加，土体强度降低，这就是应力路径导致的土体各向异性。因此，新路堤修筑时，软基土体强度的不均匀性必然在新路堤之间产生差异沉降。

2. 新老路基压实度不同

老路堤在自重和车辆荷载作用下，强度提高，压缩性降低。但新路堤施工期间，由于施工压实不足等原因，压缩性较老路堤高，压缩性高的新路堤必然会导致差异沉降的产生，并且，若新老路基结合不紧密，会进一步加剧差异沉降。

二、新老路基结合部差异沉降分析

软基上的加宽工程，由于土体本构模型、加载历时、边界条件等的复杂性，采用解析解远不能满足工程需求。有限元法能充分考虑土体固结特性、应力—应变非线性、复杂边界条件和加荷条件等，已在岩土工程中广泛应用。本节采用有限元软件ABAQUS主要对新老路基结合部差异沉降进行分析。

1. 计算方法

由于加宽工程加荷条件的复杂性，计算时考虑应力路径的影响，并采用增量法对新老路基结合部差异沉降进行分析。为模拟施工的全过程，计算中采用时间步(time step)来控制路堤加载的分级情况，方法是：设置每级荷载与时间步对应；在每个时间步，如有填土荷载施加，相应网格单元被激活，对应时间步模拟自重应力的施加；如无填土荷载施加，对应时间步模拟施工间歇期或填筑后的预压。在初始分析中，移去路堤填土单元，施加土体自重应力，软件采用迭代方法来获得指定边界条件及荷载作用下的平衡状态，并将此状态作为后续计算的初始条件。

2. 有限元基本理论及计算模型的建立

(1)土体本构关系的选择

实践表明,土体本构模型性能的好坏,除了其本身能否较为全面、真实地模拟土体的变形性状之外,参数取值的影响也非常大,当参数取值合理时,用非线性弹性模型也能较好地反映土的应力—应变规律,并且更加简单。在非线性弹性模型中,Duncan-Chang 双曲线模型因其参数物理意义明确且易于确定、适用土的范围广等优点而受到广泛应用。因此,采用 Duncan-Chang 非线性弹性模型进行土体的模拟,同时,考虑到有限元软件 ABAQUS 材料库中不含该模型,进行了 Duncan-Chang E-μ 模型子程序的开发,用于后续的分析。E-μ 模型中,切线弹性模量为:

$$E_t = \left[1 - \frac{R_f(1-\sin\varphi)(\sigma_1-\sigma_3)^2}{2c\cos\varphi + 2\sigma_3\sin\varphi}\right]Kp_a\left[\frac{\sigma_3}{p_a}\right]^n \tag{9-29}$$

切线泊松比为:

$$\mu_t = \frac{G - F\lg\dfrac{\sigma_3}{p_a}}{(1-A)^2} \tag{9-30}$$

式中,$A = \dfrac{D(\sigma_1-\sigma_3)}{Kp_a\left(\dfrac{\sigma_3}{p_a}\right)^n\left[1-\dfrac{R_f(1-\sin\varphi)(\sigma_1-\sigma_3)}{2c\cos\varphi+2\sigma_3\sin\varphi}\right]}$。

卸荷条件下,用回弹模量 E_{ur}代替式(9-29)切线弹性模量 E_t,E_{ur}为:

$$E_{ur} = K_{ur}P_a\left(\frac{\sigma_3}{P_a}\right)^n \tag{9-31}$$

上述公式中,c、φ、K、n、R_f、G、F 和 D 八个参数均可由常规三轴试验确定,确定方法参考相关文献。$K_{ur}=(1.2\sim3.0)K$。对于密砂和硬黏土,$K_{ur}=1.2K$;对于松砂和软土,$K_{ur}=3.0K$;一般土介于其间。

(2)有限元建模

计算中,假定路堤足够长,按平面应变问题考虑;将路面荷载考虑为路堤的 1m 高填土荷载,车辆荷载等效为 10kPa 静载。

如图 9-20 所示,双向四车道高速公路顶面宽 26m,在原道路两侧同时对称加宽 8.25m。路堤高 4m(包括路面结构等代荷载 1m 高),新老路边坡均为 1:1.5,老路采用砂垫层处理,加宽部分路堤砂垫层与老路接通。考虑到问题对称性,取一半结构进行研究。老路路堤分八层填筑,每层施工期为 30 天,第六层填筑后预压 360 天,老路运营 15 年后进行加宽。新路堤分四层填筑,每层施工期为 30 天,第三层填筑后预压 60 天,加宽后计算时间最大取 15 年。软基深度为 50m,土层参数如表 9-12 所示,路堤填料和砂垫层参数如表 9-13 所示。结构左右边界分别为横向固定约束,无水平位移;底部为横向和竖向固定约束,无水平和竖直位移;地下水位线为地表下 0.5m 深度,水位线以上软基土体和路堤填土孔隙水压为零,砂垫层底部为排水边界;其余为不透水边界。

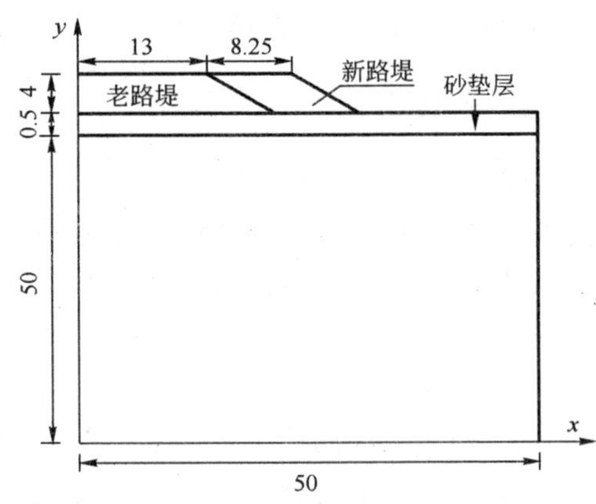

图 9-20 有限元计算模型(尺寸单位:m)

软基 Duncan-Chang 参数　　表 9-12

土层号	埋深(m)	γ ($kN \cdot m^{-3}$)	φ_d (°)	c (kPa)	R_f	K	n	G	F	D	k_x ($10^{-7}cm \cdot s^{-1}$)	k_y ($10^{-7}cm \cdot s^{-1}$)
1	2.7	19.2	24.5	2.0	0.72	99	0.23	0.31	0.10	2.20	1.40	5.46
2	11.2	18.5	25.0	19.8	0.56	32	0.71	0.16	0.03	3.36	6.20	8.01
3	14.1	17.7	24.3	2.0	0.54	20	0.76	0.08	0.09	3.40	2.75	3.84
4	15.0	19.3	25.9	47.0	0.64	100	0.24	0.21	0.01	2.60	20.0	21.33
5	19.4	19.4	37.6	6.0	0.65	87	0.69	0.34	0.16	2.10	4.73	7.28
6	24.6	17.5	24.9	6.0	0.51	47	0.44	0.14	0.13	3.90	4.70	4.96
7	35.8	19.1	29.3	8.7	0.51	57	0.53	0.19	0.09	3.70	4.67	5.64
8	50	19.1	32.0	4.0	0.56	48	0.85	0.22	0.06	2.70	6.04	6.32

其他材料 Duncan-Chang 参数　　表 9-13

材料	厚度(m)	γ($kN \cdot m^{-3}$)	φ_d(°)	c(kPa)	R_f	K	n	G	F	D
砂垫层	0.5	18.0	34.0	0.0	0.60	280	0.80	0.24	0.002	2.7
路堤填土	4.0	19.0	28.0	30.0	0.8	150	0.40	0.35	0.01	1.0

3. 新老路基结合部沉降特性分析

(1)软基表面沉降变形

图 9-21 给出了加宽工后相对于加宽前地表沉降曲线。从图中可以看出,加宽工后道路中心地表隆起,新路堤下地表发生沉降;随时间增加,地表均发生沉降,并呈现路堤中心处最小、加宽路堤断面形心垂线位置最大的分布形式。同时,在加宽 1 年内,软基沉降量占总沉降的一半以上,随时间增加,软基固结速度变慢。

(2)路堤表面沉降变形

图 9-22 给出了加宽工后新老路堤表面沉降。从图中看出,新老路堤表面沉降呈“马鞍形”分布,在老路堤中心最小,新路堤中心位置最大,存在差异沉降。同时,随时间增加,老路中心沉降与新路堤最大沉降均变小,加宽 1 年、7 年和 15 年三个时间点老路中心沉降分别为 9.4cm→17.6cm→27.7cm,新路堤最大沉降分别为 14.7cm→22.1cm→31.4cm。

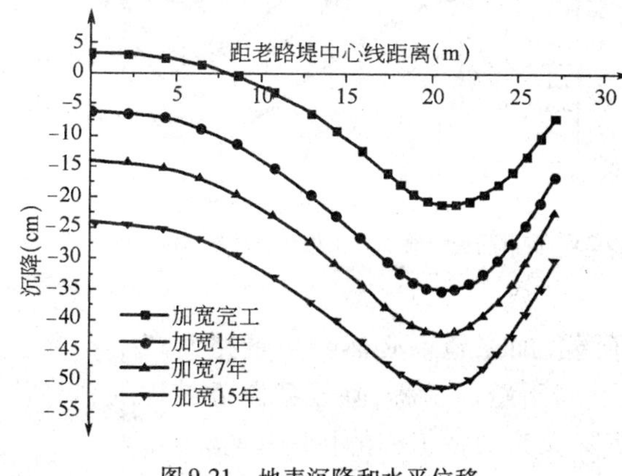

图 9-21　地表沉降和水平位移

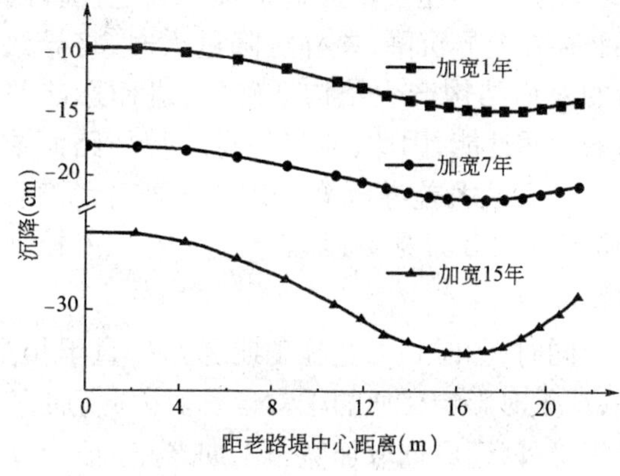

图 9-22　新老路堤表面沉降

由于加宽施工过程中，老路一直承担交通荷载，因此，加宽施工对老路的影响应控制在一定范围之内，从而，加宽施工期老路的沉降也应作为考察的一个重要指标。图9-23给出了加宽施工期老路堤表面沉降。从图中可知，在加宽荷载作用下，老路沉降呈中心小、路肩处大的反“弯沉盆”形分布，道路中心与路肩差异沉降达12.35cm，坡差改变量为12.35cm/13m＝0.95%，因此，新老路软基处理，也应以限制施工期老路差异沉降作为评判处治方式成功与否的一个标准。

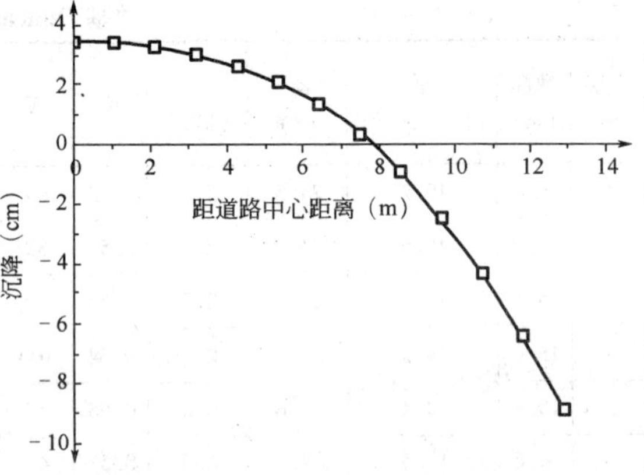

图9-23 加宽施工期老路堤表面沉降曲线

(3)现场实测资料分析

图9-24为某高速公路加宽工程中加载断面K0＋380的沉降沿横向的分布曲线。从图中可以看出，在加宽荷载作用下，地表沉降呈现老路堤中心处最小、加宽路堤断面形心垂线位置最大的分布形式，变形规律与计算结果一致，如图9-22所示。需要说明的是，数值模拟时假定两侧加宽同时进行，而实际工程中北侧先加宽，所以仅对北侧的测试结果与计算进行了对比。图9-25给出了杭甬高速公路加宽工程地表横断面沉降变化规律，从图中可知，变形规律与图9-22一致。从以上资料与本文理论分析结果对比分析看出，二者具有良好的一致性，表明了本文理论计算结果的合理性。

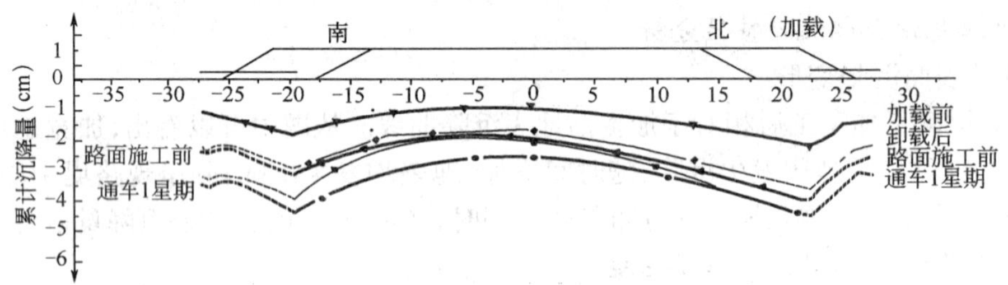

图9-24 K0＋380断面地表横断面沉降变化规律

三、加宽工程差异沉降控制指标及标准研究

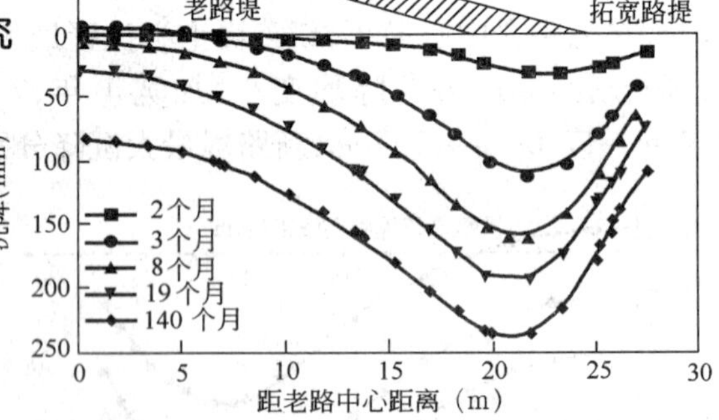

图9-25 杭甬高速公路加宽工程地表横断面沉降变化规律

1.加宽工程差异沉降指标的建立

软基上高速公路加宽工程中新老路基间必然存在差异沉降，差异沉降过大时，将导致新的路面结构产生结构性破坏，进而影响路面的使用性能，因此，应将加宽工程新路面结构的工后最大差异沉降（相对于加宽完工后的沉降）作为加宽工程差异沉降的一个控制指标。

同时，考虑到加宽施工期老路一直承担交通荷载，加宽施工必然会对老路面产生不利影响，严重时影响交通的正常运营。因此，加宽工程不同于新建工程，除了新路面结构的容许差异沉降外，还应选取加宽施工期老路的最大差异沉降作为加宽工程的控制指标。

因此，对于加宽工程，应建立两个差异沉降控制指标：加宽施工期老路最大差异沉降和加宽工后新路最大差异沉降。

2. 加宽工程差异沉降标准研究

(1)加宽施工期老路路面结构要求分析

由前文分析可知,加宽荷载作用下老路堤沉降呈反“弯沉盆”形分布(图 9-23),最大沉降发生在老路肩处,最小值位于老路中心位置,显然存在差异沉降。差异沉降可用方程(9-32)拟合。

$$u_1 = -a(x/l_1)^2 \tag{9-32}$$

式中:u_1——老路在加宽施工阶段的差异沉降量,cm;

a——最大差异沉降值,cm;

l_1——老路堤宽度的一半,m;

x——路堤表面各点坐标,m。

某高速公路原路面结构具有典型性,结构层参数如表 9-14 所示。为安全考虑,模量取《公路沥青路面设计规范》(JTG D50—2006)规定的上限值,同时,考虑到材料老化及水损坏等不利因素,各结构层抗拉强度取下限值。根据公式(9-32)编写子程序 DISP1 对路面结构进行分析,试算发现,面层和基层最大拉应力出现在道路两侧边缘内侧,为考虑轮载的影响,在道路最外侧施加轮载,以考虑最不利情况,其中荷载大小为 0.7MPa,荷载作用范围 $2r = 2 \times 15.0$cm。应力计算结果如表 9-15 所示,应力计算时应考虑老路面被中央分割带分开,从而确定符合实际情况的边界条件。

沪宁高速公路老路面结构 表 9-14

路面结构层	厚度(cm)	模量(MPa)	泊松比μ	抗拉强度(MPa)
沥青混凝土	16	2000	0.25	0.7
二灰碎石	40	1700	0.25	0.5
二灰土	20	900	0.35	0.2

沪宁高速公路老路面结构应力计算结果(单位:MPa) 表 9-15

位置(cm) / 最大差异沉降a(cm)	沥青混凝土			二灰碎石			二灰土		
	4	10	16	26	41	56	62	69	76
6	0.373	0.307	0.243	0.406	0.233	0.018	0.016	0.013	0.013
7	0.393	0.335	0.277	0.462	0.268	0.022	0.019	0.016	0.016
7.5	0.403	0.354	0.294	0.491	0.285	0.023	0.021	0.017	0.017
8	0.423	0.373	0.311	0.520	0.302	0.025	0.022	0.018	0.018

从表 9-15 可知,当最大差异沉降值 $a = 7$cm 时,二灰碎石基层顶面最大拉应力为0.462MPa;最大差异沉降值 $a = 7.5$cm 时,基层顶面最大拉应力为 0.491MPa;二者都小于二灰碎石基层抗拉强度 0.5MPa。保守考虑,可取 7cm 作为老路面最大差异沉降容许值。也就是,当老路中心和老路肩的最大差异沉降小于 7cm 时,老路路面不会产生结构破坏。沪宁高速公路加宽工程实践表明,从加宽开始到施工至 96 区顶面,实际发生的沉降量已占总沉降量的 50% ~75%(前者适用于不处理和浅层处理情况,后者适用于梳桩处理情况)。因此,安全起见,可取加宽施工期老路面最大容许差异沉降为 7cm × 50% = 3.5cm,此时,差异沉降坡差为

3.5cm/13m=0.27%，可取加宽施工期老路最大容许差异沉降坡差为0.25%。

(2)加宽工后新路面结构要求分析

从图9-26可知，加宽部分差异沉降基本呈抛物线分布，并将A点与B点间差异沉降根据图9-27进行拟合，进而进行加宽部分路面的结构分析。加宽部分差异沉降可用方程(9-33)拟合。

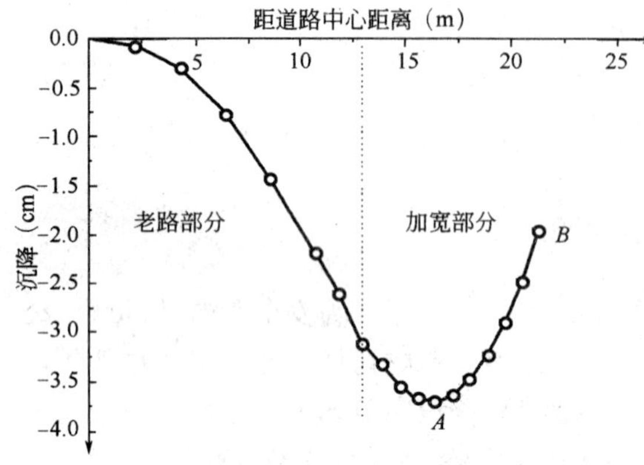

图9-26 加宽工后新老路堤差异沉降曲线

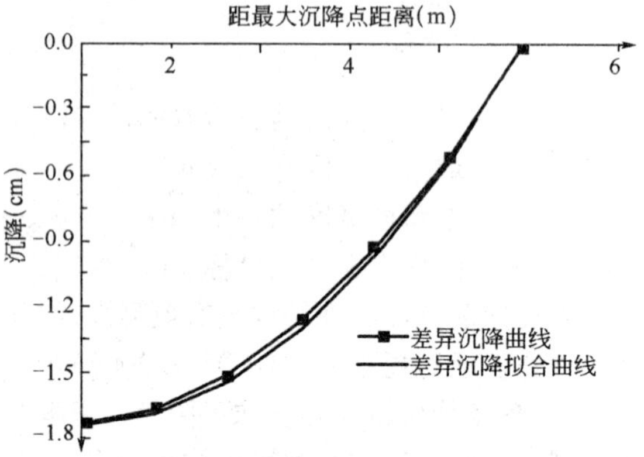

图9-27 加宽工后新路堤差异沉降及拟合曲线

$$u_2 = b\left[\left(\frac{x}{l_2}\right)^2 - 1\right] \tag{9-33}$$

式中：u_2——老路在加宽施工阶段的差异沉降量，cm；

b——最大差异沉降值，cm；

l_2——新路肩与最大沉降点之间的距离，m；

x——计算点距最大沉降点距离，m。

某加宽工程采用了半刚性路面结构，具有典型性，计算时路面结构中沥青混凝土面层模量取实测值，其他参数根据《公路沥青路面设计规范》(JTG D50—2006)取值，路面结构及结构层参数如表9-16所示。

半刚性路面结构 表9-16

路面结构层	厚度(cm)	模量(MPa)	泊松比μ	抗拉强度(MPa)
改性沥青 SMA-13(玄武岩)	4	890	0.25	1.0
改性沥青 SMA-20(石灰岩)	8	1720	0.25	1.0
改性沥青 SMA-25(石灰岩)	8	2550	0.25	1.0
水稳碎石	40	2500	0.2	0.6
水稳废料	20	300	0.2	0.2

根据公式(9-33)编写子程序 DISP2 对新路面结构进行分析，应力计算结果如表9-17所示。从表中可知，当最大差异沉降值a=1.0cm时，水稳碎石基层底面最大拉应力为0.563MPa，小于其抗拉强度0.6MPa。其他结构层层底拉应力均远小于各自的抗拉强度。因此，可取1.0cm作为加宽施工新路面最大差异沉降容许值。也就是，当新路肩与最大沉降点的最大差异沉降小于1.0cm时，加宽工程新路面不会产生结构破坏。差异沉降为1.0cm时的沉降坡差为1.0cm/4.75m=0.21%，因此，可取加宽工程工后最大容许差异沉降坡差为0.20%。

半刚性路面结构应力计算结果(单位:MPa)　　表 9-17

最大差异沉降 a (cm) \ 位置	SMA-13	SMA-20	SMA-25	水稳碎石		水稳废料
	4	12	20	40	60	80
0.5	0.003	0.004	0.005	0.067	0.282	0.060
1.0	0.006	0.008	0.010	0.134	0.563	0.120
1.5	0.008	0.012	0.014	0.202	0.845	0.180

(3)加宽工程差异沉降控制标准研究

前文从路面结构要求出发分析了加宽工程路面结构的容许差异沉降控制标准,对于路面的功能性要求,可以参照张军辉的研究成果选取。分析结果如表 9-18 所示。

加宽工程差异沉降控制标准　　表 9-18

功能指标(%)			结构指标(%)		备　注
纵坡	横坡	平整度	施工期老路	加宽工后新路	施工期老路差异沉降为老路中心与老路肩之间沉降差;新路差异沉降为新路肩与最大沉降点之间沉降差
0.5	0.5	0.46	0.25	0.20	

加宽工程路面结构差异沉降控制标准应取功能指标要求和结构指标要求二者的低值,从而可以确定加宽工程容许差异沉降标准:加宽施工期老路容许差异沉降标准为 0.25%(老路中心与老路肩的沉降差);加宽工后新路容许差异沉降标准为 0.20%(新路肩与最大沉降点差异沉降)。

四、新老路基结合部处治措施研究

新老路基结合部处治的目的是采用一定的技术措施,增强新老路基结合部的横向连接稳定性、增加软基刚度以提高路堤稳定性,从而减小新老路基的差异沉降,避免病害的产生。主要包括加宽路堤处治(加筋路堤、轻质路堤填料等)和软基处理两大类。

新建工程中,路堤加筋可以限制横向扩展和软基水平位移。加宽工程中加筋路堤的性状也有相关研究,但对软基上加宽工程加筋路堤性状的研究并不多,有必要对其进行进一步的研究。高速公路加宽工程中的软基处理,应将减小新老路基的差异沉降作为设计原则,是加宽的关键技术之一。目前,软基处理方法很多,但对于加宽工程而言,由于工期紧、施工场地狭窄,同时还要维持既有道路交通正常运营等原因,软基处理较新建工程具有更高的要求。目前,在加宽工程中最常用的软基处理方法主要有控沉梳桩复合地基、粉喷桩复合地基、塑料排水板法等方法,不同的方法处治效果不同。

下文首先对加宽工程路堤加筋处治技术进行了研究,采用有限元方法分析了筋材应变、筋材铺设位置、嵌入长度等。其次,分别对老路软土地基未处理、塑料排水板处理和粉喷桩处理时,新路堤下软基不同处理方式加宽工程变形特性进行了分析,用于指导加宽工程软基处理方法的选择。

1. 加宽工程加筋处治的有限元分析

由于离心模型试验价格较昂贵,且试验时不可能对所关心的问题进行全面研究,根据试验所模拟的问题原型,采用有限元方法对问题进行补充分析,不失为一种合理和经济的方法。

(1)有限元建模

二维平面应变有限元计算模型如图 9-28 所示。坐标原点在地基左下角处,模型的边界约束条件为:地基和路堤填土竖向边界设置 x 向约束,地基底部设置 x、y 向约束。

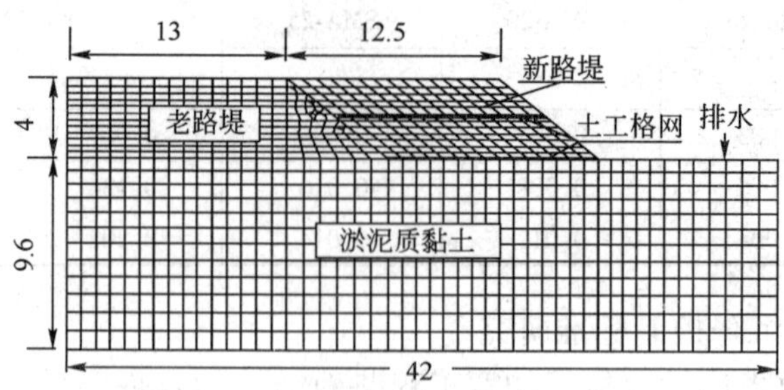

图 9-28 有限元计算模型(尺寸单位:m)

已有研究表明,土工格栅相对位移极小,故不引入接触单元而假设为完全黏结关系。有限元模拟中,土工格栅采用 T2D2 平面三节点杆单元模拟,软基和新老路堤填土采用 Duncan-Chang 模型,参数由离心模型试验材料根据相关试验得到,计算参数如表 9-19 所示。土工格栅泊松比为 0.18,应变 5% 时的等效弹性模量为 5.95GPa,等效面积为 $1.2\times10^{-4}\text{m}^2$。

有限元分析中的土层参数 表 9-19

材料	γ ($\text{kN}\cdot\text{m}^{-3}$)	φ_d (°)	c (kPa)	R_f	K	n	G	F	D	k_x,k_y ($10^{-7}\text{cm}\cdot\text{s}^{-1}$)
老路堤	19.0	28.0	30.0	0.80	150	0.40	0.35	0.01	1.0	—
新路堤(砂)	18.0	34.0	0.0	0.60	280	0.80	0.24	0.002	2.7	—
软基	19.0	31.4	28.0	0.65	80	0.46	0.16	0.03	3.32	4.3

(2)加宽工程路堤加筋处治技术研究

在加宽路堤中布置六层筋,每层筋铺设在将加宽路堤按老路堤施工分层的每一层土下面,也就是说,第一层筋位于地表,并从下至上铺设,依次记为 $g_1\sim g_6$。

①沉降变形

分别进行了包括不加筋和加六层筋(四种筋材等效弹性模量)共五种工况的沉降变形计算,筋材等效弹性模量分别为 $E_1=1.49\text{GPa}$、$E_2=5.95\text{GPa}$(基本计算模型)、$E_3=23.9\text{GPa}$ 和 $E_4=59.5\text{GPa}$,将不加筋工况记为 E_0。

图 9-29 给出了加宽完工后加宽路堤表面沉降随距新老路堤结合部距离变化曲线。从图中看出,随距结合部距离增加,沉降先减小后增大,在加宽路堤断面形心垂线位置达最大值,这与前文的结果和实测资料是一致的。同时,加筋后最大值左侧的沉降变化不大,右侧的沉降略有增加,表明加筋虽然不能有效减小沉降,但可以使其趋于均匀,减小差异沉降。这是因为加筋提高了新老路堤的整体性,且筋材左侧嵌入老路堤,而右侧处于自由状态,从而导致沉降略向右侧倾斜。同时,随筋材模量增加,右侧沉降增量变大,表现为加宽路堤横坡比的减小,没有加筋和四种筋材模量时横坡比分别为 0.445% →0.432% →0.430% →0.425% →0.409%,表明加筋可以减小差异沉降,且筋材模量越高,效果越明显。

②筋材拉伸应变

图 9-30 给出了模量为 $E_2=5.95\text{GPa}$ 时各层筋材的拉伸应变。从图中可以看出,由于地基土在填料竖向荷载长期作用下产生固结变形,地基表层将产生“锅底状”的沉降变形,于是路堤在横截面上将产生受弯效应,但由于路堤填料不能提供拉力,“拱效应”不能很好发挥,堤底将产生张拉裂缝;在加筋路堤中,筋材良好的受拉特性使得土拱能够得到足够的拱脚水平力,

可以形成有效的土拱效应，路堤在横截面上就像是一根受弯的梁，筋材就相当于梁中承担拉力的钢筋，这样就充分利用了路堤填料本身的刚度，调整了地基的沉降变形。

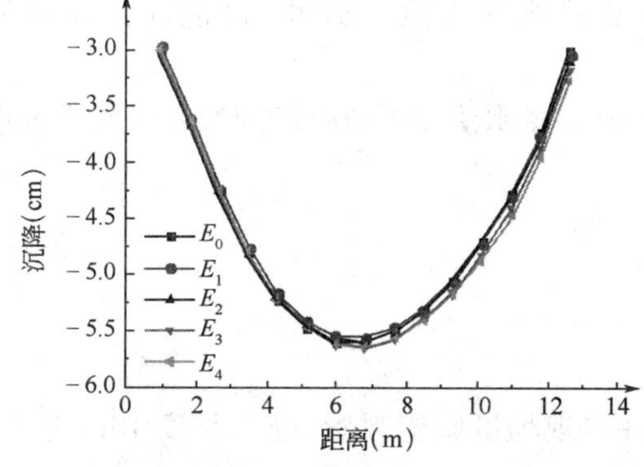

图 9-29 不同筋材模量时加宽路堤表面沉降曲线

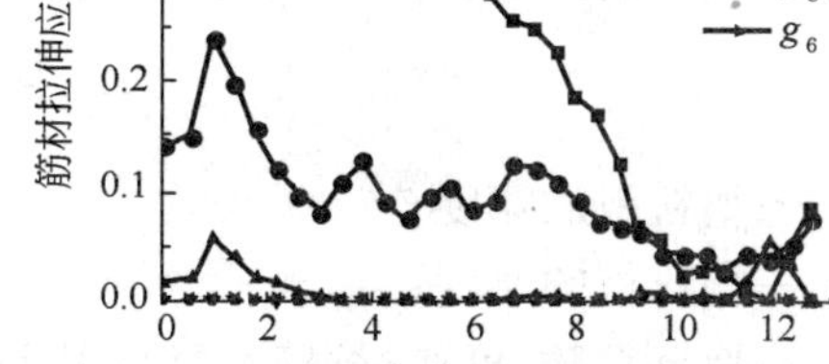

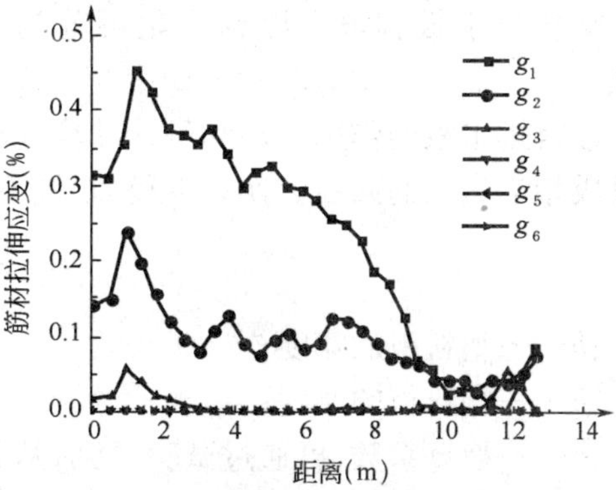

图 9-30 筋材模量为 E_2 时的筋材拉伸应变

图 9-30 表明，随距结合部距离增加，筋材拉伸应变减小，至加宽路堤边缘，拉伸应变已保持在比较低的水平。第一层和第二层筋材最大拉伸应变在接近结合部位置出现，而第三层筋材（基本位于加宽路堤中部位置）最大拉伸应变出现在加宽路堤边缘。拉伸应变这一分布规律表明，第一层和第三层筋材最大拉伸应变点连线为加宽路堤中剪切受力最大区域，连线右上侧相对左下侧存在滑动剪切趋势，铺设筋材有助于防止可能出现的剪切滑动，调整堤身荷载的传递方向和范围。

此外，从图中还可以看出，随筋材铺设位置上移，加筋效果迅速变差，第四层以上已起不到加筋的作用。

③筋材嵌入老路堤长度分析

从前面分析可知，加宽路堤中只有其中部以下筋材才能起到加筋效果，因此，下面仅对第一层和第二层筋材嵌入老路堤长度进行分析。

图 9-31 给出了模量为 $E_2=5.95\text{GPa}$ 时第一层和第二层筋材的拉伸应变变化曲线，坐标原点为新老路堤结合部。从图中可知，筋材在老路堤中仍存在拉伸应变，随距结合部距离增加至 3m，拉伸应变迅速减小到零。从而表明，实际工程中，应将筋材嵌入老路堤中，以更好地发挥加筋作用，但嵌入长度不宜过长（本研究中嵌入长度应在 3m 以内），以免浪费。

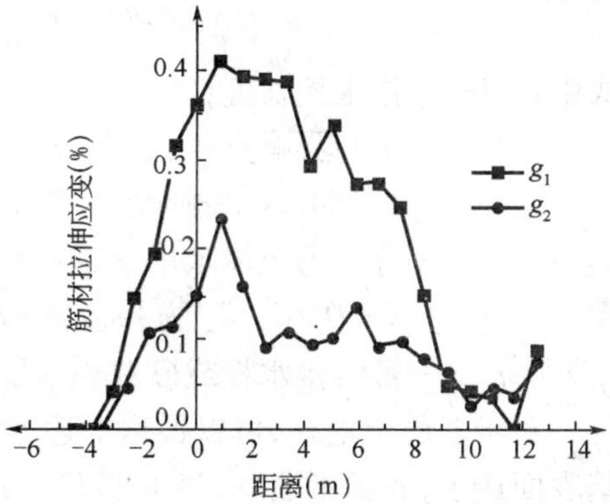

图 9-31 第一层和第二层筋材的拉伸应变

2. 加宽工程软基处理方法选择研究

要保证软基路段的加宽工程质量，减小新老路基的差异沉降，其下软基处治是最为关键的措施。围绕减小新老路基差异沉降这个中心，可以从两个方面着手考虑：一是提高地基承载力，从加固软土地基入手，提高软土地基刚度，来减小差异沉降的发生，其核心是要找到经济上和技术上都可行的地基处治方法；二是减小路堤荷载，研发新型填筑材料，使其既能满足公路行车安全又具有轻质的特点，减小对软土地基的附加应力，从而达到减小差异沉降的目的，这些都涉及软基处治优化选择的问题。本节计算涉及的软基处理方法有塑料排水板固结法和粉喷桩法，同时，还考察了采用轻质路堤填料，但不进行软基处理时的情况。

(1)模型简化分析

①塑料排水板有限元计算简化

塑料排水板有限元计算简化可分为两步:先把排水板等效为砂井,再把砂井等效为砂墙。

塑料排水板的作用原理和设计计算方法与普通砂井排水法相同,在计算时,将塑料排水板换算成相当直径的砂井。换算直径 D_e 按下式计算。

$$D_e = \alpha \frac{2(b + \delta)}{\pi} \tag{9-34}$$

式中:b——塑料板的宽度;

δ——塑料板的厚度;

α——换算系数,可通过试验得到,从目前的许多现场试验资料看,施工长度 10m 左右,挠度在 10% 以下的排水板,适当值在 0.6 ~ 0.9。

对标准型即宽 $b = 100$mm,$\delta = 3 \sim 4$mm 的塑料排水板,取$\alpha = 0.75$,这样 $D_e = 50$mm。

目前,有限元计算中对砂井的处理主要有两种方法,一种是将三维的砂井系统根据处理前后地基平均固结度相等或同一深度处的平均孔压保持不变的原则,等效为砂墙,进而按照平面应变问题处理,这种等效方法只要调整渗透系数即可,对砂墙的间距可根据网格划分的需要任意取值。但是该方法仍然较为复杂,不易在工程中推广应用。Jin-ChunChai 等根据固结度等效的原则,得出与有砂井等效的竖向渗透系数,将用砂井加固的地基简化成渗透系数较大的天然层状地基进行计算。等效均质地基竖向渗透系数 k'_V 为:

$$\left.\begin{aligned} k'_V &= \left(1 + 2.67 \frac{l^2}{D_e{}^2 \mu} \frac{k_H}{k_V}\right) k_V \\ \mu &= \ln \frac{n}{s} + \frac{k_H}{k_S} \ln s - \frac{3}{4} + \pi \frac{2 l^2 k_H}{3 q_w} \end{aligned}\right\} \tag{9-35}$$

式中: l——排水板长度;

D_e——单井影响直径,如果排水板正方形布置,$D_e/2 = 0.564s$,如果三角形布置,$D_e/2 = 0.564s$,s 为排水板间距;

k_H, k_V, k_S——分别为土体水平渗透系数、竖向渗透系数和涂抹区水平渗透系数;

n——$n = D_e/d_w$,d_w 为井径,$s = d_s/d_w$,d_s 为涂抹区直径;

q_w——塑料排水板或砂井通水能力。

对于多层土地基,可以根据上述方法分别得出砂井深度内每层土的等效渗透系数。若地基表面透水,底面不透水,砂井打设深度为 l,各层土水平向渗透系数、竖向渗透系数分别为 k_{Hn}、k_{Vn},则各层等效竖向渗透系数分别为:

$$k'_V = \left(1 + 2.67 \frac{l^2}{D_e^2 \mu} \frac{k_{hn}}{k_{vn}}\right) k_{vn} \tag{9-36}$$

式中:参数意义同式(9-35)。

对于砂井未完全打穿该层土情况,其排水路径长度取为砂井长度,即该层土(砂井加固深度内)等效渗透系数如式(9-36)所示,砂井深度以下土体仍采用原来的渗透系数。

经过如此简化,砂井加固区土体等效为无砂井的天然层状地基,可用得出的等效渗透系数进行平面或三维有限元分析。本节采用该方法进行排水板地基的相关计算。

②桩复合地基有限元计算简化

桩复合地基沉降计算研究是复合地基理论中一项非常重要的研究内容。近年来,对桩复合地基变形性状进行了大量的研究,常采用平面应变有限元法。

在简化计算中,一般保持桩身直径和桩间距保持不变,通过对桩身强度和渗透系数等参数的折减来达到预期目标。如果在平面数值模拟计算中不进行参数的折减,则桩体沿里程方向将形成一条条强度很高、渗透性很小的墙体。这样模拟出来的结果与实测结果将会有很大的差异。邓永锋假定等效桩体均匀受压,土体、桩和等效桩体在竖向具有相同的压缩应变,得到平面简化时等效桩体模量为:

$$E_c = \left(1 - \frac{D}{d}\right)E_s + \frac{D}{d}E_p \tag{9-37}$$

式中:D——桩径;

d——桩间距;

E_s——土体变形模量;

E_p——桩的弹性模量;

E_c——等效桩体的模量。

渗透系数为:

$$k_{pz}^{cal} = \left(1 - \frac{1}{2d}\right)k_{sz}, k_{px}^{cal} = \left(1 - \frac{1}{2d}\right)k_{sx} \tag{9-38}$$

式中:k_{pz}^{cal},k_{px}^{cal}——分别为等效桩体的竖向和水平渗透系数;

k_{sz},k_{sx}——分别为土体的竖向和水平渗透系数。

(2)计算工况及参数

计算选取的断面地质参数同表9-12,对于软土地基取第1~4层土层进行计算,第4层下为基岩,不发生变形和透水。根据各种处治方法的局限性,对软土地基分别选取如下方案进行对比分析,如表9-20所示。

计 算 工 况　　表9-20

老路处治方法	新路处治方法	代码	老路处治方法	新路处治方法	代码	老路处治方法	新路处治方法	代码
未处治	未处治	UU	塑料排水板	未处治	DU	粉喷桩	未处治	PU
	塑料排水板	UD		塑料排水板	DD		塑料排水板	PD
	粉喷桩	UP		粉喷桩	DP		粉喷桩	PP
	EPS 填料	UE		EPS 填料	DE		EPS 填料	PE

注:P(pile)-桩;D(drain)-排水;E(EPS)-轻质路堤填料。

塑料排水板三角形布置,间距1.5m,在软土地基中打设深度15m,其他参数如表9-21所示。根据式(9-30)和式(9-31)可得软土地基排水板打设深度范围内各土层等效竖向渗透系数放大系数分别为7.366、18.934、18.445和19.169。

塑料排水板有关参数　　表9-21

d_w(mm)	s(m)	D_e(m)	l(m)	n	s	k_h/k_s	q_w(m^3/年)
70	1.5	1.575	15	22.5	6	5	100

粉喷桩正方形布置,间距1.3m,桩径0.5m,桩长11.2m,根据前文的简化原则,折减后的桩体模量为70MPa,渗透系数 $k_x = k_y = 2.5 \times 10^{-7} cm \cdot s^{-1}$;泊松比为0.25,重度为25.0kN/$m^3$。

EPS 轻质填料弹性模量 E 为 3.5MPa，泊松比 μ 为 0.1，重度 γ 为 0.2kN/m^3，渗透系数 $k_x = k_y = 4.2\times10^{-4}\text{cm}\cdot\text{s}^{-1}$。

(3)结果分析

加宽工程中，变形(包括沉降和水平位移)是最为关心的问题，仅对各种软基处治下的新老路堤表面工后沉降(工后 15 年相对于加宽完工后)和加宽施工期老路堤表面沉降进行分析。

老路软基不处理时，加宽路堤下软基不处理、排水处理、粉喷桩处理、轻质路堤填料情况下变形曲线如图 9-32 所示。从图中看出，老路软基不处理时，各种处治措施下新老路堤表面工后总沉降依次减小，最大总沉降分别为 21.20cm→18.21cm→8.48cm→6.30cm，差异沉降分别为 5.45cm→2.23cm→2.37cm→2.99cm。从而表明，新路软基处理，可以降低道路总沉降，且采用增加地基刚度(粉喷桩处理)和减小荷载(采用轻质路堤填料)的方法，能显著降低道路最大沉降量。同时，新路软基处理能大大减小新老路堤表面工后差异沉降，差异沉降由大到小的新路处治方式分别为不处理→EPS 轻质填料→粉喷桩→塑料排水板。

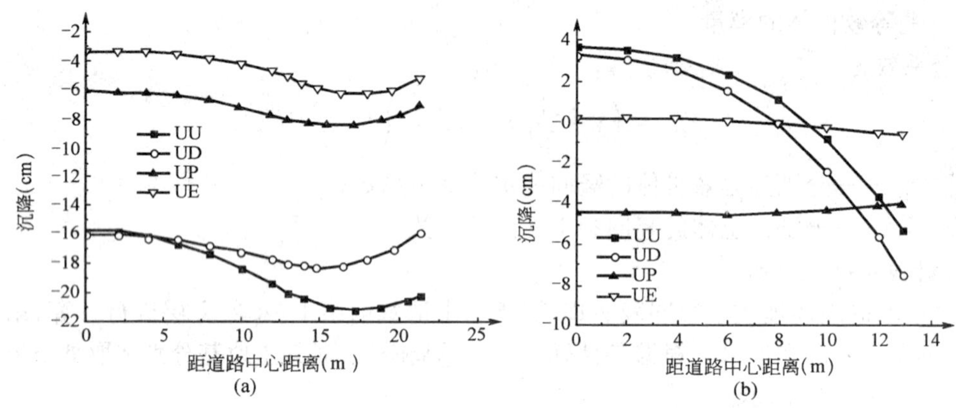

图 9-32 老路不处理时新老路堤表面工后沉降和施工期老路堤表面沉降

(a)新老路堤表面工后沉降；(b)施工期老路堤表面沉降

同时，加宽施工期老路堤表面沉降随新路软基处理方式的不同分布形式和数值有较大差别。新路软基不处理和采用排水板处理时，沉降呈老路堤中心小、老路肩处大的反“弯沉盆”分布，差异沉降很大，分别为 9.09cm 和 10.81cm。而采用粉喷桩处理和轻质路堤填料能有效降低对老路的扰动，差异沉降分别为 0.47cm 和 0.89cm，非常小，可以忽略其对老路路面的影响。可见加宽路堤采用塑料排水板处理，尽管能降低加宽工程工后沉降和差异沉降，但增加了加宽施工期老路堤表面差异沉降量，严重时使老路路面产生拉裂，影响其路用性能，该破坏形式在加宽工程中非常普遍。这对于施工期老路仍承担交通荷载的加宽工程而言是非常不利的。因此，在进行高速公路加宽时，应在老路肩处采取适当的措施，比如开挖一条纵向切口等，对老路路面进行保护。

图 9-33 和图 9-34 分别给出了老路地基排水和粉喷桩处理时，新老路堤表面工后沉降和老路堤施工期表面沉降。对比发现，沉降规律与图 9-32 规律一致。

因此，在加宽工程中，从控制变形角度考虑，无论老路软基采用何种处理方式，新路采用复合地基(粉喷桩)和轻质路堤填料，无论对新老路堤加宽工后沉降还是对于老路施工期沉降都是有利的，而采用塑料排水板处理对于施工期老路扰动非常大，严重时导致老路面开裂，这对于加宽施工期老路仍承担交通荷载的加宽工程非常不利，应谨慎使用。

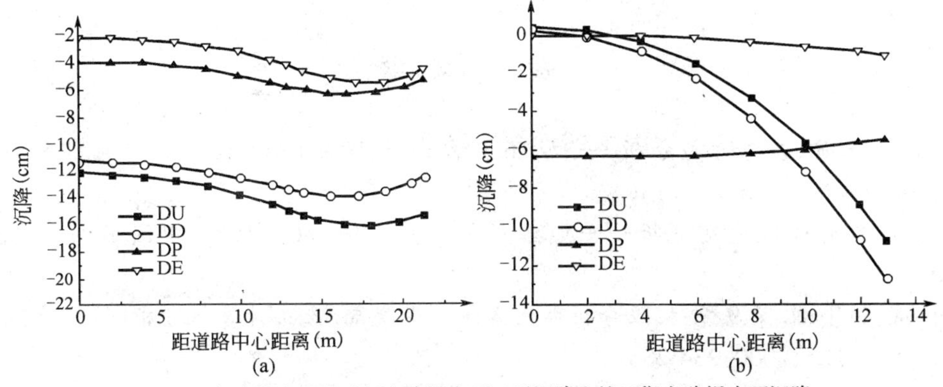

图 9-33　老路排水处理时新老路堤表面工后沉降和施工期老路堤表面沉降

(a)新老路堤表面工后沉降;(b)施工期老路堤表面沉降

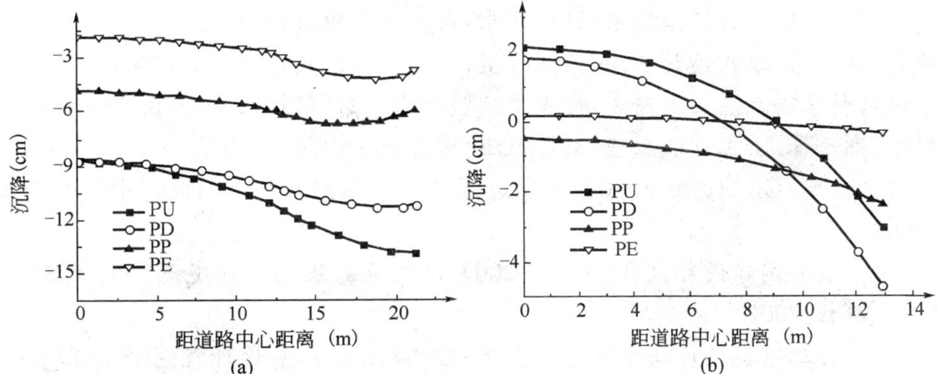

图 9-34　老路粉喷桩处理时新老路堤表面工后沉降和施工期老路堤表面沉降

(a)新老路堤表面工后沉降;(b)施工期老路堤表面沉降

参 考 文 献

[1] 陈祖煜. 土质边坡稳定分析——原理·方法·程序[M]. 北京:中国水利水电出版社,2003

[2] 陈祖煜. 岩质边坡稳定分析——原理·方法·程序[M]. 北京:中国水利水电出版社,2005.3

[3] 陈祖煜,汪小刚. 第9章 极限分析数值方法//龚晓南. 土工计算机分析[M]. 北京:中国建筑工业出版社,2000:234-256

[4] 陈祖煜,黄文熙. 土力学经典问题的塑性力学上、下限解[J]. 岩土工程学报,2002,24(1):1-11

[5] 赵明阶,等. 边坡工程处治技术[M]. 北京:人民交通出版社,2003

[6] 李峻利,姚代禄. 路基设计原理与计算[M]. 北京:人民交通出版社,2001

[7] 南京水利科学研究院土工研究所. 土工试验技术手册[M]. 北京:人民交通出版社,2003

[8] 杨熙章,郑元标. 土工试验原理[M]. 上海:同济大学出版社,1993

[9] 重庆市设计院. GB 50330—2002 建筑边坡工程技术规范[S]. 北京:中国建筑工业出版社,2002

[10] 中华人民共和国建设部. GB 50007—2002 建筑地基基础设计规范[S]. 北京:中国建筑工业出版社,2002

[11] 中交第二公路勘察设计研究院. JTG D30—2004 公路路基设计规范[S]. 北京:人民交通出版社,2004

[12] 铁道第一勘察设计院. TB 10001—2005 铁路路基设计规范[S]. 北京:中国铁道出版社,2005

[13] 中铁二局集团有限公司. TB 10202—2002 铁路路基施工规范[S]. 北京:中国铁道出版社,2002

[14] 铁道第二勘察设计院. TB 10025—2006 铁路路基支挡结构设计规范[S]. 北京:中国铁道出版社,2006

[15] 中交第二公路勘察设计研究院. JTG D30—2004 公路路基设计规范[S]. 北京:人民交通出版社,2004

[16] M. A. 林伯特. 支挡建筑与土压力[M]. 刘盛唐,译. 北京:中国铁道出版社,1982

[17] 顾慰慈. 挡土墙土压力计算手册[M]. 北京:中国建材工业出版社,2004

[18] 郑颖人,陈祖煜,王恭先,等. 边坡与滑坡工程治理[M]. 北京:人民交通出版社,2007

[19] 刘建坤,曾巧玲,侯永峰. 路基工程[M]. 北京:中国建筑工业出版社,2006

[20] 黄求顺,张四平,胡岱文. 边坡工程[M]. 重庆:重庆大学出版社,2003

[21] 李海光,等. 新型支挡结构设计与工程实例[M]. 北京:人民交通出版社,2004

[22] 铁道科学研究院高速铁路技术研究总体组. 高速铁路技术[M]. 北京:中国铁道出版社,2005:15-17,46-49

[23] 杨广庆,刘树山,刘田明. 高速铁路路基设计与施工[M]. 北京:中国铁道出版社,2001:1-2,33-39

[24] 中铁十二局. 客运专线铁路施工技术培训暨研讨会资料汇编[G]. 2005:4-6

[25] Bernadette Dupont, David L Allen, P. E. , et al. Movements and settlements of highway bridge approaches[R]. Research report: KTC-02-18/SPR-220-00-1F, Kentucky transportation center, June 2002: 2-3
[26] 冯忠居,方贻立,龚坚城,等. 高等级公路桥头跳车的危害及其机理的分析[J]. 西安公路交通大学学报,1999,19(4):33-35
[27] 郑士暄,胡胜飞. 杭甬高速公路桥头跳车的处理[J]. 公路,2003,8(8):43-46
[28] 钟阳. 柔性路面随机动态反应分析[D]. 哈尔滨:哈尔滨建筑大学,2000:62-64
[29] M. 米奇克. 汽车动力学:B 卷[M]. 北京:人民交通出版社,1994:137-157
[30] 靳晓雄,张立军,汪浩. 汽车振动分析[M]. 上海:同济大学出版社,2002:76-80
[31] 冯光乐. 桥头引道沉降标准及台背回填加筋应用研究[D]. 上海:同济大学,2002:13-30
[32] Monley G J, Wu T H. Tensile reinforcement effects on bridge-approach settlement. Journal of geotechinical engineering [J]. ASCE, 1993, 119(4): 749-762
[33] 周志刚. 土工格栅加筋柔性桥台的机理分析[J]. 中国公路学报,2000(1):18-21
[34] 付宏渊. 土工格网处理桥头跳车设计的现场试验分析[J]. 中外公路,2001,21(4):64-66
[35] 王金万. 解决公路桥头跳车的做法[J]. 华东公路,1993(6):33-35
[36] 丁财德. 粉煤灰在加筋挡墙工程的应用[J]. 华东公路,1994(4):77-81
[37] 冉隆重. 浅谈桥头路基的填筑[J]. 东北公路,2000,23(3):79-80
[38] 王亦麟. 软土地基桥头跳车处理探讨[J]. 公路交通科技,2000,17(1):28-31
[39] 刘代全. 刚柔过渡解决桥头跳车的理论和应用研究[D]. 长沙:湖南大学,2001
[40] 葛折圣. 公路桥涵台背回填材料和工程处理措施的优化研究[D]. 南京:东南大学,2003:3
[41] 旷开苹. 高等级公路桥头跳车的综合研究和分析[D]. 上海:同济大学,2002
[42] 张宁. 季冻区高等级公路桥头路堤沉降处治的效果分析[D]. 吉林:东北林业大学,2002
[43] 王末顺. 北方冰冻地区高等级公路桥头跳车允许工后沉降值的研究[D]. 吉林:东北林业大学,2002
[44] 交通部公路司,中国工程建设标准化协会公路工程委员会. JTG B01—2003 公路工程技术标准[S]. 北京:人民交通出版社,2003
[45] 陶向华. 路桥过渡段差异沉降控制标准与人车路相互作用研究[D]. 南京:东南大学,2006
[46] 地基处理手册编写委员会. 地基处理手册[M]. 2 版. 北京:中国建筑工业出版社,2000:55-141
[47] Mandal J N, Joshi A A. Centrifuge Modelling of Geosynthetic Reinforced embankments on soft ground[J]. Geotextiles and Geomembranes, 1996(14): 147-155
[48] Hibbitt, Karlsson, Sorensen. ABAQUS analysis user's manual[M]. Ver6. 2. HKS, USA, 2001
[49] Chai Jinchun, Shen Shuilong, et al. Simple method of modeling PVD - improved subsoil[J]. Journal of Geotechnical and Geoenvironmental Engineering, 2001, 127(11): 965-972
[50] Chai Jinchun, Norihiko Miura. Investigation of factors affecting vertical drain behavior[J]. Journal of Geotechnical and Geoenvironmental Engineering, 1999, 125(3): 216-226
[51] 赵维炳,施健勇. 软土固结与流变[M]. 南京:河海大学出版社,1996
[52] 邓永锋. 水泥土搅拌桩桩土相互作用理论与应用研究[D]. 南京:东南大学,2005
[53] 张军辉. 连云港海相软土流变特性研究及其工程应用[D]. 南京:东南大学,2003

[54] 张军辉.软土地基上高速公路加宽变形特性及差异沉降控制标准研究[D].南京:东南大学,2006
[55] 龚晓南.土工计算机分析[M].北京:中国建筑工业出版社,2000:193-214
[56] 潘家铮.建筑物的抗滑稳定和滑坡分析[M].北京:水利出版社,1980
[57] 沈珠江.理论土力学[M].北京:中国水利水电出版社,2000
[58] 孙君实.条分法的数值分析方法[J].岩土工程学报,1984,16(2)
[59] 索科洛夫斯基.松散介质静力学[M].北京:地质出版社,1956
[60] 孙广忠.工程地质与地质工程[M].北京:地震出版社,1993
[61] 张倬元,王士天,王兰生.工程地质分析原理[M].北京:地质出版社,1990
[62] Bieniawski Z T. 工程岩体分类——采矿、土建及石油工程师与地质学者的通用手册[M].北京:中国矿业大学出版社,1993
[63] Barton N. Shear strength investigations for surface mining. Stability in Surface Mining,1982,3:171-196
[64] Hoek E,Brown E T. Empirical strength criterion for rock masses[J]. Journal of the Geotechnical Engineering Division,1980a(9):1013-1035
[65] Hoek E,Brown E T. Underground excavation in rock[M]. London:Institution of Mining and Metallurgy,1980b
[66] 孙玉科,牟会宠,姚宝魁.边坡岩体稳定性分析[M].北京:科学出版社,1988
[67] Chen W F. Limit analysis and soil plasticity[M]. Netherlands:Elsevier,Amsterdam,1975
[68] Sarma K S. Stability analysis of embankments and slopes[J]. Journal Geotechnical Engineering,1979,105(12):1511-1524
[69] 潘家铮.建筑物的抗滑稳定和滑坡分析[M].北京:水利出版社,1980
[70] Chen Z Y. The limit analysis for slopes,theory,methods and application[C]. Proceedings of the International Symposium on Slope Stability Analysis,1999:31-48
[71] 张有天.岩石高边坡的变形与稳定[M].北京:中国水利水电出版社,1999
[72] 沈明荣.岩体力学[M].上海:同济大学出版社,2002
[73] 廖国华.边坡稳定[M].北京:冶金工业出版社,1995

人民交通出版社公路类教材一览

（◆教育部普通高等教育“十一五”国家级规划教材 ▲建设部土建学科专业“十一五”规划教材）

一、交通工程教学指导分委员会规划推荐教材

1. ◆交通规划（王　炜）…… 33 元
2. ◆道路交通安全（裴玉龙）…… 36 元
3. 交通系统分析（王殿海）…… 31 元
4. 交通管理与控制（徐建闻）…… 26 元
5. 交通经济学（邵春福）…… 25 元

二、21 世纪交通版高等学校教材

（一）交通工程专业

1. ◆交通工程总论（第三版）（徐吉谦）…… 36 元
2. ◆交通工程学（第二版）（任福田）…… 38 元
3. ◆交通管理与控制（第四版）（吴　兵）…… 35 元
4. ◆道路通行能力分析（陈宽民）…… 27 元
5. ◆交通工程设计理论与方法（马荣国）…… 40 元
6. ◆公路网规划（裴玉龙）…… 27 元
7. 交通工程专业英语（裴玉龙）…… 28 元
8. ◆交通运输工程导论（第二版）（姚祖康）…… 23 元
9. 交通流理论（王殿海）…… 21 元
10. 交通系统仿真技术（刘运通）…… 26 元
11. 停车场规划设计与管理（关宏志）…… 30 元
12. 交通工程设施设计（李峻利）…… 35 元
13. ◆智能运输系统概论（第二版）（杨兆升）…… 25 元
14. 智能运输系统概论（第二版）（黄　卫）…… 24 元
15. ◆运输经济学（第二版）（严作人）…… 44 元
16. ◆道路交通工程系统分析方法（王　炜）…… 28 元
17. 交通调查与分析（第二版）（严宝杰）…… 38 元
18. ◆交通运输设施与管理（郭忠印）…… 33 元
19. 道路交通安全管理法规概论及案例分析（裴玉龙）…… 29 元
20. 交通地理信息系统（符锌砂）…… 31 元
21. 公路建设项目可行性研究（过秀成）…… 27 元
22. 交通工程专业生产实习指导书（朱从坤）…… 7 元

（二）城市轨道交通系列教材

1. 城市轨道交通概论（孙　章）…… 30 元（估）
2. 城市轨道交通系统（彭　辉）…… 32 元
3. 轨道工程（练松良）…… 36 元
4. 城市轨道交通设备系统（周顺华）…… 32 元
5. ◆地铁与轻轨（第二版）（张庆贺）…… 40 元

（三）土木工程专业（路桥）/道路桥梁与渡河工程专业

I. 专业基础课教材

1. 土木工程概论（项海帆）…… 32 元
2. 道路概论（第二版）（孙家驷）…… 20 元
3. 土质学与土力学（第四版）（袁聚云）…… 30 元
4. 公路工程地质（第三版）（窦明健）…… 23 元
5. ▲道路工程制图（第四版）（谢步瀛）…… 36 元
6. ▲道路工程制图习题集（第四版）（袁　果）…… 26 元
7. ◆道路建筑材料（第四版）（李立寒）…… 35 元
8. ◆测量学（第三版）（许娅娅）…… 36 元
9. ◆基础工程（第三版）（王晓谋）…… 33 元
10. 结构设计原理（第二版）（叶见曙）…… 51 元
11. 公路经济学教程（袁剑波）…… 23 元
12. 专业英语（第二版）（李　嘉）…… 33 元

II. 专业核心课教材

13. ◆路基路面工程（第二版）（邓学均）…… 52 元
14. ◆道路勘测设计（第三版）（杨少伟）…… 42 元
15. 道路结构力学计算（上、下）（郑传超、王秉纲）…… 50 元
16. 水力学（王亚玲）…… 19 元
17. ◆桥梁工程（第二版）（姚玲森）…… 62 元
18. 桥梁工程（第二版）（土木、交通工程）（邵旭东）…… 52 元
19. ◆桥梁工程（第二版）（上）（范立础）…… 42 元
20. ◆桥梁工程（第二版）（下）（顾安邦）…… 38 元
21. 桥梁工程（陈宝春）…… 45 元
22. ◆桥涵水文（第四版）（高冬光）…… 28 元
23. ◆预应力混凝土结构设计原理（第二版）…… 28 元（估）
24. ◆现代钢桥（上）（吴　冲）…… 34 元
25. ◆钢桥（徐君兰）…… 16 元
26. ◆公路施工组织及概预算（第三版）（王首绪）…… 32 元
27. ▲桥梁施工及组织管理（第二版）（上）（魏红一）…… 39 元
28. ▲桥梁施工及组织管理（第二版）（下）（邬晓光）…… 39 元
29. ◆隧道工程（第二版）（上）（王毅才）…… 65 元

III. 专业方向选修课教材

29. ◆道路工程（严作人）…… 40 元
30. 道路工程（土木工程专业）（凌天清）…… 32 元
31. ◆高速公路（第二版）（方守恩）…… 21 元
32. 高速公路设计（赵一飞）…… 38 元
33. 城市道路设计（吴瑞麟）…… 22 元
34. GPS 测量原理及其应用（胡伍生）…… 28 元
35. 公路测设新技术（雒　应）…… 36 元
36. 公路施工技术与管理（廖正环）…… 40 元
37. 土木工程造价控制（石勇民）…… 30 元
38. 公路工程定额原理与估价（石勇民）…… 36 元
39. 道路桥梁检测技术（胡昌斌）…… 31 元
40. 特殊地区基础工程（冯忠居）…… 29 元
41. 道路与桥梁工程计算机绘图（许金良）…… 31 元
42. ◆公路小桥涵勘测设计（第四版）（孙家驷）…… 31 元
43. 路基设计原理与计算（李峻利）…… 40 元
44. 路基路面工程检测技术（李宇峙）…… 46 元
45. 公路土工合成材料应用原理（黄晓明）…… 22 元
46. 水泥与水泥混凝土（申爱琴）…… 30 元
47. ◆环境经济学（董小林）…… 32 元
48. 公路环境与景观设计（刘朝辉）…… 30 元
49. 桥梁工程概论（第二版）（罗　娜）…… 27 元
50. 桥梁检测与加固（王国鼎）…… 27 元
51. 桥梁钢—混凝土组合结构设计原理（黄　侨）…… 26 元
52. 桥梁结构试验（章关永）…… 22 元
53. 桥梁抗震（叶爱君）…… 15 元
54. ◆桥梁建筑美学（第二版）（盛洪飞）…… 30 元
55. 大跨度桥梁结构计算理论（李传习）…… 18 元
56. 隧道结构力学计算（夏永旭）…… 29 元
57. 公路隧道运营管理（吕康成）…… 22 元
58. 隧道与地下工程灾害防护（张庆贺）…… 45 元
59. 土木规划学（石　京）…… 38 元

IV. 实践环节教材及教参教辅

60.《道路勘测设计》毕业设计指导（许金良）…… 30 元
61. 桥梁计算示例丛书—桥梁地基与基础（第二版）（赵明华）…… 18 元

62. 桥梁计算示例丛书—混凝土简支梁(板)桥(第三版)(易建国) …… 27元
63. 桥梁计算示例丛书—连续梁桥(邹毅松) …… 20元
64. 结构设计原理计算示例(叶见曙) …… 40元

V. 研究生教学用书

道路与铁道工程

1. 现代加筋土理论与技术(雷胜友) …… 24元
2. 道路规划与几何设计(朱照宏) …… 32元

桥梁与隧道工程

1. 高等桥梁结构理论(项海帆) …… 35元
2. 高等钢筋混凝土结构(周志祥) …… 27元
3. 结构分析的有限元法与MATIAB程序设计(徐荣桥) …… 28元
4. 工程结构数值分析方法(夏永旭) …… 27元
5. 箱形梁设计理论(第二版)(房贞政) …… 32元

(四)公路工程管理专业

1. ◆工程项目融资(赵 华) …… 29元
2. 管理信息系统(李友根) …… 31元
3. 公路工程定额原理与估价(石勇民) …… 36元
4. 工程风险管理(邓铁军) …… 21元
5. ◆工程质量控制与管理(邬晓光) …… 29元
6. 公路工程造价编制与管理(第二版)(沈其明) …… 43元
7. 工程项目招标与投标(周 直) …… 30元
8. 高速公路管理(王选仓) …… 35元

(五)工程机械专业

1. ◆施工机械概论(王 进) …… 35元
2. ◆公路施工机械(第二版)(李自光) …… 43元
3. 现代工程机械发动机与底盘构造(陈新轩) …… 38元
4. 工程机械维修(许 安) …… 38元
5. 工程机械状态检测与故障诊断(陈新轩) …… 29元
6. 工程机械底盘设计(郁录平) …… 36元
7. 公路工程机械化施工与管理(第二版)(郭小宏) …… 37元
8. 工程机械设计(吴永平) …… 38元
9. 工程机械技术经济学(吴永平) …… 23元
10. 工程机械专业英语(宋永刚) …… 36元
11. 工程机械机电液系统动态仿真(王国庆) …… 18元

三、普通高等学校规划教材

1. 理论力学(东南大学) …… 29元
2. 材料力学(东南大学) …… 25元
3. 工程力学(东南大学) …… 29元
4. 交通土建工程制图(第二版)(和丕壮) …… 38元
5. 交通土建工程制图习题集(第二版)(和丕壮) …… 20元
6. 画法几何与土建制图(第二版)(林国华) …… 39元
7. 画法几何与土建制图习题集(第二版)(林国华) …… 25元
8. 土木工程制图(丁建梅 周佳新) …… 36元
9. 土木工程制图习题集(丁建梅 周佳新) …… 18元
10. ◆土木工程计算机绘图基础(尚守平) …… 39元
11. 工程经济学(李雪淋) …… 22元
12. 工程测量(胡伍生) …… 25元
13. 交通土木工程测量(张坤宜) …… 33元
14. 结构设计原理(毛瑞祥) …… 26元
15. 路基路面工程(何兆益) …… 45元
16. 道路勘测设计(第二版)(孙家驷) …… 46元
17. 道路与桥梁工程概论(黄晓明) …… 32元
18. 道路经济与管理 …… 16元
19. 公路施工组织与管理(赖少武 李文华) …… 35元
20. 公路工程施工组织学(第二版)(姚玉玲) …… 38元
21. 公路施工与组织管理(廖正环) …… 22元
22. 公路养护与管理(许永明) …… 18元
23. 水力学与桥涵水文(叶镇国) …… 38元
24. 桥位勘测设计(高冬光) …… 20元
25. 道路规划与设计(李清波) …… 46元
26. 道路交通环境工程(张玉芬) …… 19元
27. 公路实用勘测设计(何景华) …… 19元
28. 公路计算机辅助设计(符锌砂) …… 30元
29. 公路工程预算与工程量清单计价(雷书华) …… 35元
30. 公路工程造价(周世生) …… 42元
31. 软土环境工程地质学(唐益群) …… 35元
32. 公路与桥梁施工技术(盛可鉴) …… 30元
33. 桥梁美学(和丕壮) …… 40元
34. 桥梁结构理论与计算方法(贺拴海) …… 58元
35. 钢管混凝土(胡曙光) …… 38元
36. 隧道施工(于书翰) …… 23元
37. 公路隧道机电工程(赵忠杰) …… 40元
38. ◆道路交通管理与控制(袁振洲) …… 40元
39. 交通工程学(第二版)(李作敏) …… 28元
40. 交通项目评估与管理(谢海红) …… 36元
41. 工程项目管理(周 直) …… 20元
42. 测绘工程基础(李芹芳) …… 36元
43. 工程机械运用技术(许 安) …… 40元
44. 现代工程机械液压与液力系统(颜荣庆) …… 39元
45. 水泥混凝土路面施工与施工机械(何挺继) …… 30元
46. 现代公路施工机械(何挺继) …… 45元
47. 工程机械机电液一体化(焦生杰) …… 28元

四、高等学校应用型本科规划教材

1. 结构力学(万德臣) …… 30元
2. 道路工程制图(谭海洋) …… 28元
3. 道路工程制图习题集(谭海洋) …… 24元
4. 道路建筑材料(伍必庆) …… 37元
5. 土木工程材料(张爱勤) …… 39元
6. 土质学与土力学(赵明阶) …… 30元
7. 结构设计原理(黄平明) …… 47元
8. 结构设计原理学习指导(安静波) …… 35元
9. 结构设计原理计算示例(赵志蒙) …… 40元
10. 工程测量(朱爱民) …… 30元
11. 基础工程(刘 辉) …… 26元
12. 道路勘测设计(张维全) …… 32元
13. 桥梁工程(刘龄嘉) …… 45元
14. 公路工程试验检测(乔志琴) …… 47元
15. 路桥工程专业英语(赵永平) …… 44元
16. 水力学与桥涵水文(王丽荣) …… 27元
17. 工程招标与合同管理(刘 燕) …… 33元
18. 工程项目管理(李佳升) …… 32元
19. 公路施工技术(杨渡军) …… 64元
20. 公路工程机械化施工技术(徐永杰) …… 32元
21. 公路工程经济(周福田) …… 22元
22. 公路工程监理(朱爱民) …… 33元
23. 道路工程(资建民) …… 38元
24. 道路工程CAD(许金良) …… 23元
25. 路基路面工程(陈忠达) …… 46元

公路工程现行标准、规范、规程、指南一览表

序号	类别		编　　号	书名（书号）	定价（元）
1	基础		JTJ 002—87	公路工程名词术语（0346）	22.00
2	基础		JTJ 003—86	公路自然区划标准（0348）	16.00
3	基础		JTJ/T 0901—98	1：1000000 数字交通图分类与图示规范（0242）	78.00
4	基础		JTG B01—2003	公路工程技术标准（04957）	28.00
5	基础		JTJ 004—89	公路工程抗震设计规范（0347）	15.00
6	基础		JTG/T B02-01—2008	公路桥梁抗震设计细则（1228）	35.00
7	基础		JTG B03—2006	公路建设项目环境影响评价规范（0927）	26.00
8	基础		JTJ/T 006—98	公路环境保护设计规范（0195）	8.00
9	基础		JTG/T B05—2004	公路项目安全性评价指南（0784）	18.00
10	基础		JTG B06—2007	公路工程基本建设项目概算预算编制办法（06903）	26.00
11	基础		JTG/T B06-01—2007	公路工程概算定额（06901）	110.00
12	基础		JTG/T B06-02—2007	公路工程预算定额（06902）	138.00
13	基础		JTG/T B06-03—2007	公路工程机械台班费用定额（06900）	24.00
14	基础		交通部定额站 2009 版	公路工程施工定额（07864）	78.00
15	基础		JTG/T B07-01—2006	公路工程混凝土结构防腐蚀技术规范（0973）	16.00
16	基础		交通部 2007 年第 30 号	国家高速公路网相关标志更换工作实施技术指南（1124）	58.00
17	基础		交通部 2007 年第 35 号	收费公路联网收费技术要求（1126）	62.00
18	勘测		JTG C10—2007	公路勘测规范（06570）	28.00
19	勘测		JTG/T C10—2007	公路勘测细则（06572）	42.00
20	勘测		JTJ 064—98	公路工程地质勘察规范（0220）	28.00
21	勘测		JTG/T C21-01—2005	公路工程地质遥感勘察规范（0839）	17.00
22	勘测		JTG C30—2003	公路工程水文勘测设计规范（0604）	22.00
23	勘测		JTG/T C22—2009	公路工程物探规程（1311）	28.00
24	设计	公路	JTG D20—2006	公路路线设计规范（0996）	38.00
25	设计	公路	JTG D30—2004	公路路基设计规范（05326）	48.00
26	设计	公路	JTG/T D31—2008	沙漠地区公路设计与施工指南（1206）	32.00
27	设计	公路	JTG D40—2002	公路水泥混凝土路面设计规范（04621）	26.00
28	设计	公路	JTG D50—2006	公路沥青路面设计规范（06248）	36.00
29	设计	公路	JTJ 018—96	公路排水设计规范（0147）	12.00
30	设计	公路	JTJ/T 019—98	公路土工合成材料应用技术规范（0218）	12.00
31	设计	桥隧	JTG D60—2004	公路桥涵设计通用规范（05068）	24.00
32	设计	桥隧	JTG/T D60-01—2004	公路桥梁抗风设计规范（0814）	28.00
33	设计	桥隧	JTG/T D65-01—2007	公路斜拉桥设计细则（1125）	28.00
34	设计	桥隧	JTG D61—2005	公路圬工桥涵设计规范（0887）	19.00
35	设计	桥隧	JTG D62—2004	公路钢筋混凝土及预应力混凝土桥涵设计规范（05052）	48.00
36	设计	桥隧	JTG D63—2007	公路桥涵地基与基础设计规范（06892）	48.00
37	设计	桥隧	JTJ 025—86	公路桥涵钢结构及木结构设计规范（0176）	16.00
38	设计	桥隧	JTG/T D65-04—2007	公路涵洞设计细则（06628）	26.00
39	设计	桥隧	JTG D70—2004	公路隧道设计规范（05180）	50.00
40	设计	桥隧	JTJ 026.1—1999	公路隧道通风照明设计规范（0397）	16.00
41	设计	桥隧	JTG/T D71—2004	公路隧道交通工程设计规范（0810）	26.00
42	设计	交通	JTG D80—2006	高速公路交通工程及沿线设施设计通用规范（0998）	25.00
43	设计	交通	JTG D81—2006	公路交通安全设施设计规范（0977）	25.00
44	设计	交通	JTG/T D81—2006	公路交通安全设施设计细则（0997）	35.00
45	设计	交通	JTG D82—2009	公路交通标志和标线设置规范（07947）	116.00
46	设计	综合	交公路发〔2007〕358 号	公路工程基本建设项目设计文件编制办法（06746）	26.00
47	设计	综合	交公路发〔2007〕358 号	公路工程基本建设项目设计文件图表示例（06770）	600.00

续上表

序号	类别		编　　号	书名(书号)	定价(元)
48	检测		JTG E40—2007	公路土工试验规程(06794)	79.00
49			JTJ 052—2000	公路工程沥青及沥青混合料试验规程(0429)	40.00
50			JTG E30—2005	公路工程水泥及水泥混凝土试验规程(0830)	32.00
51			JTG E41—2005	公路工程岩石试验规程(0828)	18.00
52			JTJ 056—84	公路工程水质分析操作规程(02971)	8.00
53			JTG E42—2005	公路工程集料试验规程(0829)	30.00
54			JTG E50—2006	公路工程土工合成材料试验规程(0982)	28.00
55			JTG E51—2009	公路工程无机结合料稳定材料试验规程(08046)	48.00
56			JTG E60—2008	公路路基路面现场测试规程(07296)	38.00
57	施工	公路	JTG F10—2006	公路路基施工技术规范(06221)	40.00
58			JTJ 034—2000	公路路面基层施工技术规范(0431)	20.00
59			JTG F30—2003	公路水泥混凝土路面施工技术规范(04622)	46.00
60			JTJ 037.1—2000	公路水泥混凝土路面滑模施工技术规程(0425)	16.00
61			JTG F40—2004	公路沥青路面施工技术规范(05328)	38.00
62			JTG F41—2008	公路沥青路面再生技术规范(07105)	25.00
63		桥隧	JTJ 041—2000	公路桥涵施工技术规范(03770)	52.00
64			JTG/T F81-01—2004	公路工程基桩动测技术规程(0783)	20.00
65			JTG F60—2009	公路隧道施工技术规范(07992)	42.00
66			JTG/T F60—2009	公路隧道施工技术细则(07991)	58.00
67		交通	JTG F71—2006	公路交通安全设施施工技术规范(0976)	20.00
68			JTG/T F83-01—2004	高速公路护栏安全性能评价标准(0809)	15.00
69	质检安全		JTG F80/1—2004	公路工程质量检验评定标准　第一册　(土建工程)(05327)	46.00
70			JTG F80/2—2004	公路工程质量检验评定标准　第二册　(机电工程)(05325)	26.00
71			JTG G10—2006	公路工程施工监理规范(06267)	20.00
72			JTJ 076—95	公路工程施工安全技术规程(0049)	12.00
73	养护管理		JTG H10—2009	公路养护技术规范(08071)	49.00
74			JTJ 073.1—2001	公路水泥混凝土路面养护技术规范(0520)	12.00
75			JTJ 073.2—2001	公路沥青路面养护技术规范(0551)	13.00
76			JTG H11—2004	公路桥涵养护规范(05025)	30.00
77			JTG H12—2003	公路隧道养护技术规范(0695)	26.00
78			JTG H20—2007	公路技术状况评定标准(1140)	15.00
79			JTG H30—2004	公路养护安全作业规程(05154)	36.00
80	加固设计与施工		JTG/T J22—2008	公路桥梁加固设计规范(07380)	52.00
81			JTG/T J23—2008	公路桥梁加固施工技术规范(07378)	30.00
1	技术指南		中建标公路[2002]1号	公路沥青玛蹄脂碎石路面技术指南(0634)	20.00
2			交公便字[2005]330号	公路机电系统维护技术指南(0922)	30.00
3			交公便字[2006]02号	公路工程水泥混凝土外加剂与掺合料应用技术指南(0925)	50.00
4			交公便字[2005]329号	微表处和稀浆封层技术指南(0920)	18.00
5			交公便字[2005]329号	公路冲击碾压应用技术指南(0921)	15.00
6			交公便字[2006]02号	公路工程抗冻设计与施工技术指南(0926)	26.00
7			厅公路字[2006]418号	公路安全保障工程实施技术指南(1034)	40.00
8			交公便字[2006]02号	公路土钉支护技术指南(0995)	22.00
9			交公便字[2006]274号	公路钢箱梁桥面铺装设计与施工技术指南(1008)	25.00
10			交公便字[2006]243号	盐渍土地区公路设计与施工指南(1006)	20.00
11				横张预应力混凝土桥梁设计施工指南(0831)	15.00
12			2008年第25号公告	汶川地震灾后公路恢复重建技术指南(1246)	10.00
13			交公便字[2009]145号	公路交通标志和标线设置手册(07990)	165.00

注:JTG——公路工程行业标准体系;JTG/T——公路工程行业推荐性标准体系;JTJ——仍在执行的公路工程原行业标准体系。